新公司法
实务问题精释

李俊晔　郭　融　著
邵一峰　宁晓栩

人民法院出版社

图书在版编目（ＣＩＰ）数据

新公司法实务问题精释 / 李俊晔等著. -- 北京：
人民法院出版社，2024.4
ISBN 978-7-5109-4026-2

Ⅰ. ①新… Ⅱ. ①李… Ⅲ. ①公司法－中国－问题解
答 Ⅳ. ①D922.291.915

中国国家版本馆CIP数据核字(2024)第025540号

新公司法实务问题精释

李俊晔等　著

策划编辑	赵　刚	
责任编辑	杨佳瑞	
出版发行	人民法院出版社	
地　　址	北京市东城区东交民巷27号（100745）	
电　　话	（010）67550638（责任编辑）　67550558（发行部查询）	
	65223677（读者服务部）	
客 服 QQ	2092078039	
网　　址	http：//www.courtbook.com.cn	
E－mail	courtpress@sohu.com	
印　　刷	天津嘉恒印务有限公司	
经　　销	新华书店	

开　　本	787 毫米 ×1092 毫米　1/16	
字　　数	711 千字	
印　　张	43.75	
版　　次	2024 年 4 月第 1 版　2024 年 7 月第 2 次印刷	
书　　号	ISBN 978-7-5109-4026-2	
定　　价	148.00 元	

作者简介

李俊晔

    1983 年出生，中国人民大学历史学、法学学士，民商法学硕士，民商法学博士。中国社会科学院法学研究所副研究员（资格）、博士后；中国应用法学研究所博士后。现在北京法院工作。先后从事民事审判、审判管理和立案速裁工作。曾兼任北京市民商法学研究会理事、副秘书长；中国人民大学、中央财经大学、中国农业大学兼职硕士生导师。国家法官学院北京分院兼职教师。被北京市委、市政府授予第八批"北京市优秀青年人才"荣誉称号。曾获首都十大杰出青年法学家提名奖、北京市审判业务专家、北京市法院首届司法实务研究专家、北京法院民事审判业务标兵、北京市职工高级职业技术能手、北京市法院先进法官等称号。入选北京市"国家治理青年人才""百名法学英才"培养计划。

    专著《法律的道路：中国应用法学研究方法论》是国内首部应用法学著作。专著《不动产财产权利价值论》作为"十三五"国家重点出版物出版规划项目，入选中国人民大学出版社"法律科学文库"，获得中国民法学研究会 2017 年"佟柔民商法发展基金青年优秀研究成果奖"（年度唯一获奖专著）、第二届"首都法学优秀成果奖"、北京市社会科学理论著作出版基金资助。专著《暴风眼中的法庭：司法公共关系之媒体素养与舆论引导》，由最高人民法院副院长姜伟作序，作为最高人民法院"司法与社会研究"系列第一本出版。专著还有：《建设工程裁判规范指引》《建设工程施工合同司法解释（二）条文适用·关联规则·典型案例》。荣获"全国法院学术讨论会三十年司法理论研究突出贡献奖""北京法院学术讨论会工作三十周年论文写作突出贡献奖"。学术论文 5 次获得全国法院系统学术讨论会一等奖、北京市特等奖。案例分析获得"促公正·法官梦"第三届全国青年法官优秀案例评选活动特等奖。

郭 融

1988 年出生，南开大学法学学士、天津大学工商管理学学士，南开大学自然资源与环境保护法学硕士。现在北京法院工作。先后从事民商事审判、立案速裁等工作十余年。入选北京市"百名法学英才"培养计划。所承办的一起居间合同案件作为"诉源治理"典型案例在最高人民法院新闻局与中央广播电视总台社教节目中心《现场》栏目推出的《中国智慧：新时代"枫桥经验"——现场对话大法官》（北京篇）纪录片中被全景呈现，广受热议。撰写的《"小案"助推基层社会治理的内生动力与培育路径探究》一文获第 35 届全国法院系统学术讨论会一等奖。

邵一峰

1987 年出生，吉林大学法学、文学学士，中国政法大学比较法学硕士，中国社会科学院法学研究所博士研究生，德国汉堡大学欧盟—国际法学硕士（L.L.M）。任国家法官学院北京分院兼职教师。现在北京法院工作。从事商事审判十余年，承办了一批具有前沿性、复杂性的公司类纠纷案件，入选北京市"百名法学英才"培养计划，获北京法院"为民榜样"称号。办理的全国首例适用《民法典》绿色原则认定比特币"挖矿"行为无效的案件入选最高人民法院积极稳妥推进碳达峰碳中和典型案例，基于该案撰写的案例分析获最高人民法院案例研究院微信公众号刊载，并获中央电视台、北京电视台及各类报纸、媒体的广泛报道。在一起新就业形态外卖骑手工亡保险赔付案件中，创新研判新就业形态从业人员职业伤害保障问题，获最高人民法院官方微博、微信刊载并获京法网事等媒体转载。在多起涉众型金融纠纷案件中依法穿透审查金融产品交易结构，准确认定金融衍生品诉讼当事人权利义务，以司法裁判推动行业监管及市场交易规则的完善。

作为执笔人及统稿人承接的最高人民法院司法案例研究课题《融资性保证保险司法案例研究》于2023年结项。参与撰写的《最高人民法院关于适用〈中华人民共和国民法典〉总则编若干问题的解释理解与适用》等三部专著分别由中国法制出版社、法律出版社和人民法院出版社出版。所撰写的《家庭教育指导令的规范性质与司法适用》等两篇论文在《人民司法·应用》刊载，并获人民司法、最高人民法院司法案例研究院公众号刊载。撰写的《合同约定生效要件与法定生效要件的冲突——许某诉张某民间借贷案》等两篇案例由《中国法院年度案例》收录。撰写的《关于互联网人身保险案件审理情况的司法统计分析》等两篇司法统计获北京法院优秀司法统计三等奖。撰写的《夫妻共同债务问题的三阶层认定体系》获第 33 届全国法院学术讨论会二等奖、北京市一等奖。

宁晓栩

宁晓栩，1990 年出生，北京航空航天大学法学学士、经济法学硕士，现为北京市海淀区人民法院中关村人民法庭审判员，国家法官学院北京分院兼职教师。长期从事民商事审判工作，曾参与司法部国家法治与法学理论研究课题等项目，参与合著《夫妻共同债务纠纷案件裁判规则》《法官说法——投资理财纠纷典型案例解析》等书籍，执笔《非上市公众公司股权隐名代持协议应认定为无效》由《中国法院年度案例》收录，执笔《关于裁判文书低级错误情况的统计分析》获评北京法院优秀司法统计，撰写学术论文多次获全国法院学术讨论会二等奖、三等奖，北京市一等奖、二等奖，在北京市法学会"百名法学家百场报告会"、京津沪渝法治论坛等学术活动中多次获各类奖项。

序　言

公司是最重要的市场主体，《公司法》是社会主义市场经济制度的基础性法律。《公司法》的每一次修订，都是社会主义市场经济发展的时代回应，为中国法治进程镌刻了时代年轮。距上一次《公司法》修订，已经过了五年。这五年来，我们党团结带领人民全面建成小康社会，完整、准确、全面贯彻新发展理念，加快构建新发展格局，着力推动高质量发展。在这个过程中，《公司法》为构建高水平社会主义市场经济体制提供了坚强的法治保障。

五年来的法治实践，也提出了很多公司治理与商业交易方面的问题。回答并指导解决这些问题，是公司法理论研究的根本任务。党的二十大报告强调，要"完善中国特色现代企业制度，弘扬企业家精神，加快建设世界一流企业"。公司法领域的司法实践和法学研究成果，也让本次《公司法》修订呼之欲出，水到渠成。我们首先要从整体上理解和把握，本次修改公司法，是贯彻落实党中央关于深化国有企业改革、优化营商环境、加强产权保护、促进资本市场健康发展等重大决策部署的需要，也是适应实践发展，不断完善公司法律制度的需要，修改《公司法》对于完善中国特色现代企业制度、推动经济高质量发展具有重要意义。

在这次《公司法》修订中，便利公司投融资、优化公司治理、规范公司的组织和行为、强化各方主体责任、切实维护公司、股东、职工和债权人的合法权益，是大家关注的亮点。其次，我们还需要进一步聚焦认缴制改革和股权转让问题，如加速到期的权义分配、对赌协议的利益平衡、瑕疵出资的股权转让与未届履行期限的股权转让的责任差异，以及公司人格否认、公司清算义务、公司担保等公司法前沿热点问题。最后，我们还需要从具体问题中跳出来，从更大的框架思考公司法与民法的关系问题。例如，股权转让协议实质是一种特殊类型的买卖合同，既要结合民法的理论进行研究，更要从商法的传统模式以及商业实践中去观察解决问题，做到理论创新与实务融合。

为了全面理解、准确适用新《公司法》，我非常希望投身于民商事审判一线的优秀法官们多出一些学术精品。我的学生李俊晔是北京市审判业务专家，近日听闻他又获得首都十大杰出青年法学家提名奖，非常高兴，我鼓励他组织法官们写一本凝聚法官实践经验的新公司法实务书。由李俊晔同志领衔，会同北京法院优秀法官，在繁忙工作之余共同研究，合作著述了这本公司法实务指引著作，具有鲜明的问题导向和实践特色。作者精心逐条解读，聚焦司法实务需求，关切司法实务适用要点难点，集中体现司法裁判智慧；他们检索出了各地法院已经形成的较权威案例，力求为读者提供生动直观的案例参考。这个成果为广大法官、律师等公司法实务工作者提供了实践指导，也为法学研究、法科生学习了解司法实践打开思路。

实践没有止境，理论创新也没有止境。为推进中国式现代化建设，在市场经济实践和民商事审判领域，今天我们所面临问题的复杂程度、解决问题的艰巨程度明显加大，给司法实践和法学理论创新提出了全新的要求。立足我国国情和实际解决民商事审判难题，中国法官的智慧是民商事法律制度理论研究的创新力量。在未来的《公司法》修订中，一定能看到更多的中国特色、实践特色、时代特色。

是为序。

中国人民大学法学院

运用系统思维寻找可能的美好生活

公司法是一套完整的逻辑体系，也是一套完善的价值体系，更是民商法体系以及更宏大的法律体系中的有机组成部分。理解公司法，需要致精微于每个字句，还要致宏大于系统思维，理解公司法作为商法特有的功能价值，进一步理解这种特有功能价值为中国特色社会主义法治体系整体功能价值的实现贡献了何种力量。我们依托法条，以实践为导向，分专题著述，专注于种好每一棵树。解决法律难题，需要既见树木，又见森林。我们按专题评注，为司法实务和民商法学研习提供解决问题的思维工具；而运用好这些工具，还需要具备系统思维。公司法本身是一个系统，通过其内部要素和连接实现自身的系统功能。同时，公司法功能的发挥，需要外部系统的耦合；其作为子系统之一，又与其他子系统共同支撑起整个民商法系统的功能运作。

首先，要解决好公司法内部的系统性问题。公司法内部需要系统思维。本书开篇解析了新《公司法》第一条新增内容"完善中国特色现代企业制度，弘扬企业家精神"，这是理解新时代公司法具体规范总的精神价值。法条之间也存在若干勾连，学习公司法的人既可以将这些法条组合运用，还可以看到法条之间适当留白。例如，新《公司法》第五十条规定了设立时的其他股东与瑕疵出资股东在出资不足的范围内承担连带责任，第五十一条规定了有催缴出资义务董事的赔偿责任，这两个责任之间是什么关系，存在着较大的讨论空间。

其次，要解决好公司法与外部系统之间的协调问题。公司法是民商法的子系统。我们发现，很多合同法基本原理是理解公司法原理的钥匙，让一些公司法上的疑难问题迎刃而解。这其实是哲学上一般性与特殊性的关系决定的。在理解公司法问题时，不能只关注公司法特殊问题而忽视了民法学一般性问题。民商法特殊性问题之间也可能出现交叉和冲突，例如公司法语境中的"董监高"在劳动合同法语境中就变成了劳动者。劳动者一般会被定义为弱势一方，而代入公司法语境，我们发现，很多"董监高"劳动者有可能强势到侵害公司、股东和债权人利益。由此看来，两种价值取向在某些具体问题上会发生碰撞，给我们提出利益衡量的难题。公司法是整个法律体系的微观子系统，与公司监管的行政法问题、涉单位犯罪的刑法问题发生行民交叉、刑民交叉的法律问题。综上，不同法域具有不同的法品格，面对同一事实问题，既要独立判断而互不干扰，又要实现功能价值层面的法秩序统一。

实践中的问题总是超乎我们的想象，系统思维能够帮助我们理清头绪、破解难题。不论是公司法内部还是外部的系统思维，都需要我们关注"形与神"两个层面上的法秩序统一问题。一个层面是形式推理意义上的逻辑体系，从疑难问题中寻找逻辑连接点，将不同法律命题连成线，进行线性推导，构成整个问题的逻辑关系；另一个层面是实质推理意义上的价值体系，将不同的法律规范和命题看作一个整体。需要穿透式审判思维，对法律规范作适当的限缩性解释或扩张性解释，实现价值上的协调、功能上的耦合。疑难问题中，我们总是面对众口难调的困境。多元价值，统一于社会主义核心价值观中的精神价值；多元功能，统一于党的二十大报告等部署上指明的法律的目的解释方向。

朴素的生活事实上面，总是悬浮着法律人的价值判断；法律人的价值判断，又通过司法裁判不断重塑生活事实，为人民群众创造更多可能的美好生活。

为了准确理解和适用新《公司法》，向广大读者介绍新《公司法》的法条变迁，各条含义、要点，以及在适用中提供指引和案例参考，我们编写了本书。

本书由李俊晔法官牵头著述，设计本书体例并负责统稿和审定。全书写作分工如下：

第 1～90 条　李俊晔、郭融法官负责撰写

第 91～177 条　邵一峰法官负责撰写

第 178～266 条　宁晓栩法官负责撰写

囿于作者有限的知识，本书难免有不当之处，敬请广大读者批评指正。

二〇二四年四月

目录

CONTENTS

第一章 总 则

第二章　公司登记

第三章　有限责任公司的设立和组织机构

第六章　股份有限公司的股份发行和转让

第七章　国家出资公司组织机构的特别规定

第八章　公司董事、监事、高级
管理人员的资格和义务

第九章　公司债券

第十章　公司财务、会计

第十一章　公司合并、分立、增资、减资

第十五章 附 则

第一章 总 则

 1 立法宗旨

【知往事·新旧对照】

2018 年《公司法》 （阴影部分为修改或删除的内容）	2023 年《公司法》 （黑体部分为修改或增加的内容）
第一章 总则	第一章 总则
第一条　为了规范公司的组织和行为，保护公司、股东和债权人的合法权益，维护社会经济秩序，促进社会主义市场经济的发展，制定本法。	**第一条**　为了规范公司的组织和行为，保护公司、股东、**职工**和债权人的合法权益，**完善中国特色现代企业制度，弘扬企业家精神**，维护社会经济秩序，促进社会主义市场经济的发展，**根据宪法**，制定本法。

【知来者·条文释义】

　　公司是市场经济条件下、适应社会化生产而产生的现代企业组织形式。作为市场主体，其设立和行为是否规范，治理结构是否科学合理，直接关系公司能否以最有效的方式从事经营活动、创造社会生产力。党的十九大明确提出"激发和保护企业家精神"，党的二十大报告亦直接指明"完善中国特色现代企业制度，弘扬企业家精神，加快建设世界一流企业"。《公司法》旗帜鲜明地将该内容纳入第一条规定中，从原则上明确了中国式现代化背景下公司立法的宗旨、目的，为公司法的贯彻实施提供了基本遵循。

根据本条规定，《公司法》的立法目的扩展为五项，即规范公司的组织和行为，保护公司、股东、职工和债权人的合法权益，完善中国特色现代企业制度及弘扬企业家精神，维护社会经济秩序，促进社会主义市场经济的发展。企业家精神的弘扬与《公司法》制度构建及我国经济发展密切相关，将企业家精神融入立法目的条款中不仅具有规范意义及效果，还具有宣示作用和导向意义。"完善中国特色现代企业制度"，这实际是企业家精神弘扬的制度依托。中国特色现代企业制度应当体现在《公司法》的规范设计中并且伴随企业家精神而完善。中国特色落脚于现代企业制度之中，以企业家精神为价值内核，《公司法》立法政策选择和规范制度设计以此为导向并体现在《公司法》的制度规范中。

【知践行·适用指引】

《公司法》立法目的条款在法律解释和漏洞补充中发挥重要作用。司法实践中，立法目的条款存在形式引用与实质引用两种情形。

形式引用上，常见于对《公司法》保护对象的说理，这与《公司法》第一条内容直接相关。实践中，相较于《民法典》立法目的条款有单独援引作为裁判依据的情形，《公司法》立法目的条款并未被单独引用，实践中多采用复合引用方法。这并不是由于《公司法》的制定存在漏洞，而是因为《公司法》的规则条款多是技术性规范，大多数规则宛如一部精巧的机器。[①]《公司法》中的伦理性规范较少，运用道德规范评价市场经济中的纠纷与商法精神不符。

实质引用上，由于立法目的条款较为原则与抽象，实际引用的场

---

① 施天涛：《商法学》，法律出版社 2010 年版，第 16 页。

景固定、单一，常见于说明其他规范的性质，解释《公司法》受案范围、公司司法解散纠纷、股东出资纠纷等。如论证公司担保条款的规范性质时，结合立法目的条款论述担保协议的效力问题。如论证受案范围时，《公司法》保护的是公司、股东、债权人的利益，其调整对象是在我国境内设立的有限责任公司和股份有限公司，因此，在中国境内依法成立的公司均符合《公司法》的调整范围，《公司法》调整的主体为公司、股东和债权人，《公司法》立法目的条款指引公司法的受案范围。如公司解散纠纷中，通过援引第一条指明《公司法》所保护的对象与《公司法》立法精神，使案件的裁判符合《公司法》的基本价值取向。

立法目的条款作为法律解释的理论依据时，具有较强的主观性和价值导向性，适用该条款的案件裁判一般都涉及利益衡量问题。立法目的条款的规范更新既回应了迅速变化的社会现实的需求，也反映了我国《公司法》立法的内在机理与发展规律。在释法说理中，要注意融入社会主义核心价值观来理解本条规定，发挥社会主义核心价值观在商事活动中的示范引领作用。

【知前鉴·典型案例】

▶公司处分财产时，如果不违反法律法规的强制性规定、诚信原则和公序良俗原则，也未损害公司权益和其他股东的利益，则应认定该处分行为真实且合法有效。

法院： 浙江省湖州市中级人民法院

案例名： 谢某与章某等合同纠纷案

案情： 荣鑫公司于 2006 年 6 月设立，由 3 名自然人股东组成，章某系该公司股东之一。2007 年 10 月，章某与荣鑫公司另两名股东李某、沈某签订了《合伙经营协议书》，协议约定由章某内部承包经营荣鑫公司。后谢某与章某根据此协议开始对外以荣鑫公司的名义从事经营活动。2009 年 1 月 20 日，章某以《授权委托书》形式向缘和公司、千志公司发出书面函，将荣鑫公司对该二公司债权转让给谢某。2009 年 1 月 21 日，谢某与章某签订了《终止合伙经营协议书》一份，双方对荣鑫公司的债权、债务及资产等均作了书面的分配约定。2009年2月11日，章某以荣鑫公司名义分别向缘和公司、千志公司发出《荣鑫公司关于终止与谢某授权书的函》，明确终止谢某依据2009年1月20日委托书所应取得的债权，上述二公司应直接与荣鑫公司进行业务结算。现谢某认为章某、荣鑫公司的行为侵害了其合法权益，故纠纷成讼。

解析：《合伙经营协议书》《终止合伙经营协议书》均是各方真实意思表示，内容不违反法律法规的强制性规定、诚信原则和公序良俗原则，未损害公司权益和其他股东的利益，应确认为真实合法有效。但《终止合伙经营协议书》并非合同当事人地位的移转，而是涉及多方当事人和多个法律关系，是合伙双方对债权债务处理的约定，不符合一个法律关系项下债权债务概括转移的情形。谢某对缘和公司、千志公司享有的债权要通过公司主张实现，为公司内部法律关系，现通过《授权委托书》转变为公司外部法律关系，谢某可直接向缘和公司、千志公司主张债权，为合法有效。债权转让通知不得撤销，但经受让人同意的除外；故《终止授权书的函》违反法律规定，违背诚实信用原则，应属无效。《公司法》的立法目的是兼顾公司、股东、职工和债权人四方的合法权益。在公司进行财产处分时，如果不违反法律法规的强制性规定、诚信原则和公序良俗原则，也未损害公司权益和其他股东的利益，则应认定该处分行为真实且合法有效。

2　公司类型

【知往事·新旧对照】

2018 年《公司法》 （阴影部分为修改或删除的内容）	2023 年《公司法》 （黑体部分为修改或增加的内容）
第二条　本法所称公司是指依照本法在中国境内设立的有限责任公司和股份有限公司。	第二条　本法所称公司，是指依照本法在**中华人民共和**国境内设立的有限责任公司和股份有限公司。

【知来者·条文释义】

本条规定自 1993 年《公司法》制定时即存在，历次修订及修正均无修改，本次修订亦无实质修改，仅作文字表述调整，将"中国"修改为"中华人民共和国"。

公司按照不同的分类标准可作不同的划分：

1. 根据股东对公司所负责任的不同，可以把公司划分为五类：一是无限公司，即所有股东无论出资数额多少，均需对公司债务承担无限连带责任的公司；二是有限责任公司，即所有股东均以其出资额为限对公司债务承担责任的公司；三是两合公司，即由无限责任股东和有限责任股东共同组成的公司；四是股份有限公司，即全部资本分为金额相等的股份，所有股东均以其所持股份为限对公司的债务承担责任；五是股份两合公司，即由无限责任股东和有限公司股东共同组成的公司。这种划分方法是对公司进行最基本划分的方法。

2. 根据公司国籍的不同，可以划分为本国公司、外国公司和跨国公司。

3. 根据公司在控制与被控制关系中所处地位的不同，可以分为母公司和子公司。

4.根据公司在管辖与被管辖关系中所处地位的不同，可以分为总公司和分公司。

5.根据公司的信用基础的不同，公司的经营活动以股东个人的信用而非公司资本的多寡为基础的公司称为人合公司，如无限公司；公司的经营活动以公司资本的规模为基础的称为资合公司，如股份有限公司；公司的设立和经营同时依赖于股东个人信用和公司资本规模的公司，如两合公司。

我国《公司法》所规定的公司类型只有两种：一是有限责任公司，二是股份有限公司。

【知践行·适用指引】

《公司法》所称的公司是指依照《公司法》在中华人民共和国境内设立的有限责任公司和股份有限公司。因此，纳入《公司法》调整的只能是有限责任公司和股份有限公司这两种形式。由此可见，我国《公司法》只承认有限责任公司和股份有限公司，不承认无限责任公司和两合公司。实践中，无限责任公司已为普通合伙替代，两合公司则可由有限合伙替代，自然没有必要重复规定无限责任公司和两合公司。

有限责任公司与股份有限公司的根本区别在于：二者的公开程度不同。相较而言，有限责任公司具有一定的封闭性，而股份有限公司则是一种开放型公司。由此导致这两种公司的适用范围也有所不同。有限责任公司比较适合于经营中小企业，而股份有限公司则适合于规模经营。①

---

① 施天涛：《公司法论》，法律出版社 2018 年版，第 70~71 页。

【知前鉴·典型案例】

▶非公司制的全民所有制企业，不属于公司法的调整范畴，自然不应属于公司强制清算所适用的对象。

案号：（2011）泉中法民清（终）字第 1 号

案例名：和昊公司申请某县燃料公司强制清算案

案情：被申请人某县燃料公司于 1972 年 1 月 1 日由某县计划委员会物资局成立，经济性质为全民所有制国营商业企业，经营范围为煤炭批发销售。1980 年 1 月，商业企业登记时，经济性质为全民所有制，主管部门为某县经济委员会。之后，在历年的企业年检中，该公司企业性质都登记为全民所有制。2003 年 12 月 10 日，公司因不按规定年检被吊销营业执照。申请人和昊公司认为根据已生效文书，其公司对某县燃料公司享有合法债权。被申请人是一家全民所有制企业，已于 2003 年 12 月 10 日被吊销营业执照，且迄今未组成清算组进行清算，已经违反了《公司法》规定，严重损害了债权人利益，故请求依法对被申请人进行强制清算。

解析：能够为《公司法》所调整的对象只能是有限责任公司和股份有限公司两种公司形式。除此之外，不能随意扩大《公司法》的调整对象。本案中，某县燃料公司成立于 1972 年 1 月 1 日，经济性质为全民所有制国营商业企业，直至 2000 年 2 月，在企业国有资产产权登记中，该公司经济性质为国有企业。很明显，该公司的经营以及管理的直接法律依据应当是《全民所有制工业企业法》，而非《公司法》。何况，直至目前，该公司并未按照《公司法》规定的有限责任公司或者股份有限公司的组织结构和企业形态，将公司改制成为符合《公司法》规定的国有独资的有限责任公司或者股份有限公司并予以登记，故其虽然于 2003 年 12 月 10 日因不按规定年检被吊销营业执照，但其法人资格仍处于存续状态。某县燃料公司虽名称上带有"公司"二字，但并非《公司法》所指的有限责任公司或者股份有限公司的一种，其性质仍属于非公司制的全民所有制企业,不属于《公司法》的调整范畴,自然不应属于公司强制清算所适用的对象。因此,被申请人非本案的适格主体,申请人和昊公司的申请依法不应予以受理。

3-4 公司定义、权益与股东权利、责任

【知往事·新旧对照】

2018 年《公司法》 （阴影部分为修改或删除的内容）	2023 年《公司法》 （黑体部分为修改或增加的内容）
第三条第一款 公司是企业法人，有独立的法人财产，享有法人财产权。公司以其全部财产对公司的债务承担责任。 **第五条第二款** 公司的合法权益受法律保护，不受侵犯。	**第三条** 公司是企业法人，有独立的法人财产，享有法人财产权。公司以其全部财产对公司的债务承担责任。 公司的合法权益受法律保护，不受侵犯。
第三条第二款 有限责任公司的股东以其认缴的出资额为限对公司承担责任；股份有限公司的股东以其认购的股份为限对公司承担责任。 **第四条** 公司股东依法享有资产收益、参与重大决策和选择管理者等权利。	**第四条** 有限责任公司的股东以其认缴的出资额为限对公司承担责任；股份有限公司的股东以其认购的股份为限对公司承担责任。 公司股东**对公司**依法享有资产收益、参与重大决策和选择管理者等权利。

【知来者·条文释义】

2023 年修订的《公司法》第三条、第四条是在 2018 年《公司法》第三条、第四条、第五条有关规定的基础上修改而来。虽然在条款安排和文字表述上有所差别，但仍然维持了公司制度的两大基本原则：第一，公司的法律地位，即公司是企业法人，享有法人的权利义务；第二，股东对公司的责任形式，即股东以出资为限对公司承担责任。第三条、第四条从规定主体上进行划分，第三条明晰公司界定与公司权益，第四条明晰股东责任与股东权益，行文更加规整。

一是公司自治原则，公司作为独立的市场主体，按照公司章程自

主经营、自负盈亏，不受非法干预。自治原则符合中国特色社会主义市场经济的运行规律。出资人对自己的决策、选择行为负责，公司以章程为基础，自主应对市场的变化、对由此产生的一切后果负责。自治原则充分体现了公司作为社会主义市场经济主体的特性。确立公司的企业法人地位，就是从法律上保证了公司可以独立地享有财产权及其他权利，独立地从事生产经营活动，与其他经济实体发生权利义务关系，同时也要求它独立承担责任。因此，有限责任公司也好，股份有限公司也好，都是企业法人，都以营利为目的，都具有企业法人资格。

二是股东有限责任原则，股东有限责任是指股东以投资（出资额或者股份）为限对公司承担责任，并通过公司的形式对外承担责任。股东有限责任乃现代公司法律制度的基石。可以说，现代公司法律制度的形成与建立以及各项具体制度的完善，皆与股东有限责任密切相关。抽去股东有限责任制度，现代公司法律的大厦将难以支撑，现代公司的法律体系就必然失去重心。在我国，将股东有限责任作为一项基本原则，既是符合现代公司法发展方向的，也是符合我国公司立法实际的。股东有限责任原则有两层含义：其一，股东以其出资额或所持股份为限对公司承担责任，这种责任属于法定的量的有限责任；其二，公司独立责任，股东责任与公司责任相互分离。股东对公司负责，不对公司债权人负责；公司的责任属于公司责任，原则上不能向股东进行追索。股东有限责任原则对公司的发展起到了巨大的推动作用。

【知践行·适用指引】

公司股东依法享有资产收益、参与重大决策和选择管理者等权利。股东主要权利包括股东身份权，参与重大决策权，选择、监督管理者权，资产收益权，知情权及提议、召集、主持股东会临时会议权等。

公司股东除享有权利外还需要履行相应义务，主要有：一是遵守法律、行政法规和公司章程；二是按时足额缴纳出资，不得抽逃出资；三是不得滥用股东权利损害公司或者其他股东的利益；四是应当依法承担赔偿责任；五是不得滥用公司法人独立地位和股东有限责任损害公司债权人的利益。公司股东滥用公司法人独立地位和股东有限责任，逃避债务，严重损害公司债权人利益的，应当对公司债务承担连带责任。

综上所述，股东是公司的发起人和参与人，在公司发展经营中起重要作用。公司法规定股东的权利主要有知情权、收益权、对公司的监督管理权及提议召开股东大会的权利。当然，股东行使权利的同时也要履行义务，遵守法律及公司章程的规定，不得作出违法犯罪的事情。

【知前鉴·典型案例】

▶公司股东会议未通知股东参会的，剥夺了股东的参会权、议事权和表决权，属于程序重大瑕疵，不应认定为轻微瑕疵。

案号：（2021）川01民终19820号

案例名：胡某与鹏程公司公司决议撤销纠纷案

案情：鹏程公司于2003年1月15日注册成立，股东46人，胡某系公司股东。2021年4月2日，胡某被钟某移出鹏程公司股东群。2021年4月6日，钟某在鹏程全体股东群中发布《通知》，通知各位股东于2021年4月22日下午5点30分召开股东会。2021年4月22日，刘某主持召开了股东会并形成股东会决议，决议内容为：（1）公司需与股东签订《补充协议》。（2）同意以公司名义，投、融资合作经营某旅游度假康养项目。（3）同意公司融资方案，在华夏银行抵押贷款人民币1000万元。（4）同意改选公司董事会成员。该次股东会应到股东47名，实到股东46名。胡某认为，鹏程公司未向其送达召开股东会议的《通知》，2021年4月22日形成的股东会决议损害了其利益，遂引发纠纷。

解析：公司股东依法享有资产收益、参与重大决策和选择管理者等权利。本案中，鹏程公司2021年4月22日的股东会议，并未通知胡某参会，剥夺了胡某作为鹏程公司股东的参会权、议事权和表决权，属于程序重大瑕疵，一审法院对此认定为程序轻微瑕疵不当。股东会或者股东大会、董事会的会议召集程序、表决方式违反法律、行政法规或者公司章程，或者决议内容违反公司章程的，股东可以自决议作出之日起60日内，请求人民法院撤销。本案中，胡某于2021年6月7日向一审法院递交起诉状诉请撤销该决议，在上述法律规定的期间内，故案涉股东会决议应予撤销，对胡某本案诉讼请求，予以支持。

5 公司章程

【知往事·新旧对照】

2018 年《公司法》 （阴影部分为修改或删除的内容）	2023 年《公司法》 （黑体部分为修改或增加的内容）
第十一条 设立公司必须依法制定公司章程。公司章程对公司、股东、董事、监事、高级管理人员具有约束力。	**第五条** 设立公司应当依法制定公司章程。公司章程对公司、股东、董事、监事、高级管理人员具有约束力。

【知来者·条文释义】

公司章程，即由公司权力机构依据规定程序制定的，规范股东出资及相关关系、公司机构设置、公司经营准则等相关事项的法定文件。设立公司，首先要制定公司章程，以便明确公司的类型、宗旨、组织机构设置等涉及公司根本性、方向性的重大问题，为公司的设立和设立以后的运行提供一个基本的准则。因此，公司章程是有关公司组织和行为的基本规则，是公司设立的必备条件和重要步骤。

公司章程的法理价值体现在：首先，公司章程是公司对外的信誉体现。公司章程通过公司当事人签署，并通过政府行政主管部门进行登记，以此让公司章程具备公开性及公信力。其次，公司章程是公司的自治规范。《公司法》明确规定了公司章程所需载明的相关事项，以此对公司的经营范围进行了确立，以及为公司组织机构构成、法人选定等事项提供了依据，为公司提供了行为准则。最后，公司章程让公司获得更多的自主权。可有效增强公司自治能力，提升公司市场效率。[①]

[①] 周宜航：《新〈公司法〉中的公司章程研究》，载《法制博览》2023 年第 27 期。

公司章程从内容上可分为三类：

其一，作为合同的公司章程。将公司章程赋予公司与股东之间、股东相互之间合同效力的公司法规范，在公司法上主要体现在股东的出资责任上。这包括：（1）有限责任公司的股东未能按照公司章程履行出资义务时对其他股东的违约责任；（2）有限责任公司的股东未能按照公司章程履行出资义务时其他股东对公司的连带责任；（3）股份有限公司的发起人未能按照公司章程履行出资义务时其他股东对公司的连带责任等。[①]

其二，作为自治规范的公司章程。这部分内容主要有：（1）公司的内部事务管理；（2）公司机关的权限以及议事方式和表决程序；（3）董事的任期，执行董事的职权，董事长、副董事长的产生办法；（4）监事会中股东代表和公司职工代表的比例；（5）公司转投资和为他人提供担保；（6）董事、监事、高级管理人员转让本公司股份的特别规定，以及董事、经理与公司之间订立合同或进行交易的规定等。

其三，根据具体情形确定为合同或自治规范的公司章程。这部分内容主要是有关对股东权的"另有规定"。具体包括：（1）股东表决权；（2）股权转让；（3）股权继承；（4）利润分配权。

【知践行·适用指引】

公司章程要真正成为裁判的法源，一个基本的前提就是公司章程的内容必须是有效的。违反法律强制性或禁止性规范的行为应归于无效，否则强制或禁止的法意无由贯彻，这一点已成为司法基本的观念。从反面解释，未与法律的强制性规范或禁止性规范相冲突的行为就是有

---

① 《公司法》第九十九条规定："发起人不按照其认购的股份缴纳股款，或者作为出资的非货币财产的实际价额显著低于所认购的股份的，其他发起人与该发起人在出资不足的范围内承担连带责任。"

效的，这似乎已经成为一种经验性的解释方法。①

公司章程对公司、股东、董事等公司参与者具有约束力。换言之，公司不论是其所有者、管理者，还是其监督者，均应当严格遵守公司章程，依据章程规定履行自身的职责。基于此，公司章程在其生效后，便可成为规范公司组织行为、调节公司及其参与者之间权利义务关系的、具有法律效力的文件。此外，基于法理视角而言，公司可依据公司章程起诉公司参与者；股东也可依据公司章程起诉公司或其他参与者。

实践中，仍需注意公司章程担保条款的"对外"效力。公司章程可对公司外部人设定义务，这一理解表面上与公司章程的性质相悖，实际上，诸如在公司担保领域，交易第三人负担形式审查公司章程义务的观点已为司法实践所逐渐接受。司法机关为了维护商事秩序或权衡诚信公正等，在理解公司章程特定条款时，例如公司章程担保条款，②倾向于要求交易第三人尽到一定的注意义务，表面上看是公司章程担保条款本身具有"对外"效力，实为其基于商事登记的积极效力和消极效力产生了对交易第三人的法律约束力，这一逻辑可以沿用至其他公司章程条款"对外"效力的解释。③

【知前鉴·典型案例】

▶公司章程根据《公司法》的要求作出更加严格和具体的要求，是合法有效的；临时会议召开的通知时间，公司章程可以作出自己特别的规定。

来源：北京市第一中级人民法院

---

① 钱玉林：《作为裁判法源的公司章程：立法表达与司法实践》，载《法商研究》2011 年第 1 期。

② 《公司法》第十五条第一款规定："公司向其他企业投资或者为他人提供担保，按照公司章程的规定，由董事会或者股东会决议；公司章程对投资或者担保的总额及单项投资或者担保的数额有限额规定的，不得超过规定的限额。"

③ 周林彬、吴劲文：《公司章程"对外"效力何以可能？——以公司章程担保条款为例》，载《甘肃政法学院学报》2019 年第 3 期。

案例名：闫某与广信派达公司董事、高级管理人员损害股东利益赔偿纠纷案

案情：广信派达公司成立于 2008 年 6 月，注册资本为 16.2 万元，其中郝某拥有股权 61.72%，闫某拥有股权 30.86%，郝某为广信派达公司的法定代表人，闫某为总经理。广信派达公司章程第十条规定："股东会会议分为定期会议和临时会议。召开股东会会议，应当于会议召开一日以前通知全体股东。定期会议每月定时召开。代表十分之一以上表决权的股东、监事提议召开临时会议的，应当召开临时会议。"2009 年 8 月 8 日，广信派达公司以快递方式通知了闫某于 8 月 9 日召开紧急股东会，8 月 9 日闫某未到会，股东会会议作出决议：罢免闫某的一切职务。闫某不服，诉至法院要求确认股东会紧急股东会决议无效。法院认为：公司章程可以对股东会议的通知时间作特殊约定，故此次临时股东会决议程序合法，故驳回其诉讼请求。

解析：十分之一以上的股东、不设监事会的公司的监事提议召开临时会议的，应当召开临时会议。广信派达公司章程第十条规定：代表十分之一以上表决权的股东、监事提议召开临时会议的，应当召开临时会议。即公司章程根据《公司法》的要求作出更加严格和具体的要求，是合法有效的。而对于临时会议召开的通知时间，根据《公司法》的规定，公司章程可以作出自己特别的规定。

▶**董事会决议聘任公司经理及选任董事长不违反《公司法》和公司章程的规定，该决议合法有效。**

案号：（2020）渝 04 民终 1623 号

案例名：医药公司与姬某、张某等公司决议效力确认纠纷案

案情：医药公司于 2018 年 2 月 27 日成立，公司章程第三十条规定：董事会设董事长一人，由某公司推荐，董事会选举通过；第三十二条规定：董事会会议由董事长召集主持，董事长不能履行职务或者不履行职务的，由半数以上董事共同推举一名董事召集和主持；第三十三条规定：董事会每年至少召开一次，经三分之一以上的董事、经理提议，应当召开临时董事会议；第三十四条规定：董事会决议的表决，实行一人一票。

2020年3月17日，各方通过微信视频通话的方式召开了临时董事会，其间，刘某未发表意见，形成会议决议。医药公司以董事会会议召开没有提前15天通知刘某，刘某亦未参加视频会议且没有同意采用视频的方式开会，会议不符合公司法及公司章程的规定为由，要求确认决议内容无效。

解析：根据医药公司章程第三十条的约定，董事长由泰民公司推荐，董事会选举通过。案涉董事会决议内容为：（1）聘任徐某为公司总经理；（2）张某担任医药公司董事长（法定代表人），刘某不再担任医药公司董事长（法定代表人）。因此，聘任公司经理及选任董事长的决议事项均在董事会的职权范围内，不违反《公司法》的规定，决议内容合法有效。

6-7 公司名称权

【知往事·新旧对照】

2018 年《公司法》 （阴影部分为修改或删除的内容）	2023 年《公司法》 （黑体部分为修改或增加的内容）
	第六条 公司应当有自己的名称。公司名称应当符合国家有关规定。 公司的名称权受法律保护。
第八条 依照本法设立的有限责任公司，必须在公司名称中标明有限责任公司或者有限公司字样。 　　依照本法设立的股份有限公司，必须在公司名称中标明股份有限公司或者股份公司字样。	**第七条** 依照本法设立的有限责任公司，**应当**在公司名称中标明有限责任公司或者有限公司字样。 　　依照本法设立的股份有限公司，**应当**在公司名称中标明股份有限公司或者股份公司字样。

【知来者·条文释义】

第六条系新增条款，2018 年《公司法》也规定了公司名称，但未明确写明"公司的名称权"，《民法典》第一百一十条第二款规定"法人、非法人组织享有名称权、名誉权和荣誉权"，第一千零一十三条规定"法人、非法人组织享有名称权"。公司名称指的是全称，《企业名称登记管理规定》第六条规定："企业名称由行政区划名称、字号、行业或者经营特点、组织形式组成。跨省、自治区、直辖市经营的企业，其名称可以不含行政区划名称；跨行业综合经营的企业，其名称可以不含行业或者经营特点。"

公司名称，亦即公司的称谓，是指公司在社会经济活动中用以确定和代表自身，并区别于其他法律主体的文字符号和标记。具备合法有效的名称是公司得以成为法人、行使权利和履行义务的前提条件之一。[①]公司名称权既是人身权，又是财产权。一方面，公司具有自己的合法有效名称是其取得主体资格的必备要件，只有享有名称权，才能使其人格得以充分体现，并有效地区别于其他法律主体。另一方面，公司的经营活动均需以公司名称进行，良好的公司名称无疑是隐形财富，[②]且可以通过许可使用为自己带来收益。

公司名称权的内容包括以下五方面：

一是决定权。公司对其名称享有决定权。对于企业名称的决定，出于公共利益的考量，也存在一定限制，如应与经营内容和业务范围一致且符合有关法律要求。《公司法》《企业名称登记管理规定》等法律法规对公司名称设定均有相应的要求。如名称的确定性、唯一性，语言使用限制与公共利益的考量等。[③]

二是使用权。公司对自己的名称享有独占使用权，任何组织或者个人都不得非法干涉其使用。公司对自己名称的独占使用，并不排除不同行业使用这一名称，但是使用时必须标明行业。需要注意的是，有关法律规定，同一地区原则上不允许公司在同行业取相同的名称。

三是变更权。公司有权按照自己的意愿变更名称，名称一经变更登记后，原登记的名称视为撤销，不得继续使用，应当使用新登记的名称进行经营活动。名称变更应依主体意志而为，他人不得强制干涉。

四是转让权。公司对其名称享有转让权。这是名称权区别于姓名权的一项法定权利，也是名称权具有财产属性的重要体现。企业名称作为商业标识，是重要的无形资产，具有广告价值和商誉价值。需要注意的是，并非所有名称权都可转让。目前，我国采取的是绝对转让主义。名称权全部转让的，一般须将营业一并转让。

[①] 范健、蒋大兴：《公司法论》（上卷），南京大学出版社1997年版，第197页。

[②] 陈书高、刘巾挥：《公司名称权法律问题研究》，载《当代法学》2001年第5期。

[③] 杨立新主编：《中华人民共和国民法典释义与案例评注》，中国法制出版社2020年版。

五是许可使用权。公司在使用该名称的同时，享有在一定范围和期限内允许其他法人使用自己名称的权利。

【知践行·适用指引】

名称权是企业从事商事活动的重要标识性权利，已逐渐成为企业的核心资产。对于企业名称保护，不限于登记的企业名称。对于已使用但未登记注册的商号、字号，属于商业标志，也应受法律保护。商号权的获得有两种渠道：其一是首先使用某个商号；其二是首先就某个商号获得注册。《保护工业产权巴黎公约》第8条规定："厂商名称应在本联盟一切国家受到保护，没有申请或注册的义务，也不论是否为商标的一部分。"

对于名称权的保护，不仅可适用《民法典》，也可适用《反不正当竞争法》等有关规定进行保护。《反不正当竞争法》第六条规定，经营者不得实施下列混淆行为，引人误认为是他人商品或者与他人存在特定联系：……擅自使用他人有一定影响的企业名称（包括简称、字号等）、社会组织名称（包括简称等）、姓名（包括笔名、艺名、译名等）。擅自使用他人的企业名称或者姓名即属于不正当竞争中的冒用行为。同时，对于企业名称的保护，也可适用《商标法》有关规定。《最高人民法院关于适用〈中华人民共和国反不正当竞争法〉若干问题的解释》第十一条规定，经营者擅自使用与他人有一定影响的企业名称（包括简称、字号等）、社会组织名称（包括简称等）、姓名（包括笔名、艺名、译名等）、域名主体部分、网站名称、网页等近似的标识，引人误认为是他人商品或者与他人存在特定联系，当事人主张属于《反不正当竞争法》第六条第二项、第三项规定的情形的，人民法院应予支持。《最高人民法院关于审理注册商标、企业名称与在先权利冲突的民事纠纷案件若干问题的规定》第二条规定，原告以他人企业名称与其在先的企业名称相同或者近似，足以使相关公众对其商品的来源产生混淆，违反《反不正当竞争法》第六条第二项的规定为由提起诉讼，符合《民事诉讼法》第一百二十二条规定的，人民法院应当受理。

侵害名称权行为属于侵权行为的一种，名称权人享有侵权责任请求权。侵权行为主要为非法使用他人名称的行为，此外还有不使用他人名称、干涉名称权的行为。承担侵权责任的方式以去除侵害和赔偿损失为主，包括停止侵害、赔礼道歉等，具体应根据个案情况适用。

【知前鉴·典型案例】

▶公司名称在公众中具有较高的知名度，同地区、同行业经营者仍以该公司字号作为企业名称登记并宣传使用，应被认定为侵权。

案号：（2021）最高法民申 6264 号

案例名：华力发电公司与华力机电公司及赛马力公司、乾翔越公司、张某盛侵害企业名称（商号）权纠纷案

案情：华力机电公司于 2010 年 11 月 23 日成立，经过长期经营和宣传，在华力发电公司 2019 年 11 月 8 日成立注册之前，华力机电公司及其产品在相关公众中已经具有较高的知名度和影响力。华力发电公司与华力机电公司系同行业经营者，亦与华力机电公司同在山东省，仍将"华力"作为企业名称登记，并在其实际生产、销售的产品及宣传中使用"某省华力发电某某公司"和"华力发电"。华力发电公司再审申请认为其行为不构成对华力机电公司企业名称（商号）权的侵害。法院经审理认定，华力发电公司具有攀附华力机电公司商誉的意图，客观上亦容易导致相关公众误认为华力发电公司与华力机电公司存在特定联系，华力发电公司的被诉行为侵犯了华力机电公司的企业名称权，并判决其应当承担停止侵权、赔偿损失的民事责任。

解析：华力发电公司与华力机电公司系同行业经营者，亦与华力机电公司同在山东省，其应当知晓华力机电公司的知名度和影响力，在此情况下，仍将"华力"作为企业名称登记，并在其实际生产、销售的产品及宣传中使用"山东华力发电设备有限公司"和"华力发电"，具有攀附华力机电公司商誉的意图，客观上亦容易导致相关公众误认为华

力发电公司与华力机电公司存在特定联系。法院认为，华力发电公司的被诉行为侵犯了华力机电公司的企业名称权，判决其应当承担停止侵权、赔偿损失的民事责任。关于赔偿金额的确定，综合考虑华力机电公司"华力"字号在行业内的知名度和影响力、华力发电公司被诉行为的具体情节（包括华力发电公司的经营规模、经营时间、产品销售数量等）及主观故意程度、华力机电公司为维权所支出的相关合理费用等因素，对赔偿金额予以酌情确定。

8 公司住所

【知往事·新旧对照】

2018 年《公司法》 （阴影部分为修改或删除的内容）	2023 年《公司法》 （黑体部分为修改或增加的内容）
第十条 公司以其主要办事机构所在地为住所。	**第八条** 公司以其主要办事机构所在地为住所。

【知来者·条文释义】

本条是关于公司住所的规定，内容无修改。

所谓住所，俗称地址，是指为法律关系集中于一处而确定的民事法律关系主体即自然人或者法人的地址。根据本条的规定，公司以其主要办事机构所在地为住所。其中的"办事机构所在地"，是指执行公司的业务活动、决定和处理公司事务的机构的所在地。在公司的"办事机构"只有一个的情况下，即以该机构的所在地为公司的住所；在公司的"办事机构"有多个并分别位于不同的地方时，则以"主要办事机构"为公司的住所。至于如何区分公司的"主要办事机构"与"次要办事机构"，则要以公司的登记为准，即以公司登记时所注明的主要办事机构为公司的住所。

住所对于公司而言具有如下功能：

第一，实体功能。住所源自自然人的居住场所，本就是指"稳定连续地居住"①。公司住所在法律中的含义也包括地点与场所的意思，发挥其作为地理位置与物理空间的本来功能，如文书送达的地点、公司

---

① 李永军：《民法总论》，中国政法大学出版社 2008 年版，第 97 页。

将财务会计报告置备供股东查阅的场所。

第二，人格功能。住所最本质的功能就是"主体性要素"，"是企业法人格塑造的必要构成要件"，[①] 这一功能突出体现在各类型主体成立时都以住所为要件。如前述住所的实体功能与管理功能体现了住所形而下的一面，则人格功能具有形而上的抽象意义。

公司住所地通常是公司法律关系的连接点。[②] 因此，企业住所具有法定性和确定性，一个公司只能拥有一个住所。"住所在法律上的作用，是赋予公司行为以一定的法律意义，并使其参加的法律关系集中于一处。"[③] 住所是确定合同订立地、履行地的依据；《公司登记管理条例》[④] 第四十五条规定，分公司是指公司在其住所以外设立的从事经营活动的机构。公司章程所确定的住所与实际开展经营活动的地点不一致时，起决定作用的因素是公司"从事法律行为中心"的住所，而不是实际从事经营活动的经营场所。对此，公司则不能援引实际经营场所地对抗第三人。[⑤] 比较而言，企业的经营场所则不具备上述住所拥有的法律功能。企业住所是企业法律关系产生、变更和消灭之地，能够确定企业行为的行政主管与司法管辖，并决定相关法律的适用，从而将企业权利、义务和责任具体化和现实化。[⑥]

[①] 郭富青：《我国企业住所制度及改革的法理检讨与前瞻性构想》，载《上海政法学院学报（法治论丛）》2020年第2期。

[②] ［韩］李哲松：《韩国公司法》，吴日焕译，中国政法大学出版社2000年版，第168页。

[③] 史际春：《公司法教程》，中国政法大学出版社1995年版，第76页。

[④] 已废止。相关规定见《市场主体登记管理条例》。

[⑤] ［法］伊夫·居荣：《法国商法》，罗结珍、赵海峰译，法律出版社2004年版，第187页。

[⑥] 郭富青：《我国企业住所与经营场所分离与分制改革的法律探析》，载《现代法学》2020年第2期。

【知践行·适用指引】

公司住所与主要办事机构所在地分离的难题被《民事诉讼法》所放大。作为民事管辖的一般原则，《民事诉讼法》第二十二条第二款规定，"对法人或者其他组织提起的民事诉讼，由被告住所地人民法院管辖"，由此将住所引入为民事诉讼中的关键构成。确定公司住所，最高人民法院颁布的《关于适用〈中华人民共和国民事诉讼法〉的解释》第三条对此作出了具体规定："法人或者其他组织的住所地是指法人或者其他组织的主要办事机构所在地。法人或者其他组织的主要办事机构所在地不能确定的，法人或者其他组织的注册地或者登记地为住所地。"这一规定遵循了《民法典》《公司法》对住所的内涵解读，但却不可避免地导致司法实践中需要对主要办事机构所在地作出事实认定。[①]

确定公司的住所，具有如下重要的法律意义：

其一，可以确定公司的诉讼管辖地。《民事诉讼法》第二十二条第二款规定，对法人或者其他组织提起的民事诉讼，由被告住所地人民法院管辖。同时，《民事诉讼法》还具体规定，因合同纠纷、票据纠纷或者侵权行为等提起的民事诉讼，可以由被告住所地人民法院管辖。公司作为民事活动的重要主体，在经营活动中难免会与其他经济组织发生各种纠纷，因此确定公司的住所地，对于解决纠纷，维护社会经济秩序，保障当事人的合法权益，具有重要的现实意义。

其二，可以确定公司的受送达地点。公司在经营活动中，必然会与外界发生各种联系，确定了公司的住所地，有利于其他组织能够及时、迅速地与公司取得联系，也有利于公司能够以自己的住所地为据点向外进行联系。

其三，有利于确定债务的履行地。确定了公司的住所，对于对方当事人来讲，也就为自己确定了债务的履行地。

---

① 李政辉：《公司住所的功能、挑战与制度应对》，载《北方法学》2022年第 92 期。

其四，有利于确定公司的登记机关。确定了公司的住所地，也就确定了该公司的登记管理机关，为检举、控告公司违法活动提供了便利，有利于维护社会经济秩序的稳定。

【知前鉴·典型案例】

▶无相反证据则可以推定工商注册地为公司住所。

法院： 北京市昌平区人民法院

案例名： 甲公司与乙公司购销合同纠纷案

案情： 2011年5月，甲公司作为出卖人与乙公司签订了《钢材购销合同》，该合同第十二条约定："如本合同项下发生争议，由双方协商解决，如协商未果，可依法向北京市昌平区人民法院起诉。"另已知，乙公司的住所地在江苏省某市，双方买卖合同的履行地在河北省某县。后双方对于合同义务履行发生争议，甲公司将乙公司诉至北京市昌平区人民法院。乙公司提出管辖权异议。

解析： 法人的住所地具有多重法律意义，故以相对明确的标准确定为宜。在《最高人民法院关于适用〈中华人民共和国民事诉讼法〉若干问题的意见》中规定法人的住所地是指法人主要营业地或者主要办事机构所在地。但根据新法优于旧法和上位法优于下位法原则，《公司法》中以公司主要办事机构所在地确定公司的住所具有现实效力。本案中即使甲公司的实际经营地不在昌平区，但是其工商注册地在昌平区，可以推定其主要办事机构位于昌平区，在无相反证据证明的情况下，甲公司的住所地也应位于昌平区。

9-10 公司经营范围及法定代表人

【知往事·新旧对照】

2018 年《公司法》 （阴影部分为修改或删除的内容）	2023 年《公司法》 （黑体部分为修改或增加的内容）
第十二条 公司的经营范围由公司章程规定，并依法登记。公司可以修改公司章程，改变经营范围，但是应当办理变更登记。 公司的经营范围中属于法律、行政法规规定须经批准的项目，应当依法经过批准。	第九条 公司的经营范围由公司章程规定。公司可以修改公司章程，变更经营范围。 公司的经营范围中属于法律、行政法规规定须经批准的项目，应当依法经过批准。
第十三条 公司法定代表人依照公司章程的规定，由董事长、执行董事或者经理担任，并依法登记。公司法定代表人变更，应当办理变更登记。	第十条 公司的法定代表人按照公司章程的规定，由代表公司执行公司事务的董事或者经理担任。 担任法定代表人的董事或者经理辞任的，视为同时辞去法定代表人。 法定代表人辞任的，公司应当在法定代表人辞任之日起三十日内确定新的法定代表人。

【知来者·条文释义】

新《公司法》第九条对 2018 年《公司法》在内容上并无实质修改，仅是删去"并依法登记""但是应当办理变更登记"。因《公司法》第三十二条公司登记事项中已经规定包含经营范围，此处删去并无影响，行文上更加简练。

2023 年《公司法》第十条删除 2018 年《公司法》"由董事长、执行董事或者经理担任"的表述，扩大了法定代表人的选任范围，概括性规定"由代表公司执行公司事务的董事或经理"担任法定代表人。新增法定代表人的辞任、补任规则。

公司经营范围是指国家允许企业生产和经营的商品类别、品种及服务项目，反映企业业务活动的内容和生产经营方向，是企业业务活动范围的界限。确定公司的经营范围，还涉及以下因素：一是方便投资者了解公司资金的投入方向，也就是资金投入的项目以及该项目已经存在或者可能存在的风险；二是为公司开展经营活动确定大体的范围，有利于公司经营活动的专业化发展；三是有利于公司董事、监事、经理以及其他高级管理人员认清公司发展的前景以及努力的方向；四是有利于建立和维护一定的管理秩序、经营秩序，防止市场竞争的无序状态。

公司经营范围的确定，主要包括以下内容：公司经营范围由公司章程规定。公司的经营范围由公司自行确定，这是符合社会主义市场经济基本要求的。

公司经营范围必须依法进行登记。企业法人的经营范围，应当与其资金、场地、设备、从业人员以及技术力量相适应。公司的经营范围必须依法进行登记，由登记机关依法予以审查核准登记。

公司变更经营范围必须依法办理变更登记。公司可以根据需要更改自己的经营范围，或者扩大经营范围，或者缩小经营范围，这是法律允许的。公司变更经营范围需要经过的法定程序是：一是由股东会（股东大会）依法修改公司章程，对经营范围作出变更；二是向公司登记机关提出变更经营范围的申请；三是由公司登记机关依法进行变更登记。如果经营范围属于法律、行政法规规定须经批准的项目，则应当在依法获得批准后，再向公司登记机关提出变更经营范围的申请。

公司经营范围中属于法律、行政法规规定须经批准的项目，应当依法经过批准。所谓经批准的项目，是指应当具备特定的条件并经政府有关行政主管部门批准后方可经营的项目。

公司的法定代表人对外代表公司，其以公司名义对外实施的行为，就是公司的行为，该行为的法律后果直接由公司承担。因此，公司法定代表人如何确定，应当由公司章程规定。这是因为公司章程作为公司组织和行为的规则，需要对公司如何进行组织、如何开展活动、由谁对外代表公司等事项作出明确的规定。

【知践行·适用指引】

公司经营范围登记制度，主要有以下功能：

一是公司存在和发展的基础。公司基于特定意图设立，以经营范围规制特定生产要素组织机构，确定特定营业的财产组织和功能状态，整合公司所有的资源。

二是对交易相对方的保护与限制。政府机关利用公信力，通过登记信息公开、营业执照记载等形式，向社会公众公示公司的一般经营资格和特许经营资格。交易对象据此判断公司的资格和履约能力，达到降低交易成本、维护交易安全的目的。

三是保护投资者和约束经营者的手段。公司章程中规定经营范围，保证投资者的投入符合出资初衷。经营者也要保证股东的投资用于章程约定的经营项目。

四是政府监管的重要渠道。通过经营范围的审查登记，便于对相关行业发展施以影响和控制，落实国家行业准入政策。[1]

公司法定代表人具有必设性、唯一性和固定性等特点。[2] 然而，现代公司作为一种以盈利为目的的企业组织，由于组成这一复杂网络的诸多合同的内容由当事人协商订立，因此，它允许管理者和投资者能够按照他们自己的意愿来建构公司治理体系，[3] 也就是我们通常所说的公司自治。公司自治意指公司事务由公司作为独立主体依其意思自主决定，

---

[1] 代志兴：《当前公司经营范围登记制度存在的问题及建议》，载《经济师》2019 年第 4 期。

[2] 袁碧华：《法定代表人的制度困境与自治理念下的革新》，载《政法论丛》2020 年第 6 期。

[3] 赵磊：《公司自治的限度——以有限公司股东资格取得与丧失为视角》，载《法学杂志》2014 年第 10 期。

国家一般不加干预。①公司法定代表人应当严格遵守执行，依法行使自己的职权，履行法律、法规以及公司章程规定的义务，不得利用职权收受贿赂或者其他非法收入，不得侵占公司财产。否则，要依法承担相应的法律责任。

公司法定代表人作为公司的代表，按照公司章程的规定确定以后，应当依法进行登记；发生变更的，应当办理变更登记。

【知前鉴·典型案例】

▶公司法定代表人的任免或者更换，属于公司自治范围，人民法院不应干预。

案号：（2019）鄂 0192 民初 3931 号、（2020）鄂 01 民终 10587 号

案例名：张某诉兴新公司请求变更公司登记纠纷案

案情：兴新公司章程规定，公司不设董事会，执行董事为法定代表人。2004 年 3 月 11 日，兴新公司召开股东会，形成决议选举张某为执行董事、法定代表人。2004 年 3 月 16 日，某市工商行政管理局核准兴新公司法定代表人变更为张某。2018 年 12 月 28 日，兴新公司出具离职证明，载明张某原系公司员工，担任执行董事职务，经双方协商一致解除劳动合同关系。后兴新公司被吊销营业执照，但兴新公司法定代表人、执行董事仍登记为张某。张某向法院提起诉讼，请求变更登记兴新公司法定代表人为公司股东杨某。

解析：法定代表人采用在限定的范围内由公司章程规定的做法，赋予了公司在法定代表人的选任上有一定的自主选择权。②张某并无证据证实兴新公司已召开股东会并形成了有效决议，并且由于召开股东会并作出变更法定代表人的决议属于公司内部事务，人民法院无权直接判令该公司变更法定代表人或判决张某不担任法定代表人。

---

① 李建伟：《公司法学》，中国人民大学出版社 2018 年版，第 107 页。

② 上海市高级人民法院民二庭课题组：《公司意志代表权争议的现状与问题解决思路》，载《法律适用》2013 年第 5 期。

▶在公司内部的治理机制失灵且被委托主体穷尽救济途径而无法维护其权益时，其提起诉讼要求公司涤除法定代表人应得到支持。

案号：（2023）粤01民终4450号

案例名： 圣天源公司与叶某请求变更公司登记纠纷案

案情： 2017年9月11日，圣天源公司注册成立，夏某花持股80%，融某丰有限合伙企业持股20%。叶某在工商登记上为圣天源公司法定代表人。2019年10月9日，叶某与圣天源公司签订《劳动合同》，约定，劳动合同期限自2019年10月9日至2021年10月8日止，劳动合同期满的，劳动合同终止等。合同期满后，叶某未在圣天源公司工作，圣天源公司也没有向叶某发放工资。叶某述称其并非圣天源公司股东，劳动合同到期后未实际参与圣天源公司的经营管理，未在圣天源公司领取过报酬，未行使过经理、法定代表人职权。叶某多次要求圣天源公司涤除其在圣天源公司作为法定代表人的工商登记事项，未果，遂诉至法院要求涤除叶某作为圣天源公司法定代表人的工商登记。

解析： 2018年《公司法》第十三条规定："公司法定代表人依照公司章程的规定，由董事长、执行董事或者经理担任，并依法登记。公司法定代表人变更，应当办理变更登记。"虽公司法定代表人的选任、更换属于公司自治管理范畴，在不违背法律、行政法规强制性规定的情况下，司法权不宜介入干预。但在作为法定代表人的被委任主体与公司不存在实质性关联，其实际已不具备对内管理公司，对外代表公司的基本能力和实质条件时，如果强迫相关自然人继续担任公司的法定代表人，则会让其承受持续的潜在法律风险，既不便于公司的正常经营管理，也不便于保护公司相关债权人的利益。在公司内部的治理机制失灵且被委托主体穷尽救济途径而无法维护其权益时，其提起诉讼要求公司涤除法定代表人应得到支持。本案中，叶某与圣天源公司签订的案涉劳动合同约定的期限为2021年10月8日止，该合同期满后未有证据显示双方还存在劳动合同关系。此外，圣天源公司主张叶某与其为合作关系，但并未提供证据予以证明，法院对此不予认定。综上，一审法院判令圣天源公司涤除叶某作为其法定代表人的工商登记事项并无不当。

11 法定代表人行为后果规则

【知往事·新旧对照】

2018 年《公司法》 （阴影部分为修改或删除的内容）	2023 年《公司法》 （黑体部分为修改或增加的内容）
	第十一条　法定代表人以公司名义从事的民事活动，其法律后果由公司承受。 　　公司章程或者股东会对法定代表人职权的限制，不得对抗善意相对人。 　　法定代表人因执行职务造成他人损害的，由公司承担民事责任。公司承担民事责任后，依照法律或者公司章程的规定，可以向有过错的法定代表人追偿。

【知来者·条文释义】

本条是关于法定代表人行为的效果归属及法定代表人职务侵权行为责任承担的规定。

2018 年《公司法》并未规定法定代表人行为的后果规则，2023 年《公司法》增加了此规则。《民法典》第六十一条[①]、第六十二条[②]规定了

[①]　《民法典》第六十一条规定："依照法律或者法人章程的规定，代表法人从事民事活动的负责人，为法人的法定代表人。法定代表人以法人名义从事的民事活动，其法律后果由法人承受。法人章程或者法人权力机构对法定代表人代表权的限制，不得对抗善意相对人。"

[②]　《民法典》第六十二条规定："法定代表人因执行职务造成他人损害的，由法人承担民事责任。法人承担民事责任后，依照法律或者法人章程的规定，可以向有过错的法定代表人追偿。"

法人的法定代表人责任，公司作为法人最常见的组织形式之一，应当在《公司法》中完善规定；第十一条基于《民法典》对公司法定代表人的职责和权限作了具体规定，有助于增强法律的适用性。

公司法定代表人是公司人格的代表，不同于以授权为前提的其他人员的职务行为。故法定代表人以公司的名义实施的行为，后果当然由公司承受。虽然本规定没有使用职务行为的表述，但在判断代表人行为是否应当归属于公司时，首先应当着眼于该行为是否为职务行为。法定代表人对外的职务行为即为公司行为，法律后果由公司承担。这是一种法律上的推定，是对善意第三人的保护性推定；那么，如果明显意识到不是职务行为，就不可能是善意了。公司对法定代表人所负的责任，也包括越权行为的责任。公司章程作为公司内部的行为规范，在通常情况下不易被公司外部的人员知道，所以在确定其外部效力方面，要考虑对善意相对人的权益保护。本条规定对公司章程的对外效力作了适当限制，以保护善意相对人的合法权益。

法定代表人因执行职务造成他人损害的，属于职务侵权。法定代表人的职务侵权行为应该同时符合以下两个要素：一是法定代表人的行为构成对第三人的侵权，包括对第三人人身权和财产权的侵害；二是该侵权行为应为法定代表人执行职务的行为。

公司对外承担民事责任后，在对内责任方面，可以依照法律或者公司章程的规定，向有过错的法定代表人追偿。这一规定涉及法定代表人职务侵权行为的内部责任分担问题。一般情况下，在职务侵权行为中，行为的法律后果完全由公司承担，法定代表人不需承担该行为的民事责任，但在以下两种情况下，公司可以向有过错的法定代表人追偿：一是根据法律规定。法定代表人的职务行为或与职务行为有关联的加害行为符合侵权责任的构成要件：（1）法定代表人的相关行为具有违法性；（2）相关行为造成了损害后果；（3）法定代表人的行为与损害后果之间具有因果关系；（4）除适用无过错责任的情况外，法定代表人有过错。二是根据公司章程规定。如果公司的章程中明确规定法定代表人对职务侵权行为应该承担相应的责任，那么在此种情形下，公司可以在对外赔偿后，依据公司章程的规定，向有过错的法定代表人进行追偿。

【知践行·适用指引】

为保护交易安全，保护善意第三人的信赖利益，审判实践中，应当注意从三个方面把握：（1）在公司内部，通过章程或者权力机构的决议等方式对法定代表人的权限进行限制，是有效的。（2）该种限制的效力能否对抗第三人，则取决于第三人是否善意：在相对人属于善意，即不知道或不应当知道存在此种限制的情形下，则公司对法定代表人的越权行为不得主张效果不归属于公司；在相对人实际知道或因重大过失而不知道此种限制的情形下，则该越权行为的效果不归属于公司，其法律后果应当类推适用无权代理制度，由法定代表人承担个人责任。（3）在举证责任分配方面，应推定相对人为善意，相对人知道或应当知道法定代表人权力受限的事实的，应由公司一方负担举证责任。

司法实践中应注意，本条所规定的侵权责任是一种特殊侵权责任。侵权责任的成立必须具备以下两个条件：（1）必须是公司的代表人因执行职务的行为而致人损害。（2）法定代表人的加害行为须具备侵权责任的构成条件，如加害行为的违法性，损害后果、加害行为与损害后果之间存在因果关系及行为人有过错（适用无过错责任的除外）。公司对于其代表人或其他有代表权的人的加害行为承担责任后，有权根据法律规定或者公司章程、组织规章的规定，对有过错的代表人或其他有代表权的人行使追偿权。

【知前鉴·典型案例】

▶法定代表人以公司法人名义从事的民事活动，其法律后果由公司法人承受。法人章程或者法人权力机构对法定代表人代表权的限制，不得对抗善意相对人。

案号：（2021）桂民终 345 号

案例名： 付某诉某电气公司、邓某建设工程施工合同纠纷案

案情： 2015 年 8 月 20 日，邓某作为某电气公司的法定代表人与第三人建昌公司签订《临桂联发油气站施工协议书》，协议约定由建昌公司以包工包料的方式承包工程，2015 年 8 月 12 日，建昌公司向邓某个人账户转账 10 万元。同月 25 日，建昌公司向邓某个人账户转账 40 万元。同日，邓某出具收据一份交付某收执，收据内容为：兹收到付某交来某电气公司项目建筑施工押金 50 万元整。协议签订后，付某作为工程实际承包人进场施工，由于涉案工程无法正常施工，已停工。经付某催要，某电气公司、邓某未按协议约定退回保证金。后建昌公司将债权转让给付某。付某起诉某电气公司返还保证金，邓某承担连带责任，法院予以支持。

解析： 邓某在签订案涉《施工协议书》时系某电气公司的法定代表人、执行董事、经理，其在《施工协议书》上加盖某电气公司公章及个人印章，属于对外以某电气公司名义从事商事经营活动的职务行为。虽然案涉《施工协议书》上某电气公司的印章经查明系邓某个人私刻的公章，但建昌公司在签订案涉《施工协议书》时基于工商登记邓某为某电气公司法定代表人公示效力的信赖，与邓某协商签订涉案《施工协议书》，已尽到合理的谨慎注意义务。

12 公司形式变更

【知往事·新旧对照】

2018 年《公司法》 （阴影部分为修改或删除的内容）	2023 年《公司法》 （黑体部分为修改或增加的内容）
第九条 有限责任公司变更为股份有限公司，应当符合本法规定的股份有限公司的条件。股份有限公司变更为有限责任公司，应当符合本法规定的有限责任公司的条件。 有限责任公司变更为股份有限公司的，或者股份有限公司变更为有限责任公司的，公司变更前的债权、债务由变更后的公司承继。	**第十二条** 有限责任公司变更为股份有限公司，应当符合本法规定的股份有限公司的条件。股份有限公司变更为有限责任公司，应当符合本法规定的有限责任公司的条件。 有限责任公司变更为股份有限公司的，或者股份有限公司变更为有限责任公司的，公司变更前的债权、债务由变更后的公司承继。

【知来者·条文释义】

本条是关于公司变更及其债权债务处理的规定，条文内容无变化。

第一，公司组织形式变更的条件。

《公司法》明确规定了有限责任公司与股份有限公司之间可以相互变更，且变更时应符合新的公司组织形式的法定条件。《公司法》第一百零八条进一步规定："有限责任公司变更为股份有限公司时，折合的实收股本总额不得高于公司净资产额。有限责任公司变更为股份有限公司，为增加资本公开发行股份时，应当依法办理。"净资产额是公司资产总额减去负债总额的余额，代表了股东在公司中财产的价值，即公司实际拥有的资产数额。有限责任公司变更为股份有限公司的，原有限责任公司的净资产额没有任何增加。所以，原有限责任公司的资产所折合的股份总额应当与公司的净资产额相等，以确保公司资本真实，防止损害后加入的股东、债权人的利益。

第二，公司组织形式变更的程序。

《公司法》的规定如下：（1）董事会拟订公司变更的方案。董事会对股东会负责，制订"变更公司形式的方案"。（2）股东会特别决议。变更公司形式的最终决定权在股东会（《公司法》第五十九条、第一百一十二条），适用特别决议规则（《公司法》第六十五条、第一百一十六条），即有限责任公司必须经代表三分之二以上表决权的股东通过，股份有限公司必须经出席会议的股东所持表决权的三分之二以上通过。（3）变更登记。除了公司组织形式发生变更外，还有资本、章程、股东等发生变更，公司应当依法向原登记机关申请变更登记。

第三，公司组织形式变更的效力。

一是债务承担。由于公司组织形式的变更并不导致公司法人资格的中断，所以，有效的公司变更发生后，原公司的债权、债务由变更后的公司概括承继。

二是公司变更无效与可撤销。公司组织形式的变更本身是法律行为，如果欠缺法定要件或者违反法定程序，会导致无效或被撤销。一般认为，与公司设立无效或被撤销不同，公司组织形式的变更无效或被撤销，并不导致公司解散和清算，而是复归为公司变更前的公司形态。

三是营业记录连续计算。公司变更后，其营业记录应当连续计算。

【知践行·适用指引】

有限责任公司在经营过程中，可能会因资金需求量的增加等原因而要求改为股份有限公司，以便向社会公众筹集更多的资金。但有限责任公司与股份有限公司毕竟是两种不同类型的公司，在设立、内部组织机构的设置及组成以及对内对外事务的管理等方面都存在不同之处，所以有限责任公司在变更为股份有限公司时，必须符合股份有限公司的条件。

有限责任公司变更为股份有限公司或者股份有限公司变更为有限责任公司以后，原有限责任公司或者原股份有限公司就不再存在，但原有限责任公司或者原股份有限公司的债权、债务仍然存在，不会因为原有限责任公司或者原股份有限公司的不再存在而自动消失。因此，本条第二款明确规定，有限责任公司变更为股份有限公司的，或者股份有限公司变更为有限责任公司的，公司变更前的债权、债务由变更后的公司承继。即原有限责任公司或者原股份有限公司的债权、债务，转移到变更后的股份有限公司或者有限责任公司之上，债权由变更后的股份有限公司或者有限责任公司享受，债务由变更后的股份有限责任公司或者有限责任公司承担。

【知前鉴·典型案例】

▶公司形式变更前的债权、债务关系由变更后的公司承担。

案号：（2018）津 0114 民初 11481 号

案例名： 翔泰公司与杨某定作合同纠纷案

案情： 翔泰公司系经营轻质建筑材料制造、销售；建筑模壳加工、销售等业务的企业。翔泰公司与杨某签订《定作合同》，约定杨某从翔泰公司处定制空心块。合同签订后，翔泰公司如约履行了合同义务，杨某并未按时全额给付翔泰公司货款，故成讼。翔泰公司于 2015 年 12 月 30 日将名称从有限责任公司变更为股份有限公司。

解析： 公司变更前的债权、债务关系由变更后的公司承担。翔泰公司与杨某之间的定作关系成立且合法有效，受法律保护。翔泰公司依约为杨某制造提供空心块等货物，杨某理应按时支付翔泰公司货款，借故拖欠的行为是错误的，应承担本案的民事责任。

13 分公司与子公司

【知往事·新旧对照】

2018 年《公司法》 （阴影部分为修改或删除的内容）	2023 年《公司法》 （黑体部分为修改或增加的内容）
第十四条 公司可以设立分公司。设立分公司，应当向公司登记机关申请登记，领取营业执照。分公司不具有法人资格，其民事责任由公司承担。 公司可以设立子公司，子公司具有法人资格，依法独立承担民事责任。	**第十三条** 公司可以设立子公司。子公司具有法人资格，依法独立承担民事责任。 公司可以设立分公司。分公司不具有法人资格，其民事责任由公司承担。 （条款顺序变更，除删除内容外，其他内容无实质变化）

【知来者·条文释义】

本条是关于分公司与子公司的规定，第一款中设立分公司的登记条款已经由《公司法》第三十八条①单独规定。

子公司是相对于母公司而言的，它是独立于向它投资的母公司而存在的独立主体。子公司有如下特征：一是子公司一定比例以上的资本被另一公司持有或通过协议方式受到另一公司实际控制。对子公司有控制权的公司是母公司。子公司的重大事务都是由母公司实际决定的。二是子公司是独立的法人。子公司在经济上受母公司的支配与控制，但在法律上，它具有独立的法人资格。子公司的独立性主要表现为：拥有独立的公司名称和公司章程；具有独立的组织机构；拥有独立的财产，能

---

① 《公司法》第三十八条规定："公司设立分公司，应当向公司登记机关申请登记，领取营业执照。"

够自负盈亏，独立核算；以自己的名义开展经营活动，从事各类民事活动；独立承担公司行为所带来的一切后果和责任。根据子公司的特征，本条明确规定了子公司的法律地位，即子公司具有企业法人资格，依法独立承担民事责任。

分公司是指在业务、资金、人事等方面受总公司管辖而不具有法人资格的分支机构。分公司属于总公司分支机构，在法律上、经济上没有独立性，不具有企业法人资格，仅仅是总公司的附属机构。分公司没有自己的名称、章程，没有自己的财产，并以总公司的资产对分公司的债务承担法律责任。

分公司有如下特征：一是分公司是由总公司依法设立的，分公司的主要业务活动完全由总公司决定，分公司一般是以总公司的名义并根据它的委托来进行业务活动的。二是分公司没有自己独立的财产，分公司的所有资产全部属于总公司。分公司与总公司在经济上统一核算，其实际占有和使用的财产是总公司财产的一部分，列入总公司的资产负债表中。三是分公司不是公司，它的设立不需依照公司设立程序，只要在履行简单的登记和营业手续后即可成立。四是分公司不独立承担民事责任。五是分公司没有自己独立的名称和章程，而只能使用与总公司同样的名称和章程。

【知践行·适用指引】

子公司与分公司都是企业经营组织的重要形式，二者都具有经营资格，但二者有着本质的区别。

1.二者的法律地位不同。子公司具有独立的主体资格，享有独立的法人地位。分公司是法人的分支机构，不具有独立的民事和商事主体资格，不具有法人资格。

2.二者的名称称谓不同。分公司不具有独立的名称，子公司有自己独立的名称。分公司名称需要包含母公司的名称；子公司可以自行起名称，不需要加母公司的名称。

3. 二者的经营范围不同。分公司经营范围不得超出母公司的经营范围，子公司可以自行选择经营范围，一般无限制。

4. 二者设立的程序不同。分公司的设立程序与一般意义上的公司设立程序不同，设立分公司只需办理简单的登记和开业手续。而子公司需要按照正常规定进行申请和设立。

5. 二者的财产关系不同。在财产关系结构上，子公司虽然有母公司的参与，但仍有属于自己的财产。分公司的财产则全属于本公司，是本公司财产不可分割的组成部分。

6. 与总 / 母公司的控制关系不同。母公司对子公司的控制必须符合一定的法律条件。母公司对子公司的控制一般不是采取直接控制，更多是采用间接控制方式，即通过任免子公司董事会成员和投资决策来影响子公司的生产经营决策。而分公司则不同，其人事、业务、财产受总公司直接控制，在总公司的经营范围内从事经营活动。

7. 二者承担债务责任的方式不同。分公司不具有企业法人资格，不能独立地对外承担民事责任，其民事责任由成立分公司的公司承担。子公司具有独立的企业法人资格，可以依法独立地对外承担民事责任，母公司对子公司的债务不承担责任。

8. 领取的营业执照不同。子公司领取的是企业法人营业执照，有法定代表人姓名字样。分公司领取的是营业执照，有负责人字样。

【知前鉴·典型案例】

▶分公司不具有法人资格，其民事责任由总公司承担。由于分公司不具有独立的法律地位，总公司对其实际的设立和撤销具有决定权，且一经决定便产生法律效力。对于分公司的工商登记信息，其主要目的是便于行政管理，而其是否办理登记，不影响公司基于独立法人性质行使对其分公司所享有的民事权利和民事义务。

来源：《最高人民法院公报》2008 年第 2 期（总第 136 期）

案例名：泛华公司与某保险公司商品房预售合同纠纷案

案情： 某保险公司原名为某人寿保险有限公司，1996年9月经批准设立了某保险重庆分公司。2003年6月，某保险公司独家发起设立了某保险股份有限公司，同年8月，某保险公司又更名为某保险（集团）公司。2004年7月，某保险（集团）公司发文同意注销某保险重庆分公司及其所属分支机构营业执照，原某保险重庆分公司及其直属机构的相关债权债务由某保险（集团）公司承担。1998年5月，泛华公司与某保险重庆分公司签订了《商品房预售（预购）合同》约定：泛华公司将其开发建设的泛华大厦预售给某保险重庆分公司。泛华公司向某保险重庆分公司发出《商品房入住通知》，2005年2月，某保险（集团）公司向重庆市高级人民法院诉请泛华公司依约履行交房义务并承担违约金。泛华公司认为某保险（集团）公司不是购房合同的相对方，不享有购房合同的权利。

解析： 本案所涉合同的一方签约主体为某保险重庆分公司，其系属某保险有限公司设立的分公司。某保险（集团）公司与某保险重庆分公司的总公司某保险有限公司仅为变更前后公司名称的差异，实系同一法人。某保险（集团）公司变更设立后，某保险重庆分公司虽未因之变更相应名称，但2004年7月，某保险（集团）公司向重庆市工商行政管理局出具《关于注销原某保险重庆市分公司及其所属分支机构的函》，申请注销某保险重庆分公司，同时表明原某保险重庆分公司及所属分支机构的相关债权债务由该公司承担。某保险（集团）公司申请注销某保险重庆分公司的行为，属公司基于经营发展需要对其分支机构的变更调整。根据《公司法》规定，公司可以设立分公司，分公司不具有企业法人资格，其民事责任由公司承担。因此，公司分支机构于法人变更过程中是否已实际经工商注销完毕，不影响公司基于独立法人性质行使对其分支机构所享有的民事权利和民事义务。

14-15 转投资与公司担保

【知往事·新旧对照】

2018 年《公司法》 （阴影部分为修改或删除的内容）	2023 年《公司法》 （黑体部分为修改或增加的内容）
第十五条 公司可以向其他企业投资；但是，除法律另有规定外，不得成为对所投资企业的债务承担连带责任的出资人。	第十四条 公司可以向其他企业投资。 法律规定**公司**不得成为对所投资企业的债务承担连带责任的出资人**的，从其规定**。
第十六条 公司向其他企业投资或者为他人提供担保，依照公司章程的规定，由董事会或者股东会、股东大会决议；公司章程对投资或者担保的总额及单项投资或者担保的数额有限额规定的，不得超过规定的限额。 公司为公司股东或者实际控制人提供担保的，必须经股东会或者股东大会决议。 前款规定的股东或者受前款规定的实际控制人支配的股东，不得参加前款规定事项的表决。该项表决由出席会议的其他股东所持表决权的过半数通过。	第十五条 公司向其他企业投资或者为他人提供担保，**按照**公司章程的规定，由董事会或者股东会决议；公司章程对投资或者担保的总额及单项投资或者担保的数额有限额规定的，不得超过规定的限额。 公司为公司股东或者实际控制人提供担保的，**应当**经股东会决议。 前款规定的股东或者受前款规定的实际控制人支配的股东，不得参加前款规定事项的表决。该项表决由出席会议的其他股东所持表决权的过半数通过。

【知来者·条文释义】

第十四条是关于公司对外投资责任限制的规定。本条的除外条款有所变化，变为按照法律规定，公司"不得成为对所投资企业的债务承担连带责任的出资人的，从其规定"。公司转投资，是指公司作为投资主体，以公司法人财产作为对另一企业的出资，从而使本公司成为另一企业成员的行为。转投资势必涉及转投资公司的权利特别是债权人的利益，如果从法律上不加以限制，就有可能损害公司特别是债权人的权益。

第十五条是关于公司对外投资及担保应遵守的程序规定，本条内容并无实质变化。公司向其他企业投资或者为他人提供担保，应当由公司机关作出决议。对外投资和为他人提供担保，是公司的重大经营行为和民事活动，有较大的风险，如果决策不当，将会给公司、公司的股东和债权人造成损失。对这类行为，公司应当充分考虑其风险，进行合理判断，作出决策。为了引导公司对这类重大行为作出科学的决策、保证公司行为的恰当性、避免风险，法律作出规定。

【知践行·适用指引】

对《公司法》第十五条规范性质的不同理解，决定了越权代表行为不同效力的认定规则。在相当长一段时间内，司法实践中的主流观点认为，该条性质上属于管理型规定，故即便法定代表人未经决议程序擅自对外签订担保合同，也不影响合同效力。其结果一方面完全架空了《公司法》第十五条的规定；另一方面，让公司承担担保责任，不利于保护股东尤其是中小股东的合法权益。另一种观点认为，该条属于效力性规定，违反的后果是担保合同无效。但一概认定担保合同无效，既不利于善意相对人的保护，有时也不符合公司自身的利益；这种无效不同于违反损害国家利益、社会公共利益的绝对无效，是针对特定当事人的相对无效。正是看到前述两种观点存在的不足，最高人民法院 2019 年 11 月 8 日发布的《全国法院民商事审判工作会议纪要》改采纳代表权限制规范说，认为其作为《公司法》规定的规范，属于组织规范的范畴，限制的是法定代表人的代表权限，即法定代表人尽管可以一般地代表公司对外从事行为；但对于担保行为，因其涉及公司以及股东的重大利益，不是法定代表人所能单独决定的事项，而必须以公司股东会、董事会等公司机关的决议作为法定代表人代表权的基础和来源。法定代表人未经授权擅自为他人提供担保的，构成越权代表，应当根据《民法典》第五百零四条的规定来认定效力。需要特别说明的是，效力性规定和管理性规定是对强制性规定所作的区分，而强制性规定、任意性规定本身属于行为规范的范畴。而《公司法》作为组织法，其规范既有组织规范，也有行为规范，而《公司法》第十五条就属于组织规范的范畴，因而不能简单地将其归入管理性规定或者效力性规定。

公司对外担保案件的基本裁判思路，可以归纳为以下三个步骤：

一是看有无决议。法定代表人未经公司决议程序对外提供担保，构成越权代表；相对人未审查公司决议，就直接与公司签订担保合同，表明其非善意相对人，因而公司不承担担保责任。当然，公司不承担担保责任，并不意味着无需承担任何责任，在一定情况下，公司也应承担一定的责任。

二是有决议的，要看是否为适格决议。此时要根据最高人民法院2019年11月8日发布的《全国法院民商事审判工作会议纪要》第十八条的规定，区别关联担保和非关联担保：前者必须是股东会或股东大会决议；后者为董事会决议或股东会决议。

三是尽管有决议，但在决议系伪造、变造等情况下，已经尽了必要形式的审查义务的善意相对人，可根据表见代表规则请求公司承担担保责任。

【知前鉴·典型案例】

▶在债权人明知关联担保应由公司股东大会决议的情况下，未作相应审查，该担保行为对公司不发生法律效力。

案例名： 乙公司诉甲公司、甲集团公司借款合同纠纷案

案情： 2016年9月20日，甲集团公司作出股东会决议向乙公司借款2亿元。甲公司（上市公司，甲集团公司为其控股股东）董事会作出董事会决议，同意为甲集团公司向B公司借款2亿元提供连带责任保证。2016年9月26日，乙公司与某银行支行、甲集团公司签订《委托

贷款协议》，约定乙公司委托该行按协议约定向借款人发放贷款2亿元。同日，乙公司与甲集团公司签订《借款合同》，作为《委托贷款协议》的补充。同日，甲公司向乙公司出具《不可撤销担保函》，双方签订了《最高额保证合同》，为《委托贷款协议》项下借款提供连带责任保证，甲公司时任法定代表人曲某在该函及合同上加盖私章及公司印章。2016年9月28日，乙公司通过某银行支行向甲集团公司发放贷款2亿元。后因涉案借款未按期偿还，双方遂诉至法院。

　　解析：上市公司属于公众性公司，又具有资合性的结构特性，决定了其在对外担保的纠纷中应当倾向于保护股东特别是中小股东的利益。甲公司虽于2016年9月20日作出了同意为甲集团公司就涉案债务提供担保的董事会决议，但该决议并不符合当时《公司法》第十五条第二款的规定，故涉案担保并未经过甲公司作出有效决议。同时，乙公司系商事主体，根据其在二审中所作陈述，表明在涉案借款及担保合同磋商阶段，其明知涉案担保事项应经甲公司股东会作出决议，其未要求甲公司提交相关股东会决议，反而直接接受了甲公司提供的不符合《公司法》第十五条第二款规定的董事会决议，未尽到必要的审查义务，主观上具有过错。在甲公司对案涉担保不予追认的情况下，案涉担保对甲公司不发生法律效力。

16-17 职工权益保护与职业教育、工会

【知往事·新旧对照】

2018 年《公司法》 （阴影部分为修改或删除的内容）	2023 年《公司法》 （黑体部分为修改或增加的内容）
第十七条 公司必须保护职工的合法权益，依法与职工签订劳动合同，参加社会保险，加强劳动保护，实现安全生产。 公司应当采用多种形式，加强公司职工的职业教育和岗位培训，提高职工素质。	第十六条 公司应当保护职工的合法权益，依法与职工签订劳动合同，参加社会保险，加强劳动保护，实现安全生产。 公司应当采用多种形式，加强公司职工的职业教育和岗位培训，提高职工素质。
第十八条 公司职工依照《中华人民共和国工会法》组织工会，开展工会活动，维护职工合法权益。公司应当为本公司工会提供必要的活动条件。公司工会代表职工就职工的劳动报酬、工作时间、福利、保险和劳动安全卫生等事项依法与公司签订集体合同。 公司依照宪法和有关法律的规定，通过职工代表大会或者其他形式，实行民主管理。 公司研究决定改制以及经营方面的重大问题、制定重要的规章制度时，应当听取公司工会的意见，并通过职工代表大会或者其他形式听取职工的意见和建议。	第十七条 公司职工依照《中华人民共和国工会法》组织工会，开展工会活动，维护职工合法权益。公司应当为本公司工会提供必要的活动条件。公司工会代表职工就职工的劳动报酬、工作时间、**休息休假**、劳动安全卫生和**保险福利**等事项依法与公司签订集体合同。 公司依照宪法和有关法律的规定，**建立健全以职工代表大会为基本形式的民主管理制度**，通过职工代表大会或者其他形式，实行民主管理。 公司研究决定改制、**解散、申请破产**以及经营方面的重大问题、制定重要的规章制度时，应当听取公司工会的意见，并通过职工代表大会或者其他形式听取职工的意见和建议。

【知来者·条文释义】

《公司法》第十六条是关于保护公司职工权益的规定。本条自1993年《公司法》制定时入法，该法第十五条规定："公司必须保护职工的合法权益，加强劳动保护，实现安全生产。公司采用多种形式，加强公司职工的职业教育和岗位培训，提高职工素质。"2005年《公司法》修订时，新增"依法与职工签订劳动合同，参加社会保险"规定。

《公司法》第十七条是关于公司职工依法组织工会和参与民主管理的规定。2005年《公司法》修订时，在1993年《公司法》第十六条第一款基础上新增"公司工会代表职工就职工的劳动报酬、工作时间、福利、保险和劳动安全卫生等事项依法与公司签订集体合同。公司依照宪法和有关法律的规定，通过职工代表大会或者其他形式，实行民主管理。公司研究决定改制以及经营方面的重大问题、制定重要的规章制度时，应当听取公司工会的意见，并通过职工代表大会或者其他形式听取职工的意见和建议"的规定。该条新增列举"休息休假"为签订集体合同的事项，强化职工权益保障。职工代表大会是中国特色的企业民主管理模式，《公司法》规定了以职工代表大会为基本形式的民主管理制度，创新并强调了工会与职工参与公司治理的制度。公司既可选择职工代表大会的方式，亦可选择其他民主管理形式。

【知践行·适用指引】

《公司法》增加强化职工权益保障的制度安排，具有重要的实践意义。首先是完善中国特色现代企业制度的需要，《公司法》第一条明确将"保护职工的合法权益"作为立法目的之一；第二十条确立了利益相关者原则。强化职工民主参与是优化公司治理，提升公司科学管理能力和水平的必要措施。其次，是完善劳动关系协商协调机制的需要。强化了以职工代表大会为基本形式的民主管理制度，扩张职工对企业经营重大问题的参与和监督，推进公司构建良好的劳动关系协商协调机制。

最后，是防范化解重大风险的需要。强化职工权益保障有利于公司经营，从源头防范风险，化解矛盾。

从公司法的立法体系来看，我国《公司法》第十六条、第十七条关于职工参与公司治理和对职工利益的保护同样是公司社会责任的重要内容。我国《公司法》早在 2005 年将"社会责任"写入公司法之前就已经有了相关规定。这主要体现在我国《公司法》非常强调职工参与公司治理和民主决策以及职工利益的保护。[①]

保护职工的合法权益，主要体现在：（1）依法与职工签订劳动合同。公司应当本着平等自愿、协商一致的原则，与职工签订劳动合同，确立劳动关系、明确双方的权利和义务，充分尊重和保障职工的劳动权益。劳动合同应为书面形式。（2）依法为职工办理社会保险。根据《劳动法》的规定，国家发展社会保险事业，建立社会保险制度，设立社会保险基金，使劳动者在年老、患病、工伤、失业、生育等情况下获得帮助和补偿；"用人单位和劳动者必须依法参加社会保险，缴纳社会保险费"。因此，依法为职工办理社会保险、缴纳保险费是公司的一项法定义务。（3）加强劳动保护，实现安全生产。根据法律的规定，公司在组织生产经营的过程中，必须采取各项保护措施，对劳动者进行保护。实践中，保护职工合法权益的《公司法》条款需要与《劳动合同法》及《社会保障法》的相关条款相衔接。

公司应当依法实行民主管理。公司职工依法参与公司的管理，有利于维护公司开展正常经营活动的和谐环境，符合现代公司制度发展的潮流。公司职工有权依照《工会法》的规定组织工会，开展工会活动。根据《工会法》的规定，在中国境内的企业、事业单位、机关、社会组织中以工资收入为主要生活来源的劳动者，不分民族、种族、性别、职业、宗教信仰、教育程度，都有依法参加和组织工会的权利。所以公司职工依法组织工会是受到法律保护的。公司职工依法开展工会活动，参

---

① 施天涛：《〈公司法〉第 5 条的理想与现实：公司社会责任何以实施？》，载《清华法学》2019 年第 5 期。

与管理法律规定的事务，可以更好地代表和维护职工的合法利益，并为调动职工的积极性、促进公司的发展提供支持和帮助。为此，公司应当提供必要的条件，支持工会的工作。维护职工合法权益是工会的基本职责。其中一个重要的体现是工会代表职工与企业继续平等协商，签订集体合同。

18　党组织

【知往事·新旧对照】

2018 年《公司法》 （阴影部分为修改或删除的内容）	2023 年《公司法》 （黑体部分为修改或增加的内容）
第十九条　在公司中，根据中国共产党章程的规定，设立中国共产党的组织，开展党的活动。公司应当为党组织的活动提供必要条件。	**第十八条**　在公司中，根据中国共产党章程的规定，设立中国共产党的组织，开展党的活动。公司应当为党组织的活动提供必要条件。

【知来者·条文释义】

　　本条是关于公司中中国共产党基层组织活动的规定。2005 年《公司法》修订时，将 1993 年《公司法》中第十七条"公司中中国共产党基层组织的活动，依照中国共产党章程办理"的内容修改为现在的条文表述，此后未再修改。

【知践行·适用指引】

　　根据《宪法》的规定，国家的根本任务是沿着中国特色社会主义道路，集中力量进行社会主义建设。中国各族人民将继续在中国共产党的领导下，把我国建设成为富强、民主、文明、和谐、美丽的社会主义现代化强国。《宪法》明确指出了中国共产党在我国政治生活和经济建设中的领导地位。为了更好地发挥党的基层组织和党员在公司发展、经济建设中的作用，《公司法》依据《宪法》规定的原则，对公司中党的基层组织活动作了进一步具体的规定。这一规定包括两层含义：一是在公司中设立党的组织，开展党的活动，应当遵守《中国共产党章程》的规定。按照《中国共产党章程》第三十条的规定，"企业、农村、机关、学校、医院、科研院所、街道社区、社会组织、人民解放军连队和其他基层单位，凡是有正式党员三人以上的，都应当成立党的基层组织。"《中国共产党章程》第三十三条第二款、第三款规定，"国有企业党委（党组）发挥领导作用，把方向、管大局、保落实，依照规定讨论和决定企业重大事项。国有企业和集体企业中党的基层组织，围绕企业生产经营开展工作。保证监督党和国家的方针、政策在本企业的贯彻执行；支持股东会、董事会、监事会和经理（厂长）依法行使职权；全心全意依靠职工群众，支持职工代表大会开展工作；参与企业重大问题的决策；加强党组织的自身建设，领导思想政治工作、精神文明建设、统一战线工作和工会、共青团、妇女组织等群团组织。非公有制经济组织中党的基层组织，贯彻党的方针政策，引导和监督企业遵守国家的法律法规，领导工会、共青团等群团组织，团结凝聚职工群众，维护各方的合法权益，促进企业健康发展。"

习近平总书记在 2016 年全国国企党建工作会议上发表了重要讲话，强调"坚持党对国有企业的领导不动摇"和"建立现代企业制度"[1] 必须同步推进。"把党的领导融入公司治理各环节，把企业党组织内嵌到公司治理结构之中"是中国特色现代国有企业制度的显著特征，党组织在公司法人治理结构中的法定地位应予明确和落实，基本要求是"组织落实、干部到位、职责明确、监督严格"。[2] 公司是企业的一种，公司中如果有正式党员 3 人以上的，应当成立党的基层组织。党的基层组织应当按照党章的规定开展活动。二是公司要为公司中党组织开展活动提供支持，如提供必需的活动场所等。

---

[1] 《习近平：坚持党对国有企业的领导不动摇》，载《人民日报》2016 年 10 月 12 日第 1 版。

[2] 杨大可：《论党组织与国企监督机制的融合》，载《当代法学》2020 年第 2 期。

19-20 公司义务、社会责任

【知往事·新旧对照】

2018 年《公司法》 （阴影部分为修改或删除的内容）	2023 年《公司法》 （黑体部分为修改或增加的内容）
第五条第一款 公司从事经营活动，必须遵守法律、行政法规，遵守社会公德、商业道德，诚实守信，接受政府和社会公众的监督，承担社会责任。	第十九条 公司从事经营活动，应当遵守法律法规，遵守社会公德、商业道德，诚实守信，接受政府和社会公众的监督。 第二十条 公司从事经营活动，应当充分考虑公司职工、消费者等利益相关者的利益以及生态环境保护等社会公共利益，承担社会责任。 国家鼓励公司参与社会公益活动，公布社会责任报告。

【知来者·条文释义】

《公司法》第十九条是关于公司经营活动基本原则的规定。第二十条是关于企业社会责任的重点扩充，是新增条款。2005 年《公司法》第五条确立了公司社会责任原则，该条款奠定了公司社会责任作为公司法核心原则的法律地位。2023 年修订的《公司法》第十九条、第二十条将 2018 年《公司法》第五条分解扩充：第十九条继续要求公司从事经营活动时遵守法律法规，遵守社会公德；第二十条则大幅充实了公司社会责任条款。在新发展理念指引下，着眼于构建新发展格局，实现高质量发展，此次对公司社会责任条款的扩充，有利于：第一，遏制公司的见利忘义现象，企业既有经济责任、法律责任，也有社会责任、道德责任，任何企业存在于社会之中，都是社会的企业，铸造公司可持续发展竞争力；第二，公司异于其他民事主体的巨大经济力量及其风险外溢，公司具有尊重与保护利益相关者的社会义务。

根据《公司法》第十九条的规定，公司从事经营活动，必须做到以下几个方面：（1）遵守法律法规。公司必须遵守法律法规，是其开展经营活动的一个前提，这也是其最基本、最重要的一项义务。公司的各项经营活动都必须依法进行。（2）遵守社会公德、商业道德。公司必须遵守社会公德、商业道德，这也是其从事生产经营活动的一个重要条件。社会公德，是指社会全体成员都应当自觉遵循和维护的道德规范。商业道德，是指从事商业活动应当自觉遵循和维护的道德规范。（3）诚实守信。公司开展经营活动，必须诚实守信。市场经济，既是法治经济，也是信用经济。公司与其他市场主体发生交易，必须讲诚实讲信用，方能获得他人的信任，他人方能自觉自愿地与其开展业务联系。（4）接受政府和社会公众的监督。公司从事经营活动是否符合法律、行政法规，是否符合社会公德和商业道德，是否诚实守信，应当自觉接受政府和社会公众的监督。通过监督，可以促使公司的经营活动更加规范化，更好地维护国家利益、社会公共利益以及公司自身的合法权益，维护市场秩序，促进公司健康发展。

根据《公司法》第二十条的规定，公司作为企业法人，虽然以营利为目的，但公司同时也是社会成员，必须承担社会责任，如分担劳动就业的社会责任、维护经济秩序的社会责任、依法纳税的社会责任、依法为员工办理社会保险的社会责任、保护环境的社会责任等。这些要求既与《民法典》绿色原则等基本原则相衔接，也与劳动合同法、税法等社会法和公法的要求相衔接。

【知践行·适用指引】

我国法律关于公司社会责任的规定主要体现在以下方面：第一，对职工利益的保护。《公司法》第十六条第一款规定，公司应当保护职工的合法权益，依法与职工签订劳动合同，参加社会保险，加强劳动保护，实现安全生产。《公司法》第十七条第一款规定，公司职工依照《工会法》组织工会，开展工会活动，维护职工合法权益。公司应当为本公司工会提供必要的活动条件。公司工会代表职工就职工的劳动报酬、工作时间、休息休假、劳动安全卫生和保险福利等事项依法与公司签订集体合同。第二，职工参与公司管理和决策。《公司法》第十七条第二款及第三款规定，公司依照宪法和有关法律的规定，建立健全以职工代表大会为基本形式的民主管理制度，通过职工代表大会或者其他形式，实行民主管理。公司研究决定改制以及经营方面的重大问题、制定重要的规章制度时，应当听取公司工会的意见，并通过职工代表大会或者其他形式听取职工的意见和建议。第三，提高职工素质。《公司法》第十六条第二款规定，公司应当采用多种形式，加强公司职工的职业教育和岗位培训，提高职工素质。第四，《上市公司治理准则》也对公司的社会责任作出要求。我国证监会 2018 年发布的《上市公司治理准则》对利益相关者作出了规定，上市公司应尊重利益相关者的基本权益，切实提升企业整体价值。上市公司应与利益相关者积极合作，共同推动公司持续、健康地发展。第五，外部法律也进行了相应的规定。我国《环境保护法》《劳动法》《未成年人保护法》《职业病防治法》《安全生产法》等外部法律的相关规定也多有涉及公司社会责任的规定，实践中需要进行体系解释。

　　我国《公司法》关于社会责任的规定主要思路体现在两个方面：一是要求公司在从事经营管理活动时须承担社会责任；二是侧重于对公司职工利益的保护。我国《公司法》对职工利益的维护给予了相当的重视。究其原因，主要有两个方面：一方面，在计划经济时代，我国的企业形态主要为国有企业和集体企业。在传统的意识形态影响下，企业职工被认为是企业的主人。另一方面，也说明我国公司法跟紧时代需求，强调公司的社会责任。[①]

---

　　① 施天涛：《公司法论》，法律出版社 2018 年版，第 55~57 页。

【知前鉴·典型案例】

▶企业行使价格自主权时未履行法定义务而损害消费者合法权益的，应承担民事责任。

案号：（2004）高新民一初字第 381 号

案例名：姜某诉红天鹅公司服务合同纠纷案

案情：2004 年 4 月 24 日晚，原告邀请成都的老同学相聚，在被告处用餐，为助兴将自家珍藏多年的五粮液一瓶带到酒店，点了每客 38 元的自助餐标准，女士要了被告店中的饮料。吃完结账时发现，多出 100 元的"酒水服务费"，致使此次聚餐十分扫兴。原告认为被告收取 100 元的酒水服务费没有任何法律依据。

解析：本案是成都市消费者因不满餐饮企业收取酒水服务费而起诉并由法院作出判决的第一案。消费者权益保护源于消费者与经营者之间经济地位尤其是信息在一般意义上的不对称，经营者经营自主权的保护则源于发展市场经济的需要。制定《消费者权益保护法》的宗旨正是在于消费者权益的保护与企业经营自主权之间的平衡。从民法公平、合理的基本原则和《消费者权益保护法》的宗旨来看，在经营者经营自主权的行使与消费者权益保护产生冲突时应当对经营者课以较高的对消费者权益的保障义务，以平衡消费者与经营者之间在经济地位上的不对称。根据《消费者权益保护法》的规定，消费者享有知情权、自主选择权、公平交易权、受尊重权等各项基本权利，与此对应，经营者应当在提供商品或服务时保障消费者上述各项合法权益的行使。在服务合同关系中，企业作为经营者享有合法的经营权，享有在合法基础上自主选择有利于其经营的方式、方法，按照自身的经营理念来运作日常管理活动和面向社会提供商品、服务的自主权利，但这种权利的行使不是没有限制的，除企业的价格行为要接受市场本身自有价值规律的考验和调控外，还应当按照《价格法》的规定，不得进行价格欺诈、牟取暴利、垄断市场，且从保护消费者权益的角度应当明码标价。明码标价的方式和标准应符合《禁止价格欺诈行为的规定》《餐饮修理业价格行为规则》等法律法规的规定，达到显著、醒目，以保障消费者的合法权益。

21　股东禁止行为

【知往事·新旧对照】

2018 年《公司法》 （阴影部分为修改或删除的内容）	2023 年《公司法》 （黑体部分为修改或增加的内容）
第二十条第一款、第二款　公司股东应当遵守法律、行政法规和公司章程，依法行使股东权利，不得滥用股东权利损害公司或者其他股东的利益；不得滥用公司法人独立地位和股东有限责任损害公司债权人的利益。 公司股东滥用股东权利给公司或者其他股东造成损失的，应当依法承担赔偿责任。	**第二十一条**　公司股东应当遵守法律、行政法规和公司章程，依法行使股东权利，不得滥用股东权利损害公司或者其他股东的利益。 公司股东滥用股东权利给公司或者其他股东造成损失的，应当承担赔偿责任。

【知来者·条文释义】

本条是关于股东应当依法行使权利，不得滥用权利以及股东滥用权利的责任承担的规定。1993 年《公司法》制定时，并未规定本条。本条是在 2005 年《公司法》全面修订时增加的，本次《公司法》修正过程中系统性地完善了公司法人人格否认制度，并在第二十三条中进行了全面阐释。

公司股东依法和依章程正当行使权利，是股东的基本义务。股权文化是公司制度和市场经济的活力之源，公司制度的核心在于股权制度。规范股东权利行使，防止股东权利滥用，日益成为现代公司治理中的核心问题。股东滥用股东权利的类型主要有二：第一种是股东滥用股东权利损害公司利益，主要体现为：（1）控制股东进行利己交易；（2）篡夺公司机会，控制股东可以简单地利用其股权上的优势条件来实现对公司商业机会的掠夺；（3）恶意转让控制权，控制权代表着股东可以直接或者间接影响公司的经营管理行为，使控制股东拥有大于其股权本应具有的权能的价值，比如实施关联交易或者转移定价、排挤小股东、溢价出卖控制权等，由此增加了控股股东获得控制权的隐性利益的可能性。①第二种是股东滥用股东权利损害其他股东利益，主要体现为：（1）拒绝派发股利；（2）被迫追加资本；（3）终止雇用少数股东；（4）拒绝小股东参与公司管理。

【知践行·适用指引】

关于权利滥用的标准，有主观说与客观说、外部说与内部说之分。主观说以行为人的主观目的为权利滥用的判断标准；客观说以损害是否实际发生为衡量标准；外部说以是否违反法律的规定为依据；内部说从是否违背权利本质的角度来判断股权滥用。

股东不得滥用股东权利，这一规定主要是针对控股股东而言的。控股股东是从公司控制权角度确立的概念，股东持股达到一定的比例，可认定该股东对公司拥有控制权，但持股未达到公认控股比例的公司股东也可能通过协议或者其他安排实际控制公司事务。控股股东在行使权利的时候，应当负有如下义务：（1）对公司负有的义务。控股股东在公司内部成为实际上的业务执行和经营者，在享有经营管理之权的同时，必须有特定的义务加以约束。（2）控股股东对其他股东的义务。各股东之间同为公司的出资人，共同享有资产收益、参与重大决策、选择管理者等权利，在他们之间也应互相负有诚信的义务。控股股东如果有利用自己的股权控制、支配公司，损害公司其他股东利益的行为，是典型的权利滥用。（3）控股股东的注意义务。所谓控股股东的注意义务，

---

① 赵克祥：《控股股权交易中控股股东的义务——以控制权溢价为视角》，载《暨南学报（哲学社会科学版）》2008 年第 1 期。

是指控股股东在处理公司事务时，应尽如同一个谨慎的人处于同等地位与情形下对其经营的事项所给予的注意一样的谨慎义务，即控股股东在作为业务执行和经营者处理公司事务时，应怀有善意，并从公司的最大利益出发来考虑问题。控股股东应当严格履行忠实义务，严禁危害公司、债权人、社会公众和其他股东的利益，不得有欺诈行为（欺诈行为体现为虚假出资、操纵发行价格、操纵利润分配、操纵信息披露、侵吞公司和其他股东的财产），不得通过关联交易来谋取不正当利益。

股东损害赔偿责任的损害赔偿原则是指因股东滥用股东权利导致公司利益或者其他股东利益受损时，为确定股东损害赔偿责任的范围和额度而应当遵循的原则。股东损害赔偿属于民事损害赔偿中的一种，所以民法一般理论中的损害赔偿原则适用于股东损害赔偿。主要体现在：（1）全面赔偿原则，全面赔偿原则是指加害方需对不法行为造成的所有损失进行赔偿。（2）过失相抵原则，我国《民法典》第一千一百七十三条[1]对该原则进行了规定，其法律后果是减轻侵权人的损害赔偿责任。（3）损益相抵原则，损益相抵是指如果权利人因与赔偿相同的原因获得利益，赔偿义务人有权要求对该权利人获得的收益从赔偿数额中予以扣除，从而重新对损害赔偿的范围进行确定。[2]损害赔偿金的计算上，公司利益主要表现为公司财产，但公司交易机会等消极利益亦是公司利益的重要组成部分，因此当公司无形性财产利益遭受损失时，可以叠加适用损害赔偿和归入权。

在司法实践中适用本条时，可以参照《民法典》第一百七十九条[3]有关民事责任承担方式的规定，对股东滥用股东权利应当承担的责任形

---

① 《民法典》第一千一百七十三条规定："被侵权人对同一损害的发生或者扩大有过错的，可以减轻侵权人的责任。"

② 程啸：《侵权责任法》，法律出版社 2021 年版，第 779 页。

③ 《民法典》第一百七十九条规定："承担民事责任的方式主要有：（一）停止侵害；（二）排除妨碍；（三）消除危险；（四）返还财产；（五）恢复原状；（六）修理、重作、更换；（七）继续履行；（八）赔偿损失；（九）支付违约金；（十）消除影响、恢复名誉；（十一）赔礼道歉。法律规定惩罚性赔偿的，依照其规定。本条规定的承担民事责任的方式，可以单独适用，也可以合并适用。"

式进行具体裁量适用，形成了系统化的股东权利滥用责任体系。如返还不当利益；停止滥用行为；不发生行权人所期望发生的行权效果；限制股权；补充利益分配等。

【知前鉴·典型案例】

▶控股股东滥用资本多数决原则通过的缩短出资期限的股东会决议无效。

案号：（2021）豫 03 民终 568 号

案例名：冯某与匠心公司公司决议纠纷案

案情：匠心公司成立于 2017 年 1 月 13 日，冯某为自然人股东，金禾农业公司为企业法人股东，法定代表人为陈某，张某军为监事，冯某为经理。2020 年 8 月 3 日，匠心公司召开 2020 年第一次临时股东会会议，审议通过了《关于拟修订〈匠心公司公司章程〉的议案》，主要内容是："对出资时间修订为从 2027 年 12 月 31 日前改为 2020 年 9 月 3 日前"，结果代表 67% 表决权的股东金禾农业公司同意，代表 33% 表决权的股东冯某不同意。2020 年 9 月冯某起诉至法院要求确认第一次临时股东会会议决议无效。

解析：在注册资本认缴制下，股东依法享有期限利益。出资既是股东的法定义务，也是股东的约定义务。本案中，匠心公司章程载明冯某认缴出资 330 万元，出资时间为 2027 年 12 月 31 日前。金禾农业公司作为匠心公司的控股股东，在未经充分协商，征得冯某同意的情况下，利用其控股股东的优势地位，于 2020 年 8 月 3 日召开 2020 年第一次临时股东会会议，审议通过了《关于拟修订〈匠心公司公司章程〉的议案》，以多数决通过缩短出资期限，侵害了冯某作为小股东对公司出资的合理预期利益。因出资期限提前涉及股东自身的基本利益，对其是否投资起着决定性的作用，对此金禾农业公司并未提供充分证据证明其要求冯某作为匠心公司股东提前出资的合理性和紧迫性，也未根据股东的经济实力以及公司经营需要资金的紧迫性来确定出资金额及期限，应认定为大股东滥用了资本多数决原则，构成对小股东的压迫式权利滥用，根据 2018 年《公司法》第二十条规定，该股东会决议应为无效。

22 禁止关联交易

【知往事·新旧对照】

2018 年《公司法》 （阴影部分为修改或删除的内容）	2023 年《公司法》 （黑体部分为修改或增加的内容）
第二十一条　公司的控股股东、实际控制人、董事、监事、高级管理人员不得利用**其**关联关系损害公司利益。 　　违反前款规定，给公司造成损失的，应当承担赔偿责任。	**第二十二条**　公司的控股股东、实际控制人、董事、监事、高级管理人员不得利用关联关系损害公司利益。 　　违反前款规定，给公司造成损失的，应当承担赔偿责任。

【知来者·条文释义】

　　本条是关于禁止利用关联交易损害公司利益的规定。本条是 2005 年《公司法》修订时，新增入《公司法》，之后《公司法》历次修改中，均未发生变更。

　　在公司法语境下，主要是以关联关系界定关联交易，其可简单概述为是具有关联关系的主体之间发生的交易。关联交易的核心构成要素有两个：关联关系和交易。[①] 我国《公司法》无论第二十二条还是第二百六十五条第四项，都将这种关联主体界定在控制股东、实际控制人及董事、监事、高级管理人员的范围内，即这些人具备操纵关联交易损害公司利益的权利前提。

　　关联交易行为在表现形式上具有隐蔽性。

　　关联交易可以根据多元划分标准进行归类区别：一是企业间的关

---

①　陈洁：《论不当关联交易的司法救济》，载《人民司法》2014 年第 19 期。

联交易、企业与个人间的关联交易，有学者将此主体标准具象化为民事
主体属性标准，认为第一种关联交易的对象是关联法人，第二种关联交
易的对象即是关联自然人。[①] 二是轻微关联交易、普通关联交易和重大
关联交易，是基于交易规模标准。这种标准分类多用于关联交易会计或
信息披露领域，有学者也将它表述为交易对企业、股东影响的程度标
准。[②] 三是正当关联交易、不当关联交易，不当关联交易，也可称非公
允关联交易，其与正当的关联交易的区别主要在于主观目的、决策过程、
交易内容、交易结果等方面，正当的关联交易在这些方面都是合法、正
当且有效的，但不当关联交易是在具有控制权的公司相关主体的操纵下，
因主观动机不纯、决策程序不正当、交易内容不合适或交易结果不公平
导致的，其本质是违法的。

【知践行·适用指引】

司法实践中，正确适用规制关联交易相关规定时主要分为两步：
第一步认定有无关联关系；第二步判断利用该关联关系进行的关联交易
有无损害公司利益。故判断是否构成关联交易的前提是交易双方的主体
是否具有关联关系。我国认定关联主要从主体之间的控制关系角度考虑
是否构成关联：控制标准、控制程度、控制范围、间接控制。有学者认
为，关联的本质是相互独立的两个企业之间存在控制、共同控制或者被
一个主体控制的关系而不具有独立的社团意志的情况。但是不能说只要
存在控制就构成关联企业，比如合同的机会主义；所以关联控制是指在
主要经营活动和决策上形成长期稳定的组织形态上的控制，而不能只是
短暂的控制。我国以实质公平标准认定公司或者个人之间是否存在控制
以及控制程度，司法实践中认定关联交易是否损害公司利益时采用实质

[①] 董安生、何以等：《关联交易法律控制问题研究》，中国政法大学出版
社 2012 年版，第 96 页。
[②] 李端生等：《关联方交易会计研究》，中国财政经济出版社 2007 年版，
第 35 页。

公平标准进行裁判无疑起源于此。当然也有例外情形，比如说来自公权力的控制、来自合同的控制以及国有企业之间的控制，上述之间的控制不能认定构成关联。

本条明确规定关联人不得利用其关联关系侵占公司利益，有效地保护企业的合法利益，并要求违反该规定，致使公司利益遭受损害的，应当承担赔偿责任。最高人民法院发布《关于适用〈中华人民共和国公司法〉若干问题的规定（五）》，其中对关联交易的规制主要体现在以下两个角度：第一，关联交易损害公司利益的救济方式；第二，关联交易合同的效力。该规定不仅形式上扩大了股东代表诉讼的范围，而且明确了实务中对关联交易的司法审判原则，即在关联交易程序合法的前提下审查关联交易结果是否实质公平。

【知前鉴·典型案例】

▶公司为逃避债务存在向关联公司转移资产的行为，使得债权人的合法权益受到了损害，关联公司应当承担赔偿责任，并且承担责任的范围为在其关联交易的范围内承担连带赔偿责任。

案例名： A公司与B公司、C公司保证合同纠纷案

案情： C公司与D公司共同设立了A公司。其中C公司的实际控制人为于某、樊某；D公司的实际控制人为樊某。2004年，B公司为E公司的1.5亿元贷款提供了担保，C公司提供了反担保。B公司按照约定履行了担保责任，但C公司直至2007年仍没有对9313.832万元履行反担保义务。2005年1月，C公司与D公司将其持有的A公司的全部股权转让给于某，至此，于某成了A公司的唯一股东。2005年3月至2006年11月，C公司将其7块土地的使用权以极低的价格转让给A公司，使得C公司缺乏履行反担保义务的能力，侵害了B公司的合法权益。B公司认为C公司将土地使用权转让给A公司的行为，属于关联公司间转移资产、逃避债务的行为，属于不当交易。B公司遂向法院起诉，请求判令C公司和A公司连带偿还反担保债务的责任。本案经过了一审、

二审、再审，最终判令 C 公司偿还 B 公司 9313.832 万元，A 公司应当在其虚构已付但实际并未支付的款项范围内承担相应的赔偿责任。

解析： 本案的关键在于关联关系与不正当关联交易行为的判断。如果公司为逃避债务存在向关联公司转移资产的行为，使得债权人的合法权益受到了损害，那么关联公司应当承担赔偿责任，并且承担责任的范围为在其关联交易的范围内承担赔偿责任。对于该赔偿责任是补充责任还是连带责任，最高人民法院的意见是根据侵权责任法的相关规则，关联公司应当承担连带责任，赋予债权人充分的选择权。对于关联关系的认定，在实践中需要依赖大量的证据进行证实。对于关联交易行为应当辩证地看，关联交易作为一种经济行为，正当的关联交易有利于稳定公司业务，合理分散经营风险，推动公司的蓬勃发展；但是不正当的关联交易是法律所禁止的，可能会损害债权人或者少数股东的利益。对于关联公司侵害债权人利益后所应当承担赔偿责任性质的认定，如果双方恶意串通，那么关联公司应当承担连带责任。本案中 A 公司存在虚构发票的行为，可以推断出其存在主观故意侵害他人合法权益的行为。因此，为逃避债务向与其存在关联关系的公司转移资产，则关联公司应在其关联交易的范围内向债权人承担连带责任。

23 公司人格否认

【知往事·新旧对照】

2018 年《公司法》 （阴影部分为修改或删除的内容）	2023 年《公司法》 （黑体部分为修改或增加的内容）
第二十条第三款 公司股东滥用公司法人独立地位和股东有限责任，逃避债务，严重损害公司债权人利益的，应当对公司债务承担连带责任。 第六十三条 一人有限责任公司的股东不能证明公司财产独立于股东自己的财产的，应当对公司债务承担连带责任。	第二十三条 公司股东滥用公司法人独立地位和股东有限责任，逃避债务，严重损害公司债权人利益的，应当对公司债务承担连带责任。 **股东利用其控制的两个以上公司实施前款规定行为的，各公司应当对任一公司的债务承担连带责任。** **只有一个股东的**公司，股东不能证明公司财产独立于股东自己的财产的，应当对公司债务承担连带责任。

【知来者·条文释义】

本条更加系统性地完善了公司法人人格否认制度，增加了"股东利用其控制的两个以上公司滥用公司法人独立地位和股东有限责任"的相关规则，这条规则来源于最高人民法院 2019 年 11 月 8 日发布的《全国法院民商事审判工作会议纪要》第十一条第二款；同时，增加了一人公司的举证责任倒置规则，拟将一人公司的适用范围扩大。

股东不得滥用公司法人独立地位和股东有限责任。股东在依据法律、行政法规和公司章程行使股东权利的时候，不得利用其公司法人独立地位和股东有限责任损害社会公共利益、公司债权人利益或者其他利害关系人的利益。这一规定可从两方面来理解：第一，公司股东如果遵守法律、行政法规和公司章程来行使股东权利，就不会损害社会公共利益、公司债权人利益或者其他利害关系人的利益。第二，股东的公司法人独立地位和股东有限责任制度如果被不合法地利用，将很容易损害社会公共利益、公司债权人利益或者其他利害关系人的利益。

股东滥用公司法人独立地位和股东有限责任应承担赔偿责任。在法人制度和股东有限责任制度下，股东对公司债务并不承担连带责任。但是，如果公司股东滥用公司法人独立地位和股东有限责任，逃避债务，严重损害公司债权人利益的，为了保护债权人的利益，维护市场交易安全，公司法对违法股东的有限责任权利予以剥夺。利益受到损害的债权人，既有权向公司要求清偿，又可以向违法的股东要求以其自身财产予以清偿。违法股东应承担连带责任的公司债务，是与违法行为对应的那部分债务，而并非公司的全部债务。适用这一规定，应把握以下几个原则：一是坚持有限责任这一公司制度的基石。适用《公司法》应当维护股东的有限责任，由公司依法独立承担民事责任。因此，公司法人人格否认制度的适用应当限制在公司审判中针对某一具体案件的适用，不得任意扩大其适用范围。二是我国公司法人人格否认制度主要适用于股东滥用公司法人独立地位和股东有限责任，逃避债务的行为，即股东有逃避债务的主观恶意和具体行为，应当有严重损害公司债权人利益的后果。债权人可以直接请求人民法院向股东追偿。三是具体认定公司股东滥用公司法人独立地位和股东有限责任行为的标准由最高人民法院根据本条的基本原则作出具体规定；人民法院在审理公司案件中应统一遵守有关规定。

【知践行·适用指引】

公司法人人格否认又称"揭开公司面纱""刺破公司面纱"，是指在具体的法律关系中，基于特定事由，否认公司的独立人格，使股东在某些场合对公司债务承担无限责任的法律制度。

公司法人人格否认制度的形成。公司法人人格否认制度的发展经历了两个阶段：一是在传统的判例法领域形成了"揭开公司面纱"原则，其目的主要是用来防止自然人股东滥用公司法律形式从事欺诈活动；二是后来发展成为现代的自由形式的"揭开公司面纱"原则，其重点转向对企业集团或者企业间关联关系的调整，适用的范围已经不局限于公司法领域，而是拓展至税法、诉讼法、企业破产法等领域。

公司法人人格否认制度的特征主要有：第一，公司法人人格否认是以公司独立人格合法、有效存在为前提。第二，公司法人人格否认是对公司独立人格的个案否认。第三，公司法人人格否认是对已丧失独立人格特征之法人状态的揭示与确认。

认定公司人格与股东人格混同的标准。根据 2019 年《全国法院民商事审判工作会议纪要》第十条，最根本的判断标准是公司是否具有独立意思和独立财产，最主要的表现是公司的财产与股东的财产是否混同且无法区分。在认定是否构成人格混同时，应当综合考虑以下因素：（1）股东无偿使用公司资金或者财产，不作财务记载的；（2）股东用公司的资金偿还股东的债务，或者将公司的资金供关联公司无偿使用，不作财务记载的；（3）公司账簿与股东账簿不分，致使公司财产与股东财产无法区分的；（4）股东自身收益与公司盈利不加区分，致使双方利益不清的；（5）公司的财产记载于股东名下，由股东占有、使用的；（6）人格混同的其他情形。

人格混同的典型情形：公司业务和股东业务混同；公司员工与股东员工混同，特别是财务人员混同；公司住所与股东住所混同。人民法院在审理案件时，关键要审查是否构成人格混同，而不要求同时具备其他方面的混同，其他方面的混同往往只是人格混同的补强。

【知前鉴·典型案例】

▶公司股东滥用公司法人独立地位和股东有限责任，逃避债务的，应对公司债务承担连带责任。

法院：山东省博兴县人民法院

案例名：王某诉某环保建材公司、王某艳买卖合同纠纷案

案情：2019 年 5 月至 12 月，某环保建材公司分多次从王某处购买粉煤灰用于加气砖的生产经营，货款共计 118 万元，已付款 95 万元，尚欠货款 23 万元。该环保建材公司成立于 2016 年 5 月 9 日，段某某原系该公司法定代表人，其于 2019 年 5 月病逝。王某艳系段某某妻子，段某帅系该两人的儿子，段某溪系段某某父亲。2019 年 7 月 23 日，该公司法定代表人由段某某变更为王某艳，股东由段某某、王某艳变更为王某艳、段某飞，执行董事由段某某变为王某艳，监事由王某艳变更为段某飞；2020 年 5 月 21 日，该公司股东由王某艳、段某飞变更为王某艳、段某溪，监事由段某飞变更为段某溪；2020 年 12 月 25 日，该公司法定代表人由王某艳变更为段某溪，股东由王某艳、段某溪变更为段某溪。王某以某环保建材公司、王某艳为被告提起诉讼，要求支付货款。

解析：公司股东滥用公司法人独立地位和股东有限责任，可能对公司债务承担连带责任。实践中，有些公司的实际控制人隐藏于幕后，利用"空壳公司"逃避债务，而名义上的法人代表根本不具有经营权限和偿债能力，此种情况下，要求公司实际控制人对公司债务承担连带责任，既符合公司法规定的揭开公司面纱制度的实质，也有利于促进公司合法诚信经营，进一步规范公司市场秩序，营造法治化的营商环境。

24 ▶ 电子通讯会议和表决

【知往事·新旧对照】

2018 年《公司法》 （阴影部分为修改或删除的内容）	2023 年《公司法》 （黑体部分为修改或增加的内容）
	第二十四条　公司股东会、董事会、监事会召开会议和表决可以采用电子通信方式，公司章程另有规定的除外。

【知来者·条文释义】

电子通讯召开会议和表决是本次修订《公司法》的新增条款，一审稿中仅限于董事会召开和表决可以采用电子通讯方式，后扩大至股东会、董事会、监事会。

电子信息技术的发展给整个社会带来了变革的契机，也给我国股东会议召开形式的革新带来契机。股东会议电子化是以电子计算机及网络技术为手段，将电子技术运用于股份有限公司会议事务管理的一系列过程。这一界定主要包含以下三个层面的意思：首先，会议形式电子化的手段是电子计算机与网络技术；其次，会议形式电子化是以电子技术取代传统的书面方式，信息保存和信息传送上有形的纸面载体被无形的电子数据所替代；最后，会议形式电子化是电子技术运用于会议召集、召开、表决、公示等之中的一系列过程。

电子通讯表决权制度是伴随着电子技术的发展而出现的一种新型的股东表决权方式。它是指股东不直接出席股东大会，通过电子媒体（包括网络和电话语音系统）行使股东表决权。2004 年年底及 2005 年年初，证监会相继发布了《关于加强社会公众股股东权益保护的若干规定》和

《上市公司股东大会网络投票工作指引》两个文件，对电子通讯表决权制度作出初步规范。与传统的表决方式相比，电子表决权为中小股东参与决策、监督公司运营提供了简便快捷的新途径。[①]

【知践行·适用指引】

公司信息通知、公告的电子化是互联网技术在股份有限公司股东大会领域实现最早、最为简单也最为普遍的应用。[②]电子技术的发展与网络应用的普及化将股东表决权的行使带入了一个新时代，那就是电子通讯表决。此前，《公司法》虽对电子通讯方式召开会议与表决无明确规定，但实践中已经有了丰富的经验。首先，网络投票这一电子化的表决方式已经在我国的股份有限公司特别是上市公司中普遍采用；其次，视频会议、电话会议这些新的会议召开方式已经在我国公司的股东会、董事会中出现；最后，无纸化办公的普及使得公司的许多信息材料不是以传统的纸面形式而是以电子文档的形式存在，公司信息资料的传送、披露已经普遍从传统的信件转向以电子邮件、QQ、网站等电子化方式进行。

从海外证券市场的实践来看，公司借助电子手段召开会议并行使表决权俨然成为一股潮流，其中比较有代表性的国家包括美国、英国和日本等。美国是国际上通过电子通讯技术行使股东表决权最早且最有成效的国家。1989 年美国特拉华州允许股东以电话形式行使股东会表决权，其后各州逐渐放宽运用电子媒体行使股东会决议权的限制。英国在2000 年 5 月通过了《电子情报传达法》为股东电子通讯表决权的可行性敞开了大门，该法规定，股东权利行使可使用电子情报传达的方式。日本是亚洲地区表决权电子化运行最早的国家。早在 1998 年索尼公司

---

① 王静：《股东电子通讯表决权制度研究》，载《法治论丛（上海政法学院学报）》2007 年第 2 期。

② 王宗正：《股东大会的"互联网 +"技术创新与制度回应》，载《社会科学研究》2017 年第 1 期。

就成功召开了针对全世界 50 万名股东的联机电子化会议，并通过修改公司章程的决议案。

电子通讯表决权的出现从本质上并未改变表决权自身的法律属性，它是现代通讯技术提供的一种新的投票方式，使表决权行使更加方便灵活，但是这种权利行使方式上的变化无疑为中小股东参与公司治理提供了一个直接有效的途径。实施股东电子通讯表决权有助于：（1）降低股东和公司行使表决权的成本，实现公司利益和股东利益的双赢。电子通讯技术最大的特点在于突破空间和地域限制，提供一个低成本、高效率、方便快捷的表决权行使方式，实现非现场远距离行使股东表决权，从而刺激中小股东积极参加股东大会行使表决权的热情。对公司而言，电子化也会降低公司的会议成本。（2）有利于抑制股东大会的形骸化，增强小股东对公司的影响力。电子通讯表决权的出现不仅仅带来表决方式的简便化，而且还伴随着信息披露的电子化，使广大小股东能更及时、更方便地获知公司财务的真实情况。（3）加强发行公司与股东的良性互动关系。通过网络和其他电子方式，投资者和上市公司搭建起一个低成本、高效率、专业、深入互动的直接交流平台。

【知前鉴·典型案例】

▶债权人会议可采取现场召开与网络表决、电话表决或视频召开与网络表决、电话表决等方式相结合的会议召开和表决方式。

来源：广东省深圳市中级人民法院

案例名：创智科技重整案

案情：2010 年 8 月 12 日，法院裁定受理债权人湖南创智申请创智科技重整一案。同年 8 月 23 日，法院裁定创智科技进行重整，并指定北京市某律师事务所深圳分所为管理人。

2011 年 3 月 17 日，创智科技重整案第二次债权人会议及出资人组会议召开，其中出资人组会议未通过《创智科技重整计划草案》中涉及的出资人权益调整方案。根据《企业破产法》规定，出资人组未通过重整计划草案的，债务人或者管理人可以同出资人组协商，出资人组可以在协商后再表决一次，双方协商的结果不得损害其他表决组的利益。

法院决定于2011年5月24日召开出资人组会议，对重新制订的《创智科技重整计划草案》涉及的出资人权益调整事项提交出资人组会议再次表决。再次表决会议采取现场投票与网络投票相结合的方式召开。最终会议表决通过了《创智科技重整计划草案》中涉及的出资人权益调整方案。

解析：关于债权人会议召开和表决采取多样方式的可行性。首先，多样的债权人会议召开和表决方式符合司法为民、司法便民原则。其次，多样的债权人会议召开和表决方式也顺应了司法创新的潮流。最后，技术发展为多样的债权人会议召开和表决的安全性提供了保障。本案例最大的制度创新在于，出资人组会议的召开开创性地采取现场投票与网络投票相结合的方式，此在我国上市公司重整案件中尚属首例。此前出资人组会议均采取现场召开、现场表决的方式。在我国市场渐趋规范化的背景下，前述未能充分保障中小股东参与权与表决权的做法越来越显得不合时宜。因此，创智科技重整案在出资人组召开方式中增加了网络投票，取得了良好的社会效果。

25-26 公司决议的无效或被撤销

【知往事·新旧对照】

2018 年《公司法》 （阴影部分为修改或删除的内容）	2023 年《公司法》 （黑体部分为修改或增加的内容）
第二十二条　公司股东会或者股东大会、董事会的决议内容违反法律、行政法规的无效。 股东会或者股东大会、董事会的会议召集程序、表决方式违反法律、行政法规或者公司章程，或者决议内容违反公司章程的，股东可以自决议作出之日起六十日内，请求人民法院撤销。 股东依照前款规定提起诉讼的，人民法院可以应公司的请求，要求股东提供相应担保。 公司根据股东会或者股东大会、董事会决议已办理变更登记的，人民法院宣告该决议无效或者撤销该决议后，公司应当向公司登记机关申请撤销变更登记。	第二十五条　公司股东会、董事会的决议内容违反法律、行政法规的无效。 第二十六条　公司股东会、董事会的会议召集程序、表决方式违反法律、行政法规或者公司章程，或者决议内容违反公司章程的，股东自决议作出之日起六十日内，可以请求人民法院撤销。**但是，股东会、董事会的会议召集程序或者表决方式仅有轻微瑕疵，对决议未产生实质影响的除外。** **未被通知参加股东会会议的股东自知道或者应当知道股东会决议作出之日起六十日内，可以请求人民法院撤销；自决议作出之日起一年内没有行使撤销权的，撤销权消灭。**

【知来者·条文释义】

2023 年《公司法》第二十五条、第二十六条系对 2018 年《公司法》内容的扩充，将无效、可撤销的情形分别列出。对比 2018 年《公司法》新增规定未被通知参加会议情形下除斥期间自知道决议之日起算，明确非实质性程序瑕疵不影响决议效力，增加了撤销权可行使的最长期限为一年。

股东会或者股东大会作出的决议，内容上不得违反法律、行政法规的规定，否则即为无效决议。股东会或者股东大会决议内容违反法律、行政法规的，自始无效。董事会作出内容违反法律、行政法规的决议，自始无效。

对于可撤销的股东会、董事会的决议，股东自决议作出之日起60日内，未被通知参加股东会的股东自知道或者应当知道股东会决议作出之日起60日内，可以请求人民法院撤销。本条删除了提供担保规则，有利于降低非控制股东维护股东权益的成本，降低了诉讼门槛，过滤骚扰性诉讼和滥用诉讼权利的功能可交由权利滥用条款和受理要件发挥作用。

【知践行·适用指引】

《最高人民法院关于适用〈中华人民共和国公司法〉若干问题的规定（四）》第一条规定："公司股东、董事、监事等请求确认股东会或者股东大会、董事会决议无效或者不成立的，人民法院应当依法予以受理。"根据上述规定，公司股东、董事、监事等均可以起诉请求确认股东会决议无效，而不是仅限于股东，判断的重要标准应为决议的利害关系人。

《最高人民法院关于适用〈中华人民共和国公司法〉若干问题的规定（四）》第二条规定："依据民法典第八十五条、公司法第二十二条第二款请求撤销股东会或者股东大会、董事会决议的原告，应当在起诉时具有公司股东资格。"根据上述法律规定，起诉撤销决议的原告必须在起诉时是公司的股东。起诉撤销决议有诉讼时效限制。

《最高人民法院关于适用〈中华人民共和国民法典〉总则编若干问题的解释》第三条第三款规定，构成滥用民事权利的，人民法院应当认定该滥用行为不发生相应的法律效力。该条款明确了滥用民事权利的法律后果无效。这也为股东滥用股东权利损害其他股东利益的股东会决议效力的认定，提供了明确的法律依据。与损害国家利益、社会公共利益不同，这种无效不是绝对无效，而是针对特定当事人的无效，故只有利害相关的当事人有权主张无效。

【知前鉴·典型案例】

▶人民法院在审理公司决议撤销纠纷案件中应当审查会议召集程序、表决方式是否违反法律、行政法规或者公司章程，以及决议内容是否违反公司章程。如会议决议在内容上或者程序上存在瑕疵，则人民法院应判断该瑕疵是否属于轻微瑕疵范围，并根据瑕疵程度及影响力认定该公司决议是否应被撤销。

案号：（2017）京 0106 民初 25850 号、（2019）京 02 民终 13832 号、（2020）京民申 3396 号

案例名：韩某某诉金辇公司公司决议撤销纠纷案

案情：原告为被告公司的 8 名股东之一。2017 年 6 月 30 日，被告执行董事以短信、视频、快递的方式向第三人李某、胡某伟、胡某华发出《第一次临时股东会会议通知》，定于 2017 年 7 月 17 日召开临时股东会，会议程序合法，会议决议解除了李某、胡某华的股东资格。2017 年 7 月 18 日，监事李某主持召开临时股东会，此次临时股东会召集程序、表决方式、表决内容均违反了公司章程规定，且李某、胡某华已不具有股东身份，原告请求撤销被告股东会于 2017 年 7 月 18 日作出的股东会决议。

解析：公司决议瑕疵包括程序瑕疵及内容瑕疵两个方面，召集程序瑕疵常见的情形主要包括：召集通知之遗漏、召集人不适格、召集通知期间过短等，而对于上述瑕疵是否均会被撤销，应根据具体情况进行认定。公司决议内容瑕疵，实际上是指决议内容违反了章程约定。因公司章程具有意思自治的私法属性，如公司决议违反了章程的规定，即违反了股东意思自治的行为，应属于决议内容瑕疵，股东可予以撤销；而如果公司决议内容违反了法律、行政法规的强制性规定，则给予严厉的否认评价，即确认公司决议无效。故法院经审理判决撤销金辇公司 2017 年 7 月 18 日的临时股东会会议决议。

27 公司决议的不成立

【知往事·新旧对照】

2018 年《公司法》 （阴影部分为修改或删除的内容）	2023 年《公司法》 （黑体部分为修改或增加的内容）
	第二十七条　有下列情形之一的，公司股东会、董事会的决议不成立： （一）未召开股东会、董事会会议作出决议； （二）股东会、董事会会议未对决议事项进行表决； （三）出席会议的人数或者所持表决权数未达到本法或者公司章程规定的人数或者所持表决权数； （四）同意决议事项的人数或者所持表决权数未达到本法或者公司章程规定的人数或者所持表决权数。

【知来者·条文释义】

　　本条是对股东会、董事会决议不成立事由的规定。本条吸收了《最高人民法院关于适用〈中华人民共和国公司法〉若干问题的规定（四）》第五条的相关规定，与司法解释不同之处在于其没有保留"导致决议不成立的其他情形"这个兜底性一般条款，同时在篇章结构上，将此条列于总则，减少转引条款，形式更为合理。决议不成立之诉与决议可撤销、无效之诉，共同构成了对决议瑕疵的救济。本条所列第一项、第二项为"未开会""未表决"情形，系决议不存在情形；第三项、第四项为虽开会，但出席人数或表决权数不符合规定，或者会议的表决结果未达到法律或公司章程规定的通过比例，系决议未有效形成情形。

【知践行·适用指引】

审判实践中，决议不成立与决议可撤销的划分是难点。决议可撤销和决议不成立的根本区别在于制度价值不同。法律行为成立与否是事实判断问题，法律行为的效力是法律价值判断问题。如果一项决议缺乏基本的成立要件，自无所谓效力评价的问题。二者的区别还有：其一，从瑕疵程度看，可撤销决议的程序瑕疵程度一般要弱于不成立的决议，后者的程序瑕疵非常严重，以至于决议不能成立；其二，从瑕疵原因看，决议可撤销的事由除了程序瑕疵外，还包括决议内容违反公司章程，后者的事由仅限于程序瑕疵。[①] 比如，股东会召集程序的瑕疵，足以影响会议被认为是股东会的，即应认为是股东大会决议不成立的情形；虽有瑕疵，但未达到足以认定决议不存在或者未形成有效决议等标准的，则属于可撤销的范畴。

【知前鉴·典型案例】

▶在没有召开股东会或者股东大会、董事会的情况下，伪造签名、伪造决议，不具备决议的基本成立要件，侵害了其他股东或者董事的利益，是严重的程序违法，该类决议因欠缺成立的要件而不成立。

来源： 北京市通州区人民法院

案例名： 王某诉某家居公司公司决议纠纷案

案情： 2013 年 11 月 8 日，某家居公司召开股东会，参会股东显示为 6 位股东，形成决议，签字人处有王某签字。王某诉至法院，要求确认股东会决议部分内容不成立。庭审中，各方均确认上述股东会决议非

---

① 李建伟：《公司决议效力瑕疵类型及其救济体系再构建》，载王保树主编：《商事法论集》（总第 15 卷），法律出版社 2009 年版。

王某本人签字。某家居公司辩称，起诉时，王某已不具有某家居公司股东资格，原告不适格；王某仅为显名股东，实际股份属于郑州某公司；王某的起诉早已超过了法律规定的起诉期限。

解析： 在没有召开股东会或者股东大会、董事会的情况下，伪造签名、伪造决议，不具备决议成立基本要件，侵害了其他股东或者董事的利益，是严重的程序违法，该类决议因欠缺成立的要件而不成立。虽然召开了股东会或者股东大会、董事会但没有形成决议，而行为人伪造他人签名形成决议的书面文件，该类所谓的公司决议因欠缺成立的形式要件而不成立。此种情况下，虚构的决议不是公司股东或者董事意思表示的结果，仅反映了个别虚构者的内心意愿，实际上是以个人意思代替公司意思，不能产生法律约束力。

28 公司决议无效、撤销、不成立的法律后果

【知往事·新旧对照】

2018 年《公司法》 （阴影部分为修改或删除的内容）	2023 年《公司法》 （黑体部分为修改或增加的内容）
	第二十八条 公司股东会、董事会决议被人民法院宣告无效、撤销或者**确认不成立的，公司应当向公司登记机关申请撤销根据该决议已办理的登记。** **股东会、董事会决议被人民法院宣告无效、撤销或者确认不成立的，公司根据该决议与善意相对人形成的民事法律关系不受影响。** （旧法第二十二条经修改后，重要内容分别调整至新法第二十五条至第二十八条）

【知来者·条文释义】

本条吸收了《民法典》第八十五条和《最高人民法院关于适用〈中华人民共和国公司法〉若干问题的规定（四）》第六条的内容，同时将该条置于总则部分，结构上更优化，减少转引。本条是关于公司决议无效、撤销、不成立后果的规定。

公司已经根据股东大会或者董事会决议办理了变更登记的，如果经过救济之诉，人民法院判决撤销股东会、董事会的决议或者宣告决议无效或不成立后，即宣布了公司变更登记不具有法律效力，公司应当向登记机关申请撤销变更登记。但股东会、董事会决议无效、撤销、不成立之诉涉及的法律关系和公司依据该决议与其他人建立的法律关系是两

个独立的法律关系。决议无效、撤销或不成立的判决，对公司因该决议与其他善意相对人发生的其他法律关系没有溯及力，公司依据该决议与善意相对人形成的民事法律关系不受影响。人民法院对于这两个诉也应该分别处理。

【知践行·适用指引】

审判实践中，如何判断公司以外的人是否为善意相对人为审判难点。如果相对人在与公司成立该法律关系时知道或者应当知道决议存在瑕疵事由，则不能成为善意第三人。知道，是指事实上确实知道决议存在程序瑕疵或内容瑕疵；应当知道是指推定的知道。应当知道可以参考"因重大过失而不知"标准，即就相对人而言，决议存在的程序或内容瑕疵是显而易见的，只要不是故意视而不见，就应当发现，可以辅助交易性质、金额、重要性，还包括当事人之间的惯常做法、关于某种交易的特别交易习惯或交易行规等进行衡量，尽到形式审查义务之后仍不知道瑕疵存在事实的，应当认定为善意。但特殊情况下，在法律对某些事项的决议权限、议事规则作了较为严格的规定时，程序瑕疵将会影响对相对人善意的判断，如在公司为控股股东提供担保的案件中，公司决议是由控股股东召集的股东会会议作出的，且控股股东参加了表决，由于该控股股东所实施的行为同时构成滥用股东权利，如果相对人未能审查发现该明显存在的瑕疵，应当认定其具有重大过失。

【知前鉴·典型案例】

▶公司股东会决议是虚假的，公司以外的第三人为善意时，其与公司建立的法律关系不受影响。

法院：最高人民法院

案例名：某银行与 A 股份公司、A 集团公司借款担保合同纠纷案

案情：2006 年 4 月 30 日，某银行与 A 集团公司签订借款合同，A

股份公司出具了《不可撤销担保书》，承诺对上述贷款承担连带保证责任。2006年4月30日，某银行与A股份公司分别签订了两份《抵押合同》。贷款到期后，A集团公司未能偿还借款本息。A股份公司也没有履行担保义务。A股份公司的股东共有8个，《股东会担保决议》的决议事项并未经过A股份公司股东会的同意，A股份公司也未就此事召开过股东大会。

解析： 该案中的焦点问题是公司为股东提供担保，股东会决议的效力是否影响公司对外签订的担保合同的效力问题。法院认为，某银行在接受担保人担保行为的过程中的审查义务已经完成，其有理由相信作为担保公司法定代表人的周某本人代表行为的真实性。《股东会担保决议》中存在的相关瑕疵必须经过鉴定机关的鉴定方能识别，必须经过查询公司工商登记才能知晓，必须谙熟相关规范才能避免因担保公司内部管理不善导致的风险，如若将此全部归属于担保债权人的审查义务范围，未免过于严苛，本案没有债权人某银行为非善意的事实，故某银行与A股份公司建立的法律关系不受影响。

第二章　公司登记

29-31 公司设立登记及申请材料

【知往事·新旧对照】

2018 年《公司法》 （阴影部分为修改或删除的内容）	2023 年《公司法》 （黑体部分为修改或增加的内容）
	第二章　公司登记
第六条第一款、第二款　设立公司，应当依法向公司登记机关申请设立登记。符合本法规定的设立条件的，由公司登记机关分别登记为有限责任公司或者股份有限公司；不符合本法规定的设立条件的，不得登记为有限责任公司或者股份有限公司。 　　法律、行政法规规定设立公司必须报经批准的，应当在公司登记前依法办理批准手续。	**第二十九条**　设立公司，应当依法向公司登记机关申请设立登记。 　　法律、行政法规规定设立公司必须报经批准的，应当在公司登记前依法办理批准手续。
第二十九条　股东认足公司章程规定的出资后，由全体股东指定的代表或者共同委托的代理人向公司登记机关报送公司登记申请书、公司章程等文件，申请设立登记。	**第三十条**　申请设立公司，应当提交设立登记申请书、公司章程等文件，提交的相关材料应当真实、合法和有效。 　　申请材料不齐全或者不符合法定形式的，公司登记机关应当一次性告知需要补正的材料。

续表

2018 年《公司法》 （阴影部分为修改或删除的内容）	2023 年《公司法》 （黑体部分为修改或增加的内容）
第六条第一款　设立公司，应当依法向公司登记机关申请设立登记。符合本法规定的设立条件的，由公司登记机关分别登记为有限责任公司或者股份有限公司；不符合本法规定的设立条件的，不得登记为有限责任公司或者股份有限公司。	第三十一条　申请设立公司，符合本法规定的设立条件的，由公司登记机关分别登记为有限责任公司或者股份有限公司；不符合本法规定的设立条件的，不得登记为有限责任公司或者股份有限公司。

【知来者·条文释义】

新修订的《公司法》第二十九条仍然保留了"准则主义＋核准主义"的公司设立政策。普通公司的设立适用准则主义，只要符合法定条件与程序，直接向登记机关申请设立登记即可。特殊行业则适用核准主义，申请公司设立登记前需要取得主管机关的行政审批手续，这类特殊公司集中在商业银行、信托、保险与证券等金融行业。

2018 年《公司法》分别在有限责任公司的设立和股份有限公司的设立章节中规定了"申请材料提交问题"，即第二十九条和第九十二条。本次《公司法》修订在第三十条补充规定材料的真实性、合法性和有效性保证义务，并将有限责任公司和股份有限公司的申请材料提交问题统一于总则中，更加简练优化。

【知践行·适用指引】

公司作为法人，与自然人一样，具有不同于他人的信息，这些信息中的名称、住所、法定代表人、注册资本、经营范围、股东或者发起人等，具有特定的法律意义，在公司设立时就需要在公司登记机关进行登记。我国实行准则主义为主、核准主义为辅的公司设立原则。第一，设立公司应向公司登记机关申请设立登记。设立公司，应当依法向公司登记机关申请设立登记，即设立公司只能向人民政府负责公司登记的机关提出申请，而不能向其他机关提出设立公司的申请。第二，公司登记机关依照法定条件决定是否准予公司登记。公司登记机关在收到设立公司的申请文件后，应当进行审查。第三，法律、行政法规规定设立公司必须报经批准的，必须取得批准。对于法律、行政法规明文规定设立公司必须报经有关部门批准的，则应当在公司登记前依法办理批准手续。例如，《证券法》规定，设立证券公司应取得证券监管机关的批准。

【知前鉴·典型案例】

▶变更公司形式但未到工商管理部门办理相应登记的，公司性质未变更。

法院：安徽省高级人民法院

案例名：李某等与皖蕊公司等股东滥用股东权利赔偿纠纷案

案情：皖蕊公司为一人有限责任公司，原股东为自然人聂某，注册资本50万元。聂某因故死亡，皖蕊公司继承人将公司转让给了崔某等5人。2007年1月1日，由崔某主持召开皖蕊公司第一次股东会议，崔某等5位股东共同决议：公司内部实行股份合作制运行。2007年1月4日，经工商行政管理部门核准，皖蕊公司重新申领了独资公司营业执照，该执照载明公司股东为崔某。后在公司经营中，股东之间发生纠纷。2008年7月，李某、王某、肖某向法院提起诉讼，认为崔某单方面与聂某的继承人达成股权转让协议，并将皖蕊公司登记到其一人名下。之后，崔某又将股权转让给其兄，是其凭借合法的法定代表人身份低价处置公司资产，使公司资产流失殆尽，侵犯了原告的合法权益。

解析：崔某等"五位股东"共同决议了有限责任公司设立的各类事项，但在实际进行公司登记时，其他股东没有证据表明受到崔某的欺诈，即"五位股东"对于一人公司的设立属于默认的态度。而皖蕊公司作为一人公司，其股东只能有一个，故李某、王某、肖某以股东的身份对皖蕊公司及崔某提起股东滥用股东权利的赔偿之诉无事实和法律依据。我国公司的设立采取准则主义，故只有向人民政府负责公司登记的机关申请设立登记获得准许才能成为公司法上的公司。同时，公司登记的内容具有法定效力，有限责任公司也不能通过约定设立。

32 登记事项、登记公示

【知往事·新旧对照】

2018 年《公司法》 （阴影部分为修改或删除的内容）	2023 年《公司法》 （黑体部分为修改或增加的内容）
第六条第三款 公众可以向公司登记机关申请查询公司登记事项，公司登记机关应当提供查询服务。	**第三十二条 公司登记事项包括：** **（一）名称；** **（二）住所；** **（三）注册资本；** **（四）经营范围；** **（五）法定代表人的姓名；** **（六）有限责任公司股东、股份有限公司发起人的姓名或者名称。** **公司登记机关应当将前款规定的公司登记事项通过国家企业信用信息公示系统向社会公示。**

【知来者·条文释义】

　　本条是此次修订的新增条款，之前仅在 2018 年《公司法》第六条第三款规定"公众可以向公司登记机关申请查询公司登记事项，公司登记机关应当提供查询服务"。本条吸收《市场主体登记管理条例》第八条^①和第三十五条^②的规定。名称、住所等信息是公司的核心营业信息，这些信息对交易安全和市场秩序有重要影响，应当作为法定登记事项。登记信息从申请查询转向主动公示，目的在于提高登记信息的透明度，彰显了公司登记的信息公示功能。本次修订过程中，曾考虑增加公示公司章程的规定，后被删除，主要基于以下考虑：公司章程只对公司内部人发生效力，对于外部人不发生拘束力，缺乏公示必要性；公司章程记载事项没有当然对抗第三人的效力；公司章程可能含有商业秘密，不宜公开其内容。

【知践行·适用指引】

《企业登记档案资料查询办法》第五条规定："企业登记档案资料的查询，按照提供途径，可以分为机读档案资料查询和书式档案资料查询。机读档案资料的查询内容包括：（一）企业登记事项：名称、住所、经营场所、法定代表人或负责人、经济性质或企业类别、注册资金或注册资本、经营范围、经营方式、主管部门、出资人、经营期限、注册号、核准登记注册日期等。（二）企业登记报批文件：部门批准文件、章程、验资证明、住所证明、法人资格证明或自然人身份证明、法定代表人任职文件和身份证明、名称预先核准通知书。（三）企业变更事项：核准设立子公司或分支机构日期、变更有关名称、住所、法定代表人、

---

① 《市场主体登记管理条例》第八条规定："市场主体的一般登记事项包括：（一）名称；（二）主体类型；（三）经营范围；（四）住所或者主要经营场所；（五）注册资本或者出资额；（六）法定代表人、执行事务合伙人或者负责人姓名。除前款规定外，还应当根据市场主体类型登记下列事项：（一）有限责任公司股东、股份有限公司发起人、非公司企业法人出资人的姓名或者名称；（二）个人独资企业的投资人姓名及居所；（三）合伙企业的合伙人名称或者姓名、住所、承担责任方式；（四）个体工商户的经营者姓名、住所、经营场所；（五）法律、行政法规规定的其他事项。"

② 《市场主体登记管理条例》第三十五条规定："市场主体应当按照国家有关规定公示年度报告和登记相关信息。"

经济性质或企业类别、注册资金或注册资本、经营范围、经营方式等事项的各种登记文件及核准变更日期。（四）企业注销（吊销）事项：法院破产裁定、企业决议或决定、行政机关责令关闭的文件、清算组织及清算报告、核准注销（吊销）日期。（五）监督检查事项：企业被处罚记录及日期、年度检验情况（企业经营情况、财务状况、开户银行及账号除外）。书式档案资料的查询内容包括核准登记企业的全部原始登记档案资料。"

【知前鉴·典型案例】

▶公司终止以在公司登记机关注销登记为标志，公司法所规定的公司终止的公告，只是注销登记公示力的扩展，并非注销登记的生效要件。

来源： 法信

案例名： J公司诉Z公司房屋租赁合同纠纷案

案情： Z公司因公司亏损严重，应投资者的要求，于某年12月24日通过了解散公司的决议，并经H市开发区管理委员会批准解散，公司成立清算组。清算组于5月22日制作完成清算报告，经公司权力机构确认后，向原公司登记机关提交了所有注销登记所需要的材料。G分局于第二年5月23日作出准予注销登记的决定，但注销证明尚未核发给企业。6月16日，法院受理J公司诉Z公司未支付房租费用一案，并向G分局发来协助查询联系单。登记机关考虑到Z公司有民事诉讼案件在身，遂决定恢复其在册状态，并通知Z公司在民事诉讼结案前暂缓办理注销登记。

解析： 法院受理J公司诉Z公司一案时，被告早已注销终止。登记机关只需要向法院说明情况，而不能以协助法院工作为由恢复Z公司的注册状态。公司终止以公司登记机关注销登记为标志。即使公司没有履行公告的义务，在注销登记完成后，还是会发生公司终止的法律后果。至于注销通知书的送达或者领取，法律上并无规定，对注销登记的效力更不会产生影响。公司登记机关对被注销公司的财产清算、债务清偿情况可以不进行具体的审查。公司注销登记属于公司登记的一种，是指登记机关依法对解散、宣告破产、责令关闭或者其他原因终止营业的公司收缴营业执照、公章等，撤销其注册号，取消其企业法人资格的行政行为。一般来说，行政确认行为的程序大致可分为以下几个步骤：立案或申请和受理；确认审查；作出是否确认的决定。只有部分行政确认决定需要在送达给相对人之后才能产生法律效力。具体到公司登记行为上，则并不以登记决定的送达为生效要件。

33 营业执照

【知往事·新旧对照】

2018 年《公司法》 （阴影部分为修改或删除的内容）	2023 年《公司法》 （黑体部分为修改或增加的内容）
第七条第一款、第二款 依法设立的公司，由公司登记机关发给公司营业执照。公司营业执照签发日期为公司成立日期。 公司营业执照应当载明公司的名称、住所、注册资本、经营范围、法定代表人姓名等事项。	**第三十三条** 依法设立的公司，由公司登记机关发给公司营业执照。公司营业执照签发日期为公司成立日期。 公司营业执照应当载明公司的名称、住所、注册资本、经营范围、法定代表人姓名等事项。 **公司登记机关可以发给电子营业执照。电子营业执照与纸质营业执照具有同等法律效力。**

【知来者·条文释义】

本条是关于公司成立日期与营业执照的规定。2018 年《公司法》第七条没有就电子营业执照作出规定，本次《公司法》修订一审稿中即新增了电子营业执照与纸质营业执照具有同等法律效力的规定。电子营业执照的效力规定，可溯源至 2017 年《工商总局关于全面推进企业电子营业执照工作的意见》第二条第一款[①]。营业执照是公司取得主体资

---

① 《工商总局关于全面推进企业电子营业执照工作的意见》第二条第一款规定："坚持依法推进，确保电子营业执照的法定性。电子营业执照是以工商总局为全国统一信任源点，载有市场主体登记信息的法律电子证件，由工商行政管理部门依据国家有关法律法规、按照统一标准规范核发，与纸质营业执照具有同等法律效力，是市场主体取得主体资格的合法凭证，具有法律意义上的证据性和权威性。"

格的前提条件，具有重要地位。除了载体不同以外，电子营业执照与纸质营业执照没有实质不同，均为市场监管部门统一核发的有效证件，二者效力应该等同。在政务服务数字化改革的背景下，电子营业执照已得到广泛应用，在法律层面确认其合法效力具有必要性。

【知践行·适用指引】

公司营业执照应当载明公司的名称、住所、注册资本、经营范围、法定代表人姓名等事项。

第一，公司名称。公司营业执照上载明的公司名称，是公司的法定名称，是确认公司权利义务归属的依据。

第二，公司住所。公司营业执照上载明的公司住所，是公司的法定住所，是确定公司相关权利义务关系的依据。

第三，公司注册资本。注册资本是指以货币表示的各股东认缴的出资额的总和。

第四，公司经营范围。公司从事经营活动，应当有明确的行业、经营项目的种类，并依法经过登记，有些还需要依法经过批准。

第五，公司法定代表人姓名。公司营业执照应当载明公司法定代表人的姓名。

【知前鉴·典型案例】

▶公司吊销营业执照后不能办理工商变更登记不影响股权转让协议的履行。

案号：（2015）鲁商终字第 216 号

案例名：亚仕公司与桑莎公司股权转让纠纷案

案情：利源公司成立于 2010 年 11 月 17 日，亚仕公司持股比例为 80%，桑莎公司持股比例为 20%。亚仕公司的法定代表人赵某担任法定代表人。2011 年 9 月 6 日，亚仕公司、桑莎公司签订《有限公司股权转让协议书》，约定：亚仕公司将股权转让给桑莎公司，转让金于2011年10月10日前以货币交付。若到期因出让人原因工商登记变更未完成，以工商登记变更完成日为转让金支付日。协议签订后，桑莎公司在约定的时间内未向亚仕公司支付上述股权转让款。2012年12月31日，利源公司被吊销了营业执照。

解析：公司被吊销营业执照后，不能再进行股权变更登记。利源公司股东名册虽未修改，工商登记虽未进行变更，但股权的行使对象是公司，股东将股权转让事实通知公司或者公司知道股权转让事实的，股权转让即已完成，受让股东即取得股东资格。本案股权转让人亚仕公司的法定代表人同时又是目标公司利源公司的法定代表人，且利源公司只有亚仕公司与桑莎公司两个股东，因此，2011年9月6日股权转让协议签订之日，公司即知道股权转让事实，股权即可由桑莎公司享有和行使，亚仕公司转让股权的义务已经完成。

34-36 公司变更登记

【知往事·新旧对照】

2018 年《公司法》 （阴影部分为修改或删除的内容）	2023 年《公司法》 （黑体部分为修改或增加的内容）
第三十二条第三款　公司应当将股东的姓名或者名称向公司登记机关登记；登记事项发生变更的，应当办理变更登记。未经登记或者变更登记的，不得对抗第三人。	第三十四条　公司登记事项发生变更的，应当依法办理变更登记。 公司登记事项未经登记或者未经变更登记，不得对抗善意相对人。
	第三十五条　公司申请变更登记，应当向公司登记机关提交公司法定代表人签署的变更登记申请书、依法作出的变更决议或者决定等文件。 公司变更登记事项涉及修改公司章程的，应当提交修改后的公司章程。 公司变更法定代表人的，变更登记申请书由变更后的法定代表人签署。
第七条第三款　公司营业执照记载的事项发生变更的，公司应当依法办理变更登记，由公司登记机关换发营业执照。	第三十六条　公司营业执照记载的事项发生变更的，公司办理变更登记后，由公司登记机关换发营业执照。

【知来者·条文释义】

　　2018年《公司法》第三十二条第三款仅规定了股东登记的对抗效力，本次修订规定了公司登记事项的对抗效力，同时规定了变更登记材料。

　　登记对抗效力的理论基础为外观主义。登记事项一经登记公示，就形成了一个商事外观，对外具有公信力。当登记事项与实际情况不一致时，第三人往往难以知悉真实情况，为了保护善意第三人对公示信息的信赖，维护交易安全，公司不能以未登记的事实对抗善意第三人。

需要注意的是，变更申请书明确由变更后的法定代表人签署，一方面能够避免原法定代表人不配合签署申请书而导致无法完成法定代表人变更登记的情况；另一方面，也意味着变更法定代表人的决议一经作出即产生内部效力，原法定代表人在公司内部即丧失代表权。公司调整的事项属于公司营业执照载明内容的，必须依法办理变更登记，由公司登记机关换发营业执照。

公司登记事项的效力主要指：

其一，证明效力，指公司登记簿记载、公司登记公告、公司登记证书对公司登记对象的存在与否、真实性、合法性具有一定的证明效力。

其二，公信效力，指公司事项一经登记公告，应推定其具有相应的法律效果，善意第三人根据登记事项所为的行为应当有效，即使登记存在瑕疵。

其三，对抗效力，指公司登记事项一经登记公告，其效力及于公司第三人，可对第三人形成对抗力，公司因此而获得免责效力。

【知践行·适用指引】

所谓公司登记的善意保护效力，是指公司登记公示的事项即使与公司实际情况不一致，对于基于信赖该公示事项而与公司交易的善意相对人，其正当权益不因错误登记而受损。否则，若善意相对人在每次交易时，都因不信赖公司登记事项而不得不自力审查相对人的各项情况，不仅于民事效益不利，亦有违基本公平。我国《民法典》第六十五条规定："法人的实际情况与登记的事项不一致的，不得对抗善意相对人。"本次《公司法》修订吸收了《民法典》的精神内容。实践中，如何认定相对人是否善意应为难点。

"善意"的评判通常采用反面表述，即论述何为"非善意"：知道或者应当知道的不能认定为善意，"非善意"不仅仅是明知，还包括因重大过失而不知，即没有尽到合理注意义务而导致不知。

判断交易商事登记中相对人的主观意图是否为善意，一般适用权利外观主义，工商登记信息形成权利外观，交易相对人有理由据此产生合理的信赖基础，比如商主体性质、法人住所、法人名称、法定代表人姓名、出资期限、注册资本等信息的登记错误，可以直接依照商事登记信息，相对人仅需要进行形式审查，推定"外观"即为真实。但是在特定事项下不能单依据商事登记上的信息判断交易相对人善意与否，还需要结合一定的实质审查。

随着商事登记的电子化和公开化的深入，相对人查询商业登记的成本很低，在商事交易中，交易双方都要尽到一定的风险防范义务，所以在某些特殊情形下，不能单以相对人进行了形式审查就认定其为善意，而需要适当地提高"善意"的标准。

【知前鉴·典型案例】

▶股权质押的善意取得参照股权善意取得的认定，非股权外观公示的所有权人，不能对抗善意第三人的质押权利。

案号：（2017）最高法民申 3807 号

案例名：王某荣、陈某、秦某波、曾某世、盛世公司与某植物油公司案外人执行异议之诉案

案情：王某荣与曾某世系夫妻关系，沈阳某阀门公司（以下简称阀门公司）为二人婚姻关系存续期间成立的有限责任公司，曾某世、王某荣均为阀门公司股东，公司注册资本 8000 万元，其中曾某世的出资额为 6400 万元，持股 80%，王某荣的出资额为 800 万元，持股 10%。2013 年 1 月 29 日，曾某世与陈某、秦某波签订质权合同，约定为履行浙江省绍兴市越城区人民法院（2012）绍越商初字第 19 号、第 20 号民事调解书，以及（2012）绍越商初字第 241 号、第 242 号民事调解书，曾某世以其持有的阀门公司 80% 股权提供质押担保。法院于 2016 年 4 月 5 日裁定拍卖被执行人曾某世持有的阀门公司 80% 股权。在执行过

程中，曾某世之妻王某荣认为，出质股权为夫妻共有财产，曾某世用夫妻共同共有的股权为巨额债务提供担保，未征得其同意，故提出执行异议。其执行异议被法院驳回后，王某荣提起案外人执行异议之诉，请求停止对其持有的阀门公司股权的执行。王某荣主张：案涉股权属于夫妻共同财产，王某荣对涉案股权享有直接的财产权利；其夫曾某世在未征得其同意的情况下，将共有股权出质，严重损害其合法权利，该质押行为无效；且案涉债务并非夫妻共同债务，故王某荣对40%的股权享有排除强制执行的权利。一审、二审法院均认为王某荣作为股权外观公示所有权人的配偶，只是对所代表的财产利益享有间接的权益，不能对抗债权人陈某和秦某波作为善意第三人的质押权利。王某荣不服一、二审判决，申请再审。最高人民法院再审认为，王某荣并不是案涉股权外观公示的所有权人，不能对抗陈某、秦某波作为善意第三人的质押权利，故驳回了王某荣的再审申请。

解析：法院认为，债权人有权根据股权外观公示主张权利。陈某、秦某波基于对股权外观公示的合理信赖，接受了曾某世以其持有的阀门公司80%股权提供的质押担保，并依法办理了股权质押登记手续，该股权质押行为并不违反我国相关法律的强制性规定。王某荣并不是案涉股权外观公示的所有权人，不能对抗陈某、秦某波作为善意第三人的质押权利。王某荣以曾某世未经其同意设定案涉股权质押无效的主张，亦缺乏法律依据。

股权质押的善意取得参照股权善意取得的认定，非股权外观公示的所有权人，不能对抗善意第三人的质押权利。当登记事项与实际情况不一致时，第三人往往难以知悉真实情况，为了保护善意第三人对公示信息的信赖，维护交易安全，不能以未登记的事实对抗善意第三人。

▶隐名股东不能以其与名义股东之间的约定为由对抗外部债权人对名义股东的正当权利。

案号：（2016）最高法民再360号

案例名：某银行公司济南分行与某航公司、某融资担保公司执行异议之诉再审案

案情： 2010 年 6 月 28 日，某航公司与某融资担保公司签订《委托投资入股代理协议》，协议约定某航公司自愿委托某融资担保公司作为某航公司对某沿海银行的出资入股代理人并代为行使相关股东权利，委托资金总额为人民币 9360 万元，某融资担保公司自愿接受某航公司的委托，代为行使相关代持股股东的代理权利。山东省济南市中级人民法院（以下简称济南中院）在执行（2013）济商初字第 9 号民事判决，即某银行公司济南分行与某融资担保公司借款合同纠纷一案中，对被执行人某融资担保公司持有的某沿海银行股份启动了司法拍卖程序。拍卖过程中，案外人某航公司就上述执行标的提出案外人异议，要求法院确认某航公司为该股份的实际权利人，停止对某融资担保公司持有的某沿海银行 7200 万元股份的强制执行。济南中院裁定驳回了某航公司的案外人异议。某航公司不服济南中院驳回其案外人异议之裁定，以某银行公司济南分行、某融资担保公司为被告向济南中院提起案外人异议之诉，请求：（1）立即停止对某航公司实际所有、登记在某融资担保公司名下的某沿海银行 7200 万股股份及未分配红利的执行，并解除财产保全措施；（2）确认某航公司享有登记在某融资担保公司名下的某沿海银行 7200 万股股份及未分配红利的所有权。一审法院驳回了某航公司的诉讼请求。二审法院撤销一审判决，确认上诉人某航公司享有登记在被上诉人某融资担保公司名下的某沿海银行 7200 万股股份之实际权利及未分配红利，并停止对登记在被上诉人某融资担保公司名下的某沿海银行 7200 万股股份及未分配红利的执行。某银行公司济南分行申请再审。最高人民法院认为，从实际出资人与名义股东的内部代持法律关系的性质分析。代持法律关系其本质属于一种债权债务关系，受合同法相对性原则的约束，隐名股东就该债权仅得以向名义股东主张，对合同当事人以外的第三人不产生效力。从信赖利益保护的角度分析，根据商事法律的外观主义原则，交易行为的效果以交易当事人行为的外观为准，即使外在的显示与内在的事实不一致，商事主体仍需受此外观显示的拘束，外观的显示优越于内在的事实；从债权人和隐名股东的权责和利益分配上衡量，由某航公司承担因选择代持关系出现的风险和不利益，更为公平合理；从司法政策价值导向上衡量，为了维护交易安全，也为倒逼隐名股东在选择名义股东时更加谨慎，依法判决实际出资人某航公司不能对抗人民法院对涉案股权的强制执行，有利于规范商业银行股权法律关系，防止实际出资人违法让他人代持股份或者规避法律。最终判决撤销二审判决，维持一审判决。

解析： 从实际出资人与名义股东的内部代持法律关系的性质分析，代持法律关系其本质属于一种债权债务关系，受合同法相对性原则的约束，隐名股东就该债权仅得以向名义股东主张，对合同当事人以外的第三人不产生效力。在代持情形下，隐名股东的财产利益是通过合同由名义股东向实际股东转移，需经过合同请求而取得，若隐名股东请求成为公司股东，则需经过半数股东同意，其并非当然地取得股东地位。在公司对外关系上，名义股东具有股东的法律地位，隐名股东不能以其与名义股东之间的约定为由对抗外部债权人对名义股东行使的正当权利。

37-38 公司注销登记、分公司登记

【知往事·新旧对照】

2018 年《公司法》 （阴影部分为修改或删除的内容）	2023 年《公司法》 （黑体部分为修改或增加的内容）
	第三十七条　公司因解散、被宣告破产或者其他法定事由需要终止的，应当依法向公司登记机关申请注销登记，由公司登记机关公告公司终止。
第十四条第一款　公司可以设立分公司。设立分公司，应当向公司登记机关申请登记，领取营业执照。分公司不具有法人资格，其民事责任由公司承担。	第三十八条　公司设立分公司，应当向公司登记机关申请登记，领取营业执照。

【知来者·条文释义】

本次修订的《公司法》第三十七条、第三十八条是关于公司注销登记与设立分公司登记的内容，之前主要规定于2018年《公司法》"公司合并、分立、增资、减资"一章中，现提前于总则部分，内容上更加提纲挈领。

现已失效的《公司登记管理条例》第四十二条[①]曾规定，"有下列情形之一的，公司清算组应当自公司清算结束之日起30日内向原公司登记机关申请注销登记：（一）公司被依法宣告破产；（二）公司章程规定的营业期限届满或者公司章程规定的其他解散事由出现，但公司通过修改公司章程而存续的除外；（三）股东会、股东大会决议解散或者

---

① 参见《市场主体登记管理条例》第三十一条至第三十三条。

一人有限责任公司的股东、外商投资的公司董事会决议解散；（四）依法被吊销营业执照、责令关闭或者被撤销；（五）人民法院依法予以解散；（六）法律、行政法规规定的其他解散情形。"

原《公司登记管理条例》第四十五条规定，分公司是指公司在其住所以外设立的从事经营活动的机构。分公司不具有企业法人资格。第四十六条规定，分公司的登记事项包括：名称、营业场所、负责人、经营范围。分公司的名称应当符合国家有关规定。分公司的经营范围不得超出公司的经营范围。

2018 年《公司法》第十四条第一款体例上被拆分为两部分，一部分系修订后《公司法》第三十八条，关于分公司设立、登记内容；一部分系修订后《公司法》第十三条，关于分公司是否具有法人资格及责任承担内容。

【知践行·适用指引】

公司在退出市场正式终止前，须依法宣告解散、成立清算组进行清算，清理公司财产、清缴税款、清理债权债务，支付职工工资、社会保险费用等，待公司清算结束后，应制作清算报告并办理注销公司登记，公告公司终止。公司注销的法律后果是民事行为能力以及权利能力同时消灭，法人资格终止。

公司可以设立分公司，设立分公司应当向公司登记机关申请登记，领取营业执照。分公司不具有法人资格，其民事责任由公司承担。分公司的主要业务活动完全由总公司来决定，并以总公司的名义并根据其委托来进行业务活动。分公司的所有资产都属于总公司所有，其实际占有的财产属于总公司财产的一部分。分公司没有自己独立的名称和章程，只能使用总公司一样的名称，一样的章程。分公司可以独立核算，也可以采用非独立核算，根据企业的管理需要来决定。

【知前鉴·典型案例】

▶公司注销后，公司遗留债权并不随之消灭；无论公司注销前是否实际完成合法清算程序，公司原股东均可以自己名义作为原告直接向公司原债务人主张公司遗留债权。仅有单个或部分原股东起诉主张公司遗留债权时，法院可以但并非必须通知其他原股东作为共同原告参加诉讼。

案号：（2019）闽民终529号

案例名：潘某诉陈某、郭某等民间借贷纠纷案

案情：潘某与陈某共同投资C公司。2011年10月至2013年12月间，陈某通过直接取现、将资金转入郭某的银行卡等方式，累计向潘某借款人民币4276247.54元。陈某、郭某为此共同出具借条。2014年5月4日，经确认，陈某与郭某应当归还给潘某的款项共计392.54万元，陈某承诺分期向潘某偿还，并为此出具《还款确认书》给潘某收执。2016年3月15日公司注销。其后，陈某向潘某偿还了部分款项后拒还余款。故潘某请求法院判令陈某、郭某共同偿还欠款。

解析：潘某所主张的款项在性质上属于已注销的C公司的遗留债权。C公司虽已被注销，其法人人格已消灭，但公司的债权并不因其主体的消灭而灭失，根据民法权利承继原则及"谁出资，谁受益"原则，对于尚未处理的遗留债权，原公司全体股东成为权利承继主体，可以一般债权人的身份主张其权利。本案一审庭审中，潘某、陈某、郭某、蔡某一致确认潘某、陈某系C公司的实际出资人，具有股东资格，因此，潘某具有本案诉讼主体资格，有权以个人名义起诉主张C公司的遗留债权。

公司注销登记后，其法人人格消灭，丧失了继续以其名义从事民事活动的主体资格与行为能力。公司注销登记后，公司遗留债权债务并不自然归于消灭。从一次性解决纠纷、减少当事人诉累的角度考虑，人民法院在受理公司单个或部分原股东提起的公司遗留债权之诉后，可将诉讼情况通知公司其他原股东，若其他原股东有意愿参与诉讼，则可追

加其为共同原告参加诉讼；若全体原股东均到案并提出了分配要求，则法院可视情况合并审理，在确认公司遗留债权的同时一并判定各股东的分配份额。

39 虚假登记应予撤销

【知往事·新旧对照】

2018 年《公司法》 （阴影部分为修改或删除的内容）	2023 年《公司法》 （黑体部分为修改或增加的内容）
第一百九十八条　违反本法规定，虚报注册资本、提交虚假材料或者采取其他欺诈手段隐瞒重要事实取得公司登记的，由公司登记机关责令改正，对虚报注册资本的公司，处以虚报注册资本金额百分之五以上百分之十五以下的罚款；对提交虚假材料或者采取其他欺诈手段隐瞒重要事实的公司，处以五万元以上五十万元以下的罚款；情节严重的，撤销公司登记或者吊销营业执照。	第三十九条　虚报注册资本、提交虚假材料或者采取其他欺诈手段隐瞒重要事实取得公司设立登记的，公司登记机关应当依照法律、行政法规的规定予以撤销。

【知来者·条文释义】

　　2018 年《公司法》第一百九十八条规定了撤销公司登记，本次《公司法》修订将撤销公司登记独立成条，规定登记机关应当依法予以撤销登记。

　　撤销登记本质上是针对错误登记行为的一种纠错机制而非行政处罚，登记行为的合法性在于基础民事行为的真实性，虚假登记因缺乏合法性基础，应当予以撤销登记。本条吸收并简化了《市场主体登记管理条例》第四十条①撤销登记的规定，后者赋予登记机关调查虚假登记事实的权力，并就调查程序作了详细规定，本条未就调查程序进行表述，以"依法"一词转引。

本条规定的虚假登记情形包括：

其一，虚报注册资本，这里的"虚报"主要是指为骗取公司登记而故意夸大资本数额，实际上根本就没有出资或者没有全部出资。这里的"注册资本"，是指在公司登记机关登记的资本数额，包括设立时股东认缴的出资额，也包括成立增加的资本额。

其二，提交虚假材料，本条中所说的"虚假材料"，主要是指设立（变更、注销）登记申请书、公司章程、验资证明等文件和从事法律、行政法规规定须经有关部门审批的业务所提交的有关部门的批准文件是虚假的，如设立申请书中股东出资额的验资证明是虚构的，或者从事特种行业所提交的有关部门的批准文件是伪造的等。

其三，采取其他欺诈手段隐瞒重要事实，本条中所谓"其他欺诈手段"，是指采用其他隐瞒事实的方法欺骗公司登记机关的行为。

【知践行·适用指引】

公司登记是公司法的核心制度，覆盖公司从"摇篮到坟墓"的生命周期。实践中存在登记信息不准、不全、不新与不权威的短板。《公

---

① 《市场主体登记管理条例》第四十条规定："提交虚假材料或者采取其他欺诈手段隐瞒重要事实取得市场主体登记的，受虚假市场主体登记影响的自然人、法人和其他组织可以向登记机关提出撤销市场主体登记的申请。登记机关受理申请后，应当及时开展调查。经调查认定存在虚假市场主体登记情形的，登记机关应当撤销市场主体登记。相关市场主体和人员无法联系或者拒不配合的，登记机关可以将相关市场主体的登记时间、登记事项等通过国家企业信用信息公示系统向社会公示，公示期为45日。相关市场主体及其利害关系人在公示期内没有提出异议的，登记机关可以撤销市场主体登记。因虚假市场主体登记被撤销的市场主体，其直接责任人自市场主体登记被撤销之日起3年内不得再次申请市场主体登记。登记机关应当通过国家企业信用信息公示系统予以公示。"

司法》的修订推进了公司登记制度的现代化。公司登记的本质属性是面向公众提供公司登记信息的公共信息服务，既非行政许可，亦非行政确认。公司登记信息具有保护善意第三人合理信赖、对抗非善意第三人道德风险的双重公示公信效力。外观主义不是例外规则，而是一般原则。为精准识别善意相对人，可采取理性人标准为主、主观标准为辅的折中标准，将理性人界定为具有通常智商、情商、法商与德商的普通人。①

虚假登记是在申请商事主体登记时，提交虚假材料或采取其他欺诈手段隐瞒重要事实欺骗登记机关，取得商事主体登记的行为。②公司虚假登记具有三个特征：欺瞒性、违法性和不稳定性。第一，欺瞒性。公司虚假登记的要件之一是登记主体存在欺瞒行为，该行为可能是故意也可能为重大过失。第二，违法性。从实践中出现的公司虚假登记现象来看，公司虚假登记是登记主体在登记过程中，因故意或过失违反了实体或程序上的法律、行政法规规定应具备的条件或程序，因此登记主体要承担相应的民事责任与行政责任，严重者还要承担刑事责任。第三，不稳定性。通过虚假登记取得了商主体资格的公司，其主体资格具有不稳定性。其主体资格可能随时会因登记时未提供、填写真实材料和信息而被撤销。

提交虚假材料是指在设立、变更、注销登记的过程中，提交的登记申请书、公司章程或者从事法律法规规定须报经有关部门审批的有关批准文件等材料是虚假的，可简要分为：第一，身份信息虚假。通过非法获取身份信息和窃取人脸识别信息，进行虚假注册登记，此行为将侵害第三人的合法权益，假如该虚假注册设立的公司存在虚开发票、赚取非法收益等违法行为，则被冒用人可能被列入失信名单，更严重者将承担刑事责任。第二，经营场所虚假。申请人通过伪造房产证明、虚构租房合同、篡改房屋使用性质、提供虚假产权人签名等骗取住所登记；此

---

① 刘俊海：《公司登记制度现代化的解释论与立法论——公共信息服务、公示公信效力与可诉可裁标准的三维视角》，载《法律适用》2023 年第 1 期。

② 石玉颖主编：《商事登记制度与实践》，中国工商出版社 2009 年版，第 369~370 页。

种情形下如发生债权债务纠纷，对于债权人而言，其无法通过最快的方式保障自己的合法权益，而只能通过诉讼等其他耗时费力的手段，同时，经营场所的虚假也会致使监管机关管理不便。

40 企业信息公示系统公示事项

【知往事·新旧对照】

2018 年《公司法》 （阴影部分为修改或删除的内容）	2023 年《公司法》 （黑体部分为修改或增加的内容）
	第四十条　公司应当按照规定通过国家企业信用信息公示系统公示下列事项： （一）有限责任公司股东认缴和实缴的出资额、出资方式和出资日期，股份有限公司发起人认购的股份数； （二）有限责任公司股东、股份有限公司发起人的股权、股份变更信息； （三）行政许可取得、变更、注销等信息； （四）法律、行政法规规定的其他信息。 公司应当确保前款公示信息真实、准确、完整。

【知来者·条文释义】

2018 年《公司法》没有规定公司的公示义务，本次《公司法》修订规定公司应通过企业信息公示系统公示的事项，系新增条款。

本条吸收《企业信息公示暂行条例》第十条①的规定，新增规定公司对非登记事项进行公示的义务，包括有限公司股东认缴和实缴的出资额、出资方式和出资日期等事项。前述事项并不属于法定登记事项，但对于保护交易安全和提高交易效率仍有着不可忽视的作用，有必要通过确立公司公示特定非登记事项的义务，提高交易相对人获取公司信息的效率，以降低其与公司之间的交易成本。

【知践行·适用指引】

现代公司制度更加关注企业的整体资产信用，债权人特别想了解企业的资产结构、资产流动等信息。②这些信息关乎企业的资信程度，需扩宽更全面的信息公示内容来节约交易各方搜寻信息的成本，减少对企业真实状况的怀疑，企业选择不公示的信息越多，越不利于交易效率的提升。企业信息公示制度的建立有如下作用：

其一，保障竞争有序。经由登记的企业都是平等合法的市场主体，均可在全国范围内参与竞争，交易对手和社会公众只要对企业的成立时间、股东股权结构、出资状况、法人治理结构等信息有充分的了解，就可以依照自身判断，选择合适的交易伙伴，作出理性的交易决策。进而革除长期以来尚存的地方保护、市场分割、指定交易等妨碍统一市场和公平竞争的残留。③

---

① 《企业信息公示暂行条例》第十条规定："企业应当自下列信息形成之日起 20 个工作日内通过企业信用信息公示系统向社会公示：（一）有限责任公司股东或者股份有限公司发起人认缴和实缴的出资额、出资时间、出资方式等信息；（二）有限责任公司股东股权转让等股权变更信息；（三）行政许可取得、变更、延续信息；（四）知识产权出质登记信息；（五）受到行政处罚的信息；（六）其他依法应当公示的信息。工商行政管理部门发现企业未依照前款规定履行公示义务的，应当责令其限期履行。"

② 赵旭东：《从资本信用到资产信用》，载《法学研究》2003 年第 5 期。

③ 国家发展和改革委员会：《加快建设全国统一大市场为构建新发展格局提供坚强支撑》，载《求是》2022 年第 11 期。

其二，促进机会公平。信息公开化、市场透明化改革，就是让各类企业可以通过"国家企业信用信息公示系统"展现自己，为各类企业创设无限的市场竞争空间，充分参与竞争，杜绝垄断和歧视，营造主体多元、强弱共生、机会公平的市场环境，通过企业信息公示制度实现政府对企业的信息监管，促进企业信息公示的真实性和及时性，进而保障企业拥有公平的竞争机会，推动市场优胜劣汰。

其三，保障交易安全。通过企业信息公示，社会公众容易获得相对充分的信息，降低决策成本，认知更加理性，可自行决定是否与企业达成交易合作，实现自主选择。[1] 尤其是那些被列入"企业异常名录"和"严重违法企业名录"的企业，"公示"起到提醒作用，潜在客户出于交易安全的考虑，就不会轻易选择合作。可见，企业信息公示制度有利于潜在客户和社会公众了解企业的经营业绩、资产状态等基本信息，起到信息公开和警示作用。[2]

---

[1] 戚聿东、郝越：《以公平竞争审查制度促进全国统一大市场建设》，载《南方经济》2022 年第 8 期。

[2] 周昌发：《全国统一大市场建设下企业信息公示的立法完善》，载《学术探索》2023 年第 7 期。

41 优化公司登记服务

【知往事·新旧对照】

2018 年《公司法》 （阴影部分为修改或删除的内容）	2023 年《公司法》 （黑体部分为修改或增加的内容）
	第四十一条　公司登记机关应当优化公司登记办理流程，提高公司登记效率，加强信息化建设，推行网上办理等便捷方式，提升公司登记便利化水平。 **国务院市场监督管理部门根据本法和有关法律、行政法规的规定，制定公司登记注册的具体办法。**

【知来者·条文释义】

本次《公司法》修订新增规定公司登记机关应优化公司登记办理流程，提高公司登记效率等内容。本条调整对象为登记机关而非公司，系参考吸收《市场主体登记管理条例》（以下简称《条例》）第六条[①]的规定。优化公司登记服务的提出，是为了解决公司登记实践中前置行政审批、核准程序过于繁杂的问题，在制度价值取向上从安全优先转向了效率优先，在制度理念上淡化了公司登记中的行政管制色彩，强调了公司登记的服务属性，与公司登记的行政确认性质相契合。

---

① 该条例第六条规定："国务院市场监督管理部门应当加强信息化建设，制定统一的市场主体登记数据和系统建设规范。县级以上地方人民政府承担市场主体登记工作的部门（以下称登记机关）应当优化市场主体登记办理流程，提高市场主体登记效率，推行当场办结、一次办结、限时办结等制度，实现集中办理、就近办理、网上办理、异地可办，提升市场主体登记便利化程度。"

自国家企业信用信息公示系统（https://www.gsxt.gov.cn）开通以来，公司登记信息透明度持续改善。为提高登记信息的收集与分析能力，《条例》第六条要求国家市场监管总局制定统一的商事主体登记数据和系统建设规范，要求各级登记机构实现网上办理、异地可办。但制度漏洞依然存在，有些登记信息迄今仍无法在线实时查询。

阳光是最好的防腐剂，灯泡是最有效的警察。数字化与透明化是公司登记制度变革的方向，不可或缺。公司登记信息直接关乎交易安全、交易成本和交易效率，具有公共信息属性。若缺乏透明度保障，登记信息的公示公信效力也会沦为无源之水、无本之木。[①]

【知践行·适用指引】

隐私权保护具有人格权与财产权保护的双重意义。透明度与隐私权相辅相成，不可或缺。多年来，登记机构迟迟未公示备案信息的主要顾虑是，担心公示会侵害当事人的商业秘密和个人隐私。然而，公司及其股东或董监高在提交备案信息时无需将商业秘密或个人隐私纳入备案资料中。若其中确有秘密或隐私，也可采取必要的去标识化等安全技术措施。在公示股东或董监高的身份信息时，可只显示身份证号码前三位与后三位数字。基于合宪性、正当性、必要性与比例性的原则，法定强制登记信息的外延界定必须严格限定在维护交易安全所必需的限度内，不得随意扩及敏感个人信息。对于数字平台企业滥用大数据与算法技术的乱象，登记机构在政府采购市场采购登记数字化服务时，必须夯实供应商对隐私权与敏感个人信息的安全保障义务。严格遵守《个人信息保护法》《数据安全法》《网络安全法》，健全合规风险控制，夯实登记信息所涉隐私权与敏感个人信息安全保障权等。

---

① 刘俊海：《公司登记制度现代化的解释论与立法论——公共信息服务、公示公信效力与可诉可裁标准的三维视角》，载《法律适用》2023 年第 1 期。

【知前鉴·典型案例】

▶以权利主体的名义进行活动时未经权利人同意而使用其姓名的即为盗用。

案号：（2012）曲中民终字第 71 号

案例名： 张某诉贵鑫公司姓名权纠纷案

案情： 被告贵鑫公司拟聘用原告张某到其公司担任总工程师，为了升级被告的建筑资质等级，张某通过考试，取得了相应的安全生产许可证书。后被告通知张某不能担任总工程师，张某多次向被告索要"高工"证，被告未给付。2011 年 4 月 26 日，张某在云南省建筑业管理信息网上看到被告以其名义和"高工"证号登记注册的公示信息，发现被告于 2007 年就办理了相应的资格证书并以张某"高工"的身份进行备案登记，故起诉侵权。

解析： 盗用他人姓名，是指未经权利主体同意或授权，擅自以权利主体的名义进行民事活动或从事不利于权利主体、不利于社会公共利益的行为。盗用他人姓名，行为人通常出于某种不正当目的，往往有抬高自己身价、声誉的动机或牟取不正当利益的目的，行为的结果直接损害他人或社会利益。实践中，有时出于善意或者中性的目的盗用他人姓名，也可构成侵权行为，区别的关键在于以权利主体的名义进行活动时是否经过权利主体的同意，未经权利人同意而使用他人姓名的即为盗用。

第三章 有限责任公司的设立和组织机构

42 有限责任公司股东人数

【知往事·新旧对照】

2018年《公司法》 （阴影部分为修改或删除的内容）	2023年《公司法》 （黑体部分为修改或增加的内容）
第二章　有限责任公司的 设立和组织机构	第三章　有限责任公司的 设立和组织机构
第一节　设立	第一节　设立
第二十四条　有限责任公司由五十个以下股东出资设立。	第四十二条　有限责任公司由一个以上五十个以下股东出资设立。

【知来者·条文释义】

2005年修订的《公司法》增加了一人有限责任公司的特别规定，允许设立一个自然人或者一个法人出资设立的有限责任公司，以便鼓励和引导社会资金投向经济领域，促进市场经济的发展。因此，2018年《公司法》对1993年《公司法》第二十条规定作出相应修改，将有限责任公司"由二个以上五十个以下股东共同出资设立"，修改为"由五十个以下股东出资设立"。本次修订明确人数为 1 个以上 50 个以下。

有限责任公司的股东人数为 1 个以上 50 个以下。若是只有一个股东，则属于一人有限责任公司。一人有限责任公司不设立股东会，股东既可以是自然人，也可以是法人。

【知践行·适用指引】

1 个以上 50 个以下股东可以设立有限责任公司。有限责任公司是一种资合与人合性质兼有的公司，股东之间相互比较了解，很大程度上是基于股东之间的信任而建立起来的一种合作，如果人数太多，不利于股东之间的合作；同时，有限责任公司一般是中小型性质的经济组织，人数太多，不利于公司的决策和经营。50 个以下的股东必须都要出资，才能设立有限责任公司。不出资，不能成为有限责任公司的股东，而且股东的出资必须符合法律规定的要求。50 个以下的股东，既可以是自然人，也可以是法人。

【知前鉴·典型案例】

▶有限责任公司由 1 个以上 50 个以下股东出资设立。

法院：浙江省温州市中级人民法院

案例名：城北保洁公司与吴某股权确认纠纷案

案情：吴某及城北保洁公司的法定代表人李某原系龙港环卫处的环卫保洁工，后因涉及职工养老保险、补偿金问题与龙港镇政府发生争议，吴某等 75 位职工委托李某与龙港镇政府协调、诉讼。吴某等 75 位职工推荐李某成立城北保洁公司，担任法人代表及总负责人，与龙港镇政府洽谈有关北站承包方案，年底奖金分为 75 份，即 75 位职工各一份，离退休职工自动终止劳动关系。李某瞒着所有职工，以个人名义向工商部门注册登记了个人独资公司。故吴某诉至法院，要求确认吴某系城北保洁公司股东，享有城北保洁公司 1/75 的股份。城北保洁公司辩称：

按照《公司法》的有关规定，有限责任公司的股东最多人数是 50 人，吴某的请求违反了法律规定。

解析：《公司法》规定有限责任公司的人数限制，从而保障有限责任公司的人合性质。本案中，存在恶意的李某则意图利用此条款反驳原告的诉讼请求。城北保洁公司注册登记的是一人公司，当事人之间并没有为公司性质发生争议，而是对公司股东内部股权份额的确认发生争议，该争议的解决并不涉及股权登记和公司注册股东人数的变更，因此，吴某享有 1/75 股份没有违反法律禁止性规定。法院支持吴某诉请，从实体法律上看此解释存在一定的前后矛盾，但在程序法律上是可以自圆其说的，从而达到依法维护正当权利人利益的目的。

43　有限责任公司的设立协议

【知往事·新旧对照】

2018 年《公司法》 （阴影部分为修改或删除的内容）	2023 年《公司法》 （黑体部分为修改或增加的内容）
	第四十三条　有限责任公司设立时的股东可以签订设立协议，明确各自在公司设立过程中的权利和义务。

【知来者·条文释义】

2018 年《公司法》并无此项规定，2023 年《公司法》修订第四十三条和第九十三条分别为有限责任公司与股份有限公司关于设立协议的规定。第四十三条与第九十三条相对应，呈现出有限责任公司与股份有限公司在设立程序上的差别，即有限责任公司对应规模较小的"小型企业"，而股份有限公司对应规模较大的"中型和大型企业"。对于有限责任公司，设立协议不是必需，当事人可自行选择，本条属于发挥提示功能的注意性规定。

对于股份有限公司，《公司法》第九十三条规定："股份有限公司发起人承担公司筹办事务。发起人应当签订发起人协议，明确各自在公司设立过程中的权利和义务。"该条虽然在措辞上使用的为"应当"，但一般不宜被认定为可以导致法律行为无效的强制性规范，可以理解为倡导性规范。[1]

---

[1]　王轶：《论倡导性规范——以合同法为背景的分析》，载《清华法学》2007 年第 1 期。

【知践行·适用指引】

有限责任公司的设立协议是股东为了推动公司成立，共同达成关于组建公司事项的民事合同，其目的是约束股东的行为，则公司设立过程中股东之间发生的争议为民事争议，通过合同法规制。公司设立协议只要不违反相关法律法规和公司章程，则并不随公司成立而当然失效，除非已在协议中明确了协议失效的具体情形，股东在公司持续期间只要不违反公司法的强制性规定，就能够以此为依据来主张自己的合法权益。公司设立过程中，股东之间为合同关系，公司成立后，就转变为法定关系，股东的权利、义务、责任就不再是股东之间能自由约定的，而应服从《公司法》的相关规定。公司章程是公司成立后才能制定的，有法人资格的主体才能制定。公司设立时签订的协议只对当时的签订人有效，而公司章程对于现在的以及未来的股东都有法律效力。

【知前鉴·典型案例】

▶应当以公司章程的约定为准确定股东的出资义务，而非公司设立协议。

案号：（2011）延民初字第 4403 号

案例名：张某诉孟某股东出资案

案情：张某、孟某系朋友关系。双方曾协议约定合作成立尚时特公司。其后，张某与孟某签署尚时特公司章程，章程约定由孟某等二人共同出资设立尚时特公司，股东孟某认缴出资 1 万元，股东张某认缴出资 2 万元，出资方式均为货币。上述款项已存于尚时特公司账户中，验资报告显示孟某实缴出资 1 万元，张某实缴出资 2 万元。双方领取了尚时特公司企业法人营业执照。后张某诉至法院，要求孟某按照协议向尚时特公司缴纳出资 96997.02 元及相应利息 14290.90 元。法院审理后判决驳回张某诉请。

解析：本案合作经营协议签署于公司成立之前，未进行工商登记备案，除了出资问题外，还约定了公司发展目标、管理方式、利润分成等事项，体现的是对公司的展望和设想，调整的主要是甲乙双方之间的关系，在性质上应属公司设立协议。而公司章程是公司必备的法律文件，是发起人或股东制定的，并对公司、股东、董事、监事、高级管理人员具有约束力的调整公司内部组织关系和经营行为的自治规则。公司设立协议与公司章程的效力孰优孰劣不能一概而论，因二者的调整范围并不相同。公司设立协议主要调整的是公司设立前公司投资者之间的权利义务关系，如有违反则向对方承担违约责任。公司章程是《公司法》规定的要式文件，调整的法律关系比较复杂，有公司、股东、公司经营管理人员之间的关系，也可能涉及对外投资、担保等法律关系，效力及于公司成立后的整个存续期间，如有违反承担责任的对象和方式也有所不同。

44 先公司交易及其法律后果

【知往事·新旧对照】

2018 年《公司法》 （阴影部分为修改或删除的内容）	2023 年《公司法》 （黑体部分为修改或增加的内容）
	第四十四条 有限责任公司设立时的股东为设立公司从事的民事活动，其法律后果由公司承受。 公司未成立的，其法律后果由公司设立时的股东承受；设立时的股东为二人以上的，享有连带债权，承担连带债务。 设立时的股东为设立公司以自己的名义从事民事活动产生的民事责任，第三人有权选择请求公司或者公司设立时的股东承担。 设立时的股东因履行公司设立职责造成他人损害的，公司或者无过错的股东承担赔偿责任后，可以向有过错的股东追偿。

【知来者·条文释义】

本条为新增条款，实质是吸收《最高人民法院关于适用〈中华人民共和国公司法〉若干问题的规定（三）》第二条至第五条和《民法典》第七十五条法人设立行为的法律后果承受问题的规定，没有实质性变化。

有限责任公司的设立行为是为取得公司资格而由设立时的股东进行的一系列法律行为的总称。具体而言，是指设立时的股东在公司成立之前，为组建公司而进行的、目的在于取得法律主体资格的活动。设立时的股东是具体实施公司设立行为的主体，其法律地位决定设立时的股东从事设立公司的民事活动所产生的民事责任应如何承担。对于设立时的股东的法律地位，法学界存在无因管理说、为第三人利益契约说、设立中的公司机关说和当然继承说四种学说，每种学说均有不足。[①] 从实践角度来看，设立时的股东的法律地位可以从两个方面来认识：一方面，从设立时的股东与设立中的公司关系看，设立时的股东作为一个整体属于设立中公司的机关，对外代表设立中的公司从事设立活动。由于设立中的公司与成立后的公司是同一的，设立时的股东因设立行为所产生的权利义务当然归属于成立后的公司。另一方面，从设立时的股东之间的关系来看，设立时的股东之间属于合伙，公司未能合法成立，设立时的股东对因设立行为产生的义务对外承担连带责任。基于以上理由，本条对设立时的股东为设立公司从事民事活动产生的民事责任承担问题作出规定。

设立时的股东为设立公司从事的民事活动，其法律后果由公司承受；公司未成立的，其法律后果由设立时的股东承受，设立时的股东为二人以上的，享有连带债权，承担连带债务。第一，设立时的股东必须是以设立公司为目的从事民事活动，因此所产生的民事责任才能由成立后的公司承担。设立时的股东未以公司的名义而是以自己的名义从事的民事活动所产生的民事责任如何承担，应根据本条第三款确定。第二，设立时的股东从事的民事活动不限于法律行为。设立时的股东为设立公司，需要对外签订民事合同，因合同订立、履行产生的义务和责任，均由成立后的公司承担。设立时的股东为设立公司，还可能从事其他一些民事活动，其在履行设立职责过程中可能造成他人损失，产生赔偿责任。例如，建造办公场所可能造成他人损害的侵权责任、雇用工作人员可能存在的工伤赔偿等，这些责任亦应由成立后的公司承担。第三，公司依法成立的，设立时的股东所实施的设立公司的行为，性质上应认定为设立中公司的机关从事的民事活

[①] 赵旭东：《公司法学》，高等教育出版社 2012 年版，第 112 页。

动，相关法律后果当然归于成立后的公司；公司未成立的，设立时的股东所实施的设立公司的行为，性质上应认定为设立时的股东自己的活动，相关法律后果由设立时的股东承担，设立时的股东为数人的，全体设立时的股东作为合伙人享有连带债权，承担连带债务。

设立时的股东为设立公司以自己的名义从事民事活动产生的民事责任，第三人享有选择权，可以选择成立后的公司承担民事责任，也可以请求设立时的股东承担责任。这种情况下，成立后的公司与设立时的股东对第三人的债务不承担连带责任，第三人的"选择权"应解释为形成权，一旦选定就不能变更。

【知践行·适用指引】

对于如何判断设立人从事的活动是否为设立法人实施，理论上存在实质标准与形式标准两种判断方法：前者依据设立人从事的民事活动是否是设立公司固有的或者必要的行为进行判断；后者依据设立人从事的民事活动是否以法人的名义实施进行判断。

对于公司发起人对外从事的交易行为，以形式标准为主、实质标准为辅。发起人以自己的名义对外签订的合同，原则上由发起人承担责任，公司成立后予以确认或者已经实际享有合同权利或者履行合同义务的除外，相对人可以要求公司承担责任。发起人以设立中公司的名义对外签订的合同，原则上由公司承担责任，公司有证据证明发起人利用设立中公司的名义为自己的利益签订合同的，公司可以主张不承担责任，相对人善意的除外。对于公司发起人从事的其他行为，采实质标准。发起人因履行公司设立职责造成他人损害，公司成立后，受害人可以请求公司承担侵权赔偿责任；公司未成立的，受害人可以请求全体发起人承担连带赔偿责任。

【知前鉴·典型案例】

▶设立中公司符合《民法典》和《民事诉讼法》对民事主体和民事诉讼主体确认标准的，在民事诉讼中可以具有独立的民事诉讼主体地位。

案例名： 甲诉乙、A公司、B公司、钢贸公司买卖合同纠纷案

案情： 乙以自己的名义向甲购买一批钢材存放于某公司仓库，约定卖出钢材后乙再向甲支付货款。乙与A公司、B公司以公司发起人名义签署了设立钢贸公司协议、公司章程，并约定了发起人各自认缴的股份。在甲与乙签订涉案合同时，乙与A公司、B公司即开始了申报登记设立钢贸公司的活动，至发生本案纠纷时，钢贸公司已正式登记成立。甲认为乙购买案涉钢材交给了设立中的钢贸公司使用，主张成立后的钢贸公司和乙共同支付剩余货款。

解析： 乙是名义上的合同当事人，但实际上，设立中的公司像影子一样存在着，甚至处于支配地位，实际享有合同利益，是真正的合同受益人。鉴于设立中公司的特殊情况，公司法律上对此有特殊安排，在公司成立后具有民事主体资格时，追认设立中公司的行为为成立后的公司行为，使实际享有合同利益的民事主体承担合同责任。本案中存在以设立中的钢贸公司名义转让涉案钢材的事实，设立中的钢贸公司实际享有了合同利益，钢贸公司正式成立后应承继设立中公司的民事行为，对此行为的后果应承担民事责任。故钢贸公司可以承担支付货款义务。

45-46 有限责任公司章程

【知往事·新旧对照】

2018 年《公司法》 （阴影部分为修改或删除的内容）	2023 年《公司法》 （黑体部分为修改或增加的内容）
第二十三条 设立有限责任公司，应当具备下列条件： （一）股东符合法定人数； （二）有符合公司章程规定的全体股东认缴的出资额； （三）股东共同制定公司章程； （四）有公司名称，建立符合有限责任公司要求的组织机构； （五）有公司住所。	**第四十五条** 设立有限责任公司，应当**由**股东共同制定公司章程。
第二十五条 有限责任公司章程应当载明下列事项： （一）公司名称和住所； （二）公司经营范围； （三）公司注册资本； （四）股东的姓名或者名称； （五）股东的出资方式、出资额和出资时间； （六）公司的机构及其产生办法、职权、议事规则； （七）公司法定代表人； （八）股东会会议认为需要规定的其他事项。 　　股东应当在公司章程上签名、盖章。	**第四十六条** 有限责任公司章程应当载明下列事项： （一）公司名称和住所； （二）公司经营范围； （三）公司注册资本； （四）股东的姓名或者名称； （五）股东的出资额、出资方式和出资**日期**； （六）公司的机构及其产生办法、职权、议事规则； （七）公司法定代表人**的产生、变更办法**； （八）股东会认为需要规定的其他事项。 　　股东应当在公司章程上签名**或者**盖章。

【知来者·条文释义】

本次修订的《公司法》第四十五条规定股东共同制定公司章程是设立有限责任公司的必备条件；《公司法》第四十六条是关于有限责任公司章程记载事项的规定。

设立有限责任公司，必须制定公司章程。股东共同制定公司章程意义重大：一是设立有限责任公司，必须有公司章程，没有公司章程者，不能设立有限责任公司。二是制定公司章程必须符合法律规定，公司章程所记载的事项可分为必备事项和任意事项。三是公司章程由公司股东共同制定，如果是新设立的公司，则由参与设立的各个股东共同制定，即股东们取得协商一致，有共同的意思表示，体现全体股东的意志。

有限责任公司应当载明的事项共8项，本次修订内容大致与2018年《公司法》无异，修改仅有两处，其一为将股东的出资方式、出资额和出资"时间"改为"日期"，更为严谨且具有可操作性；其二为对公司法定代表人记载内容进行扩充，需明确产生、变更办法，更体现程序正义。

《公司法》第四十六条第二款规定："股东应当在公司章程上签名或者盖章。"这是公司章程由股东共同制定的表现形式。股东的签名、盖章，一般情况下应当由股东本人亲自为之，但股东也可以委托他人代为签名、盖章。委托他人代为签名、盖章的，股东应当签署授权委托书，写明委托人和代理人的姓名、授权事项等内容。

【知践行·适用指引】

公司章程所记载的事项可分为必备事项和任意事项。必备事项是法律规定在公司章程中必须记载的事项，或称绝对必要事项，包括公司名称和住所，公司经营范围，公司注册资本，股东的姓名或者名称，股东的出资方式、出资额和出资日期，公司的机构及其产生办法、职权、议事规则，公司的法定代表人及其产生、变更办法等。任意事项是由公司自行决定是否记载的事项，包括公司有自主决定权的一些事项，即《公司法》第四十六条第一款第八项的规定。

【知前鉴·典型案例】

▶章程记载事项具有推定效力，公司章程既是股东认缴出资额的依据，也是确定股东在公司之中出资比例的依据。

法院：安徽省高级人民法院

案例名：沈某与杜某等股权确认纠纷案

案情：2003 年 5 月 28 日，恒发物业公司通过《公司章程修正案》，该《公司章程修正案》载明，公司名称变更为恒发置业公司，公司注册资本 1000 万元，股东出资数额、方式为：杜某（现金、无形资产）260 万元，李某（现金、无形资产）250 万元，沈某（现金、无形资产）490 万元。2003 年 5 月 29 日，恒发物业公司申请办理公司变更登记。某县工商局于当日办理了变更登记，并向恒发置业公司核发了企业法人执照，经营范围增加房地产开发，股东变更为杜某、李某、沈某。2005 年 3 月，某县工商局根据沈某的举报线索，对杜某、李某涉嫌虚假出资立案调查。2005 年 9 月，某县工商局作出行政处罚决定，认定杜某、李某违反了《公司法》的相关规定，构成虚假出资行为，责令杜某、李某足额缴纳各自认缴的出资额，并对杜某、李某分别给予罚款 12 万元、11.75 万元的处罚。杜某和李某不服而提起行政诉讼。2006 年 12 月，法院经审理认为：根据恒发置业公司《公司章程修正案》的规定，杜某、李某、沈某均是以现金、无形资产方式出资，其中，作为股东个人无形资产出资的 600 万元土地出让金，本来就是以恒发物业公司名义支付的，并经验资机构检验证明真实到位。遂判决撤销某县工商行政管理局于 2005 年 9 月作出的行政处罚决定。2007 年 6 月，沈某提起民事诉讼，请求法院依据双方在恒发置业公司的实际出资额重新确认沈某在恒发置业公司中的股权比例为 96.5%。

解析：有限责任公司股东的出资额应当在公司章程中载明，故有限责任公司章程既是股东认缴出资额的依据，也是确定股东在公司之中出资比例的依据。即便杜某、李某未按期足额认缴出资额，也不必然导致公司股权比例的变化，其产生的后果是违约方承担足额补缴出资额责任和向按期足额缴纳出资的股东承担违约责任。故判决驳回沈某的诉请。

47 注册资本登记认缴制及最长认缴期限

【知往事·新旧对照】

2018 年《公司法》 （阴影部分为修改或删除的内容）	2023 年《公司法》 （黑体部分为修改或增加的内容）
第二十六条 有限责任公司的注册资本为在公司登记机关登记的全体股东认缴的出资额。 法律、行政法规以及国务院决定对有限责任公司注册资本实缴、注册资本最低限额另有规定的，从其规定。	**第四十七条** 有限责任公司的注册资本为在公司登记机关登记的全体股东认缴的出资额。**全体股东认缴的出资额由股东按照公司章程的规定自公司成立之日起五年内缴足。** 法律、行政法规以及国务院决定对有限责任公司注册资本实缴、注册资本最低限额、**股东出资期限**另有规定的，从其规定。

【知来者·条文释义】

本条是关于有限责任公司注册资本的规定，与 2018 年《公司法》第二十六条相对应，本次修订要求"全体股东认缴的出资额由股东按照公司章程的规定自公司成立之日起五年内缴足"，强制规定最长认缴期限。

此前，认缴资本制关于认缴期限未作规定，股东可任意设定认缴期限，导致难以追究股东出资责任情况。伴随着认缴期限的大大缩短，股东滥用出资期限规避出资责任情况的发生概率将大大降低。

首先，5 年最长认缴期限规则是对现状的回应。自实行认缴登记制改革以来，实践中涌现了不少"注册资本注水"的公司，股东承诺的认缴资本数额巨大、缴付期限达五十年甚至更长，且股东又可在认缴期限届至之前转让股权，"粉碎"了债权人对注册资本的信赖。设置 5 年最长认缴期限规则，可激励股东在确定出资义务时更理性地评估未来经营需求、投资风险和照顾债权人获得偿付的合理预期。以 5 年为标准可能和企业的平均寿命为 5 年相关。

其次，《公司法》第五十四条规定："公司不能清偿到期债务的，公司或者已到期债权的债权人有权要求已认缴出资但未届出资期限的股东提前缴纳出资。"有限责任公司出资加速到期制度，即使不限定最长认缴期限，加速到期制度也足以约束非理性的认缴数额和认缴期限，亦可激励股东谨慎确定数额和期限。

【知践行·适用指引】

注册资本认缴期限缩至 5 年，注册资本数额要慎重确定，当然，《公司法》的修订，既更加注重保护投资者和公司的利益，也将促进市场经济的健康运行。

其一，严格出资期限，股东必须在 5 年内缴足出资额，这比之前的出资期限更短。这可能会对公司的初始资本筹集和运营资金产生影响，因为股东需要在更短的时间内提供足够的资金。

其二，增强股东责任，未在期限内出资的股东将承担相应的责任和后果，包括向公司补足出资、向其他股东承担违约责任、对公司债权人承担责任以及可能被公司除名或丧失其未缴纳出资的股权。这将会加强股东的责任意识，促使其更积极地参与公司的管理和经营。

其三，解决执行难问题，股东更容易被追加为被执行人。这将有助于保障债权人的权益，减少公司逃避执行的情况。

其四，加强行政责任，根据《公司法》第二百五十二条规定，公司的发起人、股东虚假出资，未交付或者未按期交付作为出资的货币或者非货币财产的，由公司登记机关责令改正，可以处以 5 万元以上 20 万元以下的罚款；情节严重的，处以虚假出资或者未出资金额 5% 以上 15% 以下的罚款；对直接负责的主管人员和其他直接责任人员处以 1 万元以上 10 万元以下的罚款。

48 股东出资方式、评估及其限制

【知往事·新旧对照】

2018 年《公司法》 （阴影部分为修改或删除的内容）	2023 年《公司法》 （黑体部分为修改或增加的内容）
第二十七条 股东可以用货币出资，也可以用实物、知识产权、土地使用权等可以用货币估价并可以依法转让的非货币财产作价出资；但是，法律、行政法规规定不得作为出资的财产除外。 　　对作为出资的非货币财产应当评估作价，核实财产，不得高估或者低估作价。法律、行政法规对评估作价有规定的，从其规定。	第四十八条 股东可以用货币出资，也可以用实物、知识产权、土地使用权、**股权**、**债权**等可以用货币估价并可以依法转让的非货币财产作价出资；但是，法律、行政法规规定不得作为出资的财产除外。 　　对作为出资的非货币财产应当评估作价，核实财产，不得高估或者低估作价。法律、行政法规对评估作价有规定的，从其规定。

【知来者·条文释义】

2018 年《公司法》第二十七条规定了"有限责任公司股东出资方式、出资评估及其限制"规则，本次修订《公司法》对非货币出资类型，补充列举了"股权""债权"两种形式。股权、债权皆能够以货币估价并可依法转让，符合非货币财产用于出资之相应法理；本次修订系针对司法解释、行政法规、部门规章中有关股东是否能够以股权、债权方式出资问题的相关规定作出回应，《最高人民法院关于适用〈中华人民共和国公司法〉若干问题的规定（三）》第十一条、《市场主体登记管理条例实施细则》第十三条第三款分别对于股权、债权是否可用作出资及其相应条件进行规定。

我国《公司法》对股东出资方式实行法定主义，即法律直接规定何种财产可以作为股东对公司的出资。股东出资方式主要包括：

货币出资。货币具有支付、结算等功能。设立公司必然需要一定数量的货币，用以支付创建公司时的开支和生产经营费用。股东可以用货币进行出资。股东用货币出资，除了人民币外，还可以用外币出资。股东以货币出资的，应当将货币出资足额存入有限责任公司在银行开设的账户。

实物、知识产权、土地使用权、股权、债权等非货币财产出资。实物，是指房屋、机器设备、工具、原材料、零部件等有形财产。知识产权是无形资产，包括工业产权、植物新品种权和非专利技术。土地使用权，是指国有土地和农民集体所有的土地，依法明确给单位或者给个人使用的权利。股权出资，是股东依据法律和公司章程的规定，用其持有的在其他公司的股权作价出资，设立新公司的行为，新公司设立后，股东将其在其他公司的股东权益转让给新公司，使其成为新设公司财产的一部分。债权出资是指投资人以其对公司或第三人的债权向公司出资，抵缴股款。以实物、知识产权、土地使用权、股权、债权出资的，必须评估作价，并依法办理转让手续。

其他"可以用货币估价并可以依法转让的非货币财产"，如探矿权、采矿权、林权等，也可以用于出资。但是，法律、行政法规规定不得作为出资的财产除外，《市场主体登记管理条例》禁止股东以劳务、信用、商誉、自然人姓名、特许经营权或设定担保的财产等出资。

【知践行·适用指引】

债权出资，是指出资人（债权人）以其对公司或者对第三人的债权向公司投资取得股份的行为，又称"以债作股"。2005年《公司法》修订后，虽然在表述上扩大了股东出资方式，但是其并没有明确规定债权是否被允许作为出资的非货币财产。债权出资，包括以对出资目标公司的债权出资即"债转股"和以对目标公司以外第三人的债权出资两种。

债权从本质上说是请求权，其性质和实现方式必然不同于货币、实物等财产。首先，债权的实现具有不确定性。债权的内容是请求他人为一定给付，很可能受到各种主客观因素的影响。其次，债权的价值具有随意性，作为投资财产的债权未必能够立刻实现，出资时评估的价值可能在实现时发生变化，增加公司风险。最后，债权易引发纠纷。债权实现过程中很可能涉及多人利益，引发纠纷，不利于交易安全。

公司在接受债权出资时应当谨慎考虑，从实体上考虑如下：其一，系可以转让债权。不得转让的债权如基于当事人特定身份订立的合同如赠与合同、委托合同、雇用合同等产生的债权不能作为出资。其二，有效债权。主要是指出资债权必须未超过诉讼时效或仲裁时效，债务人也有履行债务的能力，并且不存在抗辩权和抵销权等。其三，具有确定性。附条件或附期限等不确定的债权不宜出资。[①] 其四，具有完整性。包括债权人已经履行了相应的债务，多个债权人的债权已经划分等。从程序上考虑如下：其一，发起人会议或者股东会决议通过；其二，原债权人通知债务人。其三，债权债务凭证移交公司。其他有关出资债权的事项可以由股东和公司自行谈判协商。

【知前鉴·典型案例】

▶以对网络平台托管的服务费出资不属于"可以用货币估价并可以依法转让的非货币财产"，不符合法律规定的出资方式。

案号：（2020）川 01 民终 17445 号

案例名：中网商道公司与邓某股东出资纠纷案

案情：中网商道公司（甲方）与邓某（乙方）于 2019 年 9 月 11 日订立《协议书》。主要约定，甲方以对进口电商平台托管运营、数据资源共享的方式入股，享有新公司 40% 的股权，乙方以现金出资 52 万元的方式入股，享有新公司 60% 的股权。合同金额和付款方式：乙方出

---

① 赵芬萍、王欣新：《论债权出资》，载《法学杂志》2006 年第 27 期。

资 52 万元整，期限为乙方应在 2019 年 9 月 15 日前出资 7 万元整，在 2019 年 11 月 20 日前出资 8 万元整，在 2020 年 1 月 20 日前出资 15 万元整，尾款 22 万元在 2020 年 9 月 15 日前出资完毕。邓某于 2019 年 9 月 15 日、11 月 20 日、2020 年 1 月 20 日，分别向中网商道公司转款 7 万元、8 万元、15 万元。2020 年 5 月 11 日，邓某、中网商道公司法人就双方纠纷进行通话。其中公司主张，合同约定的 52 万元是委托该公司来开发平台的费用。邓某予以否认，主张 52 万元属于投资到新公司的出资。邓某起诉请求：（1）解除《协议书》；（2）中网商道公司返还邓某出资款 30 万元并支付利息。

　　解析： 中网商道公司认为，其以对平台托管服务费、数据资源著作权作为对设立公司的出资，设立中公司委托中网商道公司制作网站，邓某支付款项用于网站建设。中网商道公司主张以对平台托管的服务费作为出资，但其主张的出资不属于"可以用货币估价并可以依法转让的非货币财产"，不符合上述法律规定的出资方式。

49 ▶ 出资义务

【知往事·新旧对照】

2018 年《公司法》 （阴影部分为修改或删除的内容）	2023 年《公司法》 （黑体部分为修改或增加的内容）
第二十八条　股东应当按期足额缴纳公司章程中规定的各自所认缴的出资额。股东以货币出资的，应当将货币出资足额存入有限责任公司在银行开设的账户；以非货币财产出资的，应当依法办理其财产权的转移手续。 　　股东不按照前款规定缴纳出资的，除应当向公司足额缴纳外，还应当向已按期足额缴纳出资的股东承担违约责任。	第四十九条　股东应当按期足额缴纳公司章程规定的各自所认缴的出资额。 　　股东以货币出资的，应当将货币出资足额存入有限责任公司在银行开设的账户；以非货币财产出资的，应当依法办理其财产权的转移手续。 　　股东**未按期足额**缴纳出资的，除应当向公司足额缴纳外，还应当对**给公司造成的损失**承担赔偿责任。

【知来者·条文释义】

本条是关于股东按期足额缴纳出资及不履行法律后果的规定。2018年《公司法》第二十八条规定股东足额缴纳出资和出资违约责任规则，本次《公司法》修订作出较大修改，第三款将"出资违约责任"的表述调整为"股东未按期足额缴纳出资给公司造成损失的，应当承担赔偿责任"。

本次修订可能考虑到股东对公司具有按期足额出资的义务，未按期足额缴纳出资意味着其行为侵害公司独立的财产权，进而对公司的经营发展造成影响；公司依法成立后，股东与公司是出资合同的相对人，股东是否按期足额缴纳出资影响公司重大利益；考虑到实践中有限责任公司中小股东难以制衡控股股东的问题，若违约股东为控股股东，中小股东迫于压力或难以要求其承担违约责任；考虑平衡股东、公司、债权人之间的利益。

【知践行·适用指引】

股东应当严格按照公司章程的规定，按期足额缴纳自己所认缴的出资额。股东以货币出资的，应当按照公司章程规定的时间和金额，将货币出资存入有限责任公司在银行开设的账户；股东以实物、知识产权、土地使用权、股权、债权等非货币财产出资的，必须进行作价评估，并依法办理转移财产权的手续。股东或者发起人必须以自己的名义出资。

按期足额缴纳出资，是股东的一项重要法定义务，必须严格履行。如果股东没有按期足额缴纳公司章程中规定其所认缴的出资额，则需要依法承担相应的法律责任。承担足额缴纳责任属于继续履行责任，股东在违反出资义务后，向公司继续履行出资缴纳义务，是对充实公司资本强制性规定的践诺。[①] 履行出资本是股东的合同义务，若不履行则可能转化为对公司的赔偿责任。股东在共同制定公司章程的过程中，应当对股东不按期履行缴纳出资义务构成条件、承担赔偿责任的形式等，尽量作出具体、详细的规定，以便在出现该种情形时，能够比较明确地确定不按期缴纳出资股东的具体责任，避免产生不必要的纠纷。

股东违反出资义务的行为给公司造成损失的，应承担赔偿责任。（1）以非货币财产出资的，股东应对其出资的权利和物的价值、品质、效能等提供担保。（2）股东出资给公司造成损失的，应承担赔偿责任。（3）股东应承担因出资迟延而产生的利息。（4）违反诚信出资义务的股东将承担连带责任。

---

① 郭富青：《资本认缴登记制下出资缴纳约束机制研究》，载《法律科学（西北政法大学学报）》2017 年第 6 期。

【知前鉴·典型案例】

►未实缴出资股东在认缴期限届满前恶意转让股权的仍须承担责任。

案号：（2022）京 02 民终 9240 号

案例名：李某岭诉汪某、庞某芬、云和智同公司追加、变更被执行人异议之诉案

案情：李某岭与爱一城公司（后公司名称变更为云和智同公司）劳动争议一案，北京经济技术开发区劳动人事争议仲裁委员会于 2020 年 1 月 15 日作出调解书，确认爱一城公司向李某岭支付 134487.71 元，公司未执行，执行终本。2021 年，李某岭以汪某、庞某芬为爱一城公司的股东，均未实缴出资为由，要求追加汪某、庞某芬为案件被执行人。爱一城公司为有限责任公司，于 2016 年 6 月 1 日登记设立，注册资本 2000 万元，股东分别为汪某和庞某芬，汪某认缴出资数额为 1800 万元，庞某芬认缴出资数额为 200 万元，认缴出资时间均为 2046 年 5 月 30 日。2021 年 7 月 12 日，庞某芬退出股东，股东变更为吕某，认缴出资期限仍为 2046 年 5 月 30 日。法院经审理判决追加汪某、庞某芬为被执行人。

解析：我国注册资本采取认缴制，股东应当按期、足额缴纳公司章程规定的认缴出资额。股东在出资期限届满前无实际出资的义务，对于认缴的出资按照公司章程的规定享有期限利益，但是该期限利益并非绝对，公司出现经营不善，导致公司资不抵债，无法清偿到期债务，已经具备破产原因，但是无人申请破产。根据上述规定，即使股东实缴出资的期限未届至，债权人也可以申请追加公司股东作为被执行人，请求股东在未出资范围内对公司债务承担补充赔偿责任。即使认缴期限未届至，股东也不得滥用其出资期限利益以逃避债务、损害公司债权人权益。股东在明知公司对外负债且无力清偿的情况下恶意转让未届出资期限的股权、增加公司注册资本实缴到位的风险，其行为损害了债权人利益。对该行为，司法裁判应当进行否定评价。因此，法院判决汪某、庞某芬应在未实缴出资范围内承担补充赔偿责任。

50 出资不足的补充

【知往事·新旧对照】

2018 年《公司法》 （阴影部分为修改或删除的内容）	2023 年《公司法》 （黑体部分为修改或增加的内容）
第三十条　有限责任公司成立后，发现作为设立公司出资的非货币财产的实际价额显著低于公司章程所定价额的，应当由交付该出资的股东补足其差额；公司设立时的其他股东承担连带责任。	第五十条　有限责任公司设立时，股东未按照公司章程规定实际缴纳出资，或者实际出资的非货币财产的实际价额显著低于所认缴的出资额的，设立时的其他股东与该股东在出资不足的范围内承担连带责任。

【知来者·条文释义】

本条规定了发起人应承担的出资瑕疵责任规则，将未按期足额缴纳出资和非货币财产出资贬值置于同一条文进行规定。

股东出资形式具有货币形式和非货币形式两种，前者因货币本身具有确定性而不存在差额问题，但设立期间同样可能会因未按章程规定足额缴纳的问题而影响公司的成立基础，增加相应的出资不足情形可以有效保证公司在成立期间注册资本的实有性和充实性；发起人对公司的资本充实责任的法理基础较为特殊，其作为公司设立责任人具有防止公司设立程序及目的具有不法性的特殊作用及地位。

【知践行·适用指引】

对于股东出资不到位的，可依法定程序追究股东的出资责任。一方面是股东认缴范围内的补缴责任，另一方面就是对于发起设立时的出资责任，发起人之间还相互承担连带责任。《最高人民法院关于适用〈中华人民共和国公司法〉若干问题的规定（三）》第一条规定："为设立公司而签署公司章程、向公司认购出资或者股份并履行公司设立职责的人，应当认定为公司的发起人，包括有限责任公司设立时的股东。"第十三条第三款规定："股东在公司设立时未履行或者未全面履行出资义务，依照本条第一款或者第二款提起诉讼的原告，请求公司的发起人与被告股东承担连带责任的，人民法院应予支持。"

上述规定均体现了《公司法》赋予资本充实责任为发起人的法定责任，该责任因公司设立行为而产生，发起人因设立公司的合伙契约关系产生了相互间的责任牵连，形成出资连带责任。即使发起人转让股权后，其身份并不因股权的转让而消除或由受让人受让股权而继受发起人身份，发起人的资本充实责任犹在，且公司注册资本亦来自发起人设立公司时的契约或初始章程。因此，发起人应对其所认缴的资本负有充实责任和相互连带责任。

需要注意的是，股东承担不如实缴付出资责任的时间，为"有限责任公司设立时"。责任主体限于设立公司时的股东，不及于公司成立后增资时加入的股东。设立公司的股东承担不如实缴付出资责任的构成条件，为"未按照公司章程规定实际缴纳出资，或者实际出资的非货币财产的实际价额显著低于所认缴的出资额的"。所谓"显著低于"，是指非货币财产的实际价额，明显地少于公司章程所定价额，即二者之间的差额过大，已经到了无法忽视的程度。出资不实的股东承担补足差额的责任，公司设立时的其他股东应当积极督促该股东履行其责任；如果该股东已无力承担补足差额的责任时，则由公司设立时的其他股东承担连带责任，代为补足，并向该股东追偿，以确保公司资本的充足。

【知前鉴·典型案例】

▶资本充实责任不能以公司章程或股东大会的决议来免除。

案号：（2019）最高法民终 1391 号

案例名：某矿业公司与某农业开发公司、恒达华星公司股东出资纠纷案

案情：恒达华星公司、广丰公司、永灿经营部系未履行出资义务的股东，此后将所持原告股份转让给某农业开发公司。永灿经营部系林某为经营者的个体经营组织，其注销后应由林某作为责任承继主体。原告起诉未向其履行全面出资义务的原始股东，要求补足出资，同时，受让股东承担连带责任。被告提出，原告公司设立时的另一发起人股东，即原某矿业公司，现在的某能源公司应共同作为该案被告，承担连带责任。原告认为某矿业公司系足额出资股东，该案终局的责任承担主体应是未足额出资的各被告股东，在该案中其不要求某矿业公司承担连带责任。

解析：虽然资本充实责任是公司法上的法定责任，不以公司设立者的约定为必要，亦不能以公司章程或股东大会的决议来免除，但就该案股东出资纠纷的具体情形而言，原告明确表示不需要出资到位的发起人股东承担责任。若股东或者发起人对出资问题另行作出约定的，应当认定该约定无效；资本充实责任是公司法上的法定责任，以公司章程或者股东大会的决议等形式免除股东出资责任的，人民法院不予认可。

51 董事会资本充实责任

【知往事·新旧对照】

2018年《公司法》 （阴影部分为修改或删除的内容）	2023年《公司法》 （黑体部分为修改或增加的内容）
	第五十一条　有限责任公司成立后，董事会应当对股东的出资情况进行核查，发现股东未按期足额缴纳公司章程规定的出资的，应当由公司向该股东发出书面催缴书，催缴出资。 　未及时履行前款规定的义务，给公司造成损失的，负有责任的董事应当承担赔偿责任。

【知来者·条文释义】

本条系新增条款，2018年《公司法》中并未有关公司催缴的相应制度设计。本条规定明确了董事会为公司的催缴机关，并明确了董事会的相应责任。

新增本条规定，从董事对债权人的信义义务来看，董事若未能在出资、增资阶段通过催缴义务合理控制公司不能清偿到期债务的风险，则会影响其对债权人的资本监管义务之履行；增强董事会在公司治理中的决策权，赋予董事会催缴职权后，可以增强董事会对公司的资本话语权；提升解决出资认缴难题的有效性，将董事会作为催缴出资的内部机构可以使其对公司负有义务，对股东具有催缴权利，进而成为股东与公司之间的第三方主体，以公司利益为立足点保障股东出资符合其认缴承诺。

【知践行·适用指引】

董事会催缴制度以法律的形式赋予董事会有催缴股东履行出资义务的权利及义务，若董事会不履行此催缴义务，对债权人负有补充赔偿责任；若董事会尽到催缴义务，可以免除其法律责任。

实际上，许多国家的公司法都将董事会规定为公司内部的法定催缴执行主体。如英国公司法就要求，公司应在公司章程或内部规章中规范股东认股后股款缴付情形，可以在公司章程中赋予董事会催缴权利，在缴纳期限届至时或约定的情势发生时或董事会认为必要时，由董事会向股东进行催缴。《美国特拉华州公司法》也将催缴权交给了董事会，对于部分未实缴股份，董事会有权随时催缴，但应给予股东一定的准备期。[①]《意大利公司法》规定，公司成立后，董事有权要求股东在任何时候交付剩余的现金出资。股东若欠缴出资，经催告仍未缴纳应缴股款的，董事可以向其他股东或他人销售该股东所持股权。[②]

建立董事会催缴制度可以解决我国经济领域中出现的"信任危机"。[③]董事会催缴义务的法定化有利于保障公司的正常经营、保护债权人的合法权益、保障少数股东的基本权益，具有重大意义。董事会催缴义务法定化可以有效避免公司注册资本虚化问题；有利于保障债权人的利益；在一定程度上限制股东利用公司独立人格制度否认其出资义务，进而可以免除债权人的后顾之忧；保障债权人的利益，又不影响股东大会或股东会的决策权，在一定程度上解决了公司注册资本缺乏监督的问题。

董事会催缴制度在实际履行中应注意：第一，董事会应作为催缴程序的主体；第二，董事会应当采用书面的形式进行催缴，即要求董事

---

① 《美国公司法规精选》，商务印书馆2004年版，第348页。

② 参见《意大利民法典》，费安玲、丁玖译，中国政法大学出版社2004年版，第548~550页。

③ 李海燕、李盛聪：《资本认缴制下的董事催缴制度》，载《延边大学学报（社会科学版）》2018年第3期。

会将决议文件、书面通知及送达回执一同送至股东手中，股东收到董事会决议和书面通知后，应当在送达回执上签字，如有股东不签字的情况出现，董事会应当举证证明其已履行了送达义务；第三，董事会应履行出资核查义务，及时发现股东是否存在未按期足额缴纳公司章程规定的出资的情况，并应在合理期限内履行催缴义务，董事会不得滥用此项权利；第四，在董事会不履行催缴义务给公司造成损失时，负有责任的董事应承担赔偿责任；第五，若董事会能够举证证明自己已经尽到催缴义务，我国应当借鉴美国的经营判断规则，赐予董事一张"免死金牌"，使董事能够免予承担赔偿责任。

在不涉及公司外部债权人的利益时，应赋予公司在催缴出资方面的自治，公司可催也可不催股东出资；但如果涉及公司外部债权人利益，则公司并无催缴出资的自治，必须向股东催缴出资。如此才能理顺认缴资本制中股东自治、公司自治以及债权人保护等多个要素，通过法律明确催缴主体、催缴启动条件、催而不缴的法律后果等，从而建立协调有效的催缴出资制度。①

---

① 袁碧华：《"认"与"缴"二分视角下公司催缴出资制度研究》，载《中国法学》2019 年第 2 期。

52 ▶ 股东催缴失权制度

【知往事·新旧对照】

2018 年《公司法》 （阴影部分为修改或删除的内容）	2023 年《公司法》 （黑体部分为修改或增加的内容）
	第五十二条　股东未按照公司章程规定的出资日期缴纳出资，公司依照前条第一款规定发出书面催缴书催缴出资的，可以载明缴纳出资的宽限期；宽限期自公司发出催缴书之日起，不得少于六十日。宽限期届满，股东仍未履行出资义务的，公司经董事会决议可以向该股东发出失权通知，通知应当以书面形式发出。自通知发出之日起，该股东丧失其未缴纳出资的股权。 **依照前款规定丧失的股权应当依法转让，或者相应减少注册资本并注销该股权；六个月内未转让或者注销的，由公司其他股东按照其出资比例足额缴纳相应出资。** **股东对失权有异议的，应当自接到失权通知之日起三十日内，向人民法院提起诉讼。**

【知来者·条文释义】

本条是关于公司催缴出资，股东仍未出资的失权后果的规定，系新增条款。2018 年《公司法》中并无股东失权规则的制度设计。本次修订《公司法》一审、二审稿中将公司催缴和股东失权规则在同一条文中进行设计。三审稿对股东催缴失权制度单独成条进行规定。

股东失权是指公司依照法定程序剥夺股东未缴纳出资的股权，系股东不依法履行出资义务在组织法层面的不利后果。股东失权在性质上属于合同解除在商法规范中的特殊表现形式。[①]《最高人民法院关于适用〈中华人民共和国公司法〉若干问题的规定（三）》第十六条"股东未履行或者未全面履行出资义务或者抽逃出资，公司根据公司章程或者股东会决议对其利润分配请求权、新股优先认购权、剩余财产分配请求权等股东权利作出相应的合理限制，该股东请求认定该限制无效的，人民法院不予支持"的规定，正式确立了股东除名规则，本次修订正式将股东失权制度引入我国公司法体系。股东失权制度的优势在于公司不必被动地等待身处债务人地位的股东的履行行为，而可以掌握收回股权并另行吸纳充实公司资本的主动权。[②]

【知践行·适用指引】

股东出资是公司设立和运作的财产基础，也是确定股东资格与权利份额的基本依据。有限责任公司股东违反出资义务的行为严重危及公司资本充实及其正常运作的，须依法对公司承担补足出资责任，并对公司承担赔偿责任。《公司法》兼具组织法与行为法的双重属性，股东违反出资义务的责任也应从组织法与行为法的双重维度加以确定。

股东失权与股东除名有所不同。在股东不履行出资义务而丧失全部股权时，必然产生股东资格解除的法律后果；在股东不全面履行出资义务时，仅会导致未出资部分的股权被剥夺，股东已经实缴的出资仍然有效，故而股东资格得以保留。股权丧失通常违背股东意志，具有一定的惩罚性，一般应在穷尽其他良性替代解决方案之后，方能适用股东失

---

① 王琦：《有限责任公司股东失权程序的建构路径》，载《法律适用》2022 年第 7 期。

② 曾佳：《股东失权制度功能定位与体系化适用——以〈公司法（修订草案）〉第 46 条为中心》，载《北京理工大学学报（社会科学版）》2022 年第 6 期。

权规则。① 股东失权的程序要求正是贯彻这一理念的基本路径。②

　　首先，催告程序的设置。公司在作出股东失权的决定前，首先应当向该股东发出书面催缴书，催缴出资。宽限期届满，股东仍未缴纳出资的，公司才可以向该股东发出书面形式的失权通知。出资救济的本质是充实公司资本而非驱逐股东，且其适用仅针对恶意违反出资义务的股东，因而必须设置前置程序对股东失权规则的适用加以限制。③ 催告程序为公司和股东提供了补救机会，在催告期间，股东依法足额缴纳或补足出资后，并无必要剥夺股东相应的股权。

　　其次，公司作出股东失权决定时应遵守公司内部的决议程序。公司法没有强制将股东失权作为股东不依法履行出资义务的法律后果，股东是否因其违约行为而丧失相应股权，取决于公司的意思自治。

　　最后，通知生效规则的确立。按照《民法典》第五百六十五条第一款规定，解除权人在行使解除权时应当通知对方，合同自通知到达对方时解除。本次修订虽然将公司向股东发出失权通知作为股东失权的生效要件，却作出了不同于合同解除规则的生效要求，将公司发出通知之日作为股东失权之时，应予以注意。

【知前鉴·典型案例】

　　▶有限责任公司股东未全面履行出资义务或抽逃部分出资，经公司催告后仍不补足的，公司有权以股东会决议解除其未出资额对应的股权。

　　案号：（2018）京02民终12476号

---

　　① 段威：《有限责任公司股东除名正名及其制度实现——基于立法目的的分析》，载《中国政法大学学报》2019年第1期。
　　② 李建伟：《有限责任公司的股东除名制度研究》，载《法学评论》2015年第2期。
　　③ 李建红、赵栋：《股东失权的制度价值及其对中国的借鉴意义》，载《政治与法律》2011年第12期。

案例名：某贸易公司诉某食品公司公司决议效力确认纠纷案

案情：2016年1月6日，某贸易公司、王某某、乐姆公司共同出资设立某食品公司，三方约定由某贸易公司出资450万元，占公司股权52.94%。2016年3月14日某贸易公司缴纳第一笔出资90万元，2016年11月22日，某食品公司向某贸易公司发送《催告函》：要求某贸易公司按照公司章程约定向公司注入欠缴的认缴出资。2016年11月27日，某贸易公司回函称：由于此前三方股东均未按约定注入股本金，且公司经营亏损，为此，要求公司监事会先对公司自开办至今的经营情况、财务账目进行核查，并根据核查结果召开公司临时股东会会议，对公司的亏损原因及发展前景进行研判，再重新约定股东入股资金第二次交付的时间及金额。2016年12月28日，某食品公司召开临时股东大会，某贸易公司未到会。与会股东一致表决通过股东会决议，内容为："一、通过由王某某缴纳某贸易公司、乐姆公司认缴未缴公司注册资本并将公司股东的持股比例调整为王某某占84.71%，某贸易公司占10.59%，乐姆公司占4.7%的股东会决议……"某贸易公司请求确认决议无效。

解析：虽然当时的《公司法》对未完全出资股东是否可以被部分解除股东资格的问题没有明确规定，但是，案例从《公司法》的整体框架考虑，遵循立法原则及立法目的予以综合判断。涉案决议变更持股比例的内容并未侵害某贸易公司的合法权利，对未完全出资的股东经公司催告后并未补足出资，股东会决议解除其未出资额相对应部分的股东资格不违反法律、行政法规，不属于决议无效的情形。第一，当事人认缴450万元出资，登记成为公司股东；第二，当事人仅实际缴纳90万元出资，在章程约定的出资期限内未缴足出资；第三，公司进行了催告，但当事人拒绝继续履行出资义务；第四，公司按照各股东的实缴比例超过1/2的表决权表决通过了股东会决议，决议变更各股东的股权比例。故此，公司解除股东部分股权的决议符合法律原则和规则构成要件，故法院驳回关于决议无效的诉讼请求是恰当的。

53 ▸ 抽逃出资责任

【知往事·新旧对照】

2018 年《公司法》 （阴影部分为修改或删除的内容）	2023 年《公司法》 （黑体部分为修改或增加的内容）
第三十五条　公司成立后，股东不得抽逃出资。	第五十三条　公司成立后，股东不得抽逃出资。 违反前款规定的，股东应当返还抽逃的出资；给公司造成损失的，负有责任的董事、监事、高级管理人员应当与该股东承担连带赔偿责任。

【知来者·条文释义】

本条是关于股东不得抽逃出资及抽逃出资责任承担的规定。本次《公司法》修订在责任主体上从单一股东扩大到负有责任的董事、监事、高级管理人员，使得公司对抽逃出资的追缴主体更广泛与明确，更强调保护公司的财产；另外，也明确了股东的责任义务，意在增强股东的责任意识，避免抽逃出资现象的出现。

2018 年《公司法》第三十五条仅规定"股东不得抽逃出资"，并未规定法律后果，造成法律适用上的困难。为此，《最高人民法院关于适用〈中华人民共和国公司法〉若干问题的规定（三）》第十四条① 起到了补足的法律效果，其第一款规定了公司或其他股东的返还请求权，第二款规定了公司债权人的损害赔偿请求权。② 本次《公司法》修订对上述条款进行了吸收。

【知践行·适用指引】

司法实践中，适用本条时，需要注意股东不得抽逃出资，不等于绝对禁止股东从公司撤回投资。如果股东想撤回在公司的投资，可以按照《公司法》允许的方式，实现出资的撤回，如股东将自己在公司的出资转让给其他股东，或者与其他股东协商并经股东会按照法律规定或者公司章程规定作出决议向股东以外的其他人转让出资等，在不减少公司注册资本的情况下，实现撤回自己在公司的投资的经济目的。

抽逃出资承担责任的构成要件包括：其一，有抽逃出资行为。《最高人民法院关于适用〈中华人民共和国公司法〉若干问题的规定（三）》第十二条规定："公司成立后，公司、股东或者公司债权人以相关股东的行为符合下列情形之一且损害公司权益为由，请求认定该股东抽逃出资的，人民法院应予支持：（一）制作虚假财务会计报表虚增利润进行分配；（二）通过虚构债权债务关系将其出资转出；（三）利用关联交易将出资转出；（四）其他未经法定程序将出资抽回的行为。"其二，发生公司不能清偿债务之情形。公司发生不能清偿债务之情形，且同时发生股东抽逃出资之行为，即可追究股东的补充赔偿责任。其三，具有

---

① 该解释第十四条规定："股东抽逃出资，公司或者其他股东请求其向公司返还出资本息、协助抽逃出资的其他股东、董事、高级管理人员或者实际控制人对此承担连带责任的，人民法院应予支持。公司债权人请求抽逃出资的股东在抽逃出资本息范围内对公司债务不能清偿的部分承担补充赔偿责任、协助抽逃出资的其他股东、董事、高级管理人员或者实际控制人对此承担连带责任的，人民法院应予支持；抽逃出资的股东已经承担上述责任，其他债权人提出相同请求的，人民法院不予支持。"

② 冯静：《抽逃出资民事责任的性质及认定》，载《法学》2015 年第 6 期。

抽逃出资之故意，但不要求具有加害债权人之故意。抽逃出资行为的主观状态显然应为故意，此点从前述第十二条的规定可以看出。无论是非法分配财产、虚构债权债务关系，还是利用关联交易，行为人均应具有故意的主观状态。

【知前鉴·典型案例】

▶股东抽逃出资的，应对公司债务不能清偿的部分承担补充赔偿责任。

案号：（2017）最高法民申 5187 号

案例名：紫晨公司诉牛某平等借款合同纠纷案

案情：紫晨公司作为出借人与启舟公司存在借款关系，借款数额为 4693950 元，启舟公司设立时的注册资本金为 1000 万元，股东为傅某、房某、牛某、陈某，公司章程分别约定了各股东的出资比例。傅某、房某、牛某、陈某虽向银行的公司账户内转入了约定的出资，但均于当日或短时间内转出。紫晨公司要求启舟公司还款，启舟公司的四位股东对公司债务不能清偿的部分承担补充赔偿责任。

解析：四股东虽向公司开办的账户内转入约定的出资，但均于当日或短时间内予以转出。该笔款项在短时间内转出，属于抽逃公司出资。启舟公司的四位股东应当对公司债务不能清偿的部分承担补充赔偿责任。

54 出资加速到期制度

【知往事·新旧对照】

2018 年《公司法》 （阴影部分为修改或删除的内容）	2023 年《公司法》 （黑体部分为修改或增加的内容）
	第五十四条　公司不能清偿到期债务的，公司或者已到期债权的债权人有权要求已认缴出资但未届出资期限的股东提前缴纳出资。

【知来者·条文释义】

本条是关于股东出资加速到期制度的规定，2018 年《公司法》无此项规定，但《全国法院民商事审判工作会议纪要》第六条[①]对于股东出资期限利益保护的限制性条件进行了规定。本次《公司法》修订中，一审稿对出资加速到期的构成要件规定为"公司不能清偿到期债务，且明显缺乏清偿能力的"；请求权人规定为"公司或者债权人"。二审稿后删去应具备破产原因的规定，并强调请求权人为公司或者"已到期债权"的债权人。

实践中，存在着股东设定较长的出资期限，以致出现公司的注册资本与实收资本长期差异巨大的现象。在股东与公司的出资关系中，股

---

① 第六条规定："在注册资本认缴制下，股东依法享有期限利益。债权人以公司不能清偿到期债务为由，请求未届出资期限的股东在未出资范围内对公司不能清偿的债务承担补充赔偿责任的，人民法院不予支持。但是，下列情形除外：（1）公司作为被执行人的案件，人民法院穷尽执行措施无财产可供执行，已具备破产原因，但不申请破产的；（2）在公司债务产生后，公司股东（大）会决议或以其他方式延长股东出资期限的。"

东认缴但未届期限的出资可作为公司未到期债权，公司不能对外清偿到期债务的，则意味着公司资产已经不能满足公司的正常经营需要，此时公司可以要求股东提前缴纳出资，用于弥补公司经营的资产缺口。不再将公司具备破产原因作为构成要件之一，并强调只有已到期债权的债权人方有请求权，可进一步明晰公司法和破产法相关规则之边界。

【知践行·适用指引】

加速到期相对于民法债权人代位权的特殊性在于，公司对外无法清偿债务，股东待缴义务作为公司债权未届至，未满足民法代位制度中的"到期债权"的要件，但是公司法基于公司发展而给予其特殊照顾。因为当公司出现现有实际资产不能对外清偿债务时，公司经营已出现困难，此时仍然恪守约定，不仅公司债权人利益受到影响，公司的正常发展也会遭受打击，这显然既不符合股东和公司利益，也不符合我国《公司法》采纳认缴制所希望达到的效果。

对于债权人来说，股东有无出资或者何时出资并不重要，重要的在于股东应在认缴出资范围内对于公司债务承担责任，这也是有限责任原则的应有之义。"公司以其全部的资产对公司的债务承担责任，而公司的原始资本来自于股东认缴的出资。如股东在未实际缴纳出资时不承担补充清偿公司债务的责任，则公司的债权人的合法权利无法保障。"[①]"认缴期限是股东对社会公众包括债权人所作出的出资承诺，此承诺对股东是一种约束，对相对人如债权人则是一种预期。"[②]作为公司法重要立法目的和目标的债权人保护并不因出资约定自由化而降低标准，在认缴制下更应当强化债权人保护，允许债权人突破股东和公司之前的约定，请求股东提前出资，否则，出资的自由化只会被滥用，从而使交易安全和市场秩序遭受破坏。即使股东出资义务加速到期，出资

---

① 参见浙江省湖州市中级人民法院（2016）浙 05 民终 1253 号民事判决书。
② 参见江苏省南京市中级人民法院（2016）苏 01 民终 7556 号民事判决书。

人或者股东也只是在公司不能清偿债务且属于自己出资额度内提前履行出资义务。公司资本制度的初衷和改革目的都不对保护公司债权人利益的目标有所影响，也不是要免除或者减轻股东的出资义务。[①]

股东出资义务加速到期的前提是公司到期债务不能清偿。从司法效率与减少债权人诉讼成本的角度考虑，股东虽享有先诉抗辩权，但债权人仍可将其作为共同被告，法院可于判决中载明股东在公司拒绝清偿时才承担责任。"公司不能清偿到期债务"是法院执行时所应考虑的要件，而非法院审理实体权利义务关系的要件。

【知前鉴·典型案例】

▶股东出资加速到期的前提条件是公司不能清偿到期债务。

案号：（2014）普民二（商）初字第 5182 号

案例名：香通公司诉昊跃公司等股权转让纠纷案

案情：昊跃公司成立于 2013 年 11 月 1 日，注册资本为 2000 万元，实缴金额为 400 万元。其中原发起人徐某认缴出资额为 1400 万元（占公司资本额的 70%），实缴出资额为 280 万元，原发起人毛某认缴出资额为 600 万元（占公司资本额的 30%），实缴出资额为 120 万元。徐某、毛某的认缴出资期限均为二年。2014 年 4 月 2 日，毛某与林某签订股权转让协议，由林某出资 120 万元受让毛某持有的昊跃公司 30% 的股权，双方签字并于 2014 年 4 月 6 日股东会决议通过。同日，被告昊跃公司通过另一股东会决议，成立新一届股东会，将公司资本由 2000 万元增加到 10 亿元，被告徐某与被告林某在公司的股东会决议上签字，并于同年 4 月 17 日办理了工商登记机关核准手续，但其实缴金额依然是 400 万元，章程约定，徐某与林某在 2024 年 12 月 31 日之前缴纳出资。2014 年 5 月 1 日，原告香通公司与昊跃公司签订一份有关目标公司"卫运公司"的股权转让协议，香通公司将其持有的"卫运公司"99.5% 股

[①] 刘铭卿：《股东出资义务加速到期研究》，载《政治与法律》2019 年第 4 期。

权转让给昊跃公司，昊跃公司应于合同签订后 30 日内，付清全部款项。但是 2014 年 7 月 20 日，昊跃公司作出股东会决议，公司注册资本金由 10 亿元减至 400 万元。截至香通公司向法院起诉之日止，昊跃公司未按照补充协议向香通公司支付过上述股权转让款。香通公司诉至法院，请求判令：昊跃公司支付股权转让款首期款 2000 万元，林某等在各自未出资本息范围内，就昊跃公司不能清偿的部分承担补充赔偿责任，徐某、毛某等之间承担连带责任。法院判决昊跃公司应支付香通公司股权转让款人民币 2000 万元；徐某、林某对于昊跃公司不能清偿的股权转让款，在各自未出资的本息范围内履行出资义务，承担补充赔偿责任。

解析： 认缴资本制允许股东出资章程自治，自主约定出资时间，但这不是绝对的，当公司出现突发状况，足以改变债权人对公司资产能力的预期时，僵化地坚持约定出资期限只能成为债务人逃避债务的借口。股东出资加速到期能够平衡债权人和股东的利益。公司法确认的有限责任制度不仅是为了保护股东投资，同时也要保护债权人利益，有限责任制度不能成为股东逃避责任的保护伞，公司人格否认制度的司法适用就是例证，如果僵化地坚守出资期限，会严重损害债权人利益，即使债权人可以申请破产程序，但是同样也存在出资期限问题，并且有机会转移财产。责任财产制度要求特殊情形下股东出资加速到期。责任财产制要求股东在公司出现重大债务时应当缴纳出资，责任财产制度是民事责任中的一项重要制度，它是指任何民事主体应该以其全部财产对外承担债务。作为公司不能例外，公司应当以其全部财产对外承担法律责任，这是维护交易安全的重要保障。股东未到期出资其实质为公司债务，是公司责任财产的必然构成部分，在出现特殊情形时应加速到期。公司违背法定程序减资实为抽逃出资，使公司与股东获取了利益，但是损害了债权人利益。

55-56 出资证明书、股东名册

【知往事·新旧对照】

2018 年《公司法》 （阴影部分为修改或删除的内容）	2023 年《公司法》 （黑体部分为修改或增加的内容）
第三十一条 有限责任公司成立后，应当向股东签发出资证明书。出资证明书应当载明下列事项： （一）公司名称； （二）公司成立日期； （三）公司注册资本； （四）股东的姓名或者名称、缴纳的出资额和出资日期； （五）出资证明书的编号和核发日期。 出资证明书由公司盖章。	第五十五条 有限责任公司成立后，应当向股东签发出资证明书，**记载**下列事项： （一）公司名称； （二）公司成立日期； （三）公司注册资本； （四）股东的姓名或者名称、**认缴和实缴**的出资额、**出资方式**和出资日期； （五）出资证明书的编号和核发日期。 出资证明书**由法定代表人签名，并**由公司盖章。
第三十二条第一款、第二款 有限责任公司应当置备股东名册，记载下列事项： （一）股东的姓名或者名称及住所； （二）股东的出资额； （三）出资证明书编号。 记载于股东名册的股东，可以依股东名册主张行使股东权利。	第五十六条 有限责任公司应当置备股东名册，记载下列事项： （一）股东的姓名或者名称及住所； （二）股东**认缴和实缴**的出资额、**出资方式和出资日期**； （三）出资证明书编号； **（四）取得和丧失股东资格的日期。** 记载于股东名册的股东，可以依股东名册主张行使股东权利。

【知来者·条文释义】

新修订的《公司法》第五十五条是关于有限责任公司股东出资证明书的规定；第五十六条是关于有限责任公司股东名册内容、效力的规定。对比 2018 年《公司法》，出资证明书记载事项将"出资额"区分为"认缴"和"实缴"进行记载，同时增加了出资证明书"由法定代表人签名"的规定；在第五十六条增加"出资方式"这一记载事项。股东名册记载事项亦将"出资额"区分为"认缴"和"实缴"，增加"出资方式"和"出资日期"及"取得和丧失股东资格的日期"。

股东名册是公司查询股东状况的重要依据和公司开展正常活动的基础，记载股东"认缴""实缴""出资方式""出资日期"等事项有利于公司债权人、投资者了解公司资产情况，以此决定是否对公司进行投资、交易或参与监督管理等。股东是公司存续的基础，股东名册记载"取得和丧失股东资格的日期"可以有效记录公司股东结构的演变历程以及股东状况的好坏，也可在一定程度上直接或间接地反映公司的经营状况。

【知践行·适用指引】

有限责任公司成立后，应当向股东签发出资证明书。所谓出资证明书，是有限责任公司签发的证明股东已经履行出资义务的法律文件。出资证明书是投资人成为有限责任公司股东，并依法享有股东权利和承担股东义务的法律凭证。一方面，向股东签发出资证明书是有限责任公司的义务；另一方面，出资证明书的签发只能发生在有限责任公司成立之后。因为在有限责任公司成立之前，股东的出资只能而且应该表现为验资证明。

所谓股东名册，是指有限责任公司依照法律规定登记对本公司进行投资的股东及其出资情况的簿册。股东名册是法律规定的有限责任公司（国有独资公司、一人有限责任公司除外）必须置备的文本。因此，置备股东名册，是有限责任公司成立后必须履行的一项法定义务。股东名册作为公司的法定置备文件，具有特定的效力。记载于股东名册的股东，可以依据股东名册主张行使股东权利；未在公司登记机关登记或者变更登记的，不得对抗第三人。

【知前鉴·典型案例】

▶ "出资证明书"和"股东名册"是认定股东身份及其投资数额、投资比例和享有权益大小等事项的重要法律依据。

案号：（2003）卢民二（商）初字第 260 号

案例名：周某、张某甲、张某乙、浦某诉泛澳公司股权转让纠纷案

案情：2000 年 5 月 25 日至同年 6 月 14 日期间，包括四原告在内的 8 人，分别以集资款名义向泛澳公司交付现金，其中，四原告各交付 5 万元，四原告之一的浦某代表泛澳公司以"集资款"事由向各交款人出具收据，上述款项均进入了泛澳公司的银行账户。至 2001 年 12 月 10 日，原告浦某、张某乙、张某甲填写《泛澳公司费用报销单》，以"还集资款"为事由，各从泛澳公司领取了 5 万元；12 月 25 日，原告周某填写《支票申请领用单》一张，以"还集资款"为事由，领取金额为 5 万元的支票一张；同年 1 月 9 日和 1 月 18 日，原告浦某、张某乙分别填写《泛澳公司费用报销单》后，均以"还集资款"事由各从泛澳公司领取了 5 万元；2002 年 1 月 31 日，泛澳公司又以"付集资款"为由，向原告张某甲、周某和案外另二人各支付 5 万元。至此，四原告从泛澳公司各领取了 10 万元。

解析：有限责任公司股东身份的确定以及股份的转让都有严格的法定程序，公司出具的"出资证明书"和留存的"股东名册"是公司重要的文书档案，其记载的内容是认定股东身份及其投资数额、投资比例和享有权益大小等事项的重要法律依据。本案包括四原告在内的 7 位集资人，与泛澳公司的设立股东林某、崔某并未签订股权转让协议；四原告不是泛澳公司的原始设立股东，但其资金在进、出泛澳公司时，进入

时未有股权出让人，退出时也没有股权受让人，不符合《公司法》第三十六条"股东依法转让出资"的法定程序和第三十四条股东"不得抽回出资"的规定，也就是说，四原告的资金可以自由进出泛澳公司，并未受公司法上股东权利义务特别是股东"不得抽回出资"等法律规定的约束和调整；即使泛澳公司的注册资金未到位，是四原告向泛澳公司集资了款项后才开始运作，但只要四原告与泛澳公司的原股东未履行受让和出让的法律程序，四原告并不自然成为泛澳公司的股东；四原告自认为是"挂名股东"，但即使是挂名股东，其出资也是不得随意抽回的，可见，四原告各投入泛澳公司的 5 万元资金，不具备股本金性质，况且四原告交款的收据、退款的《费用报销单》和《退资协议》，明确写明的事由均为"集资款"，而非注册资本。因此，四原告提供的报销凭证和挂名股东剪报等证据资料，不予采信，四原告泛澳公司股东的身份不能确认；其要求按集资比例分配泛澳公司 2000 年 11 月 30 日损益表的"累计利润总额"以及依附于该财产之上的孳息的诉请，无事实和法律依据，不予支持。

57 股东查阅权

【知往事·新旧对照】

2018 年《公司法》 （阴影部分为修改或删除的内容）	2023 年《公司法》 （黑体部分为修改或增加的内容）
第三十三条 股东有权查阅、复制公司章程、股东会会议记录、董事会会议决议、监事会会议决议和财务会计报告。 　　股东可以要求查阅公司会计账簿。股东要求查阅公司会计账簿的，应当向公司提出书面请求，说明目的。公司有合理根据认为股东查阅会计账簿有不正当目的，可能损害公司合法利益的，可以拒绝提供查阅，并应当自股东提出书面请求之日起十五日内书面答复股东并说明理由。公司拒绝提供查阅的，股东可以请求人民法院要求公司提供查阅。	第五十七条 股东有权查阅、复制公司章程、**股东名册**、股东会会议记录、董事会会议决议、监事会会议决议和财务会计报告。 　　股东可以要求查阅公司会计账簿、**会计凭证**。股东要求查阅公司会计账簿、**会计凭证**的，应当向公司提出书面请求，说明目的。公司有合理根据认为股东查阅会计账簿、**会计凭证**有不正当目的，可能损害公司合法利益的，可以拒绝提供查阅，并应当自股东提出书面请求之日起十五日内书面答复股东并说明理由。公司拒绝提供查阅的，股东可以向人民法院**提起诉讼**。 　　**股东查阅前款规定的材料，可以委托会计师事务所、律师事务所等中介机构进行。** 　　**股东及其委托的会计师事务所、律师事务所等中介机构查阅、复制有关材料，应当遵守有关保护国家秘密、商业秘密、个人隐私、个人信息等法律、行政法规的规定。** 　　**股东要求查阅、复制公司全资子公司相关材料的，适用前四款的规定。**

【知来者·条文释义】

本条是关于股东知情权的规定，增加"股东名册"与"会计凭证"作为股东的可查阅对象。股东名册作为静态把握股东信息的资料，记载了有关股东及其股权状况的信息；而会计凭证作为记录经济业务发生或者完成情况的书面证明，直接反映企业动态的经济业务。同时，在查阅方法中，赋予了股东委托第三方中介机构的权利，更强调并保护了股东的查阅权以及其权利实现。

【知践行·适用指引】

股东知情权是指公司股东了解、知悉公司信息的权利，亦是股东行使一系列权利的前提和基础。司法实践中，股东通常在获得必要信息后采取进一步的法律行动，如请求盈余分配、对管理层提起诉讼等。[①]

会计凭证能否纳入股东知情权的行使范围，是一个在理论界与实务界长期引发巨大争议的问题。实践中，很多法院将会计凭证视为会计账簿的延伸，甚至有观点认为"会计账簿的外延应当包括会计凭证和与会计凭证形成有关的基础性材料"[②]。却也存在另一种情况：小股东不断地发起知情权诉讼，动辄请求查阅、复制年代久远的决议、财务报告、会计账簿甚至会计凭证，甚至有股东主张查阅跨度周期达 22 年之久的会计凭证。[③]

首先，由于股东利益与公司利益有时并不完全趋同，有时股东会在短期利益的驱使下不顾公司的长远利益，而行使知情权则是其达到私

---

① 施天涛：《公司法论》，法律出版社 2014 年版，第 264 页；刘俊海：《公司法学》，北京大学出版社 2013 年版，第 173 页；李建伟：《股东知情权研究》，法律出版社 2018 年版，第 1 页。

② 郭顺强、刘惠斌：《有限公司股东知情权的客体》，载《人民司法·案例》2022 年第 2 期。

③ 参见上海市第二中级人民法院（2021）沪 02 民终 2926 号民事判决书。

利目的的主要手段。因此，审查股东的行权必要性是不应被省却的步骤。股东应当说明查阅目的。说明目的是论证查阅的必要性，故法院应当对股东的查阅目的进行必要性审查，以确定股东关于会计凭证的查阅请求是否有得到支持的必要，此时公司亦享有不当目的抗辩权和必要性不足抗辩权。其次，与查阅会计凭证的具体理由相同，法院准许查阅的范围也应当是具体明确的。如果仅仅是宽泛的理由就能支撑起股东对公司全部会计凭证的查阅请求，那么就意味着公司的账簿乃至原始凭证等大量经营资料将面临任何股东随时的查阅要求，这一方面会对公司的日常经营秩序和效率产生负面影响，另一方面，还有泄露商业秘密、经营信息的风险。因此，法院赋予股东的查阅范围应当与其查阅目的相匹配，以确保对股东的知情权保护力度与对公司经营产生的不利影响合乎恰当比例。[①]

【知前鉴·典型案例】

▶有限公司股东知情权的客体会计账簿的外延应当包括会计凭证和与会计凭证形成有关的基础性材料。

案号：（2019）闽 0206 民初 6062 号、（2020）闽 02 民终 5584 号

案例名：杨某诉烽胜公司股东知情权纠纷案

案情：烽胜公司于 2016 年 11 月 7 日登记设立，注册资本 30 万元，共有 6 个股东，其中杨某认缴出资 6 万元，占股 20%。2019 年 4 月 22 日，杨某委托律师向烽胜公司发出一份律师函，要求烽胜公司将所有财务明细（包括但不限于会计账簿、合同、税收凭证、债权债务凭证等公司经营管理相关的文件）向杨某提供查阅。烽胜公司至今未提供相应的公司材料供杨某查阅、复制。为此，杨某诉至法院，要求烽胜公司提供所有的公司章程、股东会会议记录和财务会计报告给其查阅、复制，提供所

[①] 上海市第二中级人民法院商事审判庭课题组：《股东知情权客体的第三层面：查阅会计凭证的证成与限度——兼谈〈公司法〉修订草案第 51 条》，载《法律适用》2022 年第 10 期。

有的会计账簿和会计凭证给其查阅。

解析： 烽胜公司未举证证明杨某查阅公司财务资料存在不正当目的且可能损害公司合法利益，应当认定杨某有权查阅烽胜公司的财务资料。公司会计账簿的登记是以会计凭证为基础，会计凭证的填制需以公司实际发生了经济业务事项为基础，会计账簿的外延应当包括会计凭证和与会计凭证形成有关的基础性材料。故此，法院支持杨某的诉讼请求。

58 ▸ 股东会的组成及地位

【知往事·新旧对照】

2018 年《公司法》 （阴影部分为修改或删除的内容）	2023 年《公司法》 （黑体部分为修改或增加的内容）
第二节　组织机构	第二节　组织机构
第三十六条　有限责任公司股东会由全体股东组成。股东会是公司的权力机构，依照本法行使职权。	**第五十八条**　有限责任公司股东会由全体股东组成。股东会是公司的权力机构，依照本法行使职权。

【知来者·条文释义】

本条是关于股东会的组成及法律地位的规定。本条在 1993 年《公司法》制定时即已规定。该法第三十七条规定："有限责任公司股东会由全体股东组成，股东会是公司的权力机构，依照本法行使职权。"其内容一直延续至今，没有发生变更。2018 年《公司法》修正时，本条没有修改，本次《公司法》修订中亦保留。股东会，是指依照《公司法》和公司章程的规定设立的，由全体股东共同组成的，对公司经营管理和各种涉及公司及股东利益的事项拥有最高决策权的机构。有限责任公司股东会由全体股东组成。股东是向公司出资并对公司享有权利和承担义务的人。组成股东会的股东包括原始股东和继受股东。

【知践行·适用指引】

股东会是指依照《公司法》、公司章程的规定而设立的由全体股东组成的决定公司重大问题的公司权力机构。本条规定，"股东会是公司的权力机构"，表明了股东会的性质，即"权力机构"。所谓权力机构，是指公司的一切重大问题，需要由该机构来作出决议，权力机构既区别于执行机构，不执行日常业务，也区别于监督机构和咨询机构。股东会只负责就公司运转的大的方面作出决议，集体行使所有者权益。股东会是以会议的形式行使权力，而不采取常设机构或日常办公的方式，是由股东会的权力性质和所有权与经营权相分离的现代公司制度的基本原理所决定的。

股东会是公司的权力机构。公司的一切重大决策和其他重大事项，必须依照法律规定，由股东会按照少数表决权服从多数表决权的原则作出决议。股东会作为有限责任公司的权力机构必须依照《公司法》行使职权。股东会应当依照法律和公司章程的规定，行使自己的职权，做到不失职。同时，股东会也不应当超越职权，代行公司其他机构如董事会、监事会的职权。

【知前鉴·典型案例】

▶股东会职权包括利润分配，在公司没有作出有效决议之前，法院不宜直接作出判决。

案号：（2015）雨民二初字第00820号

案例名：郭某诉某机械有限责任公司，第三人叶某、梁某股东会决议效力确认纠纷案

案情：2005年8月18日，叶某、郭某签订了《马鞍山市某机械有限公司章程》，章程约定：某机械有限责任公司（以下简称某机械公司）注册资本80万元；叶某认缴72万元，郭某认缴8万元；公司股东均依法享有分配红利、优先购买其他股东转让的出资、股东大会上的表决、依法及依公司章程规定转让其出资等权利；股东向股东以外的人转让其出资时，必须经全体股东半数同意。同日，某机械公司通过股东会决议，选举叶某为公司执行董事、经理（法定代表人），郭某为公司监事。2007年5月18日，某机械公司向工商登记机关申请变更登记，具

体变更事项为：……叶某出资额为192万元，占比96%，郭某出资8万元，占比4%。某机械公司申请上述变更登记所依据的材料为：（1）2007年4月20日章程修正案，具体记载并确认了公司住所地、注册资本、股东出资额及所占出资比例的变更，该章程修正案有叶某和郭某的签名；（2）2007年4月20日某机械公司召开股东会决议，参加会议的股东有叶某、郭某，经协商一致形成如下决议：①将公司住所地由雨山区采石横江街××号变更为雨山区陶庄创业园内；②将公司注册资本由80万元增至200万元，由叶某增资120万元。该股东会决议有叶某和郭某的签名。郭某起诉请求确认该决议无效并分配十年来的公司盈利。

解析：公司是否分配利润是股东会或股东大会的职权，该项权利属于公司的自益权，在没有股东会决议的情况下，法院不宜代替公司作出经营判断和选择。本案中各方当事人均认定A公司未实施过利润分配，且郭某未能提出相关证据证明"公司虽未进行分配，但确有相应的利润收入且符合规定的分配条件，应当进行分配"的情形，故郭某的该项诉请无法律和事实依据，不予支持。

59 股东会职权

【知往事·新旧对照】

2018 年《公司法》 （阴影部分为修改或删除的内容）	2023 年《公司法》 （黑体部分为修改或增加的内容）
第三十七条　股东会行使下列职权： （一）决定公司的经营方针和投资计划； （二）选举和更换非由职工代表担任的董事、监事，决定有关董事、监事的报酬事项； （三）审议批准董事会的报告； （四）审议批准监事会或者监事的报告； （五）审议批准公司的年度财务预算方案、决算方案； （六）审议批准公司的利润分配方案和弥补亏损方案； （七）对公司增加或者减少注册资本作出决议； （八）对发行公司债券作出决议； （九）对公司合并、分立、解散、清算或者变更公司形式作出决议； （十）修改公司章程； （十一）公司章程规定的其他职权。 对前款所列事项股东以书面形式一致表示同意的，可以不召开股东会会议，直接作出决定，并由全体股东在决定文件上签名、盖章。	第五十九条　股东会行使下列职权： （一）选举和更换董事、监事，决定有关董事、监事的报酬事项； （二）审议批准董事会的报告； （三）审议批准监事会的报告； （四）审议批准公司的利润分配方案和弥补亏损方案； （五）对公司增加或者减少注册资本作出决议； （六）对发行公司债券作出决议； （七）对公司合并、分立、解散、清算或者变更公司形式作出决议； （八）修改公司章程； （九）公司章程规定的其他职权。 **股东会可以授权董事会对发行公司债券作出决议。** 对**本条第一款**所列事项股东以书面形式一致表示同意的，可以不召开股东会会议，直接作出决定，并由全体股东在决定文件上签名**或者**盖章。 （本条因删除两项致项号变更）

【知来者·条文释义】

本条是关于股东会职权的规定，股东会职权的修订与董事会、监事会职权的修订是相辅相成的。2023年修订后的《公司法》删除了"决定公司的经营方针和投资计划"和"审议批准公司的年度财务预算方案、决算方案"两项管理事项，将公司实际经营的职权从股东会职权转移到董事会职权中。加强并进一步保障董事会在公司经营中的独立地位，强化董事会的主观能动性与决策能力。增加了"股东会可以授权董事会对发行公司债券作出决议"的规定作为第二款。

【知践行·适用指引】

股东会有权按照公司章程规定的董事选任条件选举董事，组成董事会。股东会选举产生董事会，使所有权与经营权相分离，是现代企业的显著特征。股东会赋予董事会全面负责公司经营管理的职权，但随着所有权与经营权的分离，董事会的职权有进一步扩大的趋势。

根据该条规定，股东会职权可以概括为以下五个方面：

一是人事决定权。股东会有权选任和决定本公司非由职工代表担任的董事、监事，对于不合格的董事、监事，有权予以更换。

二是重大事项审批权。股东会享有对重大事项的审批权。审议批准工作报告权；审议批准有关经营管理方面的方案权，即公司的股东会有权对公司的董事会或者执行董事向股东会提出的利润分配方案以及弥补亏损方案进行审议，并决定是否予以批准，具体包括审议批准公司的利润分配方案和弥补亏损方案。

三是重大事项决议权。即股东会有权对公司增加或者减少注册资本，发行公司债券，公司合并、分立、解散、清算或者变更公司形式作出决议。

四是公司章程修改权。公司章程是由公司全体股东在设立公司时共同制定的，规定了公司的重大问题，是公司组织和行为的基本规则，所以应当由股东会修改，而不能由董事会、监事会进行修改。股东会修改公司章程，必须经代表 2/3 以上表决权的股东赞成通过方为有效。

五是其他职权。除了上述职权外，股东会还享有公司章程规定的其他职权。至于其他职权的具体内容，由公司章程规定。

【知前鉴·典型案例】

▶公司股东会限缩自身部分职权授权给董事会行使，不违反公司法的强制性规定。

来源： 法信

案例名： 周某诉某集团公司确认股东会决议效力纠纷案

案情： 某集团公司系有限责任公司。2004 年 6 月，该集团公司召开股东会会议，经代表 96.92% 表决权的股东通过，作出了修改公司章程的决议。对原公司章程的 10 个条款进行了修改。其中，将股东会的职权由"决定公司的经营方针和投资计划"修改为"决定公司的经营方针和重大投资计划、单项重大投资（达公司净资产 15% 以上的）"。该集团公司修改章程中该条款的目的是将部分投资决策权授予董事会行使。周某系该集团公司的股东，其向法院提起诉讼，以公司章程的修改违反《公司法》，侵害了其股东权中的表决权和知情权为由，要求确认某集团公司有关修改公司章程中股东会职权的内容部分为无效。

解析： 某集团公司系有限责任公司，其股东之间通过充分商讨，将属于股东会投资决策权中的部分职权授权给董事会行使，并不违反法律的强制性规定，不应予以限制或禁止。股东会职权的行使主体并不具有法定的排他性，该集团公司股东会限缩自身的部分职权而将其授权董事会行使，不违背股东会职权的性质。某集团公司股东会职权的限缩也不构成对股东表决权和股东知情权的侵害。另外，某集团公司修改公司章程第 20 条的决议系以多数决的形式通过，在程序上不违反《公司法》的规定。因此，周某关于某集团公司对公司章程第 20 条限缩股东会职权的修改，违反了《公司法》的规定，侵害了其股东表决权和股东知情权的主张，不应获得支持。某集团公司修改公司章程的行为并不违反《公司法》，亦未构成对周某股东权的侵害。

60　一人公司的股东决议

【知往事·新旧对照】

2018 年《公司法》 （阴影部分为修改或删除的内容）	2023 年《公司法》 （黑体部分为修改或增加的内容）
第六十一条　一人有限责任公司不设股东会。股东作出本法第三十七条第一款所列决定时，应当采用书面形式，并由股东签名后置备于公司。	第六十条　只有一个股东的有限责任公司不设股东会。股东作出前条第一款所列事项的决定时，应当采用书面形式，并由股东签名或者盖章后置备于公司。

【知来者·条文释义】

本条是关于一人有限责任公司不设股东会及股东行使职权作出决定应当采用书面形式的规定，相较于 2018 年《公司法》仅作了文字上的调整。

【知践行·适用指引】

一人有限责任公司只有一个股东，不设股东会，无法以股东会会议的形式行使股东职权。但是，一人有限责任公司股东又必须采取一定的形式和程序行使股东会职权。法律规定，应当采用书面形式，并由该股东签名或盖章后置备于公司。应以书面形式作出决定的事项主要是指《公司法》第五十九条所规定的对公司增加或者减少注册资本作出决议；修改公司章程；对公司合并、变更公司形式、解散和清算等事项作出决议；公司章程规定的其他职权。一人有限责任公司的股东决定除符合书面的形式要求外, 还必须是股东的真实意思表示, 且内容不得违反法律、行政法规的规定。只有既符合形式要件, 又符合实质要件的股东决定, 才是有效的一人有限责任公司的股东决定。

【知前鉴·典型案例】

▶一人有限责任公司股东决定效力应考量决定是否是股东真实意思表示, 内容是否违反法律、行政法规。

案号: (2018) 川 0503 民初 526 号、(2018) 川 05 民终 1328 号

案例名: 泸州金某彩公司与深圳金某彩公司公司决议效力确认纠纷案

案情: 泸州金某彩公司系深圳金某彩公司出资设立的一人有限责任公司, 深圳金某彩公司系泸州金某彩公司的唯一股东, 深圳金某彩公司工商登记的在册股东共有 7 名, 2014 年 6 月 4 日, 经股东决定的《泸州金某彩包装有限公司章程》在工商行政管理部门进行了备案登记, 2017 年 7 月 8 日, 时任深圳金某彩公司的法定代表人欧某宣委托王某为公司变更登记申请人, 持 2017 年 7 月 7 日、7 月 17 日的两份《泸州金某彩公司股东决定》到四川省泸州市纳溪区工商行政管理局进行公司变更登记。深圳金某彩公司认为, 本案诉争的股东决定, 系欧某宣利用非法持有深圳金某彩公司公章的便利擅自作出的, 该股东决定未经深圳金某彩公司股东会和董事会讨论, 其公司股东对前"股东决定"和修订的公司章程均不予认可。

解析: 深圳金某彩公司作为泸州金某彩公司唯一股东, 以欧某宣利用其非法持有深圳金某彩公司公章的便利, 在未经公司股东会和董事会进行任何讨论的情况下违背公司真实意思表示, 擅自作出了该案争议的《7·7 股东决定》和《7·17 股东决定》, 且该两份股东决定的内容违反法律规定, 故确认该两份"股东决定"无效。泸州金某彩公司系深圳金某彩公司的全资子公司, 泸州金某彩公司作出股东决定前, 深圳金某彩公司的股东间就深圳金某彩公司的内部管理问题已产生严重分歧,

根据本案现有证据材料，不能确定股东决定系深圳金某彩公司的真实意思表示，且股东决定中关于公司章程的修改内容也与《公司法》的规定相悖，法院判决案涉股东决定无效。

首次股东会会议、定期及临时会议

【知往事·新旧对照】

2018 年《公司法》 （阴影部分为修改或删除的内容）	2023 年《公司法》 （黑体部分为修改或增加的内容）
第三十八条　首次股东会会议由出资最多的股东召集和主持，依照本法规定行使职权。	**第六十一条**　首次股东会会议由出资最多的股东召集和主持，依照本法规定行使职权。
第三十九条　股东会会议分为定期会议和临时会议。 定期会议应当依照公司章程的规定按时召开。代表十分之一以上表决权的股东，三分之一以上的董事，监事会或者不设监事会的公司的监事提议召开临时会议的，应当召开临时会议。	**第六十二条**　股东会会议分为定期会议和临时会议。 定期会议应当**按照**公司章程的规定按时召开。代表十分之一以上表决权的股东、三分之一以上的董事**或者监事会**提议召开临时会议的，应当召开临时会议。

【知来者·条文释义】

　　新修订的《公司法》第六十一条是关于首次股东会会议召集、主持及职权的规定。1993 年《公司法》制定时该条即存在，2005 年《公司法》修订时，对本条内容进行了文字修改，之后内容未再调整，延续至今。首次股东会之前，公司的董事没有选举产生，即董事会还没有组成，董事长也没有确定，由出资最多的股东召集和主持。出资最多的股东，也就是通常所说的大股东，其出资最多，利益预期最大，第一次股东会议由其召集和主持是适宜的。

　　新修订的《公司法》第六十二条是关于股东会定期会议和临时会议以及股东会召开办法的规定。本条自 1993 年《公司法》制定时即存在。2005年修订为："股东会会议分为定期会议和临时会议。定期会议应当依照公司章程的规定按时召开。代表十分之一以上表决权的股东，三分之一以上的董事，监事会或者不设监事会的公司的监事提议召开临时会议的，应当召开临时会议。"本次修订进行了文字上的调整。股东会会议分为两种：一是定期会议；二是临时会议。股东会的定期会议，是指按照公司章程规定在一定时期内必须召开的会议；股东会的临时会议，是指公司章程中没有明确规定什么时间召开的一种不定期的会议。

【知践行·适用指引】

股东会首次会议，依照《公司法》规定行使职权，有两层含义：一是关于职权内容。股东会的首次会议也应依据《公司法》第五十九条的规定行使股东会的职权。二是关于行权方式。首次会议在行使股东会的职权时，必须遵守《公司法》的有关程序规定，召开股东会首次会议，应当于首次会议召开15日以前，由出资最多的股东通知全体股东。股东会的首次会议应当对所议事项的决定作成会议记录，出席首次会议的股东应当在会议记录上签名等。

临时会议相对于定期会议，指在正常召开的定期会议之外，由于法定事项的出现而临时召开的会议。除了公司章程中规定的固定的会议召开时间外，在公司经营中，会遇到许多意想不到的事件或问题，特别是有些较重大的问题，如果不及时由股东们研究解决，则会损害公司和股东们的利益。因此，在符合法律规定的条件下，公司的股东会可以随时召开。

【知前鉴·典型案例】

▶公司股东作为出资者按投入公司的资本额享有所有者的资产收益、重大决策和选择管理者等权利，故董事会不召集定期和临时股东会时，公司股东的召集请求权与召集权应受到法律保护。

法院： 四川省成都市中级人民法院

案例名： 钟某甲、钟某乙、王某甲诉某科技公司股东权纠纷案

案情： 钟某甲、钟某乙、王某甲等三原告诉称，2000年7月三原告和现被告某科技公司法定代表人王某乙等8名股东共同出资设立某技术公司。2001年4月，公司更名为某科技公司。2002年10月，选举王某乙为董事长，任期两年。2004年10月，本届董事任期已到，三原告提议召开股东会，重新选举董事，被告以任期未到为由加以拒绝。为维护股东合法权益，三原告诉至法院请求依法判令被告立即召开股东会，选举新一届董事。

解析： 本案是一起针对有限责任公司权力机构——股东会运行受阻，并主要涉及股东会召集权行使障碍的典型案件。原告以公司章程之股东的选举权和公司董事会任期为两年一届的规定提起诉讼，有事实和法律依据，对此诉讼法院应当受理。被告公司董事会曾在2004年7月7日公司第三季度董事会暨股东会会议后形成纪要，决定于2004年9月进行董事会换届选举。然而期限届满，董事会不仅没有如期召开股东会会议进行换届选举，对原告等人提议召开股东会会议的书面请求也不予回应，不依法履行其法定职责，违反了我国民法诚信原则和权利不得滥用原则。

63-64　股东会会议的召集、主持、通知、记录

【知往事·新旧对照】

2018 年《公司法》 （阴影部分为修改或删除的内容）	2023 年《公司法》 （黑体部分为修改或增加的内容）
第四十条　有限责任公司设立董事会的，股东会会议由董事会召集，董事长主持；董事长不能履行职务或者不履行职务的，由副董事长主持；副董事长不能履行职务或者不履行职务的，由半数以上董事共同推举一名董事主持。 　　有限责任公司不设董事会的，股东会会议由执行董事召集和主持。 　　董事会或者执行董事不能履行或者不履行召集股东会会议职责的，由监事会或者不设监事会的公司的监事召集和主持；监事会或者监事不召集和主持的，代表十分之一以上表决权的股东可以自行召集和主持。	第六十三条　股东会会议由董事会召集，董事长主持；董事长不能履行职务或者不履行职务的，由副董事长主持；副董事长不能履行职务或者不履行职务的，由**过半数的**董事共同推举一名董事主持。 　　董事会不能履行或者不履行召集股东会会议职责的，由监事会召集和主持；监事会不召集和主持的，代表十分之一以上表决权的股东可以自行召集和主持。
第四十一条　召开股东会会议，应当于会议召开十五日前通知全体股东；但是，公司章程另有规定或者全体股东另有约定的除外。 　　股东会应当对所议事项的决定作成会议记录，出席会议的股东应当在会议记录上签名。	第六十四条　召开股东会会议，应当于会议召开十五日前通知全体股东；但是，公司章程另有规定或者全体股东另有约定的除外。 　　股东会应当对所议事项的决定作成会议记录，出席会议的股东应当在会议记录上签名**或者盖章**。

【知来者·条文释义】

　　《公司法》第六十三条是关于股东会会议的召集与主持的规定，

与 2018 年《公司法》相比，优化表述，删减了有关执行董事的描述，与删除了不设董事会情形中有关执行董事称呼的表述保持一致；明确了召集与主持的主体为组织，删除了监事个人的表述，强调了召集与主持以监事会为单位。《公司法》第六十四条是关于股东会会议的通知与记录的规定，与 2018 年《公司法》相比，除增加"盖章"外，基本无变化。

【知践行·适用指引】

股东会会议，无论是临时会议还是定期会议，必须由董事会来召集。如果董事会不能履行或者不履行召集股东会会议职务的，由监事会召集；监事会不召集的，代表 1/10 以上表决权的股东可以召集。只要表决权达到公司注册资本 1/10 以上的股东，在监事会不能履行或者不履行召集职责时，都可以代位行使召集股东会的权利，并无股东人数的限制。

股东会会议由董事长主持。如果公司设有董事会，则由董事长主持；董事长不能履行职务或者不履行职务时，由副董事长主持；副董事长不能履行职务或者不履行职务时，由半数以上董事共同推举一名董事主持。董事长必须履行主持股东会会议的职责。法律规定，只有在因为特殊情况不能履行职务时，董事长才可以免于被追究责任。前述所谓"不能履行职责"的特殊情况，一般是指生病、出差在外等客观上的原因。所谓"不履行职务"，是指不存在无法履行职务的生病、出差在外等客观上的原因，但以其他理由或者根本就没有理由而不履行职务的情形。如果董事长可以履行职责而拒不履行职责，那么就不能免除法律责任。

【知前鉴·典型案例】

▶股东会的召集程序存在没有提前 15 日通知全体股东等瑕疵，但对决议未产生实质影响的，应认定属于轻微瑕疵。

案号：（2021）京 02 民终 13417 号

案例名：某传播公司与某文化产业公司公司决议撤销纠纷案

案情：某文化产业公司成立于 2020 年 1 月，股东包括四维公司、万娱公司、宏理公司、某传播公司、缘界公司，公司章程第十二条规定，股东会会议由董事会召集，董事长主持……董事会不能履行或者不履行召集股东会会议职责的，由监事会召集和主持……某文化产业公司董事会微信群有如下聊天记录：2021 年 1 月 18 日凌晨 0 点 48 分，王某说："各位股东：大家晚上好，我受股东文都公司委托，召集本公司临时股东会会议，会议召开时间为 2021 年 1 月 18 日中午 12 点 30 分，会议议题为：一、审议文都公司将持有的公司 25% 股权（认缴出资额 375 万元）转让给四维公司的事项。二、审议修改公司章程的事项。注：会议形式为线上视频会议，会议地址如下，请大家准时参会。"某传播公司称，马某确实为某传播公司的董事长，可以代表公司，但是其并没有参会，虽然其提议将会议改至 14 时，但由于疏忽，马某以为股东会只涉及两股东的股权转让，后来才发现股东会的议题还涉及变更公司章程。故请求撤销股东会决议。

解析：会议召集程序或者表决方式仅有轻微瑕疵，且对决议未产生实际影响的，人民法院不予支持。本案中，召集股东会虽然没有按照公司章程提前 15 日通知，但监事王某在微信群表示受股东文都公司委托召集股东会并通知时间定在 2021 年 1 月 18 日中午 12 点 30 分，某传播公司的法定代表人马某知情且提议将时间改在当日 14 时，后股东会作出决议。一审法院认为本次股东会召集程序为程序瑕疵，且该瑕疵没有妨碍股东公平地参与多数意思的形成和获知对其作出意思表示所需的必要信息，亦不具有影响决议结果的可能性，故一审法院对某传播公司的诉讼请求不予支持。

股东的表决权，股东会的议事方式、表决程序

【知往事·新旧对照】

2018 年《公司法》 （阴影部分为修改或删除的内容）	2023 年《公司法》 （黑体部分为修改或增加的内容）
第四十二条 股东会会议由股东按照出资比例行使表决权；但是，公司章程另有规定的除外。	**第六十五条** 股东会会议由股东按照出资比例行使表决权；但是，公司章程另有规定的除外。
第四十三条 股东会的议事方式和表决程序，除本法有规定的外，由公司章程规定。 　　股东会会议作出修改公司章程、增加或者减少注册资本的决议，以及公司合并、分立、解散或者变更公司形式的决议，必须经代表三分之二以上表决权的股东通过。	**第六十六条** 股东会的议事方式和表决程序，除本法有规定的外，由公司章程规定。 　　**股东会作出决议，应当经代表过半数表决权的股东通过。** 　　**股东会作出修改公司章程、增加或者减少注册资本的决议，以及公司合并、分立、解散或者变更公司形式的决议，应当经代表三分之二以上表决权的股东通过。**

【知来者·条文释义】

新修订的《公司法》第六十五条是关于股东表决权的规定，与2018 年《公司法》相比无变化。第六十六条是关于股东会的议事方式、表决程序的规定，新增"股东会作出决议，应当经代表过半数表决权的股东通过"。其中，过半数不包含本数。

股东作为股东会的当然成员，有权出席股东会会议。股东会会议是股东表达自己对公司的意志的场所。股东会决定有关事项，必须由股东提出自己的意见，表达自己的意志。股东会的议事方式，是指公司股东会以什么方式就公司的重大问题进行讨论并作出决议；股东会的表决程序，是指公司股东会决定事项如何进行表决和表决时需要多少股东赞成，才能通过某一特定的决议。

【知践行·适用指引】

有限责任公司以出资多少为基础和标准决定股东的利益分配和风险分担。有限责任公司内部，任何股东都不能享有特权，股东的权利只能来源于其出资比例，并与其出资比例的大小相适应。有限责任公司要求按照出资比例的大小决定表决权票数，而不以人数为单位实行一人一票。"公司章程另有规定的除外"，是指股东在股东会会议上的表决权，公司章程可以作出不以出资比例行使表决权的规定，并按此规定执行。股东行使表决权的方式，可以按照公司章程的规定进行。公司章程可以规定以出资比例行使表决权或者不按照出资比例行使表决权，如以股东人数行使表决权等，法律均没有限制。

股东会的一般决议应当经代表过半数表决权的股东通过；股东会的特别决议须经代表 2/3 以上表决权的股东通过，它不受股东人数多少的限制。《公司法》对股东会特别决议的表决程序的规定是强制性规定，公司章程不得作出与此不一致的规定。公司章程只能重复记载此类特别决议的表决程序，否则无效。如公司章程是公司正常运转和存续的重要因素，不得任意修改，修改公司章程必须经过代表 2/3 以上表决权的股东通过，才能作出修改公司章程的股东会决议。修改公司章程需要遵循不违法、不损害股东利益、不损害债权人利益、不妨害公司法人一致性等原则。

【知前鉴·典型案例】

▶股东会决议的内容违反了公司章程的规定,属于可撤销的决议,但行为人在此期限内并未提出撤销之诉,而撤销权系形成权,待除斥期间届满,该权利消灭,决议应为有效。对于后次股东会决议,因其违反了"股东会会议由股东按照出资比例行使表决权"的规定,应属无效决议。

法院: 湖南省株洲市中级人民法院

案例名: 文某诉某米业公司股东会决议无效纠纷案

案情: 2004年原某市大米厂改制为某米业公司,注册资本290万元,股东49人,文某是某米业公司的股东之一。《某米业公司章程》第34条规定,某米业公司设董事会,董事由股东大会选举和更换,董事会由全体董事组成,其成员为5人。第75条规定,修改本章程必须经出席股东大会的股东所持表决权的2/3以上通过。修改本章程,由股东大会作出决议。某米业公司根据以上规定,召开了股东大会,选举出5名董事,原告为5名董事之一,并任某米业公司财务总监。某米业公司召开了董事会,推选王某为董事长,并为某米业公司的法定代表人。从某米业公司成立之后至2010年1月26日,某米业公司已有15人退股,剩余股东34人。因某米业公司董事任期3年已满,某米业公司于2010年1月26日召开了股东大会,剩余34名股东全部参加了会议,会议决定由5名董事改选为3名董事,推选黄某、汪某、张某三人为董事会董事。王某和文某落选。2010年1月28日,三人董事会推选黄某为董事长,并决定文某不再担任某米业公司财务总监并另行安排工作。2011年6月15日,某米业公司召开股东会,但没有通知文某,会议决定对2010年1月26日股东会决定的董事会成员5人修改为3人,通过章程修正案并到工商管理部门进行了某米业公司章程修改登记。文某以自己权益受到公司侵害为由,以某米业公司为被告向法院提起诉讼,请求确认被告某米业公司2010年1月26日作出的股东会决议和2011年6月15日作出的股东会决议无效。

解析: 某米业公司在没有对公司章程进行修改并报登记机关备案

的情况下，于 2010 年 1 月 26 日召开股东大会，决定被告由原章程规定的 5 名董事改选为 3 名董事，该股东会决议违反了被告章程的规定，该会议决议属于可撤销的范畴。原告在股东会决议作出之日起 60 日内未申请撤销股东会决议，原告的撤销权丧失，股东会决议发生效力。被告于 2011 年 6 月 15 日作出的股东会决议因原告文某未到会，某米业公司无证据证明已通知原告召开会议，原告作为被告股东有按照其出资比例行使表决权的权利，该会议违反了"股东会会议由股东按照出资比例行使表决权"的规定，故原告请求确认该股东会决议无效，符合法律规定，应予支持。

67 董事会职权

【知往事·新旧对照】

2018 年《公司法》（阴影部分为修改或删除的内容）	2023 年《公司法》（黑体部分为修改或增加的内容）
第四十六条　董事会对股东会负责，行使下列职权： （一）召集股东会会议，并向股东会报告工作； （二）执行股东会的决议； （三）决定公司的经营计划和投资方案； （四）制订公司的年度财务预算方案、决算方案； （五）制订公司的利润分配方案和弥补亏损方案； （六）制订公司增加或者减少注册资本以及发行公司债券的方案； （七）制订公司合并、分立、解散或者变更公司形式的方案； （八）决定公司内部管理机构的设置； （九）决定聘任或者解聘公司经理及其报酬事项，并根据经理的提名决定聘任或者解聘公司副经理、财务负责人及其报酬事项； （十）制定公司的基本管理制度； （十一）公司章程规定的其他职权。	第六十七条　有限责任公司设董事会，本法第七十五条另有规定的除外。 董事会行使下列职权： （一）召集股东会会议，并向股东会报告工作； （二）执行股东会的决议； （三）决定公司的经营计划和投资方案； （四）制订公司的利润分配方案和弥补亏损方案； （五）制订公司增加或者减少注册资本以及发行公司债券的方案； （六）制订公司合并、分立、解散或者变更公司形式的方案； （七）决定公司内部管理机构的设置； （八）决定聘任或者解聘公司经理及其报酬事项，并根据经理的提名决定聘任或者解聘公司副经理、财务负责人及其报酬事项； （九）制定公司的基本管理制度； （十）公司章程规定或者股东会授予的其他职权。 **公司章程对董事会职权的限制不得对抗善意相对人。** （本条第一款前半句规定于旧法第四十四条，因删除一项致项号变更）

【知来者·条文释义】

本次修订的《公司法》第六十七条第一款规定有限责任公司设董事会，例外情形规定于《公司法》第七十五条，"规模较小或者股东人数较少的有限责任公司，可以不设董事会，设一名董事，行使本法规定的董事会的职权。该董事可以兼任公司经理"。需要注意的是本次修订的《公司法》取消了"执行董事"的提法。

《公司法》对于董事会的职权采取列举式的规定，修订增加了"公司章程对董事会职权的限制不得对抗善意相对人"的规定。删除了有关2018年《公司法》"（四）制订公司的年度财务预算方案、决算方案"的条文。董事会不仅有行使的权利，而且有行使的义务，不行使将导致公司的管理和经营决策发生障碍，应当限制或防止其不行使职权。如果董事会不履行或怠于履行，则会损害公司的经营及运行，损害股东权利。

【知践行·适用指引】

董事会是有限责任公司的执行机关，它负责公司经营活动的指挥和管理，以及组织实施和贯彻执行这些决策。因此，从一定程度上讲，董事会是股东会的执行机关，是公司的业务决策机关，具体行使下列职权：

（1）召集股东会会议，并向股东会报告工作。召集股东会会议，并向股东会报告工作，既是董事会的一项职权，也是董事会的一项义务。董事会应当依照法律规定和公司章程的规定，及时召集股东会会议，并向股东会报告自己的工作情况。

（2）执行股东会的决议。股东会作为公司的权力机构，是公司的最高决策机关，依照法律规定和公司章程规定决定公司的重大问题。股东会对公司生产经营方面作出的决议，由董事会执行。

决定公司的经营计划和投资方案。公司的经营计划，是指管理公司内外业务的方向、目标和措施，是公司内部的、短期的管理计划；公司的投资方案，是指公司内部短期资金的运用方向。决定公司的经营计划和投资方案，既是董事会的一项职权，也是董事会的一项义务。

制订公司的利润分配方案和亏损弥补方案。审议批准公司的利润分配方案和亏损弥补方案，是股东会的职权。而制订公司的利润分配方案和亏损弥补方案，则是董事会的职权。董事会应当按照规定及时制订公司的利润分配方案和亏损弥补方案，并提交股东会会议审议批准。

制订公司增加或者减少注册资本以及发行公司债券的方案。董事会应当根据公司经营需要，及时制订公司增加或者减少注册资本以及发行公司债券的方案，并提请股东会会议审议，作出决议。

制订公司合并、分立、解散或者变更公司形式的方案。公司与谁合并、怎样分立、变更为什么样的公司以及解散的具体方案，由董事会制订，然后提请股东会会议进行审议并作出决议。

决定公司内部管理机构的设置。董事会决定内部管理机构设置，是指董事会有权根据本公司的具体情况，确定内部的管理机构设置，如设立事业开发部、市场营销部、综合管理部、客户服务部等具体的业务部门、行政管理部门等。

决定聘任或者解聘高级管理人员并决定报酬事项。董事会有权决定聘任或者解聘公司经理，并根据经理的提名决定聘任或者解聘公司的副经理、财务负责人等高级管理人员。同时，董事会有权决定经理、副经理、财务负责人等高级管理人员的报酬事项，如报酬标准、支付时间、支付方式等。

制定公司的基本管理制度。基本管理制度，是指保证公司能够正常运营的基本管理体制。

公司章程规定的其他职权。

【知前鉴·典型案例】

▶董事会决议聘任公司经理及选任董事长不违反公司法和公司章程的规定，该决议合法有效。

案号：（2020）渝 04 民终 1623 号

案例名：医药有限公司与姬某、张某公司决议效力确认纠纷案

案情：医药公司于2018年2月27日成立，医药公司现工商登记显示法定代表人为刘某甲，刘某甲为医药公司董事长，张某、姬某为公司董事，林某为公司监事。2020年3月17日，该公司通过微信群聊视频形式召开2020年第一次临时董事会。微信群聊视频过程为：2020年3月17日12时，张某、姬某、刘某甲、林某、刘某、朱某6人建立微信群聊，由张某发起语音通话形成视频，姬某、林某、刘某接收参与视频，刘某甲未接收视频邀请，林某、刘某手持手机对刘某甲进行会议视频录像，刘某甲随后步行离开，林某、刘某一边对刘某甲进行会议视频录像，一边步行跟随刘某甲，后刘某甲倒地，群聊视频继续进行，张某宣布决议内容，提议进行表决，过程中，刘某甲未发表意见。会议决议内容：（1）聘任徐某为本公司总经理；（2）张某担任医药公司董事长（法定代表人），刘某甲不再担任医药公司董事长；（3）声明：本次会议参加人员已达公司章程规定，所作决议均为有效决议。决议记录由张某、姬某签字。张某、姬某向一审法院起诉请求：（1）确认临时董事会决议有效；（2）医药公司、刘某甲在10日内向公司登记机关申请将医药公司的法定代表人变更为张某。

解析：公司股东会或者股东大会、董事会的决议内容违反法律、行政法规的无效。董事长、副董事长的产生办法由公司章程规定。董事会有决定聘任或者解聘公司经理的职权。根据医药公司章程第三十条的规定，董事长由某重庆医药有限公司推荐，董事会选举通过。案涉董事会决议内容为：（1）聘任徐某为公司总经理；（2）张某担任医药公司董事长（法定代表人），刘某甲不再担任医药公司董事长（法定代表人）。因此，聘任公司经理及选任董事长的决议事项均在董事会的职权范围内，不违反《公司法》的规定，决议内容合法有效。

68-69 职工代表、审计委员会

【知往事·新旧对照】

2018 年《公司法》 （阴影部分为修改或删除的内容）	2023 年《公司法》 （黑体部分为修改或增加的内容）
第四十四条　有限责任公司设董事会，其成员为三人至十三人；但是，本法第五十条另有规定的除外。 　　两个以上的国有企业或者两个以上的其他国有投资主体投资设立的有限责任公司，其董事会成员中应当有公司职工代表；其他有限责任公司董事会成员中可以有公司职工代表。董事会中的职工代表由公司职工通过职工代表大会、职工大会或者其他形式民主选举产生。 　　董事会设董事长一人，可以设副董事长。董事长、副董事长的产生办法由公司章程规定。	第六十八条　有限责任公司董事会成员为三人以上，其成员中可以有公司职工代表。职工人数三百人以上的有限责任公司，除依法设监事会并有公司职工代表的外，其董事会成员中应当有公司职工代表。董事会中的职工代表由公司职工通过职工代表大会、职工大会或者其他形式民主选举产生。 　　董事会设董事长一人，可以设副董事长。董事长、副董事长的产生办法由公司章程规定。
	第六十九条　有限责任公司可以按照公司章程的规定在董事会中设置由董事组成的审计委员会，行使本法规定的监事会的职权，不设监事会或者监事。公司董事会成员中的职工代表可以成为审计委员会成员。

【知来者·条文释义】

　　新修订的《公司法》第六十八条是关于董事会组成，尤其是职工代表的规定，取消了董事会最多 13 人的人数限制，并将 2018 年《公司法》中规定的只有国有独资公司和两个以上的国有企业或者两个以上的其他国有投资主体投资设立的有限责任公司，设置职工代表董事的强制要求适用范围扩大到了 300 人以上的全部有限责任公司。本次修订强调了职工代表地位，允许董事会 3 人以上即可以有公司职工代表，强化了职工利益，同时对大中型民营企业的董事人选增加要求。

《公司法》第六十九条系新增条款，规定"在董事会中设置由董事组成的审计委员会"并赋予审计委员会行使监事会的全部职权，但审计委员会在公司运营中如何有效发挥作用，应当在司法实践中进一步完善细化。

【知践行·适用指引】

董事会监督是解决股东和管理层之间利益冲突的有效机制，而审计委员会是董事会发挥监督作用的重要职能部门。如 2013 年发布的《上海证券交易所上市公司董事会审计委员会运作指引》，要求上交所公司单独披露审计委员会履职信息，审计委员会履职披露会提高其履职有效性，这也意味着董事会监督增强。审计委员会由董事组成，董事间的知识背景不同且通常兼任多家公司职位，会促进成员内部的信息流动和提高获取信息的质量。因此，较高的专业水平和广泛的信息渠道会减少审计委员会对管理层提供信息的依赖，提高董事会的监督能力。[1]

【知前鉴·典型案例】

▶监督公司的内部审计制度及其实施，审核公司的财务信息及披露，审查公司的内控制度，均是审计委员会的核心职责。

案号：（2019）最高法行申 12736 号

---

[1]　甄玉晗、章之旺、赵磊：《董事会监督、债务水平与债务融资成本——来自审计委员会履职披露的证据》，载《南京审计大学学报》2023 年第 5 期。

案例名： 杨某诉中国证券监督管理委员会证券行政处罚及行政复议案

案情： 2018年2月5日，证监会作出《行政处罚决定书》，查明：（1）某机床公司2013年至2015年虚增收入483080163.99元。（2）某机床公司2013年至2015年虚增利润29608616.03元。（3）某机床公司2013年至2015年年度报告中披露的存货数据存在虚假记载。证监会认为，某机床公司的行为违反了《证券法》第六十三条、第六十八条的规定，构成了《证券法》第一百九十三条第一款所述违法行为。杨某为某机床公司时任董事，在2013年至2015年年度报告上签字，应当保证上市公司所披露的信息真实、准确、完整，但未按照勤勉尽责要求，对相关信息披露事项履行确认、审核职责，应对某机床公司信息披露违法行为承担一定责任，属于其他直接责任人员。证监会决定：对某机床公司责令改正，给予警告，并处以60万元罚款；对杨某给予警告，并处以3万元罚款。杨某不服处罚决定及复议决定，起诉至北京市第一中级人民法院，请求撤销被诉处罚决定中针对其作出的处罚决定，一并撤销被诉复议决定。

解析： 2002年《上市公司治理准则》第五十四条规定："审计委员会的主要职责是：（1）提议聘请或更换外部审计机构；（2）监督公司的内部审计制度及其实施；（3）负责内部审计与外部审计之间的沟通；（4）审核公司的财务信息及其披露；（5）审查公司的内控制度。"可见，监督公司的内部审计制度及其实施，审核公司的财务信息及披露，审查公司的内控制度，均是审计委员会的核心职责。杨某作为公司审计委员会主任委员，负有审核公司财务信息及披露、审查公司内控制度的法定职责。根据《上海证券交易所上市公司董事会审计委员会运作指引》第十五条的规定，杨某应当领导董事会审计委员会督促公司内部审计计划的实施，审阅内部审计工作报告，评估内部审计工作的结果，督促重大问题的整改。杨某在再审申请中所言，"独立董事并不是取代审计机构从事具体审计工作"，但是，审计机构也不能替代独立董事的工作，独立董事不应仅停留于监督审核外部审计机构的工作过程，并仅主要依据外部审计机构的工作结论作出判断，而应当采取合理措施主动开展必要的调查工作并获取决策所需要的信息。然而本案中，在案证据不足以证明杨某依职权领导审计委员会综合运用内部审计等手段，针对企业财务管理方面存在的"危险信号"进行检查、预防和应对，不足以证明其为内、外部审计机构就可能造成的重大错报风险进行了充分沟通创造了便利，也不足以证明其在与外部审计机构沟通审计计划和重要事项时，就外部审计机构重点关注的相关错报风险提出要求、创造条件。作为案涉企业的独立董事、审计委员会主任委员，杨某难言无责。

70-71 董事辞任、解任

【知往事·新旧对照】

2018 年《公司法》 （阴影部分为修改或删除的内容）	2023 年《公司法》 （黑体部分为修改或增加的内容）
第四十五条　董事任期由公司章程规定，但每届任期不得超过三年。董事任期届满，连选可以连任。 董事任期届满未及时改选，或者董事在任期内辞职导致董事会成员低于法定人数的，在改选出的董事就任前，原董事仍应当依照法律、行政法规和公司章程的规定，履行董事职务。	第七十条　董事任期由公司章程规定，但每届任期不得超过三年。董事任期届满，连选可以连任。 董事任期届满未及时改选，或者董事在任期内辞职导致董事会成员低于法定人数的，在改选出的董事就任前，原董事仍应当依照法律、行政法规和公司章程的规定，履行董事职务。 **董事辞任的，应当以书面形式通知公司，公司收到通知之日辞任生效，但存在前款规定情形的，董事应当继续履行职务。**
	第七十一条　**股东会可以决议解任董事，决议作出之日解任生效。** **无正当理由，在任期届满前解任董事的，该董事可以要求公司予以赔偿。**

【知来者·条文释义】

《公司法》第七十条是关于董事任期的相关规定，该条对比 2018 年《公司法》新增了辞任规则，本条规定董事辞任应当以书面形式通知公司，明确了董事辞任的具体形式。除依法需要留任的情况外，董事辞任在公司收到辞任通知之日生效。

《公司法》第七十一条是关于董事无因解除制度的规则，1993 年《公司法》规定"董事在任期届满前，股东（大）会不得无故解除其职务"。2005 年《公司法》删除了"董事在任期届满前，股东（大）会不得无故解除其职务"。《最高人民法院关于适用〈中华人民共和国公司法〉若干问题的规定（五）》第三条第一款规定："董事任期届满前被股东会或者股东大会有效决议解除职务，其主张解除不发生法律效力的，人民法院不予支持。"经历了从"有因解除"到"无因解除"的转变。所谓董事职务的无因解除，是指在董事无任何过错的情况下，股东会有权作出有效决议随时解聘董事。

【知践行·适用指引】

董事和公司之间本质上属于委托合同关系，委托合同是以双方信任为存在的条件，一旦信任关系失衡，继续履行合同已无必要，由此法律赋予了双方当事人的权利，即只要一方想终止合同，就可以解除合同。但公司法属于商法，更应当尊重股东意思自治，公司股东以章程方式约定限制股东大会"无因解任"董事，符合公司法的精神。委托关系中的任意解除权并非效力性强制性规范，委托人和受托人可以通过约定方式，限制、排除或放弃任意解除权。《公司法》就此制度补充设计了被无因解任的董事的离职补偿请求权。董事申请离职补偿需要满足以下要件：其一，任期未满，董事任期是公司章程的必要记载事项；其二，公司无正当理由解除董事职务，正当理由通常以董事是否违反法定义务进行判断，如不得实施犯罪行为、不得违反《公司法》及公司章程规定的义务、不得违背信义义务等。《民法典》第九百三十三条规定："委托人或者受托人可以随时解除委托合同。因解除合同造成对方损失的，除不可归责于该当事人的事由外，无偿委托合同的解除方应当赔偿因解除时间不当造成的直接损失，有偿委托合同的解除方应当赔偿对方的直接损失和合同履行后可以获得的利益。"本条对法院衡量离职补偿数额进行指引。

【知前鉴·典型案例】

▶董事辞任、离任不能因股东会不作为而受限。

案号：（2019）苏 0602 民初 1585 号、（2020）苏 06 民终 192 号

案例名：郁某诉南通某实业公司、南通某产业园公司、上海某网络科技公司请求变更公司登记纠纷案

案情：南通某实业公司由两名法人股东即南通某产业园公司、上海某网络科技公司投资设立。公司章程规定，公司设董事会，成员 3 人，由股东会选举产生，董事会设董事长一人，为法定代表人。郁某经公司股东选举为董事，并被任命为董事长，即法定代表人。公司成立后不久，两股东就因出资款问题纠纷不断并引发诉讼，致使公司不能正常开展经营活动，股东之一为了索要房屋租金还将该公司告上了法庭。郁某虽为公司的法定代表人，但实际根本无法决定公司的任何事务。不仅如此，她还得应付来自股东提起的各类诉讼，甚至还因该公司未能履行相关判决而受到牵连，被法院发出了限制消费令，直接影响了其个人的正常生活。在董事任期内，郁某数次申请辞去董事长（法定代表人）职务，并且在任期届满后要求召开股东会，改选董事、变更法定代表人。无论在任期内还是在任期届满后，公司及其两名法人股东对郁某的请求均未予理睬。为此，郁某向法院提起诉讼，要求南通某实业公司办理法定代表人变更登记，两股东予以配合。

解析：法律要求董事继续履职以维护公司的存续，但公司及股东却消极不作为，反而将法律规定作为"绑架"董事身份的手段，在此种情形下，若机械遵循规定，则辞任或离任董事履行董事职务将会遥遥无期，董事的权利和义务将严重失衡。因此，在公司股东怠于履行改选董事义务的情况下，董事辞任、离任不再因股东会不作为而受到限制。

72-73　董事会的召集、主持、议事、表决

【知往事·新旧对照】

2018 年《公司法》 （阴影部分为修改或删除的内容）	2023 年《公司法》 （黑体部分为修改或增加的内容）
第四十七条　董事会会议由董事长召集和主持；董事长不能履行职务或者不履行职务的，由副董事长召集和主持；副董事长不能履行职务或者不履行职务的，由半数以上董事共同推举一名董事召集和主持。	第七十二条　董事会会议由董事长召集和主持；董事长不能履行职务或者不履行职务的，由副董事长召集和主持；副董事长不能履行职务或者不履行职务的，由**过半数的**董事共同推举一名董事召集和主持。
第四十八条　董事会的议事方式和表决程序，除本法有规定的外，由公司章程规定。 　　董事会应当对所议事项的决定作成会议记录，出席会议的董事应当在会议记录上签名。 　　董事会决议的表决，实行一人一票。	第七十三条　董事会的议事方式和表决程序，除本法有规定的外，由公司章程规定。 　　**董事会会议应当有过半数的董事出席方可举行。董事会作出决议，应当经全体董事的过半数通过。** 　　董事会决议的表决，**应当**一人一票。 　　董事会应当对所议事项的决定作成会议记录，出席会议的董事应当在会议记录上签名。

【知来者·条文释义】

新修订的《公司法》第七十二条是关于董事会召集、主持的规定，与 2018 年《公司法》相比无实质修改。董事长在享有召集权、主持权的同时，赋予副董事长、过半数的董事共同推举董事的召集权、主持权，既确定董事长在董事会中的职责，也防止董事长滥用职权，导致董事会陷入僵局。

《公司法》第七十三条是关于董事会的议事方式、表决程序的规定，相比较 2018 年《公司法》，新增董事会会议的出席的表决规则，即"双过半规则"。

【知践行·适用指引】

针对第七十二条，实践中注意，"不能履行职务"或者"不履行职务"，是两个层面发生董事长不能召集和主持董事会的事实。"不能履行职务"是指由于客观原因，使得董事长职务履行不能；"不履行职务"是指客观上可以履行，但其主观上拒绝履行。

针对第七十三条，实践中，应当允许公司结合自身特点在不违背公司法基本规定的前提下，通过公司章程结合规定适合公司自己的议事方式和程序。法律明确规定了董事会决议形成的"双过半规则"，即董事会会议应当有过半数的董事出席方可举行。董事会作出决议，应当经全体董事的过半数通过。

【知前鉴·典型案例】

▶董事会召集程序存在瑕疵不必然导致决议无效。

案号：（2014）沪一中民四（商）终字第 594 号

案例名：张某福诉某房地产公司董事会决议效力确认纠纷案

案情：某房地产公司成立于 2000 年 9 月 18 日，登记股东为张某福、董某北。某房地产公司董事会由张某福与董某北、王某兰组成。某房地产公司 2002 年 7 月 10 日公司章程规定："董事会行使下列职权：……（2）执行股东会决议；（3）决定公司经营计划和投资方案；……董事会由董事长召集并主持。召开董事会会议应于会议召开 10 日前通知全体董事。董事会会议对所议事项作出决议，应当由过半数以上董事表决通过，方为有效，并应作成会议记录，出席会议的董事应当在会议记录上签名。"2004 年 6 月 16 日，某房地产公司作出董事会决议，载明：

"一、同意本公司出资720万元投资米兰公司，占公司股份90%；二、同意由董某北担任米兰公司执行董事，并担任公司法定代表人。"张某福未签字，未提前10日通知。张某福要求确认决议无效。

解析：该董事会决议内容并不违反法律法规强制性规定，上述决议内容在董事会职权范围内，米兰公司可依法定程序决定公司执行董事和法定代表人的，系争董事会决议并未限制米兰公司经营自主权。董事会会议的召集违反某房地产公司章程的规定没有通知张某福，但不必然导致对该决议的否定评价。根据当时法律规定，董事会违反召集程序所作的决议，规定可自决议作出之日起60日内请求人民法院撤销。该60日为法律规定的除斥期间。董事会召集程序违反章程规定，与部分股东会召集程序违反章程规定的情形并不相同，未从根本上剥夺张某福作为董事的权利，因张某福作为股东还有其他途径知道系争董事会决议的相关情况，也可在知道或应当知道之日起及时主张权利救济。故此，法院对张某福的诉讼请求未支持。

74 ▶ 经理职权

【知往事·新旧对照】

2018年《公司法》 （阴影部分为修改或删除的内容）	2023年《公司法》 （黑体部分为修改或增加的内容）
第四十九条 有限责任公司可以设经理，由董事会决定聘任或者解聘。经理对董事会负责，行使下列职权： （一）主持公司的生产经营管理工作，组织实施董事会决议； （二）组织实施公司年度经营计划和投资方案； （三）拟订公司内部管理机构设置方案； （四）拟订公司的基本管理制度； （五）制定公司的具体规章； （六）提请聘任或者解聘公司副经理、财务负责人； （七）决定聘任或者解聘除应由董事会决定聘任或者解聘以外的负责管理人员； （八）董事会授予的其他职权。 公司章程对经理职权另有规定的，从其规定。 经理列席董事会会议。	第七十四条 有限责任公司可以设经理，由董事会决定聘任或者解聘。 经理对董事会负责，**根据公司章程的规定或者董事会的授权**行使职权。经理列席董事会会议。

【知来者·条文释义】

本条是关于有限责任公司经理的设立及职权的规定，删除了经理的法定职权，规定了经理具体职权由公司章程规定或董事会授权。取消经理职权的法定限制，将其权限设定交给董事会和公司章程，体现了法律对公司自治的尊重。

【知践行·适用指引】

公司可以设经理，也可以不设经理，属公司的自治范畴。若设经理的，经理由董事会决定聘任或者解聘，对董事会负责。实践中，应注意区分《公司法》上的经理与实践中的"经理"，本条规定的是公司法意义上的经理，并非实践中所称的公司经理。本条"经理"是董事会的业务执行机构，由董事会决定聘任或者解聘，在董事会的领导下工作，对董事会负责，是对公司日常经营管理工作负总责的管理人员，更多称为总经理。日常生活中的"经理"，多指公司某一部门负责人，不享有《公司法》规定的经理职权。

【知前鉴·典型案例】

▶受公司董事会聘任的经理级管理人员与公司间形成委托合同关系，而非劳动关系。

案号：（2018）苏民申 4017 号

案例名：顾某诉某贸易公司合同纠纷案

案情：某贸易公司以顾某在担任总经理期间，该公司业绩连年下滑，顾某还存在上班炒股、经常迟到早退、无故缺勤、在与公司经营同类业务的公司任职等违反公司规章制度的行为。故解聘顾某。为此，顾某不服解聘决定，顾某要求某贸易公司承担赔偿责任。

解析：经理系由董事会聘任，在公司的授权范围内代表公司行使生产经营和人力资源管理的职权，在组织实施经营计划、投资方案、机构设置及对其他员工管理等方面有相当独立之裁量自由。这与劳动合同关系中劳动者在人格上及经济上完全从属于用人单位，须服从于用人单位的指挥、监督与管理并不相同。故受公司董事会聘任的经理级管理人员与公司间形成的系委任关系（委托合同关系），而非劳动关系。因双方为委任合同关系，故双方之间均有任意解除权，但若某贸易公司解聘的理由不符合双方的约定，则须就其行使任意解除权向顾某承担赔偿责任。某贸易公司所举证据不足以证明顾某存在未完成目标、不称职或严重失误行为，应承担赔偿责任，法院结合收入水平、聘期、解聘后收入降低等情况酌定公司承担50万元的赔偿责任。

75　有限责任公司不设董事会的标准

【知往事·新旧对照】

2018 年《公司法》 （阴影部分为修改或删除的内容）	2023 年《公司法》 （黑体部分为修改或增加的内容）
第五十条　股东人数较少或者规模较小的有限责任公司，可以设一名执行董事，不设董事会。执行董事可以兼任公司经理。 执行董事的职权由公司章程规定。	第七十五条　规模较小或者股东人数较少的有限责任公司，可以不设董事会，设一名董事，行使本法规定的董事会的职权。该董事可以兼任公司经理。

【知来者·条文释义】

本次修订的《公司法》以"董事"概念取代了"执行董事"，简化公司组织结构，统一称为"董事"。与 2018 年《公司法》一致，不设董事会的条件包括规模较小与股东人数较少。不设董事会董事的职权由公司章程规定改由法定，在公司章程没有明确规定时，董事会的权限可以直接适用于该董事。

【知践行·适用指引】

不设董事会董事的法律地位与董事会相同，是公司的执行机关和业务决策机关，对股东会负责。实践中，股东人数较少的或者规模较小的公司可以不设董事会，自然谈不上董事会决议的问题。此时，鉴于不设董事会的董事行使法定的董事会的职权，该董事当然有权决定是否提供非关联担保；如章程规定其并无相当于董事会职权的，根据章程规定不能对抗善意相对人的法理，该一名董事签字仍然具有相当于董事会决议的效力。

【知前鉴·典型案例】

▶董事同时为公司的法定代表人，具有双重身份，其签字行为本身也具有双重代表身份。

案号：（2023）京01民终4109号

案例名： 某航空公司诉某投资公司、第三人某建设投资公司抵押权纠纷案

案情： 某投资公司成立于2014年7月8日，2017年韩某担任某投资公司法定代表人兼执行董事，叶某担任某投资公司经理。某投资公司章程第十四条规定，公司不设董事会，设执行董事一人，由股东会选举产生。2020年9月7日，某航空公司（抵押权人、甲方）与某投资公司（抵押人、乙方）、福建建设公司（债务人、丙方）签订《抵押反担保合同》，韩某在《抵押反担保合同》上签字。某航空公司起诉请求：某航空公司有权以拍卖方式处分某投资公司抵押不动产，并就拍卖所得价款优先受偿某航空公司代偿债权。

解析：《抵押反担保合同》签订时，某投资公司设有股东会，未设董事会，仅设执行董事一人为韩某。因此，韩某不仅是某投资公司的法定代表人，同时还是该公司的执行董事，具有双重身份，其签字行为本身也具有双重代表身份。韩某在《抵押反担保合同》上的签字亦可视为执行董事行使职权的行为，而不能简单认定其作为公司法定代表人的越权行为。公司章程第十五条规定了执行董事享有的相关职权内容相当于《公司法》规定的董事会职权，故执行董事韩某在《抵押反担保合同》上的签字具有相当于董事会决议的效力，该做法并不违反国家法律、法规的禁止性规定，故《抵押反担保合同》应确认合法有效。某投资公司以案涉《抵押反担保合同》未经该公司股东会决议，且某航空公司不构成善意为由，主张案涉《抵押反担保合同》无效，依据不足，故此法院判决支持原告诉请。

76-77　监事会的组成、监事任期

【知往事·新旧对照】

2018 年《公司法》 （阴影部分为修改或删除的内容）	2023 年《公司法》 （黑体部分为修改或增加的内容）
第五十一条　有限责任公司设监事会，其成员不得少于三人。股东人数较少或者规模较小的有限责任公司，可以设一至二名监事，不设监事会。 　　监事会应当包括股东代表和适当比例的公司职工代表，其中职工代表的比例不得低于三分之一，具体比例由公司章程规定。监事会中的职工代表由公司职工通过职工代表大会、职工大会或者其他形式民主选举产生。 　　监事会设主席一人，由全体监事过半数选举产生。监事会主席召集和主持监事会会议；监事会主席不能履行职务或者不履行职务的，由半数以上监事共同推举一名监事召集和主持监事会会议。 　　董事、高级管理人员不得兼任监事。	第七十六条　有限责任公司设监事会，本法第六十九条、第八十三条另有规定的除外。 　　监事会成员为三人以上。监事会成员应当包括股东代表和适当比例的公司职工代表，其中职工代表的比例不得低于三分之一，具体比例由公司章程规定。监事会中的职工代表由公司职工通过职工代表大会、职工大会或者其他形式民主选举产生。 　　监事会设主席一人，由全体监事过半数选举产生。监事会主席召集和主持监事会会议；监事会主席不能履行职务或者不履行职务的，由过半数的监事共同推举一名监事召集和主持监事会会议。 　　董事、高级管理人员不得兼任监事。
第五十二条　监事的任期每届为三年。监事任期届满，连选可以连任。 　　监事任期届满未及时改选，或者监事在任期内辞职导致监事会成员低于法定人数的，在改选出的监事就任前，原监事仍应当依照法律、行政法规和公司章程的规定，履行监事职务。	第七十七条　监事的任期每届为三年。监事任期届满，连选可以连任。 　　监事任期届满未及时改选，或者监事在任期内辞任导致监事会成员低于法定人数的，在改选出的监事就任前，原监事仍应当依照法律、行政法规和公司章程的规定，履行监事职务。

【知来者·条文释义】

新修订的《公司法》第七十六条是关于有限责任公司监事会的设立、组成及产生的规定。其中，有限责任公司不设监事会的例外条款，分别规定于《公司法》第六十九条及第八十三条，有两种情形：一是设立审计委员会；二是设一名监事替代监事会。

新修订的《公司法》第七十七条是关于监事任期的规定，与2018年《公司法》相比仅作了文字修改，即将"辞职"改为"辞任"，法律规定监事的任期每届为三年。监事作为公司监督机关监事会的成员，其任期应当与公司经营管理者如董事会成员的任期大致相当。

【知践行·适用指引】

有限责任公司监事会须有职工代表，监事会关于职工代表的比例有法定限制，即职工代表的比例不得低于三分之一，职工代表监事首先应当具有公司的职工身份，如果并非公司职工或产生程序即比例违反本条规定的，所作的相关决议会存在效力瑕疵。

监事任期届满，或在任期内提出辞任，公司应当及时进行监事的改选，但公司决议需要一个过程，在新的监事改选之前，原监事应当继续履行监事职务。但监事辞任并给公司留足改选时间时，作为自然人独资公司，改选监事并不存在障碍，故公司应当及时配合监事办理工商变更登记。

【知前鉴·典型案例】

▶监事任期届满但在公司股东大会选举出新的监事之前，发现公司经营异常后仍然有权行使对公司的监事检查权。

法院：江苏省扬州市中级人民法院

案例名：金某诉扬州某塑胶公司监事检查权纠纷案

案情：金某诉称：2005 年 3 月，其与陈某共同投资成立扬州某塑胶公司。2005 年 2 月 25 日，扬州某塑胶公司召开股东会，选举陈某为执行董事，原告为公司监事。2010 年 8 月，原告以股东身份要求行使查阅权，经诉讼，获法院支持。经查阅发现，被告账目记载混乱，伪造虚假凭证，虚构支出，减少收入。因被告拒绝原告复制有关材料，原告无法作进一步调查，故请求检查公司会计报告等材料。被告辩称，原告作为公司的监事，其任期已届满，依照《公司法》的规定，不享有权利，但应当履行职务。

解析：原告作为被告公司监事，根据被告提供给工商部门的经营情况，发现公司在销售收入增长的情况下，利润却出现亏损，有理由认为公司出现经营情况异常，要求进行调查，符合法律规定；尽管依据公司章程，原告的监事职务于 2008 年 2 月 25 日已经到期，但在公司股东大会选举出新的监事之前其仍然有权行使对公司的调查权。由于原告金某在被告公司既是股东又是监事，鉴于其双重身份，对其在股东知情权纠纷一案中已查阅的会计账册、原始凭证、财务会计报告，从有利于公司正常运转出发，被告无需再次提供。

78-79 监事会职权

【知往事·新旧对照】

2018 年《公司法》 （阴影部分为修改或删除的内容）	2023 年《公司法》 （黑体部分为修改或增加的内容）
第五十三条 监事会、不设监事会的公司的监事行使下列职权： （一）检查公司财务； （二）对董事、高级管理人员执行公司职务的行为进行监督，对违反法律、行政法规、公司章程或者股东会决议的董事、高级管理人员提出罢免的建议； （三）当董事、高级管理人员的行为损害公司的利益时，要求董事、高级管理人员予以纠正； （四）提议召开临时股东会会议，在董事会不履行本法规定的召集和主持股东会会议职责时召集和主持股东会会议； （五）向股东会会议提出提案； （六）依照本法第一百五十一条的规定，对董事、高级管理人员提起诉讼； （七）公司章程规定的其他职权。	第七十八条 监事会行使下列职权： （一）检查公司财务； （二）对董事、高级管理人员执行职务的行为进行监督，对违反法律、行政法规、公司章程或者股东会决议的董事、高级管理人员提出**解任**的建议； （三）当董事、高级管理人员的行为损害公司的利益时，要求董事、高级管理人员予以纠正； （四）提议召开临时股东会会议，在董事会不履行本法规定的召集和主持股东会会议职责时召集和主持股东会会议； （五）向股东会会议提出提案； （六）依照本法第**一百八十九条**的规定，对董事、高级管理人员提起诉讼； （七）公司章程规定的其他职权。
第五十四条 监事可以列席董事会会议，并对董事会决议事项提出质询或者建议。 监事会、不设监事会的公司的监事发现公司经营情况异常，可以进行调查；必要时，可以聘请会计师事务所等协助其工作，费用由公司承担。	第七十九条 监事可以列席董事会会议，并对董事会决议事项提出质询或者建议。 监事会发现公司经营情况异常，可以进行调查；必要时，可以聘请会计师事务所等协助其工作，费用由公司承担。

【知来者·条文释义】

本次修订的《公司法》第七十八条相较于第五十三条，将"提出罢免"修改为"提出解任"，并调整了对应的条文序号；第七十九条相较于 2018 年《公司法》第五十四条仅作了文字调整。

监事会作为公司的监督机构，监督董事及高级管理人员的履职情况、执行公司职务行为的尽责情况。监事会是大陆法系公司法专有的监督机构，英美法系并不存在。监事会虽在我国现行《公司法》规定的治理结构中占据重要地位，但因实践中的公司治理存在有名无实的形式主义乱象，理论及实践中常将公司治理不健全的问题归咎于监事会监督不力。本次修订《公司法》设计了"审计委员会"制度模式，即使公司自主选择审计委员会模式，也不应忽视职工监事的社会功能。

【知践行·适用指引】

第一，享有财务检查权。监事会既可检查本公司的财务，也可基于股东的知情权尤其是查账权，对子公司或分公司的经营、业务及财产状况进行调查。

第二，享有违法人员解任建议权。监事会有权对董事、高管及其他职工执行公司职务的行为进行监督，对违反法律、法规、章程或股东会决议的董事、高管分别向选任机关（股东会、董事会、总经理）提出解任建议。

第三，享有违法行为纠正权。当董事、高管及其他职工的行为损害公司的利益时，监事会有权要求其予以纠正。既包括防患于未然型的纠正行为，也包括亡羊补牢型的纠正行为。

第四，享有股东会召集请求权与自行召集权。监事会有权在董事会不履行法律规定的召集和主持股东会会议职责时召集和主持股东会会议。

第五，享有提案权。监事会有权向股东会会议提出提案。这些提案自动进入股东会的表决日程，董事会与管理层无权阻止。

第六，享有诉权。应股东之请求，监事会有权代表公司对失信的董事、高管、职工及其他损害公司利益的第三人提起诉讼。监事会决定对兼任法定代表人的董事长或总经理提起诉讼时，监事长可以被列为原告公司的法定诉讼代表人。若监事会怠于或拒绝对前述被告提起诉讼的，股东有权径直向法院提起股东代表诉讼。①

第七，享有公司章程规定的其他职权。

为了强化监事会的职权，其对董事会决议有质询权、建议权，对公司经营异常情况有调查权。

【知前鉴·典型案例】

▶监事基于符合特定条件股东的申请，对外以公司的名义提起的监事代表诉讼，其诉的对象仅为公司董事、高级管理人员，不包括董事、高级管理人员以外的其他人。

案号：（2019）苏 0621 民初 4691 号

案例名：远丰公司诉王某甲、王某乙，第三人唐某确认合同无效纠纷案

案情：2015 年 12 月，远丰公司股东经多次变更，变更为唐某、戎某，其中唐某出资 120 万元，戎某认缴出资 180 万元，由唐某担任公司法定代表人，戎某担任公司监事。2017 年 6 月 11 日，甲方（债权人）王某甲、王某乙与乙方远丰公司（债务人）签订财产抵偿债务协议书一份，内容为：因乙方所欠甲方债务及相关工人工资，经双方协商，自愿订立如下抵偿条款。该协议书中，王某甲、王某乙在甲方处签名，唐某在乙方处签名并盖有远丰公司公章，王某丙在王垛村村委会意见处签名并写有"同意当事人约定"，盖有王垛村村委会公章。2019 年 2 月 28 日，

---

① 刘俊海：《论基于理性自治的公司监督模式创新——兼评〈公司法（修订草案）〉中监事会与董事会审计委员会"二选一"模式》，载《中国社会科学院大学学报》2023 年第 4 期。

海安市雅周镇王垛村经济合作社（甲方）与王某甲、王某乙（乙方）签订农村集体土地使用权流转协议，约定远丰公司原承租的某农村集体土地使用权，转给乙方用于生产经营。2019 年 7 月 10 日，戎某代表远丰公司提起监事代表诉讼，认为唐某利用其系公司法定代表人掌管公司印章的职务便利，超越公司章程规定的权限，未经股东会同意，与王某甲、王某乙恶意串通，签订了财产抵偿债务协议书，将远丰公司的全部房地产低价抵偿了债务（部分为非公司债务），严重损害了远丰公司、公司债权人和股东的利益。

　　解析：监事代表公司提起诉讼，起诉的对象应为董事、高级管理人员，诉讼的类型应为侵权之诉。本案中，原告起诉的被告为公司外的他人，诉讼类型为确认之诉，案涉纠纷不符合上述法律规定，应驳回起诉。监事所提起监事代表诉讼的诉的对象应为公司董事、高级管理人员，法律所赋予监事提起诉讼的对象是明确的。监事代表诉讼中诉的类型包括：（1）侵权之诉。公司董事、高级管理人员执行公司职务行为违反了法律、行政法规或公司章程的规定，造成了公司损害的事实，违法行为与损害后果之间具有因果关系，且主观上有故意或过失的过错的，监事即可依据符合特定条件股东的书面申请提出监事代表诉讼。（2）合同之诉。合同当事人一方为公司，另一方为公司董事或高级管理人员，即董事（高级管理人员）的自我交易行为。本案戎某可通过以远丰公司名义向人民法院提起监事代表诉讼，起诉要求唐某承担损失赔偿责任从而获得救济。

80 董事、高级管理人员如实报告义务

【知往事·新旧对照】

2018 年《公司法》 （阴影部分为修改或删除的内容）	2023 年《公司法》 （黑体部分为修改或增加的内容）
第一百五十条第二款　董事、高级管理人员应当如实向监事会或者不设监事会的有限责任公司的监事提供有关情况和资料，不得妨碍监事会或者监事行使职权。	第八十条　监事会可以要求董事、高级管理人员提交执行职务的报告。 董事、高级管理人员应当如实向监事会提供有关情况和资料，不得妨碍监事会或者监事行使职权。

【知来者·条文释义】

本次《公司法》修订将董事、高级管理人员提供有关情况和资料由主动提交改为"监事会可以要求"，提交的内容由"有关情况和资料"变为了"执行职务的报告"。该条款一定程度上扩张了监事会的权限范围，增强了其履职的主动性，并增加了董事、高级管理人员要对自己提交的相关材料负有真实性保证的义务。

【知践行·适用指引】

为了确保监事会了解董事、高级管理人员执行公司职务的有关情况，正确有效地行使监督职权，《公司法》规定，董事、高级管理人员对监事会负有提交执行职务报告及如实说明义务是必要的。根据本条规定，董事、高级管理人员有义务如实向监事会或者监事提供有关情况和资料，不得隐瞒事实，不得作虚假陈述或提供虚假资料，不得妨碍监事

会或者监事行使职权。

【知前鉴·典型案例】

▶监事会可以因工作需要直接查阅公司相关资料，无需通过知情权诉讼，如无法行使该职权也不会导致监事会或监事自身权益的受损。

案号：（2019）粤19民终4646号

案例名：周某诉钟某知情权纠纷案

案情：森航公司系成立于2014年10月29日的有限责任公司，股东为钟某、周某、何某。公司章程规定，公司不设董事会和监事会，设执行董事和监事各一人，监事有行使对执行董事、高级管理人员执行公司职务的行为进行监督等职权。钟某任公司执行董事，周某任公司监事。本案中，周某以公司监事身份诉请行使监督权和知情权，要求公司执行董事钟某提供公司客户信息及与客户交易等相关资料供其查阅、复制。

解析：首先，法律赋予了监事会代表公司股东和职工对公司董事和经理依法履行职务的情况进行监督的相关职权，但该职权属于公司内部治理的范畴，该权利的行使与否不涉及其作为公司监事的民事权益，且《公司法》未对监事会或不设监事会的公司监事行使前述权利受阻时的司法救济途径进行相关规定，故周某以监事知情权等权利受到侵害为由提起的诉讼不具有可诉性。其次，依照法律或公司章程规定的监事会或监事的职务及职权决定了其可以因工作需要直接查阅公司相关资料，无需通过知情权诉讼，如无法行使该职权也不会导致监事会或监事自身权益的受损。故此，法院裁定驳回周某的起诉。

81 监事会表决

【知往事·新旧对照】

2018 年《公司法》 （阴影部分为修改或删除的内容）	2023 年《公司法》 （黑体部分为修改或增加的内容）
第五十五条　监事会每年度至少召开一次会议，监事可以提议召开临时监事会会议。 监事会的议事方式和表决程序，除本法有规定的外，由公司章程规定。 监事会决议应当经半数以上监事通过。 监事会应当对所议事项的决定作成会议记录，出席会议的监事应当在会议记录上签名。	第八十一条　监事会每年度至少召开一次会议，监事可以提议召开临时监事会会议。 监事会的议事方式和表决程序，除本法有规定的外，由公司章程规定。 监事会决议应当经**全体**监事的过半数通过。 **监事会决议的表决，应当一人一票。** 监事会应当对所议事项的决定作成会议记录，出席会议的监事应当在会议记录上签名。

【知来者·条文释义】

本条是关于监事会会议的召开、表决、通过、记录的规定。本条系 2005 年修订《公司法》时的新增条文，2013 年修订及 2018 年修订时未作修改，本次修订最大的变化是增加了监事会决议的表决应当"一人一票"的规定，同时增加了监事会表决应当经全体监事过半数通过的规定，相比之前的"半数以上"提高了要求。

"过半数"的规定比"半数以上"更合理，原因是 2018 年《公司法》中的"半数以上监事"是指全体监事还是参会监事并不明确，且监事数量可能为偶数，此次调整之后更为明确，需要全体监事"过半数"同意才能够通过决议。实行一人一票的监事法定表决制更能体现民主性。

【知践行·适用指引】

监事会会议分为定期会议和临时会议。所谓监事会的定期会议，是指依照法律规定，每年度至少召开一次的会议，章程还可以规定每年召开多次定期会议。临时会议是相对于定期会议而言的，指在正常召开的定期会议之外，由监事临时提议召开的会议。

议事方式和表决程序，包括通知监事参加会议的方式、召集和主持会议的形式、所要讨论的议题及讨论方式、出席会议的人数、会议的议事议程和方案等的提出和确定、议事规则、表决方式等，由公司章程根据本公司的具体情况制定，但要遵守本条第三款"应当经全体监事的过半数通过"及第四款"一人一票"的特殊规定。

监事会会议应当对所议事项的决定作成会议记录。监事会会议记录应当包括监事会会议所议事项、表决及讨论后所得出的决议结论，具体包括会议召开的时间、地点、出席人员、议题、监事讨论意见、决议通过情况等。出席会议的监事应当在会议记录上签名，这是一项法定义务，也是一项权利，有监事明确的签名委托，可以代签。

【知前鉴·典型案例】

▶公司监事会的大多数监事是控股股东的员工，不存在通过提起诉讼的监事会决议之可能性，应免除股东代表诉讼前置程序。

案号：（2020）桂民终 332 号

案例名：国旭集团诉邓某、第三人高林公司损害公司利益责任纠纷案

案情：高林公司为邓某与国旭集团共同设立的股份有限公司。2017 年 2 月 21 日、2018 年 3 月 5 日，高林公司分别报告了财务 2016 年、2017 年决算和 2017 年、2018 年全面预算，其中 2017 年全面预算目标

支出预算管理费用 464.82 万元、2017 年全面预算目标支出预算管理费用 375.02 万元。2017 年、2018 年国旭公司实际向高林公司收取的管理费用分别为 217 万元、348 万元。2018 年 9 月 28 日，高林公司召开股东沟通会，邓某提出了多项建议，认为国旭集团作为高林公司的控股股东，享有股东权益，享有企业分配利润，对高林公司的管理属股东义务范畴，再加上高林公司并未另行委托国旭集团对其进行管理，故收取集团管理费用存在不合理。国旭集团认为，集团作为服务各公司的管理机构，本身没有利润来源。集团对子公司提供的管理服务包括大宗物资的集中采购、产品统一销售、对外事务的协调、企业形象的提升、产品推广宣传、人力资源的培养等方面。集团提供的管理服务对高林公司经营效益可持续发展有较大作用。集团管理费用的提取，对于集团持续提供管理服务是不可或缺的。邓某向一审法院提出诉讼请求：（1）国旭集团立即停止向高林公司收取管理费；（2）国旭集团归还高林公司 2017 年和 2018 年违法收取的管理费 565 万元。国旭集团辩称：邓某没有书面请求公司监事会向人民法院提起诉讼，不是符合《公司法》规定的可以直接提起诉讼的股东。

解析：（1）邓某是持有高林公司 25% 股份的股东，符合上述法律对股份有限公司的股东提起股东代表诉讼须符合一定持股时间或持股数量的条件；（2）股东提起代表诉讼的前置程序是股东必须先书面请求公司有关机关向人民法院提起诉讼。该前置程序针对的是公司治理的一般情况，即在股东向公司有关机关提出书面申请时存在公司有关机关提起诉讼的可能性。具体到本案，根据高林公司的章程规定，其监事会本应是履行提起诉讼的"有关机关"，但三位监事中有两位都是控股股东国旭集团及其子公司的员工，不存在通过提起诉讼的监事会决议之可能性，若此时仍机械要求邓某须以向监事会提交书面申请作为其提起代表诉讼的前置程序，既有违设立前置程序的根本目的，也不符合股东代表诉讼保护中小投资者的立法初衷。综上，国旭集团关于邓某不是本案适格原告的上诉理由不能成立。

82 ▶ 监事会行使职权的费用承担

【知往事·新旧对照】

2018 年《公司法》 （阴影部分为修改或删除的内容）	2023 年《公司法》 （黑体部分为修改或增加的内容）
第五十六条　监事会、不设监事会的公司的监事行使职权所必需的费用，由公司承担。	**第八十二条　监事会**行使职权所必需的费用，由公司承担。

【知来者·条文释义】

本条是关于监事会行使职权费用负担的规定。本条系 2005 年修订《公司法》时的新增条文，后经历次修改，内容无实质变化，本次修订仅作了文字表述上的调整。监事会职权的发挥经常受到费用问题的制约，特别是在出现查账、审计等情形时，费用的保障直接关系到监事会的履职效果。

【知践行·适用指引】

由公司承担的行权费用，必须是监事会行使职权"所必需的费用"。所谓"必需"，则是指具有必要性及合理性的费用，是非支出不可的费用。至于"所必需的费用"究竟包括哪些具体项目，主要有：如在检查公司财务时，聘请会计师事务所对财务会计报告进行审计所支付的相应报酬；在发现公司经营异常需行使调查权时，也需要聘请相关专业人员协助进行；董事会不履行召集和主持股东会会议职责时，直接召集和主持股东会会议，需要相应的会议经费；依法对董事、高级管理人员提起诉讼时，需要支付一定的诉讼费用，如果聘请律师代理的，还需要支付律师代理费用等。公司章程也可以对此进行规定。

监事会行权费用一般先由公司垫付或支持，才能保障监事会更加积极地履行职责。如果事后认定费用支出并非必需，则可以由公司向相关责任人进行追偿；如果已经发生了垫付行为，则监事会可以直接请求公司给付。

【知前鉴·典型案例】

▶监事会行使职权支出的费用如确系履行监事会职责所产生，应由公司承担，这属于公司治理的必要成本支出，而不能认定为公司所遭受的损失。

案号：（2020）京04民初348号、（2020）京民终696号

案例名：煜森公司诉李某、刘某损害公司利益责任纠纷案

案情：煜森公司系有限责任公司。公司不设监事会，设监事1人。李某为煜森公司法定代表人、执行董事，王某为煜森公司监事。2019年8月5日，王某向煜森公司及李某、刘某发送《关于监事开展监督检查的通知》，通知其行使监事职权，对公司及被投资公司开展财务专项及相关检查。2019年8月6日，煜森公司人员通过微信向王某发送"关于监事检查事项的确认（请回复）"文件，及消息"李总收到您关于某会计所的三方协议。就协议所涉10万元费用的事情，周六的时候刘律师跟周达总也交流过了。这个费用需要协议各方讨论一下。煜森公司小，业务也不多，东西也少，10万元费用实在太高。"2019年8月8日，王某向煜森公司及李某、刘某发出回函，回复监事检查工作所涉及的具体公司名称，检查工作开展的人员及组成、费用及承担，查验及保密工作，监事工作报告等，但未对10万元审计费用进行讨论的事项作出回复。2019年9月5日，股东郑某、司某向王某发出起诉通知书。煜森公司起诉请求：（1）李某、刘某向煜森公司承担遭受的损失（监事行使职权支付的会计师、律师费用）共计15万元；（2）李某、刘某如实

提供监事履行职权所需资料。法院判决驳回煜森公司的全部诉讼请求。

解析： 2018年《公司法》第一百五十条第二款规定："董事、高级管理人员应当如实向监事会或者不设监事会的有限责任公司的监事提供有关情况和资料，不得妨碍监事会或者监事行使职权。"故李某、刘某有义务如实向监事会提供有关情况和资料，不得妨碍监事会或者监事行使职权。忠实、勤勉义务的判断包括主观和客观两个方面，在主观上应当要求高级管理人员存在重大过失。只要董事、公司高级管理人员尽到了适当的注意义务，按照公司的日常运作模式发挥了管理作用，根据公司决策认真执行，法院不宜对公司的内部行为过多干涉，只有结合案件的具体情况，根据主客观相结合的标准进行衡量，在属于重大过失、过错的情形下，才能直接认定董事、高级管理人员的行为构成违反忠实、勤勉义务。本案中，第一，王某在对公司确认事项的回复中就公司提出的审计费用过高，与审计公司人员进行讨论等事宜未作回应。第二，王某针对公司的确认函及回复信息，仅向公司及李某、刘某提出了备查材料等要求，未就审计费用等煜森公司提出的问题进行回应，且给公司预留的资料准备时间仅两周左右。不足以证明李某、刘某在案涉监事履行职责事项上存在重大过失或故意。煜森公司主张的15万元，仅3万元提供了律师事务所的咨询服务费发票，其余费用尚未实际发生。王某已付的3万元费用如确系履行监事职责所产生，应由公司承担，这属于公司治理的必要成本支出，在无明显反证的情况下，不能认定为属于公司所遭受的损失。关于煜森公司诉请的李某、刘某如实提供监事履行职权所需资料。王某作为煜森公司的监事，可以在《公司法》的规定范围内以及公司章程的约定范围内行使职权。但本案诉争为董事、高级管理人员损害公司利益责任纠纷，并不解决监事如何行使监事职责的公司治理问题。

83 有限责任公司不设监事会条件

【知往事·新旧对照】

2018 年《公司法》 （阴影部分为修改或删除的内容）	2023 年《公司法》 （黑体部分为修改或增加的内容）
第五十一条第一款　有限责任公司设监事会，其成员不得少于三人。股东人数较少或者规模较小的有限责任公司，可以设一至二名监事，不设监事会。	第八十三条　规模较小或者股东人数较少的有限责任公司，可以不设监事会，设一名监事，行使本法规定的监事会的职权；经全体股东一致同意，也可以不设监事。

【知来者·条文释义】

本条是关于有限责任公司不设监事会条件的规定。本次《公司法》修订新增了关于全体股东一致同意的情况下可以不设监事的规定，明确了监事会及监事设立的任意性，一方面，体现了对于公司自治的尊重，有利于实现灵活化的公司治理；另一方面，以全体股东一致同意为条件，也有利于保护少数股东的利益。

【知践行·适用指引】

股东会是公司权力机构、董事会和经理层是公司经营决策和执行机构、监事会是公司监督机构。"三会一层"的公司治理架构运行已久、深入人心。但实践中，监事往往由大股东选任或操控，监事会作用弱化。因此，上市公司和某些特殊监管行业在"三会一层"的治理架构上引入独立董事制度，以期更好地发挥对公司控股股东和董事的监督作用，保护中小股东权益。但也由此带来了监事会与独立董事职能互相交叠、治理效能低下的问题。本次《公司法》修订尝试解决上述问题。监事会将不再是公司治理中的法定必备机构，董事会审计委员会成为替代监事会的选项。无论是股份有限公司还是有限责任公司，都可自行选择设置董事会审计委员会行使监事会职权，从而不再设置监事会或监事。

《公司法》修订后，公司可以选择以董事会为中心的单层制治理结构，亦可以选择现行公司法下"董事会＋监事会"的双层制治理结构。除了允许以董事会审计委员会替代监事会职能，对于其中规模较小或股东人数较少的有限公司，还进一步允许经全体股东一致同意可不设监事。也就是说，符合"规模较小或股东人数较少"条件的有限公司，经全体股东一致同意，可不设监事，也不需要在董事会中设审计委员会履行监事会职权，公司治理机构得到进一步精简。但需要注意的是，在以往的公司治理模式中，监事会对于监督公司的运行、保护中小股东的权益具有重要的作用。因此，对于是否设立监事会，公司应当慎重考虑。对于不设立监事会的公司，也应当通过完善公司章程等措施实现对大股东的监督制约，以保护中小股东的权益。

【知前鉴·典型案例】

▶公司监事是以公司董事、高管为对象，行使监督公司活动权利的人员，其职务的任命和免除系公司内部治理事项，公司法对于监事的任职并无限制。

案号：（2022）京 03 民终字第 13010 号

案例名：张某与某商贸公司变更公司登记纠纷案

案情：某商贸公司于 2013 年 5 月 9 日成立，类型为有限责任公司，注册资本为 10 万元，法定代表人为郭某。公示股东为郭某，持股比例 100%；监事为张某。经查，某商贸公司未为张某缴纳社保，另有其他单位为张某缴纳。一审庭审中，张某称其妻与某商贸公司法定代表人郭某系朋友关系，其于提起本案诉讼前，多次与郭某联系变更监事，但无法与郭某取得联系。某商贸公司亦未在住所地经营。张某以某商贸公司失联、内部治理瘫痪、其自力救济不能的客观事实为由，请求涤除张某在某商贸公司的监事登记。

解析： 公司监事是以公司董事、高管为对象，行使监督公司活动权利的人员，其职务的任命和免除系公司内部治理事项，应依照《公司法》的规定和公司章程的规定进行。现行《公司法》对于监事的任职并无限制。根据张某提供的证据可以认定，其未在某商贸公司工作，但该事实并非可以涤除监事登记的理由。根据张某的陈述，其对于成为某商贸公司监事一事知情。现张某要求涤除其监事登记，并无法律依据，且未提交证据证明某商贸公司选任了新的监事。现其不愿继续担任公司监事，应首先向某商贸公司提出变更的请求，通过某商贸公司自治机制来变更监事，根据现有证据无法证明某商贸公司已对变更张某的监事职务作出过决议。张某主张某商贸公司经营异常、某商贸公司法定代表人失联、其穷尽手段亦无法与某商贸公司及其法定代表人取得联系等，但其并未就上述主张充分举证，故判决驳回张某诉请。

第四章　有限责任公司的股权转让

84　有限责任公司的股权转让

【知往事·新旧对照】

2018 年《公司法》 （阴影部分为修改或删除的内容）	2023 年《公司法》 （黑体部分为修改或增加的内容）
第三节　一人有限责任公司的特别规定	
第五十七条　一人有限责任公司的设立和组织机构，适用本节规定；本节没有规定的，适用本章第一节、第二节的规定。 本法所称一人有限责任公司，是指只有一个自然人股东或者一个法人股东的有限责任公司。	
第五十八条　一个自然人只能投资设立一个一人有限责任公司。该一人有限责任公司不能投资设立新的一人有限责任公司。	
第五十九条　一人有限责任公司应当在公司登记中注明自然人独资或者法人独资，并在公司营业执照中载明。	

续表

2018年《公司法》 （阴影部分为修改或删除的内容）	2023年《公司法》 （黑体部分为修改或增加的内容）
第六十条 一人有限责任公司章程由股东制定。	
第六十一条 一人有限责任公司不设股东会。股东作出本法第三十七条第一款所列决定时，应当采用书面形式，并由股东签名后置备于公司。	
第六十二条 一人有限责任公司应当在每一会计年度终了时编制财务会计报告，并经会计师事务所审计。	
第六十三条 一人有限责任公司的股东不能证明公司财产独立于股东自己的财产的，应当对公司债务承担连带责任。	
第三章 有限责任公司的股权转让	**第四章 有限责任公司的股权转让**
第七十一条 有限责任公司的股东之间可以相互转让其全部或者部分股权。 股东向股东以外的人转让股权，应当经其他股东过半数同意。股东应就其股权转让事项书面通知其他股东征求同意，其他股东自接到书面通知之日起满三十日未答复的，视为同意转让。其他股东半数以上不同意转让的，不同意的股东应当购买该转让的股权；不购买的，视为同意转让。 经股东同意转让的股权，在同等条件下，其他股东有优先购买权。两个以上股东主张行使优先购买权的，协商确定各自的购买比例；协商不成的，按照转让时各自的出资比例行使优先购买权。 公司章程对股权转让另有规定的，从其规定。	**第八十四条** 有限责任公司的股东之间可以相互转让其全部或者部分股权。 股东向股东以外的人转让股权**的**，应当**将股权转让的数量、价格、支付方式和期限等**事项书面通知其他股东，其他股东在同等条件下有优先购买权。股东自接到书面通知之日起三十日内未答复的，视为**放弃优先购买权**。两个以上股东行使优先购买权的，协商确定各自的购买比例；协商不成的，按照转让时各自的出资比例行使优先购买权。 公司章程对股权转让另有规定的，从其规定。

【知来者·条文释义】

本条是关于有限责任公司股权转让的规定。第一款对股东内部转让股权规定没有调整，最后一款允许公司章程对股权转让另行规定的内容也没有调整，重点在于对其他股东同意权规则的修改。2018年《公司法》规定股东对外转让股权应当经其他股东过半数同意，即其他股东具有同意权。本次修订删除了其他股东的同意权规则，但规定转让股东应当履行对其他股东的通知义务，股东自接到书面通知之日起30日内未答复的，视为放弃优先购买权。简化了股东对外转让股权的程序规则，强调了股东的转股自由，并允许公司章程作出例外规定，更好地体现了意思自治原则。借鉴《最高人民法院关于适用〈中华人民共和国公司法〉若干问题的规定（四）》第十八条①关于有限公司股权转让同等条件的规定，明确规定了转让股东对外转让股权时书面通知的具体事项，包括股权转让的数量、价格、支付方式和期限等，实际明确了股东优先购买权"同等条件"的因素，避免对优先购买权"同等条件"理解适用的分歧。此项修订为转让股东履行通知义务提供更为清晰的行为指引，更好地保障其他股东的优先购买权。

【知践行·适用指引】

实践中，同意权制度实际作用并不大，还徒增股权转让程序的复杂性，降低股权转让的效率，特别是将同意权和优先购买权分两步走的股权转让方式较为烦琐。本次修订取消其他股东同意权，其他股东只需要表示"买或者不买"，而不能再以"不同意转让"为由恶意阻挠交易行为。此安排简化了优先购买权实现过程中的前置流程，提高了股东对外转让股权的效率，也防范了目前实务中出现的"故意搅局现象"。同

---

① 《最高人民法院关于适用〈中华人民共和国公司法〉若干问题的规定（四）》第十八条规定："人民法院在判断是否符合公司法第七十一条第三款及本规定所称的'同等条件'时，应当考虑转让股权的数量、价格、支付方式及期限等因素。"

时，直接将"股权转让的数量、价格、支付方式及期限"四项内容作为书面通知的必备事项予以列明。如果书面通知中未列明该四项内容，其他股东可以要求转让人再次发送合格的书面通知再作"购买或不购买"的决定。

瑕疵出资的股东能否转让股权？未缴足出资的股东也可以将其股权转让给其他股东或股东以外的人。但是，在有限责任公司股东履行其对公司的出资义务的期限已经届至的情况下，股东未履行出资义务或未全面履行出资义务转让股权，其出资义务不因股权转让而免除；并且，在受让人知道或应当知道转让人未履行出资义务或未全面履行出资义务转让股权的情况下，受让人还应当与转让人就其出资义务承担连带责任。

【知前鉴·典型案例】

▶未实际履行出资义务的股东，可以对外转让其股份。

案号：（2017）黑 01 民终 3622 号

案例名：谢某乙诉谢某甲、某筑路公司股权转让纠纷案

案情：谢某乙原为某筑路公司股东。2015 年 10 月 29 日，谢某乙等三名股东与谢某甲签订了《股权转让协议》，主要内容为：谢某乙自愿将持有的某筑路公司 15.4% 股权合人民币 77 万元（实物），以 77 万元的价格转让给谢某甲；谢某甲自愿以 77 万元的价格收购谢某乙持有的某筑路公司 15.4% 股权合人民币 77 万元（实物），并保证将资金在一星期之内转入某筑路公司指定的银行账户。同日，某筑路公司召开股东会并形成了《股东会会议决议》，主要内容为：经公司股东决定，同意谢某乙等三名股东将持有的公司股权转让给谢某甲，其中谢某乙将 15.4% 股权合人民币 77 万元（实物），以人民币 77 万元的价格转让给谢某甲；其他股东放弃优先购买权。之后，某筑路公司修改了公司章程并办理了股东变更登记，谢某乙等三名原股东的股权份额变更至谢某甲名下。至今，谢某甲未按约定支付股权转让款。

解析：瑕疵股权并非法律所禁止的不可转让的标的，在受让人知

道或者应当知道该股权存在瑕疵的情况下，仍基于自己的意志受让该股权的，该股权转让协议应属有效。若转让人故意隐瞒股权存在瑕疵的事实，致使受让人陷入错误意思而受让股权的，此时受让人可以依照合同法的规定，依法行使变更权或者撤销权。关于谢某甲上诉主张谢某乙未履行股东出资义务，其不享有股权转让权利的问题，因谢某甲在签订股权转让协议时，已明知谢某乙作为某筑路公司股东的实际出资情况，该股权转让协议不存在欺诈和可撤销的情形，谢某甲应按协议约定给付转让款。且某筑路公司的公司章程以及相关法律，均未明确规定股东未出资到位即不享有股权转让的权利，故谢某甲的该项主张没有事实和法律依据。关于谢某甲上诉主张谢某乙在未向某筑路公司履行出资义务前，谢某甲有权行使"先履行抗辩权"拒绝向谢某乙给付股权转让款的问题，因谢某甲与谢某乙之间的股权转让纠纷，与谢某乙是否向某筑路公司出资并非基于同一合同，也并非同一法律关系，故不存在先履行抗辩权的问题，如谢某乙出资不到位，某筑路公司可另诉主张。

85 ▶ 股东优先购买权

【知往事·新旧对照】

2018 年《公司法》 （阴影部分为修改或删除的内容）	2023 年《公司法》 （黑体部分为修改或增加的内容）
第七十二条　人民法院依照法律规定的强制执行程序转让股东的股权时，应当通知公司及全体股东，其他股东在同等条件下有优先购买权。其他股东自人民法院通知之日起满二十日不行使优先购买权的，视为放弃优先购买权。	第八十五条　人民法院依照法律规定的强制执行程序转让股东的股权时，应当通知公司及全体股东，其他股东在同等条件下有优先购买权。其他股东自人民法院通知之日起满二十日不行使优先购买权的，视为放弃优先购买权。

【知来者·条文释义】

本条是关于有限责任公司因法院强制执行而转让股权的规定。2005 年《公司法》修订时，增加此条，此后未再进行修改。1998 年《执行工作规定（试行）》明确了股权可以成为强制执行的标的。本条从立法层面肯定了在强制执行程序中对股东优先购买权保障的正当性，在具有国家强制力属性的强制执行权与有限责任公司人合性、契约性之间建立平衡。通过股东行使优先购买权这种平衡机制，在执行程序中既可以通过对股权的执行实现偿还债务的目的，同时又可以保护公司其他股东对于其他人加入公司的决定权，从而避免对现有公司治理架构之冲击，实现法院公权力的强制性和股东私权优先性之间的平衡。

【知践行·适用指引】

本条规定，人民法院强制执行股东的股权时需要"事先通知"公司以及全体股东，自人民法院通知之日起计算，逾期不行使视为放弃优先购买权。其立法目的就在于通过 20 日的期间设定督促其他股东及时行使优先购买权，避免因其权利的滥用迟滞甚至破坏强制执行程序的正常进行。法律并未明确规定"通知内容"，对此有两种理解：第一种理解认为，只是通知股权将被强制执行的事实，意向行使优先购买权的股东可以通过参与或者现场观摩之形式，在执行过程中"同等条件"确立之时决定是否行使优先购买权；第二种理解认为，通知内容应当包含股权强制性转让中已经确立的"同等条件"。[1] 实践中，传统司法拍卖对于优先购买权人参加竞拍的，采取的是确定最高价后向优先购买权人询价的模式。网络拍卖是将竞买过程与优先购买权人的询价过程结合在一起。网络司法拍卖中，优先购买权人"同等条件"的发现是在其参与竞价的过程中形成的，优先购买权人必须在竞拍过程中作出最终报价，而不得在竞拍结束后应价，网络司法拍卖中没有单独的询价环节。优先购买权人的优先购买权体现在可凭借与一般竞买人相同报价而获得优先地位的优势。

在法院强制执行股权的拍卖程序中，对于保护优先购买权存在两种方法：一是跟价法。具体是指在股权司法拍卖过程中由执行法院直接通知优先购买权人参与到股权司法拍卖程序之中作为竞买人进行竞价，实行价高者得。二是询价法。具体是指执行法院在股权拍卖日期通知优先购买权人到拍卖现场，但是不参与竞价过程，待最高应价出现，由主持人询问优先购买权人是否愿意以最高应价购买，如果其表示愿意，则由主持人再询问最高应价人是否愿意加价，经过反复询价直至最终成交。[2] 二者的根本区别在于询价法中股东并不参与股权司法拍卖进程，

---

[1]　高星阁：《有限责任公司股权执行程序中股东优先购买权保障论》，载《当代法学》2023 年第 2 期。

[2]　毋爱斌：《民事执行拍卖制度研究》，厦门大学出版社 2014 年版，第 113 页。

只待拍卖程序结束后才决定是否行使优先购买权。《最高人民法院关于人民法院民事执行中拍卖、变卖财产的规定》第十三条第一款规定，拍卖过程中，有最高应价时，优先购买权人可以表示以该最高价买受，如无更高应价，则拍归优先购买权人；如有更高应价，而优先购买权人不作表示的，则拍归该应价最高的竞买人。该条确立了以询价法为基础的行权方式，待竞拍确定最高价后，与竞拍最高价者比价。

【知前鉴·典型案例】

▶向公司其他股东发送通知征询其是否行使优先购买权时，征询价格与实际行权价格不符，不构成有效通知，侵害其他股东优先购买权，不发生有效转让股权的效力。

案号：（2016）最高法民终 295 号

案例名： 兰驼公司诉常柴银川公司，第三人西北车辆公司、万通公司股权转让纠纷案

案情： 2000 年 8 月 26 日，兰驼公司与常柴股份公司正式签订了关于合资组建西北车辆公司的《项目协议书》。2000 年 9 月 25 日，兰驼公司（甲方）与常柴银川公司（乙方）签订《股权转让协议书》一份，约定："一、在西北车辆公司注册登记后。经公司股东会同意，甲方将其持有西北车辆公司的 5700 万元股权以同价转让给乙方。二、乙方受让上述股权后，凭西北车辆公司签发的出资证明书，同价冲减其对甲方的债权。" 2000 年 12 月 28 日，西北车辆公司召开第二次股东会议，并作出如下决议："一、股东会同意兰驼公司向常柴银川公司转让在本公司的 5700 万元出资额……" 常柴银川公司在受让兰驼公司出让的 5700 万元股权后，占注册资本的 57%。2009 年 10 月 22 日，常柴银川公司与万通公司签订了一份《借款质押合同》，约定万通公司给常柴银川公司提供短期借款 5700 万元，常柴银川公司以其持有的西北车辆公司 57% 股权作为质押，并约定常柴银川公司届时不能还款，万通公司有权申请强制执行。2009 年 11 月 5 日，双方就该《借款质押合同》在银川市国

信公证处办理了具有强制执行效力的公证书。2009 年 11 月 11 日，常柴银川公司通知万通公司其无法按期归还借款，万通公司遂向宁夏回族自治区高级人民法院申请强制执行。2010 年 10 月 10 日，双方在执行中达成和解协议，常柴银川公司将其持有的西北车辆公司 0.5% 股权作价 50 万元转让给万通公司抵偿债务并在工商局办理了股权变更登记手续；常柴银川公司将其持有的西北车辆公司 56.5% 的股权作价 5650 万元抵偿万通公司剩余债务。该院根据和解协议将常柴银川公司持有的西北车辆公司 56.5% 股权执行给了万通公司。兰驼公司要求常柴银川公司向兰驼公司返还西北车辆公司 57% 的股权；确认常柴银川公司与万通公司转让西北车辆公司 57% 股权的行为无效。

解析： 西北车辆公司为有限责任公司。案涉该公司 57% 的股权在执行程序中以拍卖方式进行转让，应根据相关规定，保护作为西北车辆公司股东的兰驼公司等股东的优先购买权。鉴于 0.5% 的股权的转让款为 50 万元，远低于询问兰驼公司是否行使优先购买权时《征询函》载明的价格，故载明案涉 0.5% 的股权的转让款为 500 万元的《征询函》并不构成有效通知。转让欺诈系指转让股东告诉其他股东转让股权的所谓的"同等条件"，不是其与第三人交易的同等条件，使其他股东因受欺诈而放弃了行使优先购买权的机会。而恶意串通则是指转让股东与第三人为了达到使其他股东放弃优先购买权的目的，串通抬高转让股权的交易价格，或者其他交易条件的行为。经股东同意转让的股权，为了方便其他股东优先购买权的实现，转让股东应尽到一定的通知义务：即使得其他股东知悉其在"同等条件"下有权优先购买中的"同等条件"的具体信息。一般包括转让数量、受让人、转让价格、履行期限等主要内容，否则视为未向其他股东确认是否行使优先购买权。随后其他股东主张优先购买的，将获得人民法院的支持。本案中，鉴于股权的转让款远低于询问是否行使优先购买权时《征询函》载明的价格，故《征询函》并不构成有效通知。

86-87 股权转让的变更登记

【知往事·新旧对照】

2018 年《公司法》 （阴影部分为修改或删除的内容）	2023 年《公司法》 （黑体部分为修改或增加的内容）
	第八十六条　股东转让股权的，应当书面通知公司，请求变更股东名册；需要办理变更登记的，并请求公司向公司登记机关办理变更登记。公司拒绝或者在合理期限内不予答复的，转让人、受让人可以依法向人民法院提起诉讼。 　　股权转让的，受让人自记载于股东名册时起可以向公司主张行使股东权利。
第七十三条　依照本法第七十一条、第七十二条转让股权后，公司应当注销原股东的出资证明书，向新股东签发出资证明书，并相应修改公司章程和股东名册中有关股东及其出资额的记载。对公司章程的该项修改不需再由股东会表决。	第八十七条　依照本法转让股权后，公司应当及时注销原股东的出资证明书，向新股东签发出资证明书，并相应修改公司章程和股东名册中有关股东及其出资额的记载。对公司章程的该项修改不需再由股东会表决。

【知来者·条文释义】

第八十六条是本次修订《公司法》的新增条款，新增股权转让后公司负有变更股东名册的义务，并赋予转让人和受让人对公司不履行该义务的司法救济权利，明确了股权转让后受让人对公司主张权利的时点，有利于解决实践中股权转让之后变更登记难的问题。明确受让人可以自记载于股东名册时向公司主张权利，此项修订表明立法者更倾向于形式主义立场，并以记载于股东名册为形式要件。

第八十七条是针对签发出资证明书及变更公司章程、股东名册记载内容的规定。本条规定了股权转让后公司的三项程序性义务：一是注销原股东的出资证明书，向新股东签发出资证明书；二是根据股东以及股权的变化情况修改公司章程中有关股东及出资额的记载；三是根据股东以及股权变化情况修改股东名册中有关股东及出资额的记载。需要说明的是，关于公司程序性义务的履行时间，本条新增"及时"二字，由于各公司股权转让的情况各有差异、股权转让的具体交割时间与方式也可能不尽一致，公司应当在合理的时间内完成，[①] 不能故意拖延。

【知践行·适用指引】

公司股权转让后，受让人权利的取得还必须要经过一定外在的形式予以公示，为公众所知，公布于众后才能确保其权利的顺利行使。这种外在形式的表彰即为公司章程、股东名册和出资证明书。出资证明书，是有限责任公司向股东签发的股东资格证明；公司章程不仅表明了出资者向公司出资，有作为公司股东的真实意思表示，而且也在一定程度上起到了公示的作用；股东名册是有限责任公司必须置备的重要法律文件。通常情况下，公司只需要对在册的股东履行义务。但是在一些特殊情形下，如公司未置备股东名册，股东名册未记载或记载错误时，股东名册对股东资格及股权的确认效力大大削弱，需要结合其他证据来确定股东资格。上述三种形式要件的意义在于对善意第三人的保护。

《市场主体登记管理条例》第二十四条第一款规定："市场主体变更登记事项，应当自作出变更决议、决定或者法定变更事项发生之日起 30 日内向登记机关申请变更登记。"《最高人民法院关于适用〈中华人民共和国公司法〉若干问题的规定（三）》第二十三条规定："当

---

① 安建主编：《中华人民共和国公司法释义》，法律出版社 2013 年版，第112 页。

事人依法履行出资义务或者依法继受取得股权后，公司未根据公司法第三十一条、第三十二条的规定签发出资证明书、记载于股东名册并办理公司登记机关登记，当事人请求公司履行上述义务的，人民法院应予支持。"由此，受让人可以公司为被告起诉请求办理相应变更，得到法律救济。法院可以判令公司履行法律规定的义务，排除对股东行使权利的妨碍。

【知前鉴·典型案例】

▶变更工商登记是公司的法定义务，股东负有协助股权转让变更登记的附随义务。

案号：（2022）京民终 413 号

案例名： 国开基金诉北京神雾公司、金川神雾公司、神雾集团、吴某、李某合同纠纷案

案情： 国开基金与北京神雾公司、金川神雾公司、神雾集团、吴某、李某签订《变更协议二》约定，因北京神雾公司、金川神雾公司、神雾集团、吴某、李某的原因，导致国开基金未收到《投资合同》和《变更协议二》约定的任何款项，国开基金有权宣布北京神雾公司、金川神雾公司、神雾集团、吴某、李某违约，宣布提前收回本金和投资收益，同时要求金川神雾公司、神雾集团、吴某、李某限期偿还《投资合同》和《变更协议二》项下投资本金、投资收益和其他应付款项，实现国开基金在保证合同、质押合同项下享有的担保权益，北京神雾公司、金川神雾公司、神雾集团、吴某、李某未能按照第 12.7.5 条、第 12.7.7 条约定履行义务，则恢复《投资合同》约定回购或减资计划。国开基金要求北京神雾公司回购国开基金持有的金川神雾公司 43.33% 的股权，并给付股权转让款，北京神雾公司表示同意履行回购义务。国开基金上诉要求将国开基金持有的 43.33% 的金川神雾公司的股权，变更登记至北京神雾公司名下，北京神雾公司予以协助。

解析： 公司股东变更的，应当由公司履行相关手续，新旧股东履

行相应的协助和配合义务。变更工商登记是公司的法定义务。公司不能以其与股东之间的内部债权债务拒绝履行其为受让第三人办理股权变更工商登记的义务；股东负有积极配合股权转让变更登记的附随义务。故本案北京神雾公司履行回购义务后，作为目标公司的金川神雾公司具有办理公司股东变更的义务，作为新旧股东的国开基金及北京神雾公司均有协助配合的义务。故国开基金的请求具有法律依据，法院判决金川神雾公司将国开基金公司持有的 43.33% 的金川神雾公司的股权变更登记至北京神雾公司名下，北京神雾公司、国开基金予以协助。

88 瑕疵股权转让的责任承担

【知往事·新旧对照】

2018 年《公司法》 （阴影部分为修改或删除的内容）	2023 年《公司法》 （黑体部分为修改或增加的内容）
	第八十八条　股东转让已认缴出资但未届出资期限的股权的，由受让人承担缴纳该出资的义务；受让人未按期足额缴纳出资的，转让人对受让人未按期缴纳的出资承担补充责任。 未按照公司章程规定的出资日期缴纳出资或者作为出资的非货币财产的实际价额显著低于所认缴的出资额的股东转让股权的，转让人与受让人在出资不足的范围内承担连带责任；受让人不知道且不应当知道存在上述情形的，由转让人承担责任。

【知来者·条文释义】

　　本条系新增条款，吸纳了《最高人民法院关于适用〈中华人民共和国公司法〉若干问题的规定（三）》第十三条的规定，明确了瑕疵出资股权转让后的责任承担规则。股东未实缴出资即转让股权，实质是原股东将其对公司的债务转移给了股权受让人，是通过股权转让的方式对债务主体进行变更，且变更后的主体即股权受让人亦未补交出资，导致债权人的债权难以实现，超出了债权人的预期，债权不能实现的风险不应由债权人承担。由此明确转让未届出资期限股权的，应由受让人承担出资义务，转让人需对受让人未按期缴纳出资的部分承担补充责任。

该条第二款规定了股东未按期履行出资义务或非货币出资不实情况下转让股权的责任承担方式，即转让人与受让人在不足范围内承担连带责任。例外情形是若受让人为善意，其不知道且不应当知道存在该情形的，才能由转让人单独承担资本充实责任。

【知践行·适用指引】

股东出资义务是指股东应当足额缴纳对公司资本的认缴出资额的义务，既是股东的一项契约义务，同时更是股东必须履行的一项法定义务，股东不仅不得自行放弃，而且接受履行的公司也不得任意变更履行或免除履行。[①]公司具有独立的人格，股东的出资构成公司的法人财产，如果股东违反了出资义务，实际上损害了公司的法人财产权，侵犯了公司的权利。根据本条规定，受让股东是第一顺位的责任承担者，应由受让股东承担后续出资义务，原股东退出公司。若受让股东无法承担出资责任，则考虑让转让股东承担补充责任，这样既保护了认缴制下股东出资的期限利益，又可以在一定程度上对股东退出公司进行限制。

首先，体现公司资本充实原则。资本充实原则是我国《公司法》规定的一项基本原则，它对维护商事交易的安全，促进股权自由流通，保障资本真实等方面具有重要意义。公司的资本充实也关系着公司对债权人合同义务的履行。受让股东继受取得股权后转让股东并不是完全脱离了出资义务，还可能因其他原因而必须承担出资义务。这等于是对受让股东出资能力的一种担保，它依据的是股东在认缴公司股份时的出资承诺。股东在转让股份时，应当对受让人的资信进行审查，在对公司生存和发展有利的原则下进行股份转让，如果受让人不能履行其出资的义务，则会对公司的资信状况造成损害。

其次，保护债权人利益。若股东出于逃避经营风险和出资义务的目的对股权进行转让，很可能会将股权转让给出资能力不如前者的受让

---

① 赵旭东主编：《公司法学》，高等教育出版社 2008 年版，第 261~262 页。

股东,在这种情况下,即便向受让股东主张出资,也难以清偿公司债务。市场主体在面对利益纠纷时常强调自己的权利,而有弱化承担责任的倾向。[①]

最后,以合同为依据。股权转让双方都是商事主体,他们与普通的民事合同主体有很大的区别,拥有更高的商业判断能力和对商事交易的风险预判性。在未具体说明由哪一方承担出资责任时,应根据商事交易习惯,由受让股东来承担后续的出资义务。但股东的出资义务能否转移到受让股东上,不能一概而论。若受让人有明显的出资不能或有其他不利于公司资本充实、资金实缴到位的情况存在,将对公司利益造成损害,此时转让股东再将出资义务移转给受让股东,则是一种对合同义务的不当履行。

【知前鉴·典型案例】

▶股东未实缴出资即转让股权,实质是原股东将其对公司的债务转移给了股权受让人,是通过股权转让的方式对债务主体进行变更,且变更后的主体即股权受让人亦未补缴出资,导致债权人的债权难以实现,超出了债权人的预期,债权不能实现的风险不应由债权人承担。在公司注册资本认缴制下,公司股东按照公司章程规定的期限缴纳所认缴的出资额,视为公司对股东享有附期限债权,公司的债权人对公司股东所认缴的出资享有期待利益。

案号:(2022)最高法民终116号

案例名:滕王阁公司诉沙苑公司、某旅西北公司、农牧公司、龙俊公司建设工程施工合同纠纷案

案情:沙苑公司欠付滕王阁公司工程款。农牧公司和龙俊公司系在2018年2月5日成为沙苑公司的股东,晚于滕王阁公司对沙苑公司

---

① 黄耀文:《认缴资本制度下的债权人利益保护》,载《政法论坛》2015年第1期。

享有的债权形成的时间，某旅西北公司系沙苑公司占股51%的设立股东，具有控股地位。沙苑公司于2017年6月13日将公司原认缴注册资本2000万元增加至认缴注册资本30000万元，其中佳美公司认缴注册资本27000万元，某旅西北公司认缴注册资本3000万元，公司章程记载实收资本于2044年11月5日前缴足。沙苑公司2017年度审计报告显示沙苑公司的实收资本为20万元。2017年9月25日某旅西北公司即将其在沙苑公司的股权以0元对价转让给佳美公司，佳美公司未补缴出资。

解析： 首先，案涉工程款债务发生时，某旅西北公司为沙苑公司股东，工程款债权在某旅西北公司转让股权之前已经形成。其次，某旅西北公司作为控股股东，未实缴出资，仍然对外签订合同产生巨额的案涉债务，并再次以认缴方式巨额增资，其明知沙苑公司资产严重不足以清偿债务，并在诉讼前通过转让股权的方式以逃废出资义务，具有逃避出资债务的恶意。最后，某旅西北公司未实际出资即转让股权，股权受让人亦未补缴该出资。沙苑公司工商登记显示的股东情况，是滕王阁公司在签订案涉合同时对沙苑公司履约能力的考量因素之一。沙苑公司之后股东的变更会影响沙苑公司的偿债能力，必然也会影响滕王阁公司债权的实现。股东未实缴出资即转让股权，实质是原股东将其对公司的债务转移给了股权受让人，是通过股权转让的方式对债务主体进行变更，且变更后的主体即股权受让人亦未补缴出资，导致债权人的债权难以实现，超出了债权人的预期，债权不能实现的风险不应由债权人承担。综上，某旅西北公司应在其未出资范围内对股权转让前的案涉工程款债务承担责任，其出资期限利益不应予以保护。某旅西北公司关于其已将股权转让且享有出资期限利益故不应承担责任的上诉理由不能成立。

89 异议股东收购请求权

【知往事·新旧对照】

2018 年《公司法》 （阴影部分为修改或删除的内容）	2023 年《公司法》 （黑体部分为修改或增加的内容）
第七十四条 有下列情形之一的，对股东会该项决议投反对票的股东可以请求公司按照合理的价格收购其股权： （一）公司连续五年不向股东分配利润，而公司该五年连续盈利，并且符合本法规定的分配利润条件的； （二）公司合并、分立、转让主要财产的； （三）公司章程规定的营业期限届满或者章程规定的其他解散事由出现，股东会会议通过决议修改章程使公司存续的。 自股东会会议决议通过之日起六十日内，股东与公司不能达成股权收购协议的，股东可以自股东会会议决议通过之日起九十日内向人民法院提起诉讼。	**第八十九条** 有下列情形之一的，对股东会该项决议投反对票的股东可以请求公司按照合理的价格收购其股权： （一）公司连续五年不向股东分配利润，而公司该五年连续盈利，并且符合本法规定的分配利润条件； （二）公司合并、分立、转让主要财产； （三）公司章程规定的营业期限届满或者章程规定的其他解散事由出现，股东会通过决议修改章程使公司存续。 自股东会决议**作出**之日起六十日内，股东与公司不能达成股权收购协议的，股东可以自股东会决议**作出**之日起九十日内向人民法院提起诉讼。 **公司的控股股东滥用股东权利，严重损害公司或者其他股东利益的，其他股东有权请求公司按照合理的价格收购其股权。** **公司因本条第一款、第三款规定的情形收购的本公司股权，应当在六个月内依法转让或者注销。**

【知来者·条文释义】

本次修订新增了异议股东回购请求权的情形，即"公司的控股股东滥用股东权利，严重损害公司或者其他股东利益的，其他股东有权请求公司按照合理的价格收购其股权"。由于我国公司股权结构比较集中，实践中，大股东滥用权利，损害公司或其他股东利益的情形并不鲜见。有限责任公司由于缺乏公开转让股权的市场，中小股东退出公司的渠道十分狭窄。因此，为了贯彻产权平等的政策要求、加强对中小股东的保护，借鉴国外股东压制的相关规则，明确规定了在大股东滥用权利的情形下中小股东的回购请求权，为中小股东提供了有效的救济渠道。另外，此项规定也有利于缓和公司解散制度的适用，为当事人和法院处理公司僵局提供了更多解决机制。

此外，本条还增加了回购股权的处置方式，要求公司对于回购的股权在 6 个月内转让或注销。此项修订能够与《公司法》第一百六十二条更好协调，促进股份回购资本规制的统一，维护公司资本真实。

【知践行·适用指引】

异议股东的股份回购请求权，赋予对公司通过的特定事项投反对票的股东请求公司回购自己股份的权利，是专为中小股东而设计。在英美国家，相比于公司解散，要求公司回购股份是普遍适用的股东救济方式。股权转让通常是基于合同双方合意，然而，由于中小股东的地位和现状，难以通过公正的价格出售股份。因而，异议股东股份回购请求权具有其必要性和正当性。比较法上，美国各州立法中都有关于股份回购请求权的相关规定，只是其适用情形有所区别；德国虽未在制定法中赋予受压制股东股份回购请求权，但司法实践和学界都普遍认可受压制股东在特定情形下请求公司回购其股份的权利。这项制度对于确保受压制股东及时有效地退出公司，免遭控股股东长期侵害非常必要。

异议股东回购请求权有严格的条件限制，即有以下三种情形之一，并且股东会在该股东投反对票的情况下依然作出了有效的决议，该投反对票的股东才可以请求公司按照合理的价格收购其股权：（1）长期不分红；（2）公司合并、分立、转让主要财产；（3）公司章程规定的营业期限届满或章程规定的其他解散事由出现，股东会会议通过修改章程使公司存续。

结合《公司法》第二十三条规定，"滥用股东权利"应从两方面进行认定：一是控股股东违反了其对中小股东的信义义务，其行为不符合商业目的，或虽符合商业目的，但在其手段与目的之间采取的非为对中小股东损害最小的手段；二是中小股东的权利及利益在实质上受有损害，或者股东间已形成共识的合理期待受到损害。

【知前鉴·典型案例】

▶异议股东对公司作出的延长经营期限的决议持有异议，可以请求公司收购其股权，股权收购价格应本着公平、合理的原则确定。

法院：山东省青岛市中级人民法院

案例名：瞿某与塑业公司股份收购请求权纠纷案

案情：2008 年 9 月 22 日，塑业公司注册成立，成立时注册资本为人民币 600 万元，公司的经营期限为三年，2010 年 3 月 19 日，被告公司增加注册资本到 2000 万元，原告出资人民币 500 万元，占 25%。被告经营期限届满前，其他股东决定延长经营期限，原告不同意延长经营期限，要求清算并解散公司。2011 年 9 月 17 日，公司召开股东会，作出延长经营期限的决定，并已经变更了工商登记，领取了新的营业执照，原告不同意延长经营期限。被告同意以合理价格收购原告瞿某持有的 25% 的股权，但就收购价格双方无法达成一致意见。后经法院委托资产评估公司对被告公司的全部股东权益价值进行了评估，结论为：被告公司在评估基准日 2011 年 12 月 31 日时全部股东权益评估值为人民币 1710 万元。法院判决被告塑业公司于本判决生效后 10 日内以 339.82 万元的价格收购原告持有的公司 25% 的股权。

解析：异议股东的股份收购请求权是指当股东会决议对股东的利害关系产生重大影响时，对有关决议持异议的股东所享有的要求公司以公平合理的价格购买自己所持有的公司股份的权利。该制度是保护少数股东最有力的，也是最后一道救济程序，与股东大会决议撤销、无效之诉，公司解散之诉，股东派生诉讼等诉讼救济方式相比节约了成本，因此各国公司法中大多规定了异议股东股份收购请求权制度。法院在审理该类案件时，主要存在两方面的难点：一是资产评估时间点的确定。在股权回购的案件中一般有以下三个时间点：（1）股东投反对票的时间；（2）股东书面通知公司回购其股权的时间；（3）股东向人民法院提起诉讼的时间。对于以何时间点作为资产评估的时间，《公司法》并无规定。对此，评估基准日应首先征询双方当事人意见，意见达成一致的以该时间点作为基准日。如果双方达不成一致意见，倾向以股东投反对票的时间作为时间点。因为以该时间作为确定公司资产价值的时间点有利于遏制公司的任意行为，避免公司在股东投反对票之后进行不当的资产处分行为。明确该时间点作为确定公司价值的时间点，可以使异议股东对股份价值的预期得以较早地确定，有利于维护公司关系的稳定。本案中，原告并没有参加股东会议而投反对票，也没有有效证据证明何时与公司协商收购价格，经询，双方均同意以原告起诉当月月末作为评估基准日，故法院以此时间点进行资产评估。二是回购价格的确定方法。我国《公司法》也并未规定股份公平价格的确定方法。一般认为，实践中可以鼓励公司与股东通过契约自由的谈判手段发现能够为双方共同接受的合理转让价格。如果股东与公司间就回购价格不能达成一致意见，评估时以确定的时间点季度月末的公司净资产值作为股权价格的确定方法，既能反映股权的公平价格，实践中也易于操作和把握。应当注意的是，应以公司的清算价值并非存续价值作为基础。所谓清算价值，就是对即将解散的公司进行价值评估，因有一部分资产需考虑折旧等因素，清算价值一般是存续价值的70%左右。

90 ▶ 股东资格的继承

【知往事·新旧对照】

2018 年《公司法》 （阴影部分为修改或删除的内容）	2023 年《公司法》 （黑体部分为修改或增加的内容）
第七十五条　自然人股东死亡后，其合法继承人可以继承股东资格；但是，公司章程另有规定的除外。	第九十条　自然人股东死亡后，其合法继承人可以继承股东资格；但是，公司章程另有规定的除外。

【知来者·条文释义】

　　本条是关于股东资格继承的规定。2005 年修订后的《公司法》规定了股东资格，增加规定了本条内容，至今未再修改。股权既有财产属性，也有人身属性，该人身属性体现为股东可以就公司的事务行使表决权等有关参与公司决策的权利。就股权所具有的财产权属性而言，其作为遗产被继承符合我国法律规定，而股东身份的继承问题，则有必要在《公司法》中作出规定。本条规定明确了股权继承的一般原则，即自然人股东的合法继承人可以继承股东资格，但同时也允许公司章程作出其他安排。

【知践行·适用指引】

　　股权是指股东基于其股东身份而享有从公司获取经济利益并参与公司经营管理的权利，是以获取经济利益为主要目的而对公司进行经营管理的独立民事权利类型，该定义体现了股权不仅具有财产属性，同时具有人身属性，且二者是有机的统一体。有学者将两部分区分为自益权和共益权。自益权是股东以自己的利益为目的而行使的权利，包括由股东的出资衍生的股息红利分配请求权、资产收益权等；共益权是股东以公司的利益为目的而行使的权利，以股东资格为前提，包括表决权、经营管理权、股东知情权等权利。[1] 股权具有财产权益和身份权益双重属性。[2] 股权继承包含继承法中股权财产权益继承与公司法中股东身份资格取得两方面。公司章程限制继承人继承股东资格，不得违反《民法典》继承编的基本原则剥夺继承人获得与股权价值相适应的财产对价的权利。公司章程对股东资格继承的限制，也只能以合理为标准。这种合理，应当体现为公司利益、其他股东利益、已死亡股东生前的意愿及其继承人的利益之间的协调与平衡。至于公司章程中未约定继承办法的，应当按照本条规定的一般原则由继承人继承死亡股东的股东资格。

【知前鉴·典型案例】

▶股东资格可以被继承，该股东资格既包括股东的财产权，也包括基于财产产生的身份权。继承人需证明其是被继承人的合法继承人，而被继承人是公司股东。其他股东只有证明公司章程有约定排除或限制继承发生时新股东的加入，继承人方不能取得股东资格。

案号：（2020）京民终786号

案例名： 石某、吴某乙诉华世公司股东资格确认纠纷、公司盈余分配纠纷案

案情： 华世公司系有限责任公司，成立于1992年11月9日，现工商登记中的股东分别为吴某甲等人。其中吴某甲出资900万元，持股比例为30%。吴某甲与石某系配偶关系；吴某甲与吴某乙系父子关系。吴某丙系吴某甲之父，高某为吴某甲生母，居某为吴某甲继母。1964年吴某丙与居某结婚，二人婚后未生育子女，吴某丙在与居某结婚之前育

---

[1] 赵旭东主编：《公司法学》，高等教育出版社2015年版，第208~215页。

[2] 江平等：《论股权》，载《中国法学》1994年第1期；郑玉波：《公司法》，我国台湾地区三民书局1980年版，第106页。

有吴某丁、吴某甲、吴某戊。2017年1月7日，吴某甲因病逝世，生前吴某甲未订立遗嘱。2017年1月18日，吴某甲父亲吴某丙因病逝世。2019年12月10日，石某、吴某乙与居某就吴某甲遗产继承事宜，签订了《遗产继承分割协议》，约定：吴某甲所享有的华世公司30%股权，由石某继承18.75%、吴某乙继承11.25%，居某放弃继承权。自2019年12月16日以来，石某、吴某乙多次致函华世公司，要求华世公司协助石某、吴某乙办理继承吴某甲股权的工商变更登记手续并按照比例支付分红款。石某、吴某乙起诉要求：（1）确认石某、吴某乙具有华世公司的股东资格，其中：石某享有18.75%股权、吴某乙享有11.25%股权（约值1亿元，以最终评估为准）；（2）华世公司协助办理变更石某、吴某乙为股东的工商登记。

解析：自然人股东死亡后，其合法继承人可以继承股东资格；但是，公司章程另有规定的除外。华世公司的章程中并未对自然人股东死亡后的股东资格作出特别约定，华世公司的股东吴某甲死亡后，其合法继承人可以依据法律规定继承股东资格，华世公司负有法定义务为其办理股权变更登记等手续。华世公司虽主张不同意石某和吴某乙继承吴某甲的股东资格，但华世公司章程中不存在排除或限制股权继承的相关规定，石某、吴某乙继承股东资格后，华世公司是否召开股东会及修改公司章程均系其内部自治事项，华世公司以此为由主张石某、吴某乙不应继承吴某甲的股东资格缺乏法律依据。

第五章 股份有限公司的
设立和组织机构

股份有限公司的设立方式

【知往事·新旧对照】

2018 年《公司法》 （阴影部分为修改或删除的内容）	2023 年《公司法》 （黑体部分为修改或增加的内容）
第四章 股份有限公司的 设立和组织机构	第五章 股份有限公司的 设立和组织机构
第一节 设立	第一节 设立
第七十六条 设立股份有限公司，应当具备下列条件： （一）发起人符合法定人数； （二）有符合公司章程规定的全体发起人认购的股本总额或者募集的实收股本总额； （三）股份发行、筹办事项符合法律规定； （四）发起人制订公司章程，采用募集方式设立的经创立大会通过； （五）有公司名称，建立符合股份有限公司要求的组织机构； （六）有公司住所。	

续表

2018 年《公司法》 （阴影部分为修改或删除的内容）	2023 年《公司法》 （黑体部分为修改或增加的内容）
第七十七条 股份有限公司的设立，可以采取发起设立或者募集设立的方式。 发起设立，是指由发起人认购公司应发行的全部股份而设立公司。 募集设立，是指由发起人认购公司应发行股份的一部分，其余股份向社会公开募集或者向特定对象募集而设立公司。	第九十一条 设立股份有限公司，可以采取发起设立或者募集设立的方式。 发起设立，是指由发起人认购**设立公司时**应发行的全部股份而设立公司。 募集设立，是指由发起人认购**设立公司时**应发行股份的一部分，其余股份向特定对象募集或者向社会公开募集而设立公司。

【知来者·条文释义】

本条在修订中仅作了个别文字修改。

发起设立和募集设立两种方式构成了公司设立的基本方式。

发起设立，又称共同设立或单纯设立，是指由发起人认购公司应发行的全部股份而设立公司。以发起设立的方式设立股份有限公司，该公司的全部股份均由发起人认购，不向发起人以外的任何主体发行公司股份。发起设立的公司，在公司成立时，由发起人持有公司的全部股份。因此，发起设立的公司发起人和公司成立后另行发行新股之前的股东是一致的。

募集设立，又称渐次设立或复杂设立，是指由发起人认购公司应发行股份的一部分，其余股份向特定对象募集或向社会公开募集而设立公司。以募集设立的方式设立股份有限公司，该公司的股份除了由发起人认购以外，还有发起人之外的特定对象或社会公众。因此，募集设立的公司由发起人和其他投资者共同组成公司的全部股东。

【知践行·适用指引】

发起设立可以适用于任何公司的设立，设立有限责任公司时，由股东出资设立；设立股份有限公司时，由发起人认购设立。发起设立的优势在于：一是设立周期短、设立费用低；二是发起人即为公司设立后的全部股东，公司的控制权较为稳定、集中。发起设立的劣势在于：一是发起人需要认购公司应发行的全部股份，对各发起人的资金实力要求较高；二是为了匹配各发起人的资金实力，发起设立会限制公司的规模。因此，发起设立不宜适用于设立公司时股本规模较大且发起人的资金实力难以认购公司全部股份的情形。

在我国，只有股份有限公司可以采取募集设立的方式，且发起人募集设立时所认购的比例不得少于公司章程规定的公司设立时应发行股份总数的35%。募集设立的优势在于能够向特定对象或社会公众募集更多的资金，缓解发起人的出资压力，扩大公司的资本规模，使得发起人能够仅以少部分认购股份撬动大规模社会资金，用于公司的存续和发展。募集设立的劣势在于：一是设立程序复杂，且受到国家金融监管部门和相关金融政策的严格制约；[①] 二是以募集设立方式成立的公司，其股东除了发起人，还包括在募集过程中认购公司应发行股份的人，这会导致公司股权高度分散，发起人对公司控制权缺乏稳定的预期；三是募集设立公司常常与溢价发行以及各类金融衍生品相关，大额的资金流向增加了发起人的道德风险。

我国现行《公司法》规定了有限责任公司和股份有限公司，股份有限公司区分为发起设立公司和募集设立公司，募集设立的公司又区分为公开募集和定向募集不同的公司。值得注意的是，截至目前，中国并不存在真正意义上的募集设立的股份有限公司，没有一个公司是通过募集股份设立的，公司的股份都是在公司成立后募集的。既然没有募集设

---

① 自 1998 年 8 月起，中国证券监督管理委员会不再批准公开募集设立，以"先改制运行，后发行上市"为原则，要求股份公司设立和股份公开发行必须分步进行，2006 年证监会监督规章延续了该政策，故公开募集设立至今无从合法实施。参见王军：《中国公司法》，高等教育出版社 2017 年版，第 72~73 页。

立，相对应的发起设立也无意义。①

【知前鉴·典型案例】

▶由企业改制而来的股份有限公司属于公司法规范的法律关系。

案号：（2015）李商重字第 3 号

案例名：刘某诉青岛某实业股份有限公司股东知情权纠纷案

案情：青岛某实业股份有限公司系由集体所有制改制而来的股份有限公司，现该公司部分股东主张行使股东知情权，该公司以"由集体所有制改制而来的公司既不属于发起设立，也不属于募集设立，不应当适用公司法关于股东知情权的规定"为由拒绝了上述股东的请求。

解析：以"改制"或"变更成立"设立的股份有限公司，应当属于发起或募集设立的股份有限公司范畴。事实上，以国有企业或集体所有制企业为主体改建股份公司，是我国自 20 世纪 80 年代末以来"股份制改造"的主要实践，当时绝大多数的上市公司都脱胎于国有企业。② 国有资产管理局、国家体改委于 1994 年 11 月 3 日发布的《股份有限公司国有股权管理暂行办法》③根据投资主体和产权管理主体的不同情况，将国有股权区分为"国家股"和"国有法人股"，明确"国有股权益与其他股权同股、同权、同利"，并将新建设立股份公司的股权界定为："1. 国家授权投资的机构或部门直接向新设成立的股份公司投资形成的股份界定为国家股；2. 国有企业（行业性总公司和具有政府行政管理职能的公司除外）或国有企业（集团公司）的全资子企业（全资子公司）和控股子企业（控股子公司）以其依法占用的法人资产直接向新设立的股份公

---

① 王保树：《公司法的全面改革不能着眼于堵漏洞、补窟窿》，载《环球法律评论》2014 年第 1 期。

② 参见何浚：《上市公司治理结构的实证分析》，载《经济研究》1998 年第 5 期。

③ 该办法发文字号：国资企发〔1994〕81 号，施行日期：1994 年 11 月 3 日。该办法已被 2008 年 1 月 31 日发布且实施的《财政部关于公布废止和失效的财政规章和规范性文件目录（第十批）的决定》废止。

司投资入股形成的股份界定为国有法人股。"该办法发布于 1994 年《公司法》施行之后，其规范内容中与"新建设立股份公司的股权界定"相关的规定能够被 1994 年《公司法》第七十四条确立的股份有限公司的两种设立方式所涵盖，因此不应以企业改制不属于发起或募集设立方式为由，将相关企业排除在我国公司法规范之外。

92 设立发起人的限制

【知往事·新旧对照】

2018 年《公司法》 （阴影部分为修改或删除的内容）	2023 年《公司法》 （黑体部分为修改或增加的内容）
第七十八条　设立股份有限公司，应当有二人以上二百人以下为发起人，其中须有半数以上的发起人在中国境内有住所。	第九十二条　设立股份有限公司，应当有一人以上二百人以下为发起人，其中应当有半数以上的发起人在中华人民共和国境内有住所。

【知来者·条文释义】

新修订的《公司法》第九十二条相较于 2018 年《公司法》仅作了个别文字修改。

以发起设立方式设立股份有限公司的，发起人应当符合法定人数限制和境内住所比例限制。

股份有限公司的发起人应当符合《最高人民法院关于适用〈中华人民共和国公司法〉若干问题的规定（三）》第一条对公司发起人的界定，即为设立公司而签署公司章程、向公司认购股份并履行公司设立职责的人，应当认定为公司的发起人。签署章程、认购股份和履行设立职责三个条件是否必须同时具备才能构成有限责任公司的发起人目前存在争议，^①实践中，应当以是否履行公司设立责任作为认定发起人的实质标准。

发起人为一个自然人或一个法人的，设立的股份有限公司为一人股份有限公司。发起人为多人的，人数不得超过 200 人，且发起人中在我国境内有经常居住地的自然人和主要办事机构所在地在我国境内的法人数量应当占全部发起人的半数或以上。将发起人人数上限规定为 200人，是为了与《证券法》进行衔接。按照《证券法》的规定，向特定对象发行证券累计超过 200 人的，视为公开发行，进而接受《证券法》对公开发行证券行为的法律规制。因此，在发起设立股份有限公司阶段，发起人的人数不应超过 200 人。

【知践行·适用指引】

第一，《公司法》明确了在我国能够依法设立一人股份有限公司。本次《公司法》修订将 2018 年修正的《公司法》第二章第三节关于一人有限责任公司的规定全部删除，并在其他章节中对一人公司进行相应规定，本条即关于增加设立一人股份有限公司的规定。1993 年《公司法》仅规定了设立股份有限公司的发起人数量的下限为 5 人以上，2005 年《公司法》将发起人数量下限降低为 2 人，同时增设了发起人人数不得超过200 人的上限要求。本次《公司法》修订取消了股份有限公司发起人数的下限，仅保留了 200 人的上限要求。其中，取消股份有限公司发起人数的下限，既体现了《公司法》坚定贯彻当事人意思自治原则的理念，也体现了《公司法》顺应时势、尊重现实的导向。对于实际控制人为一

---

① 参见最高人民法院民事审判第二庭编著：《最高人民法院关于公司法解释（三）、清算纪要理解与适用》（注释版），人民法院出版社 2014 年版，第 24 页。实践中，另有观点认为，在公司章程上签名的人一般可推定其为发起人，但如果签名的人能够证明其没有实际参加公司的设立活动，则可以不作为发起人对待，并相应地免除其发起人责任。此外，实际参与了公司的设立活动，但并未在公司章程上签字的人，应当确认其发起人身份。

人的股份有限公司,将发起人限制为多人的做法对这部分企业毫无意义。对于国有企业变更为股份有限公司,仍要求其必须联合其他发起人共同发起股份有限公司没有任何必要。股份有限公司制度的大门向全体民事主体敞开,无论是自然人还是法人,无论是一人还是多人,均可以自由选择是否采取股份有限公司的形式,而且一个自然人或一个法人不仅能设立多个有限责任公司或股份有限公司,而且该一人公司也能够投资设立新的一人有限责任公司或一人股份有限公司。

第二,股份有限公司的发起人不得超过 200 人的人数限制。关于人数上限的规定主要是基于保护社会公共利益的考虑,在股份有限公司的设立阶段规定 200 人的上限,一是为了明晰权利义务,有助于相关方主张发起人的违约或过失责任;二是使股份有限公司的各个发起人能够有效开展公司设立工作,便于国家对发起人进行监督管理;三是防止一些人通过设立公司达到非法集资等损害公共利益的目的。

股份有限公司的发起人中应当有半数以上在中华人民共和国境内有住所。股份有限公司的发起人未限定发起设立公司的自然人应当是中国人还是外国人,亦未限定发起设立公司的法人是在我国境内注册还是在境外注册,仅以住所地为条件对住所地在我国境内的发起人比例进行了限制。就自然人而言,是指自然人的户籍地或经常居住地在我国境内;就法人而言,是指其主要办事机构所在地在我国境内。

需要明确的是,本条规定从内容上看虽然仅为关于股份有限公司设立发起人的限制,但其背景为对 2018 年《公司法》第七十六条关于设立股份有限公司条件的整体删除,这一变化取消了以往法律规定中既没有达到预期效果,又导致诸多规避法律的行为的种种限制,对以往形成的关于"股份有限公司比有限责任公司规模大、实力强、更有利于公司发展壮大"的观念进行了祛魅。事实上,在相同的法律环境中,一些企业因采用股份公司形式而成功,另一些企业则因此而衰微,可见,并非所有的企业都是采用股份公司的形式。[①] 在公司法实践中,发起人应

① 江平主编:《新编公司法教程》,法律出版社 2003 年版,第 168 页。

当树立"公司形式不是目的，拟设立的公司适合哪种形式才是目的"的观念，采用最适合公司设立目的的公司形式。

【知前鉴·典型案例】

▶以隐名方式突破股份有限公司发起人人数的限制，隐名方在公司设立后不享有股东权利。

案号：（2019）沪0115民初84741号

案例名：黄某诉吕某，第三人杨某、某农村信用联社股份有限公司案外人执行异议纠纷案

案情：黄某持有某县农村信用合作联社的股金，后某县农村信用合作联社与其他十三个县的信用合作社拟合并成立某农村信用联社股份有限公司，因《公司法》对股份有限公司发起人人数限制的规定，经该农村信用联社股份有限公司筹建小组统一调配，黄某及另外57名农村信用合作联社员工签署了该农村信用联社股份有限公司发起人认购协议，并与杨某签订代持协议，约定杨某及其余57人持有的股份全部登记在杨某名下。后杨某因借贷债务被执行，黄某及其他员工向人民法院提起执行异议之诉。上海市浦东新区人民法院认为，黄某在某农村信用联社股份有限公司设立时应为发起人身份，但黄某不符合农村信用联社股份有限公司发起人的条件，黄某与该农村信用联社股份有限公司按照发起人认购协议继续履行，导致黄某诉争的股权处于隐名状态，该隐名持股的情形既不符合《公司法》的要求，也不符合《商业银行法》及相关监管规定的要求，黄某隐名持股是为规避《公司法》关于股份有限公司设立人数的限制，属于合同法上的无效情形之一，当属无效，法院最终判决驳回了黄某主张对讼争股权享有权利并要求排除执行的诉讼请求。

解析：违反《公司法》关于设立股份有限公司发起人人数的限制是否属于违反法律禁止性规定目前存在争议。因案例中拟设立公司属于金融机构，具有特殊性，故依据违反公序良俗亦可认定发起人认购协议

无效。公司法关于发起人人数的限制仅针对公司设立阶段，股份公司设立后，股东人数不再受限，因此，隐名股东依据股份代持关系主张确认股东资格，应属合理合法，但前提是协议本身应属合法有效，为了规避法律的代持股协议，如因不得为股东才让他人代持等，均不应支持其显名。实践中，由于《公司法》尚未规定股权代持协议的性质与效力，股权代持协议虽能部分满足职工股东隐名持股的投资需求，但蕴含着一系列巨大的法律风险：一是来自隐名股东的法律风险。隐名股东瑕疵出资与抽逃出资的责任后果之一是对公司的债权人承担补充清偿责任，而公司的债权人会依据外观主义原则对名义股东主张权利。二是来自名义股东的法律风险。有些名义股东未经隐名股东同意，擅自盗卖或出质代持股权。有些名义股东利欲熏心，假戏真做，矢口否认隐名股东主张的股权代持关系。在名义股东因自身对外负债引发的被执行案件中，有些执行法院强制执行名义股东代持股权。三是股权代持可能因规避法律规定而被确认无效。四是股权代持事实的认定和法律性质的确认容易引发耗时费力的诉讼或仲裁程序以及类案不类判的不确定性裁判结果。①

---

① 刘俊海：《职工参与公司治理的体系化设计：立法宗旨、制度重构与股权纽带的三重视角》，载《北方法学》2023 年第 4 期。

93　发起人筹办公司的义务

【知往事·新旧对照】

2018 年《公司法》 （阴影部分为修改或删除的内容）	2023 年《公司法》 （黑体部分为修改或增加的内容）
第七十九条　股份有限公司发起人承担公司筹办事务。 　　发起人应当签订发起人协议，明确各自在公司设立过程中的权利和义务。	**第九十三条**　股份有限公司发起人承担公司筹办事务。 　　发起人应当签订发起人协议，明确各自在公司设立过程中的权利和义务。

【知来者·条文释义】

本条未作修改。

发起人是承担股份有限公司筹办事务的人。公司筹办事务主要包括：（1）签订公司发起人协议；（2）订立公司章程，募集设立的，将订立的公司章程提交创立大会通过并办理募股的相关手续；（3）认购相应股份；（4）选举公司组织机构；（5）办理公司设立登记；（6）公司筹办过程中的其他审批、核准、住所、财务、人员等事务。

发起人协议，又称公司设立协议，是发起人之间为设立公司而订立的关于设立事项的协议。与有限责任公司关于是否签订发起人协议的任意性规定不同，公司法要求发起人在设立股份有限公司时"应当"签订发起人协议。因此，发起人协议是设立股份有限公司时的必备文件。

发起人协议的主要内容为约定发起人在公司设立过程中的权利义务，其性质属于合伙合同。发起人的权利主要有：（1）就设立公司的行为获取相应报酬或利益的权利，包括报酬受领权、股票认购权、盈利分配权等；（2）选择出资方式的权利，包括实物出资权、财产性权利出资权等；（3）公司不能成立时的救济权，包括设立费用返还请求权、损失赔偿请求权等。发起人的义务主要有：（1）合同义务，如前文所列举的发起人协议约定的发起人筹办公司的义务；（2）信义义务，如不得损害其他设立人利益的义务，不得损害其他认股人利益的义务、不得损害债权人等第三人利益的义务；（3）出资义务，如向成立后的公司承担资本充实义务。

【知践行·适用指引】

第一，应当明确发起人的主体资格。（1）发起人是否具有行为能力不构成其能否作为发起人的认定标准，自然人的民事权利能力自出生时起拥有，法定代理人制度是判断欠缺行为能力的民事主体能否实施民事法律行为的标准，只要法定代理人有权代理，发起人可以不具备完全民事行为能力。（2）非营利法人能够作为股份公司的发起人，只要其将公司盈利用于非盈利目的即可。（3）除国有资产监督管理机构外的机关法人不能成为发起人。（4）我国法律未禁止基层自治组织从事生产经营，基层自治组织具有成为发起人的资格。

第二，应当明确发起人和其他主体之间的关系。发起人之间是合伙关系，每个发起人都是合伙的成员，当公司不能成立时，发起人对设立公司行为造成的损害应当依照合伙关系承担连带责任。发起人以设立公司为合同目的。在公司成立前，设立中的公司不具有权利能力，发起人代表设立中公司的意思，对内办理筹办公司事项，对外代表设立中的公司从事活动；在公司成立后，公司取得了权利能力，发起人的意思转化为公司意思，发起人在设立过程中所取得的权利和负担的义务由公司承接。发起人不是股东，但能够成为股东，发起人在成为股东后，除了享受一般股东的权利、履行一般股东的义务之外，还负有发起人独有的资本充实责任。

第三，应当明确发起人协议与公司章程的关系。发起人协议主要约定公司设立阶段各发起人之间的权利义务，其合伙合同的性质决定了发起人协议只能约束发起人。公司章程调整公司自成立至解散的全过程，不仅调整全体股东之间的权利义务，还约束股东与公司之间、公司机关与公司之间的关系。实践中，股份有限公司的章程一般都是在发起人协议的基础上制定，二者因公司设立阶段的不同而具有转化吸收关系。还应注意的是，公司成立后，发起人协议中关于设立公司的约定同时终止；发起人协议中关于应当由公司章程规定的内容，被公司章程替代；发起人协议中尚未履行的其他约定，在发起人之间继续有效。

【知前鉴·典型案例】

▶发起人资格的构成要件之一为履行发起人义务。

案号：（2016）陕 0104 民初 3349 号、（2016）陕 01 民终 7361 号

案例名：奚某与某农村商业银行股份有限公司股东资格确认纠纷案

案情：奚某于 2010 年成为某农村信用合作联社的股东并持有《股金证》。2013 年，该农村信用合作联社与愿意作为发起人且符合发起人资格条件的社员签订发起人协议书，共同发起设立某农商行股份有限公司，该农村信用合作联社另通过社员代表大会决议通过了筹建某农商行的方案，该方案对无法转股、转让、清退的股金采取了"转入其他应付款核算"的处理方式。奚某未签署发起人协议书，亦未对其股金明确处置意见。2015 年，某农商行股份有限公司成立，奚某起诉要求确认其为该农商行股份有限公司股东。人民法院以奚某未履行发起人义务，未认缴出资，亦未以任何形式受让某农商行股份有限公司股份为由，判决驳回奚某的诉讼请求。

解析：原股份合作社的股东不能当然成为新设股份有限公司的发起人。被认定为股份有限公司的发起人，需履行发起人的公司设立责任。原合作社社员应当通过签订并履行发起协议、签署章程、认购股份并取得出资证明的方式获取新设股份有限公司的股份。如未经上述程序，原股份合作社的股东不得成为新设公司的发起人。根据股东资格确认之条件，未出资或认缴，亦未继受取得股权的，不能取得股东资格。

94 发起人制定公司章程

【知往事·新旧对照】

2018 年《公司法》 （阴影部分为修改或删除的内容）	2023 年《公司法》 （黑体部分为修改或增加的内容）
	第九十四条　设立股份有限公司，应当由发起人共同制订公司章程。

【知来者·条文释义】

本条系新增条款。

制订公司章程，系设立股份有限公司应当具备的条件。我国《民法典》第七十九条将依法制订法人章程规定为营利法人的成立要件。股份有限公司的章程应当由发起人共同制订。作为公司组织和行为的基本准则，公司章程应当反映的是全体发起人一致的意思表示，由全体发起人共同制订。

关于公司章程性质的争议由来已久，英美法系一般采合同说，大陆法系一般采自治说，此外还有宪章说[1]、共同行为说等。公司章程的性质虽难以准确界定，但章程作为决定公司组织架构、权力分配和运行模式的作用是毋庸置疑的，因此，我们可以从章程的内容和作用角度理解公司章程的性质。笔者认为，从功能角度理解公司章程，可以将章程视为相对于制定法这一直接法源而言的次级法源，[2]是一种私人法规范。

---

[1]　参见陈甦主编：《民法总则评注》，法律出版社 2017 年版，第 539~540 页。

[2]　关于次级法源理论参见［德］托马斯·M.J.默勒斯：《法学方法论》，杜志浩译，李昊等校，北京大学出版社 2002 年版，第 134 页。

发起人制订公司章程在 2018 年《公司法》第七十六条中与发起人符合法定人数、全体发起人认购的股本总额和募集的实收股本总额符合公司章程规定、股份发行与筹办事项、公司名称、组织机构及住所共同构成设立股份有限公司的条件。本次《公司法》修订中，《公司法》第三十二条将公司的名称、住所、注册资本等事项规定为公司登记事项，并在第九十二条和第九十八条分别规定了股份有限公司的人数限制和发起人认购股份，因此，2018 年《公司法》第七十六条关于股份有限公司成立条件的规定仅余制订章程的内容未经规定，故基于体系协调、避免重复规定的考虑，本条仅针对发起人共同制订公司章程进行了规定。

【知践行·适用指引】

第一，应当明确公司章程的制订与通过是公司设立的两个阶段。公司章程的制订，是由筹办设立股份有限公司事务的人依据设立公司的目的决定公司拟采取的组织形式和基本行为规范。在制订章程阶段，无论章程的内容是对发起人协议的继受还是新增，均具有契约性质，其效力仅约束制定公司章程的主体。在公司章程制定完成后，经公司成立大会通过，章程的内容从契约转化为公司、股东及管理人员的共同行动纲领。此时，公司章程的效力不仅约束公司章程的制订主体，还约束因章程获得民事主体资格的公司，同时还约束与公司发生交易、代理以及劳动关系的各个主体。

第二，应当明确公司章程的决议方式。我国《民法典》将决议行为规定为法律行为的一种，公司章程的制订、修改与通过均可解释为决议行为。在制订章程阶段，因制订行为的契约性质，故应适用"一致决"的方式，当且仅当全体发起人意思表示一致时，方能完成公司章程的制订。无论是发起设立方式还是募集设立方式，全体发起人均是制订公司章程的主体。因此，在公司章程的制订阶段，"一致决"原则不区分公司设立的具体方式，均应采用。在通过章程阶段，对于采取发起方式设立的股份有限公司而言，公司章程的制订主体与通过主体范围重合，发起人就是设立后股份有限公司的股东，因此关于公司章程的约定自动转化为决议，无需再以公司成立大会的形式进行确认。对于采取募集方式设立的股份有限公司而言，公司章程由全体发起人制订后，还须提交公司成立大会进行审议、表决，在取得出席会议的股东所持表决权过半数通过的情况下方可通过公司章程，因此募集设立公司的章程从"约定"转化为"行动纲领"适用的是"多数决"的方式，反映的是持多数表决权股东的意见。

第三，共同制订公司章程不必要求亲自而为，委托他人代为制订亦可。无论发起人是自然人还是法人，只要其代理人具备代为制订公司章程的资格，该代理人参与制订的公司章程对本人均具有约束力。

【知前鉴·典型案例】

▶发起人制定章程能够作为认定实施股份有限公司的设立行为的依据。

案号：（2019）川 1302 民初 2612 号、（2019）川 13 民终 4490 号、（2020）川 1302 民初 4392 号、（2021）川 13 民终 519 号

案例名：贾某诉卢某合伙协议纠纷案

案情：贾某与卢某签署了《投资合作协议》，约定贾某拟寻求合作伙伴共同成立股份有限公司经营商铺，公司募集资金 670 万元，共分100 股，每股 6.7 万元，募集完成后，由贾某确定发起人名单并将发起人登记为公司股东。协议签订后，卢某向贾某账户转账 6.7 万元，贾某及卢某均未制订公司章程，亦未向公司登记机关申请设立股份有限公司登记。现商铺因经营不善停业并产生亏损，贾某起诉主张卢某系股份公司发起人并主张卢某共担亏损。一审法院认为，本案当事人并未制订公司章程，更未确定谁是发起人及公司设立方式，因此根据股份有限公司的设立条件，卢某未实施公司法意义上的股份有限公司的设立行为。二审法院认为，贾某与卢某之间所签订的设立公司协议，因公司未能成功设立，该协议性质应属于民法上的合伙合同，在公司筹建期间合同双方

属于合伙法律关系。

解析：发起人制订章程是设立股份有限公司的条件。股份有限公司的设立具有阶段性，在判断一个行为是否构成股份有限公司的设立行为时，应当依据该行为是否在实质上属于公司的筹办事务。股份有限公司的筹办事务肇始于签订发起人协议，在发起人协议签订后，公司章程制订前，对发起人协议的履行本身即可以构成设立公司的行为。因此，发起人是否制订章程是判断设立公司行为的充分不必要条件，如果发起人制订了章程，则该行为属于设立公司的行为；反之，如果发起人未制订章程，但从事了其他公司筹办事务，亦可构成设立公司的行为。在股份有限公司最终未设立的情况下，无论发起人是否制订章程，各发起人之间的合伙合同关系均可成立。

95 股份有限公司章程的法定记载事项

【知往事·新旧对照】

2018 年《公司法》 （阴影部分为修改或删除的内容）	2023 年《公司法》 （黑体部分为修改或增加的内容）
第八十一条　股份有限公司章程应当载明下列事项： （一）公司名称和住所； （二）公司经营范围； （三）公司设立方式； （四）公司股份总数、每股金额和注册资本； （五）发起人的姓名或者名称、认购的股份数、出资方式和出资时间； （六）董事会的组成、职权和议事规则； （七）公司法定代表人； （八）监事会的组成、职权和议事规则； （九）公司利润分配办法； （十）公司的解散事由与清算办法； （十一）公司的通知和公告办法； （十二）股东大会会议认为需要规定的其他事项。	第九十五条　股份有限公司章程应当载明下列事项： （一）公司名称和住所； （二）公司经营范围； （三）公司设立方式； （四）公司注册资本、**已发行的股份数和设立时发行的股份数，面额股的每股金额**； （五）**发行类别股的，每一类别股的股份数及其权利和义务**； （六）发起人的姓名或者名称、认购的股份数、出资方式； （七）董事会的组成、职权和议事规则； （八）公司法定代表人**的产生、变更办法**； （九）监事会的组成、职权和议事规则； （十）公司利润分配办法； （十一）公司的解散事由与清算办法； （十二）公司的通知和公告办法； （十三）股东会认为需要规定的其他事项。 （本条因新增一项致项号变更）

【知来者·条文释义】

公司章程具有法定性，公司章程应载明的事项由《公司法》进行预先规定，并通过公司章程的制订进行具体化。公司章程的内容可分为必要记载事项和任意记载事项。① 本条规定的第一项至第十二项属于必要记载事项，第十三项属于任意记载事项。

本次《公司法》修订新设了授权资本制度，基于授权资本制下体系协调的考虑，第九十五条第四项将公司章程应当载明的股份总数由2018 年《公司法》第八十一条第四项规定的"公司股份总数"调整为"已发行的股份数和设立时发行的股份数"。本次《公司法》修订正式引入无面额股、类别股制度，彻底删除了无记名股票的相关规定。为衔接无面额股的相关规定，第九十五条第四项将 2018 年《公司法》第八十一条第四项规定的"每股金额"修改为"面额股的每股金额"，并在第九十五条第五项新增规定了发行类别股时公司章程的载明事项，即"每一类别股的股份数及其权利和义务"。

股份有限公司的章程应当记载的事项应当符合以下要求：（1）公司名称应当符合《公司法》第七条关于公司名称的规定；（2）公司住所指的是公司拟向公司登记机关登记的公司主要办事机构所在地；（3）公司的经营范围应当反映设立公司的目的；（4）公司的设立方式除明确发起或募集方式外，还可以规定设立公司的具体程序性事项；（5）发行类别股时，特别股关于盈余分配规则等方面的权利义务记入公司章程才发生效力；（6）记载全体发起人的名称及其名下认购的股份数和出资方式；（7）明确董事会的人数及董事的提名与选举方式、董事会的具体职权以及董事会召集、议事和决议规则；（8）除规定法定代表人是谁以外，还应当规定法定代表人的产生和变更方法；（9）明确监事会的人数及人员构成、监事会的具体职权以及监事会的召集、议

---

① 《公司法》未区分公司章程的绝对必要事项和相对必要事项，故此处概括采用"必要事项"指称公司章程应当记载的事项。

事和决议规则；（10）明确公司利润的分配原则，作为董事会提出利润分配方案的依据；（11）对公司的解散事由和清算办法在《公司法》规定的基础上进行细化规定或新增规定，但不得违反《公司法》的规定；（12）明确需要通知的事项和需要公告的事项，并规定通知和公告的方式。

【知践行·适用指引】

第一，应当明确《公司法》对股份有限公司章程在内容与形式方面的要求严于有限责任公司。股份有限公司的章程应当对公司设立的方式、面额股和类别股的份数及相应金额与权利义务、利润分配办法、解散事由和清算办法、通知和公告办法进行专门的规定。

第二，股份有限公司的章程除了具备本条规定的必要记载事项外，在制定公司章程时还应注意其他规范性文件对特定公司章程内容的规定，例如，上市公司的章程必须依照中国证监会的专门要求制定，包括《上市公司章程指引》以及《到境外上市公司章程必备条款》等。

第三，公司法允许公司章程对必要记载事项进行细化和补充，只要章程的内容不违反法律的强制性规定即可。《公司法》对公司章程的任意性规定进行了提示，主要包括：（1）对公司向其他企业投资或为他人担保的补充规定；（2）对股东会职权的补充规定；（3）对召开股东会时间的补充或细化规定；（4）对选举董事与监事所采取的累积投票制进行补充规定；（5）对监事会中的职工代表比例进行细化规定；（6）对监事会议事方式和表决程序的细化规定；（7）对董事、监事、高级管理人员转让其所持有的本公司股份作出其他限制性规定；（8）对决定公司聘用或解聘承办公司审计业务的会计师事务所的机构进行细化规定等。

【知前鉴·典型案例】

▶股份有限公司的公司章程能够规定股东会有权对股东处以罚款。

来源：《最高人民法院公报》2012 年第 10 期

案例名：某财务顾问有限公司诉祝某股东会议罚款纠纷案

案情：某财务顾问公司章程规定了股东会对股东违反公司章程决议罚款的事项，后该公司股东会决议对祝某违反公司章程的行为作出罚款决定，祝某拒绝履行决议。人民法院经审理认为，股东会无权对股东处以罚款，除非公司章程另有约定；公司章程在赋予股东会对股东处以罚款职权的同时，应明确规定罚款的标准和幅度，否则相应罚款决议无效。

解析：一般认为，有限责任公司的公司章程中关于股东会的罚款权有效，只要不违反法律的强制性规定，不违背公序良俗，且罚款的标准、幅度明确即可。[1] 值得注意的是，有限责任公司具有人合性，《公司法》关于有限责任公司章程的记载事项中专门规定了有限责任公司的股东应当在公司章程上签名或者盖章。对于股份有限公司而言，通过非发起人认购或公开市场继受股权的股份有限公司股东，显然对罚款事宜缺乏合理预期，不宜当然地按照公司章程的规定认定股东会的罚款决议有效。

---

① 参见王军：《中国公司法》，高等教育出版社 2017 年版，第 270 页。

96 股份有限公司注册资本

【知往事·新旧对照】

2018 年《公司法》 （阴影部分为修改或删除的内容）	2023 年《公司法》 （黑体部分为修改或增加的内容）
第八十条 股份有限公司采取发起设立方式设立的，注册资本为在公司登记机关登记的全体发起人认购的股本总额。在发起人认购的股份缴足前，不得向他人募集股份。 股份有限公司采取募集方式设立的，注册资本为在公司登记机关登记的实收股本总额。 法律、行政法规以及国务院决定对股份有限公司注册资本实缴、注册资本最低限额另有规定的，从其规定。	第九十六条 股份有限公司的注册资本为在公司登记机关登记的已发行股份的股本总额。在发起人认购的股份缴足前，不得向他人募集股份。 法律、行政法规以及国务院决定对股份有限公司注册资本最低限额另有规定的，从其规定。

【知来者·条文释义】

基于授权资本制下体系协调的考虑，本次《公司法》修订在第九十六条第一款将股份有限公司的注册资本定义修改为"已发行股份"的股本总额。股份有限公司的注册资本为登记的已发行股份的股本总额，包括以发起方式设立公司时的认购股本和以募集方式设立公司时的实收股本，不包括公司章程规定的股份总数中尚未发行的部分。修改后的条文合并同类项，表述更加简洁。

已发行股份是授权资本制下股份总数的下位概念。公司章程中可以规定股份总数和已发行股份数，股份有限公司的注册资本直接对应已发行股份数的股份总额，无需再区分发起人的认购股本和募集的实收股本。公司成立后，董事会可以经授权继续发行股份总额中尚未发行的部分，但该部分是否能够最终发行以及发行的数量均具有不确定性，因此在实际发行完成之前不能认定为公司的注册资本。

《公司法》已经取消了注册资本的最低限额，但基于资本市场稳定和交易安全的考虑，通过法律、行政法规以及国务院决定对银行业金融机构、保险、证券、信托、基金、金融租赁公司、期货经纪公司等，以及部分外商投资类和文化产业类公司专门规定了注册资本的最低限额以及实收资本要求。

【知践行·适用指引】

首先，应当明确注册资本与股份、股本的关系。《公司法》规定的已发行股份的"股本"在含义上与企业会计准则上的"股本"不同。公司法上的股本既包含已发行股份的股本，又包含未发行股份的股本；既包含实缴股份股本，又包含认缴股份股本。会计上的股本仅指实收资本。已发行股份的股本包括发起方式设立股份有限公司的认缴股本和募集方式设立股份有限公司的实收资本总额。因此，认缴设立的股份公司在尚未实缴时公司财务报表中的股本小于公司注册资本，募集设立的股份公司财务报表中的股本等于注册资本金额。用公式表示为：股份有限公司注册资本 = 已发行股份的股本总额；发行面额股的股份有限公司注册资本 = 已发行股份总数 × 面额；发行无面额股的股份有限公司注册资本 = 已发行股份总数 × 发行价 – 计入资本公积金的发行收入。

其次，发起人认购的股份必须缴足才能向他人募集股份，包括募集设立、公开发行新股和定向发行新股。要求股份有限公司在向他人募集股份前发起人必须缴足其认购股份，一方面是基于社会公共利益的考虑，另一方面也是制约部分发起人借募集股份之名损害他人利益的措施。同时，发起人缴足股份后方可募集，也对应了以募集方式设立公司的注册资本制度，发起人认购的股份必须实缴，向社会公开募集股份的股款缴足后经过验资，保证了股份有限公司向他人募集股份时以及募集后的注册资本与实收资本一致。在向他人募集股份的认股书和招股说明书中，均应载明发起人认购的股份数。

【知前鉴·典型案例】

▶股份有限公司的公司发起人未缴足认购股本总额时募集行为无效。

来源：江苏省苏州市吴中区人民法院发布 2022 年中小投资者保护典型案例（一）

案例名：沈某诉某医疗科技股份有限公司决议效力确认纠纷案

案情：某医疗科技股份公司成立于 2016 年 8 月 11 日，登记注册资本为 500 万元，发起人为张某和祝某。2017 年 11 月 8 日，公司股东会决议将公司股份从 500 万股增加至 1000 万股，新增股份 500 万股，每股发行价格为 1 元，合计认缴出资额为 500 万元。后沈某出资 70 万元认购新股 70 万股。2017 年 11 月 24 日、2018 年 4 月 4 日，沈某分两笔缴清了出资款。在上述募集行为进行时，发起人张某、祝某认购的股份并未缴足。截至 2021 年 11 月 30 日，股东祝某方缴足其认购股份。现沈某主张确认案涉《增资扩股协议》无效并诉请返还 70 万元增资款及利息。法院认为，该医疗科技公司属于股份有限公司，其设立方式为发起人发起设立。在发起人认购的股份缴足前，向沈某等人募集股份违反法律规定，应属无效。发起人此后补缴资本的行为并不能改变此前募集行为的效力，故该医疗科技公司应将其已收取的增资款退还沈某。

解析：股份有限公司发起人在缴足认购的股份前，不得向他人募集股份，该规定属于法律的强制性规定，目的是防止股份有限公司的发起人将股份有限公司的发起程序滥用于非法集资等违法行为，从而损害不特定投资者及社会公众的利益。无论后期发起人是否补缴其认购的股份，均不影响之前募集行为的无效认定。

97-99 股份有限公司发起人出资义务

【知往事·新旧对照】

2018 年《公司法》 （阴影部分为修改或删除的内容）	2023 年《公司法》 （黑体部分为修改或增加的内容）
第八十二条　发起人的出资方式，适用本法第二十七条的规定。 　　第八十三条　以发起设立方式设立股份有限公司的，发起人应当书面认足公司章程规定其认购的股份，并按照公司章程规定缴纳出资。以非货币财产出资的，应当依法办理其财产权的转移手续。 　　发起人不依照前款规定缴纳出资的，应当按照发起人协议承担违约责任。 　　发起人认足公司章程规定的出资后，应当选举董事会和监事会，由董事会向公司登记机关报送公司章程以及法律、行政法规规定的其他文件，申请设立登记。 　　第八十四条　以募集设立方式设立股份有限公司的，发起人认购的股份不得少于公司股份总数的百分之三十五；但是，法律、行政法规另有规定的，从其规定。	第九十七条　以发起设立方式设立股份有限公司的，发起人应当认足公司章程规定**的公司设立时应发行**的股份。 　　以募集设立方式设立股份有限公司的，发起人认购的股份不得少于公司**章程规定的公司设立时应发行股份总数**的百分之三十五；但是，法律、行政法规另有规定的，从其规定。 　　第九十八条　发起人应当在公司成立前按照其认购的股份全额缴纳股款。 　　发起人的出资，适用本法**第四十八条、第四十九条第二款**关于有限责任公司股东出资的规定。 　　*（本两条由旧法第八十二条至第八十四条整合而成）*
第九十三条　股份有限公司成立后，发起人未按照公司章程的规定缴纳出资的，应当补缴；其他发起人承担连带责任。 　　股份有限公司成立后，发现作为设立公司出资的非货币财产的实际价额显著低于公司章程所定价额的，应当由交付该出资的发起人补足其差额；其他发起人承担连带责任。	第九十九条　发起人**不按照其认购**的股份缴纳股款，或者作为出资的非货币财产的实际价额显著低于**所认购的股份**的，其他发起人**与该发起人在出资不足的范围内**承担连带责任。

【知来者·条文释义】

基于授权资本制下体系协调的考虑，本次《公司法》修订时在第九十七条第一款将 2018 年《公司法》"发起人认缴的股份"调整为"公司设立时应发行的股份"，第九十七条第二款将募集设立方式下发起人认购的股份表述调整为"公司设立时应发行股份"。

本次《公司法》修订的一项重大修改是将股份有限公司发起设立方式下的发起人认缴义务变更为实缴义务。第九十八条第一款规定，发起人应当在公司成立前按照其认购的股份全额缴纳股款。在授权资本制下，公司不必一次性发行全部股份，可由章程规定公司可以发行的最大注册资本金额以及董事会在该金额内决定是否增加公司注册资本或发行新股的权利，这意味着经过授权的新股发行无需再经过烦琐的股东会增资决议程序，董事会可以根据公司的需要，根据市场条件和经营策略进行资本调整。在授权资本制突破了我国《公司法》长期以来的法定资本制框架，当公司资本不再受到"一次发行、一次募集"的强制性要求时，发起人的期限利益已无必要，发起人设立股份有限公司应当实缴出资。修订后的《公司法》第九十九条将 2018 年《公司法》对出资不足的补充规定作了表述上的修改，规定"其他发起人与该发起人在出资不足的范围内"承担连带责任，将 2018 年《公司法》第九十三条的两款规定合为一条，更加明确精练。

发起人的出资义务包括认足股份和缴纳股款。以发起设立方式设立股份有限公司的，每个发起人均应以书面形式按照公司章程的规定认足公司设立时应发行的全部股份；以募集设立方式设立股份有限公司的，发起人认购的股份不得低于《公司法》规定的最低限额，即公司设立时应发行股份的 35%，采取公开募集方式的，还应当符合证监会规定的其他条件。募集设立方式中发起人认购的法定最低限额比例仅指设立公司时应发行的全部股份，不包含公司章程授权董事会在公司成立后再发行的股份，也不包含公司成立后发行的新股。因此，若公司成立后通过授权发行或新股发行导致发起人的持股比例低于 35% 的，不构成违反《公司法》关于发起人认购的法定最低限额规定。

股份有限公司发起人的出资方式和有限责任公司股东的出资方式相同。股份有限公司发起人按其认购股份足额缴纳股款的义务，与有限责任公司股东按公司章程规定按期足额缴纳出资额的义务性质相同。

如果发起人未履行出资义务或不适当履行出资义务，即构成发起人对发起人协议中约定的权利义务之违反，应当按照发起人协议对其他守约方股东承担违约责任，具体包括补足出资、赔偿损失、支付违约金等。

【知践行·适用指引】

公司法在过去的修订中取消了发起人必须缴纳出资后才能申请设立公司的规定。以发起方式设立的股份公司，发起人只需要书面认足公司章程规定的公司设立时应发行的股份，不必在缴纳出资后才能申请设立公司，其缴纳出资的期限、期数由公司章程进行规定。以募集方式设立的股份有限公司，发起人在向他人募集前应足额缴纳全部认购股款，且认购比例不得低于注册资本的35%。

《公司法》虽然在过去的修订中取消了现金出资比例的限制，但并不意味着任何具有财产属性的物或权利均可用来出资。出资的财产应当符合合法性、可转让性与可评估性，且法律、行政法规规定不得作为出资的财产除外。例如，股东不得以姓名或名称、劳务、信用、商誉、特许经营权作为出资财产，不可转让的已设定担保的财产亦不得作为出资财产。此外，认定加密货币能否作为出资财产，亦需符合合法性、可转让性与可评估性的标准，例如，央行发行的加密数字货币，能够直接作为货币出资；非央行发行的代币不具有法偿性，但因其具有虚拟财产的属性，故在符合合法性、可转让性与可评估性要求时，能够作为实物出资；上述三项要求有一项不符合的虚拟货币不得作为出资财产。

【知前鉴·典型案例】

▶股份有限公司发起人未按公司章程要求的期限出资到位，应当支付违约金。

案号：（2015）六商初字第 314 号、（2015）宁商终字第 1615 号

案例名：某江公司诉某泽公司股东出资纠纷案

案情：某江公司与某泽公司共同发起设立冷链公司，发起人协议约定，冷链公司成立后，某泽公司如 2 年内不能按期足额投入资金，冷链公司应将 2000 万元赔偿给某江公司。认缴期限到期后，某泽公司认缴的 35986.4 万元出资中尚有 7186.4 万元未实缴，某江公司起诉某泽公司及冷链公司主张其连带赔偿违约金 2000 万元。一审法院经审理认为，某江公司与某泽公司作出上述约定，其本意是对被告某泽公司出资的约束，即归根结底，该违约金产生的原因系某泽公司出资违约，而出资违约的股东对出资守约的股东承担违约责任是其法定义务，原告某江公司按期出资，被告某泽公司有部分资金未按期缴纳，故某泽公司应对原告某江公司按未实缴出资占全部出资的比例向某江公司支付违约金，即 $7186.4 / 35986.4 \times 2000$ 万元。二审法院经审理认为，发起人协议中关于未按期足额出资责任承担主体的约定系冷链公司，并非针对某泽公司，故不应作为某泽公司向某江公司给付违约金数额的依据，因某江公司未提交其因某泽公司未按期足额出资造成的损失，故改判某泽公司应当支付的违约金计算方式为：以迟延出资的金额为基数，按同期银行贷款基准利率计算至其实际缴足出资之日。

解析：发起人协议中约定的迟延出资违约金对各发起人均具有约束力，发起人在未按期足额缴纳出资时，应当按照发起人协议向其他发起人承担违约责任。迟延出资违约金具有损失补偿的性质，在发起人协议未对违约金的金额及计算方式进行明确约定的情况下，应当依照迟延出资行为给其他发起人造成的实际损失认定违约金标准，区分部分迟延出资与全部迟延出资的情形。此外，应当明确迟延出资的责任主体应当

为发起人，发起人协议系合伙合同性质，按照合同相对性仅应约束各发起人，发起人协议中约定由设立中的公司设立后承担发起人出资责任的，不应对设立后的公司发生法律效力。

100 募集股份公告和认股书内容

【知往事·新旧对照】

2018 年《公司法》 （阴影部分为修改或删除的内容）	2023 年《公司法》 （黑体部分为修改或增加的内容）
第八十五条 发起人向社会公开募集股份，必须公告招股说明书，并制作认股书。认股书应当载明本法第八十六条所列事项，由认股人填写认购股数、金额、住所，并签名、盖章。认股人按照所认购股数缴纳股款。	第一百条 发起人向社会公开募集股份，应当公告招股说明书，并制作认股书。认股书应当载明本法第一百五十四条第二款、第三款所列事项，由认股人填写认购的股份数、金额、住所，并签名或者盖章。认股人应当按照所认购股份足额缴纳股款。

【知来者·条文释义】

本条相较于 2018 年《公司法》未作实质修改，仅作了文字调整。

采取向社会公开募集股份的方式设立股份有限公司时，发起人必须通过公告的方式将招股说明书通过中国证监会指定的信息披露媒体向社会公开。

认股书应当附有公司章程，并载明发行股份的总数、面额股的票面金额和发行价格或者无面额股的发行价格、募集资金的用途、认股人的权利和义务、不同种类股份的相应权利义务、本次募股起止日期以及逾期未募足时认股人可以撤回所认股份的说明。还应注意的是，公司设立时发行股份的，应当载明发起人认购的股份数，此时公司章程尚未经公司成立大会通过，因此认股书中所附公司章程的性质应为章程草案。

【知践行·适用指引】

　　首先，应当明确公开募集与定向募集的界限，区分标准主要为募集方式、募集对象、募集人数及募集场所方面。定向募集无需监管部门的核准或注册，也不需要通过招股说明书进行公开、全面和详细的披露。但是，当定向募集采取广告或变相广告的方式，招徕不特定的社会群体，以及通过银行、证券公司营业部向不特定社会群体展示招股资料的，就应当认定为公开募集。此外，定向募集的人数在超过200人时，按照《证券法》的规定应直接视为公开发行，无需再区分其募集的方式、对象和场所。

　　其次，公告招股说明书仅适用于发起人向社会公开募集股份的情形。采取定向募集方式募集股份的，即使因人数超过200人而构成《证券法》规定的公开发行情形，亦无需再公告招股说明书。在下列情形中，应当在向证监会申请行政许可的申请材料中附有定向发行说明书，无需向社会公开招股说明书：（1）股份公司向特定对象发行股票导致证券持有人累计超过200人；（2）股东人数超过200人的非上市公众公司向特定对象发行股票注册；（3）非上市公众公司向特定对象发行股份购买资产导致股东累计超过200人的重大资产重组注册；（4）股份公司股票向特定对象转让导致股东累计超过200人注册；（5）非上市公众公司向特定对象发行优先股导致证券持有人累计超过200人或股东人数超过200人的非上市公众公司向特定对象发行优先股注册；（6）非上市公众公司向特定对象发行可转换公司债券，导致证券持有人累计超过200人或股东人数超过200人的非上市公众公司向特定对象发行可转换公司债券注册。

【知前鉴·典型案例】

▶认股人未填写认股书，仅由发起人或其代理人填写"收据"，不能获得股份有限公司的股东资格。

案号：（2015）黄浦民二（商）初字第 585 号、（2015）沪二中民四（商）终字第 1407 号

案例名：某百货公司诉某公司股东资格确认纠纷案

案情：1993 年，某公司通过《解放日报》发布《招股说明书》，公开发行人民币普通股 2000 万股，其中法人股 750 万股，每股面值人民币 1 元（以下所涉币种均为人民币），发行价格为 5 元；股票类型为记名式普通股。主承销商为海通证券，承销期自 1993 年 10 月 12 日至 30 日，承销方式为包销。收款机构为海通证券，股票登记机构为上海证券中央登记结算公司。某百货公司在庭审中提交《收据》一份，抬头为海通证券，记载的日期为 1993 年 4 月 6 日，内容为"今收到：上海某百货商店，金额：壹拾贰万陆仟伍佰元整，事由：购某公司法人股（5万股）"，下方记载"付款时请注明本收据编号"。该《收据》上有业务人员签字并加盖有海通证券业务章。某百货公司据此主张其具有某公司股东资格。法院经审理认为，该《收据》所载的交款时间、股票价格与某公司在《招股说明书》、上市公告书中所载明的价格、时间均不符，某百货公司亦未提供其他可以佐证资金交付的走账凭证，其证据不足以证明其对某公司完成了股票认购及缴纳认购款的事实。

解析：认股人认购向社会公开募集的股份时，应当填写认股书，并在认股书上填写所认股数、金额、住所并签名或盖章。从行为性质上看，发起人制作的认股书具有要约性质，认股人填写股数、金额并签字的行为构成对发起人要约的承诺，双方之间成立合同关系。如果认股人未按所认股数足额缴纳股款，或发起人未依约将所募出资投入公司并确认认股人在公司设立后的股东资格，均构成违约，违约方应当承担相应违约责任。

101 募集股份验资

【知往事·新旧对照】

2018年《公司法》 （阴影部分为修改或删除的内容）	2023年《公司法》 （黑体部分为修改或增加的内容）
第八十九条第一款 发行股份的股款缴足后，必须经依法设立的验资机构验资并出具证明。发起人应当自股款缴足之日起三十日内主持召开公司创立大会。创立大会由发起人、认股人组成。	第一百零一条 向社会公开募集股份的股款缴足后，应当经依法设立的验资机构验资并出具证明。

【知来者·条文释义】

采取向社会公开募集股份的方式设立股份有限公司时，发行股份的股款缴足后应当经依法设立的机构验资并出具验资证明。验资机构为依法设立的会计师事务所、审计事务所或其他依法设立的验资机构。会计师事务所在对募集股份的股款进行验资后，向设立中的公司出具验资报告，证明该设立中的公司已收到全体认股人缴纳的股款。

验资是判断股份有限公司设立时应发行股份股款是否缴足的形式要件，《公司法》在以往的修改中陆续取消了有限责任公司、发起设立的股份有限公司的验资要求，至本次《公司法》修订时，第一百零一条仅针对向社会公开募集股份的股份有限公司设立方式保留了应当验资的规定，其目的是确保向社会公开募集股份的股份有限公司资本真实、合法、充足，防止因出资不实或虚假出资损害公众利益。

【知践行·适用指引】

在公司设立阶段进行验资时，需要具备下列条件：（1）发起人已共同将公司章程制订完毕；（2）取得全部投资人的身份证明文件；（3）取得登记机关开具的公司名称核准通知书；（4）开设公司临时验资账户；（5）以货币方式出资的投资人将股款缴入公司账户，以非货币出资的投资人办理相应财产权利移转手续。

认股人应当确保资金来源合法，认股人在缴纳股款时，应当注意将资金用途注明为缴纳股款、投资款等。在取得验资证明前，验资账户中的款项不得用作验资以外的用途。

【知前鉴·典型案例】

▶以募集方式设立的股份有限公司未取得验资证明，亦无其他公司已募足出资的证据，应当认定公司未达设立条件。

案号：（2017）浙 0602 民初 999 号

案例名：章某诉某公司新增资本认购纠纷案

案情：某公司于 2014 年 4 月 3 日由有限责任公司变更为股份有限公司，采取募集设立的方式，计划到 2016 年年底募足。2014 年 12 月 19 日，某公司与章某签订股权协议，约定章某增持某公司的股份，认购某公司股份 30 万股，每股 1 元，协议签订当日，章某向某公司转账 30 万元。至 2016 年年底，某公司发起人尚未缴足其认购的股份，且未经依法设立的验资机构验资并出具证明，人民法院经审理认为，某公司至今没有募足资本，且也无证据证明发行股份的股款已缴足，并经依法设立的验资机构验资并提供证明，故出资人可以要求发起人返还。

解析：验资证明是判断股份有限公司是否募足资本的重要依据。公司不能设立有多种原因，认股人以逾期未募足为由主张发起人返还已缴纳的股款时，若发起人既不能提交验资证明，又不能提交公司已募足出资的其他证据，则应当认定公司未达到设立条件。

102　股份有限公司的股东名册

【知往事·新旧对照】

2018 年《公司法》 （阴影部分为修改或删除的内容）	2023 年《公司法》 （黑体部分为修改或增加的内容）
第一百三十条　公司发行记名股票的，应当置备股东名册，记载下列事项： （一）股东的姓名或者名称及住所； （二）各股东所持股份数； （三）各股东所持股票的编号； （四）各股东取得股份的日期。 发行无记名股票的，公司应当记载其股票数量、编号及发行日期。	第一百零二条　股份有限公司应当**制作股东名册并置备于公司。股东名册应当记载**下列事项： （一）股东的姓名或者名称及住所； （二）各股东所**认购的股份种类及**股份数； （三）**发行纸面形式的股票的**，股票的编号； （四）各股东取得股份的日期。

【知来者·条文释义】

股东名册是确认公司股东身份的依据，股东依据股东名册向公司主张行使股东权利，公司依据股东名册向股东履行分红、派息、通知等各项公司义务。

股份有限公司的股东名册应当置备于公司，股东名册应当明确记载股东的姓名、名称、住所、股份数以及取得股份的日期。发行类型股的股份有限公司，股东名册应当记载各股东认购的股份种类及相应数量。目前，股票无纸化登记结算已成常态，本次《公司法》修订后，股东名册无需针对各股东所持的全部股票编号进行记载，仅在公司发行纸面形式的股票时应记载股票的编号。

本次《公司法》修订删除了关于无记名股票的全部规定。按照《公司法》的规范要求，公司应当全面记录其股东的持股情况，全体股东均应当记载于股东名册上，不应再记载无记名股票的内容。

【知践行·适用指引】

股东名册具有推定股东资格的当然效力，将自然人或法人的姓名或名称记载于股东名册的单一行为即可赋予该主体系公司股东的权利外观，他人若欲否定该主体的股东资格，则应提出足以推翻股东名册记载事项的证据。

另需说明的是，实践中存在股份有限公司未置备股东名册、制备了股东名册但未记载已出资股东以及记载了股东但未变更工商登记的情况，此时应当按出资的实际标准判断股东资格，不应再机械地以股东名册为准。且股东权利的内容能够赋予股东请求公司置备股东名册的权利、将本人记载为公司股东的权利以及要求公司按照股权变动情况变更工商登记的权利。

【知前鉴·典型案例】

▶在交易所备案的股份有限公司股东名册具有公信力。

案号：（2015）深宝法民二初字第380号、（2016）粤03民终14423号

案例名：包某诉某公司股东资格确认纠纷案

案情：包某主张其曾购买某公司的股份共计15万股，由宋某代为持有，要求人民法院确认其某公司股东的资格。为证明上述主张，包某提交了某公司出具的股款收据、宋某出具的股权声明等证据。某公司提交了一系列股权转让协议，根据上述协议约定，宋某已将其名下某公司的全部股份转让给他人，某公司另提交深圳联合产权交易所非上市股份有限公司股东名册，该名册中未显示宋某或包某的姓名。一审法院经审理认为，某公司提交的股份转让协议以及在深圳联合产权交易所备案的

非上市股份有限公司股东名册证明宋某已将其名下的某公司全部股份转让给他人，该公司股东名册无宋某的名字。深圳联合产权交易所是深圳市政府批准的非上市企业股权登记托管机构，接受在深圳注册的非上市企业股权登记业务，包括股权初始登记、股权变更登记等，其备案的某公司的股东名册具有公信力。根据深圳联合产权交易所备案的某公司股权登记信息，宋某名下已不持有某公司的股份，因此对包某确认股东资格的请求不予支持。二审法院对一审法院的认定予以维持。

解析：在股权交易所备案的股份有限公司股东名册具有推定股东资格的公信力。在代持人已将其代持的股份转出，该股东名册中未记载代持人股东资格的情况下，不能认定被代持人具备该股份有限公司的股东资格。

103–104 股份有限公司成立大会

【知往事·新旧对照】

2018 年《公司法》 （阴影部分为修改或删除的内容）	2023 年《公司法》 （黑体部分为修改或增加的内容）
第八十九条第一款 发行股份的股款缴足后，必须经依法设立的验资机构验资并出具证明。发起人应当自股款缴足之日起三十日内主持召开公司创立大会。创立大会由发起人、认股人组成。 第九十条第一款 发起人应当在创立大会召开十五日前将会议日期通知各认股人或者予以公告。创立大会应有代表股份总数过半数的发起人、认股人出席，方可举行。	第一百零三条 募集设立股份有限公司的发起人应当自公司设立时应发行股份的股款缴足之日起三十日内召开公司成立大会。发起人应当在成立大会召开十五日前将会议日期通知各认股人或者予以公告。成立大会应当有持有表决权过半数的认股人出席，方可举行。 以发起设立方式设立股份有限公司成立大会的召开和表决程序由公司章程或者发起人协议规定。 （本条由旧法第八十九条第一款、第九十条第一款整合而成并新增内容）
第九十条第二款、第三款 创立大会行使下列职权： （一）审议发起人关于公司筹办情况的报告； （二）通过公司章程； （三）选举董事会成员； （四）选举监事会成员； （五）对公司的设立费用进行审核； （六）对发起人用于抵作股款的财产的作价进行审核； （七）发生不可抗力或者经营条件发生重大变化直接影响公司设立的，可以作出不设立公司的决议。 创立大会对前款所列事项作出决议，必须经出席会议的认股人所持表决权过半数通过。	第一百零四条 公司成立大会行使下列职权： （一）审议发起人关于公司筹办情况的报告； （二）通过公司章程； （三）选举董事、监事； （四）对公司的设立费用进行审核； （五）对发起人非货币财产出资的作价进行审核； （六）发生不可抗力或者经营条件发生重大变化直接影响公司设立的，可以作出不设立公司的决议。 成立大会对前款所列事项作出决议，应当经出席会议的认股人所持表决权过半数通过。 （本条因合并致项号变更）

【知来者·条文释义】

股份有限公司成立大会是股份有限公司股东大会的前身。在募集设立股份有限公司时，发起人应当按照《公司法》规定的召开时间、通知程序和表决程序举行成立大会。本次《公司法》修订明确，在发起设立股份有限公司时，可按照公司章程规定或发起人协议决定公司成立大会的召开和表决程序。股份有限公司成立大会作为设立中公司的决议机关，审议的内容主要包括决定公司是否成立以及股份有限公司设立阶段和成立以后的重大事项。依照《公司法》第九十八条第二款的引致条款，出席成立大会的发起人和认股人应统称为股东，不再按照股份有限公司成立前后的时点区分"认股人"和"股东"的称谓。为配合类别股制度的相关规定，本次《公司法》修订在第一百零三条中将公司成立大会的出席人数下限由2018年《公司法》规定的"代表股份总数过半数"调整为"持有表决权过半数"。

召开公司成立大会是股份有限公司从设立中的公司转化为依法登记成立的公司的过程中的标志性事件。本次修订的《公司法》第一百零四条相较于2018年《公司法》第九十条仅作了文字表述上的部分修改，如将"成立"修改为"创立"，其他未作实质修改。公司成立大会主要审议、审核公司成立前的重大设立行为和公司成立后的重大事项，具体包括：（1）审议发起人关于公司筹办情况的报告。成立大会通过对发起人公司筹办报告的审议了解公司设立过程中的诸事项，公司设立活动往往是复杂的，需要财务、法律、行业等多方面的专业知识，因此需要各类专业人员对公司的设立事宜提出意见，各类意见通过公司筹办情况报告的形式汇总，提交公司成立大会审议。（2）通过公司章程。采用募集方式设立的公司，其章程须经公司成立大会通过。采用发起方式设立的公司，其章程由全体发起人共同制订，可对公司成立大会的召开和表决程序进行规定。（3）选举董事、监事。公司成立大会依职权选举行使公司权力的公司组织机构。（4）对公司的设立费用进行审核。公司成立大会依职权审核公司设立费用的合理性。（5）对发起人用于抵作股款的财产的作价进行审核。公司成立大会依职权对发起人非货币出资的估值作价进行审核。（6）发生不可抗力或者经营条件发生重大变化直接影响公司设立的，可以作出不设立公司的决议。公司成立大会依职权在具备法定事由的情形下可以决议不设立公司。

【知践行·适用指引】

本次《公司法》修订维持了募集设立股份有限公司设立时应发行股份的实缴要求，并延续了既往募集设立的股份有限公司召开成立大会的法定期限，即召开募集设立股份有限公司成立大会的时间是自公司设立时应发行股份的股款缴足之日起 30 日内，发起人向全体股东发送会议通知和公告的时间是成立大会召开 15 日前，也就是说，发起人至少应当在公司设立时应发行股份的股款缴足之日起 15 日内向全体股东发出召开成立大会的通知或公告。因本次《公司法》修订新增的类别股规定结束了以往公司法"同股同权"的制度预设，因此在判断成立大会是否具备举行的条件时，不再按照《公司法》关于原股份总数过半数的要求，而是变更为"持有表决权过半数的股东出席"。另需说明的是，发起设立的股份有限公司对其成立大会的召开和表决程序具有较高的意思自治程度，无需严格按照募集设立股份有限公司成立大会的召开与表决程序。但是，较高的意思自治程度并不意味着完全没有限制，发起设立股份有限公司的成立大会仍应遵循基本的通知程序及表决权多数决原则。

无论是募集设立还是发起设立，股份公司成立大会审议通过发起人关于公司筹办情况的报告、审核公司设立费用、审核发起人非现金出资的行为意味着公司决议机关对发起设立行为的正当性予以确认，后续将由公司承担发起人行为的法律后果；股份公司成立大会审议通过公司章程、选举董事和监事将决定公司的组织架构、权力分配和运行模式；如果成立大会作出不设立公司的决议，将直接终结公司设立活动，进而引发一系列设立债务履行责任、返还股权责任以及可能发生的出资违约责任。因此，公司成立大会行使的职权对全体股东均有重大影响，公司成立大会对本条所列事项的决议应当以出席会议的表决权多数决为正当性基础。

【知前鉴·典型案例】

▶公司成立大会应对公司的设立费用进行审核，未对设立费用进行有效审核，不能单独构成股东主张返还设立费用的依据。

案号：（2021）云 2525 民初 104 号

案例名：某公司诉李某损害公司利益责任纠纷案

案情：原告某公司正式注册登记，被告李某任监事，认缴出资额为 32 万元。某公司实际成立后未建立相关的财务、会计制度，管理较为混乱，李某为某公司的设立和运营进行垫资，支付了工资、货款等维持公司正常经营的费用。某公司对李某在公司组建初期进行垫资没有异议，但表示没有结算，不清楚具体垫资数额。某公司成立后，李某将公司账户中的 30 万元转入自己名下，某公司主张李某转走款项的行为损害了公司利益，违反《公司法》的规定，应当返还。法院经审理查明，某公司登记成立后，始终未对公司设立费用进行结算，公司管理人员既没有建立公司会计账簿，也没有履行其他管理职责，公司始终处于李某的垫资运营状态，公司各股东未积极、及时处理矛盾，致使相关财务单据灭失，无法查明相关事实。从李某提供的垫付资金单据来看，其垫付的资金已经超过其从公司收到的款项。法院经审理认为，从李某提供的垫付资金单据来看，其垫付的资金已经超过其从公司收到的款项，虽然各股东未对设立费用进行结算，但从公司的收益应当首先冲抵运营费用的一般观念考虑，某公司要求被告李某返还 30 万元款项的请求不应支持。

解析：根据《公司法》规定，发起人应当召开成立大会，公司成立大会应对公司的设立费用进行审核。在公司未对设立费用进行有效审核的情形下，不得仅以股东将公司账户中的资金转入个人名下而认定该股东存在损害公司利益的行为，而应结合该股东在公司设立及运营过程中对公司的实际投入，综合判断该股东的转款行为是否实质上损害了公司利益。

105 抽回股本的情形

【知往事·新旧对照】

2018 年《公司法》 （阴影部分为修改或删除的内容）	2023 年《公司法》 （黑体部分为修改或增加的内容）
第八十九条第二款　发行的股份超过招股说明书规定的截止期限尚未募足的，或者发行股份的股款缴足后，发起人在三十日内未召开创立大会的，认股人可以按照所缴股款并加算银行同期存款利息，要求发起人返还。 第九十一条　发起人、认股人缴纳股款或者交付抵作股款的出资后，除未按期募足股份、发起人未按期召开创立大会或者创立大会决议不设立公司的情形外，不得抽回其股本。	第一百零五条　公司设立时应发行的股份未募足，或者发行股份的股款缴足后，发起人在三十日内未召开**成立大**会的，认股人可以按照所缴股款并加算银行同期存款利息，要求发起人返还。 发起人、认股人缴纳股款或者交付**非货币财产**出资后，除未按期募足股份、发起人未按期召开**成立大会**或者**成立大**会决议不设立公司的情形外，不得抽回其股本。

【知来者·条文释义】

认股人以认股书认购股份有限公司的股份，应当按照认购股数履行足额缴纳股款的义务。基于授权资本制下体系协调的考虑，本次《公司法》修订在第一百零五条将关于股份未募足的认定基准由 2018 年《公司法》第八十九条第二款规定的"发行的股份"调整为"公司设立时应发行的股份"。本次《公司法》修订明确，认股人以缴纳股款或者交付非货币财产进行的出资，除法定情形外均不得抽回。认股人缴纳股款系履行认购股份协议中的缴款义务，在公司成立前，认股人一般不得主张发起人返还股款，否则将构成对认购股份协议的违反。只有在非因认股人原因导致的公司未能成功设立的情形下，认股人方有权抽回其股本。

具体情形为：（1）公司设立时应发行的股份逾期未募足；（2）发起人未在发行股份的股款缴足后按期召开公司成立大会；（3）公司成立大会决议不设立公司。在上述情形下，认股人与发起人之间的认购协议之设立公司的根本目的无法实现，应当适用合同解除的法律后果，由发起人返还股款及资金占用期间的利息损失。

【知践行·适用指引】

认股人在本条规定的前述三种情形下，有权请求发起人全额返还已缴纳的股款。该请求权不受设立中公司债务和费用的影响，发起人不得以公司设立行为产生的债务为由拒绝或减损认股人的股款返还请求权。设置该规则的目的在于，认股人虽已加入了设立中的公司，但公司的设立行为仍由发起人主导，出于保护认股人的考虑，非因认股人原因导致公司未能设立的，其后果应当由发起人承担。

全体发起人原则上对认股人的股权返还请求权承担连带责任。设立中公司的发起人之间系合伙合同关系，全体发起人与认股人之间系股份买卖合同关系，该股份买卖合同关系在公司未能设立时，认股人有权以请求返还股款的方式解除股份买卖合同关系，由全体发起人对认股人承担连带责任。该责任不要求发起人对公司未能有效设立具有故意或过失，是无过错责任。

认股人有权对其主张返还的股款加计同期银行存款利息。在公司未能有效设立时，无论是发起人还是认股人均无法转化为公司的股东，在此情形下，发起人与认股人之间的关系和发起人与设立中公司的一般债权人的关系没有区别，应当由发起人赔偿认股人资金占用期间的利息损失。

【知前鉴·典型案例】

▶发起人以公司上市为由向出资人募集股份，但公司未能成功上市，出资人不能要求发起人或者公司退还出资。

案号： （2018）渝 0115 民初 1423 号

案例名： 张某诉某食品有限公司与公司有关的纠纷案

案情： 张某以某食品有限公司（以下简称食品公司）上市为目的在 2016 年 4 月 22 日签订食品公司股权合作协议，约定张某向食品公司注资 50 万元。2016 年 6 月 26 日，食品公司召开股东会议，通过了增资决议，并将张某载入其股东名录中。张某提出其交纳出资款 50 万元的目的是成为食品公司上市后的股东，现食品公司并未上市，应当返还其投资款及支付利息的主张。法院经审理认为，在食品公司未上市的情况下，张某与食品公司签订股权合作协议书，且食品公司亦将其载入股东名录，并向其发放分红及股权证明，现张某已成为食品公司的股东，故张某要求食品公司返还出资款 50 万元及支付利息的请求不应支持。

解析： 投资人以促使目标公司上市为目的和发起人签订股权合作协议书，在目标公司将投资人载入股东名册、出具股权证书并进行分红的情况下，该投资人已成为目标公司股东，不得以"公司设立时应发行的股份未募足"为由要求发起人或者公司退还出资，否则会构成抽逃出资，动摇资本维持原则，损害公司债权人利益。

106 股份有限公司申请设立登记

【知往事·新旧对照】

2018 年《公司法》 （阴影部分为修改或删除的内容）	2023 年《公司法》 （黑体部分为修改或增加的内容）
第九十二条　董事会应于创立大会结束后三十日内，向公司登记机关报送下列文件，申请设立登记： （一）公司登记申请书； （二）创立大会的会议记录； （三）公司章程； （四）验资证明； （五）法定代表人、董事、监事的任职文件及其身份证明； （六）发起人的法人资格证明或者自然人身份证明； （七）公司住所证明。 以募集方式设立股份有限公司公开发行股票的，还应当向公司登记机关报送国务院证券监督管理机构的核准文件。 第九十四条　股份有限公司的发起人应当承担下列责任： （一）公司不能成立时，对设立行为所产生的债务和费用负连带责任； （二）公司不能成立时，对认股人已缴纳的股款，负返还股款并加算银行同期存款利息的连带责任； （三）在公司设立过程中，由于发起人的过失致使公司利益受到损害的，应当对公司承担赔偿责任。	第一百零六条　董事会应当授权代表，于公司成立大会结束后三十日内向公司登记机关申请设立登记。

【知来者·条文释义】

本次《公司法》修订明确了申请公司设立登记的主体是股份有限公司董事会授权的代表，并不再保留2018年《公司法》对申请设立登记需报送文件的列举性规定。董事会是公司业务的执行机关，公司成立大会选举董事后，董事会即获得了公司权力机关的授权，在法定范围内行使董事会职权。董事会可以授权给董事、总经理或者其他公司工作人员作为代表，使其拥有更加广泛和具体的职权和决策权，以便更好地完成设立公司的目的。在这些被授权事项中，代表公司申请设立登记是设立公司需要进行的首要登记事项，是董事会开展其他公司事务的前提和基础。因此，在公司成立大会结束后的法定期限内，董事会应当授权代表向公司登记机关申请设立登记，以最终完成公司设立行为，使公司成立。

【知践行·适用指引】

如果董事会在公司成立大会结束后未授权相应代表申请公司设立登记，或被授权的代表迟延或怠于履行申请设立登记的职责，则构成对董事义务的违反，应当对公司负损害赔偿责任。关于违反上述董事义务的后果，《公司法》没有明确规定。实践中，应当按照公司章程的规定或公司成立大会决议或会议记录中明确的方式和后果进行处理。如果公司章程和相关会议记录中没有关于董事会不当申请设立登记责任的内容，则应当按照董事、高级管理人员损害赔偿责任的一般认定规则，追究董事会或被授权代表的责任。

关于申请设立登记应当向公司登记机关报送的文件，本次《公司法》修订删减了以往《公司法》的列举性规定，交由《证券法》《市场主体登记管理条例》等具体的法律和规范性文件进行调整。实践中，应当根据申请设立登记公司的具体情况，区分公司设立方式、是否公开发行等情形，根据公司登记机关、证券监督管理机构届时公示的报送文件要求向公司登记机关报送申请设立登记的文件。

107 股份有限公司股东的资本充实责任

【知往事·新旧对照】

2018 年《公司法》 （阴影部分为修改或删除的内容）	2023 年《公司法》 （黑体部分为修改或增加的内容）
	第一百零七条　本法第四十四条、第四十九条第三款、第五十一条、第五十二条、第五十三条的规定，适用于股份有限公司。

【知来者·条文释义】

本条系本次《公司法》修订新增的引致条款。该条明确了股份有限公司的股东资本充实责任可以直接适用有限责任公司的相关规定。具体而言，股份有限公司股东的资本充实责任包括《公司法》第四十九条第三款规定的未按期足额缴纳出资时股东对公司的损害赔偿责任；第五十条规定的未足额出资股东的差额填补责任和公司设立时其他股东的连带责任；第五十一条规定的董事会催缴义务和过错董事的赔偿责任；第五十三条规定的抽逃出资责任和过错董事、监事、高级管理人员的连带赔偿责任。

关于申请设立登记应当向公司登记机关报送的文件，本次《公司法》修订删减了以往《公司法》的列举性规定，交由《证券法》《市场主体登记管理条例》等具体的法律和规范性文件进行调整。实践中，应当根据申请设立登记公司的具体情况，区分公司设立方式、是否公开发行等情形，根据公司登记机关、证券监督管理机构届时公示的报送文件要求向公司登记机关报送申请设立登记的文件。

【知践行·适用指引】

司法实践中，股份有限公司股东的资本充实责任参照适用有限责任公司的规定已成为惯常做法，本次《公司法》修订将实践中已经形成的处理规则以立法的形式进行确认，系对股份有限公司股东资本充实责任在立法规则体系中的明确和完善。

需要单独说明的是，股份有限公司与有限责任公司股东资本充实责任虽在绝大多数情形下并无二致，但因股份有限公司的资合性，在股权转让的特殊情形下瑕疵出资责任应如何承担长期存在争议。笔者认为，对此问题既要区分公司性质，又要区分内部和外部责任。在公司性质方面，有限责任公司股权受让人较之股份有限公司股份受让人更易于了解有限责任公司原股东是否存在未履行或未全面履行出资责任即转让股权的情形，因此有限责任公司股权受让人只要是知道或应当知道原股东的瑕疵出资情形，就应当对原股东的瑕疵出资责任承担连带责任。股份有限公司的股份转让更加自由、频繁，如果股份受让人能够证明其受让股份有限公司股份时系善意，不知道出让股东的出资瑕疵，则不应对原股东针对公司的补缴责任或差额补足责任承担连带责任。在内部和外部责任方面，公司对债权人的责任不同于公司与股东之间的内部责任，无论瑕疵出资的股东是否转让股权，均不得以股权转让为由对抗外部债权人。因此，债权人对瑕疵出资股东的请求权不应区分是否存在股权转让情形，无论受让人是否善意，均应与出让人共同向债权人承担瑕疵出资责任，区别仅在于受让人为善意时，在向债权人承担瑕疵出资责任后有权向原股东追偿。

如果董事会在公司成立大会结束后未授权相应代表申请公司设立登记，或被授权的代表迟延或怠于履行申请设立登记的职责，则构成对董事义务的违反，应当对公司承担损害赔偿责任。关于违反上述董事义务的后果，公司法没有明确规定，实践中，应当按照公司章程的规定或公司成立大会决议或会议记录中明确的方式和后果进行处理。如果公司章程和相关会议记录中没有关于董事会不当申请设立登记责任的内容，则应当按照董事、高级管理人员损害赔偿责任的一般认定规则追究董事会或被授权代表的责任。

【知前鉴·典型案例】

▶**股东出资期限应以公司在企业信用信息公示系统公示为准。**

来源：最高人民法院发布 2022 年全国法院十大商事案件之五

案例名：某数字印刷公司诉张某标等股东瑕疵出资纠纷案

案情：八源公司制定的新章程规定，公司注册资本变更为 100 万元，张某标、颜某纬、黄某林分别认缴 62 万元、20 万元、18 万元，出资期限均至 2025 年 12 月 31 日届满。八源公司在国家企业信用信息公示系统公示的八源公司 2016 年度报告记载，张某标、颜某纬、黄某林分别认缴的上述出资，均已于 2015 年 5 月 18 日实缴；张某标将其股权分别转让与颜某纬、黄某林、任某强，同日，办理股权变更登记，四人在向工商行政管理机关填报的《自然人股东股权变更信息记录表》（非公示信息）中均确认，八源公司实收资本 0 元。

八源公司欠付某数字印刷公司货款未偿还，某数字印刷公司起诉，请求判决八源公司偿还其欠款及逾期利息；八源公司股东张某标、颜某纬、黄某林在未出资本息范围内承担补充赔偿责任，颜某纬、黄某林、任某强对张某标的责任承担连带清偿责任等。

一、二审判决判令八源公司向某数字印刷公司偿还欠款及利息，但驳回了股东承担未出资本息范围内的补充赔偿责任，颜某纬、黄某林、任某强对张某标的责任承担连带清偿责任。再审法院审理时，出于对债权人对于公示信息形成的合理信赖依法应当予以保护，对股东的责任方面进行了改判，对八源公司所负债务，判令股东分别在未出资本息范围内向某数字印刷公司承担补充赔偿责任。对于张某标的补充赔偿责任，任某强、颜某纬、黄某林分别在对应份额内承担连带责任。

解析：就公司登记而言，企业信用信息公示制度是构建市场监管体制，强化信用监管，推动制度改革的重要制度。就股东出资义务而言，众所周知是以股东设立公司或者加盟公司时的承诺为准，即认缴的出资额或者认购的股份。本案中，股东未届出资期限、未实缴出资，却放纵公司在企业信用信息公示系统中公示已经实缴出资，法院判决股东以其同意公示的实缴出资日期作为其应缴出资日期，在未出资本息范围内对公司不能清偿的债务承担补充赔偿责任，利息自公示的实缴出资日期起算。本案股东通过公示系统对外彰显已实缴出资，产生了公示效力，与公司进行交易的第三方对该公示产生了合理信赖，应当予以保护。股东对公司债权人的责任应按公示的时间认定。借此平衡交易相对人的信赖利益，强化企业信用约束，维护企业信用信息公示制度的公信力，保护并促进交易。

108 有限责任公司变更为股份有限公司的要求

【知往事·新旧对照】

2018 年《公司法》 （阴影部分为修改或删除的内容）	2023 年《公司法》 （黑体部分为修改或增加的内容）
第九十五条 有限责任公司变更为股份有限公司时，折合的实收股本总额不得高于公司净资产额。有限责任公司变更为股份有限公司，为增加资本公开发行股份时，应当依法办理。	第一百零八条 有限责任公司变更为股份有限公司时，折合的实收股本总额不得高于公司净资产额。有限责任公司变更为股份有限公司，为增加**注册**资本公开发行股份时，应当依法办理。

【知来者·条文释义】

本条相较于 2018 年《公司法》第九十五条未作实质变动，仅将"资本"修改为"注册资本"。

有限责任公司变更为股份有限公司时，应当将有限责任公司名下的资产折合为股份有限公司的股份，折合的实收股本总额应当以公司的净资产为限。因此，有限责任公司的资产在计入股份有限公司的股本时，应当减去全部负债。

有限责任公司变更为股份有限公司时公开发行股份，应当依照《公司法》《证券法》关于公开发行股份的规则办理。无论是直接设立股份有限公司还是改制设立股份有限公司，只要涉及公开发行股份的，就应当符合公开发行股份关于核准、保荐、招股、认股、验资、发行与承销等相关法律法规的要求，不得擅自公开发行。

【知践行·适用指引】

实践中，真正从无到有设立一家股份有限公司的情形是罕见的，绝大多数股份有限公司都是由国有企业改建或有限责任公司变更而来。[①] 根据资本充实原则的要求，股份有限公司由原有限责任公司的资产转化而来的实收资本应当足额缴纳，因此，作为计算实收股本基数的有限责任公司的资产应当是净资产，而非总资产或原有限责任公司股东持有的出资总额，该要求是设立股份有限公司时资本实缴制度和验资制度的具体体现。

有限责任公司改制为股份有限公司时，原有限责任公司的全体股东自动成为设立中的股份有限公司的发起人。原有限责任公司的全部净资产可以等值转股，亦可以折价转股。等值转股即发起人以原有限责任公司的净资产等值认购股份有限公司的股份面值，折价转股即发起人以原有限责任公司的净资产以高于股份有限公司股票面值的价格认购股份有限公司股份，只要用以认购股份有限公司股份的原有限责任公司净资产不高于原有限责任公司净资产额总额即可。

【知前鉴·典型案例】

▶有限责任公司变更为股份有限公司不影响股东对于有限责任公司期间的知情权。

来源：江苏省高级人民法院发布6起公司纠纷审判典型案例之四

案例名：王某、王某某诉某旅游公司股东知情权纠纷案

案情：某旅游公司成立于2000年，成立时为有限责任公司，王某、王某某均为公司股东。2015年，公司变更为股份有限公司。2022年年初，王某、王某某向公司提交申请，要求查阅该公司2010—2012年度会计账簿。某旅游公司称公司为股份有限公司，股东无权查阅公司会计账簿，

---

① 　参见王军：《中国公司法》，高等教育出版社2017年版，第73页。

拒绝了王某、王某某的查阅申请。王某、王某某遂提起本案诉讼。法院经审理认为，股东持股过程中，若公司类型从有限责任公司变更为股份有限公司的，该股东仍有权要求查阅有限责任公司期间的会计账簿，不因公司性质发生变更而丧失该权利，且某旅游公司并无证据证明王某、王某某查阅会计账簿有不正当目的，故判决支持王某、王某某的诉讼请求。

  解析：知情权是股东的一项基本性权利，对于股东监督和参与公司运营管理，维护股东自身权益有着重要作用，并且，公司经营活动是一个整体动态的过程。《公司法》规定，股东可以要求查阅公司会计账簿。股东要求查阅公司会计账簿的，应当向公司提出书面请求，说明目的。公司有合理根据认为股东查阅会计账簿有不正当目的，可能损害公司合法利益的，可以拒绝提供查阅，并应当自股东提出书面请求之日起15日内书面答复股东并说明理由。公司拒绝提供查阅的，股东可以请求人民法院要求公司提供查阅。本案中，并没有可能损害公司合法利益的情况出现，因此不能因公司在经营过程中变更类型从而剥夺股东对公司经营状况的知情权，股东有权利要求查阅有限责任公司经营期间的会计账簿，而不能以现在公司的类型来确定股东知情权的范围。

109-110 股份有限公司股东知情权

【知往事·新旧对照】

2018 年《公司法》 （阴影部分为修改或删除的内容）	2023 年《公司法》 （黑体部分为修改或增加的内容）
第九十六条 股份有限公司应当将公司章程、股东名册、公司债券存根、股东大会会议记录、董事会会议记录、监事会会议记录、财务会计报告置备于本公司。	第一百零九条 股份有限公司应当将公司章程、股东名册、股东会会议记录、董事会会议记录、监事会会议记录、财务会计报告、债券持有人名册置备于本公司。
第九十七条 股东有权查阅公司章程、股东名册、公司债券存根、股东大会会议记录、董事会会议决议、监事会会议决议、财务会计报告，对公司的经营提出建议或者质询。	第一百一十条 股东有权查阅、复制公司章程、股东名册、股东会会议记录、董事会会议决议、监事会会议决议、财务会计报告，对公司的经营提出建议或者质询。 连续一百八十日以上单独或者合计持有公司百分之三以上股份的股东要求查阅公司的会计账簿、会计凭证的，适用本法第五十七条第二款、第三款、第四款的规定。公司章程对持股比例有较低规定的，从其规定。 股东要求查阅、复制公司全资子公司相关材料的，适用前两款的规定。 上市公司股东查阅、复制相关材料的，应当遵守《中华人民共和国证券法》等法律、行政法规的规定。

【知来者·条文释义】

为了便利股东查阅、复制、建议或质询权利的行使，同时为了权力机关依法对股份有限公司进行监督和规范，股份有限公司应当将重要的资料置备于本公司。本次修订的《公司法》第一百零九条以列举规定的方式将股份有限公司的重要资料范围明确为公司章程、股东名册、股东会会议记录、董事会会议记录、监事会会议记录、财务会计报告、债券持有人名册。该列举规定方式系穷尽式列举，并删除了2018年《公司法》第九十六条规定的"公司债券存根"，即可以将股份有限公司应当置备的重要资料范围限定于上述范围之内。

股东对公司的知情权首先体现为对公司重要资料的查阅、复制权。对于股份有限公司而言，其股东有权查阅、复制的资料除董事会会议记录和监事会会议记录以外，行使查阅、复制权的范围与股份有限公司应当制备的重要资料范围重合。对于董事会会议记录和监事会会议记录，股份有限公司的股东仅就上述会议形成的决议有查阅、复制的权利。在股东行使查阅、复制权的基础上，股东对公司还有建议权和质询权，即有向公司提出各类意见建议、方案措施，对公司的决策管理、人员履职提出质询，要求改正的权利。

关于股份有限公司股东查阅公司账簿的问题，《公司法》本次修订在第一百一十条第二款、第三款中明确了有权查阅公司的会计账簿、会计凭证的主体范围，即"连续一百八十日以上单独或者合计持有公司百分之三以上股份的股东"，同时以引致条款的方式将有限责任公司股东查阅公司会计账簿、会计凭证的限制性要求适用于股份有限公司，即目的正当、程序正当、行为正当。为衔接法律、行政法规对上市公司的特别规定，本次《公司法》修订专门强调了上市公司股东行使知情权要同时遵守《证券法》等法律、行政法规的规定。

【知践行·适用指引】

行使股东知情权首先要具备股东身份。对于股份有限公司而言，其股东众多且变动频繁，公司章程、股东名册、工商登记、认股书及缴纳股款凭证均可作为认定股东身份的依据。本次《公司法》修订删除了关于无记名股票的全部规定,股份有限公司的全部股票均应为记名股票,这一变化将有助于明确股份有限公司的股东身份。股东知情权纠纷的原告是股东,被告是公司。对于仅凭股份转让协议或代持协议主张股东身份的情形,因涉及第三人实际履行情况,故难以在股东知情权纠纷中合并处理。对于以"隐名股东"为由主张股东身份的情形,实际出资人在其股东身份显名化之前,不得以代持协议向公司主张股东知情权。行使股东知情权的主体原则上以现行股东为限。对于曾系股份有限公司股东,后因股权转让或未履行出资义务而丧失股东身份的主体,仅能就其持股期间合法权益受到的损害所对应的公司特定文件主张知情权。

股东知情权与股东出资并不具有直接牵连关系。股东知情权系股东的固有权利,在公司章程没有明确规定或瑕疵出资股东与公司之间没有关于股东知情权与股东出资的明确约定的情况下,瑕疵出资股东在未丧失股东身份前,其出资瑕疵不能成为否定其股东知情权的理由。

在符合特定条件的情况下,股份有限公司股东可以要求查阅公司会计账簿和会计凭证。本次《公司法》修订采取了类似股东代表诉讼的规定模式,将有权查阅股份有限公司的股东条件限定为"连续一百八十日以上单独或者合计持有公司百分之三以上股份的股东",同时还需满足有限责任公司关于查阅公司会计账簿和会计凭证的相关规定。该规范模式既为股份有限公司股东查阅公司会计账簿和会计凭证限定了较高的限制条件,又为具有正当理由需要查阅公司会计账簿和会计凭证的股东设置了权利实现的路径。此外,股东对公司会计账簿和会计凭证行使知情权仅限于"查阅",实践中,因会计账簿一般内容较多,通常允许股东或其委托代理人对其关注的重点内容予以摘抄。

公司章程或股东间其他协议可以对股东知情权的范围、行使方式进行规定或约定,但不得实质性剥夺股东依法享有的知情权。该原则体现在本条规定内容中,即为规定公司章程能够对降低有权查阅公司会计账簿和会计凭证的股东比例进行规定,但不得提高该比例限制。

【知前鉴·典型案例】

▶股东可以根据股份有限公司置备在公司的文件行使股东的知情权。

案号：（2023）京 02 民终 248 号

案例名： 江苏某盐业公司与某菜股份公司股东知情权纠纷案

案情： 某菜股份公司成立于 2018 年 9 月 18 日，注册资本 3000 万元，公司类型为股份有限公司，江苏某盐业公司系某菜股份公司的发起人股东，持有该公司 45% 的股权。江苏某盐业公司出具《查阅公司会计账簿申请书》，向某菜股份公司提出申请：（1）提供某菜股份公司设立之日起至实际提供之日止的公司章程、股东会会议记录、董事会会议决议、监事会会议决议和财务会计报告供申请人查阅、复制；（2）提供某菜股份公司设立之日起至实际提供之日止的公司会计账簿（含总账、明细账、日记账和其他辅助性账簿）和会计凭证（含记账凭证、相关原始凭证及作为原始凭证附件入账备查的有关资料）供申请人查阅。一审法院认为，2018 年《公司法》第九十六条规定"股份有限公司应当将公司章程、股东名册、公司债券存根、股东大会会议记录、董事会会议记录、监事会会议记录、财务会计报告置备于本公司"。根据查明的事实，某菜股份公司系依法设立的股份有限公司，故依据上述法律规定，江苏某盐业公司作为某菜股份公司的股东，有权查阅某菜股份公司的公司章程、股东名册、公司债券存根、股东大会会议记录、董事会会议记录、监事会会议记录、财务会计报告。

解析： 股东可以根据公司置备于本公司的公司章程、股东名册、股东会会议记录、董事会会议记录、监事会会议记录、财务会计报告、债券持有人名册，在股东知情权的范围内行使权利。

▶对于财务会计报告内容和股东知情权范围的扩大，更有利于保护股东权益。

案号：（2021）皖 0207 民初 4260 号

案例名： 梁某宇诉芜湖某科技股份公司股东知情权纠纷案

案情： 2020 年 12 月 30 日，梁某宇通过网络拍卖的方式，竞买了芜湖某科技股份公司的股份，占芜湖某科技股份公司全部股权的53.33%。梁某宇向被告公司及公司董事会、监事会提出书面请求，请求行使作为股东的知情权利，要求被告公司于合理期限内提供相应资料，以便原告行使相应股东权利。被告公司以书面形式拒绝原告要求，被告公司相关管理机构亦未作回复，并未采取必要的保护股东正当权益的举措。原告认为被告的行为严重损害了原告的股东知情权，遂成诉。其中，本案的争议焦点之一是原告梁某宇查阅和复制的范围问题，即股东的知情权范围问题。

原告的第一项诉请，请求法院判令被告向原告出示被告公司的财务管理文件，并提供内容一致的盖章复印件。从原告诉请的内容来看，实际上指的是财务会计报告。根据《会计法》第二十条第二款规定，财务会计报告由会计报表、会计报表附注和财务情况说明书组成。又参照《企业会计准则——基本准则》第四十四条第二款之规定，财务会计报告包括会计报表及其附注和其他应当在财务会计报告中披露的相关信息和资料。会计报表至少应当包括资产负债表、利润表、现金流量表等报表。从范围上看并不包括审计报告，故审计报告不在知情权的范围内。另外，2018 年《公司法》第九十七条只赋予了股份有限公司股东查阅的权利，并没有赋予其复制的权利，故对原告要求对财务会计报告进行复制的诉请不予支持。

解析： 2023 年新修订的《公司法》规定，股东有权查阅、复制公司章程、股东名册、股东会会议记录、董事会会议决议、监事会会议决议、财务会计报告，对公司的经营提出建议或者质询。在 2018 年《公司法》股东有权查阅公司有关文件的前提下增加了股东的复制权，此规定更有利于保障少数股东的权益。

111-112 股份有限公司股东会职权

【知往事·新旧对照】

2018 年《公司法》 （阴影部分为修改或删除的内容）	2023 年《公司法》 （黑体部分为修改或增加的内容）
第二节　股东大会	第二节　股东会
第九十八条　股份有限公司股东大会由全体股东组成。股东大会是公司的权力机构，依照本法行使职权。	第一百一十一条　股份有限公司股东会由全体股东组成。股东会是公司的权力机构，依照本法行使职权。
第九十九条　本法第三十七条第一款关于有限责任公司股东会职权的规定，适用于股份有限公司股东大会。	第一百一十二条　本法第五十九条第一款、第二款关于有限责任公司股东会职权的规定，适用于股份有限公司股东会。 　本法第六十条关于只有一个股东的有限责任公司不设股东会的规定，适用于只有一个股东的股份有限公司。

【知来者·条文释义】

作为公司的权力机构，股份有限公司股东会的地位、性质和职权与有限责任公司一致。本次《公司法》修订将特指股份有限公司股东会的"股东大会"之称谓取消，采取了与有限责任公司完全一致的"股东会"之称谓，将有限责任公司和股份有限公司权力机构的名称进行了统一。股份有限公司股东会与有限责任公司股东会的主要差异在于其自治程度。股份有限公司通常公开程度更高，资合性更强，《公司法》为其专门规定了定期召开的法定时限以及临时召开的法定情形。

本次《公司法》修订新增规定了一人股份有限公司的内容，故在第一百一十二条第二款新增规定了只有一个股东的股份有限公司，在不设股东会的规定方面适用《公司法》第六十条关于一人有限责任公司的规定。

【知践行·适用指引】

股份有限公司股东会的组成、召开与行权参照有限责任公司股东会的规定。一人股份有限公司不设股东会，一人股东在行使应当由股东会行使的职权时，应当采取书面形式，由股东签字或盖章后置备于公司。

【知前鉴·典型案例】

▶股东会形成的决议在一定情况下可以改变公司章程。

案号：（2020）京 03 民终 644 号

案例名：马某等与某科技有限公司等公司决议效力确认纠纷案

案情：某科技有限公司全体股东就聘任马某担任总经理，其运营团队负责公司经营管理达成一致决议，后某科技有限公司执行董事依据章程中关于执行董事职权的规定决定罢免马某的总经理职务。某科技有限公司的公司章程关于执行董事职权的规定与《公司法》的相关规定及工商登记部门提供的常用模板内容基本一致，马某主张某科技有限公司章程中相关内容为格式条款，并不能体现股东的合意。法院经审理认为，聘用马某担任总经理系某科技有限公司全体股东合作的基础，该聘用行为体现了股东合意。某科技有限公司的执行董事无权违背全体股东的合意，仅凭公司章程罢免总经理。

解析：股份有限公司股东大会由全体股东组成，是公司的权力机关，由全体股东同意形成的股东会决议在一定情况下可以改变公司章程。公司章程与股东之间一般的协议约定不同，公司章程的效力不仅及于公司章程的制定者及全体股东，还及于后续加入公司的股东，这是章程自治规则的性质所决定的。公司章程仍属于公司股东之间的合意。那么，当公司章程内容不能体现为公司股东之间的合意时，公司章程的相关规定就不再因其体现股东集体意志而产生约束公司行为的效力。

113 股东会的召开

【知往事·新旧对照】

2018 年《公司法》 （阴影部分为修改或删除的内容）	2023 年《公司法》 （黑体部分为修改或增加的内容）
第一百条 股东大会应当每年召开一次年会。有下列情形之一的，应当在两个月内召开临时股东大会： （一）董事人数不足本法规定人数或者公司章程所定人数的三分之二时； （二）公司未弥补的亏损达实收股本总额三分之一时； （三）单独或者合计持有公司百分之十以上股份的股东请求时； （四）董事会认为必要时； （五）监事会提议召开时； （六）公司章程规定的其他情形。	**第一百一十三条** 股东会应当每年召开一次年会。有下列情形之一的，应当在两个月内召开临时股东**会议**： （一）董事人数不足本法规定人数或者公司章程所定人数的三分之二时； （二）公司未弥补的亏损达股本总额三分之一时； （三）单独或者合计持有公司百分之十以上股份的股东请求时； （四）董事会认为必要时； （五）监事会提议召开时； （六）公司章程规定的其他情形。

【知来者·条文释义】

本条是关于股东会年会和必须召开临时股东会情形的规定，相较于 2018 年《公司法》未作实质修改。股份有限公司的股东人数通常较多，公司法确定股份有限公司的股东会应当每年召开一次年会，以决定公司一年中的各项重大事项的方式行使股东会的权力。股份有限公司股东会的召开时间、审议内容由《公司法》和公司章程共同确定，其中，《公司法》强制性规定股份有限公司股东会每年应当至少召开一次年会，至于年会在一年中的何时召开，召开一次还是多次以及每次年会审议的内容则由公司章程规定。

在两次定期召开的股东会期间，《公司法》另规定了股份有限公司必须通过召开临时股东会来审议的事项，具体包括：（1）董事人数不足法定或公司章程规定人数的三分之二，导致董事会无法正常履职，必须召开临时股东会增选董事或采取其他必要措施；（2）公司未弥补亏损达股本总额的三分之一，处于严重的亏损及偿付能力不足的状态，必须召开临时股东会决定增资、调整经营策略、更换管理人员以及追究董事、监事、高级管理人员责任等事项；（3）单独或合计持有公司10%以上股份的股东认为有必要召开临时股东会的，应当召开临时股东会审议该部分股东提请的事项；（4）董事会在公司遇到部分特殊情形，认为有必要召开股东会时，应当召开临时股东会；（5）监事会针对董事会经营决策失误、公司运营遇到严重问题，基于履行监督职责提议召开的临时股东会；（6）公司章程规定的其他应当召开临时股东会的情形。

【知践行·适用指引】

实务中，除董事人数不足、公司严重亏损以及部分股东请求或监事会提议等特殊情形以外，股份有限公司临时股东会的召集一般都是为了审议、表决董事会提出的方案。具体而言，必须提请股东会表决的事项有：（1）《公司法》第十五条规定的公司为公司股东或者实际控制人提供担保的，应当经股东会决议。（2）《公司法》第一百三十五条规定的上市公司在一年内购买、出售重大资产或者向他人提供担保的金额超过公司资产总额30%的，应当由股东会作出决议，并经出席会议的股东所持表决权的三分之二以上通过。（3）《公司法》第一百六十二条规定的股份有限公司因减少公司注册资本、与持有本公司股份的其他公司合并，应当经股东会决议。（4）《公司法》第一百八十二条规定的董事、监事、高级管理人员，直接或间接与本公司订立合同或者进行交易，以及董事、监事、高级管理人员的近亲属，董事、监事、高级管理人员或者其近亲属直接或者间接控制的企业，以及与董事、监事、高级管理人员有其他关联关系的关联人，与本公司订立合同或者进行交易的,应当就订立合同或者进行交易有关的事项向董事会或者股东会报告,并按照公司章程的规定经董事会或者股东会决议通过。(5)《公司法》第一百五十一条公司发行新股时的新股种类及数额、新股发行价格、新股发行的起止日期、向原有股东发行新股的种类及数额、发行无面额股的,新股发行所得股款计入注册资本的金额以及相关作价方案应当经股东会作出决议。(6)《证券法》第十四条规定的改变公开发行股票募集资金的用途的,必须经股东大会作出决议。

【知前鉴·典型案例】

▶股份有限公司不召开股东会会议而直接作出决定,对于一致同意的事项,由全体股东在决定文件上签字、盖章,即具有与召开股东会的决议相同的法律效力。但如果没能形成统一的意见,还是要采取召开股东会会议的方式来解决。

案号: (2010)安民三终字第 469 号

案例名: 申某等诉王某股东会决议纠纷案

案情: 某公司共有股东 16 人,其一份股东会决议有 10 人签名和确认,且已办理了公司股权变更登记,但未召开股东会,申某主张该股东会决议无效。法院经审理认为,本案中会议决议上只有 10 个人的签字,不能证明其余 6 人均达成一致同意意见,侵犯了这些股东的权利,应当认定股东会决议无效。

解析: 公司召开股东会会议,其召集程序、主持人、议事方式、表决程序均有明确的法律规定。股东通过股东会会议行使股东权利,实际参与股东会会议并作出真实意思表示,是股东会会议及决议有效的必要条件。股东以书面形式一致表示同意的,可以不召开股东会会议,直接作出决定,并由全体股东在决定文件上签名、盖章。可以不召开股东会会议而直接作出决定的前提是:对于一致同意的事项,由全体股东在决定文件上签字、盖章。这样的决定具有与召开股东会会议作出的决议相同的法律效力。但如果没能形成统一的意见,还是要采取召开股东会会议的方式来解决。

114　股东会的召集和主持

【知往事·新旧对照】

2018 年《公司法》 （阴影部分为修改或删除的内容）	2023 年《公司法》 （黑体部分为修改或增加的内容）
第一百零一条　股东大会会议由董事会召集，董事长主持；董事长不能履行职务或者不履行职务的，由副董事长主持；副董事长不能履行职务或者不履行职务的，由半数以上董事共同推举一名董事主持。 董事会不能履行或者不履行召集股东大会会议职责的，监事会应当及时召集和主持；监事会不召集和主持的，连续九十日以上单独或者合计持有公司百分之十以上股份的股东可以自行召集和主持。	第一百一十四条　股东会会议由董事会召集，董事长主持；董事长不能履行职务或者不履行职务的，由副董事长主持；副董事长不能履行职务或者不履行职务的，由**过半数的**董事共同推举一名董事主持。 董事会不能履行或者不履行召集股东会会议职责的，监事会应当及时召集和主持；监事会不召集和主持的，连续九十日以上单独或者合计持有公司百分之十以上股份的股东可以自行召集和主持。 **单独或者合计持有公司百分之十以上股份的股东请求召开临时股东会会议的，董事会、监事会应当在收到请求之日起十日内作出是否召开临时股东会会议的决定，并书面答复股东。**

【知来者·条文释义】

股东会的召集人包括董事会、监事会和符合法定条件的股东。其中，董事会应当按照公司章程规定的时间和法定程序召开股东会年会，应当在《公司法》第一百一十三条规定的法定情形出现时的两个月内召开临时股东会。如果董事会不履行召集股东会年会和临时股东会的义务，监事会应当及时履行召集股东会会议的义务。在股份有限公司股东会不能正常召开的情况下，符合持股比例和持股时间要求的股东可以针对应当召开股东会的情形自行召集和主持股东会。

股东会会议的主持人包括董事长、副董事长、半数以上董事共同推举的董事、监事会以及符合法定条件的股东。其中，董事长不能或不愿履职的情况下，由副董事长主持，副董事长不能或不愿履职的情况下，由半数以上董事共同推举一名董事主持。董事会不能或不愿履职的情况下，由监事会主持。监事会不召集或主持的情况下，由连续 90 日以上单独或者合计持有公司 10% 以上股份的股东自行召集和主持，或者由召集股东会的数名股东推举其中的一人主持。

本次《公司法》修订明确了符合法定条件的股东有权请求董事会、监事会召开临时股东会。对于董事会、监事会不当履行召集股东会义务的情形下，持有公司一定比例以上的股东有权请求召开临时股东会会议，董事会、监事会应当在 10 日内答复相关股东是否召开临时股东会。

【知践行·适用指引】

股东会的召集和主持属于公司内部事项，主张人民法院判令股份有限公司召开股东会的请求不属于人民法院民事案件受案范围，在行为性质上亦属于不适用强制履行或替代履行的类型，因此无法以诉讼方式强制实现股东会的召集、召开与主持。

【知前鉴·典型案例】

▶董事会召集应当理解为以董事会的名义通知会议召开、安排会务，而非指股东会会议的召开须经董事会决议。

案号：（2013）沪一中民四（商）终字第 810 号

案例名： A 公司诉甲公司决议撤销纠纷案

案情： 甲公司于 2012 年 9 月 17 日召开的 2012 年临时股东大会系

由大股东神火公司于同年 8 月 15 日向甲公司董事会提议，并由甲公司董事会于 8 月 20 日向公司各股东发出书面会议通知，列明了会议时间、地点和参加人员等内容。该会议通知由甲公司董事长李某签发，并加盖了甲公司董事会的印章。A 公司认为该次会议存在召集程序违法的情形，由此提出了撤销涉案股东会决议的诉求。法院经审理认为，临时股东会的会议通知显然不是董事长的个人行为。 至于公司董事会内部的工作规则，相关法律不可能事无巨细地作出规定，A 公司要求撤销涉案股东会决议的诉求，并未能提出充分确凿的证据佐证，其对于法律规定及公司章程规定的理解，存在认识上的偏差，不应支持。

解析： 公司召开股东会前是否需要形成董事会决议是公司内部自治事项，可由公司章程进行规定，法律不能对公司自治事项进行具体详尽的规定，否则，不仅会造成法律规定过于僵化烦琐，而且还会影响公司自主经营、自主决策，不利于商主体发展。董事会决议并非股东会召开与否的法定前置程序，董事会召集应该理解成以董事会的名义召开而不需要形成董事会决议。

▶**股东要求召开股东会会议，可以不经过董事会和监事会自行召集。**

案号：（2019）辽民申 4100 号

案例名： 某公司诉铁岭银行公司决议效力确认纠纷案

案情： 铁岭银行章程第五十三条规定："有下列情形之一的，本行在事实发生之日起两个月以内召开临时股东大会：（一）董事人数不足公司法规定的最低人数五人时，或不足本章程规定人数三分之二时……"本案中，2015 年 12 月末，铁岭银行董事会、监事会成员任期均已届满，并且董事人数已不足公司章程规定人数的三分之二，铁岭银行的董事会和监事会并未在法定期限内召集召开股东大会或临时股东大会。据此，原中国银行业监督管理委员会铁岭监管分局于 2017 年 2 月 24 日向铁岭银行下发《中国银行业监督管理委员会铁岭监管分局监管意见书》（监管意见书〔2017〕1 号），明确要求铁岭银行于 2017 年 3 月末前召开股东大会落实解决相关问题。而此后，铁岭银行的董事会和监事会仍未能在规定的期限内召集召开临时股东大会，法院经审理认定，上述情形足以表明铁岭银行的董事会和监事会不能正常履行职责及不按规定召开临时股东大会，严重影响了铁岭银行的正常运行，最终认定有权股东自行提议召开临时股东大会符合法律和公司章程的规定。

解析：公司召开股东会前是否需要形成董事会决议由公司章程进行规定，召集程序属于公司内部自治事项，法律不能对公司自治事项进行具体详尽的规定，否则会造成法律规定过于僵化烦琐，影响公司自主经营、自主决策，不利于商主体发展。董事会决议并非股东会召开与否的法定前置程序，董事会召集应该理解成以董事会的名义召集而不需要形成董事会决议。召开股东会会议的主体有先后顺序，首先由董事会召集，董事长主持；董事会不能履行或者不履行召集股东会会议职责的，监事会应当及时召集和主持；监事会不能履行或者不履行召集义务的，才能由连续 90 日以上单独或者合计持有公司 10% 以上股份的股东自行召集和主持。

115 股东会会议的召开程序

【知往事・新旧对照】

2018 年《公司法》 （阴影部分为修改或删除的内容）	2023 年《公司法》 （黑体部分为修改或增加的内容）
第一百零二条 召开股东大会会议，应当将会议召开的时间、地点和审议的事项于会议召开二十日前通知各股东；临时股东大会应当于会议召开十五日前通知各股东；发行无记名股票的，应当于会议召开三十日前公告会议召开的时间、地点和审议事项。 单独或者合计持有公司百分之三以上股份的股东，可以在股东大会召开十日前提出临时提案并书面提交董事会；董事会应当在收到提案后二日内通知其他股东，并将该临时提案提交股东大会审议。临时提案的内容应当属于股东大会职权范围，并有明确议题和具体决议事项。 股东大会不得对前两款通知中未列明的事项作出决议。 无记名股票持有人出席股东大会会议的，应当于会议召开五日前至股东大会闭会时将股票交存于公司。	第一百一十五条 召开股东会会议，应当将会议召开的时间、地点和审议的事项于会议召开二十日前通知各股东；临时股东会**会议**应当于会议召开十五日前通知各股东。 单独或者合计持有公司百分之一以上股份的股东，可以在股东会**会议**召开十日前提出临时提案并书面提交董事会。临时提案应当有明确议题和具体决议事项。董事会应当在收到提案后二日内通知其他股东，并将该临时提案提交股东会审议；**但临时提案违反法律、行政法规或者公司章程的规定，或者不属于股东会职权范围的除外。公司不得提高提出临时提案股东的持股比例。** **公开发行股份的公司，应当以公告方式作出前两款规定的通知。** 股东会不得对通知中未列明的事项作出决议。 （本条部分语序有变更，但该部分内容无实质变更）

【知来者・条文释义】

股份有限公司股东会的召开程序比有限责任公司更加严格。对于股份有限公司而言，往往其股东人数众多，有相当数量的中小股东不直接参与公司的经营管理，因此《公司法》针对股份有限公司召开股东会规定了更多的限制性条件，从而为保障股份有限公司股东权利提供了更加完善的保障机制。

本次《公司法》修订降低了提出临时提案的股东比例门槛，并禁止公司提高提出临时提案股东的持股比例，这一变化进一步保障了股份有限公司中小股东的权利。同时，本次《公司法》修订对股东的临时提案明确了限制条件，在原有的"股东大会职权范围"和"明确议题和具体决议事项"基础上，于第一百一十五条第二款新增了临时提案不得违反法律、行政法规或者公司章程的规定；不得提出选举、解任董事、监事的提案以及应当由出席股东会股东所持表决权三分之二以上通过的事项，具体为修改公司章程、增加或减少注册资本以及公司合并、分立、解散或者变更公司形式。针对公开发行股份的公司，修订后的第一百一十五条第三款明确了该类公司的股东会会议及临时股东会会议通知均应以公告的方式作出。

【知践行·适用指引】

股东会不得对通知中未列明的事项作出决议，这是公司权力机关决议的一般原则，《公司法》在关于股份有限公司的规定中单独强调了这一原则，这凸显了股份有限公司股东会召集人履行通知义务对股份有限公司股东的重要性。在适用本条规定时，应当注意与《民法典》第八十五条规定的衔接适用，即如果股东会会议召集程序、表决方式违反法律、行政法规、法人章程，或者决议内容违反法人章程的，股东可以请求人民法院撤销该决议。但是，公司依据该决议与善意相对人形成的民事法律关系不受影响。在判断决议是否应当因召集程序和表决方式存在瑕疵而被撤销时，还应当注意程度问题，即如果股东会会议的召集程序或者表决方式只存在轻微的程序瑕疵，且未对决议产生实质性影响的，不应一概撤销该决议。

【知前鉴·典型案例】

▶召开股东会会议程序瑕疵未对决议产生实质性影响的，不应一概撤销

案号：（2022）沪0110民初15524号

案例名：竺某诉某信息技术有限公司决议撤销纠纷案

案情：被告公司章程约定第三次股东会会议应当于会议召开15日前通知全体股东，公司主张其已于2022年3月18日通过EMS向原告邮寄会议通知及议案等材料，原告于2022年3月24日签收，但鉴于第三次临时股东会会议的召开时间为2022年4月2日，故并未满足公司章程所规定的提前15日通知的要求，在召集程序上存在一定瑕疵。对此瑕疵，法院认为，虽然被告提前通知的天数不足15日，但考虑到不足天数较少，且2022年3月确处于新冠疫情的特殊时期，可能对快递时效等方面有一定影响，被告于2022年3月18日寄出会议通知，尚属合理期限内，并且股东会会议的表决方式及决议内容等均符合法律及公司章程的相关规定，被告未提前15日通知原告召开第三次临时股东会会议属于轻微瑕疵，对该次股东会表决结果及决议未产生实质影响，不构成法定的公司决议撤销事由。其次，关于2022年4月8日的第四次临时股东会会议。公司法尊重公司自治，公司有权通过公司章程对股东会会议的通知时间进行约定。公司章程约定公司第四次临时股东会会议应当于会议召开3日前通知全体股东。被告公司于2022年4月3日将会议通知及议案内容通过短信形式发送给原告，原告同日收到，被告的召集程序不违反法律及公司章程关于通知时间的规定，故不存在程序瑕疵。

解析：公司决议撤销制度的目的在于规范公司治理，保障股东的法定权利，规定提前通知股东的意义主要在于确保股东提前获知会议信息，在会议召开时能够充分行使股东权利。本案中，原告已委托律师出席了被告第四次临时股东会会议，并通过发言及参与表决充分行使了其作为股东的合法权利，故被告提前3日通知原告并未对原告权利及会议决议产生不利影响，并且提前通知股东开会的天数可以由公司章程进行约定，尊重公司的意思自治。

116 ▸ 股东会表决方式

【知往事·新旧对照】

2018 年《公司法》 （阴影部分为修改或删除的内容）	2023 年《公司法》 （黑体部分为修改或增加的内容）
第一百零三条 股东出席股东大会会议，所持每一股份有一表决权。但是，公司持有的本公司股份没有表决权。 股东大会作出决议，必须经出席会议的股东所持表决权过半数通过。但是，股东大会作出修改公司章程、增加或者减少注册资本的决议，以及公司合并、分立、解散或者变更公司形式的决议，必须经出席会议的股东所持表决权的三分之二以上通过。	**第一百一十六条** 股东出席股东会会议，所持每一股份有一表决权，**类别股股东除外**。公司持有的本公司股份没有表决权。 股东会作出决议，**应当**经出席会议的股东所持表决权过半数通过。 股东会作出修改公司章程、增加或者减少注册资本的决议，以及公司合并、分立、解散或者变更公司形式的决议，**应当**经出席会议的股东所持表决权的三分之二以上通过。
第一百零四条 本法和公司章程规定公司转让、受让重大资产或者对外提供担保等事项必须经股东大会作出决议的，董事会应当及时召集股东大会会议，由股东大会就上述事项进行表决。	

【知来者·条文释义】

股份有限公司股东会表决以一股一权为原则，同时兼具一系列例外情形，如类别股表决权、公司持有的本公司股份等。

本次《公司法》修订在第一百四十四条新增了类别股的规定，为配套类别股股东所持表决权的例外规定，本次《公司法》修订在第一百一十六条新增规定了"一股一权"的类别股股东除外规则。在优先股和劣后股、特殊表决权股、转让受限股、国务院规定的其他类别股这四种类别股中，作为一股一权原则之例外的主要是指特殊表决权股，即按照公司章程规定的每一股的表决权多于或者少于普通股的股份。实践中，股份有限公司大股东在中小股东针对专门事项的表决中不得行使表决权。当股东因关联交易损害公司利益时，该股东所持有的表决权在针对特定事项的表决时也会受到相应限制。当公司章程或股东会决议规定采取累积投票制选举董事和监事时，选举结果也可能无法反映一股一权的原则。

公司持有本公司的股份时，相应股份仅具有财产权属性，不具有股东身份项下的表决权。公司持有的本公司股份是暂时的，出现公司持有本公司股份的情形后，公司应当在一定期限内转让或注销该部分股份，且自持有至丧失该部分股份期间，公司均不得针对该部分股份行使股东权利，否则将违反公司与股东人格独立、财产不得混同、所有权与经营权分离等一系列公司法基本原则。

【知践行·适用指引】

股份有限公司股东会决议规则为一般事项决议的，应当经出席会议股东所持表决权过半数通过，重大事项决议应当经出席会议的股东所持表决权的三分之二以上通过。因此，股份有限公司股东会决议规则在表决权计算基数上与股份有限公司是不同的。按照《公司法》第六十六条第三款的规定，有限责任公司的重大事项应当经代表三分之二以上表决权的股东通过，该"三分之二"的表决权是指全体股东的表决权，而股份有限公司"三分之二"的表决权是指出席会议股东所持的表决权。

【知前鉴·典型案例】

▶小股东可以通过起诉确认股东会决议无效，避免大股东利用资本多数决形成决议损害小股东权益。

来源：江苏省高级人民法院发布6起公司纠纷审判典型案例之五

案例名：某服务公司诉某建筑公司股东会决议无效纠纷案

案情：某建筑公司注册资本1000万元，股东认缴出资时间均为2060年12月31日，某服务公司持股15%。某建筑公司于2022年6月10日召开临时股东会，经持有三分之二以上表决权的股东表决同意，通过下列股东会决议：全体股东于2022年6月30日、12月31日前分两期缴纳全部出资，实缴出资均以货币形式缴纳。某服务公司对上述决议投反对票，其余股东均投同意票。某服务公司遂起诉请求确认该临时股东会决议无效。法院判决确认某建筑公司修改股东出资期限的决议内容无效。

解析：股东的期限利益为股东自益权，应由全体股东协商一致进行处分，不能通过资本多数决的方式任意变更，强迫其他股东提前出资，我国《公司法》明确赋予公司股东出资期限利益，允许公司各股东按照章程规定的出资期限缴纳出资。如允许股东会以多数决形式任意修改出资期限，将剥夺其他中小股东的期限利益。因此，修改出资期限应当经全体股东一致通过。

117　董事、监事选举的累积投票制

【知往事·新旧对照】

2018 年《公司法》 （阴影部分为修改或删除的内容）	2023 年《公司法》 （黑体部分为修改或增加的内容）
第一百零五条　股东大会选举董事、监事，可以依照公司章程的规定或者股东大会的决议，实行累积投票制。 　　本法所称累积投票制，是指股东大会选举董事或者监事时，每一股份拥有与应选董事或者监事人数相同的表决权，股东拥有的表决权可以集中使用。	**第一百一十七条**　股东会选举董事、监事，可以**按照**公司章程的规定或者股东**会**的决议，实行累积投票制。 　　本法所称累积投票制，是指股东**会**选举董事或者监事时，每一股份拥有与应选董事或者监事人数相同的表决权，股东拥有的表决权可以集中使用。

【知来者·条文释义】

　　本条仅作了文字修改，即将"股东大会"修改为"股东会"，"依照公司章程"修改为"按照公司章程"，表述做到一致，更加严谨、规范。

　　公司章程或者股东会决议可以规定选举董事、监事时是否采取累积投票制。在累积投票制下选举董事或者监事时，每一股份拥有与应选董事或监事人数相同的表决权。在股东会的选举中，股东将根据其持有的股份数量来投票。每位股东可以选择将其表决权集中使用，也可以将其分配给一个或多个候选人。累积投票制与直接投票制的差别在于，直接投票制下股东必须在各候选人之间平分选票，而累积投票制可以让股东将所有的选票投给一个候选人。该机制给少数股东提供了更多的表决权，以增加他们在董事会或监事会中的代表性。这种制度有助于确保股东会的多样性和代表性，并允许少数股东能够更有效地参与公司决策。

【知践行·适用指引】

累积投票制只有在股份有限公司股东会决议选举公司董事、监事时才能适用。累积投票制下，股东的投票权等于股份乘以应选举董事监事的人数。例如，对于持有一万股的股东而言，如果公司有三个董事席位要选举，每一股份将具有三票表决权，则该股东共持有三万票，且该股东可以将这三万票集中选举一人或多人，在选举结束后，计票并确定选举结果。候选人获得选票的多少将决定他们能否当选为董事或监事。在累积投票制下，候选人最终能否当选的结果与《公司法》第一百一十六条第二款关于股东会作出决议"应当经出席会议的股东所持表决权过半数通过"的规定可能产生冲突。在此，应当将本条关于累积投票制的规定理解为《公司法》关于股份有限公司选举董事、监事所适用的投票原则之特别规定，该条规定优先于第一百一十六条第二款的原则性规定适用。

【知前鉴·典型案例】

▶未按照公司章程的规定或者股东会的决议实行累积投票制形成的解除董事职务的决议，属于可撤销的瑕疵决议。

案号：（2017）苏 02 民终 2736 号

案例名：某投资有限公司诉某生物股份有限公司决议撤销纠纷案

案情：某生物股份有限公司股东大会经审议通过了罢免原独立董事并增补新独立董事的议案。表决情况为：同意股 255067012 股，占出席会议所有股东所持表决权的 53.28%；反对股 221728123 股，占出席会议所有股东所持表决权的 46.31%；弃权股 1952764 股，占出席会议所有股东所持表决权的 0.41%。该公司章程规定，董事、监事选举的投票方式采用累积投票制。某生物股份有限公司的小股东某投资有限公司起诉要求撤销上述股东会决议。法院经审理认为，某生物股份有限公司股东大会采用一股一票的方式进行选举，不符合章程规定，由此形成的决议应予撤销。

解析： 董事、监事选举的投票方式问题属于公司自治范畴，由公司章程进行规定。公司章程是经股东合意形成的调整公司组织规程与行为规则的规范性文件，其内容应当得到全体股东的遵守。如果公司章程规定了对董事、监事的选举采用累积投票制，则未按照累积投票制形成的决议属于可撤销的瑕疵决议。

118 出席股东会的代理

【知往事·新旧对照】

2018 年《公司法》 （阴影部分为修改或删除的内容）	2023 年《公司法》 （黑体部分为修改或增加的内容）
第一百零六条　股东可以委托代理人出席股东大会会议，代理人应当向公司提交股东授权委托书，并在授权范围内行使表决权。	第一百一十八条　股东委托代理人出席股东会会议的，应当明确代理人代理的事项、权限和期限；代理人应当向公司提交股东授权委托书，并在授权范围内行使表决权。

【知来者·条文释义】

　　股东有权委托代理人代表自己出席公司的股东会议。这可以帮助股东在无法亲自出席会议的情况下，确保他们的权益得到充分代表和表达。委托代理人的股东应当通过其代理人向公司提交授权委托书，明确授权代理人代表他们出席会议。委托书应当包含代理人的身份信息，除此之外，本次《公司法》修订增加规定明确授权的具体事项、权限和期限等内容。代理人在股东会议上应当按照授权委托书中明确的权限和事项行使表决权。代理人不能超越授权范围行使权力。

【知践行·适用指引】

　　本条规定仅适用于委托代理的情形，不适用于法人股东的法定代表人或行为能力有瑕疵的自然人股东的法定代理人。股东委托代理人出席股东会议应当出具书面委托书。委托书中应当载明受托人的权限，如果受托人超出股东授权范围进行表决，则依照代理制度的规定，在该股东不予追认的情况下该代理行为对该股东不发生效力。在公司对股东授权的合法性有异议时，公司可以要求代理人或其代理的股东提供适当的文件或证明来确认委托代理人的身份和授权。在股东会会议过程中，公司应当记录代理人的出席情况和表决结果，并在会议后向股东提供有关会议结果的报告。

【知前鉴·典型案例】

▶表决权委托可以通过约定排除适用任意解除权。

案号：（2020）豫 03 民终 5122 号

案例名： 王某诉某国润公司决议撤销纠纷案

案情： 王某及某盛世公司均为某国润公司的在册股东。王某与某盛世公司签订《表决权委托协议》，王某将其所持有的公司对应的表决权委托给某盛世公司行使。二审法院认为，某盛世公司与王某签订的《表决权委托协议》是双方当事人的真实意思表示，内容不违反法律法规禁止性规定，合法有效。关于合同任意解除权，《民法典》规定是任意解除权而不是强制性规定，本案中，王某和某盛世公司在《表决权委托协议》第三条中作出了特别约定排除限制任意解除权，是有效的，因此王某在本案中不能依据合同约定行使解除权。

解析： 表决权委托协议（尤其是上市公司的）不属于《民法典》规定的委托合同，属于特殊的商事委托合同。原因如下：其一，表决权委托并非只基于人身信赖关系及办理事务，通常有更复杂的商业利益考量，例如达成实际控制或一致行动等；其二，表决权委托通常是各方为了公司管理及资本运作的共同得益而进行的，至少受托人的出发点是维护自身利益，故区别于《民法典》规定的委托合同，因为后者是维护委托人的利益；其三，表决权委托的受托人是独立自主行使受委托的表决权，不是按委托人的意思表示行使表决权。

即使认为表决权委托协议属于《民法典》中规定的委托合同，在适用委托合同的相关规则时也应该具体问题具体分析，应该承认表决权委托存在商业特殊性。在有偿委托的情况下，在当事人之间除了有信赖关系外，还有其他利益关系存在，表决权委托在缔约目的和期待利益行为模式上均不同于《民法典》规定的委托合同，即使是认为表决权委托属于民法下的委托合同，在适用委托合同的相关规则时也要承认表决权委托存在商业特殊性。

119 股东会会议记录

【知往事·新旧对照】

2018 年《公司法》 （阴影部分为修改或删除的内容）	2023 年《公司法》 （黑体部分为修改或增加的内容）
第一百零七条 股东大会应当对所议事项的决定作成会议记录，主持人、出席会议的董事应当在会议记录上签名。会议记录应当与出席股东的签名册及代理出席的委托书一并保存。	**第一百一十九条** 股东会应当对所议事项的决定作成会议记录，主持人、出席会议的董事应当在会议记录上签名。会议记录应当与出席股东的签名册及代理出席的委托书一并保存。

【知来者·条文释义】

本条相较于 2018 年《公司法》未作修改。

股东会会议记录是记载股东会决议事项的书面文件。在召开股东会会议时，由召集人安排人员记录会议的情况。股东会会议记录的必要记载事项包括：（1）会议的时间、地点、议程；（2）会议主持人及出席人员，委托代理人出席的股东应记录代理人情况；（3）会议讨论的议题；（4）每一议题的审议过程、发言意见、质询意见、答复意见和表决结果；（5）计票人、监票人。股东会会议记录应当由主持人和出席会议的董事签名。

股东会会议记录的附件包括出席股东的签名册和代理出席的委托书。签名册记录了实际出席的股东名单，而代理委托书用于确认代理人的授权。会议记录、签名册和委托书等相关文件应当妥善保存和归档，以备将来查阅和审查。

【知践行·适用指引】

与有限责任公司股东会会议记录应当由出席会议的股东签字有别，股份有限公司的股东往往较多，尤其是上市公司的股东会会议，通常难以要求全部到会的股东在会议记录上签字，因此股东会会议记录采取的是主持人、出席会议的董事代表到会股东签字的方式。《公司法》对股东会会议记录未作强制公证的要求，实践中，经由主持人和到会董事签字的股东会会议记录能否真实反映会议真实情况曾出现纠纷，因此会议召集人可采取见证、公证等方式确保股东会会议记录的真实性。对上市公司而言，根据中国证监会发布的《上市公司股东大会规则》，其股东会会议必须聘请律师见证，并将律师的姓名记载于股东会会议记录。

【知前鉴·典型案例】

▶出席股东会的董事若存在冒名行为，则会影响股东会决议的效力。

案号：（2021）粤 0606 民初 17646 号

案例名：吴某流诉某数据服务股份有限公司请求变更公司登记纠纷案

案情：2015 年 11 月 3 日，被告召开股东大会，表决同意股东变更、选任董事及监事等事项，其中表决同意陈某标、吴某流等 7 人任公司董事会董事职务。会议记录上的参会董事处签有"吴某流"字样。其他股东、参会董事均在会议记录上签名。经原告申请，法院对 2015 年 11 月 3 日股东大会会议记录上"吴某流"的签名进行司法鉴定。经广东明鉴文书司法鉴定所作出《司法鉴定意见书》，鉴定意见为股东大会会议记录上"吴某流"的签名字迹与原告书写的样本字迹不是同一人的字迹。

法院认为，本案为请求变更公司登记纠纷。《公司法》第一百零七条规定，股东大会应当对所议事项的决定作成会议记录，主持人、出席会议的董事应当在会议记录上签名。会议记录应当与出席股东的签名册及代理出席的委托书一并保存。本案中，经鉴定原告并未在股东大会会议记录上参会董事处签名，其亦否认曾出席该日股东大会及并未委托他人在会议记录上签名，故法院认定 2015 年 11 月 3 日的股东大会会议记录中"吴某流"的签名并非其本人所签，该日的股东大会会议记录中关于表决同意任吴某流为公司董事会董事的决议不成立。

▶**没有股东会会议记录，会影响股东会作出的决议的效力。**

案号：（2020）粤 0114 民初 12061 号

案例名：张某梅等诉花都公司请求公司收购股份纠纷案

案情：张某梅等五人基于花都公司临时股东会决议，主张花都公司应履行该决议，回购张某梅等五人的股份。事实上，花都公司在召开会议前没有向全体股东发布过该审议事项，张某梅等五人起诉依据的临时股东会决议是在股东吃饭时讨论通过签名确认的。法院经审查认为，张某梅等五人主张的临时股东会决议召开程序不符合法律及公司章程规定，故判决驳回了张某梅等五人的诉讼请求。

解析：股东会应有会议记录，由董事会秘书负责。从案涉临时股东会决议的形式来看，根据《公司法》及被告公司章程的相关规定，股东大会应对所议事项的决定作成会议记录，并由主持人、出席会议的董事在会议记录上签名。本案临时股东会亦缺乏相应的会议记录，此属于股东会决议效力瑕疵问题。但是判断股东会决议是否生效，需要结合多方因素考虑。本案中，关于股东会决议的效力问题，案涉临时股东会决议不管是会议召集程序，还是决议的内容和形式，均存在与公司法或公司章程不符的地方，因此公司股东会决议不生效。

120 董事会

【知往事·新旧对照】

2018 年《公司法》 （阴影部分为修改或删除的内容）	2023 年《公司法》 （黑体部分为修改或增加的内容）
第三节　董事会、经理	第三节　董事会、经理
第一百零八条　股份有限公司设董事会，其成员为五人至十九人。 董事会成员中可以有公司职工代表。董事会中的职工代表由公司职工通过职工代表大会、职工大会或者其他形式民主选举产生。 本法第四十五条关于有限责任公司董事任期的规定，适用于股份有限公司董事。 本法第四十六条关于有限责任公司董事会职权的规定，适用于股份有限公司董事会。	第一百二十条　股份有限公司设董事会，本法第一百二十八条另有规定的除外。 本法第六十七条、第六十八条第一款、第七十条、第七十一条的规定，适用于股份有限公司。

【知来者·条文释义】

本次《公司法》修订于第一百二十条删除了股份有限公司董事会成员人数的上限，并将下限降低为与有限责任公司的董事会成员人数一致，均为三人。股份有限公司一般应当设董事会。规模较小或股份有限公司股东人数较少的股份有限公司可以不设董事会，仅设一名董事。股份有限公司董事会成员中可以有职工代表。职工人数 300 人以上的股份有限公司，除已依法成立监事会并有公司职工代表的外，董事会成员中应当有公司职工代表担任，职工代表由公司职工代表大会、职工大会或者其他形式民主选举产生。国有独资公司的董事会成员中，应当过半数为外部董事，并应当有公司职工代表。

董事会是股份有限公司的执行机关，行使经营决策、经营管理、机构与人事、制定基本管理制度等方面的职权，具体包括：（1）召集股东会会议，并向股东会报告工作；（2）执行股东会的决议；（3）决定公司的经营计划和投资方案；（4）制订公司的利润分配方案和弥补亏损方案；（5）制订公司增加或者减少注册资本以及发行公司债券的方案；（6）制订公司合并、分立、解散或者变更公司形式的方案；（7）决定公司内部管理机构的设置；（8）决定聘任或者解聘公司经理及其报酬事项，并根据经理的提名决定聘任或者解聘公司副经理、财务负责人及其报酬事项；（9）制订公司的基本管理制度；（10）其他公司章程规定或者股东会授予的职权。公司章程对董事会职权的限制不得对抗善意相对人。

【知践行·适用指引】

本次《公司法》修订简化了股份有限公司董事会的设置，删除了股份有限公司董事会成员人数的上限要求，并将人数下限降低为与有限责任公司董事会一致的三人。实践中，为避免出现正反各半的僵局，董事会成员应为单数已为通例。

董事的任期由公司章程规定，但每届任期不得超过三年。董事任期届满，可以连选连任。若董事任期届满未及时改选，或董事在任期内辞任导致董事会成员低于法定人数的，在改选出的新董事就任前，原董事应当继续履职。

股东会可以决议解任董事，解任自决议作出之日生效。本次《公司法》修订吸收了《最高人民法院关于适用〈中华人民共和国公司法〉若干问题的规定（五）》第三条的内容，被解任的董事不得以任期未满、解任无正当理由等理由主张股东会的决议不发生法律效力。董事任期届满前被解任的，可以要求公司予以赔偿。如董事因赔偿问题与公司发生纠纷，可以提起诉讼，判断是否应当补偿以及补偿的合理数额的依据包括法律、行政法规、公司章程的规定或者合同的约定，综合考虑解除的原因、剩余任期、董事薪酬等因素。

【知前鉴·典型案例】

▶**董事会人员不履行职责造成公司和股东权益受损时，应当追究相关董事的责任。**

案号：（2020）粤01民初2171号

案例名：顾某骏、黄某等诉某药业公司等证券虚假陈述责任纠纷案

案情：某药业公司在2016年年度报告、2017年年度报告、2018年半年度报告中存在虚假陈述行为，某药业公司作为上市公司，披露的相关年报、半年报中存在虚假记载、重大遗漏，虚增营业收入、利息收入及营业利润，虚增货币资金；未按规定披露控股股东及其关联方非经营性占用资金的关联交易情况。中国证监会对某药业公司及马某等人作出的处罚决定对上述虚假陈述行为进行了认定。法院经审理判决：某药业公司向原告顾某、黄某等52037名投资者赔偿投资损失2458928544元；判决作为实际控制人的马某、许某以及作为公司高管的邱某等6人承担100%的连带清偿责任；时任公司董事、监事或高级管理人员并未直接参与财务造假，却未勤勉尽责的13名个人按过错程度分别按20%、10%、5%的比例承担连带清偿责任。同时，某药业公司时任审计机构广东某会计师事务所（特殊普通合伙）及年报审计项目的签字会计师承担连带清偿责任。

解析：公司的董事对公司及全体股东负有勤勉尽责的义务。也同样依据《公司法》的规定，享有相应的职权，在违反勤勉尽责义务而对公司和股东权利造成损害时，同样负有赔偿义务。基于权责一致、过罚相当原则，信息披露义务人应当按照过错类型、在虚假陈述行为中所起的作用大小，承担相应的赔偿责任。其中，实际控制人与接受其指派直

接参与虚假陈述行为的董事、监事、高级管理人员之间存在意思联络，属于意思关联共同的主观共同侵权，应当对投资者的全部损失承担连带赔偿责任。

审计委员会

【知往事·新旧对照】

2018 年《公司法》 （阴影部分为修改或删除的内容）	2023 年《公司法》 （黑体部分为修改或增加的内容）
	第一百二十一条 股份有限公司可以按照公司章程的规定在董事会中设置由董事组成的审计委员会，行使本法规定的监事会的职权，不设监事会或者监事。 审计委员会成员为三名以上，过半数成员不得在公司担任除董事以外的其他职务，且不得与公司存在任何可能影响其独立客观判断的关系。公司董事会成员中的职工代表可以成为审计委员会成员。 审计委员会作出决议，应当经审计委员会成员的过半数通过。 审计委员会决议的表决，应当一人一票。 审计委员会的议事方式和表决程序，除本法有规定的外，由公司章程规定。 公司可以按照公司章程的规定在董事会中设置其他委员会。

【知来者·条文释义】

本条系新增条款。基于股份有限公司治理结构中监事会长期失位的现实情况，本次《公司法》修订新增规定了股份有限公司的单层制治理结构，以确保公司监督制度的有效运行。对于公司而言，其业务可能起伏，其财务可能出现危机，其治理可能发生僵局，但其监督不能缺位。公司监督制度伴随着公司从设立到注销的全过程，而监督的核心问题就是审计问题。

审计委员会的核心职责是对公司财务、会计进行监督，其职权范围为监事会的全部职权，具体包括：（1）检查公司财务；（2）对董事、高级管理人员执行职务的行为进行监督，对违反法律、行政法规、公司章程或者股东会决议的董事、高级管理人员提出解任的建议；（3）当董事、高级管理人员的行为损害公司的利益时，要求董事、高级管理人员予以纠正；（4）提议召开临时股东会会议，在董事会不履行《公司法》规定的召集和主持股东会会议职责时召集和主持股东会会议；（5）向股东会会议提出提案；（6）依照《公司法》第一百八十九条的规定，对董事、高级管理人员提起诉讼；（7）公司章程规定的其他职权。

本次《公司法》修订新增规定允许公司按照章程在董事会中设置其他委员会，除审计委员会以外，还可设置提名委员会、薪酬考核委员会、战略投资委员会等专门委员会，以细化公司治理模式，降低公司治理成本，提升公司治理实效。

【知践行·适用指引】

审计委员会虽可行使监事会的全部职权，但其产生程序、人员构成、履职程序、履职方式与监事会均有区别。因此，不可将审计委员会简单等同于监事会。股份有限公司设立监事会和设立审计委员会是"二选一"的关系，如果股份有限公司设立了审计委员会，则不再设监事会或者监事。

审计委员会的成员全部由公司董事构成，按公司董事的选举和更换流程由股东会选任。审计委员会对董事会负责，按照公司章程和董事会授权履行职责，其提案由董事会审议决定。因审计委员会的职能侧重于公司的财务和会计事务，故实践中审计委员会的召集人应当有专业会计背景。

审计委员会中的独立董事要占多数，且总人数应当符合公司章程及内部制度的人数要求，上市公司、国有独资公司的审计委员会人数还应符合专门委员会议事规则的要求。每一届董事的任期届满后，换届选举中都要重新选举专门委员会的委员。

对于审计委员会定期会议和临时会议的召开时间和召开次数《公司法》没有明确规定。对于上市公司而言，按照《上海证券交易所上市公司董事会审计委员会运作指引》的要求，审计委员会每年至少召开4次定期会议，经两名以上审计委员会委员提议，审计委员会可根据需要召开临时会议。按照深交所相应板块的规范指引，深交所上市公司的审计委员会每个季度至少召开一次审计委员会会议。

按照《公司法》第一百三十七条的规定，上市公司在董事会中设置审计委员会的，董事会对下列事项作出决议前应当经审计委员会全体成员过半数通过：（1）聘用、解聘承办公司审计业务的会计师事务所；（2）聘任、解聘财务负责人；（3）披露财务会计报告；（4）国务院证券监督管理机构规定的其他事项。

【知前鉴·典型案例】

▶审议委员会会议的通知、会议记录、会议决议、授权委托材料、同意和通信等会议材料能够成为股东行使知情权的内容。

案号：（2013）沪二中民四（商）终字第51264号

案例名：科朗公司与某丰股份有限公司股东知情权纠纷案

案情：科朗公司系某丰股份有限公司（以下简称某丰公司）股东之一。某丰公司章程第二十九条规定："……（五）查阅本公司章程、股东名册、公司债券存根、股东大会会议记录、董事会会议决议、监事会会议决议、财务会计报告……"第一百四十四条规定："……公司应在每个财务年度结束后4个月内，向股东提供公司及其各子公司的合并年度经审计的财务报表……并附带公司及其各子公司审计师分别出具的审计报告……"第一百四十六条规定："股东可检查各公司及其子公司制备的单独的账簿、记录和管理账目。公司及其子公司应按股东合理要求的形式向每一股东提供所有信息，以便股东适当了解公司及其子公司的业务和事务并全面保护其作为股东的利益……公司应向股东提供所有股东大会、董事会会议和委员会会议的通知、会议记录、授权委托文件等其他向董事会提供的材料。公司应向股东提供董事会批准的管理报告、预测和估计……公司应向股东提供任何公司及／或其子公司向任何政府或监管机构提交的所有报备文件的复印件（一旦可以获得）。"第一百四十九条规定："股东有权在任何时间、经提前30日书面通知董事会后自费聘请一家熟悉国际会计原则并拥有实践经验的审计师对公司（包括其子公司）的全部或部分会计账簿或某个特定财务问题进行审计。当股东要求进行审计时，公司应给予同意并提供审计得以顺利进行的必要协助。该审计师应有权查阅公司财务记录，并有权向公司关键管理人员提出质询。公司应促成该等关键管理人员在收到有关审计事宜的质询后30日内以书面形式作出答复。"2013年2月28日，科朗公司致函某丰公司要求查阅相关资料并对相关财务问题进行审计。某丰公司未予回复。科朗公司遂起诉要求行使知情权，主张查阅的资料包括自2008年8月30日至今某丰公司董事会下设审计委员会召开的所有会议的所有材料，包括但不限于通知、会议记录、会议决议、授权委托材料、同意和通信等。法院经审理认为，公司章程规定明确且该规定未违反法律法规禁止性规定，亦无违反《公司法》立法目的及价值取向的，股东有权在章程规定的范围内行使知情权，据此，科朗公司主张查阅与股东大会会议、董事会会议、审计委员会会议相关的材料的诉讼请求，可予支持。

　　解析：审议委员会会议的通知、会议记录、会议决议、授权委托材料、同意和通信等会议材料中属于《公司法》规定的股东知情权范围的部分，股东有权行使知情权。

122 董事长、副董事长的产生及职权

【知往事·新旧对照】

2018 年《公司法》 （阴影部分为修改或删除的内容）	2023 年《公司法》 （黑体部分为修改或增加的内容）
第一百零九条 董事会设董事长一人，可以设副董事长。董事长和副董事长由董事会以全体董事的过半数选举产生。 董事长召集和主持董事会会议，检查董事会决议的实施情况。副董事长协助董事长工作，董事长不能履行职务或者不履行职务的，由副董事长履行职务；副董事长不能履行职务或者不履行职务的，由半数以上董事共同推举一名董事履行职务。	第一百二十二条 董事会设董事长一人，可以设副董事长。董事长和副董事长由董事会以全体董事的过半数选举产生。 董事长召集和主持董事会会议，检查董事会决议的实施情况。副董事长协助董事长工作，董事长不能履行职务或者不履行职务的，由副董事长履行职务；副董事长不能履行职务或者不履行职务的，由过半数的董事共同推举一名董事履行职务。

【知来者·条文释义】

本条未作实质修改，仅调整了个别文字。

董事会作为公司的常设执行机关，应当设置董事长。董事长负责召集、主持董事会会议，确保会议按照规定的程序进行，并检查董事会决议的实施情况。董事长在董事会中通常具有领导地位，协助制订决策和方向。

公司可以选择设置副董事长，也可以不设。副董事长的职责包括协助董事会主席工作，并在主席不能履行职责或不履行职责时代替主席履行职务。如果主席不能履行职务，副主席有责任代替主席履行职务。同样，如果副主席不能履行职务，董事会的多数董事应共同推举一名董

事来履行职务。

本次《公司法》修订将董事长、副董事长不能履行职务或者不履行职务时董事共同推举一名董事履行职务的比例要求由"半数以上"调整为"过半数"，与董事会全体董事选举董事长、副董事长的表述进行了统一，明确了无论是董事长、副董事长还是推举董事履行董事长职务，均应通过董事会全体董事的多数同意。

【知践行·适用指引】

董事长、副董事长均应从公司董事中选举产生。只有董事会才能选举董事长、副董事长，股东会、股东以及实际控制人无权选举或指派董事长或副董事长。董事长只能由一人担任，不得由多人共同担任。董事长不必然是公司的法定代表人，法定代表人可由董事长、执行董事或总经理中的任意一人担任。

【知前鉴·典型案例】

▶**任命非董事为董事长的董事会决议无效。**

案号：（2015）房民（商）初字第 16215 号

案例名：林某诉某房地产开发变更公司登记纠纷案

案情：林某以公司登记纠纷为由起诉某房地产公司要求其按照公司作出的关于董事长任免的董事会决议变更登记法定代表人，但是该决议确定的董事长并非从公司董事中选任。法院经审理认为，董事长系董事之一，与其他董事一起共同组成公司的董事会。不言而喻的是，董事长由董事中经选举产生，在未经股东会选举为董事之前，董事会将其选为董事长不符合《公司法》及公司章程的规定。

解析：司法介入是促进和维护公司自治的重要外部调节力量，能够发挥对公司治理的正面引导作用。基于权力制衡、公法私法化、减少组织成本、促进长期交易、弥补市场不足、调整利益冲突、促进经济主体之间合作等方面的需要，法律有介入公司治理的必要。《公司法》规定，公司股东会或者股东大会、董事会的决议内容违反法律、行政法规的无效。这就体现了《公司法》对公司决议瑕疵情形进行审查分析的需要。从法律的规定来看，任免董事是专属于股东会的职权。董事会无权任免董事，董事长是董事会的成员，其自身当然属于董事，董事会选举非董事任董事长，实际上系逾越了职权对董事进行任命，当然违反了《公司法》的规定。该决议内容因违反法律、行政法规的规定而无效，即使公司或者股东对此无异议，也不能成为公司据此进行变更登记的根据。

123 董事会会议召开

【知往事·新旧对照】

2018 年《公司法》 （阴影部分为修改或删除的内容）	2023 年《公司法》 （黑体部分为修改或增加的内容）
第一百一十条　董事会每年度至少召开两次会议，每次会议应当于会议召开十日前通知全体董事和监事。 　　代表十分之一以上表决权的股东、三分之一以上董事或者监事会，可以提议召开董事会临时会议。董事长应当自接到提议后十日内，召集和主持董事会会议。 　　董事会召开临时会议，可以另定召集董事会的通知方式和通知时限。	第一百二十三条　董事会每年度至少召开两次会议，每次会议应当于会议召开十日前通知全体董事和监事。 　　代表十分之一以上表决权的股东、三分之一以上董事或者监事会，可以提议召开**临时董事**会会议。董事长应当自接到提议后十日内，召集和主持董事会会议。 　　董事会召开临时会议，可以另定召集董事会的通知方式和通知时限。

【知来者·条文释义】

本次修订的《公司法》第一百二十三条未发生实质变动，仅将"董事会临时会议"修改为"临时董事会会议"。

董事会会议是董事会行使职权的方式，包括年度会议和临时会议。为避免董事会怠于召开会议，从而影响公司的决策经营，损害公司和股东的利益，《公司法》要求董事会每年至少召开两次年度会议，以审议和决定公司的事务。在召开会议前，董事会会议召集人应提前 10 日通知全体董事和监事。

代表十分之一以上表决权的股东、三分之一以上的董事或监事会有权提议召开临时董事会会议。提议应当明确说明会议的目的和议程。

一旦提议被提出，董事长有责任自接到提议后的 10 日内召集和主持临时董事会会议。如果董事会召开临时会议，可以根据需要另行确定通知方式和通知时限。这意味着通知的方式和时限可以根据具体情况进行调整，而不必按照公司章程规定的一般通知方式在会议召开前 10 日通知全体董事和监事，但应当确保通知能够及时传达给全体董事和监事。

【知践行·适用指引】

董事会会议的通知应当由董事会会议召集人采取适当的方式向全体董事和监事发出。如果公司对于特定董事或监事无法依其通知方式收到通知系明知，则将构成通知瑕疵。关于该瑕疵是否足以影响董事会会议的决议效力，应当类推《公司法》第一百一十五条关于股东会会议召开程序的规定，衔接《民法典》第八十五条关于营利法人执行机构会议召集程序、表决方式的规定进行判断。判断决议是否应当因召集程序和表决方式瑕疵而被撤销时，还应当注意瑕疵程度问题，即如果董事会会议的召集程序或者表决方式只存在轻微的程序瑕疵，且未对决议产生实质性影响的，不应一概撤销该决议。

召开董事会会议需要具备法律及公司章程中规定的召开董事会的形式外观。如果公司章程对于通过通讯、传阅等方式召开董事会没有明确规定，且相关方式不能保障全体董事、监事适当行权，则不应认定上述方式能够就通讯或传阅的内容形成了董事会决议。

【知前鉴·典型案例】

▶**公司章程可以规定召开董事会的形式和程序。**

案号：（2023）辽 01 民终 7582 号

案例名：杜某鹏诉皆爱喜公司普通破产债权确认纠纷案

案情：皆爱喜公司章程关于董事会召集程序中规定董事会可采用文件传阅的决议方式代替召开董事会临时会议，同时规定召开董事会应制作会议记录，并将记录保存在公司，复印件送达至全体董事。皆爱喜公司董事为三人，杜某鹏为董事长。杜某鹏以"已经通过文件传阅方式召开临时董事会通过了其工资标准"为由起诉，向皆爱喜公司主张劳动债权。法院经审理认为，杜某鹏向其他董事发送审计报告等材料的行为并不具备法律及公司章程中规定的召开董事会的形式外观，仅是向其他董事或股东披露皆爱喜公司整体经营状况的行为。故杜某鹏工资调整事项未按照章程约定经董事会表决通过，系滥用职权获取的非正常收入。另外，即使杜某鹏有关已经通过文件传阅方式召开临时董事会的主张成立，其亦应在传阅的文件中向其他董事提供表决所需的实质信息，足以使其他董事知晓决议内容包含杜某鹏工资调整事项。而杜某鹏提交的审计报告在现金流量表中载明的"支付给职工以及职工支付的现金"项目中，仅有每年皆爱喜公司全体员工的整体工资数据，并未就杜某鹏的工资调整事项单独列项，不能认定董事间已经就其调整工资事项知情并就此形成董事会决议。

解析：公司章程可以规定召开董事会的形式和程序，对于董事会的决议方式是线上传阅决议方式还是线下集中开会，只要遵守法定必备程序，即可以在公司章程中进行规定。同时，召开董事会会议需要按照《公司法》的相关会议程序，提前通知、开会时制作会议记录、会后董事在会议记录上签字等，并且要明确董事会会议形成的决议内容，若线上传阅的内容不具备召开董事会的形式外观，则不能认定线上传阅即表明已召开董事会或形成了董事会决议。

124 董事会决议

【知往事·新旧对照】

2018 年《公司法》 （阴影部分为修改或删除的内容）	2023 年《公司法》 （黑体部分为修改或增加的内容）
第一百一十一条 董事会会议应有过半数的董事出席方可举行。董事会作出决议，必须经全体董事的过半数通过。 董事会决议的表决，实行一人一票。 第一百一十二条第二款 董事会应当对会议所议事项的决定作成会议记录，出席会议的董事应当在会议记录上签名。	第一百二十四条 董事会会议应当有过半数的董事出席方可举行。董事会作出决议，应当经全体董事的过半数通过。 董事会决议的表决，应当一人一票。 董事会应当对所议事项的决定作成会议记录，出席会议的董事应当在会议记录上签名。

【知来者·条文释义】

本次《公司法》修订将关于董事会会议记录的规定合并至董事会决议的条文中一体规定，逻辑更加清晰，同时在文字上修改得更加严谨规范。董事会的行权方式是召开董事会会议并形成决议，会议及决议需要满足出席人数、表决方式、会议记录方面的法定程序要求。董事会会议记录是载明董事会会议决议过程及决议结果的书面文件。

【知践行·适用指引】

董事会会议必须有过半数的董事出席方可举行。这意味着在董事会的所有成员中，出席会议的董事人数必须超过一半，否则会议不能进行。过半数出席是确保董事会会议决议具有正当性基础的方式。董事会作出决议时，应当经全体董事的过半数通过。这里"半数"的计算基数是董事会的全体董事，不区分是否实际出席，这意味着决议必须获得董事会全体过半数成员的支持才能生效。在决议表决时，采用一人一票的方式，每位董事都有平等的表决权。董事会应当对所议事项的决定作成会议记录。在举行董事会会议时，召集人应当安排人员记录会议的日期、时间、地点、出席董事的名单、讨论的议题、决议内容等，并由出席会议的董事签名，以保证董事会会议记录及董事会决议的真实性和效力。

【知前鉴·典型案例】

▶是否撤销董事会决议应遵循形式审查标准。

案号：（2021）吉 01 民终 6116 号

案例名： 张某伟诉某国际贸易公司等公司决议纠纷案

案情： 某国际贸易公司董事会决议内容为选举张某田为董事长，免去张某伟的总经理职务，任命张某田为总经理。张某伟以该股东会决议系利用大股东身份损害公司和债权人利益、目的不具有正当性为由诉请确认该决议无效。法院经审理认为，该董事会决议内容不违反法律、行政法规，至于张某田组织改选董事会、罢免总经理职务的目的是否正当，是否系利用大股东身份及与其他董事之间的关联关系损害公司利益和债权人利益，不属于本案审理范围。

解析： 法院在审查公司董事会决议效力问题时应当坚持形式审查原则，以不违反法律、行政法规的规定，不违背公序良俗，不违反程序性事项要求为判断标准，在审查中尊重公司自治。至于决议是否滥用股东权利、是否影响债权人利益、是否影响中小股东权益，不应作为认定董事会决议效力的标准。

125 董事会会议的出席、代理出席及责任承担

【知往事·新旧对照】

2018 年《公司法》 （阴影部分为修改或删除的内容）	2023 年《公司法》 （黑体部分为修改或增加的内容）
第一百一十二条第一款、第三款 董事会会议，应由董事本人出席；董事因故不能出席，可以书面委托其他董事代为出席，委托书中应载明授权范围。 董事应当对董事会的决议承担责任。董事会的决议违反法律、行政法规或者公司章程、股东大会决议，致使公司遭受严重损失的，参与决议的董事对公司负赔偿责任。但经证明在表决时曾表明异议并记载于会议记录的，该董事可以免除责任。	**第一百二十五条** 董事会会议，应当由董事本人出席；董事因故不能出席，可以书面委托其他董事代为出席，委托书应**当**载明授权范围。 董事应当对董事会的决议承担责任。董事会的决议违反法律、行政法规或者公司章程、股东会决议，**给公司造成**严重损失的，参与决议的董事对公司负赔偿责任；经证明在表决时曾表明异议并记载于会议记录的，该董事可以免除责任。

【知来者·条文释义】

本条相较于 2018 年《公司法》第一百一十二条第一款、第三款仅作了个别文字调整，实质内容未作变动。

董事会会议应当由董事本人出席。如果部分董事因时间不便、健康等原因不能出席会议，可以书面委托其他董事代为出席。委托书应当明确载明授权范围，由受托董事代表原董事出席会议并在授权范围内代理原董事行使相关权利。

为了保护公司和股东的权益，确保董事会的决策合法合规，董事应当对董事会的决议承担责任。董事会会议决议由董事集体作出，如果

董事会的决议违反法律、行政法规、公司章程或股东会决议，并且给公司造成严重损失，参与该决议的董事可能需要对公司负赔偿责任。为了保护那些在决策过程中表达出不同意见的董事，以防止他们因他人的错误决策而受到责任追究，如果董事在决议表决时曾明确提出异议并将其记录在会议记录中，那么该董事可以免除由于决议而导致的责任。

【知践行·适用指引】

董事因不当决议对公司所负赔偿责任的性质应当为违反《公司法》第一百八十条规定的董事忠实勤勉义务的责任。对该责任的认定应当满足以下构成要件：（1）董事会的决议违反法律、行政法规或者公司章程、股东会决议；（2）公司遭受了严重损失；（3）公司的损失后果与董事会会议决议存在因果关系；（4）参与决议的董事具有主观上的故意或过失。主张不当决议责任免除的举证责任由参与决议的董事负担。董事应当证明自己对损害后果不存在过错，即该董事在决议表决时曾明确提出异议并将其记录在会议记录中。

【知前鉴·典型案例】

▶在证券虚假陈述责任纠纷案件中，上市公司的董事、监事、高级管理人员和其他直接责任人员承担民事赔偿责任的归责原则为过错推定原则。

案号：（2019）粤民终 2080 号

案例名：中某金证公司与保某里公司、童某平等证券虚假陈述责任纠纷案

案情：2017 年 8 月 9 日，中国证监会经调查作出《行政处罚决定书》，认定保某里公司在中达股份公司破产重整过程中进行重组资产评估时提供了虚假的意向性协议。中达股份公司董事会审议通过《报告书（草案）》，其中披露了银信评估公司对保某里公司的估值为 28.83 亿元。

参会的董事会成员有童某平等 7 名董事及刘某英、张某伟，9 位参会董事会成员均在会议决议书上签字确认。中国证监会认定中达股份公司的虚假信息披露行为违反了《证券法》第六十三条、第六十八条的规定，对中达股份公司董事童某平、王某云给予警告，并分别处以 20 万元罚款；对中达股份公司董事林某奇、王某琴、茅某华、费某海、沙某慧给予警告，并分别处以 10 万元罚款。中某金证公司以中达股份公司董事会保证并承诺《报告书》真实、童某平等 7 名董事对本次重大资产重组聘请的评估机构未尽审查义务，未勤勉尽责，主观上有过错为由，主张童某平等 7 名董事承担赔偿责任。法院经审理认为，首先，在证券虚假陈述责任纠纷案件中，上市公司的董事、监事、高级管理人员和其他直接责任人员承担民事赔偿责任的归责原则为过错推定原则，并没有明确要求在行政处罚时应对董事、监事、高级管理人员和其他直接责任人员的过错作出判断。可见，证券虚假陈述中行政处罚和民事侵权责任的法律依据不同，判定标准亦存在差异。因此，上市公司的董事、监事、高级管理人员和其他直接责任人员因证券虚假陈述受到行政处罚，并不必然推定其存在过错并承担相应的民事赔偿责任。其次，从本案虚假陈述所涉及的信息来看。根据证监会在案涉《行政处罚决定书》中的认定，本案虚假陈述行为系中达股份公司在重组过程中，借壳方保某里公司向银信评估公司提供虚假意向性协议，故本案中达股份公司违法披露的信息并非当时上市公司中达股份公司自身的经营及财务信息，而是重组交易对方保某里公司提供的存在虚假记载的信息。该披露的信息对于保某里公司而言是公司内部经营信息，其应保证信息的真实、完整；对童某平等 7 名董事而言，并非公司内部经营，而是属于来源于公司之外他人提供的第三方信息，其注意义务应适度降低。最后，从童某平等 7 名董事的履职情况来看。对于案涉重大资产重组事项，中达股份公司已依据上述《上市公司重大资产重组管理办法》的规定，聘请独立财务顾问、律师事务所、会计师事务所和资产评估机构等证券服务机构就重大资产重组出具了专业意见。同时，在中达股份公司重组期间，作为公司董事长的童某平及公司财务负责人的王某云依照规定落实了重组对方出具承诺保证资料的完整、准确、真实，应认定其履行了作为董事的勤勉义务。鉴于童某平等 7 名董事在案涉证券虚假陈述民事侵权行为中并无过错，故应认定其无需承担民事赔偿责任。

解析：准确界定董事对董事会决议承担的责任，需要严而有度。既不能让董事承担无限责任，即只要董事会决议违反法律法规的规定就推定董事未尽勤勉尽责义务，也不能让董事责任虚置导致董事只享有权利而不承担义务，因此判断董事的勤勉义务应当采取适度标准。这个适度的标准，就是董事应当善意、合理、审慎地履行自己的职责，而且当董事会决议违反法律法规规定的时候，董事如果认为自己尽到了勤勉尽责义务，应当就自己善意、合理、审慎地履行职责承担相应的举证责任。

126-127 ▶ 股份有限公司的经理

【知往事·新旧对照】

2018 年《公司法》 （阴影部分为修改或删除的内容）	2023 年《公司法》 （黑体部分为修改或增加的内容）
第一百一十三条　股份有限公司设经理，由董事会决定聘任或者解聘。 本法第四十九条关于有限责任公司经理职权的规定，适用于股份有限公司经理。	第一百二十六条　股份有限公司设经理，由董事会决定聘任或者解聘。 **经理对董事会负责，根据公司章程的规定或者董事会的授权行使职权。经理列席董事会会议。**
第一百一十四条　公司董事会可以决定由董事会成员兼任经理。	第一百二十七条　公司董事会可以决定由董事会成员兼任经理。

【知来者·条文释义】

股份有限公司设置经理作为董事会的执行辅助机关，依授权负责公司的日常经营和管理。与《公司法》第七十四条有限责任公司设置经理的任意性规定不同，《公司法》关于股份有限公司经理的规定无"可以"二字。实践中，股份有限公司均以设置经理为原则。与有限责任公司经理的规定一致，本次《公司法》修订删除了 2018 年《公司法》对经理职权的列举式规定，将经理的职权统一规定为"根据公司章程的规定或者董事会的授权行使职权"，这一做法体现了对公司自治的尊重。

本次《公司法》修订在第一百二十六条第二款明确了股份有限公司经理的职权由公司章程规定或董事会授予，并新增规定了经理列席董事会会议。经理的聘任和解聘是由董事会决定的，经理履行其职权应当对董事会负责。公司章程通常会规定经理的职责、权力和限制。董事会在聘任或解聘或向经理授权时应当遵守公司章程的规定。董事会可以根据公司章程的规定向经理进行具体、明确的授权。

董事可以兼任经理，公司董事会有权决定是否允许公司的董事会成员兼任经理职务。允许公司内部的高级管理人员在董事会和经理之间担任双重职责可以为公司提供更加灵活、高效的公司治理结构。经理和董事的职权不能混同。董事负有公司管理和制定决策的职责，如参与董事会的会议、投票表决、制定公司战略方向等。经理负责公司的日常经营和管理、制定运营计划、管理员工、执行董事会决议等。

【知践行·适用指引】

实践中，董事会成员兼任公司经理是很多公司的通常做法。这种兼任模式要求相关董事会成员能够有效兼顾两个职责，并确保不会出现利益冲突或公司治理方面的问题。首先，独立董事在兼任经理后即丧失独立董事的地位，若该董事同时兼任有独立董事人数要求的专门委员会委员，则应当重新计算该专门委员会委员中独立董事的比例要求。其次，董事长兼任经理无法律上的禁止性规定，如果公司章程允许董事长兼任总经理，并且没有其他限制，那么董事长可以担任经理职务。实践中，一些公司，尤其是规模较大的公司或者上市公司会根据公司规模、治理结构和战略需求等因素，决定分离董事长和经理职务，以增强公司治理的独立性和透明度。这种情况下，公司设立独立的经理职位，由专门的高级管理人员担任。总之，是否允许董事长兼任经理取决于公司章程和公司的决策。为了确保公司的运营合法合规，保护股东和公司的利益，公司章程应明确规定公司高级管理层的组成和职责，而公司的董事会则可以根据需要对经理的权责进行调整。

【知前鉴·典型案例】

▶经理聘任和解聘不能单纯以《公司法》的适用来排除《劳动法》对其进行调整。

案号：（2022）辽03民终1900号、（2023）辽03民再19号

案例名：吴某征诉某体育俱乐部等劳动争议纠纷案

案情：2015年1月，吴某征任某文化有限公司总经理，占公司8%股份。2015年6月，某文化有限公司自筹资金成立某体育俱乐部。自2018年8月起，吴某征被派往某体育俱乐部工作，任总经理，并由某体育俱乐部交纳养老保险。后吴某征因与某体育俱乐部发生劳动争议进行了劳动仲裁，某体育俱乐部不服劳动仲裁裁决起诉至法院，法院一审、二审均以"总经理受董事会聘任，是该公司高级管理人员，与公司形成的是委托关系，董事会随时可以解聘总经理，该行为不属于劳动法的调整范围"为由裁定驳回某体育俱乐部的起诉。该案经再审审理后再审法院认为，我国劳动法并未将单位高管排除在劳动关系主体范畴之外。吴某征虽为某体育俱乐部的总经理，身份具有特殊性，但其与某体育俱乐部签订了劳动合同，按月领取劳动报酬，其与某体育俱乐部之间是否存在劳动关系，仍应从双方劳动力交换的实际情况，依据从属性特征作出判断。原审以吴某征的管理者身份认定本案不属于劳动争议范畴法律依据不足，应在对劳动关系构成要件进行实质审理后再作出结论。

解析：对于经理的聘任和解聘，虽然《公司法》规定经理受董事会聘任，属于公司的高级管理人员，但是依旧不妨碍经理和公司形成劳动关系。对于劳动关系的认定需要对以下方面进行实质审查：用人单位和劳动者具有符合法律法规规定的主体资格；用人单位依法制定的各项劳动规章制度适用于劳动者，劳动者受用人单位的劳动管理，从事用人单位安排的有报酬的劳动；劳动者提供的劳动是用人单位业务的组成部分。若是满足以上条件，不能单纯以公司法的适用排除劳动法对经理与公司之间劳动关系的调整。

不设董事会的股份有限公司

【知往事·新旧对照】

2018 年《公司法》 （阴影部分为修改或删除的内容）	2023 年《公司法》 （黑体部分为修改或增加的内容）
	第一百二十八条　规模较小或者股东人数较少的股份有限公司，可以不设董事会，设一名董事，行使本法规定的董事会的职权。该董事可以兼任公司经理。
第一百一十五条　公司不得直接或者通过子公司向董事、监事、高级管理人员提供借款。	

【知来者·条文释义】

本次《公司法》修订为小型股份有限公司提供了更为灵活的公司治理结构选项，新增了规模较小或股东人数较少的股份有限公司可以不设董事会，由一名董事行使董事会职权的规定，同时明确了该董事可以兼任公司经理。本条的规范内容与《公司法》第七十五条关于小型有限责任公司的规定一致。

【知践行·适用指引】

不设董事会的股份有限公司虽然只有一名董事，但该董事的法律地位和职权与董事会相同，其选任和解任、职权与任期均应当参照适用《公司法》第一百二十条之规定。

【知前鉴·典型案例】

▶设立一名董事行使董事会的职权与董事会行使职权的效力相同。

案号： （2021）最高法民申 7872 号

案例名： 光某公司与王某海、李某彬民间借贷纠纷案

案情： 光某公司系公司法人独资的一人有限责任公司，2016 年 7 月 15 日前，李某云系光某公司的法定代表人兼执行董事。2016 年 7 月 1 日，光某公司为李某彬向王某海的借款出具《担保函》，该《担保函》落款处有李某云的签名并加盖了光某公司的公章。后王某海诉请李某彬偿还借款，光某公司依据《担保函》承担担保责任，光某公司以"该《担保函》仅有公司盖章及法定代表人签名，债权人有重大过失，违反了《全国法院民商事审判工作会议纪要》第十七条、第十八条规定"为由不同意承担担保责任。法院经审理认为，李某云具有双重身份，其签字行为本身也具有双重身份。无论公司章程是否规定执行董事享有相当于董事会的职权，因章程的相关规定不能对抗善意相对人，执行董事的签字具有相当于董事会决议的效力。光某公司以案涉《担保函》未经公司机关决议为由主张案涉《担保函》无效，依据不足。

解析： 在不设董事会，仅设立一名董事行使董事会职权的公司中，该董事对内决定公司经营事宜、对外签署合同的行为均具有相当于董事会决议的效力。在设立一名执行董事行使董事会职权的公司中，执行董事签署的对外提供担保的协议不属于法定代表人越权代表的情形。

129 报酬披露

【知往事・新旧对照】

2018 年《公司法》 （阴影部分为修改或删除的内容）	2023 年《公司法》 （黑体部分为修改或增加的内容）
第一百一十六条　公司应当定期向股东披露董事、监事、高级管理人员从公司获得报酬的情况。	第一百二十九条　公司应当定期向股东披露董事、监事、高级管理人员从公司获得报酬的情况。

【知来者・条文释义】

本条未作修改。

薪酬披露有助于保护股东的权益，让股东了解公司薪酬政策和实际执行情况，从而更好地行使股东的监督和表决权，以确保董事、监事、高级管理人员薪酬的公平性和合理性。本条规定强调了公司对董事、监事和高级管理人员薪酬信息的公开透明要求。公司应当遵守相关法律法规和公司章程的规定，确保定期向股东披露相关信息。

【知践行・适用指引】

适用该规定的一般原则为：（1）披露时间为定期披露，公司应当定期向股东披露有关董事、监事和高级管理人员的薪酬情况。具体的披露频率和方式根据特别类型公司的监管要求、公司章程和股东会决议的内容而异。实践中，股份有限公司报酬披露一般为一年一次。（2）薪酬范围应包括有关董事、监事和高级管理人员的薪酬范围，包括工资、奖金、福利、股票选项、年度奖金，以及保险、公积金、年金等各种形式的薪酬。（3）披露方式为通过股东会会议、公司网站、年度报告、媒体公告等方式向股东披露薪酬信息，具体的披露方式可根据公司章程或股东会决议而定。

【知前鉴·典型案例】

▶公司没有向股东披露董事、监事、高级管理人员从公司获得报酬的情况属于侵犯股东知情权。

案号：（2021）皖 0207 民初 4260 号

案例名：梁某宇、芜湖某药业科技股份有限公司股东知情权纠纷案

案情：2020 年 12 月 30 日，梁某宇经拍卖受让了芜湖某药业科技股份有限公司（以下简称药业公司）53.33% 的股份。2021 年 2 月 23 日，梁某宇委托律师请求药业公司出示该公司现有应付职工薪酬等相关证明资料。2021 年 3 月 19 日，药业公司书面拒绝了梁某宇的请求。法院经审理认为，公司应当定期向股东披露董事、监事、高级管理人员从公司处获得报酬的情况，梁某宇关于查阅、复制公司董事、监事、高级管理人员从公司获得报酬的资料的请求应予支持，其他请求于法无据，不予支持。

解析：股份公司股东对董事、监事、高级管理人员从公司获得报酬的情况享有股东知情权。股份有限公司应对董事、监事、高级管理人员从公司获得报酬的情况进行定期披露，这有利于更好地保护股东的知情权，并且对公司董事、高级管理人员的报酬进行合理控制和监督。

130-133 ▶ 股份有限公司的监事会

【知往事·新旧对照】

2018年《公司法》 （阴影部分为修改或删除的内容）	2023年《公司法》 （黑体部分为修改或增加的内容）
第四节　监事会	第四节　监事会
第一百一十七条　股份有限公司设监事会，其成员不得少于三人。 　　监事会应当包括股东代表和适当比例的公司职工代表，其中职工代表的比例不得低于三分之一，具体比例由公司章程规定。监事会中的职工代表由公司职工通过职工代表大会、职工大会或者其他形式民主选举产生。 　　监事会设主席一人，可以设副主席。监事会主席和副主席由全体监事过半数选举产生。监事会主席召集和主持监事会会议；监事会主席不能履行职务或者不履行职务的，由监事会副主席召集和主持监事会会议；监事会副主席不能履行职务或者不履行职务的，由半数以上监事共同推举一名监事召集和主持监事会会议。 　　董事、高级管理人员不得兼任监事。 　　本法第五十二条关于有限责任公司监事任期的规定，适用于股份有限公司监事。	第一百三十条　股份有限公司设监事会，本法第一百二十一条第一款、第一百三十三条另有规定的除外。 　　监事会成员为三人以上。监事会成员应当包括股东代表和适当比例的公司职工代表，其中职工代表的比例不得低于三分之一，具体比例由公司章程规定。监事会中的职工代表由公司职工通过职工代表大会、职工大会或者其他形式民主选举产生。 　　监事会设主席一人，可以设副主席。监事会主席和副主席由全体监事过半数选举产生。监事会主席召集和主持监事会会议；监事会主席不能履行职务或者不履行职务的，由监事会副主席召集和主持监事会会议；监事会副主席不能履行职务或者不履行职务的，由过半数的监事共同推举一名监事召集和主持监事会会议。 　　董事、高级管理人员不得兼任监事。 　　本法第七十七条关于有限责任公司监事任期的规定，适用于股份有限公司监事。

续表

2018 年《公司法》 （阴影部分为修改或删除的内容）	2023 年《公司法》 （黑体部分为修改或增加的内容）
第一百一十八条　本法第五十三条、第五十四条关于有限责任公司监事会职权的规定，适用于股份有限公司监事会。 监事会行使职权所必需的费用，由公司承担。	第一百三十一条　本法第七十八条至第八十条的规定，适用于股份有限公司监事会。 监事会行使职权所必需的费用，由公司承担。
第一百一十九条　监事会每六个月至少召开一次会议。监事可以提议召开临时监事会会议。 监事会的议事方式和表决程序，除本法有规定的外，由公司章程规定。 监事会决议应当经半数以上监事通过。 监事会应当对所议事项的决定作成会议记录，出席会议的监事应当在会议记录上签名。	第一百三十二条　监事会每六个月至少召开一次会议。监事可以提议召开临时监事会会议。 监事会的议事方式和表决程序，除本法有规定的外，由公司章程规定。 监事会决议应当经**全体**监事的过半数通过。 **监事会决议的表决，应当一人一票。** 监事会应当对所议事项的决定作成会议记录，出席会议的监事应当在会议记录上签名。
	第一百三十三条　规模较小或者股东人数较少的股份有限公司，可以不设监事会，设一名监事，行使本法规定的监事会的职权。

【知来者·条文释义】

本次《公司法》修订在第一百三十二条第四款明确了监事会会议的表决应当一人一票，在第一百三十三条新增规定了规模较小或股东人数较少的股份有限公司可不设监事会而设一名监事。另外，第一百三十条、第一百三十一条仅作了法条序号的调整和个别表述的调整。《民法典》未把监事会或者监事等监督机构规定为营利法人的必设机构。本次《公司法》修订除了新增可以不设监事会的两种情形外，仅就监事会投票机制作了进一步明确，其余未作实质性修改。

监事会制度旨在提高公司的透明度和治理水平，促进公司合法合规经营，保护股东权益。监事会由公司股东选举产生，监事的人选由公司的股东会选举，由 3 名以上成员组成。监事会的主要职责是监督公司董事会和高级管理层的行为，确保他们合法合规地管理公司，保护股东权益。监事的职责通常包括审计公司的财务报告，监督公司的内部控制体系，检查公司的经营活动，监督董事和高级管理层的行为等。监事会有权查阅公司的账册和文件，可以要求董事和高级管理层提供相关资料，并对公司的经营活动进行调查。如果监事发现公司存在违法行为或违规情况，他们可以向股东大会提出建议或提出撤换董事的提案。

【知践行·适用指引】

监事会决议应当经全体监事的过半数通过而非出席会议监事的过半数通过。与董事会决议相同，监事会决议采取的表决机制亦为一人一票原则。可以不设监事会的股份有限公司包括：（1）按照公司章程的规定在董事会中设置由董事组成的审计委员会行使监事会职权的；（2）规模较小或者股东人数较少的股份有限公司，可以不设监事会，设一名监事。

【知前鉴·典型案例】

▶公司中职工代表并不是本公司的职工，不得成为本公司监事。

案号：（2017）沪 02 民终 891 号

案例名： 上海江阳某公司、魏某礼与上海某冷藏有限公司、上海某物流有限公司公司决议效力确认纠纷案

案情： 2014 年 1 月 23 日，上海某冷藏有限公司与上海江阳某公司签订一份股权转让协议书，协议约定上海江阳某公司将其所持上海某物流有限公司 50% 股权转让给上海某冷藏有限公司，上海某冷藏有限公司成为上海某物流有限公司股东，与上海江阳某公司各占 50% 股权。上海某物流有限公司 2014 年 4 月股东会决议记载，设立公司监事会，

职工代表监事由魏某礼担任。而事实上，魏某礼并非该公司职工。上海某冷藏有限公司诉请确认上海某物流有限公司于2014年4月通过的股东会决议关于公司监事会组成的决议条款无效。法院经审理认为，魏某礼并非上海某物流有限公司职工，不具备担任职工代表监事的资格，故此，系争股东会决议中任命魏某礼为上海某物流有限公司职工代表监事的内容违反《公司法》关于职工代表监事的规定，应属无效。

解析：公司监事会中的职工代表监事应当具有该公司职工的身份，职工代表监事的产生方式应符合《公司法》规定的职工民主选举产生的程序，并符合该条规定的代表比例。公司股东会作出任命职工代表监事的决议，如果该被任命监事并非本公司职工，或该被任命监事的产生程序、代表比例违反《公司法》规定的，该部分决议内容应属无效。

▶**监事在任期届满新监事未产生前有权继续履行监事职责。**

案号：（2013）扬商终字第0009号

案例名：金某诉扬州某公司要求在监事任期届满新监事未产生前继续履行监事检查权纠纷案

案情：金某为扬州某公司的股东和监事。金某以股东身份要求行使查阅权遭被告拒绝。后金某经诉讼，获法院支持。经查阅发现，扬州某公司账目记载混乱，伪造虚假凭证，虚构支出，减少收入。因扬州某公司拒绝金某复制有关材料，致使金某无法作进一步调查，后金某以监事身份主张对公司行使监督查阅相关材料的职权。法院经审理认为，尽管依据公司章程，金某的监事任期已经届满，但在公司股东大会选举出新的监事之前，其仍然有权行使对公司的调查权。故判决支持金某有权继续履行监事检查权。

解析：监事会、不设监事会的公司监事发现公司经营情况异常可以进行调查。依据公司章程，监事虽然任期届满，但在公司股东大会选举出新的监事之前，如发现公司经营异常，为保护公司的正常运转和股东合法权益，其仍然有权行使对公司的监事检查权。

134、165、166　募集股份公告和认股书内容

【知往事·新旧对照】

2018 年《公司法》 （阴影部分为修改或删除的内容）	2023 年《公司法》 （黑体部分为修改或增加的内容）
第五节　上市公司组织 机构的特别规定	第五节　上市公司组织 机构的特别规定
第一百二十条　本法所称上市公司，是指其股票在证券交易所上市交易的股份有限公司。	**第一百三十四条**　本法所称上市公司，是指其股票在证券交易所上市交易的股份有限公司。
第一百四十四条　上市公司的股票，依照有关法律、行政法规及证券交易所交易规则上市交易。	**第一百六十五条**　上市公司的股票，依照有关法律、行政法规及证券交易所交易规则上市交易。
第一百四十五条　上市公司必须依照法律、行政法规的规定，公开其财务状况、经营情况及重大诉讼，在每会计年度内半年公布一次财务会计报告。	**第一百六十六条**　上市公司**应当**依照法律、行政法规的规定**披露相关信息**。

【知来者·条文释义】

　　第一百三十四条规定明确了上市公司的定义，强调了其股票在证券交易所上市交易的特征。股份有限公司成为上市公司可以通过两种方式：（1）以发起设立方式成立的股份有限公司，获批向社会公开发行股份后，达到了本法规定的上市条件的，可以申请成为上市公司；（2）以募集设立方式成立的股份有限公司，可以依法申请其股票在证券交易所上市交易，成为上市公司。无论是以哪种方式设立的股份有限公司，均需满足其股票在证券交易所上市交易、公开竞价的条件，方能成为上市公司。

第一百六十五条相较于 2018 年《公司法》未作修改，第一百六十六条仅作了文字调整，更加精练。

【知践行·适用指引】

上市公司需要遵守相关法律法规和证券交易所的规定，并承担更多的责任和义务，以确保合法合规经营并保护投资者权益。申请证券上市交易，应当向证券交易所提出申请，由证券交易所依法审核同意，并由双方签订上市协议。按照《证券法》的规定，申请证券上市交易，应当符合证券交易所上市规则规定的经营年限、财务状况、最低公开发行比例和公司治理、诚信记录等上市条件。目前，我国的证券交易所有三家，分别是上海证券交易所、深圳证券交易所和北京证券交易所，三家证券交易所的上市规则各有不同。

上市公司应当依照法律、行政法规的规定披露相关信息，其股票依照有关法律、行政法规及证券交易所交易规则上市交易。股份有限公司转为上市公司需要经过首次公开发行股票并上市（IPO），首次公开发行是指公司首次将其股票在证券交易所上市交易的过程。首次公开发行要求公司进行详细的财务和业务信息披露，以满足监管要求和投资者的透明度需求。这些信息通常包括财务报告、风险因素、管理团队资历等。首次公开发行的过程通常包括选择承销商进行发行、准备招股书、设定股票发行价格、注册股票等步骤。发行价格通常会根据市场需求和公司的估值来确定。首次公开发行可以为公司提供更多的资金，但也伴随着一定的风险，包括市场波动、股价波动和监管要求。

【知前鉴·典型案例】

▶新三板、新四板公司不是《公司法》规定的上市公司。

案号：（2020）川 01 民终 17785 号

案例名：成信公司诉袁某辉、李某、冯某股权转让纠纷案

案情：成信公司以总额 50 万元投资某科技公司，其中 29.4118 万元作为注册资本投入，以取得公司 5% 的股权，余下 20.5882 万元作为资本公积金投入公司。成信公司与某科技公司股东袁某、李某、冯某约定，投资资金到达目标公司指定账户之日届满 3 年时，目标公司未上市或未被并购，投资方有权要求袁某、李某、冯某回购投资方届时持有的目标公司全部或部分股份，对方必须履行其回购义务。2017 年 8 月，天府（四川）联合股权交易中心股份有限公司向某科技公司颁发"双创企业板挂牌企业"证书，载明："经审核并备案，同意你公司在本中心挂牌，特颁此证。证券代码：811×××，证券简称：某科技"。后成信公司以某科技公司未上市或被并购为由诉请袁某辉、冯某、李某立即履行股权回购义务。法院经审理认为，"上市"应按照《公司法》关于上市公司的规定作限定解释，"新三板""新四板"融资的通常表述均为"挂牌"而非"上市"，故判令袁某、李某、冯某履行回购义务。

解析：公司法上的上市公司是指其股票在证券交易所上市交易的股份有限公司，在新三板、新四板上市的公司不同于主板、科创板和创业板，它被称为挂牌公司，主要的作用是为这些中小企业提供融资渠道，并不是公司法上的上市公司。

135 重大资产交易与重要担保的议事规则

【知往事·新旧对照】

2018 年《公司法》 （阴影部分为修改或删除的内容）	2023 年《公司法》 （黑体部分为修改或增加的内容）
第一百二十一条 上市公司在一年内购买、出售重大资产或者担保金额超过公司资产总额百分之三十的，应当由股东大会作出决议，并经出席会议的股东所持表决权的三分之二以上通过。	第一百三十五条 上市公司在一年内购买、出售重大资产或者向他人提供担保的金额超过公司资产总额百分之三十的，应当由股东会作出决议，并经出席会议的股东所持表决权的三分之二以上通过。

【知来者·条文释义】

本条仅作了个别文字调整，未发生实质变动。

上市公司股东会决议分为普通决议和特别决议，当决议内容涉及公司重大事项时，应当采取特别决议的方式进行。重大事项指可能导致公司资产负债情况发生重大变化的事项，具体包括：（1）购买、出售重要业务资产，如厂房、土地、设备、知识产权等；（2）以购买、出售方式进行的债务重组或重大财务交易，如权益投资、让与担保、不良资产处置等；（3）与关联公司或人员进行的股权或资产交易；（4）为他人提供担保的金额超过公司资产总额的 30%。

【知践行·适用指引】

"重大性"是适用本条规定的前提，根据《公司法》第十五条的规定，公司向其他企业投资或者为他人提供担保的议事规则由公司章程规定，既可由董事会决议，亦可由股东会决议，且相关决议经过简单多数决即可通过。只有在上市公司购买、出售重大资产或者向他人提供担保的金额超过公司资产总额 30% 的情况下，《公司法》才强制要求应当采取本条规定的特别议事规则。适用本条规定时还应注意两个问题：（1）上市公司为公司股东或者实际控制人提供担保的，无论是否具有重大性均应经过股东会决议，且被担保的股东或者实际控制人支配的股东不得参加担保事项的表决。（2）上市公司为本公司的债务提供担保无需经过股东会决议。

【知前鉴·典型案例】

▶票据保证应当适用《票据法》的特别规定而非《公司法》的一般性规定。

案号：（2018）川 0113 民初 2099 号

案例名：瞬赐公司诉三洲公司、银河公司、仕远置公司票据付款请求权纠纷案

案情：三洲公司向仕远置公司开具一张金额为 500 万元的商业汇票，于同日对汇票进行承兑并进行了登记。银河公司董事会决议同意为前述票据进行了出票保证并进行了登记。仕远置公司将汇票质押给瞬赐公司并进行登记。汇票到期后，付款人三洲公司拒绝付款。银河公司辩称，该公司为上市公司，依据《公司法》规定，对外提供担保应当经过股东会、股东大会审议批准。且上市公司的所有董事会决议、股东会决议按规定均需在证监会指定的网站进行公告。而本案中，瞬赐公司仅提供一份明显为伪造的银河公司董事会决议，没有提供相关的银河公司股东大会审议批准该对外担保事项的决议，故该担保行为对银河公司不产生法律效力。法院经审理认为，即便银河公司认为瞬赐公司提供的银河公司董事会决议存在瑕疵或违背银河公司对外担保制度，这也是银河公司内部管理问题，银河公司可据此向公司相关责任人追究责任，但不

能因此否定票据保证记载的效力，银河公司应依据电子商业汇票系统中的记载承担保证责任。

解析：我国《票据法》第五十条规定："被保证的汇票，保证人应当与被保证人对持票人承担连带责任。汇票到期后得不到付款的，持票人有权向保证人请求付款，保证人应当足额付款。"票据取得的基础法律关系系票据的原因关系，根据票据无因性原则，票据权利与取得票据的原因相分离，票据的原因关系不影响持票人行使票据权利。

136 上市公司独立董事与上市公司公司章程的特别规定

【知往事·新旧对照】

2018 年《公司法》 （阴影部分为修改或删除的内容）	2023 年《公司法》 （黑体部分为修改或增加的内容）
第一百二十二条　上市公司设独立董事，具体办法由国务院规定。	第一百三十六条　上市公司设独立董事，具体**管理**办法由国务院**证券监督管理机构**规定。 **上市公司的公司章程除载明本法第九十五条规定的事项外，还应当依照法律、行政法规的规定载明董事会专门委员会的组成、职权以及董事、监事、高级管理人员薪酬考核机制等事项。**

【知来者·条文释义】

上市公司应当建立独立董事制度，相较于 2018 年《公司法》，本条明确上市公司独立董事具体管理办法由国务院证券监督管理机构规定。根据 2023 年 8 月 1 日中国证券监督管理委员会公布的《上市公司独立董事管理办法》的规定，独立董事是指不在上市公司担任除董事外的其他职务，并与其所受聘的上市公司及其主要股东、实际控制人不存在直接或者间接利害关系，或者其他可能影响其进行独立客观判断关系的董事。独立董事应当独立履行职责，不受上市公司及其主要股东、实际控制人等单位或者个人的影响。独立董事对上市公司及全体股东负有忠实与勤勉义务，应当按照法律、行政法规、中国证监会规定、证券交易所业务规则和公司章程的规定，认真履行职责，在董事会中发挥参与决策、监督制衡、专业咨询作用，维护上市公司整体利益，保护中小股东合法权益。

本条第二款新增规定：上市公司的公司章程除了规定《公司法》规定的股份有限公司章程应当规定的事项外，还应特别载明两项内容：（1）董事会各专门委员会的组成、职权，具体包括审计委员会、提名委员会、薪酬与考核委员会等专门委员会的组成及与之相应的职权；（2）董事、监事、高级管理人员的薪酬考核机制，包括薪酬构成、激励计划、绩效评估方法等方面的规定，以确保薪酬政策和考核机制的合理性和透明度。

【知践行·适用指引】

独立董事原则上最多在三家境内上市公司担任独立董事，并应当确保有足够的时间和精力有效地履行独立董事的职责。独立董事每年在上市公司的现场工作时间应当不少于 15 日。上市公司独立董事占董事会成员的比例不得低于三分之一，且至少包括一名会计专业人士。上市公司董事会及其专门委员会、独立董事专门会议应当按规定制作会议记录，独立董事的意见应当在会议记录中载明。独立董事应当对会议记录签字确认。

独立董事必须保持独立性。下列人员不得担任独立董事：（1）在上市公司或者其附属企业任职的人员及其配偶、父母、子女、主要社会关系；（2）直接或者间接持有上市公司已发行股份 1% 以上或者是上市公司前十名股东中的自然人股东及其配偶、父母、子女；（3）在直接或者间接持有上市公司已发行股份 5% 以上的股东或者在上市公司前五名股东任职的人员及其配偶、父母、子女；（4）在上市公司控股股东、实际控制人的附属企业任职的人员及其配偶、父母、子女；（5）与上市公司及其控股股东、实际控制人或者其各自的附属企业有重大业务往来的人员，或者在有重大业务往来的单位及其控股股东、实际控制人处任职的人员；（6）为上市公司及其控股股东、实际控制人或者其各自附属企业提供财务、法律、咨询、保荐等服务的人员，包括但不限于提供服务的中介机构的项目组全体人员、各级复核人员、在报告上签字的人员、合伙人、董事、高级管理人员及主要负责人；（7）最近12个月内曾经具有第1项至第6项所列举情形的人员；（8）法律、行政法规、中国证监会规定、证券交易所业务规则和公司章程规定的不具备独立性的其他人员。上述第4项至第6项中的上市公司控股股东、实际控制人的附属企业，不包括与上市公司受同一国有资产管理机构控制且按照相关规定未与上市公司构成关联关系的企业。独立董事应当每年对独立性情况进行自查，并将自查情况提交董事会。董事会应当每年对在任独立董事的独立性情况进行评估并出具专项意见，与年度报告同时披露。

独立董事享有董事的一般职权，同时依照法律法规和公司章程针对相关事项享有特别职权，上市公司应当保障独立董事享有与其他董事同等的知情权。独立董事的特别职权包括：（1）独立聘请中介机构，对上市公司具体事项进行审计、咨询或者核查；（2）向董事会提议召开临时股东大会；（3）提议召开董事会会议；（4）依法公开向股东征集股东权利；（5）对可能损害上市公司或者中小股东权益的事项发表独立意见；（6）法律、行政法规、中国证监会规定和公司章程规定的其他职权。独立董事行使上述第1项至第2项所列职权的，应当经全体独立董事过半数同意。

上市公司董事会提名委员会负责拟定董事、高级管理人员的选择标准和程序，对董事、高级管理人员人选及其任职资格进行遴选、审核，并就下列事项向董事会提出建议：（1）提名或者任免董事；（2）聘任或者解聘高级管理人员；（3）法律、行政法规、中国证监会规定和公司章程规定的其他事项。董事会对提名委员会的建议未采纳或者未完全采纳的，应当在董事会决议中记载提名委员会的意见及未采纳的具体理由，并进行披露。

上市公司董事会薪酬与考核委员会负责制定董事、高级管理人员的考核标准并进行考核，制定、审查董事、高级管理人员的薪酬政策与方案，并就下列事项向董事会提出建议：（1）董事、高级管理人员的薪酬；（2）制定或者变更股权激励计划、员工持股计划，激励对象获授权益、行使权益条件成就；（3）董事、高级管理人员在拟分拆所属子公司安排持股计划；（4）法律、行政法规、中国证监会规定和公司章程规定的其他事项。董事会对薪酬与考核委员会的建议未采纳或者未完全采纳的，应当在董事会决议中记载薪酬与考核委员会的意见及未采纳的具体理由，并进行披露。

【知前鉴·典型案例】

▶上市公司独立董事在责任承担方面，相比普通董事较轻。

案号：（2020）粤 01 民初 2171 号

案例名：顾某骏、黄某等与某药业股份有限公司等证券虚假陈述责任纠纷案

案情：某药业股份有限公司在 2016 年年度报告、2017 年年度报告、2018 年半年度报告中存在虚假陈述行为，江某平、李某安、张某为兼职的独立董事，不参与某药业股份有限公司日常经营管理。法院经审理认为，江某平、李某安、张某相对过失较小，酌情判令其在投资者损失的 10% 范围内承担连带赔偿责任（折合 2.459 亿元）。

解析：独立董事也是董事，同样对公司及全体股东负有勤勉尽责的义务，也享有相应的职权，在违反勤勉尽责义务而对公司和股东权利造成损害时，同样负有赔偿义务。在现行法律中，并未剥夺和限缩独立董事的职权，也未豁免或限制其责任；另外，独立董事均为兼职，投入公司的时间和精力均有限，其勤勉尽责义务理应低于普通的董事。因此，明确独立董事的勤勉尽责义务标准低于非独立董事是有一定意义的。本案中，某药业股份有限公司财务造假持续时间长，金额巨大，涉及多个会计科目，而独立董事均为会计专业人士或者有会计知识的管理学专家，独立董事有能力发现某药业股份有限公司财务造假的事实，但是因为没有积极履行监督职责造成此后果。因此，本案中独立董事的严重失职是显而易见的。即使将独立董事勤勉尽责义务的标准降低到非独立董事标准之下，也不能认为独立董事不存在重大过失。至于独立董事承责的具

体金额问题，依据损害填补原则，应当根据原告的损失及独立董事在虚假陈述行为中所起的作用来确定。独立董事相对过错较小，只在较小范围内与公司承担连带赔偿责任，与普通的董事责任承担有所区别。

137 上市公司审计委员会的前置性批准事项

【知往事·新旧对照】

2018 年《公司法》 （阴影部分为修改或删除的内容）	2023 年《公司法》 （黑体部分为修改或增加的内容）
	第一百三十七条　上市公司在董事会中设置审计委员会的，董事会对下列事项作出决议前应当经审计委员会全体成员过半数通过： （一）聘用、解聘承办公司审计业务的会计师事务所； （二）聘任、解聘财务负责人； （三）披露财务会计报告； （四）国务院证券监督管理机构规定的其他事项。

【知来者·条文释义】

　　审计委员会在监督和审批上市公司的财务和审计事项上发挥着重要作用，同时也是增加上市公司决策的透明度和公开性、减少上市公司潜在的财务风险、引导证券市场健康发展的重要角色。上市公司的关键财务、审计事项需要经过审计委员会的前置性审批才能提请董事会决议。本次《公司法》修订新增规定了上市公司审计委员会的四类前置性批准事项，与《上市公司独立董事管理办法》关于上市公司审计委员会的前置性审批事项①的规定相较而言，本条的规定更具有原则性，故而也更具稳定性。因本条第四项内容具有兜底性质，故《上市公司独立董事管理办法》的有关规定仍然有效。

【知践行·适用指引】

按照中国证监会的现行规定，上市公司均应设置审计委员会，因此，在我国境内三家交易所上市的公司均应适用本条规定。上市公司董事会作出决议前应当经审计委员会全体成员过半数通过的情形包括：（1）董事会在选择或更换承办公司审计业务的会计师事务所时；（2）董事会在任命或解聘公司的财务负责人（通常是首席财务官或财务总监）时；（3）董事会在披露财务会计报告及定期报告中的财务信息、内部控制评价报告，以及决定公司财务会计报告的披露方式和披露内容时；（4）董事会在决议中国证监会规定的因会计准则变更以外的原因作出会计政策、会计估计变更或者重大会计差错更正等其他事项时。

【知前鉴·典型案例】

▶上市公司的独立董事且是审计委员会成员，有能力并且有义务审核与业务相关的信息的真实性、准确性的，对虚假记载行为要承担相应责任。

案号：（2021）京行终 1923 号

---

① 《上市公司独立董事管理办法》第二十六条第一款规定："上市公司董事会审计委员会负责审核公司财务信息及其披露、监督及评估内外部审计工作和内部控制，下列事项应当经审计委员会全体成员过半数同意后，提交董事会审议：（一）披露财务会计报告及定期报告中的财务信息、内部控制评价报告；（二）聘用或者解聘承办上市公司审计业务的会计师事务所；（三）聘任或者解聘上市公司财务负责人；（四）因会计准则变更以外的原因作出会计政策、会计估计变更或者重大会计差错更正；（五）法律、行政法规、中国证监会规定和公司章程规定的其他事项。"

案例名：张某国与中国证券监督管理委员会行政复议案

案情：本案中，证监会认定虚假记载行为成立，证监会认定凯迪生态时任独立董事是上述虚假记载行为的其他直接责任人员是否正确为争议焦点。张某国作为具有财务背景的独立董事，且其为审计委员会成员，其在参与相关会议审查涉案定期报告时，应重点核查与业务相关的信息是否真实、准确、完整。综合在案询问笔录及凯迪生态建设月报等证据能够认定，张某国未充分关注到公司实际控制人和涉案电厂停建的事实，且未采取措施避免或减少危害后果的发生，未尽到 2005 年《证券法》规定中保证上市公司所披露的信息真实、准确、完整的义务。张某国所提其不直接从事经营管理，并非财务专业人员，信赖第三方机构意见等主张亦不能构成对其不予处罚的免责事由。证监会认定，张某国为其他直接责任人员正确，给予其警告及罚款 10 万元的处罚，并无不当。

解析：上市公司董事、高级管理人员履行勤勉义务是法律对公司治理的要求，不参与公司日常经营管理或在公司日常经营管理中只分管负责部分具体事务等，不是董事、高级管理人员履行勤勉义务的豁免事由，但可作为认定其责任大小的考量因素。并且，作为有财务背景的独立董事还是审计委员会的成员，有能力并且有义务审核与其业务相关信息的真实性、准确性，对虚假记载行为要承担相应责任。

138 董事会秘书

【知往事·新旧对照】

2018 年《公司法》 （阴影部分为修改或删除的内容）	2023 年《公司法》 （黑体部分为修改或增加的内容）
第一百二十三条 上市公司设董事会秘书，负责公司股东大会和董事会会议的筹备、文件保管以及公司股东资料的管理，办理信息披露事务等事宜。	第一百三十八条 上市公司设董事会秘书，负责公司股东会和董事会会议的筹备、文件保管以及公司股东资料的管理，办理信息披露事务等事宜。

【知来者·条文释义】

本条未作修改。

董事会秘书属于公司的高级管理人员，是上市公司必须设置的机关，负责处理董事会日常事务并保管公司文件和股东资料，其主要职责包括：（1）筹备股东会会议和董事会会议，准备、送达和提交会议文件和资料；（2）保管股东会、董事会会议文件和会议记录；（3）管理股东名册、董事名册以及上市公司主要股东、董事、监事和高级管理人员持有本公司股票的情况；（4）负责办理上市公司信息披露事务，包括按照法律规定和中国证监会的要求建立信息披露制度，督促公司和相关人员履行信息披露义务，按照监管要求定期或临时披露法定信息事项或重大事项，保守内幕信息，保障股东、独立董事、监事和专门委员会的知情权。

【知践行·适用指引】

董事会聘任董事会秘书应当符合公司高级管理人员的资格要求。上市公司聘任董事会秘书，应当向股东会报告，并向公众披露，同时报中国证监会和交易所备案。有下列情形之一的，不得担任董事会秘书：（1）无民事行为能力或者限制民事行为能力；（2）因贪污、贿赂、侵占财产、挪用财产或者破坏社会主义市场经济秩序，被判处刑罚，或者因犯罪被剥夺政治权利，执行期满未逾五年，被宣告缓刑的，自缓刑考验期满之日起未逾二年；（3）担任破产清算的公司、企业的董事或者厂长、经理，对该公司、企业的破产负有个人责任的，自该公司、企业破产清算完结之日起未逾三年；（4）担任因违法被吊销营业执照、责令关闭的公司、企业的法定代表人，并负有个人责任的，自该公司、企业被吊销营业执照、责令关闭之日起未逾三年；（5）个人因所负数额较大债务到期未清偿被人民法院列为失信被执行人。

违反上述要求聘任董事会秘书的，该聘任无效。董事会秘书在任职期间出现上述情形的，公司应当解除其职务。

董事会秘书对公司负有《公司法》第一百八十条规定的忠实勤勉义务，应当采取措施避免自身利益与公司利益冲突，不得利用职权牟取不正当利益，执行职务应当为公司的最大利益尽到管理者通常应有的合理注意。董事会秘书履行职责过程中违反法律、行政法规、监管要求或公司章程的规定，给公司造成损失的，应当承担赔偿责任。

【知前鉴·典型案例】

▶公司涉及虚假陈述等违法行为，董事会秘书有义务并且有权力知悉相关事项并参与其中，其对公司或者相关责任人员的违法行为应当承担责任。

案号：（2019）粤民终 1786 号

案例名：张某玉、某技术股份有限公司证券虚假陈述责任纠纷案

案情：某技术股份有限公司的董事会秘书刘某红负责组织协调公司信息披露事务，其知悉、参与了涉案补充协议的签订，却未依法及时报告董事会并督促公司披露，法院经审理认为，董事会秘书是公司证券虚假陈述违法行为的其他直接责任人员，应当承担赔偿责任。

解析：上市公司的董事会秘书负责办理信息披露事务，知悉参与公司有关信息披露事项。若公司涉及虚假陈述等违法行为涉及信息披露，那么董事会秘书在这些违法行为中为其他责任人员，对其违法行为要承担责任。

139 上市公司董事表决权回避制度

【知往事·新旧对照】

2018 年《公司法》 （阴影部分为修改或删除的内容）	2023 年《公司法》 （黑体部分为修改或增加的内容）
第一百二十四条　上市公司董事与董事会会议决议事项所涉及的企业有关联关系的，不得对该项决议行使表决权，也不得代理其他董事行使表决权。该董事会会议由过半数的无关联关系董事出席即可举行，董事会会议所作决议须经无关联关系董事过半数通过。出席董事会的无关联关系董事人数不足三人的，应将该事项提交上市公司股东大会审议。	第一百三十九条　上市公司董事与董事会会议决议事项所涉及的企业或者个人有关联关系的，**该董事应当及时向董事会书面报告。有关联关系的董事**不得对该项决议行使表决权，也不得代理其他董事行使表决权。该董事会会议由过半数的无关联关系董事出席即可举行，董事会会议所作决议须经无关联关系董事过半数通过。出席董事会**会议的**无关联关系董事人数不足三人的，**应当**将该事项提交上市公司股东会审议。

【知来者·条文释义】

　　本次《公司法》修订明确了上市公司董事所涉关联关系的主体范围，将原有"所涉及的企业"扩大至"所涉及的企业或者个人"，并新增规定了关联董事向董事会书面报告关联事项的义务，同时调整了语序，从而更加完善地规范了董事与上市公司的利益冲突问题，有利于防止董事利用其地位损害公司利益，为自己或他人牟利。

　　根据中国证券监督管理委员会 2021 年 3 月 18 日修订的《上市公司信息披露管理办法》的规定，具有以下情形之一的法人（或者其他组织），为上市公司的关联法人（或者其他组织）：（1）直接或者间接地控制上市公司的法人（或者其他组织）；（2）由前项所述法人（或者其他组织）直接或者间接控制的除上市公司及其控股子公司以外的法人（或者其他组织）；（3）关联自然人直接或者间接控制的，或者担任董事、高级管理人员的，除上市公司及其控股子公司以外的法人（或者其他组织）；（4）持有上市公司5%以上股份的法人（或者其他组织）及其一致行动人；（5）在过去12个月内或者根据相关协议安排在未来12个月内，存在上述情形之一的；（6）中国证监会、证券交易所或者上市公司根据实质重于形式的原则认定的其他与上市公司有特殊关系，可能或者已经造成上市公司对其利益倾斜的法人（或者其他组织）。具有以下情形之一的自然人，为上市公司的关联自然人：（1）直接或者间接持有上市公司5%以上股份的自然人；（2）上市公司董事、监事及高级管理人员；（3）直接或者间接地控制上市公司的法人的董事、监事及高级管理人员；（4）与上述第1项、第2项所述人士的关系密切的家庭成员，包括配偶、父母、年满18周岁的子女及其配偶、兄弟姐妹及其配偶，配偶的父母、兄弟姐妹，子女配偶的父母；（5）在过去12个月内或者根据相关协议安排在未来12个月内，存在上述情形之一的；（6）中国证监会、证券交易所或者上市公司根据实质重于形式的原则认定的其他与上市公司有特殊关系，可能或者已经造成上市公司对其利益倾斜的自然人。

【知践行·适用指引】

上市公司董事会对关联事项进行表决时，关联董事不得对相关决议行使表决权或代理其他董事行使表决权。相关决议经无关联关系的董事过半数同意即可通过。若出席董事会的无关联关系董事人数不足三人的，应当将该事项提交上市公司股东会审议，以避免表决人数过少导致的少数人操纵表决，更好地保护公司和股东的利益。若关联董事违反关联事项的报告义务，导致关联董事对决议行使了表决权，则该违反关联董事表决权回避制度的董事会决议不成立。关联董事因违反表决权回避制度给公司造成的损失，应当承担违反《公司法》第一百八十条规定的忠实勤勉义务的责任。

【知前鉴·典型案例】

▶关联董事违反表决权回避制度的董事会决议不成立。基于该董事会决议与公司缔约的相对方如未尽到合理审查义务，则相关约定对公司不发生法律效力。

案号：（2020）皖民终1157号

案例名：安徽某泰公司与泉州某洋公司、某通物流公司、某通控股公司融资租赁纠纷案

案情：2017年6月16日，安徽某泰公司与泉州某洋公司、某通物流公司签订三方《融资租赁合同》，由安徽某泰公司出资购买泉州某洋公司6000只集装箱，并以售后回租的方式租赁给作为共同承租人的泉州某洋公司与某通物流公司。某通控股公司形成《董事会决议》，同意其为泉州某洋公司、某通物流公司与安徽某泰公司签订的三方《融资租赁合同》进行担保。因泉州某洋公司迟延支付租金，安徽某泰公司起诉要求泉州某洋公司与某通物流公司支付租金，某通控股公司承担保证责任。某通控股公司主张安徽某泰公司对郭某圣是泉州某洋公司的实际控制人应系明知，而郭某圣作为某通控股公司的董事，与案涉担保存在利害关系，应当回避表决，作为郭某圣一致行动人的郭某泽作为某通控股公司的董事亦应回避表决。在排除郭某圣、郭某泽无效表决权的情形下，某通控股公司形成的同意担保的董事会决议无法达到《某通控股公司章程》所要求的"过半数通过"，因此郭某泽以某通控股公司名义签订的保证合同系越权代表，对某通控股公司不发生法律效力。法院经审理认为，鉴于安徽某泰公司系长期从事融资租赁经营的专业机构，在郭某泽以某通控股公司名义与之签订案涉保证合同时，其应当根据法律就上市公司对外担保所作的特别规定履行合理审查义务。在未尽到该义务的情况下，郭某泽签署保证合同系越权代表，该合同对某通控股公司不发生法律效力。

　　解析：关联董事违反关联事项的报告义务，导致关联董事对决议行使了表决权，则该违反关联董事表决权回避制度的董事会决议不成立。基于该董事会决议与公司缔约的相对方，如未尽到合理审查义务，则相关约定对公司不发生法律效力；如已尽到合理审查义务，则公司不得以董事会决议不成立为由对抗善意相对方，公司可向该关联董事主张损失赔偿。

140 股东、实际控制人的信息披露义务与禁止代持

【知往事·新旧对照】

2018 年《公司法》 （阴影部分为修改或删除的内容）	2023 年《公司法》 （黑体部分为修改或增加的内容）
	第一百四十条　上市公司应当依法披露股东、实际控制人的信息，相关信息应当真实、准确、完整。 **禁止违反法律、行政法规的规定代持上市公司股票。**

【知来者·条文释义】

本次《公司法》修订新增第一百四十条第一款规定了上市公司披露其股东和实际控制人信息的义务。上市公司对其股东和实际控制人的信息披露直接影响其信息披露的真实性和有效性，上市公司需要公开其股东和实际控制人的身份、股权结构、持股比例等信息。这些信息的披露需要真实、准确、完整，不得包含虚假信息或者遗漏重要信息。

本次《公司法》修订新增第一百四十条第二款规定了禁止违法违规代持上市公司股票。股份代持在上市公司层面一直都是禁区。在首次公开发行层面，股份代持的情形已被各类首发上市指引完全禁止。① 上市公司股份代持行为因其危害资本市场基本交易秩序和交易安全，损害

①　参见《监管规则适用指引——关于申请首发上市企业股东信息披露》，中国证监会 2021 年 2 月 9 日发布，载 http：//www.csrc.gov.cn/csrc/c101802/c1570908/content.shtml，最后访问时间：2024 年 1 月 1 日；《关于发行审核业务问答部分条款调整事项的通知》，中国证监会发行监管部 2020 年 6 月 10 日发布，载 http：//www.csrc.gov.cn/csrc/c100107/c1447185/content.shtml，最后访问时间：2024 年 1 月 1 日。

社会公共利益，在司法实践中往往会因损害社会公共利益或违背公序良俗而被认定为无效。

【知践行·适用指引】

本条新增的两款规定共同的目的是防止上市公司股东和实际控制人不当实施关联交易。上市公司的关联交易，是指上市公司或者其控股子公司与上市公司关联人之间发生的转移资源或者义务的事项。关联关系，是指公司控股股东、实际控制人、董事、监事、高级管理人员与其直接或者间接控制的企业之间的关系，以及可能导致公司利益转移的其他关系。实际控制人，是指通过投资关系、协议或者其他安排，能够实际支配公司行为的人。

根据《证券法》《上市公司信息披露管理办法》等规定，上市公司披露的信息，应当真实、准确、完整，简明清晰，通俗易懂，不得有虚假记载、误导性陈述或者重大遗漏。上市公司必须股权清晰，控股股东和受控股股东、实际控制人支配的股东持有的发行人股份不存在重大权属纠纷。涉及上市公司的收购、合并、分立、发行股份、回购股份等行为导致上市公司股本总额、股东、实际控制人等发生重大变化的，信息披露义务人应当依法履行报告、公告义务，披露权益变动情况。上市公司的股东、实际控制人发生以下事件时，应当主动告知上市公司董事会，并配合上市公司履行信息披露义务：（1）持有公司5%以上股份的股东或者实际控制人持有股份或者控制公司的情况发生较大变化，公司的实际控制人及其控制的其他企业从事与公司相同或者相似业务的情况发生较大变化；（2）法院裁决禁止控股股东转让其所持股份，任一股东所持公司5%以上股份被质押、冻结、司法拍卖、托管、设定信托或者被依法限制表决权等，或者出现被强制过户风险；（3）拟对上市公司进行重大资产或者业务重组；（4）中国证监会规定的其他情形。

应当披露的信息依法披露前，相关信息已在媒体上传播或者公司证券及其衍生品种出现交易异常情况的，股东或者实际控制人应当及时、准确地向上市公司作出书面报告，并配合上市公司及时、准确地公告。

通过接受委托或者信托等方式持有上市公司 5% 以上股份的股东或者实际控制人，应当及时将委托人情况告知上市公司，配合上市公司履行信息披露义务。

【知前鉴·典型案例】

▶上市公司依法披露其股东、实际控制人的信息披露义务，既包括信息的披露需要真实、准确、完整，亦包括不得遗漏重要信息，如控股股东资金占用情况，否则将构成证券虚假陈述。

来源：陕西省高级人民法院发布 8 起全省法院金融审判典型案例之一

案例名：吴某某与某股份有限公司证券虚假陈述责任纠纷案

案情：2020 年 10 月 16 日，某股份有限公司发布公告称：收到了中国证券监督管理委员会陕西监管局作出的《行政处罚决定书》，根据该决定书，某股份有限公司存在严重的证券虚假陈述行为，具体包括：（1）相关年度报告存在重大遗漏，未披露控股股东及其关联方非经营性占用资金情况；（2）相关年度报告存在虚假记载，虚增货币资金；（3）相关临时报告信息披露内容不准确、不完整，存在误导性陈述。该决定书给予某股份有限公司责令改正、警告和罚款的处罚，同时对某股份有限公司的实际控制人、公司董监高等高级管理人员给予罚款的行政处罚。吴某某等 515 名投资者依据相关法律规定起诉称：基于对某股份有限公司虚假陈述行为的信任投资其股票，其间遭受的损失依法应由某股份有限公司赔偿。法院经审理认为，某股份有限公司在年度报告中未如实披露与关联方、控股股东、实际控制人之间的关联交易，并且在年度报告中虚增货币资金，相关行为具有重大性，构成证券虚假陈述侵权，应对受侵权的投资者承担相应民事赔偿责任。

解析：控股股东资金占用情况系上市公司应当如实披露的重要信息。信息披露的目的是确保市场的透明度和公正性，保护投资者的合法权益。投资者和公众有权了解上市公司的重大变动情况，以便作出明智的投资决策。本案中，上市公司在年度报告中没有如实披露与关联方、控股股东和实际控制人之间的关联交易，这对投资者和公众来说是重要的信息，影响投资人的投资判断。

141 交叉持股的限制

【知往事·新旧对照】

2018 年《公司法》 （阴影部分为修改或删除的内容）	2023 年《公司法》 （黑体部分为修改或增加的内容）
	第一百四十一条　上市公司控股子公司不得取得该上市公司的股份。 　　**上市公司控股子公司因公司合并、质权行使等原因持有上市公司股份的，不得行使所持股份对应的表决权，并应当及时处分相关上市公司股份。**

【知来者·条文释义】

　　本次《公司法》修订新增规定了上市公司的控股子公司不得取得该上市公司的股份，并明确了被上市公司控股的子公司因特定原因持有上市公司股份的处置规则。究其本质而言，子公司取得母公司股份与《公司法》第一百六十二条所禁止的公司收购本公司股份具有类似的效果，即违反公司与股东人格独立、财产不得混同、所有与经营分离等一系列公司法基本原则，可能会导致上市公司经营管理层利用交叉持股的方式损害股东权利。因此，本条采取了与《公司法》第一百一十六条相同的方式，否定了被控股子公司持有的上市公司股份的表决权，并要求子公司及时处分相关股票。

【知践行·适用指引】

首先，关于何为"控股子公司"的问题。按照《公司法》第二百六十五条对控股股东的定义，上市公司的控股子公司是指上市公司的出资额占有限责任公司资本总额超过50%或者其持有的股份占股份有限公司股本总额超过50%的股东，或出资额或者持有股份的比例虽然低于50%，但依其出资额或者持有的股份所享有的表决权已足以对股东会的决议产生重大影响的股东。

其次，关于如何理解"及时"。《上海证券交易所股票上市规则》《深圳证券交易所股票上市规则》与《北京证券交易所股票上市规则（试行）》均规定上市公司控股子公司不得取得该上市公司发行的股份，确因特殊原因持有股份的，应当在一年内消除该情形，在消除前上市公司控股子公司不得对其持有的股份行使表决权。三家交易所对消除子公司持有控股上市母公司股份的期限均限定为一年，该做法与《公司法》第一百六十二条为公司收购本公司股份作出的差异性注销期限规定不同。因本次《公司法》修订未对处分期限作出明确规定，故参照交易所规则和公司收购本公司资本的期限，对于因公司合并产生的交叉持股情形，应当在6个月至1年的期限内消除，对于因股票质押产生的交叉持股情形，应当自质权实现或丧失后以迅速为原则进行处分，对于因其他原因产生的交叉持股情形，应当依照具体情形确定合理的处置期间。

第六章 股份有限公司的股份发行和转让

142 股份及其形式

【知往事·新旧对照】

2018年《公司法》 （阴影部分为修改或删除的内容）	2023年《公司法》 （黑体部分为修改或增加的内容）
第五章 股份有限公司的 股份发行和转让	**第六章 股份有限公司的 股份发行和转让**
第一节 股份发行	第一节 股份发行
第一百二十五条第一款 股份有限公司的资本划分为股份，每一股的金额相等。	**第一百四十二条** 公司的资本划分为股份。公司的全部股份，根据公司章程的规定择一采用面额股或者无面额股。采用面额股的，每一股的金额相等。 公司可以根据公司章程的规定将已发行的面额股全部转换为无面额股或者将无面额股全部转换为面额股。 采用无面额股的，应当将发行股份所得股款的二分之一以上计入注册资本。

【知来者·条文释义】

本次《公司法》修订新增规定了无面额股的内容，允许公司自由选择面额股或无面额股。股票的面值最初是为了确保股东以同样价格认购股份。[①] 在公司的股份第一次发行后，随着公司业绩表现的变化，公司股份在二级市场的价格会发生相应变化，既可能高于发行价格，也可能低于发行价格。在二级市场交易价格高于股票面额时，公司往往以高于股票面值的价格发行新股，这种溢价发行的情况下，股东所缴纳的股款中与股票面额对应的部分计入公司资本，超出的部分计入股本溢价，作为公司全部所有者的共有权益。在二级市场交易价格低于股票面额时，股票面额将会成为折价发行的障碍。鉴于公司成立后每次发行的股票价格都有可能不同，且发行价格与股票面额无关，故应当允许公司自由选择面额股或无面额股，并自由决定折价发行。

【知践行·适用指引】

无论是发行面额股还是无面额股，均需受到两个原则的约束：一是每次发行的同类股份认购价一致；二是股份公司只能在面额股和无面额股之间择一适用，两种股份形式不得并存。股份是我国股份有限公司资本单位的专属概念。

股份有限公司发行无面额股时获得的新股发行款在配置上是受限的。本次《公司法》修订明确，采用无面额股的，应当将发行股份所得股款的二分之一以上计入注册资本。因此，与美国允许新、老股东协商确定或由董事会决定新股发行款在股本和资本公积金之间如何配置不同，我国股份有限公司发行无面额股所得股款的一半以上应计入注册资本。

---

① 王军：《公司资本制度》，北京大学出版社 2022 年版，第 182 页。

【知前鉴·典型案例】

▶认定股东资格的实质标准为该股东持有能够实质上代表公司等额划分股份的证明载体。

案号：（2023）鲁 11 民终 423 号

案例名：某水产食品公司与王某学股东资格确认纠纷案

案情：2012 年 1 月 1 日某水产食品公司（以下简称水产公司）向王某学出具《内部股权证》，载明：股东名称王某学，公司名称水产公司，股东出资额 1.5 万元，公司登记日期为 1999 年 12 月，核发日期为 2012 年 1 月。2006 年 9 月 26 日，王某学与水产公司签订劳动合同书，主要内容约定：本合同期限为 3 年，自 2006 年 11 月 1 日起至 2009 年 10 月 31 日止，本合同期限届满，劳动关系即终止。之后双方未再签订劳动合同。王某学的出资 1.5 万元未退还。王某学在本案中起诉要求确认其系水产公司股东。水产公司主张王某学持有的股权证由于王某学严重违反水产公司的内部管理制度，双方的劳动合同已解除，劳动合同解除后，根据水产公司股权管理办法的有关规定，王某学持有的股权被水产公司依法予以收回，也通知了王某学。法院经审理认为，股份有限公司的股东以持有公司股票为依据，而股票仅仅为公司股份的证明载体，应当允许其有其他表现形式，比如股权证。王某学持有的《内部股权证》虽然有"内部"字样且名称亦非"股票"，但其已经实质上证明了王某学持有水产公司等额划分的股份，符合《公司法》规定的股票的实质要件，因此，王某学持有的《内部股权证》应认定为具有股票的性质，最终判决确认王某学为水产公司股东。

解析：公司股份的证明载体可具有多种形式，在判断股东资格时，应采取实质性审查标准，只要相关主体持有的载体符合划分公司资本之股份的性质，即可认定其持有的是公司股份并确认该主体的股东资格。

143 ▶ 股份发行原则

【知往事·新旧对照】

2018 年《公司法》 （阴影部分为修改或删除的内容）	2023 年《公司法》 （黑体部分为修改或增加的内容）
第一百二十六条　股份的发行，实行公平、公正的原则，同种类的每一股份应当具有同等权利。 　　同次发行的同种类股票，每股的发行条件和价格应当相同；任何单位或者个人所认购的股份，每股应当支付相同价额。	第一百四十三条　股份的发行，实行公平、公正的原则，同类别的每一股份应当具有同等权利。 　　同次发行的同类别股份，每股的发行条件和价格应当相同；认购人所认购的股份，每股应当支付相同价额。

【知来者·条文释义】

本次《公司法》修订正式引入了类别股的发行规则，将原有的"同种类"股份的表述调整为"同类别"股份，并将认购主体统一规定为"认购人"，《公司法》关于认购主体的文字表述进一步规范化。股份有限公司的股份发行大致可分为两种类型：一种是设立发行，另一种是新股发行。设立发行在《公司法》第五章股份有限公司设立部分已有论及，此处不再赘述。在授权资本制之下，所谓发行新股，系指公司成立后，发行公司章程所载股份总数中未于设立时发行之股份（即未发行股份），或于章程所载股份总数悉数发行后，经变更章程增加股份总数后（即增资后）发行所增加之股份而言。①

---

① 柯芳芝：《公司法论》，中国政法大学出版社 2003 年版，第 387 页。

【知践行·适用指引】

公司创设的股份需经过发行与认购才能实现融资的目的。就认购公司股权或股份而言，有限责任公司和股份有限公司没有本质上的区别，只是因为股份有限公司的股份发行条件更加严格，程序更加复杂，《公司法》在股份有限公司股份发行的章节才专门规定了股份发行的原则，这些原则一般均可直接参照适用于有限责任公司。

股份有限公司发行股份应当遵循公平、公正原则。公平原则主要包括两方面：（1）同种类的每一股份同股同权利，同股同利益。（2）同次发行的同种类股份同股同条件、同股同价格。公正原则主要是指禁止虚假陈述、欺诈销售、内幕交易、操纵价格等方式发行股份。此外，依公开发行或非公开发行的情形不同，在公开发行股份时，还应符合"公开原则"的要求。按照《证券法》第十二条的规定，股份有限公司首次公开发行新股的条件是：（1）具备健全且运行良好的组织机构；（2）具有持续经营能力；（3）最近三年财务会计报告被出具无保留意见审计报告；（4）发行人及其控股股东、实际控制人最近三年不存在贪污、贿赂、侵占财产、挪用财产或者破坏社会主义市场经济秩序的刑事犯罪；（5）经国务院批准的国务院证券监督管理机构规定的其他条件。上市公司公开发行新股时亦应当符合公开发行新股的条件以及国务院证券监督管理机构规定的其他条件。

【知前鉴·典型案例】

▶同股同权原则要求不得以资本多数决的方式进行定向减资。

来源：上海市第一中级人民法院、上海市浦东新区人民法院联合发布自贸区司法保障十大典型案例之三

案例名：华某诉 S 公司公司决议纠纷案

案情：S 公司的股东会由 A 公司以及华某等 6 名股东组成。S 公司召开股东会并作出决议：同意对 A 公司认缴注册资本中的 210438 元进

行定向减资，公司总注册资本减少至 6102693 元。减资后，A 公司股权比例下降，从 10% 降至 6.9%，其他股东持股比例均上升，其中，华某股权比例从 24.47% 上升至 25.32%。华某认为，该股东会决议损害了自身利益，故起诉 S 公司要求法院确认该股东会决议不成立。法院经审理认为，《公司法》中规定的"减少注册资本"应当仅仅指公司注册资本的减少，而并非涵盖减资后股权在各股东之间的分配。股权是股东享受公司权益、承担义务的基础，定向减资会直接突破公司设立时的股权分配情况，如只需经三分之二以上表决权的股东通过，即可作出不同比例减资决议，实际上是以多数决的形式改变公司设立时经发起人一致决所形成的股权架构。同时，经查明，S 公司已出现严重亏损状况。在定向减资后，华某持股比例的增加，在实质上增加了华某作为股东对外所承担的风险，在一定程度上损害了华某的股东利益。法院最终确认涉案股东会决议不成立。

解析：以资本多数决方式作出的定向减资决议存在突破同股同权原则的可能。公司增减出资不仅关乎股东之间的利益、公司未来的发展，更关乎与公司相关的各方主体的利益，因此，《公司法》对公司增减出资规定了专门的程序要求。本案不同于公司股东同比例减资情形，涉及的是以向股东返还出资款的形式进行定向减资这一新情况。此类减资将直接导致公司股权结构的变化，造成公司净资产减少，这就相当于使部分股东可以优先于债权人和其他股东收回所投入的资本，最终损害公司债权人以及其他股东的利益。法院在处理本案的过程中，以维护交易安全并保护债权人利益为前提，认为不能以股东多数决的方式改变公司设立之基础即经各方合意所形成的股权架构，且不能未经清算就通过减资变相向个别股东分配剩余资产，从而认定涉案决议属于《公司法》及其司法解释规定的决议不成立或无效的情形。

144-146 类别股

【知往事·新旧对照】

2018 年《公司法》 （阴影部分为修改或删除的内容）	2023 年《公司法》 （黑体部分为修改或增加的内容）
第一百三十一条　国务院可以对公司发行本法规定以外的其他种类的股份，另行作出规定。	第一百四十四条　公司可以按照公司章程的规定发行下列与普通股权利不同的类别股： （一）优先或者劣后分配利润或者剩余财产的股份； （二）每一股的表决权数多于或者少于普通股的股份； （三）转让须经公司同意等转让受限的股份； （四）国务院规定的其他类别股。 公开发行股份的公司不得发行前款第二项、第三项规定的类别股；公开发行前已发行的除外。 公司发行本条第一款第二项规定的类别股的，对于监事或者审计委员会成员的选举和更换，类别股与普通股每一股的表决权数相同。
	第一百四十五条　发行类别股的公司，应当在公司章程中载明以下事项： （一）类别股分配利润或者剩余财产的顺序； （二）类别股的表决权数； （三）类别股的转让限制； （四）保护中小股东权益的措施； （五）股东会认为需要规定的其他事项。

续表

2018 年《公司法》 （阴影部分为修改或删除的内容）	2023 年《公司法》 （黑体部分为修改或增加的内容）
	第一百四十六条　发行类别股的公司，有本法第一百一十六条第三款规定的事项等可能影响类别股股东权利的，除应当依照第一百一十六条第三款的规定经股东会决议外，还应当经出席类别股股东会议的股东所持表决权的三分之二以上通过。 　　**公司章程可以对需经类别股股东会议决议的其他事项作出规定。**

【知来者·条文释义】

本次《公司法》修订将自 1993 年沿袭至今的《公司法》授权国务院制定类别股发行规则的做法予以变更，首次在《公司法》中对类别股的种类、章程记载事项和表决权规则进行了明确规定。1993 年《公司法》第一百三十五条规定："国务院可以对公司发行本法规定的股票以外的其他种类的股票，另行作出规定。"2005 年《公司法》修正时，将本条内容修改为"国务院可以对公司发行本法规定以外的其他种类的股份，另行作出规定"。自 2013 年《国务院关于开展优先股试点的指导意见》正式引入类别股的发行规则以来，上市公司的类别股实践已经积累了十余年的经验，本次《公司法》修订将类别股的适用范围扩大至全部股份有限公司，为股份有限公司股份权利设置提供了更大的灵活性。公司发行特别股是一种市场化的选择，有利于公司采取更加灵活多样的方式确定适合自身发展的公司资本制度。以往公司法关于"同股同权"的设置与现实中股东对股权的差异化需求已产生严重背离，本次《公司法》修订将类别股全面法定化是回应市场需求的举措。

股份可依其利润分配顺序、表决权规则和转让限制规则而衍生出多种类型的股份，为了明确类别股对应的权利义务，明晰股东所持股份的类型，保持公司利润分配、表决规则和股权结构的稳定与可预期，本次《公司法》修订明确要求公司章程应当对利润或财产的分配顺序、类别股的表决权数和类别股的转让限制进行规定，同时还应特别规定保护中小股东权益的措施，例如分红频率与比例、通过重大事项的表决权最低比例、股东救济机制等。

"类别股股东会"是指公司为了满足不同类别或种类的股东的需求和权益而召开的股东会议。不同类型的股份可能都有不同的权益或待遇，为了确保不同类别股东的权益得到平等的代表和保护，公司可以按股份类别召开不同的股东会议。在涉及公司重大事项表决或专属于类别股股东事项表决时，除了应当符合一般表决规则外，还应当符合类别股股东会的表决规则。

【知践行·适用指引】

第一，关于优先股的适用规则。优先股在利润分配或剩余财产分配上优先于普通股，但优先股参与公司管理的权利通常受到限制。优先股的优先权可细化为不同类型，如定期分红权、换股权、赎回权、清算优先权、强制转股权等，公司发行优先股时可对各种类型进行选取和组合。优先股既可设计为利润分配优先，亦可设计为剩余财产分配优先，也可以二者兼具。按照《国务院关于开展优先股试点的指导意见》第一部分第一项第二段的规定，我国上市公司和非上市公众公司公开或非公开发行的优先股应当兼具利润分配和剩余财产分配两种优先权，不允许在股息分配和剩余财产分配上具有不同的优先顺序。与优先股相对的是劣后股，即在利润分配或剩余财产分配上劣后于优先股和普通股的股份，该类股份一般由发行劣后股公司的母公司或其他为公司提供财务资助的公司、国有资产管理部门认购和持有。劣后股的发行不会给持有优先股和普通股股东的财产利益造成影响。

我国上市公司和非上市公众公司应当在公司章程中明确以下事项：（1）优先股股息率是采用固定股息率还是浮动股息率，并相应明确固定股息率水平或浮动股息率的计算方法。（2）公司在有可分配税后利润的情况下是否必须分配利润。（3）如果公司因本会计年度可分配利润不足而未向优先股股东足额派发股息，差额部分是否累积到下一会计年度。（4）优先股股东按照约定的股息率分配股息后，是否有权同普通股股东一起参加剩余利润分配。（5）优先股利润分配涉及的其他事项。

公司因解散、破产等原因进行清算时，公司财产在按照《公司法》和《企业破产法》有关规定进行清偿后的剩余财产，应当优先向优先股股东支付未派发的股息和公司章程约定的清算金额，不足以支付的按照优先股股东的持股比例分配。公司可以在公司章程中规定优先股转换为普通股、发行人回购优先股的条件、价格和比例。转换选择权或回购选择权可规定由发行人或优先股股东行使。发行人要求回购优先股的，必须完全支付所欠股息，但商业银行发行优先股补充资本的除外。优先股回购后相应减记发行在外的优先股股份总数。

公开发行股份的公司只能发行优先股，不得发行表决权受限股和转让受限股。《公司法》虽然规定了"公开发行前已发行的除外"，但实践中由于上市公司首次公开发行的规则限制，其已发行的表决权受限股和转让受限股应当在公司首次公开发行前转化为符合上市公司股份类型要求的股份。

第二，关于表决权限制股份的适用规则。按照普通股一股一表决权的标准，高于或低于普通股表决权的股份类型属于表决权限制股，企业家通过发行复数表决权股能够实现以较低资本控制公司的目的，对参与公司经营管理不感兴趣的小股东通过持有无表决权股来增加普通股股东表决权比例，从而降低公司经营管理的成本。

一般而言，优先股往往也是表决权限制股。优先股股东不出席股东会，所持股份没有表决权。在涉及股东会作出修改公司章程、增加或者减少注册资本的决议，以及公司合并、分立、解散或者变更公司形式的决议这些公司重大事项表决时，不仅要符合《公司法》第一百一十六条第三款规定的表决规则，还应当经出席类别股股东会的股东所持表决权的三分之二以上通过。我国上市公司和非上市公众公司需要经优先股股东所持表决权的三分之二以上通过的事项包括：（1）修改公司章程中与优先股相关的内容；（2）一次或累计减少公司注册资本超过10%；（3）公司合并、分立、解散或变更公司形式；（4）发行优先股；（5）公司章程规定的其他情形。

为了防止普通股股东滥用权利，表决权受限的股份在特定条件下能够发生表决权恢复。《国务院关于开展优先股试点的指导意见》第一部分第七项规定了我国上市公司和非上市公众公司的表决权恢复制度，即公司累计3个会计年度或连续2个会计年度未按约定支付优先股股息的，优先股股东有权出席股东大会，每股优先股股份享有公司章程规定的表决权。对于股息可累积到下一会计年度的优先股，表决权恢复直至公司全额支付所欠股息。对于股息不可累积的优先股，表决权恢复直至公司全额支付当年股息。公司章程可规定优先股表决权恢复的其他情形。应当注意的是，在对须经优先股股东所持表决权的三分之二以上通过的事项进行表决时，优先股股东的范围不含表决权恢复的优先股股东。

应当特别注意的是，表决权受限股的表决权限制不适用于公司监督事项，对于监事或审计委员会成员的选举和更换，表决权受限股与普通股每一股的表决权数相同。

第三，关于转让受限股的适用规则。除公司发起人、董事、监事、高级管理人员持有公司股份以及公司不得收购自身股份的法定限制外，公司可以设置并发行受到转让限制的类型股。公司章程或股东协议可以规定，类别股的转让需要经过公司董事会或其他特定机构的预先批准。这可以确保公司有机会审查潜在买家的资格和意向，以维护公司的利益和治理结构的稳定。类别股的转让可能受到同一类别股东的限制，这意味着一位股东只能将其股份出售给同一类别的其他股东，而不能出售给非同一类别的股东。股东协议可以规定，如果一位类别股股东打算出售其股份，其他类别股股东必须首先被提供股份购买的机会。在某些情况下，类别股股东必须将其股份委托给公司或第三方管理公司，以便管理和执行股份的转让限制规则。公司章程或股东协议还可以设置类别股的转让期限，即股东在一定时间内不得转让其股份，以维护公司的稳定性和长期利益。

关于有限责任公司能否发行类别股的问题，笔者认为，本条规定仅限于股份有限公司的股份发行，有限责任公司虽不能发行类别股份，但基于有限责任公司章程较高的意思自治程度，其股东可以通过公司章程或股东间协议的形式对股东权利进行类别化的安排，至于作出何种安排，除参考本条规定列举的类别外，还可以在不违反法律强制性规定的前提下扩张至偿还股与非偿还股、无表决权股、反稀释安排等方面，实践中，大量有限责任公司均存在事实上的"优先股"。

【知前鉴·典型案例】

▶不承担风险、不参与公司经营，无论公司经营状况如何均能获得固定收益的投资应当认定为民间借贷而非优先股。

案号：（2019）鄂民终 1075 号

案例名： 华新公司诉人杰公司、阮某合同纠纷案

案情： 华新公司与人杰公司及其法定代表人阮某签订《合作协议》，约定华新公司向人杰公司增资 1400 万元，华新公司每年的税后利润分配额为华新公司出资额 1400 万元 ×18%，华新公司当年的税后利润不足以支付合同约定的华新公司优先分配利润额时，由人杰公司法定代表人阮某承担补足义务。即无论人杰公司经营状况如何，华新公司均能获得固定收益。华新公司不实际参与人杰公司的经营管理以及公司重大决策。在人杰公司、阮某任一方违约，导致华新公司解除协议时，华新公司有权要求阮某受让华新公司持有的人杰公司全部股权，阮某承诺予以受让，受让价格应保证华新公司对人杰公司出资额的年收益率不低于 20%。本案中，华新公司起诉主张解除合作协议并要求阮某收购华新公司所持有人杰公司的全部股权。法院经审理认为，只有在公司有可分配利润的情形下才能向股东分配利润，无论是普通股股东还是优先股股东，均应遵守上述规定。但本案中，人杰公司向华新公司分配股利时并未体现上述原则。无论人杰公司经营状况如何及有无盈利，均由阮某承诺保

底收益。由于该保底条款的存在，无论人杰公司经营业绩如何，华新公司均能取得约定收益而不承担任何风险，不符合投资领域风险共担的原则，故不能认定华新公司为优先股股东。华新公司与人杰公司、阮某签订《合作协议》的行为实际系以股权投资形式掩盖民间借贷关系。

解析： 股权转让法律关系中，作为出让人，合同目的系出让其所有的股权以取得股权的对价；作为受让人，合同目的系支付股权对价，以取得相应的股权，享有目标公司资产收益、参与重大决策和选择管理者等股东权利。而民间借贷法律关系中，作为出借人，合同目的系出借本金，在借款期限届满后取回本金及相应利息；作为借款人，合同目的系向出借人借得本金，在借款期限届满后返还本金及相应利息。判断是否系以股权投资形式的民间借贷可从以下两个角度入手：首先看分配利益的条件是否以公司盈利为前提，如果不是以公司盈利为前提只是在固定的期限分配利益，那么就说明是保底收益，不承担任何公司经营的风险，因此不符合股东和公司风险共担的原则；其次，看是否以股东身份参与到公司的经营决策之中，是否行使了股东权利履行了股东义务。

147 股票的概念

【知往事·新旧对照】

2018 年《公司法》 （阴影部分为修改或删除的内容）	2023 年《公司法》 （黑体部分为修改或增加的内容）
第一百二十五条第二款　公司的股份采取股票的形式。股票是公司签发的证明股东所持股份的凭证。 第一百二十九条　公司发行的股票，可以为记名股票，也可以为无记名股票。 公司向发起人、法人发行的股票，应当为记名股票，并应当记载该发起人、法人的名称或者姓名，不得另立户名或者以代表人姓名记名。	第一百四十七条　公司的股份采取股票的形式。股票是公司签发的证明股东所持股份的凭证。 公司发行的股票，**应当为记名股票**。

【知来者·条文释义】

本次《公司法》修订删除了无记名股票的全部内容。按照《公司法》的规范要求，公司应当全面记录其股东的持股情况，全体股东均应当显名，公司登记、股东名册和股权证书不应再记载无记名股票的内容。

股票是公司签发的证明股东所持股份的凭证。在很多情况下，股票和股份这两个概念都被当作同义词来使用，事实上，股票和股份是两个相关但不同的概念，股票是股份的具体体现，股份是股票的价值内涵，股票是股东持有公司股份的证书。公司发行的股票均应当为记名股票。

【知践行·适用指引】

取消"无记名股票"（Bearer Shares）的规定通常是为了增强金融透明度、防止洗钱和打击逃税等不法行为。无记名股票是一种股票形式，其持有人的身份通常不需要在公司的记录中进行注册，这使得这些股票的持有人可以相对匿名地进行交易和投资。然而，这也为一些不法行为提供了机会，因此，一些国家和国际组织采取了措施来限制或者取消无记名股票的使用。取消无记名股票规定的主要原因包括：（1）金融透明度。无记名股票的存在可以使公司和个人难以追踪，这可能导致不法行为，如逃税、洗钱、腐败和资金非法流动。取消这些股票规定有助于增强金融透明度，减少不法行为发生的机会。（2）防止洗钱。无记名股票可用于掩盖资金来源，使洗钱活动更加难以追踪。取消这些股票规定有助于金融机构和监管机构更容易识别和报告可疑的资金流动。（3）遵守国际标准。国际金融监管机构和国际组织，如金融行动特别工作组（FATF）等，要求各国采取措施来防止洗钱和打击恐怖融资，取消无记名股票规定是符合这些国际标准的一种方式。（4）增强公司治理。取消无记名股票规定有助于增强公司治理和股东透明度，使公司更容易了解其股东和持股结构。

【知前鉴·典型案例】

▶股权变更登记能够作为认定公司已经签发股票并且已经完成了股权变更义务的依据。

案号：（2022）鲁02民终6876号

案例名：前海公司诉善水公司等股东资格确认纠纷案

案情：善水公司于2015年成立，前海公司于2019年1月18日支付500万元从张某、杨某、刘某处购买善水公司25%的股权，但未签订书面的股权转让协议，但在2019年1月24日变更了工商登记，记载了前海公司在善水公司的25%的股权。前海公司在本案中起诉要求善水公司立即向前海公司签发记载有股东名称、持股份数、股票编号、取得股份日期、取得股份价格、转出方信息的合格股票。法院经审理认为，签发股票的义务系公司对于发起人或公司发行股票之时的义务，除非有反证证明善水公司并未签发过相应股票，在善水公司已经对有关工商登记进行了变更，且对前海公司的名称、所占有的股份数额已经明确记载的情况下，前海公司对于善水公司的诉讼请求无法律依据。

解析： 公司的股份采取股票的形式，股票是公司签发的证明股东所持股份的凭证。在股权转让方面，签发并交付正式股票与将股东信息记载于股东名册、在市场监督管理局变更登记，属于股份有限公司的责任。如果公司完成了有关事项的工商登记，履行了义务，除非有证据证明股份有限公司并未签发过相应股票，才能够否认受让人的公司股东身份。

148 ▸ 股票发行价格

【知往事·新旧对照】

2018 年《公司法》 （阴影部分为修改或删除的内容）	2023 年《公司法》 （黑体部分为修改或增加的内容）
第一百二十七条　股票发行价格可以按票面金额，也可以超过票面金额，但不得低于票面金额。	第一百四十八条　面额股股票的发行价格可以按票面金额，也可以超过票面金额，但不得低于票面金额。

【知来者·条文释义】

股票的发行价格包括平价发行、溢价发行或折价发行。采用面额股的，每一股的金额相等。本次《公司法》修订，在我国，面额股股票只能平价发行或溢价发行，从公司资本充实原则的要求来看，只有平价或溢价发行，筹集的资金才能覆盖公司的资本总额，如果面额股的发行价格低于票面价格，将导致公司资本的虚增，从而损害公司及债权人利益。

【知践行·适用指引】

应当注意的是，不得折价发行的要求仅限于面额股。本次《公司法》修订引入了无面额股，公司可以根据公司章程的规定将已发行的面额股全部转换为无面额股或者将无面额股全部转换为面额股。采用无面额股发行的，应当将发行股份所得股款的二分之一以上计入注册资本。当二级市场股票交易价额低于股票票面金额时，继续按照票面金额发行股份将难以实现融资目的，在折价发行已成为现实需要的情况下，公司可以通过将面额股全部转化为无面额股的方式实现折价发行。

【知前鉴·典型案例】

▶公司股权票面登记价格固定不变，但股票交易价格可以随市场交易变化而变化。

案号：（2023）鲁 1424 民初 360 号

案例名：恒建公司与临邑农商行股东出资纠纷案

案情：恒建公司与临邑农商行签订《入股协议书》，约定恒建公司以 3000 万元的对价购买临邑农商行 1500 万股的股份。现恒建公司以"临邑农商行每股票面金额为 1 元，而《入股协议书》约定每股价格为 2 元，感觉受到了欺骗"为由起诉临邑农商行退还入股资金 1500 万元。法院经审理认为，股票发行价格可以按票面金额，也可以超过票面金额，但不得低于票面金额。股权登记的票面金额是固定不变的，但公司的股权交易价格是可变的。恒建公司认为临邑农商行只能按每股票面金额 1 元向其出售股权的主张，是对公司股权票面登记价格与交易价格的误解，故最终判决驳回了恒建公司的诉讼请求。

解析：公司章程登记的每股价格，是按照当时的公司情况确定的，根据公司经营效益发展的不同，股权交易价格是动态的，公司增资扩股出售股权是一种融资行为，并且每股价格增长也是正常的市场交易变化，不能只按照公司以前章程公示的价格来认定公司现在的股票价格，因为股票价格是随着公司经营状况而不断变化的。

149 ▸ 股票的形式及载明的事项

【知往事·新旧对照】

2018年《公司法》 （阴影部分为修改或删除的内容）	2023年《公司法》 （黑体部分为修改或增加的内容）
第一百二十八条　股票采用纸面形式或者国务院证券监督管理机构规定的其他形式。 　　股票应当载明下列主要事项： 　　（一）公司名称； 　　（二）公司成立日期； 　　（三）股票种类、票面金额及代表的股份数； 　　（四）股票的编号。 　　股票由法定代表人签名，公司盖章。 　　发起人的股票，应当标明发起人股票字样。	第一百四十九条　股票采用纸面形式或者国务院证券监督管理机构规定的其他形式。 　　股票**采用纸面形式的**，应当载明下列主要事项： 　　（一）公司名称； 　　（二）公司成立日期**或者股票发行的时间**； 　　（三）股票种类、票面金额及代表的股份数，**发行无面额股的，股票代表的股份数**。 　　股票**采用纸面形式的，还应当载明股票的编号**，由法定代表人签名，公司盖章。 　　发起人股票**采用纸面形式的**，应当标明发起人股票字样。

【知来者·条文释义】

本次《公司法》修订后规定，股票的形式可以采用纸面形式或中国证监会规定的其他形式。我国境内的股票发行主要采用两种形式，一是"簿记券式股票"，指发行人按照证监会规定的统一格式制作的、记载股东权益的书面名册；二是"实物券式股票"，指发行人在证监会指定的印制机构统一印制的书面股票。当前，上市公司和非上市公众公司的股票大多采用证券登记结算机构（中国证券登记结算有限责任公司）记载股东账户的方式发行股票。本次《公司法》修订配套新引入的无面额股制度调整了股票的主要记载事项，明确了无面额股应当记载股票代表的股份数。因本次《公司法》修订取消了无记名股票，因此，全部股票均应与股东一一对应。

【知践行·适用指引】

股票的记载事项应当符合法律规定，对于采用纸面形式的股票，应当载明工商管理机关登记的公司全称、公司的成立日期或股票发行时间，股票的种类、编号，由公司法定代表人签名并由公司盖章。面额股应当记载票面金额即代表的股份数，无面额股应当记载该股票代表的股份数。采用非纸面形式的股票应当符合国务院证券管理部门的规定，在此主要是符合《股票发行与交易管理暂行条例》①的规定。发起人股应当特别标明"发起人股票"字样，以供与其他股票进行辨认和区分，从而准确适用发起人股票转让等专门规则。

应当注意的是，本次《公司法》修订正式引入类别股制度后，本条第三项关于"股票种类"的规定实质上发生了文义上的扩充。在过去，"股票种类"仅指记名股和无记名股，本次《公司法》修订后，上述种类区分已无实践意义，因此对于该处"股票种类"的理解应当调整为股票类别。

---

① 1993 年 4 月 22 日中华人民共和国国务院令第 112 号发布，自发布之日起施行。

【知前鉴·典型案例】

▶投资人向公司认购股份，具备了成为公司股东的实质要件，但若认购股份未进行对外登记公示，即没有完成能获得完整的股东权利和股东身份的形式要件。

案号：（2020）最高法民终 1178 号

案例名：金一公司诉一恒贞公司股东资格确认纠纷案

案情：金一公司根据协议约定认购一恒贞公司定向发行的 9367 万股股份，并交纳了全部认购款，但认购股份未在中国证券登记结算有限责任公司（以下简称中国结算）进行登记。金一公司请求确认其不具备一恒贞公司的股东资格，而一恒贞公司则主张金一公司具有股东资格。中国结算 2018 年 11 月 30 日出具的一恒贞公司《证券持有人名册》中没有金一公司。一恒贞公司披露的 2017 年年度报告、2018 年半年度报告中所列股本变动及股东情况中也未显示有金一公司。一恒贞公司在股转系统发布的临时股东大会通知公告内容显示，有权出席股东大会的股东是股权登记日收市时在中国结算登记在册的股东。法院经审理认为，股份有限公司有为股东签发股票、置备股东名册的义务，股票是股东持有公司股份的凭证。股东取得完整无瑕疵的股东资格和股东权利，需要符合出资等实质要件和对股东出资的登记、证明等形式要件。投资人向公司认购股份后，具备了成为公司股东的实质要件，但股东权利和股东资格的取得还要经过一定的外在形式予以公示，公示以后才能确保权利的顺利行使。金一公司虽然支付了股份认购款，但是认购股份未进行登记公示，不能享有完整的股东权利。根据非上市公众公司股票发行和备案审查等业务规则和管理规定，金一公司作为认购方需在全国股转公司完成对新增股份的发行备案审查程序，新增股份在中国结算办理股份登记之后，才能实际取得股权，依法完整享有表决权、分红权、处分权等股东权利。在全国股转公司未就案涉股票发行完成备案审查、出具股份登记函，以及中国结算未对发行股份进行登记的情况下，最终判决确认金一公司不具有股东资格。

解析：股份有限公司有为股东签发股票、置备股东名册的义务，股票是股东持有公司股份的凭证。股东取得完整无瑕疵的股东资格和股东权利，需要符合出资等实质要件和对股东出资的登记、证明等形式要件。投资人向公司认购股份后，具备了成为公司股东的实质要件，但股东权利和股东资格的取得还要经过一定的外在形式予以公示，公示以后才能确保权利的顺利行使。本案是关于股东身份确认的条件，一个是实质条件一个是形式条件。实质条件是投资人向公司认购股权，交付对价。形式条件是要完成一系列的股东出资的登记、证明等形式。只有同时满足实质要件和形式要件才能获得完整的股东权利和股东身份。

150、164 股票的交付与丢失救济

【知往事·新旧对照】

2018 年《公司法》 （阴影部分为修改或删除的内容）	2023 年《公司法》 （黑体部分为修改或增加的内容）
第一百三十二条　股份有限公司成立后，即向股东正式交付股票。公司成立前不得向股东交付股票。	第一百五十条　股份有限公司成立后，即向股东正式交付股票。公司成立前不得向股东交付股票。
第一百四十三条　记名股票被盗、遗失或者灭失，股东可以依照《中华人民共和国民事诉讼法》规定的公示催告程序，请求人民法院宣告该股票失效。人民法院宣告该股票失效后，股东可以向公司申请补发股票。	第一百六十四条　股票被盗、遗失或者灭失，股东可以依照《中华人民共和国民事诉讼法》规定的公示催告程序，请求人民法院宣告该股票失效。人民法院宣告该股票失效后，股东可以向公司申请补发股票。

【知来者·条文释义】

本次《公司法》修订第一百五十条相较于 2018 年《公司法》第一百三十二条未作变动，第一百六十四条则仅作了个别文字表述的调整，未发生实质变动。

《民法典》第一百二十五条规定，民事主体依法享有股权和其他投资性权利。股票是用以证明股权的证券。股份有限公司成立后，公司应当立即签发并向股东交付股票以证明股东权利。但在公司成立前，不得向公司交付股票，以避免公司未成立却已发生的股票交易行为。

【知践行·适用指引】

股票系证权证券，它不创设股东权利，只是对股东权利的证明。[①]因此，股票的交付行为不具有创设股东权利的性质。股票具有可转让性，属于能够适用公司催告程序的证券。如果股东未收到公司交付的股票，或在收到后发生被盗、遗失、灭失等情形，股东可以按照《民事诉讼法》中的规定申请公示催告，在人民法院宣告该股票失效后，股东可以向公司申请补发股票。

【知前鉴·典型案例】

▶有限责任公司变更为股份有限公司后，变更前的出资额视为对股份有限公司股份的预购。

案号：（2019）辽 0191 民初 3999 号

案例名：耿某藻诉某威股份有限公司股东资格确认纠纷案

案情：某威有限责任公司于 1998 年 10 月 13 日成立，注册资本为 780 万元。2001 年 2 月 20 日，某威有限责任公司变更为某威股份有限公司（以下简称某威公司），注册资本变更为 1106 万元。2001 年 4 月 26 日，某威公司向耿某出具《股权证》记载："股东姓名：耿某，持有股数：叁万股。"耿某称其于 2000 年 12 月以现金形式向某威公司出资，收据已丢失。现耿某起诉某威公司要求确认其持有某威公司 0.385% 股权。法院经审理认为，股份有限公司成立后，即向股东正式交付股票。公司成立前不得向股东交付股票，耿某出资 3 万元系"预购"股份有限公司股份，某威公司后亦向耿某出具了《股权证》，故判决确认耿某持有某威公司股票 3 万股。

---

① 参见江平：《新编公司法教程》，法律出版社 2003 年版，第 202 页。

解析： 股份公司成立以后才能向股东交付股票，公司成立前不得向股东交付股票。有限责任公司变更为股份有限公司后，以原有限责任公司的净资产折合股本，原有限责任公司股东的出资额可视为对股份有限公司股份的预购。

151 发行新股的决议

【知往事·新旧对照】

2018 年《公司法》 （阴影部分为修改或删除的内容）	2023 年《公司法》 （黑体部分为修改或增加的内容）
第一百三十三条 公司发行新股，股东大会应当对下列事项作出决议： （一）新股种类及数额； （二）新股发行价格； （三）新股发行的起止日期； （四）向原有股东发行新股的种类及数额。 第一百三十五条 公司发行新股，可以根据公司经营情况和财务状况，确定其作价方案。	第一百五十一条 公司发行新股，股东会应当对下列事项作出决议： （一）新股种类及数额； （二）新股发行价格； （三）新股发行的起止日期； （四）向原有股东发行新股的种类及数额； **（五）发行无面额股的，新股发行所得股款计入注册资本的金额。** 公司发行新股，可以根据公司经营情况和财务状况，确定其作价方案。

【知来者·条文释义】

本次《公司法》修订将特指股份有限公司股东会的"股东大会"之称谓取消，采取了与有限责任公司完全一致的"股东会"之称谓，将有限责任公司和股份有限公司权力机构的名称进行了统一。公司在成立以后再次发行股份的，相关事项应当经过股东会决议。新股发行关系到公司股东的权益，故公司是否发行新股、如何发行新股应当经过股东会决议确定，以此确定发行新股的种类、数额、价格、期限、注册资本变动和原有股东的优先权。新股发行的股票价格应当符合《公司法》第一百四十八条的规定，同时还应参考公司的经营情况和财务状况。2018年《公司法》仅规定了面额股，同时规定，股票发行价格可以按票面金额，也可以超过票面金额，但不得低于票面金额。本次《公司法》修订新增无面额股，允许公司自由选择面额股或无面额股。因发行无面额股往往是为了实现折价发行，为确定折价发行时公司的注册资本，本条第五项新增规定了股东会应就无面额股新股发行所得股款计入注册资本的金额进行决议。

【知践行·适用指引】

新股发行的决议事项包括：（1）发行新股的种类和数额，即发行的新股是普通股还是特别股，是什么类型的特别股以及本次发行的数额。（2）新股的发行价格，即本次发行系平价发行还是溢价发行以及具体的发行价格。（3）新股发行的起止日期，即新股发行的时间段。公开发行股票，代销、包销期限届满，发行人应当在规定的期限内将股票发行情况报国务院证券监督管理机构备案。上市公司的新股发行一般采取代销方式，证券的代销、包销期限最长不得超过 90 日。按照《证券法》第三十三条的规定，股票发行采用代销方式，代销期限届满，向投资者出售的股票数量未达到拟公开发行股票数量 70% 的，为发行失败。发行人应当按照发行价并加算银行同期存款利息返还股票认购人。（4）向原有股东发行新股的种类及数额。股份有限公司因其公开性，股东往往较多，原有股东的优先认购权难以通过立法的形式统一规定，故《公司法》将该事项交由股东会决议确定。（5）发行无面额新股所得股款计入注册资本的金额。本次《公司法》修订规定了发行无面额股所得股款计入注册资本的下限，即所得股款的二分之一以上，具体比例由股东会决议确定。

新股发行的股票定价需要参照的因素主要包括公司的资产与负债情况、盈利状况、发展前景、投资计划等方面，同时还要参考股票一级市场的供需状况、二级市场的价格水平、股票市盈率、同期银行利率、股票市场的价格指数和走势、同类股票的价格水平等方面。股票发行采取溢价发行的，其发行价格由发行人与承销的证券公司协商确定。

应当注意的是，本次《公司法》修订在第一百五十二条引入的授权资本制下，除了以非现金形式支付股款的新股发行，其余公司章程或者股东会授权董事会发行的新股无需再经过股东会的决议。

【知前鉴·典型案例】

▶公司发行新股，股东会应当对有关事项作出决议，如果对事项没有进行表决，应认定为公司新增资本的行为未完成。

案号：（2020）豫 1326 民初 1675 号

案例名： 刘某琴、刘某廷诉丹水泉公司等新增资本认购纠纷案

案情： 2018 年 11 月 13 日，刘某琴、刘某廷与丹水泉公司股东王某堂、李某召、姜某甫签订《入股协议书》，约定刘某琴、刘某廷向丹水泉公司注资 100 万元并成为丹水泉公司合法原始股东，注资后丹水泉公司的新投资比例为丹水泉公司原股东占股 90%，刘某琴、刘某廷占公司永久原始股份的 10%。2019 年 6 月 20 日，丹水泉公司股东王某堂、李某召、姜某甫同刘某琴、刘某廷召开股东大会，会议审议并通过了股东会决议："1. 股东刘某琴出资 100 万元占公司 10% 股权；2. 公司 30% 股权单独拿出作为后续待出让股权，具体出让金额待定；……3. 变更后王某堂在工商备案中显示股权为 58.8%，实际控制权为 28.8%；4. 变更后姜某甫股权为 22.2%；5. 变更后李某召股权为 9%；6. 变更后各股东分别以以下比率承担风险及收益：王某堂 28.8%，姜某甫 22.2%，刘某琴 10%，李某召 9%……"后丹水泉公司未变更股东登记，刘某琴、刘某廷起诉要求退还出资款。法院经审理认为，股份有限公司增加注册资本发行新股，应当召开股东大会，对新股发行价格、种类、数额等作出决议，向新股东交付股票，并在公司登记机关办理变更登记、公告。丹水泉公司在《入股协议书》达成后于 2019 年 6 月 20 日完善了股东大会的决议，但并未对实质性新股价格、数额等作出决议，只是简单地变更了股东之间的持股比例，稀释了原发起人的股权比例，且最终未按照法律规定完成新增资本和股东人员的变更登记，也未向刘某琴等人交付股票，故无

论从实质、形式上均未完成公司新增资本的行为，应当返还投资款。

解析：股份有限公司增加注册资本发行新股，应当召开股东大会，对新股发行价格、种类、数额等作出决议，向新股东交付股票，并在公司登记机关办理变更登记、公告。如股东会未进行决议，或决议内容未对新股种类、数额、发行价格、发行起止日期等必要表决事项进行表决，则属于未完成公司新增资本的行为。

152-153 授权资本制

【知往事·新旧对照】

2018 年《公司法》 （阴影部分为修改或删除的内容）	2023 年《公司法》 （黑体部分为修改或增加的内容）
	第一百五十二条 公司章程或者股东会可以授权董事会在三年内决定发行不超过已发行股份百分之五十的股份。但以非货币财产作价出资的应当经股东会决议。 **董事会依照前款规定决定发行股份导致公司注册资本、已发行股份数发生变化的，对公司章程该项记载事项的修改不需再由股东会表决。**
	第一百五十三条 公司章程或者股东会授权董事会决定发行新股的，董事会决议应当经全体董事三分之二以上通过。

【知来者·条文释义】

本次《公司法》修订引入了授权资本制，允许公司章程或股东会将新股发行的部分权限授予董事会。授权资本制是一种公司股本结构管理方式，它规定了公司董事会在一定条件下能够增加公司的注册资本或发行新股，而无需经过公司股东会决议。过去，我国《公司法》实践长期在法定资本制的制度框架内运行，公司股份必须一次性发行完毕而不得分批发行。这种一次发行、一次募集的强制性要求限制了公司成立时的资本规模，本着充分保护债权人的价值预设，提高了公司设立的成本和难度。在授权资本制下，公司不必一次性发行全部股份，由章程规定公司可以发行的最大注册资本金额以及董事会在该金额内决定是否增加公司注册资本或发行新股的权利，意味着经过授权的新股发行无需再经过烦琐的股东会增资决议程序，董事会可以根据公司的需要，根据市场条件和经营策略进行资本调整，有利于降低增资和新股发行成本，提高了发行新股的灵活性。

【知践行·适用指引】

董事会授权发行新股要受到法律、公司章程、股东会决议和董事会决议条件的限制。立法层面的限制主要是新股发行的期限和比例限制，即董事会有权决定三年内发行不超过已发行股份 50% 的股份。公司章程和股东会决议层面的限制主要是对董事会授权的具体限制，包括发行新股的情形、发行策略、批准流程、最低发行价等方面，此外，《公司法》特别限制了以非现金支付方式支付股款的新股发行限制条件，在该种情形下，新股发行应当经过股东会决议。董事会决议条件的限制即发行新股的决议应当经全体董事三分之二以上通过。

授权资本制下公司章程规定的最大注册资本金额仅为名义资本，因此，董事会在授权资本制下发行新股容易产生违反信义义务的行为，从而损害公司、股东或债权人的利益。因此，董事会授权发行新股应当基于董事信义义务的要求，按照正当目的和正当程序的要求，确保新股发行的透明度、股东知情权和债权人利益。当决定发行新股的董事会决议违反法律、章程和股东会决议，违反正当性要求的时候，可以依照《公司法》第一百八十条的规定追究董事违反信义义务的责任。

154 招股说明书

【知往事·新旧对照】

2018 年《公司法》 （阴影部分为修改或删除的内容）	2023 年《公司法》 （黑体部分为修改或增加的内容）
第八十五条 发起人向社会公开募集股份，必须公告招股说明书，并制作认股书。认股书应当载明本法第八十六条所列事项，由认股人填写认购股数、金额、住所，并签名、盖章。认股人按照所认购股数缴纳股款。 第一百三十四条第一款 公司经国务院证券监督管理机构核准公开发行新股时，必须公告新股招股说明书和财务会计报告，并制作认股书。 第八十六条 招股说明书应当附有发起人制订的公司章程，并载明下列事项： （一）发起人认购的股份数； （二）每股的票面金额和发行价格； （三）无记名股票的发行总数； （四）募集资金的用途； （五）认股人的权利、义务； （六）本次募股的起止期限及逾期未募足时认股人可以撤回所认股份的说明。	第一百五十四条 公司向社会公开募集股份，应当经国务院证券监督管理机构注册，公告招股说明书。 招股说明书应当附有公司章程，并载明下列事项： （一）发行的股份总数； （二）面额股的票面金额和发行价格或者无面额股的发行价格； （三）募集资金的用途； （四）认股人的权利和义务； （五）股份种类及其权利和义务； （六）本次募股的起止日期及逾期未募足时认股人可以撤回所认股份的说明。 公司设立时发行股份的，还应当载明发起人认购的股份数。 （本条由旧法第八十五条、第八十六条、第一百三十四条第一款整合并新增内容）

【知来者·条文释义】

公司发行新股原则上仅受章程和公司自治规则的约束，但在公开发行的情形下，因涉及社会公众利益，故必须遵守一定的规定和要求。中国证监会2023年2月17日发布的《首次公开发行股票注册管理办法》①标志着我国实行了全面注册制，本次《公司法》修订删除了关于国务院证券管理机构核准公开发行的全部内容，将公开募集股份的前置程序规定为应当经国务院证券监督管理机构"注册"。为了规范信息披露，保护投资者权益，明确发行主体的法律责任，公司向社会公开募集股份必须公告招股说明书。招股说明书用于向投资者披露有关公司股票发行的必要和详细信息，增加发行的股份总数，面额股或无面额股的发行价格、股份种类及其权利义务、日期等应载明事项。

【知践行·适用指引】

第一，向社会公开募集股份的情形。《证券法》第九条规定，公开发行证券，必须符合法律、行政法规规定的条件，并依法报经国务院证券监督管理机构或者国务院授权的部门注册。未经依法注册，任何单位和个人不得公开发行证券。证券发行注册制的具体范围、实施步骤，由国务院规定。有下列情形之一的，为公开发行：（1）向不特定对象发行证券；（2）向特定对象发行证券累计超过200人，但依法实施员工持股计划的员工人数不计算在内；（3）法律、行政法规规定的其他发行行为。非公开发行证券，不得采用广告、公开劝诱和变相公开方式。

第二，招股说明书的内容。中国证监会依法制定招股说明书内容与格式准则、编报规则等信息披露规则，对相关信息披露文件的内容、格式、编制要求、披露形式等作出规定。交易所可以依据中国证监会部门规章和规范性文件，制定信息披露细则或指引，在中国证监会确定的信息披露内容范围内，对信息披露提出细化和补充要求，报中国证监会批准后实施。招股说明书应当附有公司章程并记载以下事项：（1）发

---

① 中国证券监督管理委员会令第205号，2023年2月17日中国证券监督管理委员会第2次委务会议审议通过并公布，自公布之日起施行。

行的股份总数：招股说明书应明确指出公司计划发行的股份总数量。（2）面额股和无面额股的信息：如果公司发行面额股，需要提供票面金额和发行价格；如果发行无面额股，则需要提供发行价格。（3）募集资金用途：招股说明书应说明公司计划如何使用通过股票募集的资金。（4）认股人的权利和义务：该部分应阐明投资者（认股人）在购买公司股票后的权益和责任。（5）股份种类及其权利和义务：描述不同股份类别（如普通股、优先股等）的权益和责任。（6）募股时间：确定募股的起止日期，以及投资者在逾期未募足时是否可以撤回已认购的股份。（7）发起人认购信息：如果公司在成立时发行股份，需要提供发起人（创始人或初期投资者）认购的股份数量和相关信息。

第三，招股说明书的限制性要求。根据《首次公开发行股票注册管理办法》的相关规定，发行人及其董事、监事、高级管理人员，保荐人及其保荐代表人，为证券发行出具专项文件的律师、注册会计师、资产评估人员、资信评级人员以及其所在机构均应在招股说明书上签字。招股说明书的有效期为 6 个月，自公开发行前最后一次签署之日起算。招股说明书引用经审计的财务报表在其最近一期截止日后 6 个月内有效，特殊情况下可以适当延长，但至多不超过 3 个月。财务报表应当以年度末、半年度末或者季度末为截止日。预先披露的招股说明书及其他注册申请文件不能含有价格信息，发行人不得据此发行股票。发行人应当在预先披露的招股说明书显要位置作如下声明："本公司的发行申请尚需经交易所和中国证监会履行相应程序。本招股说明书不具有据以发行股票的法律效力，仅供预先披露之用。投资者应当以正式公告的招股说明书作为投资决定的依据。"

【知前鉴·典型案例】

▶首次公开发行股票招股说明书中未登记为公司股东的出资人，不得主张股权出让人交付股票，但可依据股份转让协议主张出让人支付相应财产权益。

案号：（2018）最高法民终60号

案例名：荆某国诉陈某明、大康公司股权转让纠纷案

案情：2008年8月20日，陈某明与荆某国签订《大康公司股份转让协议》，约定陈某明将其在大康公司的2624.58万股股份中的190万股股份转让给荆某国，荆某国付给陈某明200万元作为股份转让对价。同日，大康公司向荆某国颁发《股权证》，确认荆某国持有大康公司股份190万股，占总股本比例2.98%。2010年11月18日，大康公司在深圳证券交易所上市，在大康公司首次公开发行的股票招股说明书中，荆某国未登记在该公司股东名册上。后大康公司陆续以资本公积金向全体股东转增股等方式进行利润分配，截至2016年6月30日，荆某国受让的被告陈某明190万股大康公司股票已增至2859.12万股，已派发现金红利321100元。现荆某国起诉要求陈某明交付截至2016年6月30日大康公司股票2859.12万股，若陈某明不能交付股票，则请求陈某明支付上述股票的相应财产权益及相应现金红利。法院经审理认为，在《股份转让协议》签订后，陈某明并未将转让的190万股股份交付给荆某国，而是由其继续持有，其与荆某国之间实际形成股份转让与股份代持两种法律关系。在该法律关系中，陈某明仅作为被转让股份的显名股东存在，该部分被转让股份产生的权利义务应由作为实际权利人的荆某国享有，190万股股份产生的派生权益亦应归属于荆某国。并且，《股份转让协议》第3条明确约定，陈某明从其股份转让之日起，不再享有大康公司该转让部分的权利，亦不承担相应的义务，该转让部分的权利义务由荆某国承继，这表明陈某明与荆某国就该190万股股份在转让后产生的权利义务作出了明确、具体的安排。根据股份有限公司首次公开发行股票的要求，大康公司有关的财务记载、股东信息已经相关行政部门审查确

认，且已向社会公开披露。现荆某国要求陈某明交付 2859.12 万股股票，势必与大康公司首次公开募股已经行政部门审查确认的内容不一致，也与大康公司向社会公开披露的信息相悖。基于上述理由，法院判决陈某明向荆某国支付大康公司 2859.12 万股股票的相应财产权益及已派发的现金红利。

解析： 首次公开发行股票之前存在的股份代持，在招股说明书中未将隐名股东披露为公司股东，公司股东名册亦未对该隐名股东进行显名登记的情况下，被代持人仅得向代持人主张代持股份对应的财产性权利，不得主张代持人向其交付股票。

155 公开募集股份的方式

【知往事 · 新旧对照】

2018 年《公司法》 （阴影部分为修改或删除的内容）	2023 年《公司法》 （黑体部分为修改或增加的内容）
第八十七条　发起人向社会公开募集股份，应当由依法设立的证券公司承销，签订承销协议。	**第一百五十五条　公司**向社会公开募集股份，应当由依法设立的证券公司承销，签订承销协议。

【知来者 · 条文释义】

本条仅作了个别文字修改。

股份有限公司发行股份既可以由发行人自销，也可以由中介机构承销。自销仅适用于向少量特定投资人私募发行的证券，公司向社会公开募集股份，只能由证券公司承销。公司向社会公开募集股份需要与依法设立的证券公司签订承销协议。承销协议规定了公司和证券公司在公开募集股份过程中的各项权利义务，以明确证券公司作为承销机构的角色和职责，包括协助公司发行股份、销售股票、定价和市场推广等事项。

【知践行 · 适用指引】

公司向社会公开募集股份应当由依法设立的证券公司作为保荐人保荐并向交易所申报。自注册申请文件申报之日起，发行人及其控股股东、实际控制人、董事、监事、高级管理人员，以及与本次股票发行并上市相关的保荐人、证券服务机构及相关责任人员，即承担相应法律责任，并承诺不得影响或干扰发行上市审核注册工作。

承销协议的履行可能因中国证监会的制度规定而中止。在下列情形下，发行人、保荐人应当及时书面报告交易所或者中国证监会，交易所或者中国证监会应当中止相应发行上市审核程序或者发行注册程序：（1）最近三年内，发行人及其控股股东、实际控制人不存在贪污、贿赂、侵占财产、挪用财产或者破坏社会主义市场经济秩序的刑事犯罪，不存在欺诈发行、重大信息披露违法或者其他涉及国家安全、公共安全、生态安全、生产安全、公众健康安全等领域的重大违法行为，被立案调查或者被司法机关侦查，尚未结案；（2）发行人的保荐人以及律师事务所、会计师事务所等证券服务机构被中国证监会依法采取限制业务活动，责令停业整顿，指定其他机构托管、接管等措施，或者被证券交易所、国务院批准的其他全国性证券交易场所实施一定期限内不接受其出具的相关文件的纪律处分，尚未解除；（3）发行人的签字保荐代表人、签字律师、签字会计师等中介机构签字人员被中国证监会依法采取认定为不适当人选等监管措施或者证券市场禁入的措施，被证券交易所、国务院批准的其他全国性证券交易场所实施一定期限内不接受其出具的相关文件的纪律处分，或者被证券业协会采取认定不适合从事相关业务的纪律处分，尚未解除；（4）发行人及保荐人主动要求中止发行上市审核程序或者发行注册程序，理由正当且经交易所或者中国证监会同意；（5）发行人注册申请文件中记载的财务资料已过有效期，需要补充提交；（6）中国证监会规定的其他情形。上述情形消失后，发行人可以提交恢复申请。交易所或者中国证监会按照规定恢复发行上市审核程序或者发行注册程序。

存在下列情形之一的，交易所或者中国证监会应当终止相应发行上市审核程序或者发行注册程序，并向发行人说明理由：（1）发行人撤回注册申请或者保荐人撤销保荐；（2）发行人未在要求的期限内对注册申请文件作出解释说明或者补充、修改；（3）注册申请文件存在虚假记载、误导性陈述或者重大遗漏；（4）发行人阻碍或者拒绝中国证监会、交易所依法对发行人实施检查、核查；（5）发行人及其关联方以不正当手段严重干扰发行上市审核或者发行注册工作；（6）发行人法人资格终止；（7）注册申请文件内容存在重大缺陷，严重影响投资者理解和发行上市审核或者发行注册工作；（8）发行人注册申请文件中记载的财务资料已过有效期且逾期3个月未更新；（9）发行人发行上市审核程序中止超过交易所规定的时限或者发行注册程序中止超过3个月仍未恢复；（10）交易所认为发行人不符合发行条件或者信息披露要求；（11）中国证监会规定的其他情形。

【知前鉴·典型案例】

▶股份有限公司应向社会公开募集的股份未经证券公司承销，该公司以自己名义与投资人签订的《股权转让协议》及发放的《股权证》无效。

案号：（2020）粤0111民初30370号

案例名：梁某忠、梁某为等与东汉公司股权转让纠纷案

案情：东汉公司发起人向社会公开募集股份，后东汉公司以自身名义与投资人签订《股权转让协议》，并在收取投资人交付的10万元后出具《股权证》。法院经审理认为，东汉公司作为股份有限公司，其发起人向社会公开募集股份，应当由依法设立的证券公司承销，并签订承销协议。东汉公司以其自身名义与投资人签订《股权转让协议》，并向投资人出具《股权证》的，内容、形式均不合法，《股权转让协议》《股权证》均属无效。

解析：股份有限公司向社会公开募集股份，应当由证券公司承销，如公司以自己名义与投资人签订《股权转让协议》的，该行为无效，投资人也不能成为该公司股东。

156 公开募集的股款缴纳方式与公告

【知往事·新旧对照】

2018 年《公司法》 （阴影部分为修改或删除的内容）	2023 年《公司法》 （黑体部分为修改或增加的内容）
第八十八条　发起人向社会公开募集股份，应当同银行签订代收股款协议。 　　代收股款的银行应当按照协议代收和保存股款，向缴纳股款的认股人出具收款单据，并负有向有关部门出具收款证明的义务。 　　第一百三十六条　公司发行新股募足股款后，必须向公司登记机关办理变更登记，并公告。	第一百五十六条　公司向社会公开募集股份，应当同银行签订代收股款协议。 　　代收股款的银行应当按照协议代收和保存股款，向缴纳股款的认股人出具收款单据，并负有向有关部门出具收款证明的义务。 　　公司发行**股份**募足股款后，**应予**公告。

【知来者·条文释义】

本条仅作了个别文字修改。

公司公开募集股份由证券公司代销，由银行代收股款。《证券法》第十一条关于设立股份有限公司公开发行股票和第十三条公开发行新股的报送文件要求中均明确要求报送代收股款银行的名称及地址。其目的是确保公司对外公开发行所募集的资金按照招股说明书或其他公开发行文件所列资金的用途使用。本次《公司法》修订删除了公司发行新股募足股款后，必须向公司登记机关办理变更登记的相关规定，与授权资本制度保持了体系上的协调，仅将作为保护投资者权益的公告事项列为公司的信息披露义务予以明确规定。

【知践行·适用指引】

公司向社会公开募集股份，应当同银行签订代收股款协议。代收股款的银行应当按照协议约定保证公司对公开发行股票所募集资金按照招股说明书或者其他公开发行募集文件所列资金用途使用。公司如果要改变资金用途，必须经股东会作出决议。擅自改变用途，未作纠正的，或者未经股东大会认可的，不得公开发行新股。因此，代收股款的银行在运用股款时必须审核款项用途，如果银行未依约运用款项，或未审查改变资金用途的股东会决议即擅自或依照公司的指令划款的，将面临承担违约责任，甚至会承担对投资者的侵权责任。

【知前鉴·典型案例】

▶代收股款的银行向缴纳股款的认股人出具收款单据系确认认股人的出资情况的依据。

案号：（2020）苏01民终10750号

案例名：某科学研究院有限公司与南京某信息产业股份有限公司股东资格确认纠纷案

案情：1994年5月至6月，南京某信息产业股份有限公司向社会公开募集股款，并在招股说明书中公示了代收股款的中国银行账户。某科学研究院有限公司诉请确认其作为南京某信息产业股份有限公司股东的资格，但无法提交验资材料，亦未能提交其他出资凭证。法院调取的代收股款账户仅为1995年以后的银行进账记录，进账记录不完整，并不能起到核实各股东是否实际出资的证明作用，故法院经审理认为，无法确认某科学研究院有限公司的股东资格。

解析：公司向社会公开募集股份，应当同银行签订代收股款协议。代收股款的银行应当按照协议代收和保存股款，向缴纳股款的认股人出具收款单据，并负有向有关部门出具收款证明的义务。代收股款银行出具的收款证明系确认认股人的出资情况的依据，投资人可以代收股款银行的进账记录等证明其是否完成出资义务。若投资人未取得代收股款银行的收款证明，亦无法提供其他出资凭证，则不能确认该投资人的股东资格。

157-159 ► 股份有限公司股份转让的方式

【知往事·新旧对照】

2018 年《公司法》 （阴影部分为修改或删除的内容）	2023 年《公司法》 （黑体部分为修改或增加的内容）
第二节　股份转让	第二节　股份转让
第一百三十七条　股东持有的股份可以依法转让。	第一百五十七条　股份有限公司的股东持有的股份可以向其他股东转让，也可以向股东以外的人转让；公司章程对股份转让有限制的，其转让按照公司章程的规定进行。
第一百三十八条　股东转让其股份，应当在依法设立的证券交易场所进行或者按照国务院规定的其他方式进行。	第一百五十八条　股东转让其股份，应当在依法设立的证券交易场所进行或者按照国务院规定的其他方式进行。
第一百三十九条　记名股票，由股东以背书方式或者法律、行政法规规定的其他方式转让；转让后由公司将受让人的姓名或者名称及住所记载于股东名册。 　　股东大会召开前二十日内或者公司决定分配股利的基准日前五日内，不得进行前款规定的股东名册的变更登记。但是，法律对上市公司股东名册变更登记另有规定的，从其规定。 　　第一百四十条　无记名股票的转让，由股东将该股票交付给受让人后即发生转让的效力。	第一百五十九条　股票的转让，由股东以背书方式或者法律、行政法规规定的其他方式进行；转让后由公司将受让人的姓名或者名称及住所记载于股东名册。 　　股东会会议召开前二十日内或者公司决定分配股利的基准日前五日内，不得变更股东名册。法律、行政法规或者国务院证券监督管理机构对上市公司股东名册变更另有规定的，从其规定。

【知来者·条文释义】

股份转让以意思自治为原则。随着我国公司法实践的发展，"股份可以依法自由转让"的原则已深入人心，本次《公司法》修订细化了原有关于股份转让的原则性规定，对照《公司法》第八十四条的规定，明确了股份有限公司股东可以内部转让股份，也可以对外转让，衔接本次《公司法》修订对类别股中限制转让股的相关规则，明确了公司章程规定转让受限的股份，其转让按照公司章程的规定。

第一百五十八条未作修改。股份转让自由对于股东、公司和潜在投资者均具有重要意义。股东可以随时通过出让股份转移投资风险，实现股份增值，增加或减少对公司的控制权。公司的资本在股份自由流转的制度下得以维持，不因股东的变动而减损。潜在投资者可以通过收购公司股份加入或并购公司。应当注意的是，股份转让还需受到主体、方式、场所和期限的限制。2018年《公司法》将能够对上市公司股东名册变更作出另行规定的规范位阶仅限定为"法律"，本次《公司法》修订在第一百五十九条将有权规定上市公司股东名册变更的主体进行了扩张，明确了"法律、行政法规或者国务院证券监督管理机构"均能够对上市公司股东名册变更规则作出另行规定。

【知践行·适用指引】

公开发行的证券，应当在依法设立的证券交易所上市交易或者在国务院批准的其他全国性证券交易场所交易。非公开发行的证券，可以在证券交易所、国务院批准的其他全国性证券交易场所、按照国务院规定设立的区域性股权市场转让。证券在证券交易所上市交易，应当采用公开的集中交易方式或者国务院证券监督管理机构批准的其他方式。

纸质股票的转让应当采用背书方式，由出让人将转让股票的意思、时间记载于股票背面并签字或签章确认，并将受让人的姓名或名称及住所记载于股东名册。电子股票的转让可以采取法律、行政法规规定的其他方式进行，即采用证券登记结算机构（中国证券登记结算有限责任公司）记载股东账户的方式转让股票。

为保持股东会的顺利召开，衔接《公司法》第一百一十五条的规定，召开股东会会议，应当将会议召开的时间、地点和审议的事项于会议召开20日前通知各股东。同时，为保持公司利润分配方案的顺利执行，股东会决议确定公司股利分配基准日前5日内亦不得变更股东名册。此外，《上市公司收购管理办法》[①]第十三条、第十四条、第十九条、第四十五条、第六十三条对上市公司股份收购的比例限制、报告和公告等事项进行了规定。

【知前鉴·典型案例】

▶以订立股权转让合同作为民间借贷合同的担保，本质上是对于借款的一种担保，不应认定为股权转让。

案号：（2021）豫0822民初1273号

案例名：张某换诉宏基公司民间借贷纠纷案

案情：2014年宏基公司向张某换借款7万元用于资金周转，到2017年5月拖欠原告本息74200元，由于宏基公司不能清偿，经协商，由宏基公司作为转让方，张某换作为受让方签订了《股权转让协议》。该协议约定：宏基公司转让给张某换同福公司0.106%的股权，股权转让价格为74200元，以张某换持有宏基公司的到期借款本息74200元抵付；张某换受让上述股权后，由新股东会对原公司章程、协议等进行修改和完善，并办理变更登记手续；股权变更登记完成之日起满三年，张某换可以选择将股权转回宏基公司或宏基公司指定的第三人，宏基公司不得以任何理由拒绝，并按每年30%、30%、40%的比例在三年期限内以股权转让价格等价支付张某换的股权转让款，逾期支付的，按每日万

[①] 中国证券监督管理委员会令第35号，2006年5月17日中国证券监督管理委员会第180次主席办公会议审议通过，2006年7月31日公布，自2006年9月1日起施行。

分之二支付违约金。后宏基公司未按月支付股权转让款，张某换起诉要求宏基公司偿还借款。法院经审理认为，张某换与宏基公司之间的《股权转让协议》约定的股权转让并非双方真实意思表示，实际是各方当事人设定的股权让与担保，双方形成债权担保关系，本案应以双方的基础法律关系即民间借贷关系进行审理。

解析：当事人以订立股权转让合同作为民间借贷合同的担保，本质上是对于借款的一种担保，债权人在债务人未清偿到期债务时可以受偿将股权进行拍卖变卖获得的价款，该行为不应认定为股权转让行为。

特定持有人的股份转让

【知往事 · 新旧对照】

2018 年《公司法》 （阴影部分为修改或删除的内容）	2023 年《公司法》 （黑体部分为修改或增加的内容）
第一百四十一条　发起人持有的本公司股份，自公司成立之日起一年内不得转让。公司公开发行股份前已发行的股份，自公司股票在证券交易所上市交易之日起一年内不得转让。 公司董事、监事、高级管理人员应当向公司申报所持有的本公司的股份及其变动情况，在任职期间每年转让的股份不得超过其所持有本公司股份总数的百分之二十五；所持本公司股份自公司股票上市交易之日起一年内不得转让。上述人员离职后半年内，不得转让其所持有的本公司股份。公司章程可以对公司董事、监事、高级管理人员转让其所持有的本公司股份作出其他限制性规定。	第一百六十条　公司公开发行股份前已发行的股份，自公司股票在证券交易所上市交易之日起一年内不得转让。**法律、行政法规或者国务院证券监督管理机构对上市公司的股东、实际控制人转让其所持有的本公司股份另有规定的，从其规定。** 公司董事、监事、高级管理人员应当向公司申报所持有的本公司的股份及其变动情况，在**就任时确定的**任职期间每年转让的股份不得超过其所持有本公司股份总数的百分之二十五；所持本公司股份自公司股票上市交易之日起一年内不得转让。上述人员离职后半年内，不得转让其所持有的本公司股份。公司章程可以对公司董事、监事、高级管理人员转让其所持有的本公司股份作出其他限制性规定。 **股份在法律、行政法规规定的限制转让期限内出质的，质权人不得在限制转让期限内行使质权。**

【知来者 · 条文释义】

公司公开发行股份前已发行的股份在公司公开发行股份后的一定

时期内应当受到转让限制，以保证公司公开发行股份后的稳定运行和盈利持续。如果允许原股东在公司公开发行股份后短时间内就出让股份，则会大大增加原股东不当转移投资的风险甚至欺诈发行的风险。从股份公开发行的实践来看，公开发行后的股票价格和流通性一般会高于公开发行前，如果允许原股东在公开发行后抛售股份赚取差价，会影响证券市场的秩序和公司的正常运营。

本次《公司法》修订新增规定了上市公司的股东、实际控制人的股份转让限制规则。实践中，上市公司的控股股东和实际控制人往往是滥用控制权、损害小股东和债权人利益、造成公司僵局等公司治理问题的主要角色。《公司法》明确规定，参照适用法律、行政法规或者国务院证券监督管理机构对上市公司的股东、实际控制人转让其所持有的本公司股份的规定，有利于规范上市公司的股东、实际控制人的股份转让行为。

公司的董事、监事、高级管理人员不仅应当符合忠实勤勉义务的要求，还应当在个人经济利益上与公司保持一定程度的一致性。董事、监事、高级管理人员持有本公司股份，一方面要受到与公司公开发行股份前原股东所持股份的同样限制；另一方面，还应当向公司申报所持有的本公司的股份及其变动情况，在任职、离职的一定期限内的股份转让比例均应符合法律和公司章程的限制性规定。

本次《公司法》修订专门明确了质权人不得在限制转让期内行使质权的规定。质权人对转让受限股份享有的优先权应限定在股权的财产属性范围内，因此，在平衡《公司法》对股份的限制转让要求与质权人的财产性优先权时，应当优先适用《公司法》的限制性规定。

【知践行·适用指引】

上市公司公开发行股份前已发行的股份在公司股票在证券交易所上市交易之日起一年内不得转让。中国证监会关于上市公司股份要约收购、协议收购及比例限制的规则适用于本条规定的情形。公司的董事、监事和高级管理人员在就任时确定的任职期间每年转让的股份不得超过其所持有的本公司股份总数的25%。此外，这些人员所持有的本公司股份在公司股票上市交易之日起一年内不得转让；离职后半年内也不得转让其所持有的本公司股份。公司章程还可以对这些人员的股份转让作出其他限制性规定。如果股票在法律、行政法规规定的限制转让期限内被作为质押物进行出质，质权人在限制转让期限内不得行使质权。

【知前鉴·典型案例】

▶公开发行股票公司的董事、监事、高级管理人员违反股份转让份额限制性规定的股份转让行为无效。

来源： 江苏省无锡市中级人民法院发布2021年度优化法治化营商环境十大案例之三

案例名： 姚某与许某股权转让纠纷案

案情： 甲公司在全国中小企业股份转让系统挂牌交易。甲公司章程规定，公司董事、监事和高级管理人员在任职期间每年转让的股份不得超过其持有的公司股份总数的25%。甲公司股东姚某与许某签订了一份股权转让协议。协议约定：第一，姚某将其持有的甲公司30万股转让给许某（姚某当时共持有公司70万股，转让30万股超过了其持有公司股份总数的25%）。第二，姚某代许某持有该股份。第三，股权转让款在协议签字生效后60日内支付。双方签订股权转让协议后，许某一直未支付股权转让款。2020年10月，姚某提起诉讼，请求法院判决许某支付股权转让款及相应利息。法院经审理认为，股东转让其股份应当在依法设立的证券交易场所进行或者按照国务院规定的其他方式进行。本案中，姚某与许某签订股份转让协议时，甲公司是新三板挂牌公司，其股份转让应在全国中小企业股份转让系统中以公开集中竞价的方式进行。姚某与许某以"股份转让＋代持"的模式明显是为了规避金融监管，该行为扰乱金融市场的正常秩序，损害不特定投资者的利益。此外，案涉股份转让协议违反《公司法》关于股份有限公司的董事、监事和高级管理人员股份转让份额的限制性规定,也不符合甲公司章程的相关要求。故案涉股份转让协议应认定为无效。

解析: 实践中,上市公司及新三板公司的董事、监事、高级管理人员常以"协议转让 + 股权代持"的形式规避国家金融监管,损害不特定投资者的利益,该行为应当认定为无效。

161 异议股东回购请求权

【知往事·新旧对照】

2018 年《公司法》 （阴影部分为修改或删除的内容）	2023 年《公司法》 （黑体部分为修改或增加的内容）
	第一百六十一条　有下列情形之一的，对股东会该项决议投反对票的股东可以请求公司按照合理的价格收购其股份，公开发行股份的公司除外： （一）公司连续五年不向股东分配利润，而公司该五年连续盈利，并且符合本法规定的分配利润条件； （二）公司转让主要财产； （三）公司章程规定的营业期限届满或者章程规定的其他解散事由出现，股东会通过决议修改章程使公司存续。 自股东会决议作出之日起六十日内，股东与公司不能达成股份收购协议的，股东可以自股东会决议作出之日起九十日内向人民法院提起诉讼。 公司因本条第一款规定的情形收购的本公司股份，应当在六个月内依法转让或者注销。

【知来者·条文释义】

本条系新增条款。

在资本多数决原则下，少数股东的权利难以通过表决权得到妥善的保障，此时该部分股东可以通过行使回购请求权的方式退出公司，以救济其可能遭受损害的权利。为一体加强中小股东的权利保护，本次《公司法》修订将原《公司法》有限责任公司异议股东的回购请求权扩大适用至股份有限公司。大股东利用其控制地位损害中小股东利益的情形不仅发生在有限责任公司之中，在股权结构较为集中的非公开股份有限公司也会发生。非公开股份有限公司的中小股东难以通过公开市场出让其股份，因此和有限责任公司的中小股东一样需要通过回购请求权作为救济渠道。与有限责任公司不同的是，股份有限公司异议股东的回购请求权不包含公司合并、分立的情形。

【知践行·适用指引】

股东请求公司收购其股权与股东向公司以外的主体转让股权不同，是股东转让股权的一种特殊方式，只有在特定条件下才能行使该项请求权。除《公司法》第一百五十七条、第一百五十九条第二款、第一百六十条规定的情形外，股东行使回购请求权不受持股比例、持股时间的限制。异议股东需要满足主体限制条件，即对股东会特定决议投反对票。投赞成票或弃权票，嗣后提出异议的股东不符合行使回购请求权的主体条件，但非因自身过错未参加投票的股东知道决议内容后提出异议的，应当认定其享有回购请求权。

异议股东可以行使回购请求权的行使情形包括：（1）公司连续5年不向股东分配利润，而公司该5年连续盈利，并且符合《公司法》规定的分配利润条件，如果公司盈利情况非连续，仅是累计满足5年营利的条件，则不构成回购请求权的行使情形。（2）公司转让主要财产，该财产应系公司核心业务资产；股份有限公司合并、分立的，公司可以收购异议股东的股份，但异议股东不享有回购请求权。（3）公司章程规定的营业期限届满或者章程规定的其他解散事由出现，股东会通过决议修改章程使公司存续，此时应当通过回购请求权保护异议股东及时退出公司的权利。

公司回购异议股东的股份后，应当及时转让或注销相应股份，注销期限与《公司法》第一百六十二条关于公司因合并或股东因对股东会作出的公司合并、分立决议持异议，要求公司收购其股份情形下的转让或注销的期限一致，为 6 个月。

【知前鉴·典型案例】

▶**转让主要财产标准的认定应当以转让财产是否对公司设立目的、存续产生实质性影响，导致公司发生根本性变化为主要判断标准。**

案号：（2020）沪 02 民终 2746 号

案例名：兴盛公司诉新梅公司请求公司收购股份纠纷案

案情：兴盛公司持有新梅公司 10% 股权，卓邦公司持有新梅公司 90% 股权。兴盛公司于 2019 年 2 月 28 日知悉，新梅公司已将公司主要财产，即公司房产（建筑面积共计 7118.15 平方米）出售，影响了公司的正常经营。新梅公司及卓邦公司处理公司主要财产却不召开股东会，致兴盛公司未能提出异议，该行为侵犯了兴盛公司的合法权益，故起诉要求新梅公司收购股权。法院经审理认为，新梅公司转让房产尚未达到造成公司发生根本性变化的程度。首先，从转让房产价值占比的角度来看，新梅公司转让的房产价值占新梅公司实有资产价值的比重尚未达到 50%，故认定其为公司法意义上的公司主要财产，依据尚不够充分。其次，从公司是否正常经营的角度来看，新梅公司转让房产实际上是一次性兑现收益还是分期实现收益的商业判断问题，新梅公司仍可将转让房产所得收益用于投资经营。兴盛公司对房产转让价格也未提出异议，因此不能就此认为公司利益受损、经营不可持续。最后，从新梅公司的设立目的来看，新梅公司的公司章程从未将公司经营业务范围限定为从事自有房产的出租业务这一项，且兴盛公司在作为新梅公司的实际控制人期间也曾出售房产获取大量资金，因此，新梅公司此次转让房产的行为不能被认定为违背公司设立的目的。新梅公司因此次房产出售发生的变化谈不上是根本性的变化。综上，法院判决认定，新梅公司转让房产的行为并不足以被认定为公司法意义上的转让公司主要财产，兴盛公司不能据此获得要求公司收购股权的权利。

解析： 判断公司转让的财产是否属于公司法意义上的"转让主要财产"，应当以转让财产是否导致公司发生根本性变化，即对公司的设立目的、存续等产生实质性影响，作为判断的主要标准，以转让财产价值占公司资产的比重、转让的财产对公司正常经营和盈利的影响作为辅助性判断依据。

162 股份回购

【知往事·新旧对照】

2018年《公司法》 （阴影部分为修改或删除的内容）	2023年《公司法》 （黑体部分为修改或增加的内容）
第一百四十二条 公司不得收购本公司股份。但是，有下列情形之一的除外： （一）减少公司注册资本； （二）与持有本公司股份的其他公司合并； （三）将股份用于员工持股计划或者股权激励； （四）股东因对股东大会作出的公司合并、分立决议持异议，要求公司收购其股份； （五）将股份用于转换上市公司发行的可转换为股票的公司债券； （六）上市公司为维护公司价值及股东权益所必需。 公司因前款第（一）项、第（二）项规定的情形收购本公司股份的，应当经股东大会决议；公司因前款第（三）项、第（五）项、第（六）项规定的情形收购本公司股份的，可以依照公司章程的规定或者股东大会的授权，经三分之二以上董事出席的董事会会议决议。	**第一百六十二条** 公司不得收购本公司股份。但是，有下列情形之一的除外： （一）减少公司注册资本； （二）与持有本公司股份的其他公司合并； （三）将股份用于员工持股计划或者股权激励； （四）股东因对股东会作出的公司合并、分立决议持异议，要求公司收购其股份； （五）将股份用于转换公司发行的可转换为股票的公司债券； （六）上市公司为维护公司价值及股东权益所必需。 公司因前款第一项、第二项规定的情形收购本公司股份的，应当经股东会决议；公司因前款第三项、第五项、第六项规定的情形收购本公司股份的，可以按照公司章程或者股东会的授权，经三分之二以上董事出席的董事会会议决议。

续表

2018年《公司法》 （阴影部分为修改或删除的内容）	2023年《公司法》 （黑体部分为修改或增加的内容）
公司依照本条第一款规定收购本公司股份后，属于第（一）项情形的，应当自收购之日起十日内注销；属于第（二）项、第（四）项情形的，应当在六个月内转让或者注销；属于第（三）项、第（五）项、第（六）项情形的，公司合计持有的本公司股份数不得超过本公司已发行股份总额的百分之十，并应当在三年内转让或者注销。 　　上市公司收购本公司股份的，应当依照《中华人民共和国证券法》的规定履行信息披露义务。上市公司因本条第一款第（三）项、第（五）项、第（六）项规定的情形收购本公司股份的，应当通过公开的集中交易方式进行。 　　公司不得接受本公司的股票作为质押权的标的。	公司依照本条第一款规定收购本公司股份后，属于第一项情形的，应当自收购之日起十日内注销；属于第二项、第四项情形的，应当在六个月内转让或者注销；属于第三项、第五项、第六项情形的，公司合计持有的本公司股份数不得超过本公司已发行股份总**数**的百分之十，并应当在三年内转让或者注销。 　　上市公司收购本公司股份的，应当依照《中华人民共和国证券法》的规定履行信息披露义务。上市公司因本条第一款第三项、第五项、第六项规定的情形收购本公司股份的，应当通过公开的集中交易方式进行。 　　公司不得接受本公司的股份作为质权的标的。

【知来者·条文释义】

　　本次《公司法》修订相较于2018年《公司法》仅作个别文字表述的调整，未发生实质变动。

　　公司收购本公司股份违反公司与股东人格独立、财产不得混同、所有与经营分离等一系列公司法基本原则，可能会导致公司利用收购自身股份的方式损害股东和债权人利益。只有在减资、合并、股权激励、异议股东股份回购、发行可转债以及上市公司为维护公司价值及股东权益所必需的法定情形下，才允许公司收购本公司股份的例外。

　　公司收购本公司股份应当按照本条的规定经过相应决议，受到比例的限制，收购后应当及时转让或注销。为衔接本次《公司法》修订引入的无面额股制度，本条第三款将2018年《公司法》"已发行股份总额"的表述调整为"已发行股份总数"。为衔接《民法典》第十八章关于质权的规定，本次《公司法》修订将原"质押权"的表述调整为"质权"。

【知践行·适用指引】

公司回购本公司的股份不享有表决权，不参加分红。因公司回购的法定情形与公司实现质权的意思通常难以匹配，公司无法对本公司股票实现质权，故《公司法》禁止公司接受本公司的股票作为质权的标的。公司因减资与合并收购本公司股份应当经过股东会决议，因股权激励、发行可转债及上市公司维护公司价值及股东权益收购本公司股份可经章程或股东会授权由董事会出席董事的三分之二以上决议，公司因上述三种情形持有本公司的股份数不得超过公司已发行股份总数的10%，上市公司在上述三种情形下回购本公司股份应当通过公开集中交易的方式进行，防止公司以此方式操纵股价。《公司法》未规定异议股东股份回购的决议程序。股份回购后的转让或注销时间因回购情形不同而有所区别，其中，减资回购的股份注销时间为10天，合并或回购异议股东股份的转让或注销时间为6个月，股权激励、发行可转债及上市公司维护公司价值及股东权益收购本公司股份的转让或注销时间为3年。上市公司收购本公司股份的应当按照《证券法》的规定履行信息披露义务。

在投资方与目标公司"对赌"的情形下，不仅应当适用合同法的相关规定，还应当适用公司法的相关规定。根据《全国法院民商事审判工作会议纪要》第5条的规定，投资方与目标公司订立的"对赌协议"在不存在法定无效事由的情况下，目标公司仅以存在股权回购或者金钱补偿约定为由，主张"对赌协议"无效的，人民法院不予支持，但投资方主张实际履行的，人民法院应当审查是否符合《公司法》关于"股东不得抽逃出资"及股份回购的强制性规定，判决是否支持其诉讼请求。投资方请求目标公司回购股权的，人民法院应当依据2018年《公司法》第三十五条关于"股东不得抽逃出资"[①]或者第一百四十二条关于股份

---

① 现为2023年修订的《公司法》第五十三条。

回购的强制性规定进行审查。经审查，目标公司未完成减资程序的，人民法院应当驳回其诉讼请求。投资方请求目标公司承担金钱补偿义务的，人民法院应当依据 2018 年《公司法》第三十五条关于"股东不得抽逃出资"和第一百六十六条关于利润分配的强制性规定[①]进行审查。经审查，目标公司没有利润或者虽有利润但不足以补偿投资方的，人民法院应当驳回或者部分支持其诉讼请求。今后目标公司有利润时，投资方还可以依据该事实另行提起诉讼。

【知前鉴·典型案例】

▶股份有限公司依对赌协议而产生的回购约定不应一概认定为无效。

案号：（2019）苏民再 62 号

案例名：华工公司诉扬锻公司等请求公司收购股份纠纷案

案情：2011 年 7 月 6 日，华工公司与扬锻公司等主体共同签订《增资扩股协议》一份，约定以公司 2011 年预测净利润 9350 万元为基础，按 10.12 倍 PE 估值，以增资后注册资本 8600 万元计算，确定本次增资的价格，华工公司以现金 2200 万元人民币对公司增资，其中 200 万元作为注册资本，2000 万元列为公司资本公积金。若扬锻公司在 2014 年 12 月 31 日前未能在境内资本市场上市或乙方主营业务、实际控制人、董事会成员发生重大变化，华工公司有权要求扬锻公司回购华工公司所持有的全部扬锻公司的股份。2011 年 11 月 20 日，扬锻集团有限公司召开创立大会，所有股东参加，股东一致表决同意通过新的章程。新公司章程第一条规定：扬锻公司为股份有限公司；第十六条记载华工公司为扬锻公司股东。后华工公司以扬锻公司违反回购义务为由起诉扬锻公司要求其回购股份。法院经审理认为，《增资扩股协议》约定的股权回购主体应认定为扬锻集团有限公司，我国《公司法》并不禁止有限责任

---

① 现为 2023 年修订的《公司法》第二百一十条。

公司回购本公司股份,有限责任公司回购本公司股份不当然违反我国《公司法》的强制性规定。扬锻公司新章程未对对赌协议作出变更,在扬锻集团有限公司经工商部门核准变更为扬锻公司后,案涉对赌协议约定的股份回购义务应由扬锻公司履行,扬锻公司可在不违反《公司法》及公司章程关于股份回购强制性规定的情形下,通过履行法定手续和法定程序的方式合法回购华工公司持有的股份。

解析: 有限责任公司回购本公司股份不当然违反我国《公司法》的强制性规定,有限责任公司在履行法定程序后回购本公司股份不会损害公司股东及债权人利益,亦不会构成对公司资本维持原则的违反,在有限责任公司变更为股份有限公司后,回购义务应当由股份有限公司履行,故不应一概否定股份有限公司依对赌协议产生的股份回购义务。

163 财务资助

【知往事·新旧对照】

2018 年《公司法》 （阴影部分为修改或删除的内容）	2023 年《公司法》 （黑体部分为修改或增加的内容）
	第一百六十三条　公司不得为他人取得本公司或者其母公司的股份提供赠与、借款、担保以及其他财务资助，公司实施员工持股计划的除外。 　　**为公司利益，经股东会决议，或者董事会按照公司章程或者股东会的授权作出决议，公司可以为他人取得本公司或者其母公司的股份提供财务资助，但财务资助的累计总额不得超过已发行股本总额的百分之十。董事会作出决议应当经全体董事的三分之二以上通过。** 　　**违反前两款规定，给公司造成损失的，负有责任的董事、监事、高级管理人员应当承担赔偿责任。**

【知来者·条文释义】

　　本次《公司法》修订确立了财务资助的原则禁止与附条件例外规则，并规定了违规财务资助的责任主体。《公司法》所规定的财务资助行为是指公司及其子公司为他人取得本公司的股份提供赠与、借款、担保以及其他财务资助。除员工股权激励外，财务资助行为因可能违反公司资本维持原则、存在不当利益输送、虚增公司资本、操纵股价等风险而应当被禁止。财务资助行为横跨资本制度前端的增资与后端的分配，兼具分配属性与经营属性，在实践中演变出循环增资、变相分配等具有欺诈性质的行为样态。禁止财务资助规则因其债权人保护功能而被纳入公司分配行为的规制轨道，但财务资助行为的经营属性使其无法摆脱经营行为规制的路径依赖。[①] 公司为他人提供财务资助应当受到表决程序和资本比例的限制，违规提供财务资助的公司管理人员应当对公司因财务资助遭受的损失承担赔偿责任。

【知践行·适用指引】

首先，应当明确本条第二款作为财务资助的一般例外情形，不受第一条员工股权激励的限制，即为了公司利益，经股东会决议，或者董事会按照公司章程或者股东会的授权作出决议，公司可以为员工持股计划范围外的他人取得本公司或者其母公司的股份提供财务资助。公司在为他人提供财务资助时，应当符合实质条件与形式条件：实质条件即财务资助的目的应具有正当性，不得损害公司利益；形式要件即应当符合决议程序的要求，并且不得突破资本比例的限制。值得注意的是，本次《公司法》修订未对为员工持股计划进行的财务资助是否应当受本条第二款条件的限制进行规定。对此，笔者认为，员工股权激励应当受上述实质要件与形式要件的限制，事实上，按照《上市公司股权激励管理办法》第二十一条的规定，激励对象参与股权激励计划的资金来源应当合法合规，不得违反法律、行政法规及中国证监会的相关规定。上市公司不得为激励对象依股权激励计划获取有关权益提供贷款以及其他任何形式的财务资助，包括为其贷款提供担保。因此，不应将员工持股激励理解为不受任何限制的财务资助例外情形。

其次，关于如何认定违规财务资助行为的效力。笔者认为，本次《公司法》修订在第二十八条第二款规定股东会、董事会决议被人民法院宣

[①] 皮正德：《禁止财务资助规则的公司法建构》，载《法学研究》2023 年第 1 期。

告无效、撤销或者确认不成立的，公司根据该决议与善意相对人形成的民事法律关系不受影响。参照《全国法院民商事审判工作会议纪要》第十七条关于法定代表人越权为他人提供担保的规范逻辑，依照《民法典》第五百零四条的规定认定相关行为的效力，即除相对人知道或者应当知道其超越权限外，该代表行为有效，订立的合同对法人或者非法人组织发生效力。

再次，关于公司控股股东和实际控制人能否成为违规财务资助责任主体的问题。笔者认为，财务资助行为本质上属于经营行为，违规财务资助的性质属于公司管理人员对《公司法》第一百八十条规定之信义义务的违反。应当明确的是，违反《公司法》第一百八十条的责任主体包括公司的控股股东、实际控制人。禁止财务资助制度的规范意旨在于防止公司的资产被用于他人取得公司的股权，能够作出相关决策的，除了董事、监事、高级管理人员外，公司控股股东和实际控制人的作用不可忽视。当公司管理层实际上成为控股股东或实际控制人的"傀儡"的情况下，违规财务资助的责任主体应当包括相关股东或实际控制人。

最后，国家出资公司还应受到向其员工提供财务资助的特别限制。按照《关于国有控股混合所有制企业开展员工持股试点的意见》第三条第二项之规定，国有股东不得向员工无偿赠与股份，不得向持股员工提供垫资、担保、借贷等财务资助。持股员工不得接受与试点企业有生产经营业务往来的其他企业的借款或融资帮助。

【知前鉴·典型案例】

▶通过财务资助行为进行的循环增资不构成抽逃出资，若不加以限制，将严重冲击资本市场，损害债权人利益。

法院：上海市第一中级人民法院

案例名：吴某某集资诈骗、职务侵占案 [①]

---

① 参见郭婷冰：《穿透安邦魔术》，载《财新周刊》2017年5月1日。

案情： 吴某某隐瞒股权实控关系，以其个人实际控制的多家公司掌管某保险公司、某集团公司，并先后担任某保险公司副董事长和某集团公司董事长、总经理等职。2011 年 1 月起，吴某某以某保险公司等公司为融资平台，指令他人使用虚假材料骗取原保监会批准和延续销售投资型保险产品。2011 年 7 月至 2017 年 1 月，吴某某指令他人采用制作虚假财务报表、披露虚假信息、虚假增资、虚构偿付能力、瞒报并隐匿保费收入等手段，欺骗监管机构和社会公众，以承诺还本付息且高于银行同期存款利率为诱饵，超过原保监会批准的规模向社会公众销售投资型保险产品非法吸收巨额资金。其间，吴某某以虚假名义将部分超募保费转移至其个人实际控制的百余家公司，用于其个人归还公司债务、投资经营、向某集团公司增资等，至案发时实际骗取 652 亿余元。此外，法院还查明，吴某某利用职务便利非法侵占某保险公司保费资金 100 亿元。法院对吴某某以集资诈骗罪判处有期徒刑十五年，剥夺政治权利四年，并处没收财产人民币 95 亿元。以职务侵占罪判处吴某某有期徒刑十年，并处没收财产人民币 10 亿元，决定执行有期徒刑十八年，剥夺政治权利四年，并处没收财产人民币 105 亿元，违法所得及其孳息予以追缴。

解析： 我国自 2014 年开始实施的注册资本登记制改革不包含保险公司，某集团公司数百亿元的新增资本是需要实缴的。之所以某集团公司能够新增资本，重要原因之一就在于其通过关联企业的财务资助、循环出资达到了新增资本的目的。

167 　股份有限公司继承股东资格

【知往事·新旧对照】

2018 年《公司法》 （阴影部分为修改或删除的内容）	2023 年《公司法》 （黑体部分为修改或增加的内容）
第七十五条　自然人股东死亡后，其合法继承人可以继承股东资格；但是，公司章程另有规定的除外。	第一百六十七条　自然人股东死亡后，其合法继承人可以继承股东资格；但是，**股份转让受限的股份有限公司的章程另有规定的除外。**

【知来者·条文释义】

　　本次《公司法》修订明确了自然人股东的股东资格可以自由继承，除非股份转让受限的股份有限公司的章程对自然人股东资格继承有除外规定。这一调整贯彻了股份有限公司资合性的制度精神，大大限缩了股份有限公司自然人股东资格继承的禁止性情形。

【知践行·适用指引】

　　与《公司法》第九十条有限责任公司股东资格继承的规定不同，股份有限公司的自然人股东所持有的只要不是转让受限股，且公司章程对该转让受限股的继承事宜未作另行规定，该自然人股东的股东资格即可由其合法继承人自由继承。股份有限公司不得通过章程或决议对持有转让受限股以外的任何股东的股东资格继承进行限制。应当注意的是，股份有限公司与有限责任公司、合伙企业的股东或出资人资格继承均应受到法定的不得成为该企业股东或出资人情形的限制，例如《公务员法》

第五十九条规定："公务员必须遵纪守法，不得有下列行为：……（十六）违反有关规定从事或者参与营利性活动，在企业或者其他营利性组织中兼任职务。"此外，股东资格的继承既包含财产性权利的继承，亦包含团体身份性权利的继承，但不包含股东资格以外的公司管理职务的继承，相关继承权的行使均应当符合《民法典》继承编的相关规定。

【知前鉴·典型案例】

▶除股份有限公司章程作出专门限制外，股份有限公司自然人股东的继承人可以继承股东资格。

案号：（2021）豫06民终1485号

案例名：赵某2、李某、王某与赵某1、佳多科公司等法定继承纠纷案

案情：赵某英系佳多科公司发起人之一，并任该公司法定代表人，同时持有该公司79.3435%的股份。后赵某英因病去世。赵某2、李某、王某分别系赵某英的儿子、母亲、妻子，赵某1系赵某英女儿。赵某1系佳多科公司员工，赵某英去世后，赵某1实际负责佳多科公司的经营和管理。赵某2、王某、李某因股权分割事宜与赵某1协商未果，为此成讼。关于公司股东股权继承，佳多科公司章程对于股权继承并未规定限制性条款，该公司向其股东颁发的股权证书封皮后内侧《佳多科股份管理规定》第一条第三款载明："在佳多科公司工作多年，病、老、死、因公致残或丧失劳动能力者，可终生享有股权权益，持有人按序处理股权权益：（1）指定继承人。（2）按公司董事会裁决执行。（3）按法律规定继承。"佳多科公司召开了第六届董事会第三次会议，本次董事会形成如下决议：赵某2、王某、李某非公司员工，未参与公司经营，公司董事会不同意赵某2、王某、李某成为公司股东并拥有股东资格，赵某2、王某、李某对赵某英持有的公司股份享有的相应财产权益，其可另行与公司协商解决；赵某1系公司员工，并参与公司经营，其对赵某英持有的公司股份所应享有的份额，可由其本人选择成为公司股东并

拥有股东资格,或者选择享有所对应的财产权益并另行与公司协商解决。法院经审理认为,自然人股东的合法继承人可以继承股东资格,同时考虑到股份有限公司具有人合性,股东之间的合作基于相互间的信任,允许公司章程对此另行规定。本案中,佳多科公司系股份有限公司,相较有限责任公司而言,股份有限公司更具有资合性及开放性,公司规模较大,公司内部治理及架构较为成熟,为激发其市场活力,我国《公司法》对股份有限公司的股权转让并未进行过多限制。因此,股权的法定继承在本案中具备适用空间。公司章程作为公司筹备、设立、运行的纲领性文件,应当对股东间对于权利限制的条款进行明确记载,并登记备案于工商行政部门。因佳多科公司章程中并未对股权的法定继承、自然人股东死亡后其合法继承人继承股东资格进行限制性约定。佳多科公司提交的《佳多科股份管理规定》仅在股权证书封皮中予以记载,且系佳多科公司变更为股份有限公司之前所形成,在此基础上佳多科公司所作出的董事会决议,对赵某2、王某、李某均不具有约束力。赵某英生前亦未立下遗嘱,故法院判决涉案股权的分配应按照法定继承办理。确认李某、王某、赵某2、赵某1均可以继承赵某英在佳多科公司的股东资格。

解析: 股份有限公司相比于有限责任公司更具资合性特点,更加开放,股权转让变更更加频繁。我国对于股份有限公司股权转让的规定较为宽松。《公司法》第一百六十七条系合法继承人可以继承股东资格的规定,对于限制合法继承人继承股东资格的,需要在股份转让受限的股份有限公司公司章程中明确记载,并且要到工商行政部门进行登记公示,才能够限制合法继承人继承股东资格。

第七章　国家出资公司组织机构的特别规定

【知往事·新旧对照】

2018 年《公司法》 （阴影部分为修改或删除的内容）	2023 年《公司法》 （黑体部分为修改或增加的内容）
第四节　国有独资公司 的特别规定	第七章　国家出资公司 组织机构的特别规定
第六十四条　国有独资公司的设立和组织机构，适用本节规定；本节没有规定的，适用本章第一节、第二节的规定。 　　本法所称国有独资公司，是指国家单独出资、由国务院或者地方人民政府授权本级人民政府国有资产监督管理机构履行出资人职责的有限责任公司。	第一百六十八条　国家出资公司的组织机构，适用本章规定；本章没有规定的，适用**本法其他**规定。 　　本法所称**国家出资**公司，是指国家出资的国有独资公司、国有资本控股公司，包括国家出资的有限责任公司、股份有限公司。

续表

2018 年《公司法》 （阴影部分为修改或删除的内容）	2023 年《公司法》 （黑体部分为修改或增加的内容）
	第一百六十九条　国家出资公司，由国务院或者地方人民政府**分别代表国家依法履行出资人职责，享有出资人权益**。国务院或者地方人民政府**可以授权**国有资产监督管理机构**或者其他部门、机构代表本级人民政府对国家出资公司履行出资人职责。** 　　**代表本级人民政府履行出资人职责的机构、部门，以下统称为履行出资人职责的机构。** 　　（本两条由旧法第六十四条修改而来）
	第一百七十条　国家出资公司中**中国共产党的组织，按照中国共产党章程的规定发挥领导作用，研究讨论公司重大经营管理事项，支持公司的组织机构依法行使职权。**
第六十五条　国有独资公司章程由国有资产监督管理机构制定，或者由董事会制订报国有资产监督管理机构批准。	第一百七十一条　国有独资公司章程由**履行出资人职责的机构**制定。
第六十六条　国有独资公司不设股东会，由国有资产监督管理机构行使股东会职权。国有资产监督管理机构可以授权公司董事会行使股东会的部分职权，决定公司的重大事项，但公司的合并、分立、解散、增加或者减少注册资本和发行公司债券，必须由国有资产监督管理机构决定；其中，重要的国有独资公司合并、分立、解散、申请破产的，应当由国有资产监督管理机构审核后，报本级人民政府批准。 　　前款所称重要的国有独资公司，按照国务院的规定确定。	第一百七十二条　国有独资公司不设股东会，由**履行出资人职责的机构**行使股东会职权。**履行出资人职责的机构**可以授权公司董事会行使股东会的部分职权，但公司章程的**制定和修改**，公司的合并、分立、解散、**申请破产**，增加或者减少注册资本，**分配利润**，应当由**履行出资人职责的机构**决定。

续表

2018 年《公司法》 （阴影部分为修改或删除的内容）	2023 年《公司法》 （黑体部分为修改或增加的内容）
第六十七条　国有独资公司设董事会，依照本法第四十六条、第六十六条的规定行使职权。董事每届任期不得超过三年。董事会成员中应当有公司职工代表。 　　董事会成员由国有资产监督管理机构委派；但是，董事会成员中的职工代表由公司职工代表大会选举产生。 　　董事会设董事长一人，可以设副董事长。董事长、副董事长由国有资产监督管理机构从董事会成员中指定。	第一百七十三条　国有独资公司的董事会依照本法规定行使职权。 　　国有独资公司的董事会成员中，应当过半数为外部董事，并应当有公司职工代表。 　　董事会成员由**履行出资人职责**的机构委派；但是，董事会成员中的职工代表由公司职工代表大会选举产生。 　　董事会设董事长一人，可以设副董事长。董事长、副董事长由**履行出资人职责**的机构从董事会成员中指定。
第六十八条　国有独资公司设经理，由董事会聘任或者解聘。经理依照本法第四十九条规定行使职权。 　　经国有资产监督管理机构同意，董事会成员可以兼任经理。	第一百七十四条　国有独资公司的经理由董事会聘任或者解聘。 　　经**履行出资人职责**的机构同意，董事会成员可以兼任经理。
第六十九条　国有独资公司的董事长、副董事长、董事、高级管理人员，未经国有资产监督管理机构同意，不得在其他有限责任公司、股份有限公司或者其他经济组织兼职。	第一百七十五条　国有独资公司的董事、高级管理人员，未经**履行出资人职责**的机构同意，不得在其他有限责任公司、股份有限公司或者其他经济组织兼职。
第七十条　国有独资公司监事会成员不得少于五人，其中职工代表的比例不得低于三分之一，具体比例由公司章程规定。 　　监事会成员由国有资产监督管理机构委派；但是，监事会成员中的职工代表由公司职工代表大会选举产生。监事会主席由国有资产监督管理机构从监事会成员中指定。 　　监事会行使本法第五十三条第（一）项至第（三）项规定的职权和国务院规定的其他职权。	第一百七十六条　国有独资公司在董事会中设置由董事组成的审计委员会行使本法规定的监事会职权的，不设监事会或者监事。
	第一百七十七条　国家出资公司应当依法建立健全内部监督管理和风险控制制度，加强内部合规管理。

【知来者·条文释义】

本次《公司法》修订整合了原《公司法》各章关于国有独资公司的规定，并针对国有独资公司和国有资本控股公司设专章进行了特别规定。其中，第一百六十八条明确了第七章作为针对国家出资公司的特别规定，在效力位阶上优先于其他章适用的原则，并对国家出资公司进行了概念限定。第一百六十九条规定了履行国家出资公司出资人职责的主体。第一百七十条规定了国家出资公司党委前置的治理机制。第一百七十一条至第一百七十六条规定了国有独资公司的章程制定、权力机关、董事会、监事会、董事、高级管理人员的相关规则。第一百七十七条强调了国家出资公司的监督、风控和企业合规制度。

【知践行·适用指引】

适用本章规定的国家出资公司是指国有独资公司和国有资本控股公司，既包括国有独资的有限责任公司和股份有限公司，也包括国有资本控股的有限责任公司和股份有限公司，国有资本参股但未达到对公司具有实际控制权程度的公司不属于本章规定的国家出资公司。国有资本控股，包括国有绝对控股和国有相对控股。按照《国家统计局关于统计上划分经济成分的规定》之附件三《关于统计上国有经济控股情况的分类办法》第三条中的定义，国有经济控股是指在企业的全部资本中，国家资本（股本）占较高比例，并且由国家实际控制的企业。"国有控股"可分为两种：一种是"国有绝对控股"，另一种是"国有相对控股（含协议控制）"。国有绝对控股是指在企业的全部资本中，国家资本（股本）所占比例大于50%的企业。国有相对控股（含协议控制）是指在企业的全部资本中，国家资本（股本）所占的比例虽未大于50%，但相对大于企业中的其他经济成分所占比例的企业（相对控股）；或者虽不大于其他经济成分，但根据协议规定，由国家拥有实际控制权的企业（协议控制）。

国务院或地方人民政府代表国家享有国家出资公司出资人权益、履行国家出资公司出资人职责。国务院或地方人民政府既可以直接代表国家履行出资人职责，也可以授权国有资产监督管理机构或其他部门、机构代表本级人民政府履行出资人职责。国资部门或机构按照授权履行出资人职责，出资人权益仍然由国家享有。实践中部分事业单位，如高校、科研机构实际上在履行其管理下的国家出资公司的出资人职责，但根据本章规定，上述事业单位未经授权不能代表人民政府履行国家出资公司的管理职责。

国家出资公司中中国共产党的组织，按照中国共产党章程的规定发挥领导作用，研究讨论公司重大经营管理事项，支持公司的组织机构依法行使职权。在理解与适用《公司法》第一百七十条的规定时，可以参照《国有企业公司章程制定管理办法》第九条的规定，即公司党组织条款应当按照《中国共产党章程》《中国共产党国有企业基层组织工作条例（试行）》等有关规定，写明党委（党组）或党支部（党总支）的职责权限、机构设置、运行机制等重要事项。明确党组织研究讨论是董事会、经理层决策重大问题的前置程序。设立公司党委（党组）的国有企业应当明确党委（党组）发挥领导作用，把方向、管大局、保落实，依照规定讨论和决定企业重大事项；明确坚持和完善"双向进入、交叉任职"领导体制及有关要求。设立公司党支部（党总支）的国有企业应当明确公司党支部（党总支）围绕生产经营开展工作，发挥战斗堡垒作用；具有人财物重大事项决策权的企业党支部（党总支），明确一般由企业党员负责人担任书记和委员，由党支部（党总支）对企业重大事项进行集体研究把关。对于国有相对控股企业的党建工作，需结合企业股权结构、经营管理等实际，充分听取其他股东包括机构投资者的意见，参照有关规定和相关条款的内容把党建工作基本要求写入公司章程。

履行出资人职责的机构制定国有独资公司的章程，履行国有独资公司的股东会职权。本次《公司法》修订后，国有独资公司的公司章程不能再按照2018年《公司法》第六十五条的规定由董事会制定报国有资产监督管理机构批准。事实上，公司章程作为公司董事会成立的依据，在制定公司章程时董事会尚未产生，也不可能由董事会制定公司章程。履行出资人职责的机构可以授权公司董事会行使股东会的部分职权，但无论是特别授权还是概括授权，均不得将公司章程的制定和修改，公司的合并、分立、解散、申请破产，增加或者减少注册资本，分配利润的职权授予董事会行使。国有独资公司的董事会成员中应当过半数为外部董事，并应当有职工代表。因此，国有独资公司不能不设董事会，也不能只设1名董事，其董事会成员应为3人以上，实践中，国有资本投资、运营公司设立的董事会原则上不少于9人。与《公司法》第六十八条第一款和第一百二十条关于一般公司董事会中职工代表的产生办法不同，国有独资公司董事会成员中的职工代表只能由公司职工代表大会选举产生。国有独资公司的经理由董事会聘任或者解聘，董事会成员兼任经理的，应当经履行出资人职责的机构同意。未经履行出资人职责的机构同意，国有独资公司董事、高级管理人员不得在有限责任公司、股份有限公司或者其他经济组织兼职。与《公司法》第六十九条和第一百二十一条的规定内容一致，国有独资公司审计委员会行使本公司监事会职权的，不设监事会或者监事。

本次《公司法》修订对国家出资公司的企业合规管理提出了原则性要求，将面向全部国家出资公司的内部监督管理、风险控制、合规管理的要求提高到立法层面。

【知前鉴·典型案例】

▶国有独资公司的国有资产管理主体发生变更的，变更后的国有资产管理主体不需要对该国有独资公司的债务承担责任。

法院： 广东省广州市中级人民法院

案例名： 某（香港）有限公司与广州市某进出口公司债务纠纷执行案

案情： 1995年12月20日，广州市外经委、广州市某进出口公司（以下简称广州公司）、中国化工某总公司（以下简称中化公司）批准《广州公司划归中化公司管理协议书》（以下简称《管理协议书》），主要内容为："第二条 1. 资产划转。广州公司全部国有资产无偿划归中化公司，其全部债权、债务由中化公司承担。2. 财务划转。以广州公司1995年12月31日决算报表为参照，划归中化公司。""第三条 广州公司财务划归中化公司管理后，企业原所有制产权不变，职工会计身份不变，独立经营、自负盈亏的企业法人地位不变"，"属中化公司的全资子公司"。1997年12月25日，国家国有资产管理局下发国资企发〔1997〕339号《关于将广东省某进出口集团公司和广州公司的全部产权划归中化公司的批复》，同意广州公司划归中化公司管理，同时确认"一、产权划转为公司1996年12月31日账面资产""广州公司资产财政7443万元，纳税人6330万元，所有者权益1113万元""二、产权划转后广州公司成为中化公司的全资子公司，仍具有独立法人地位，由中化公司实施管理"。根据新加坡国际仲裁中心1997年仲裁案第56号最终裁决，广州公司应向某（香港）有限公司（以下简称某公司）赔偿2530328.95美元及利息。在执行裁决程序中，某公司申请由中化公司承担广州公司在本案中所负的债务。法院经审查认为，广州公司和中化公司间不是企业合并而是变更上级主管单位，管理协议书是变更广州公司上级国有资产管理者的协议。本案中转移的只是产权关系和管理关系，即广州公司的上级主管单位和股东代表由广州市对外经济贸易委员会变成了中化公司，广州公司划归中化公司并没有改变广州公司仍是其所拥有的实物形态的国有资产所有人这一事实，所以，广州公司与中化公司的资产也没有发生合并或混同。即划归协议书并没有改变广州公司的独立法人地位。广州公司的上级国有资产管理主体由广州市外经委变更为中化公司时，原在广州市外经委国有资产账面上（以合并财务报表形式体现，合并了负责监督管理的所有下属公司的国有资产，包括债权债务和权益）所反映的由广州公司占有使用的国有资产（包括资产、负债和所有者权益），就会反映到中化公司所管理的国有资产账上，即中化公司所编制的集团合并财务报表上的资产、负债和所有者权益都会相应增加。在改变广州公司作为国有独资公司的隶属关系和监督管理权时，其债权和债务关系仍在广州公司名下，随同一并改变至以合并报表形式所体现的中化公司管理的国有资产账表上，但这仅是中化集团公司编制的财务合并报表上整个集团所拥有的国有资产的增减调整，这种调整仅限于账面上，而不是作为实物形态的国有资产的实际接收和法律意义上的具体债权、债务的概括承受。

解析： 公司是企业法人，有独立的法人财产，享有法人财产权。公司以其全部财产对公司的债务承担责任。国有独资公司也属于公司，在变更国有资产管理主体时，并没有改变国有独资公司的独立法人地位。因此，国有独资公司应当对自身债务承担责任。此外，根据我国现阶段的国有资产管理体制，国有资产的管理者依据产权关系实施管理，对这种管理权限的划转，只是主管单位的变化，无论划转前后，被划转的单位的债务，都不应由其主管单位承担。综上，国有独资公司的国有资产管理主体发生变更的，变更后的国有资产管理主体无需对该国有独资公司的债务承担责任。

第八章 公司董事、监事、高级 管理人员的资格和义务

178 **不得担任公司董事、监事、高级管理人员的情形**

【知往事·新旧对照】

2018 年《公司法》 （阴影部分为修改或删除的内容）	2023 年《公司法》 （黑体部分为修改或增加的内容）
第六章 公司董事、监事、高级 管理人员的资格和义务	**第八章 公司董事、监事、高级 管理人员的资格和义务**
第一百四十六条 有下列情形之一的，不得担任公司的董事、监事、高级管理人员：	**第一百七十八条** 有下列情形之一的，不得担任公司的董事、监事、高级管理人员：
（一）无民事行为能力或者限制民事行为能力；	（一）无民事行为能力或者限制民事行为能力；
（二）因贪污、贿赂、侵占财产、挪用财产或者破坏社会主义市场经济秩序，被判处刑罚，执行期满未逾五年，或者因犯罪被剥夺政治权利，执行期满未逾五年；	（二）因贪污、贿赂、侵占财产、挪用财产或者破坏社会主义市场经济秩序，被判处刑罚，或者因犯罪被剥夺政治权利，执行期满未逾五年，**被宣告缓刑的，自缓刑考验期满之日起未逾二年**；
（三）担任破产清算的公司、企业的董事或者厂长、经理，对该公司、企业的破产负有个人责任的，自该公司、企业破产清算完结之日起未逾三年；	（三）担任破产清算的公司、企业的董事或者厂长、经理，对该公司、企业的破产负有个人责任的，自该公司、企业破产清算完结之日起未逾三年；

续表

2018 年《公司法》 （阴影部分为修改或删除的内容）	2023 年《公司法》 （黑体部分为修改或增加的内容）
（四）担任因违法被吊销营业执照、责令关闭的公司、企业的法定代表人，并负有个人责任的，自该公司、企业被吊销营业执照之日起未逾三年； 　（五）个人所负数额较大的债务到期未清偿。 　公司违反前款规定选举、委派董事、监事或者聘任高级管理人员的，该选举、委派或者聘任无效。 　董事、监事、高级管理人员在任职期间出现本条第一款所列情形的，公司应当解除其职务。	（四）担任因违法被吊销营业执照、责令关闭的公司、企业的法定代表人，并负有个人责任的，自该公司、企业被吊销营业执照、**责令关闭**之日起未逾三年； 　（五）个人因所负数额较大债务到期**未清偿被人民法院列为失信被执行人**。 　违反前款规定选举、委派董事、监事或者聘任高级管理人员的，该选举、委派或者聘任无效。 　董事、监事、高级管理人员在任职期间出现本条第一款所列情形的，公司应当解除其职务。 　（本条部分内容语序有变更但该部分内容无实质变更）

【知来者·条文释义】

本条部分语序有变更，第二项、第四项、第五项仅作文字表述调整，但未发生实质变动。本条共三款，第一款规定了不得担任公司的董事、监事、高级管理人员的情形。公司的董事、监事、高级管理人员在履行其职责时，其行为必须符合特定的标准，本条规定降低了董事、监事、高级管理人员陷入债务困境时利用职务之便侵吞或挪用公司财产的可能性。第二款规定了违反第一款规定进行的选举、委派或聘任行为的效力。第三款对董事、监事、高级管理人员任职期间出现不得任职情形的处理办法作出了规定。

新修订的《公司法》明确了因犯罪被宣告判处缓刑人员任职资格限制的期限，明确了被责令关闭之日为相关人员不得担任董事、监事、高级管理人员的具体起算时间，明确了"个人因所负数额较大债务到期未清偿被人民法院列为失信被执行人"的消极任职条件及认定标准。

【知践行·适用指引】

新修订的《公司法》明确了因犯罪被宣告判处缓刑人员任职资格限制的期限，即自缓刑考验期满之日起未逾二年；明确了被责令关闭之日为相关人员不得担任董事、监事、高级管理人员的具体起算时间；明确了"个人因所负数额较大债务到期未清偿"的认定标准，即被人民法院列为失信被执行人。此前的实践中，各地对"数额较大的债务"数额较大的认定标准不一，有的以相关人员资产不能清偿到期固定数额债务为标准，有的以相关人员是否被法院认定为失信被执行人为标准，修订后明确统一认定标准，更具可操作性。

本条第二款明确规定了"公司违反前款规定选举、委派董事、监事或者聘任高级管理人员的，该选举、委派或者聘任无效"，但是相应的选举、委派或聘任行为是否无效应以法院作出的判决为依据。实践中，公司股东、董事、监事等都有权请求法院确认选举、委派董事、监事的股东会或者股东大会决议、聘任高级管理人员的董事会决议无效。

【知前鉴·典型案例】

▶董事、监事、高级管理人员担任因违法被吊销营业执照、责令关闭的公司、企业的法定代表人的，在证明责任方面，该董事、监事、高级管理人员应当举证证明其对该公司、企业因违法被吊销营业执照、责令关闭不负有个人责任。

案号：（2018）京 03 民终 6162 号

案例名：张某芳诉北京都会公司公司决议效力确认纠纷案

案情：北京都会公司系全国中小企业股份转让系统挂牌公司，张某芳系北京都会公司股东，持股比例 68.5%。2017 年 8 月 8 日，北京都会公司召开 2017 年第二次临时股东大会，审议《免去张某芳公司董事职务的议案》时，要求张某芳回避。张某芳诉至北京市朝阳区人民法院，要求确认决议事项不成立。北京市朝阳区人民法院经审理认为，截至 2016 年 6 月 8 日，海南都会公司未依法报送并公示 2013 年和 2014 年度报告，且连续两年未进行纳税申报，导致海南都会公司营业执照被吊销。根据国家企业信用信息公示系统查询，张某芳系海南都会公司法定代表人，担任执行董事兼总经理职务，张某芳对海南都会公司的营业执照被吊销负有个人责任，北京都会公司依法应当解除张某芳董事职务。张某芳出现法律规定的不得担任公司董事职务情形后，北京都会公司审议免除张某芳董事职务系履行法律规定的义务。考虑到张某芳在股东会召开时仍系北京都会公司控股股东，为避免股东可能存在操纵表决情形，北京都会公司要求张某芳就该项决议的表决予以回避并无不当。在张某芳回避表决的情况下，北京都会公司临时股东大会审议《免去张某芳公司董事职务的议案》已获得出席会议的其他股东所持表决权全部通过，故张某芳要求确认北京都会公司 2017 年第二次临时股东大会决议中关于"审议通过《免去张某芳公司董事职务的议案》"的决议事项不成立，缺乏事实和法律依据，判决驳回张某芳的诉讼请求。北京市第三中级人民法院二审维持原判。

　　解析：张某芳作为北京都会公司的大股东和控股股东，在涉及其个人利益表决时，北京都会公司的股东大会对张某芳的回避表决进行了合理解释，该解释具有正当性。因张某芳具有《公司法》规定的不得担任公司董事、监事、高级管理人员的情形，亦未能举证对案外人公司吊销不承担个人责任，故被判决驳回全部诉讼请求。

179-180 董事、监事、高级管理人员的忠实义务和勤勉义务

【知往事·新旧对照】

2018年《公司法》（阴影部分为修改或删除的内容）	2023年《公司法》（黑体部分为修改或增加的内容）
第一百四十七条第一款　董事、监事、高级管理人员应当遵守法律、行政法规和公司章程，对公司负有忠实义务和勤勉义务。	第一百七十九条　董事、监事、高级管理人员应当遵守法律、行政法规和公司章程。 第一百八十条　董事、监事、高级管理人员对公司负有忠实义务，应当采取措施避免自身利益与公司利益冲突，不得利用职权牟取不正当利益。 董事、监事、高级管理人员对公司负有勤勉义务，执行职务应当为公司的最大利益尽到管理者通常应有的合理注意。 公司的控股股东、实际控制人不担任公司董事但实际执行公司事务的，适用前两款规定。 （新法对旧法进行扩充后变更为两条）

【知来者·条文释义】

2018年《公司法》规定董事、监事、高级管理人员对公司负有忠实义务和勤勉义务，新修订的《公司法》对董事、监事、高级管理人员对公司应当负有的忠实义务和勤勉义务之内涵进行了明确与限定。新修订的《公司法》第一百七十九条、第一百八十条规范了公司董事、监事、高级管理人员的行为准则。第一百七十九条强调了依法依规依章程履职

的义务。第一百八十条在区分董事、监事、高级管理人员忠实义务与勤勉义务的基础上，对其内涵作出了相应的限定：董事、监事、高级管理人员对公司负有忠实义务，应当采取措施避免自身利益与公司利益冲突，不得利用职权谋取不正当利益；董事、监事、高级管理人员对公司负有勤勉义务，执行职务应当为公司的最大利益尽到管理者通常应有的合理注意。以上规定，使得董事、监事、高级管理人员的忠实义务和勤勉义务的内涵进一步得以明确，并加入实质董事规则，将公司的控股股东、实际控制人纳入规制范围。

【知践行·适用指引】

董事、监事、高级管理人员的义务分为忠实义务、勤勉义务两类。忠实义务强调，董事、监事、高级管理人员以公司利益为唯一利益，要求董事、监事、高级管理人员不得与公司争利，不得有一系列法律规定不得为的行为，强调消极的不得为。勤勉义务强调，董事、监事、高级管理人员尽心尽力处理公司事务，不怠惰、不越权，强调的是积极的作为。对于忠实义务，《公司法》通过后续条文的详细列举作了相对明确的规定。对于勤勉义务，认定标准相对复杂。

一般认为，勤勉义务的最低认定标准不能从行为人的角度设定，必须以行为人从事公司事务或履职行为的必要要求、同行或同业的一般标准为认定标准，即第一百八十三条"管理者通常应有的合理注意"。实践中，对于有证据证明董事、监事、高级管理人员确实有能力以更高标准履行职务的，也存在以该更高标准为勤勉义务认定标准的余地。要注意勤勉义务与商业自主决策之间的边界，商业自主决策经营权的行使边界，需以不违反法律法规规定的义务和公司章程规定的职权范围为前提，要严格按照相应的程序性要求履行职务。

新修订的《公司法》在采用形式主义对董事身份进行界定时，即以公司的正式委任程序作为判断董事身份的同时，通过第一百八十条第三款规定，将不担任公司董事但实际执行公司事务的控股股东、实际控制人也作为承担忠实勤勉义务的主体。这就相当于引入了"实质董事"的规定，让履行董事职责的主体，无论是否经过合法选任程序，均适用董事义务的相关规范。对于实际执行公司事务的认定，需考虑其是否成为公司法人治理结构的一部分，是否承担了只能由董事承担的职责，是否参与决策和指导有关的公司事务等。

【知前鉴·典型案例】

▶**高级管理人员利用职务便利进行关联交易损害公司利益应承担赔偿责任。**

案号：（2019）最高法民申 2728 号

案例名：某车辆公司诉周某、高某迎、毛某光公司关联交易损害责任纠纷案

案情：某汽车销售服务公司在 2008 年 2 月 29 日至 2009 年 7 月 31 日间的实际控股股东系高某迎与毛某光，公司的法定代表人系高某迎。在此期间，高某迎与时任某车辆公司供应销售部门经理的周某系夫妻，毛某光与高某迎、周某系亲属关系。某车辆公司向甘肃省白银市中级人民法院提起诉讼，认为 2008 年 2 月 29 日至 2011 年 10 月 13 日期间，某车辆公司与某汽车销售服务公司之间发生的多笔经济往来均系周某以自己的公司高管身份以及职权便利，伙同其妻高某迎及毛某光，与周某、高某迎、毛某光实际控制的某汽车销售服务公司进行关联交易，谋取不当利益，要求判令周某、高某迎、毛某光共同赔偿经济损失。甘肃省白银市中级人民法院经审理认为，周某利用其关联关系进行关联交易，该关联交易完成后，因某汽车销售服务公司无营业场所、无银行存款、无车辆登记，其时任法定代表人申某下落不明等原因，造成某汽车销售服务公司拖欠某车辆公司的车辆款不能及时实现和人民法院执行不能，故其应承担相应的赔偿责任，判令周某承担赔偿责任。

甘肃省高级人民法院二审认为，周某的身份是作为某车辆公司营销部经理全面负责销售工作，在此期间，某车辆公司并没有设立副总经

理，周某对选择交易对象以及是否签订合同具有决策权，对以什么方式进行资金回收亦有决定权，周某实际上行使的是公司高级管理人员的职权。其妻子高某迎和亲戚成立某汽车销售服务公司及转让公司股权的行为，与周某任营销部经理及离任具有同步性，事实上就是为了和某车辆公司进行交易，周某亦未如实向公司报告该事项，在和某汽车销售服务公司交易之后周某利用其职权，不及时回收资金，给某车辆公司造成了巨大的损失，且周某在某汽车销售服务公司未向某车辆公司支付货款的情况下，利用职权继续与某汽车销售服务公司签订合同和供货，客观上给某车辆公司造成了经济损失，应当承担赔偿责任，故判决驳回上诉、维持原判。最高人民法院再审维持前述判决，裁定驳回周某的再审申请。

解析： 关联关系是指公司控股股东、实际控制人、董事、监事、高级管理人员与其直接或者间接控制的企业之间的关系，以及可能导致公司利益转移的其他关系，公司高级管理人员任职期间利用职务便利进行关联交易给公司造成损失，应对其行为造成的损失承担赔偿责任。

▶**董事、监事、高级管理人员对公司负有勤勉义务，执行职务应当为公司的最大利益尽到管理者通常应有的合理注意。**

案号：（2009）沪一中民三（商）终字第 969 号

案例名： 某机电专用设备公司诉李某华损害公司利益责任纠纷案

案情： 某机电专用设备公司于 2000 年 3 月 9 日成立，李某华为公司监事，营销部经理。某机电专用设备公司法定代表人罗某因患病需住院治疗，任命李某华主持公司工作。2006 年年初，李某华以某机电专用设备公司名义与案外人某电子公司开展业务。2007 年 9 月 30 日，李某华离开某机电专用设备公司，交接时出具材料称某电子公司尚欠工程款 110 万元。后某机电专用设备公司将某电子公司诉至法院主张前述款项，法院以证据不足未予立案。现某机电专用设备公司以李某华作为公司监事及在全面负责公司工作期间未尽其勤勉义务导致公司受损 110 万元为由向上海市闵行区人民法院提起诉讼，请求判令李某华赔偿某机电专用设备公司上述损失 110 万元。

上海市闵行区人民法院经审理认为，判断董事等高级管理人员是否履行了勤勉义务，应该从三方面加以辨别：（1）须以善意为之；（2）在处理公司事务时负有在类似的情形、处于类似地位的具有一般性谨慎的人在处理自己事务时的注意；（3）有理由相信是为了公司的最大利益的方式履行其职责。李某华在全面负责某机电专用设备公司经营期间，作为项目的具体经办人，仅以口头协议的方式与相对方某电子公司发生交易行为，在其离职时亦无法向某机电专用设备公司提供经交易对象确认的文件资料。按照经营的一般常识，采用口头协议交易的方式，一旦与交易对象产生纷争时，无法明确各自的权利义务关系。故对于不能即时完成交易的民事行为，交易双方一般均采取签订书面协议或由交易相对方对相关内容作出确认。因而李某华应有理由相信采用口头协议方式的经营判断与公司的最佳利益不相符合，然而其无视该经营风险的存在，没有以善意（诚实）的方式，按照其合理的相信是符合公司最佳利益的方式履行职务；并没有尽到可以合理地期待一个普通谨慎的人，在同样的地位上，类似的状况下能够尽到的注意，履行一个高级职员的职责。因此，李某华明显违反了勤勉义务。李某华离职后，由于缺乏与某电子公司发生交易的相应凭证，导致某机电专用设备公司无法对该110万元应收款项向某电子公司提出主张，该损失已经造成，李某华违反勤勉义务的行为与某机电专用设备公司受到损失之间存在因果关系，判决李某华赔偿某机电专用设备公司损失110万元。

上海市第一中级人民法院二审认为，由于与案外人某电子公司合作涉案的手机项目未订立书面协议，亦未有其他的标的物交接凭证，明显违反了公司高管应当履行的职责，违反了谨慎、勤勉义务，造成被上诉人向案外人无法主张债权的困境。因此，可以认定上诉人的行为已造成对公司利益的损害，应当依法向被上诉人承担该110万元的损失赔偿责任。原审法院适用法律并无不当，处理结果并无不妥，判决驳回上诉，维持原判。

解析：董事、监事、高级管理人员的勤勉义务是指董事、监事和高级管理人员行使职权、作出决策时，必须以公司利益为标准，不得有疏忽大意或者重大过失，以适当的方式并尽合理的谨慎和注意，履行自己的职责。董事、监事、高级管理人员违反忠实勤勉义务，可能产生基于合同约定的违约责任，亦可能产生侵权责任。公司董事、监事、高级管理人员违反忠实勤勉义务对公司造成损失，在司法裁判中一般适用过错责任或过错推定责任，从主体、行为、结果、因果关系方面进行审理，亦会考虑合理期待性，即董事、监事、高级管理人员至少要尽到一个普通谨慎的人在同样的地位上、在类似的状况下能够尽到的注意义务，履行相关职责。

▶公司董事消极未催缴股东出资系未尽到董事勤勉义务，有需承担其他公司因公司股东出资未到位遭受损失的赔偿责任的可能性。

案号：（2018）最高法民再 366 号

案例名：某科技公司诉胡某生、薄某明、史某文、贺某明、王某波、李某滨损害公司利益责任纠纷案

案情：某科技公司诉称，某科技公司股东至今欠缴公司注册资本 4912376.06 美元，胡某生等 6 名董事依照章程规定，在董事任期内有监督并向股东催缴出资的义务和责任。胡某生等 6 名董事未尽到监督义务造成了某科技公司和债权人的经济损失。胡某生等 6 名董事存在主观上过错，应对某科技公司的损失承担相应的法律责任，要求判令胡某生等 6 名董事对某科技公司股东欠缴出资所造成某科技公司的损失承担连带赔偿责任，赔偿责任范围为某科技公司股东欠缴的注册资本 4912376.06 美元（以某科技公司破产案件受理日 2013 年 6 月 3 日当日美元兑人民币汇率中间价折算，折合人民币 30118760.10 元）。

最高人民法院再审认为，根据董事会的职能定位，董事会负责公司业务经营和事务管理，董事会由董事组成，董事是公司的业务执行者和事务管理者。股东全面履行出资义务是公司正常经营的基础，董事监督股东履行出资义务是保障公司正常经营的需要。在公司注册资本认缴制下，公司设立时认缴出资的股东负有的出资义务与公司增资时是相同的，董事、高级管理人员负有的督促股东出资的义务也不应有所差别。本案某科技公司是外商独资企业，实行注册资本认缴制。参照《最高人民法院关于适用〈中华人民共和国公司法〉若干问题的规定（三）》〔以

下简称《公司法解释（三）》]第十三条第四款的规定，在公司注册资本认缴制下，股东未履行或未全面履行出资义务，董事、高级管理人员负有向股东催缴出资的义务。董事、监事、高级管理人员执行公司职务时违反法律、行政法规或者公司章程的规定，给公司造成损失的，应当承担赔偿责任。胡某生等6名董事对股东的资产情况、公司运营状况均应了解，具备监督股东履行出资义务的便利条件。胡某生等6名董事未能提交证据证明其在股东出资期限届满即2006年3月16日之后向股东履行催缴出资的义务，以消极不作为的方式构成了对董事勤勉义务的违反。股东未缴清出资的行为实际上损害了某科技公司的利益，胡某生等6名董事的消极不作为放任了实际损害的持续。股东欠缴的出资即为某科技公司遭受的损失，股东欠缴出资的行为与胡某生等6名董事消极不作为共同造成损害的发生、持续，胡某生等6名董事未履行向股东催缴出资义务的行为与某科技公司所受损失之间存在法律上的因果关系。胡某生等6名董事未履行向股东催缴出资的勤勉义务，对某科技公司遭受的股东出资未到位的损失，应承担相应的赔偿责任，故判决胡某生等6名董事连带赔偿某科技公司4912376.06美元（以某科技公司破产案件受理日2013年6月3日当日美元兑人民币汇率中间价折算，折合人民币30118760.10元）。

解析： 董事的职能定位及公司资本的重要作用决定了其负有向未履行或未全面履行出资义务的股东催缴出资的义务，董事未进行催缴违反董事勤勉义务的规定。《公司法解释（三）》第十三条第四款规定："股东在公司增资时未履行或者未全面履行出资义务，依照本条第一款或者第二款提起诉讼的原告，请求未尽公司法第一百四十七条第一款规定的义务而使出资未缴足的董事、高级管理人员承担相应责任的，人民法院应予支持；董事、高级管理人员承担责任后，可以向被告股东追偿。"根据该条文可知，在增资款项未缴足时，董事可能因违反勤勉义务而被追责，至于如何判断董事是否充分履行了催缴出资的勤勉义务，则需根据个案实际情况进行分别处理。

▶当公司增资行为发生于董事任命之前时，董事不应对此前的未出资债务承担补充赔偿责任。

案号：（2015）粤高法民二申字第 1274 号

案例名：某电子公司诉丘某良、黄某贵股东损害公司债权人利益责任纠纷案

案情：（2005）深中法民二初字第 380 号民事判决判令某科技公司应向某电子公司偿付货款、代理费及利息，丘某良、黄某贵自 2004 年 11 月 3 日起担任某科技公司董事，某电子公司认为丘某良、黄某贵没有尽到勤勉义务，未向陈某催缴股东出资，应承担相应责任，故诉至法院要求二人承担责任。

广东省深圳市中级人民法院二审认为，董事应当遵守法律、行政法规和公司章程，对公司负有忠实义务和勤勉义务。所谓董事的忠实义务，是指董事管理公司、经营业务，履行职责时，必须代表全体股东为公司最大利益努力工作，当自身利益与公司利益发生冲突时，必须以公司利益为重，不得将自身利益置于公司利益之上。所谓董事的勤勉义务，这是各国公司法普遍规定的董事必须履行的一项积极义务，要求董事负有以善良管理人的注意来处理公司事务的义务。勤勉义务要求公司董事在行使职权时应当以一定的标准尽职尽责管理公司的业务，违反该义务的董事应当承担相应的法律责任。由于现在经济活动的复杂性，使得难以判断董事在经营决策时是否尽到了合理谨慎的注意义务，同时董事的勤勉义务具有主观性，所谓"合理""勤勉"的界定并不明确。经营活动具有风险性，决定了不能把所有的经营不利后果，都归结于董事未尽勤勉义务，对于勤勉义务的判断标准未作具体规定，仅有"董事应当对董事会的决议承担责任。董事会的决议违反法律、行政法规或者公司章程、股东大会决议，致使公司遭受严重损失的，参与决议的董事对公司负赔偿责任。但经证明在表决时曾表明异议并记载于会议记录的，该董事可以免除责任"及"董事、监事、高级管理人员执行公司职务时违反法律、行政法规或者公司章程的规定，给公司造成损失的，应当承担赔偿责任"。上述规定是对勤勉义务的具体要求。以上分析可见，公司法

未对董事的勤勉义务作出明确规定，因此无法判断未催缴股东出资是否属于违反了董事勤勉义务的法律要求，故丘某良、黄某贵不应承担对股东陈某未出资债务的补充赔偿责任，判决驳回某电子公司的相应诉请。广东省高级人民法院再审维持前述判决，裁定驳回某电子公司的再审申请。

解析： 如前所述，董事负有向未履行或未全面履行出资义务的股东催缴出资的义务，但如何判断董事是否充分履行了催缴出资的勤勉义务，则需根据个案实际情况进行分别处理。本案中，某科技公司决定增资的行为发生在 2002 年，而丘某良、黄某贵被委派为某科技公司董事的时间发生在 2004 年 11 月 3 日，在此情况下，丘某良、黄某贵不应对股东陈某的未出资债务承担补充赔偿责任。

181-186 董事、监事、高级管理人员行为的禁止性规定与公司的归入权

【知往事·新旧对照】

2018 年《公司法》 （阴影部分为修改或删除的内容）	2023 年《公司法》 （黑体部分为修改或增加的内容）
第一百四十七条第二款 董事、监事、高级管理人员不得利用职权收受贿赂或者其他非法收入，不得侵占公司的财产。 **第一百四十八条第一款** 董事、高级管理人员不得有下列行为： （一）挪用公司资金； （二）将公司资金以其个人名义或者以其他个人名义开立账户存储； （三）违反公司章程的规定，未经股东会、股东大会或者董事会同意，将公司资金借贷给他人或者以公司财产为他人提供担保； （四）违反公司章程的规定或者未经股东会、股东大会同意，与本公司订立合同或者进行交易； （五）未经股东会或者股东大会同意，利用职务便利为自己或者他人谋取属于公司的商业机会，自营或者为他人经营与所任职公司同类的业务； （六）接受他人与公司交易的佣金归为己有； （七）擅自披露公司秘密； （八）违反对公司忠实义务的其他行为。	**第一百八十一条** 董事、监事、高级管理人员不得有下列行为： （一）侵占公司财产、挪用公司资金； （二）将公司资金以其个人名义或者以其他个人名义开立账户存储； （三）利用职权贿赂或者收受其他非法收入； （四）接受他人与公司交易的佣金归为己有； （五）擅自披露公司秘密； （六）违反对公司忠实义务的其他行为。 **第一百八十二条** 董事、监事、高级管理人员，**直接或者间接**与本公司订立合同或者进行交易，**应当就与订立合同或者进行交易有关的事项向董事会或者股东会报告，并按照公司章程的规定经董事会或者股东会决议通过。** **董事、监事、高级管理人员的近亲属，董事、监事、高级管理人员或者其近亲属直接或者间接控制的企业，以及与董事、监事、高级管理人员有其他关联关系的关联人，与公司订立合同或者进行交易，适用前款规定。** （本两条主要由旧法第一百四十七条第二款、第一百四十八条第一款修改而成，致项号及部分表述变更）

续表

2018 年《公司法》 （阴影部分为修改或删除的内容）	2023 年《公司法》 （黑体部分为修改或增加的内容）
	第一百八十三条 董事、监事、高级管理人员，不得利用职务便利为自己或者他人谋取属于公司的商业机会。但是，有下列情形之一的除外： （一）向董事会或者股东会报告，并按照公司章程的规定经董事会或者股东会决议通过； （二）根据法律、行政法规或者公司章程的规定，公司不能利用该商业机会。 第一百八十四条 董事、监事、高级管理人员未向董事会或者股东会报告，并按照公司章程的规定经董事会或者股东会决议通过，不得自营或者为他人经营与其任职公司同类的业务。
	第一百八十五条 董事会对本法第一百八十二条至第一百八十四条规定的事项决议时，关联董事不得参与表决，其表决权不计入表决权总数。出席董事会会议的无关联关系董事人数不足三人的，应当将该事项提交股东会审议。
第一百四十八条第二款 董事、高级管理人员违反前款规定所得的收入应当归公司所有。	第一百八十六条 董事、监事、高级管理人员违反本法第一百八十一条至第一百八十四条规定所得的收入应当归公司所有。

【知来者·条文释义】

本部分系对于董事、监事、高级管理人员的常见违规行为的规制。新修订《公司法》整合了董事、监事、高级管理人员的忠实义务的具体类型，将 2018 年《公司法》第一百四十七条第二款、第一百四十八条拆分为多个条文，并新增部分规定，在规范表达和体系逻辑上更加清晰，提升了理解和适用董事、监事、高级管理人员忠实义务的技术水平。第一百八十一条明确规定监事亦不得从事的违反忠实义务的具体行为。第一百八十二条新增董事、监事、高级管理人员关于关联交易报告义务，增加董事会为该类行为的同意主体，并授权公司章程规定决议机关；扩大自我交易与关联交易中关联人的范围。第一百八十三条新增正当利用公司商业机会的例外规则。第一百八十四条规定，不从事与公司同业竞争的义务，新增监事为不得自营或者为他人经营与所任职公司同类业务的主体，新增前述事项的报告义务，并授权公司章程规定决议机关。第一百八十五条新增对于利益冲突事项，关联董事的回避表决规则。第一百八十六条新增监事为违反忠实义务行为的公司归入权的义务主体。

【知践行·适用指引】

董事、监事、高级管理人员应当履行法定的忠实义务，该忠实义务既体现为第一百八十一条明确列举的禁止性情形，也体现为第一百八十二条至第一百八十九条关于关联交易、谋取属于公司商业机会、经营同类业务的限制，主要规范董事、监事、高级管理人员与公司之间的利益冲突关系。

其中，第一百八十一条列举的情形，侵占公司财产、挪用公司资金，包括但不限于将公司的资产私自转移、藏匿，或未经公司授权用于个人用途，侵害公司资金的使用权。将公司资金以其个人名义或者以其他个人名义开立账户存储，系违反法律规定，破坏财经秩序的行为，极易造成公司财产的流失，侵犯公司的独立财产权。利用职权贿赂或者收受其他非法收入，包括但不限于收受商业合作伙伴的回扣、利用职权进行权钱交易等行为，严重违背忠实义务。禁止将他人与公司交易的佣金归为己有，系为防止利用职权为个人谋利，损害公司利益的道德风险。擅自披露公司秘密，系未经授权擅自向外界披露公司的商业机密或敏感信息的行为，不仅会对公司经营产生影响，更可能使公司丧失竞争优势。这些都是违反忠实义务的直接表现，为法律所明确禁止。

第一百八十二条至第一百八十四条规定的关联交易、谋取公司商业机会、与公司同业竞争行为，并非全面禁止，而是在向董事会或股东会报告且依章程规定经决议通过后即可免责。

第一百八十二条系对关联交易的规制。董事、监事、高级管理人员与公司进行关联交易，不仅仅指其本人与公司进行的自我交易，还包括与其存在某种可能影响交易之公正性的关联关系的个人或者企业与公司进行的关联交易。对于自我交易、关联交易问题，法律将批准权授予公司的董事会和股东会。董事、监事、高级管理人员需承担报告、披露的义务，不仅要说明冲突性利益的存在，而且要对利益的性质以及与关联交易有关的重要事项进行如实报告。

第一百八十三条系对谋取公司商业机会的规制。"商业机会"指公司能够开展业务并由此获取收益的可能性。在判断某一商业机会是否"属于公司"时，可以结合公司的经营范围，审查该商业机会是否符合公司的需求，公司是否曾为此进行过谈判、投入过人力物力和财力等因素进行综合判断。如果董事、监事或高级管理人员利用职务便利为自己或他人谋取了属于公司的商业机会，即违反了这一规定。本条也明确列举了不属于违规行为的两类情形：一是向董事会或者股东会报告，并按照公司章程的规定经董事会或者股东会决议通过，这是公司决策豁免；二是根据法律、行政法规或者公司章程的规定，公司不能利用该商业机会，这本身就不构成属于公司的商业机会。

第一百八十四条系对禁止同业竞争作出规定，禁止董事、监事、高级管理人员自营或者为他人经营与其任职公司同类的业务，此处同样存在豁免情形，即按照公司章程的规定经董事会或者股东会决议同意。

第一百八十五条对上述三条的董事会、股东会决议免责程序进行了特别规定，明确了利益冲突时，关联董事回避表决的制度，规定关联董事不得参与表决，其表决权不计入表决权总数。出席董事会的无关联关系的董事人数不足3人的，还应当将该事项提交股东会审议。

第一百八十六条是关于归入权的规定，即公司对因董事、监事、高级管理人员违反法律或公司章程规定，实施交易而取得的溢出利益，享有收归公司所有的权利。这对公司而言是重要的救济手段，对不当行为的董事、监事、高级管理人员则是一种重要的惩戒手段。公司出现行使归入权情形时，可以通过公司决议行使，也可以通过股东派生诉讼实现。需注意归入权与损害赔偿请求权的关系。实践中，公司在主张归入权的同时，可以一并主张损害赔偿请求权，即当权利人在行使归入权后仍不能弥补公司损失时，可以要求董事、监事、高级管理人员对无法弥补的部分承担损害赔偿责任。

【知前鉴·典型案例】

▶董事、监事、高级管理人员对母公司所负忠实义务和竞业禁止义务应延伸至子公司。

案号：（2021）最高法民申 1686 号

案例名： 某在线网络公司、某科技公司诉李某、某医院损害公司利益责任纠纷案

案情： 李某在 2015 年 4 月 28 日前系某科技公司的法定代表人、董事长、总经理，某科技公司是某在线网络公司的全资股东。某在线网络公司、某科技公司诉称李某在担任某科技公司法定代表人、董事长、总经理、股东期间，滥用股东权利，利用关联关系和职务便利，谋取属于某在线网络公司的商业机会，违反对某科技公司、某在线网络公司的忠实和勤勉义务，损害公司利益，向深圳市中级人民法院提起诉讼，要求判令李某因其侵权行为赔偿某在线网络公司 1.2 亿元，某医院承担连带赔偿责任。深圳市中级人民法院一审判决李某向某在线网络公司支付赔偿金 2916 万元。

广东省高级人民法院二审认为，某科技公司是某在线网络公司的全资股东，子公司某在线网络公司的利益和母公司某科技公司的利益具有显见的一致性，因此，李某对母公司所负忠实义务和竞业禁止义务应自然延伸至子公司某在线网络公司方能实现公司法为母公司董监高设置忠实义务的立法目的，才能实现对母公司某科技公司及其股东合法权益的保护。李某上诉称其并非子公司某在线网络公司的股东和董事、高管，

对某在线网络公司不负忠实义务，该院不予采信。李某另上诉称子公司某在线网络公司的商业机会与母公司某科技公司无涉，同样不具有现实合理性，该院亦不予采信，驳回上诉，维持原判。最高人民法院再审维持了前述判决，裁定驳回李某的再审申请。

解析： 实践中，母子公司基于公司的法人主体资格而相互独立，董事的义务亦往往流于形式。本案扩大解释了董事履行忠实义务及竞业禁止义务的范围，明确了公司法关于董事对公司所负的忠实义务、竞业禁止义务应不限于董事所任职的公司自身，还应包括公司的全资子公司、控股公司等，有利于切实保障公司及其他股东的合法权益，真正实现公司法设置忠实义务、竞业禁止义务的立法本意。

▶董事、高级管理人员未经公司有权机关同意进行自我交易可能导致相关合同无效。

【案例一】

案号：（2018）最高法民申 3726 号、（2017）最高法民终 83 号

案例名： 魏某民诉某铝塑产业发展公司、某发展集团公司借款合同纠纷案

案情： 2003 年 7 月，魏某民与某门窗厂成立了某铝塑产业发展公司，魏某民持股比例约为 92.6%。2004 年 3 月至 2008 年 12 月期间，魏某民与某铝塑产业发展公司先后达成三份借款协议，约定魏某民自 2004 年 3 月至 2010 年 5 月 28 日通过支付现金和银行转账的方式先后向某铝塑产业发展公司支付借款本金 23211109.92 元。2013 年，魏某民向青海省高级人民法院提起诉讼，要求某铝塑产业发展公司偿还借款本金并支付利息。青海省高级人民法院经审理认为，关于借款合同效力问题，魏某民是某铝塑产业发展公司的股东及执行董事、法定代表人，在未经股东会同意，又违反某铝塑产业发展公司章程规定的情况下，与某铝塑产业发展公司签订了借款合同，属《公司法》禁止的董事、高级管理人员自我交易情形，2018 年《公司法》第一百四十八条第四项禁止自我交易行为的规定属效力性强制性规定，所以魏某民与某铝塑产业发展公司签订的借款合同违反了法律的强制性规定，是无效借款合同，某铝塑产业

发展公司仅需向魏某民返还经查证属实的借款本金。最高人民法院二审、再审均维持前述判决。

【案例二】

案号：（2018）渝民申 2711 号

案例名：刘某德诉叶某君、第三人某投资公司损害公司利益责任纠纷案

案情：2014 年 6 月 26 日，时任某投资公司董事的叶某君与某投资公司签订《借款协议》，约定某投资公司向叶某君借款 50 万元，后叶某君通过银行转账方式向某投资公司出借款项 50 万元。借款出借后，某投资公司按约向叶某君支付了从 2014 年 6 月 26 日到 2016 年 4 月 26 日的借款利息共计 22 万元，此后未再支付利息，亦未归还本金，叶某君以民间借贷纠纷为由向重庆市渝中区人民法院提起诉讼，要求某投资公司还本付息，该案尚未生效时，某投资公司董事刘某德向重庆市渝中区人民法院提起诉讼，要求判令前述《借款协议》无效，叶某君退还利息、赔偿损失。重庆市渝中区人民法院经审理认为，叶某君作为公司股东与公司签订借款合同，且其并无证据证明已召开股东会并形成公司股东会决议同意，该行为违反了《公司法》的强制性规定，故应认定无效。对刘某德相应部分诉请予以支持。

重庆市第五中级人民法院二审认为，谢某安、覃某红、叶某君虽合计持有超过 50% 的某投资公司股权，且其行为表明同意案涉借款协议，但股东会有其法定职权，以及召集程序和表决规则，前述股东的行为不能予以替代，判决驳回上诉，维持原判。

重庆市高级人民法院再审认为，叶某君举证不足以证明其与某投资公司签订案涉借款协议经过某投资公司股东会同意，借款协议无效，裁定驳回叶某君的再审申请。

解析：董事、高级管理人员与公司之间的自我交易是指董事、高级管理人员及其关联方与公司之间进行的交易。在自我交易中，董事、高级管理人员往往对交易具有决定权，有从中不当获取个人利益、损害公司利益的可能性。董事、高级管理人员自我交易行为的效力如何，不

同法院存在不同的认定。前述二案将 2018 年《公司法》第一百四十八条第一款第四项的规定认定为效力性强制性规定，从形式角度论述并认为董事、高级管理人员只要违反公司章程的规定或者未经有权机关同意与本公司签订的自我交易合同即无效；实践中，也有法院将相关规定认定为管理性强制规定，认为自我交易行为效力需从程序的合法性以及交易是否有利于公司或是否会对公司利益造成损害等方面进行综合判断，确定交易相关合同之效力。当然，不论合同效力如何，董事、高级管理人员与公司进行的自我交易均有可能因不符合法律规定而导致相关人员需要承担法律后果，《公司法》亦对董事、高级管理人员违反本款规定所得收入应当归公司所有——对公司归入权进行规定以保护公司合法权益（2018 年《公司法》第一百四十八条第二款、2023 年修订《公司法》第一百八十六条），具体内容详见后文。

▶判断交易机会是否属于公司商业机会，可从交易机会与公司经营关联程度、第三人意愿、公司期待利益等方面综合考量。

案号：（2015）民申字第 1877 号

案例名：某环保设备工程公司诉某国际贸易公司、邹某、戴某苹、世界之窗公司，第三人日本技连通株式会社、高桥某光损害公司利益责任纠纷案

案情：邹某系某环保设备工程公司董事。某环保设备工程公司认为邹某通过其与戴某苹实际控制的世界之窗公司和某国际贸易公司将本应属于某环保设备工程公司的业务据为己有，损害某环保设备工程公司的合法权益，向法院提起诉讼，要求邹某、戴某苹、某国际贸易公司、世界之窗公司承担侵权责任，共同赔偿某环保设备工程公司损失人民币29713604.03 元。

江苏省高级人民法院二审认为，各方当事人争议的核心问题是涉案来自日本企业的业务是否属于某环保设备工程公司的商业机会。认定公司商业机会应当考虑以下几方面的因素：一是商业机会与公司经营活动有关联；二是第三人有给予公司该商业机会的意愿；三是公司对该商业机会有期待利益，没有拒绝或放弃。某环保设备工程公司提供的证据

足以证明涉案来自日本企业的业务属于某环保设备工程公司的商业机会，故判决邹某、某国际贸易公司、世界之窗公司连带赔偿某环保设备工程公司人民币 21416962.03 元。

最高人民法院再审认为，二审判决综合考量各方面涉案证据，最终认为案涉来自日本企业的业务系某环保设备工程公司的商业机会，有相关的依据，最终判决邹某及共同实施侵权行为的某国际贸易公司、世界之窗公司承担赔偿责任，依据充分，并无不当，裁定驳回邹某、戴某苹、某国际贸易公司的再审申请。

解析： 禁止篡夺公司商业机会是董事、高级管理人员忠实义务的重要内容。2005 年，我国《公司法》修订时引入了公司机会准则，但对"属于公司的商业机会"的认定标准、合理利用及抗辩事由、与竞业禁止的关系等问题并未进行明确。公司商业机会具有营造性和依附性两个基本特性，即公司商业机会源自公司的营造；公司商业机会必须依附于公司的经营活动，不能独立存在。[①] 江苏省高级人民法院在本案中综合考量涉案证据，对公司商业机会进行了以下三方面判断：其一，根据某环保设备工程公司的经营范围、作为某环保设备工程公司董事的邹某的职责以及提供涉案业务的日本企业与某环保设备工程公司的关系，认定涉案来自日本企业的业务与某环保设备工程公司的经营活动存在关联；其二，根据日本企业的明确承诺、委派董事高桥某光与某环保设备工程公司法定代表人谈话确认的内容，某环保设备工程公司股东会决议内容等认定日本企业有给予某环保设备工程公司该商业机会的明确意愿；其三，未见有充分证据证明某环保设备工程公司放弃该商业机会。通过以上分析，最终认定案涉来自日本企业的业务系某环保设备工程公司的商业机会，判决侵权方承担赔偿责任，为后续探究公司商业机会司法认定的路径提供了相关借鉴。

---

① 沈贵明：《公司商业机会的司法认定》，载《法学》2019 年第 6 期。

▶公司行使归入权，在证明责任方面，公司应当举证董事、监事、高级管理人员在任职期间从事了违反《公司法》相关规定的行为，且该董事、监事、高级管理人员从该行为中获益。

案号：（2014）津高民二终字第0043号

案例名： 某传感器公司诉马某祥、某自动化技术公司损害公司利益责任纠纷案

案情： 马某祥2002年入职某传感器公司，2008年12月22日与某传感器公司签订劳动合同，担任某传感器公司公用事业部经理一职，并于2011年1月4日因申请辞职与某传感器公司解除劳动关系。2010年10月19日某自动化技术公司成立，马某祥系某自动化技术公司股东及法定代表人、经理，持股60%，并于2011年2月15日与某自动化技术公司签订了劳动合同。某传感器公司以马某祥的行为违反了《公司法》中关于公司的董事、监事、高级管理人员对公司忠实义务和勤勉义务的规定为由，要求马某祥、某自动化技术公司赔偿某传感器公司的经营收入、马某祥在某自动化技术公司的工资收入、某传感器公司的客户流失到某自动化技术公司给某传感器公司造成的损失共计800万元。

天津市第二中级人民法院经审理认为，马某祥确系公司高级管理人员，其行为违反了对公司的忠实义务和勤勉义务，马某祥所得收入应当归某传感器公司所有，但因某传感器公司未能提供证据证实马某祥在2010年10月19日至2011年1月4日间在某自动化技术公司取得了工资收入，未能提供证据证实某自动化技术公司的同业竞争业务发生在马某祥任职某传感器公司期间，未能提供其他证据证明在马某祥任职某传感器公司期间，某自动化技术公司同业竞争业务有利润分配，未提供客户流失损失的证据，又因某传感器公司是以公司高级管理人员损害公司利益为由提起的本案诉讼，而某自动化技术公司并非某传感器公司行使归入权的适格主体，故要求某自动化技术公司承担连带赔偿责任，没有法律依据，判决驳回某传感器公司的全部诉讼请求。

天津市高级人民法院经审理认为，马某祥在2010年10月19日至2011年1月4日担任某传感器公司高级管理人员期间，投资成立了与

某传感器公司经营范围部分相同的某自动化技术公司，并担任该公司的法定代表人，其行为违反了《公司法》中关于公司的董事、监事、高级管理人员对公司忠实义务和勤勉义务的规定，应依法承担相应的法律责任，但因两审审理过程中，某传感器公司均未能提供证据证明在其诉讼主张的期间内，马某祥在某自动化技术公司存在工资收入，故某传感器公司对上述主张应承担举证不能的法律后果，维持一审判决。

解析： 公司归入权在主体、时间、对象、证明责任等方面有严格的适用条件。在证明责任方面，公司应当至少举证证明以下事项：其一，公司的董事、监事、高级管理人员在其任职期间从事了违反《公司法》第一百八十一条至第一百八十四条规定的行为；其二，公司的董事、监事、高级管理人员在该行为中获得收益。如果公司不能对上述事项提供有力证据加以证明，归入权的行使可能难以得到法院的支持。

▶**在公司基于董事、监事、高级管理人员实施违反《公司法》第一百八十一条至第一百八十四条规定的行为行使归入权时，确定该相关人员赔偿责任需要考量其实施相关行为所获收益。**

案号：（2021）京01民终5425号

案例名： 某软件公司诉徐某军、某技术公司损害公司利益责任纠纷案

案情： 某软件公司系一家成立于2006年3月6日的股份有限公司（非上市、自然人投资或控股），2008年1月1日，徐某军入职某软件公司，负责销售工作。2009年12月18日，徐某军成为某软件公司的董事。2012年5月10日，徐某军经董事会决议成为某软件公司的总经理。2016年11月28日，徐某军签署《董事声明及承诺书》《高级管理人员声明及承诺书》。2017年2月1日，徐某军与某软件公司正式解除劳动关系。2017年8月1日，经某软件公司第三届董事会第十五次会议决议，免去徐某军董事职务。某技术公司系一家成立于2015年12月15日的有限责任公司（自然人投资或控股），徐某军从某软件公司离职后即进入某技术公司工作，担任该公司的经理和执行董事。某软件公司主张徐某军违反忠实义务和勤勉义务，未经股东会或者股东大会同意，

利用职务便利为自己或者他人谋取属于公司的商业机会，自营或者为他人经营与所任职公司同类的业务，向北京市海淀区人民法院起诉要求判令徐某军赔偿经济损失、赔礼道歉，要求判令徐某军在某技术公司工作期间收入归属于某软件公司，某技术公司就此承担连带责任。北京市海淀区人民法院经审理认为，公司依据《公司法》规定要求董事、高级管理人员所得的收入归公司所有，亦应当提供证据证明董事、高级管理人员因从事《公司法》规定的禁止行为所获得的收入情况。现有证据虽反映出徐某军在某软件公司担任高管和董事期间，成立了在经营范围方面与其存在重合的某技术公司，但并不能证明徐某军存在利用职务便利，谋取某软件公司商业机会，为某技术公司经营同类业务的行为，亦不足以证明某软件公司因徐某军的同业竞争行为存在实际的经济损失或徐某军在职期间因经营某技术公司获得了相应的实际收入，判决驳回某软件公司的全部诉讼请求。

北京市第一中级人民法院二审认为，在归入权范畴下，本案需要考量的是在同业竞争期限内徐某军是否从某技术公司获得了收入，本案中，某软件公司的诉请，并不包含某技术公司获得某软件公司特定商业机会的赔偿问题。结合双方的举证及该院二审中要求徐某军、某技术公司的举证内容，现有证据不足以证明徐某军在同业竞争期间从某技术公司处获得了收入，故对某软件公司的诉讼请求不予支持，判决驳回上诉，维持原判。

解析： 在公司基于董事、监事、高级管理人员实施违反《公司法》第一百八十一条至第一百八十四条规定的行为行使归入权时，公司作为民事诉讼中主张侵权行为存在的一方，应对其诉讼请求承担举证证明责任，即应对相关人员实施行为后存在获取收入的事实进行基本层面的举证。如果公司不能对上述事项提供有力证据加以证明，归入权的行使亦同样可能难以得到法院的支持。

▶在公司基于董事、监事、高级管理人员实施违反《公司法》第一百八十一条至第一百八十四条规定的行为行使归入权时，如证据不足以确定相关人员实施行为获益数额，由法院结合查明的事实及已有证据，参考一般盈利情况等因素酌情确定赔偿数额。

案号：（2015）沪二中民四（商）终字第 793 号

案例名： 某食品公司诉宋某涛损害公司利益责任纠纷案

案情： 某食品公司系 2011 年 4 月 2 日设立的外商合资企业。2013 年 10 月 23 日，某食品公司委托律师向宋某涛发函，免除宋某涛的总经理职务，并终止对其所有有关公司事务的授权。申根公司系 2012 年 6 月 7 日设立，宋某涛持股比例为 30%。某食品公司认为，2011 年年初，某食品公司聘请宋某涛担任总经理，负责某食品公司的经营管理，根据某食品公司章程规定，公司高级管理人员不得参与其他经济组织对本公司的商业竞争行为。经营过程中，某食品公司拟注册"皇家歌诗堡 SINCE 1823……"作为产品商标使用。2011 年 8 月，宋某涛擅自委托某网络科技公司代为办理商标注册事宜，但某网络科技公司取得商标后却据为己有。宋某涛作为某食品公司总经理，操作不当（或故意），致使案外人取得上述商标。另外，2012 年 6 月 7 日，宋某涛与案外人宋某根、樊某波共同投资设立了申根公司。而宋某根系宋某涛的父亲，樊某波系某网络科技公司的董事长。申根公司的经营范围包括了食品行业（香肠、火腿等肉产品），与某食品公司经营范围相同。宋某涛作为某食品公司的高级管理人员，违背法律规定的忠实和勤勉义务，在任职期间设立与某食品公司经营范围相同的公司，严重侵害了某食品公司的合法权益，故某食品公司诉至法院，请求判令宋某涛在职期间从申根公司取得的收入归某食品公司所有。

上海市第二中级人民法院二审认为，虽然某食品公司对其主张的宋某涛在申根公司取得收入金额缺乏明确的证据印证，但并不意味着宋某涛即可免除赔偿责任。首先，在宋某涛本人拒绝提供其在申根公司的收入证明的情况下，某食品公司确无法通过合理途径进行取证；其次，二审中，经法院要求，宋某涛仍拒绝提供申根公司的资产负债表及其销售香肠类制品的统计数据，导致法院无从核实申根公司的具体经营项目、销售盈亏状况以及职员工资收入等情况；再次，宋某涛亦未提供证据证实申根公司于网店中销售的香肠类制品系通过正常的商业途径从某食品公司处取得，并有权进行转售；最后，宋某涛对于某食品公司提供的有关申根公司20余万元的网店销售记录，仅以截图未经公证、真实性无法确认、时间不明等为由粗略质证，而未提供其自行统计的销售记录、销售成本、盈利数据等加以反证，应承担不利后果。基于上述分析，法院结合查明的事实及现有证据，并参考香肠类制品的一般盈利情况以及宋某涛在申根公司30%的持股比例，酌情判令宋某涛赔偿某食品公司8万元。

解析：所谓归入权，是指公司可以要求董事、监事、高级管理人员把其为个人或他人利益而获得的竞业收入、报酬等归于公司，把董事、监事、高级管理人员进行的受限制交易视为公司的交易。法律之所以赋予公司归入权，是因为董事、监事、高级管理人员实施的相关行为给公司造成的损失往往是潜在的，公司很难证明自己的实际损失，通过行使归入权，公司可以对违反相关规定的董事、监事、高级管理人员予以惩戒，尽可能补偿自己遭受的损失。本案中，经法院要求，宋某涛仍拒绝提供申根公司的资产负债表及其销售香肠类制品的统计数据，导致法院无从核实申根公司的具体经营项目、销售盈亏状况以及职员工资收入等情况，无法确定宋某涛获益数额，法院结合某食品公司提供的网店销售记录，参考同类商品的一般盈利情况以及宋某涛的持股比例，酌情确定判罚尺度，可为同类案件裁判提供相关借鉴。

187 股东对董事、监事、高级管理人员的质询权

【知往事・新旧对照】

2018 年《公司法》 （阴影部分为修改或删除的内容）	2023 年《公司法》 （黑体部分为修改或增加的内容）
第一百五十条第一款　股东会或者股东大会要求董事、监事、高级管理人员列席会议的，董事、监事、高级管理人员应当列席并接受股东的质询。	第一百八十七条　股东会要求董事、监事、高级管理人员列席会议的，董事、监事、高级管理人员应当列席并接受股东的质询。

【知来者・条文释义】

本次《公司法》修订该条仅作了文字调整，删去了"股东大会"的表述，该条规定了董事、监事、高级管理人员列席公司权力机构会议并接受股东质询的义务，该义务对应公司法中关于股东有权对公司的经营提出建议或者质询的规定。

【知践行・适用指引】

本条确立了股东在公司股东会上行使质询权的机制，是对股东会召集程序和议事规则的完善，意在健全股东合法权益和社会公共利益的保护机制，鼓励投资。赋予股东在股东会议上质询的权利，是抑制股东会"形骸化"的有力措施，可以使股东能够在充分了解情况的基础上正

确行使表决权，更好地保障公司利益和股东利益。[①]

对于股东质询权在公司股东会上行使机制的研究，一般围绕股东权利与股东会议两个范畴展开。早期研究认为，股东质询权与董事会说明义务的确立，可以强化决议事项的信息披露，[②] 并支持将股东质询权的法理基础归入股东出席股东会的权利。也有学者将股东的建议质询权与知情权并列归入共益权的范畴，认为是属于具有身份属性的权利。[③] 有学者认为，团体成员享有的参与团体意志形成的权利，是一种区别于人身权和财产权的独立权利，通常表现为成员大会上的表决和发言等。[④] 尽管在质询行为的权利属性方面存在争议，但业界与学界都普遍关注到股东会议上行使质询权的特殊性，即其与股东会议的紧密关系。股东会议事程序的重要功能在于通过充分的说明、探讨甚至辩论来传递和验证信息，加强公司利益各方之间的信息沟通和意见协商，质询权无疑是保证股东会议职能，使其发挥作用的重要制度保障。

【知前鉴·典型案例】

▶股东质询权的行使对象应为董事、监事、高级管理人员而非公司。

案号：（2022）津 0104 民初 6631 号

案例名： 某勘探公司诉某橡胶公司股东知情权纠纷案

案情： 某勘探公司系某橡胶公司股东，现需了解某橡胶公司的经营及财务状况相关材料，某橡胶公司一直未予配合，诉请要求某橡胶公司书面答复关于经营状况及至今不分配利润及所有董事、监事、高级管理人员获得报酬情况的质询等。天津市南开区人民法院经审理认为，某

---

① 徐强胜、孙浩天：《论股东会上股东质询的功能与实现》，载《财经法学》2023 年第 5 期。

② 钱玉林：《股东质询权与董事会的说明义务——〈德国股份法〉第 131 条之介评》，载《法学杂志》2002 年第 4 期。

③ 黎珞：《股权权能分离制度的法律分析》，载《学习与实践》2016 年第 10 期。

④ 任中秀：《成员权基本理论问题辨析》，载《社会科学家》2019 年第 2 期。

勘探公司要求某橡胶公司书面答复经营状况、至今不分配利润及所有董事、监事、高级管理人员获得报酬情况的质询的诉讼请求于法无据，判决驳回该项相关诉请。

解析： 股东质询是指出席股东会或股东大会的股东，为行使股东权而请求董事、监事、高级管理人员就公司经营的相关问题进行说明的权利。质询属于公司内部事务，股东质询的对象是公司内部的董事、监事、高级管理人员而非公司本身，股东无权向公司行使质询权。

188 董事、监事、高级管理人员执行职务给公司造成损失的赔偿责任

【知往事·新旧对照】

2018 年《公司法》 （阴影部分为修改或删除的内容）	2023 年《公司法》 （黑体部分为修改或增加的内容）
第一百四十九条　董事、监事、高级管理人员执行公司职务时违反法律、行政法规或者公司章程的规定，给公司造成损失的，应当承担赔偿责任。	第一百八十八条　董事、监事、高级管理人员执行职务违反法律、行政法规或者公司章程的规定，给公司造成损失的，应当承担赔偿责任。

【知来者·条文释义】

本次《公司法》修订仅作了个别文字表述的调整，未发生实质变动。本条是关于董事、监事、高级管理人员执行职务时违法、违规或违反公司章程给公司造成损失应承担赔偿责任的规定。

【知践行·适用指引】

本条有严格的适用条件，在权利主体方面：享有要求赔偿的主体是公司，应由公司向相关董事、监事、高级管理人员主张赔偿（或代表诉讼）；在对象方面：仅适用于公司的董事、监事、高级管理人员，不适用于公司的其他工作人员或公司股东；在时间方面：仅适用于公司的董事、监事、高级管理人员任职期间；在条件方面：仅适用于公司的董事、监事、高级管理人员因执行职务违反法律、行政法规或公司章程而给公司造成损失的情况，不适用于相关人员的个人行为。

董事、监事、高级管理人员是公司的核心管理人员，负责公司的

日常管理和决策。其在执行职务时，应当遵守法律、行政法规和公司章程的规定，以公司利益为出发点，履行诚信、勤勉和谨慎的义务。如果董事、监事、高级管理人员在执行职务时违反了法律、行政法规或者公司章程的规定，给公司造成了损失，应当承担相应的赔偿责任，该赔偿责任包括对公司造成的经济损失、声誉损失等，具体承担赔偿责任的方式和范围需要根据具体情况进行判断和评估。一般情况下，赔偿责任的范围应当与造成的损失相当，包括直接损失和间接损失。如果董事、监事、高级管理人员的行为涉及刑事责任，也应当依法追究。

【知前鉴·典型案例】

▶损害公司利益的赔偿数额可参考公司利润并结合公司内部约定进行认定。

案号：（2016）京 02 民终 2813 号

案例名：李某军诉夏某，第三人某工贸公司损害公司利益责任纠纷案

案情：2008 年 1 月 10 日，夏某、李某军及金某三人共同出资 15 万元成立某工贸公司。2008 年 1 月 10 日至 2009 年 2 月 5 日，夏某担任公司的法定代表人、执行董事及经理等职。2009 年 2 月 5 日，夏某离任，其所持股份转让给段某平，并由段某平担任公司法定代表人。夏某离任时，未移交公司财务凭证资料及公司财产。2009 年 10 月 22 日，某工贸公司将夏某诉至法院，后夏某向法院提交其在某工贸公司任职期间的财务会计凭证资料及票据，李某军对上述财务会计凭证及票据核查，发现夏某隐瞒与某塑料公司购买型材的交易事实，销售额没有记账。根据某工贸公司的销售政策，销售额的 25% 应归某工贸公司所有，故诉至北京市大兴区人民法院，请求判令夏某赔偿某工贸公司 27.5 万元。

北京市大兴区人民法院经审理认为，李某军作为某工贸公司的股东及监事，认为夏某在任职公司董事长和总经理期间有损害公司利益的行为，有权提起诉讼。某工贸公司与某塑料公司之间的买卖合同利润属

于某工贸公司的经营所得，理应归某工贸公司所有。因夏某担任总经理期间，未为某工贸公司建立真实、合法的财务、会计账目，且未提交证据证明某工贸公司的实际销售情况，案件审理过程中未就增值税发票票面载明金额与某工贸公司账面显示的付款金额之间差异的原因提交证据、作出合理解释，故夏某、段某平代为支付的部分货款属于二人的职务行为，应视为某工贸公司的付款。某工贸公司向某塑料公司购进的型材均已使用、销售，而该销售价格均高于某塑料公司的出厂价，故某塑料公司出厂价的 25% 应当作为公司可分配利润，故经计算后判决夏某赔偿某工贸公司 147605.58 元。

北京市第二中级人民法院二审认为，某工贸公司与某塑料公司之间的买卖合同利润应属于某工贸公司的经营所得，依据某工贸公司《关于成立销售部及销售政策》的相关规则，销售利润由公司与销售部按四、六分配，一审法院计算出涉案型材所产生的归属于某工贸公司的利润金额并无不当，李某军关于夏某违反忠实义务和勤勉义务，其私自购进某塑料公司型材的销售利润应当全部归公司所有的上诉意见，没有事实依据，不予支持。夏某在其担任某工贸公司总经理职务期间，未为某工贸公司建立真实合法的财务会计账目，且未提交证据证明某工贸公司关于涉案型材的真实销售情况，故应当对某工贸公司的损失承担相应的责任，故判决驳回上诉，维持原判。

解析：损害公司利益的赔偿数额不仅要考虑公司利润、经营所得，还需结合公司内部约定进行认定。本案中，某工贸公司内部约定销售利润由公司与销售部按四六比例分配，法院以此确定案涉公司利润中应向公司支付的赔偿数额。

189　股东代表诉讼

【知往事·新旧对照】

2018 年《公司法》 （阴影部分为修改或删除的内容）	2023 年《公司法》 （黑体部分为修改或增加的内容）
第一百五十一条　董事、高级管理人员有本法第一百四十九条规定的情形的，有限责任公司的股东、股份有限公司连续一百八十日以上单独或者合计持有公司百分之一以上股份的股东，可以书面请求监事会或者不设监事会的有限责任公司的监事向人民法院提起诉讼；监事有本法第一百四十九条规定的情形的，前述股东可以书面请求董事会或者不设董事会的有限责任公司的执行董事向人民法院提起诉讼。 　　监事会、不设监事会的有限责任公司的监事，或者董事会、执行董事收到前款规定的股东书面请求后拒绝提起诉讼，或者自收到请求之日起三十日内未提起诉讼，或者情况紧急、不立即提起诉讼将会使公司利益受到难以弥补的损害的，前款规定的股东有权为了公司的利益以自己的名义直接向人民法院提起诉讼。 　　他人侵犯公司合法权益，给公司造成损失的，本条第一款规定的股东可以依照前两款的规定向人民法院提起诉讼。	第一百八十九条　董事、高级管理人员有前条规定的情形的，有限责任公司的股东、股份有限公司连续一百八十日以上单独或者合计持有公司百分之一以上股份的股东，可以书面请求监事会向人民法院提起诉讼；监事有前条规定的情形的，前述股东可以书面请求董事会向人民法院提起诉讼。 　　监事会或者董事会收到前款规定的股东书面请求后拒绝提起诉讼，或者自收到请求之日起三十日内未提起诉讼，或者情况紧急、不立即提起诉讼将会使公司利益受到难以弥补的损害的，前款规定的股东有权为公司利益以自己的名义直接向人民法院提起诉讼。 　　他人侵犯公司合法权益，给公司造成损失的，本条第一款规定的股东可以依照前两款的规定向人民法院提起诉讼。 　　**公司全资子公司的董事、监事、高级管理人员有前条规定情形，或者他人侵犯公司全资子公司合法权益造成损失的，有限责任公司的股东、股份有限公司连续一百八十日以上单独或者合计持有公司百分之一以上股份的股东，可以依照前三款规定书面请求全资子公司的监事会、董事会向人民法院提起诉讼或者以自己的名义直接向人民法院提起诉讼。**

【知来者·条文释义】

本条共四款，第一款规定了股东请求公司监督机构对董事、高级管理人员提起诉讼的权利、股东请求公司执行机构对监事提起诉讼的权利。第二款规定了股东对董事、高级管理人员或监事提起股东代表诉讼的权利。股东代表诉讼又称股东派生诉讼，指当公司未能通过诉讼追究公司董事、监事、高级管理人员责任或维护其他权利时，由具备法定资格的股东为了维护公司利益、按照法定程序直接代表公司提起的诉讼。第三款则规定了股东对他人提起股东代表诉讼的权利及其适用条件。第四款系修订后新增内容，新增股东双重代表诉讼制度及其前置程序规则。股东双重代表诉讼又称股东双重派生诉讼，指母公司的全资子公司未能通过诉讼追究全资子公司董事、监事、高级管理人员责任或维护其他权利时，由具备法定资格的母公司股东为了维护全资子公司利益、按照法定程序直接代表该全资子公司提起的诉讼。

【知践行·适用指引】

根据该条规定，股东对公司的董事、监事、高级管理人员、侵犯公司合法利益的其他人提起股东代表诉讼，应当在权利主体、起诉的前置程序、起诉的名义、胜诉利益的归属、案件管辖等方面满足相应的条件。该条亦规定了可以直接对前述人员提起股东代表诉讼的例外情形，但该例外情形下，股东不履行前置程序而直接提起股东代表诉讼，应当对存在"情况紧急、不立即提起诉讼将会使公司利益受到难以弥补的损害"情形承担证明责任，否则，法院可能裁定驳回起诉。实践中，例外情况一般包括：股东不立即提起诉讼将导致诉讼时效经过，来不及履行前置程序；公司负责人转移财产，其损害公司利益的行为正在延续，不立即提起诉讼将会使公司利益受到难以弥补的损害；公司因股权纠纷，引发多案诉讼，公司陷入僵局，股东若不立即提起诉讼，将会使公司利益持续遭受损害等。

股东代表诉讼原告应为股东（有限责任公司的股东，股份有限公司连续 180 日以上单独或者合计持有公司 1% 以上股份的股东），一审法庭辩论终结前，符合规定条件的其他股东，以相同的诉讼请求申请参加诉讼的，应当列为共同原告。股东代表诉讼的被告是公司的董事、监事、高级管理人员以及侵犯公司合法利益的其他人。公司是股东代表诉讼中的第三人。股东代表诉讼的胜诉利益归属于公司。股东是以自己的名义代表公司起诉，原告为股东而非公司，故被告仅能针对原告侵犯其合法权益提起反诉，而不能以公司应当承担责任或违约为由向公司提起反诉。由于公司是股东代表诉讼的最终受益人，故调解需尊重公司意思，法院需审查调解协议是否为公司意思、调解协议是否经公司股东会议或董事会决议通过等。诉讼请求部分或者全部得到人民法院支持的，公司应当承担股东因参加诉讼支付的合理费用。

在本次《公司法》修订前，全资子公司利益受损时，只有母公司才有权提起股东代表诉讼，若母公司怠于行使诉权，则子公司无法获得救济。新修订的《公司法》引入股东双重代表诉讼制度，赋予母公司股东以自己的名义，为全资子公司的利益，对全资子公司的董事、监事、高级管理人员以及侵犯公司全资子公司合法权益的其他人提起诉讼的权利，帮助母公司股东突破层级，直接追索侵害子公司相关行为人的责任，回应了公司现代化治理的现实需求。关于提起股东双重代表诉讼的主体资格、前置程序等规定，均比照前款股东代表诉讼处理。

【知前鉴·典型案例】

▶ **"他人侵犯公司合法权益给公司造成损失"包括给公司的子公司造成损失。**

案号：（2016）陕民终 228 号

案例名：赵某海诉某控股公司，第三人某投资公司、某酒店公司损害公司利益责任纠纷案

案情：某投资公司的股东为某控股公司、赵某海，持股比例分别

为 60%、40%。某酒店公司出资人系某投资公司（法人独资），即某投资公司系某酒店公司唯一股东，某酒店公司系某投资公司子公司。赵某海因某酒店公司经营管理等问题，向陕西省西安市中级人民法院提起诉讼，要求判令某控股公司停止侵权、注销为某投资公司开设的账户，赔偿某投资公司、某酒店公司损失 40296139.65 元。

陕西省高级人民法院二审认为，在母公司对子公司形成绝对资本控制的情形下，母公司的股东为了子公司的利益以自己的名义直接向人民法院提起诉讼，亦不违反《公司法》规定。本案中，某投资公司系某酒店公司的唯一股东，某投资公司是母公司、某酒店公司是子公司，某投资公司与某酒店公司之间形成了绝对的资本控制关系。在某投资公司内部，某控股公司持有其 60% 股权，赵某海系持有其 40% 股权的股东。赵某海于 2014 年 1 月 24 日致函某投资公司监事会并主席（召集人）王某华，请求某投资公司监事会诉请侵害公司利益的股东即某控股公司承担损失赔偿责任，但某投资公司监事会在收到该请求后 30 日内并未作为某酒店公司股东向某控股公司提起该诉讼，此时否定赵某海作为某投资公司股东提起本案诉讼的原告主体资格，则无法保护某酒店公司的利益，进而导致某投资公司利益受损，亦与《公司法》的立法本意相悖。故赵某海作为原告提起本案损害公司利益责任纠纷诉讼主体适格，判决某控股公司赔偿某酒店公司客房闲置损失 718.2 万元。

解析：本案系在本次《公司法》修订前，对股东双重代表诉讼制度进行的积极探索。我国《公司法》于 2005 年确定股东单一代表诉讼制度，但实践中，仅依靠股东单一代表诉讼制度已经无法解决复杂立体的母子公司架构导致的尖锐矛盾，是否在具备一定条件（持股比例、持股时间、前置程序均满足要求）的前提下，支持母公司股东因全资子公司利益受到损害而提起股东代表诉讼，就是长期困扰实践的重大难题。作为单一代表诉讼扩张的产物，股东双重代表诉讼制度曾在 2016 年 4 月公布的《最高人民法院关于适用〈中华人民共和国公司法〉若干问题的解释（四）（征求意见稿）》中短暂出现，但最终在司法解释正式稿中被删除。实践中很多案件，如（2018）最高法民终 113 号上诉人新佰益（香港）投资有限公司与公司有关的纠纷案，法院即以股东主体不适格为由，裁定驳回母公司的起诉，对案件不作实体审理。新《公司法》的修订，为股东双重代表诉讼的审理提供了明确的法律依据。

▶股东代表诉讼的前置程序客观上无法完成时，股东可以不经股东代表诉讼前置程序直接提起本案诉讼。

案号：（2019）最高法民终 1679 号 [①]

案例名：周某春与某投资公司、李某慰、彭某傑，第三人某房地产公司损害公司利益责任纠纷案

案情：本案系周某春代表某房地产公司提起的股东代表诉讼。某房地产公司董事会共有董事 5 人即李某慰、李某心、彭某傑、庄某农、周某春，周某春主张李某慰作为某房地产公司法定代表人，彭某傑作为某房地产公司总经理，某投资公司作为某房地产公司实际控制人共同损害公司利益，起诉要求判令某投资公司、李某慰、彭某傑共同赔偿某房地产公司 750.825 万元及利息损失，经济损失 32210138.92 元及利息损失，因低价折抵某房地产公司资产、侵占某房地产公司商业机会而造成的经济损失 5000 万元（暂估）。

最高人民法院再审认为，本案中李某慰、彭某傑为某房地产公司董事，周某春以李某慰、彭某傑为被告提起股东代表诉讼，应当先书面请求某房地产公司监事会或者监事提起诉讼。但是，在二审询问中，某房地产公司明确表示该公司没有工商登记的监事和监事会。周某春虽然主张周某科为某房地产公司监事，但这一事实已为另案人民法院生效民事判决否定，某房地产公司明确否认周某科为公司监事，周某春二审中提交的证据也不足以否定另案生效民事判决认定的事实。从以上事实来看，本案证据无法证明某房地产公司设立了监事会或监事，周某春对该公司董事李某慰、彭某傑提起股东代表诉讼的前置程序客观上无法完成。此外，某投资公司不属于某房地产公司董事、监事或者高级管理人员，因某房地产公司未设监事会或者监事，周某春针对某投资公司提起代表

诉讼的前置程序应当向某房地产公司董事会提出，但是，根据查明的事实，某房地产公司董事会由李某慰（董事长）、彭某傑、庄某农、李某心、周某春组成。除周某春以外，某房地产公司其他4名董事会成员均为某投资公司董事或高层管理人员，与某投资公司具有利害关系，基本不存在某房地产公司董事会对某投资公司提起诉讼的可能性，再要求周某春完成对某投资公司提起股东代表诉讼的前置程序已无必要。综合以上情况，周某春主张可以不经股东代表诉讼前置程序直接提起本案诉讼的上诉理由成立。裁定撤销湖南省高级人民法院（2017）湘民初18号民事裁定，指令湖南省高级人民法院审理。

　　解析： 股东先书面请求公司有关机关向人民法院提起诉讼是股东提起代表诉讼的前置程序。一般情况下，股东没有履行前置程序的，应当驳回起诉。但是，该项前置程序针对的是公司治理的一般情况，即在股东向公司有关机关提出书面申请之时，存在公司有关机关提起诉讼的可能性。如果不存在这种可能性，则不应当以原告未履行前置程序为由驳回起诉。

190　股东直接诉讼

【知往事·新旧对照】

2018 年《公司法》 （阴影部分为修改或删除的内容）	2023 年《公司法》 （黑体部分为修改或增加的内容）
第一百五十二条　董事、高级管理人员违反法律、行政法规或者公司章程的规定，损害股东利益的，股东可以向人民法院提起诉讼。	第一百九十条　董事、高级管理人员违反法律、行政法规或者公司章程的规定，损害股东利益的，股东可以向人民法院提起诉讼。

【知来者·条文释义】

本条未作修改，系关于股东直接诉讼制度的规定。股东是公司的出资人，享有股东权利，如果公司董事、高级管理人员违反法律、行政法规或者公司章程的规定，损害股东利益，股东有权为自己的利益，以自己的名义向人民法院提起诉讼，维护自身合法权益。

【知践行·适用指引】

对于股东直接诉讼，应对比股东派生诉讼进行全面理解。股东派生诉讼，是当公司的合法权益受到董事、监事、高级管理人员以及其他人侵害，而受有侵害的公司怠于行使诉权时，符合法定条件的股东可以自己的名义代表公司提起诉讼；即股东派生诉讼中股东行使的是公司的诉权，诉讼具有代位性，诉讼利益归于公司。股东直接诉讼，是股东为自己的利益，以自己的名义向公司或者其他权利侵害人提起诉讼；即股东直接诉讼中，股东直接基于股权提起诉讼，目的是保护自身权益，诉讼具有自益性,诉讼结果直接归属于股东。

实践中,股东直接诉讼有几种类型,包括决议无效之诉、决议撤销之诉、损害赔偿之诉、股东知情权诉讼等。股东直接诉讼的原告可以是公司的任何股东,无持股比例限制。原告是利益受损害的股东,胜诉利益归属于该原告股东,如果败诉,则诉讼费用也应由该原告股东承担。

【知前鉴·典型案例】

▶本条"损害股东的利益"指直接侵害股东权益,不包括因公司的利益受到直接侵害而导致股东利益间接受到侵害的情形。如果公司的董事、高级管理人员违反法律、行政法规或者公司章程的规定的行为直接损害的是公司的利益,不应适用股东直接诉讼之规定,而应适用股东代表诉讼之规定。

案号:(2013)民一终字第 126 号

案例名:谭某兴诉黎某炜、黎某芬、刘某损害股东利益责任纠纷案

案情:2003 年 9 月 23 日,谭某兴与黎某炜等 5 人签订合股经营项目合同书,注册成立某家具材料公司。谭某兴主张黎某炜作为某家具材料公司执行董事,与他人恶意串通侵犯谭某兴的股东财产权益,起诉要求判令黎某炜、黎某芬及彩星公司返还强占的(依当时市价约 1.5 亿余元)与谭某兴股权比例相应的土地,将土地使用权变更登记为谭某兴,并赔偿当时房屋损失 3000 余万元。

最高人民法院二审认为,关于谭某兴是否有权请求黎某炜、彩星公司及黎某芬承担损害赔偿责任的问题,谭某兴在本案中主张黎某炜、彩星公司及黎某芬低价转让案涉资产侵害其利益,其实质是主张黎某炜、彩星公司及黎某芬转让案涉资产侵害某家具材料公司的财产权益,并进而侵害其股权所代表的财产权益。对于某家具材料公司的财产权益,某家具材料公司已经根据谭某兴的通知向彩星公司提起诉讼并形成河北省高级人民法院(2008)民二初字第 21 号案件,某家具材料公司在该诉讼中败诉。谭某兴所享有的权利已经行使,在此情形下,谭某兴再提起

本案诉讼，其事实依据及法律理由仍然是案涉交易造成某家具材料公司损失并进而侵害其股东利益，显然不能成立。本案中，谭某兴主张以股东直接诉讼的规定为请求权基础，其实质是主张其作为股东享有的剩余财产分配请求权遭受损害因而请求损害赔偿。侵害剩余财产分配权的形态表现为，在公司清算解散的前提下，董事、监事、高级管理人员未按照法律、行政法规或者公司章程的规定向股东分配公司剩余财产。而在公司未进入清算解散程序的情况下，执行董事根据有效的股东会决议转让公司资产的行为，不能认定为侵害股东剩余财产权的行为。即使该交易转让价格明显过低，股东也只能依据股东代表诉讼规定的途径寻求救济，即本案中谭某兴无权请求黎某炜、彩星公司及黎某芬承担赔偿责任，一审判决以股东直接诉讼的规定为依据认为某家具材料公司执行董事代表某家具材料公司与彩星公司签订的《资产转让合同》侵害了谭某兴的股东权益，显然与该规定的规范目的不相符合，也间接排除了公司解散、清算等程序、制度的适用，同时也违反了公司制度的设立目的，故判决撤销河北省高级人民法院（2009）冀民二初字第12号民事判决，驳回谭某兴的诉讼请求。

解析： 公司制度的核心在于股东的财产权与公司的财产权相互分离，股东以投入公司财产为代价获得公司的股权，股东对公司财产并不享有直接权利。正是基于此，《公司法》才区分侵害公司权益与侵害股东权益两种情形分别作出不同的规定。如果公司的董事、监事、高级管理人员违反法律、行政法规或者公司章程的规定的行为直接损害的是公司的利益，此时不应适用侵害股东权益的相关法律规定（即本条规定），而应适用侵害公司权益的法律规定，即由公司对相关人员提起诉讼或股东在满足一定条件的情况下提起代表诉讼，胜诉利益归于公司。本案中，某家具材料公司是案涉资产的所有权人，谭某兴仅对其投资享有股东权益，对公司的财产并不享有直接请求权，故法院判决驳回其相应诉讼请求。

191-193 董事、高级管理人员执行公司职务的赔偿责任

【知往事·新旧对照】

2018 年《公司法》 （阴影部分为修改或删除的内容）	2023 年《公司法》 （黑体部分为修改或增加的内容）
	第一百九十一条 董事、高级管理人员执行职务，给他人造成损害的，公司应当承担赔偿责任；董事、高级管理人员存在故意或者重大过失的，也应当承担赔偿责任。
	第一百九十二条 公司的控股股东、实际控制人指示董事、高级管理人员从事损害公司或者股东利益的行为的，与该董事、高级管理人员承担连带责任。
	第一百九十三条 公司可以在董事任职期间为董事因执行公司职务承担的赔偿责任投保责任保险。 　　公司为董事投保责任保险或者续保后，董事会应当向股东会报告责任保险的投保金额、承保范围及保险费率等内容。

【知来者·条文释义】

新修订的《公司法》增加了董事、高级管理人员赔偿责任的事项。

第一百九十一条新增董事、高级管理人员对第三人的责任，即董事、高级管理人员在执行职务时给他人造成损害的责任承担问题。根据该条，如果董事和高级管理人员在执行职务时给他人造成损害，公司应当承担

赔偿责任，但如果董事、高级管理人员的行为系故意或存在重大过失，其本身也应承担赔偿责任。本条旨在保护公司和股东利益，同时要求董事和高级管理人员在执行职务时尽到应有的职责和谨慎义务。

第一百九十二条新增影子董事、影子高管规则，规定了公司控股股东或实际控制人指示董事或高级管理人员从事损害公司或股东利益的行为时的责任承担问题。根据该条，如果控股股东或实际控制人指示董事、高级管理人员从事损害公司或股东利益的行为，则与该董事、高级管理人员承担连带责任。本条旨在保护公司和全体股东的利益，遏制控股股东或实际控制人利用地位指使董事或高级管理人员从事不当行为的情形。

第一百九十三条新增董事责任保险制度，系关于公司为董事在任职期间可能因执行公司职务承担的赔偿责任购买责任保险的规定。根据该条，公司可以为董事购买责任保险，以便在董事因执行职务导致他人损失时，公司能够获得保险赔偿。如果公司已经为董事购买了责任保险或者续保，董事会应当向股东会报告保险的投保金额、承保范围以及保险费率等内容，以保证透明度和公正性。

【知践行·适用指引】

《公司法》中，根据追偿主体不同可将董事、高级管理人员责任分为三类：第一类为董事、高级管理人员对公司的责任；第二类为董事、高级管理人员对股东的责任；第三类为董事、高级管理人员对第三人的责任。其中，对于第三类责任，修改前的《公司法》仅在第一百八十九条第三款中有所涉及，即清算组成员在清算阶段因故意或者重大过失给债权人造成损失需要承担的赔偿责任，除此之外，并未规定其他阶段或其他情况下对第三人的责任。这导致有观点认为，《公司法》对第三人利益的保护不足。新修订的《公司法》第一百九十一条回应了这一现实需求，并填补了这一法律空白。①

公司属于《民法典》第一千一百九十一条的用人单位，董事、高级管理人员则属于第一千一百九十一条中的工作人员，用人单位的工作人员因执行工作任务造成他人损害的，由用人单位承担责任，这是一般原则。新《公司法》第一百九十一条在此基础上，增加了董事、高级管理人员执行职务造成他人损失时，如果存在故意或者重大过失，直接对第三人承担赔偿责任的规定。这种第三人对董事、高级管理人员直接的赔偿请求权增加了董事、高管被外部第三人起诉的法律风险，但也相应更有利于救济受害人、有助于保护股东权利。

第一百九十二条规定，公司的控股股东、实际控制人指示董事、高级管理人员从事损害公司或者股东利益的行为的，与该董事、高级管理人员承担连带责任。这被认为是影子董事、影子高管规则，其实也符合侵权法的一般原理，即让教唆、帮助他人实施侵权行为的人，与行为人承担连带责任。

第一百九十三条首次引入董事责任保险制度。该险种在我国较晚出现。2002 年 1 月，中国证监会、国家经贸委联合发布的《上市公司治理准则》第三十九条规定，经股东大会批准，上市公司可以为董事购买责任保险。2023 年 4 月，国务院办公厅发布的《关于上市公司独立董事制度改革的意见》明确提出"鼓励上市公司为独立董事投保董事责任保险，支持保险公司开展符合上市公司需求的相关责任保险业务，降低独立董事正常履职的风险"。董事责任保险理赔范围一般包括民事赔偿金等，但往往不包括被保险人违反忠实义务、故意造成的侵权损失。

---

① 徐强胜、王萍萍：《论董事对第三人责任——兼评〈公司法（修订草案）〉第一百九十条》，载《河南社会科学》2023 年第 7 期。

第九章 公司债券

194 ► 公司债券的定义

【知往事·新旧对照】

2018 年《公司法》 （阴影部分为修改或删除的内容）	2023 年《公司法》 （黑体部分为修改或增加的内容）
第七章 公司债券	第九章 公司债券
第一百五十三条 本法所称公司债券，是指公司依照法定程序发行、约定在一定期限还本付息的有价证券。 公司发行公司债券应当符合《中华人民共和国证券法》规定的发行条件。	第一百九十四条 本法所称公司债券，是指公司发行的约定按期还本付息的有价证券。 公司债券可以公开发行，也可以非公开发行。 公司债券的发行和交易应当符合《中华人民共和国证券法》等法律、行政法规的规定。

【知来者·条文释义】

　　本次修订的《公司法》第一百九十四条明确公司债券可以非公开发行，将债券的交易纳入本条调整范围。公司债券在发债公司和债券持有人之间形成债权债务关系，债券持有人是公司的债权人，不是所有者，无权参与或干涉公司的经营管理，但有权按期收回本息。根据《证券法》《公司债券发行与交易管理办法》，债券可以非公开发行，本次《公司法》修订对公司债券可以非公开发行进行明确。

【知践行·适用指引】

一、债券的定义与种类

债券是政府、金融机构、工商企业等机构直接向社会融资时，向投资者发行，承诺按一定利率支付利息并按约定条件偿还本金的有价证券。根据发行主体不同，债券分为政府债券（中央政府和地方政府发行的债券）、金融债券（银行和非银行金融机构发行的债券）以及公司债券。

公司债券是公司依照法定程序发行、约定在一定期限还本付息的有价证券。公司债券是公司债的表现形式，是公司向债券持有人出具的债务凭证。"还本付息"和"有价证券"成为公司债券的两大核心特征。广义的公司债券，按照发行主体、发行市场和监管主体等方面的区别，主要分为公司债券、企业债券和非金融企业债务融资工具。

公司债券的发行主体是股份有限公司或者有限责任公司，由中国证监会监管，主要适用《证券法》，中国证监会制定的《公司债券发行与交易管理办法》《上市公司证券发行管理办法》《上市公司股东发行可交换公司债券试行规定》和其他配套法规，募集资金用途相对灵活，利率可以通过市场询价确定，主要在证券交易所发行流通。

企业债券的发行主体主要是央企、国企或者国有控股企业，曾由国家发改委监管，由国家发改委指定中央结算公司和交易商协会审核，由国家发改委集中注册，主要适用《证券法》《企业债券管理条例》以及国家发改委制定的相关法规，募集的资金往往只能用于固定资产投资和技术革新等，与政府审批项目相关联，利率通常不能高于银行同期限存款利率的40%，可以在证券交易所发行流通，还可以在银行间债券市场发行流通。2023 年 10 月 20 日之后，企业债券发行审核职责由国家发改委完全转入中国证监会，证券交易所负责企业债券的受理、审核工作，并报中国证监会履行注册程序。

非金融企业债务融资工具由中国人民银行监管，由中国银行间市场交易商协会注册，在银行间债券市场发行流通，主要适用中国人民银行制定的《银行间债券市场非金融企业债务融资工具管理办法》以及中国银行间市场交易商协会制定的相关配套规则。基础产品包括：短期融资券（CP）、超短期融资券（SCP）、中期票据（MTN）、定向债务融资工具，还包括种类较多的专项产品。

二、债券的公开发行与非公开发行

按照《公司法》及《公司债券发行与交易管理办法》之规定，公司债券可以公开发行，也可以非公开发行。

发行人公开发行公司债券，应当按照中国证监会有关规定制作注册申请文件，由发行人向证券交易所申报。公开发行的公司债券，应当在证券交易场所交易。公开发行公司债券申请上市交易的，应当在发行前根据证券交易场所的相关规则，明确交易机制和交易环节投资者适当性安排。发行环节和交易环节的投资者适当性要求应当保持一致。

非公开发行的公司债券应当向专业投资者发行，不得采用广告、公开劝诱和变相公开方式，每次发行对象不得超过 200 人，且仅限于在专业投资者范围内转让；转让后，持有同次发行债券的投资者合计不得超过 200 人。非公开发行公司债券，可以申请在证券交易场所、证券公司柜台转让。承销机构应当按照中国证监会、证券自律组织规定的投资者适当性制度，了解和评估投资者对非公开发行公司债券的风险识别和承担能力，确认参与非公开发行公司债券认购的投资者为专业投资者，并充分揭示风险。

此外，非金融企业债务融资工具的非公开发行和转让，也是我国公司债券非公开发行的重要形式。

三、"卖者尽责、买者自负"原则

债券依法发行后，因发行人经营与收益的变化导致的投资风险，依法应当由投资人自行负责。但是，"买者自负"的前提是"卖者尽责"。根据《全国法院审理债券纠纷案件座谈会纪要》之规定，对于债券欺诈发行、虚假陈述等侵权民事案件的审理，人民法院应立足法律和相关监管规则，依法确定发行人董事、监事、高级管理人员及其控股股东、实际控制人，以及增信机构、债券承销机构、信用评级机构、资产评估机构、会计师事务所、律师事务所等中介机构，受托管理人或者具有同等职责的机构等相关各方的权利、义务和责任，将责任承担与行为人的注意义务、注意能力和过错程度相结合，将民事责任追究的损失填补与震慑违法两个功能相结合，切实保护债券持有人、债券投资者的合法权益，维护公开、公平、公正的资本市场秩序。

对于债券违约案件，根据法律规定和合同约定，依法确定发行人的违约责任。债券发行人不能如约偿付债券本息或者出现债券募集文件约定的违约情形时，人民法院应当根据相关增信文件约定的内容，判令增信机构向债券持有人承担相应的责任。

对于债券欺诈发行和虚假陈述侵权民事案件，则应当根据债券持有人和债券投资者的实际损失确定发行人的赔偿责任。受托管理人未能勤勉尽责公正履行受托管理职责，损害债券持有人合法利益的，债券持有人有权请求其承担相应赔偿责任。发行人的控股股东、实际控制人、发行人的董事、监事、高级管理人员或者履行同等职责的人员，对其制作、出具的信息披露文件中存在虚假记载、误导性陈述或者重大遗漏，足以影响投资人对发行人偿债能力判断的，应当与发行人共同对债券持有人、债券投资者的损失承担连带赔偿责任，但是能够证明自己没有过错的除外。债券承销机构存在过错行为，导致信息披露文件中关于发行人偿付能力相关的重要内容存在虚假记载、误导性陈述或者重大遗漏，足以影响投资人对发行人偿债能力判断的，要承担赔偿责任。信息披露文件中关于发行人偿付能力的相关内容存在虚假记载、误导性陈述或者重大遗漏，足以影响投资人对发行人偿付能力的判断的，会计师事务所、律师事务所、信用评级机构、资产评估机构等债券服务机构不能证明其已经按照法律、行政法规、部门规章、行业执业规范和职业道德等规定的勤勉义务谨慎执业的，也应承担相应责任。

【知前鉴·典型案例】

▶发行人、发行人的实际控制人以及债券承销机构、会计师事务所、律师事务所、信用评级机构等中介机构或债券服务机构违反证券法律规定，在证券发行或者交易过程中，对重大事件作出违背事实真相的虚假记载、误导性陈述，或者在披露信息时发生重大遗漏、不正当披露信息，导致投资者损失的，应当承担相应赔偿责任。

【案例一】

案号：（2020）浙 01 民初 1691 号、（2021）浙民终 388 号、（2021）最高法民申 7620 号、（2022）最高法民申 360 号

案例名：王某等 487 人诉某建设集团、陈某樟、某证券公司、某会计师所、某律所、某评估公司证券虚假陈述责任纠纷案①

案情：王某等 487 名原告系债券投资者，购买了某建设集团发行的公司债券"15 五洋债"与／或"15 五洋 02"，陈某樟系某建设集团董事长、控股股东，某证券公司系上述债券的承销商与受托管理人，某会计师所、某律所、某评估公司系上述债券发行的第三方专业机构。

王某等 487 名原告就投资损失（包括债券本金、利息、逾期利息、实现债权的合理费用、律师费）起诉，要求某建设集团对原告损失承担赔偿责任，陈某樟作为某建设集团违规行为的直接负责人，某证券公司作为债券承销商，某会计师所、某律所、某评估公司作为中介机构未履行勤勉尽责义务应承担连带赔偿责任。

---

① 本案系全国首例公司债券欺诈发行案、全国首例证券纠纷领域代表人诉讼案。

一审法院浙江省杭州市中级人民法院认为，发行人财务造假骗取债券发行资格，承销商与中介机构不勤勉尽责履职不当，严重损害市场信用，扰乱市场秩序，侵犯了广大投资者的合法权益。信息披露不实者、怠于勤勉履职者均应付出违法违规的成本，对投资者的损失予以赔偿，遂判令陈某樟、某证券公司、某会计师所就某建设集团对原告的债务本息承担连带赔偿责任；某律所、某评估公司就某建设集团应负债务本息分别在 5% 和 10% 范围内承担连带赔偿责任。各被告不服提起上诉。浙江省高级人民法院于 2021 年 9 月作出（2021）浙民终 388 号二审判决，驳回上诉，维持原判。后某证券公司，某会计师所、某律所分别向最高人民法院提起再审申请，最高人民法院分别作出（2021）最高法民申 7620 号、（2022）最高法民申 360 号民事裁定，裁定驳回某证券公司，某会计所、某律所的再审申请。

解析： 债券信息披露文件中就发行人财务业务信息等与其偿付能力相关的重要内容存在虚假记载、误导性陈述或者重大遗漏的，欺诈发行的债券认购人或者欺诈发行、虚假陈述行为实施日及之后、揭露日之前在交易市场上买入该债券的投资人有权主张其损失。在我国证券市场中，公司债券是在约定期限内还本付息的有价证券，公司发行债券需要承担按期支付利息和到期归还本金的义务。根据《证券法》之规定，公开发行公司债券，应当符合"最近三年平均可分配利润足以支付公司债券一年的利息"的条件。该规定以公司最近三年平均可分配利润来作为衡量公司是否拥有支付利息能力的标准，如果公司最近三年平均可分配利润足以支付公司债券一年的利息，则认为公司具有支付利息的能力。证券虚假陈述责任纠纷中的因果关系系法律判断的主要内容。本案中，在申请公开发行债券之时，某建设集团最近三年平均可分配利润不足以支付公司债券一年的利息，并未满足《证券法》之规定，不具备公开发行公司债券的基本条件，但其仍然通过将所承建工程项目应收账款和应付款项"对抵"的财务造假行为，骗取发行核准。该虚假陈述行为对发行人的还本付息能力产生重要影响，足以改变投资人对发行人违约风险和偿付能力的预估，影响投资人投资决策。而投资人基于对虚假陈述信息的信赖，在虚假陈述实施日及以后至揭露日之前买入案涉债券，在现有证据不足以显示存在否定因果关系的例外情形的情况下，应认定虚假陈述行为与投资人损失之间具有因果关系。

本案中，某证券公司作为案涉债券的主承销商，未对发行人某建设集团是否存在虚假陈述行为进行核查把关；某会计师所在审计时未获取充分、适当的审计证据，为某建设集团出具了标准无保留意见的审计报告；某评估公司出具企业信用评级报告、公司债券信用评级报告过程中，未对可能影响发债条件、偿债能力的重大事项进一步核实关注并合理评定信用等级；某律所对不动产权属尽职调查不到位，未能发现占比较高的重大资产减少情况对某建设集团偿债能力带来的法律风险，各主体均存在过错，均需承担相应责任。

【案例二】

案号：（2021）京74民初1号

案例名： 某资产公司诉某银行、某会计所大连分所、某会计所、某评估公司、某律所，第三人某集团证券虚假陈述责任纠纷案①

案情： 某集团发行的16大机床SCP002为在银行间债券市场发行和交易的债务融资工具，主承销商为某银行，审计机构为某会计所大连分所、某会计所（特殊普通合伙），信用评级机构为某评估公司，法律顾问为某律所。

2016年8月4日，某集团向投资者发行16大机床SCP002人民币5亿元。债券募集说明书增信措施部分载明：该集团为案涉债券提供5亿余元的应收账款质押，账期与金额可以覆盖案涉债券本息。2016年8月9日，某集团向某资产公司按1%进行返费。某资产公司指示买入案涉债券。后该集团财务危机爆发，案涉债券于2016年11月29日构成交叉违约。2016年12月12日，该集团主体评级下降为C，即不能偿债级别。某资产公司以其管理的自有私募基金于2016年12月16日至2017年2月13日间，陆续通过二级市场交易以券商过券方式，以五折

---

① 本案系全国首例银行间债券市场虚假陈述责任纠纷。

价格买入全部案涉债券并持有至今。2017 年 4 月 27 日,某集团公告承认案涉债券应收账款增信措施为虚假。2017 年 11 月 10 日,某集团进入破产重整程序,扣除破产重整程序中可获得清偿金额,某资产公司发生损失 5 亿余元。某资产公司认为 16 大机床 SCP002 信息披露文件的虚假陈述是导致其投资损失的根本原因,应由某集团和债券各服务机构对此承担连带赔偿责任。

后法院根据案涉债券各参与方对损失的过错程度,虚假陈述行为与损失之间的因果关系,酌情确定某银行在某集团赔偿责任 10% 的范围内承担连带赔偿责任,某会计所大连分所及某会计所在某集团赔偿责任 4% 的范围内承担连带赔偿责任;某律所在某集团赔偿责任 6% 的范围内承担连带赔偿责任。信用评级机构某评估公司不存在违反信息披露义务的情况,不存在虚假陈述行为,不承担赔偿责任。

解析:本案是北京金融法院于 2021 年 3 月 18 日成立当日受理的第一起案件,故被称作北京金融法院"1 号案件"。本案判决全面考量债券市场全体参与者的责任和义务,在认定原告自身存在过错的基础上,再根据作为被告的各债券服务机构的履职情况,分别认定各被告的过错程度以及责任承担比例,对规范资本市场各参与主体的行为具有指引作用。

195 发行公司债券应当公告公司债券募集办法

【知往事·新旧对照】

2018 年《公司法》 （阴影部分为修改或删除的内容）	2023 年《公司法》 （黑体部分为修改或增加的内容）
第一百五十四条 发行公司债券的申请经国务院授权的部门核准后，应当公告公司债券募集办法。 公司债券募集办法中应当载明下列主要事项： （一）公司名称； （二）债券募集资金的用途； （三）债券总额和债券的票面金额； （四）债券利率的确定方式； （五）还本付息的期限和方式； （六）债券担保情况； （七）债券的发行价格、发行的起止日期； （八）公司净资产额； （九）已发行的尚未到期的公司债券总额； （十）公司债券的承销机构。	**第一百九十五条** 公开发行公司债券，应当经国务院证券监督管理机构注册，公告公司债券募集办法。 公司债券募集办法应当载明下列主要事项： （一）公司名称； （二）债券募集资金的用途； （三）债券总额和债券的票面金额； （四）债券利率的确定方式； （五）还本付息的期限和方式； （六）债券担保情况； （七）债券的发行价格、发行的起止日期； （八）公司净资产额； （九）已发行的尚未到期的公司债券总额； （十）公司债券的承销机构。

【知来者·条文释义】

本次《公司法》修订后，第一百九十五条将公司债券核准制更新为注册制，调整公开发行公司债券统一由国务院证券监督管理机构注册。

【知践行·适用指引】

注册制改革后，公司公开发行证券无需核准，本次修订《公司法》在法律层面上将公司债券核准制更新为注册制，同时也反映出公司债券、企业债券已被纳入证监会统一监管的实际情况。

新修订《公司法》第一百九十五条体现了对公司债券和企业债券统一监管、统一适用法律规则的新形势。2020年最高人民法院《全国法院审理债券纠纷案件座谈会纪要》已实现了公司债券、企业债券、非金融企业债务融资工具相关纠纷裁判规则的统一，中国人民银行、国家发改委、中国证监会也于同年发布《公司信用类债券信息披露管理办法》，明确规定了公司信用类债券，包括企业债券、公司债券和非金融企业债务融资工具，均应遵守的信息披露规则，实现了信息披露规则上的统一。为贯彻党中央、国务院关于机构改革的决策部署，根据《中国证监会、国家发展改革委关于企业债券发行审核职责划转过渡期工作安排的公告》以及《中国证监会关于企业债券过渡期后转常规有关工作安排的公告》的规定，2023年10月20日之后，企业债券发行审核职责已由国家发改委完全转入中国证监会负责。故新修订《公司法》明确，公开发行公司债券，应当经国务院证券监督管理机构注册，公告公司债券募集办法。

【知前鉴·典型案例】

▶债券交易纠纷中，如募集说明书中约定了管辖法院，应当优先适用协议管辖确定案件管辖。

案号：（2018）沪民初98号、（2019）最高法民辖终132号

案例名：某证券公司诉某集团公司债券交易纠纷案

案情：某集团公司发行了总额为60亿元的"某集团公司2016年公开发行公司债券（第一期）"（债券代码：136698，以下简称16申信01债），某证券公司为受托管理人。某证券公司主张某集团公司在债券存续期限内存在实质性违约，代表债券持有人以自己的名义对发行人提起

诉讼要求其履行偿付义务。因被告某集团公司住所地位于上海市，故向上海市高级人民法院提起诉讼。某集团公司认为，原告某证券公司和债券持有人均承诺接受涉案《募集说明书》的约束，而《募集说明书》规定"本协议项下所产生的或与本协议有关的任何争议……协商不成的，应在债券受托管理人住所所在地有管辖权的人民法院通过诉讼解决"，故案件应由债券受托管理人住所地法院即北京市高级人民法院管辖。上海市高级人民法院作出裁定，将案件移送至北京市高级人民法院处理，原告某证券公司不服提起上诉。最高人民法院二审认为，某证券公司作为 16 申信 01 债的主承销商之一，是某集团公司与债券持有人的中间人，在二者之间起着桥梁纽带的作用。没有某证券公司即无法形成债券交易，其住所地与本案争议有实际联系，北京市高级人民法院对本案具有管辖权。

解析：《募集说明书》中约定了管辖法院，应当优先适用协议管辖确定债券交易纠纷案件的管辖。这一规则已被 2020 年《全国法院审理债券纠纷案件座谈会纪要》确定。受托管理人、债券持有人以发行人或者增信机构为被告提起的要求依约偿付债券本息或者履行增信义务的合同纠纷案件，由发行人住所地人民法院管辖。债券募集文件与受托管理协议另有约定的，从其约定，这为协议管辖留下了空间。协议管辖需考虑实际联结点问题，本案例提供了一个良好的范例。

▶《募集说明书》作为记载投资者与发行人权利义务关系的重要载体，可以成为厘定违约损害赔偿责任的重要依据。

案号：（2018）沪 74 民初 1056 号、（2019）沪民终 250 号

案例名：某证券公司诉某商城集团公司、王某和公司债券交易纠纷案

案情：2017 年 4 月 25 日，某商城集团公司公开发布《某商城集团公司 2017 年公开发行公司债券（第一期）募集说明书》发行案涉债券，并约定交叉违约相关条款。同日，王某和就上述保证相关事项出具了《担保函》，约定加速到期条款为：在案涉债券到期之前，王某和发生足以影响债券持有人利益的重大事项时，某商城集团公司应在一定期限内提

供新的保证，某商城集团公司不提供新的保证时，债券持有人有权要求某商城集团公司、王某和提前兑付债券本息。某证券公司认购、持有案涉债券。因某证券公司认为目前已出现实质性违约，要求某商城集团公司偿还债券认购款。一审法院认为，根据在案证据，债券持有人可要求涉案债券加速到期，关于加速到期日的确定，因《募集说明书》加速到期条款并未明确"一定期限"的时长，但根据《募集说明书》关于交叉违约的约定，宽限期为1个月。因原告某证券公司明确其诉请之基础为《募集说明书》的加速到期条款，本案涉案债券亦已构成《募集说明书》载明的交叉违约情况，故一审法院比照交叉违约条款的宽限期，酌定某证券公司主张的涉案债券加速到期时，给予债券持有人提供新的保证的合理时期为1个月期限，从而确定涉案债券提前到期日。后二审法院维持了前述认定。

解析：为营造资本市场良好的营商环境，法院在审理资本市场领域纠纷案件时，通常会全面考量当事人主体的交易特性及法律关系特征，在正确把握各个因素的基础上作出综合判定。债券作为有价证券的一种，为便于流通交易，投资者在认购债券时并不与发行人单独签订所谓的认购合同抑或买卖合同，同时，伴随登记结算系统的发展，投资者认购、交易债券已经实现无纸化。对于投资者而言，与发行人之间具有合同关系的权利义务载体只有募集说明书。《民法典》第四百七十三条规定，债券募集办法为要约邀请。募集说明书中发行人披露和承诺的内容十分丰富，包括但不限于发行人基本情况、风险因素、增信措施等重要内容。《公司债券发行与交易管理办法》规定，发行人应当在债券募集说明书中约定构成债券违约的情形、违约责任及其承担方式以及公司债券发生违约后的诉讼、仲裁或其他争议解决机制，即募集说明书亦存在着争议解决机制等重要条款。募集说明书中的内容对投资者和发行人具有约束力，双方均应按照募集说明书的内容履行各自的权利义务。

本案《募集说明书》对在触发加速到期情形时债券发行人重新提供保证的期限没有约定，一审法院比照《募集说明书》中载明的交叉违约条款的宽限期约定来确定加速到期的期限，既符合各方当事人的真实意思表示，又符合商业惯例，客观合理。

196 以纸面形式发行公司债券应载明的事项

【知往事·新旧对照】

2018 年《公司法》 （阴影部分为修改或删除的内容）	2023 年《公司法》 （黑体部分为修改或增加的内容）
第一百五十五条 公司以**实物券方式**发行公司债券的，**必须在**债券上载明公司名称、债券票面金额、利率、偿还期限等事项，并由法定代表人签名，公司盖章。	第一百九十六条 公司以**纸面形式**发行公司债券的，**应当在**债券上载明公司名称、债券票面金额、利率、偿还期限等事项，并由法定代表人签名，公司盖章。

【知来者·条文释义】

本次修订的《公司法》第一百九十六条调整表述，将以实物券方式发行公司债券调整为以纸面形式发行。

【知践行·适用指引】

公司债券是公司向公司债券认购人出具的债务凭证，以纸面形式发行公司债券的，应当在债券上记载公司名字等主要事项，明确债权人、债务人及债务信息。债券应由公司法定代表人签名并加盖公司印章。

197 公司债券应当为记名债券

【知往事·新旧对照】

2018 年《公司法》 （阴影部分为修改或删除的内容）	2023 年《公司法》 （黑体部分为修改或增加的内容）
第一百五十六条 公司债券，可以为记名债券，也可以为无记名债券。	第一百九十七条 公司债券应当为记名债券。

【知来者·条文释义】

本次修订的《公司法》第一百九十七条取消了无记名债券，公司债券应为记名债券。

【知践行·适用指引】

记名债券能够有效保障债券持有人对债券的所有权，当记名债券被盗、遗失或者灭失时，债券持有人可以依照法律规定的公示催告程序进行相应补救。为确保债券持有人会议的顺利召开和有效表决，保障决议的完整性，本次修订的《公司法》取消了无记名债券的规定，因为无记名债券给债券持有人会议的召开过程带来较大的不确定性，不再允许发行无记名债券。

198 发行公司债券应当置备公司债券持有人名册

【知往事·新旧对照】

2018 年《公司法》 （阴影部分为修改或删除的内容）	2023 年《公司法》 （黑体部分为修改或增加的内容）
第一百五十七条　公司发行公司债券应当置备公司债券存根簿。 发行记名公司债券的，应当在公司债券存根簿上载明下列事项： （一）债券持有人的姓名或者名称及住所； （二）债券持有人取得债券的日期及债券的编号； （三）债券总额，债券的票面金额、利率、还本付息的期限和方式； （四）债券的发行日期。 发行无记名公司债券的，应当在公司债券存根簿上载明债券总额、利率、偿还期限和方式、发行日期及债券的编号。	第一百九十八条　公司发行公司债券应当置备公司债券**持有人名册**。 发行公司债券的，应当在公司债券**持有人名册**上载明下列事项： （一）债券持有人的姓名或者名称及住所； （二）债券持有人取得债券的日期及债券的编号； （三）债券总额，债券的票面金额、利率、还本付息的期限和方式； （四）债券的发行日期。

【知来者·条文释义】

本次修订的《公司法》第一百九十八条将"债券存根簿"统一修改为"债券持有人名册"；配套删除无记名债券的债券存根簿内容的相关规定。

【知践行·适用指引】

公司债券持有人名册是公司发行公司债券的原始凭证，其设置及记载事项应符合法律的规定。以公司债券持有人名册取代公司债券存根簿主要是鉴于公司债券无纸化的发展趋势，在无纸化债券交易中，纸质存根簿已无必要保留。

199 公司债券的登记结算机构应当建立相关的制度

【知往事·新旧对照】

2018 年《公司法》 （阴影部分为修改或删除的内容）	2023 年《公司法》 （黑体部分为修改或增加的内容）
第一百五十八条 记名公司债券的登记结算机构应当建立债券登记、存管、付息、兑付等相关制度。	**第一百九十九条** 公司债券的登记结算机构应当建立债券登记、存管、付息、兑付等相关制度。

【知来者·条文释义】

本次修订的《公司法》第一百九十九条仅对 2018 年《公司法》第一百五十八条的措辞进行了调整。因新修订《公司法》取消了无记名债券，此处不需再强调记名。

【知践行·适用指引】

根据《公司债券发行与交易管理办法》之规定，中国证券登记结算有限责任公司办理公司债券、企业债券相关登记结算业务。《中国证券登记结算有限责任公司债券登记、托管与结算业务细则》对公司债券、企业债券的登记、托管、清算交收、违约处理进行了详细规定，是债券登记、存管、付息、兑付的重要依据。

上海清算所，即银行间市场清算所股份有限公司，负责办理非金融企业债务融资工具相关登记结算业务。《全国银行间债券市场债券交易管理办法》《银行间债券市场债券登记托管结算管理办法》《银行间市场清算所股份有限公司债券登记托管、清算结算业务规则》是相应债券登记、存管、付息、兑付的重要依据。

200-201 公司债券的转让

【知往事·新旧对照】

2018 年《公司法》（阴影部分为修改或删除的内容）	2023 年《公司法》（黑体部分为修改或增加的内容）
第一百五十九条　公司债券可以转让，转让价格由转让人与受让人约定。 公司债券在证券交易所上市交易的，按照证券交易所的交易规则转让。	第二百条　公司债券可以转让，转让价格由转让人与受让人约定。 公司债券的转让应当符合法律、行政法规的规定。
第一百六十条　记名公司债券，由债券持有人以背书方式或者法律、行政法规规定的其他方式转让；转让后由公司将受让人的姓名或者名称及住所记载于公司债券存根簿。 无记名公司债券的转让，由债券持有人将该债券交付给受让人后即发生转让的效力。	第二百零一条　公司债券由债券持有人以背书方式或者法律、行政法规规定的其他方式转让；转让后由公司将受让人的姓名或者名称及住所记载于公司债券持有人名册。

【知来者·条文释义】

本次修订的《公司法》第二百条对公司债券买卖的交易价格进行规定，并对旧法进行完善。公司债券是一种有价证券，具有流通性。

第二百零一条因新修订《公司法》不允许发行无记名公司债券，故配套删除无记名公司债券的转让规则，并将"债券存根簿"修改为"债券持有人名册"。

【知践行·适用指引】

根据《公司法》第二百条第一款规定，公司债券的转让价格原则上由转让人与受让人约定。根据第二款的规定，公司债券的转让还需要符合法律、行政法规的规定，如系在证券交易所上市交易的公司债券，则应当按照证券交易所的交易规则转让，非金融企业债务融资工具则应当按照全国银行间债券市场相关交易规则进行交易。公司债券的实际转让价格是转让人和受让人基于市场原则和交易规则，在自愿买卖交易的基础上形成的。

《公司法》未对公司债券的转让条件、受让人的要求等进行规定，故应适用核准公司债券发行的主管机关和交易规则的规定，比如，中国证监会制定的《公司债券发行与交易管理办法》第三十八条就规定："非公开发行的公司债券仅限于专业投资者范围内转让。转让后，持有同次发行债券的投资者合计不得超过二百人。"

根据《公司法》第二百零一条的规定，公司债券的转让有两种方式：一是以背书方式转让，二是法律、行政法规规定的其他方式。在现阶段采用无纸化交易的环境下，公司债券的转让应适用证券交易所或全国银行间债券市场的相关规则。不论采用何种转让方式，公司都有义务将受让人的姓名或者名称及住所记载于公司债券持有人名册上，以保证公司债券持有人名册记载的真实性。就在证券交易所上市交易的公司债券而言，根据中国证监会制定的《证券登记结算管理办法》和《中国证券登记结算有限公司债券登记、托管与结算业务细则》的规定，在证券交易所上市交易的公司债券的登记，由中国证券登记结算有限责任公司统一负责，中国证券登记结算有限责任公司主要依据证券交易所集中交易的交收结果，来办理证券交易所集中交易债券的过户登记。

202-203 ▶ 可转换公司债券

【知往事·新旧对照】

2018 年《公司法》 （阴影部分为修改或删除的内容）	2023 年《公司法》 （黑体部分为修改或增加的内容）
第一百六十一条 上市公司经股东大会决议可以发行可转换为股票的公司债券，并在公司债券募集办法中规定具体的转换办法。上市公司发行可转换为股票的公司债券，应当报国务院证券监督管理机构核准。 发行可转换为股票的公司债券，应当在债券上标明可转换公司债券字样，并在公司债券存根簿上载明可转换公司债券的数额。	第二百零二条 股份有限公司经股东会决议，或者经公司章程、股东会授权由董事会决议，可以发行可转换为股票的公司债券，并规定具体的转换办法。上市公司发行可转换为股票的公司债券，应当经国务院证券监督管理机构注册。 发行可转换为股票的公司债券，应当在债券上标明可转换公司债券字样，并在公司债券持有人名册上载明可转换公司债券的数额。
第一百六十二条 发行可转换为股票的公司债券的，公司应当按照其转换办法向债券持有人换发股票，但债券持有人对转换股票或者不转换股票有选择权。	第二百零三条 发行可转换为股票的公司债券的，公司应当按照其转换办法向债券持有人换发股票，但债券持有人对转换股票或者不转换股票有选择权。法律、行政法规另有规定的除外。

【知来者·条文释义】

本次修订的《公司法》第二百零二条扩张发行可转换债的主体，将发行可转债公司的范围由"上市公司"扩大为所有股份有限公司，规定非上市的股份有限公司也可以发行可转换为股票的公司债券，增加了非上市股份有限公司的融资工具，有利于增强市场活力。但如果公开发行可转换为股票的公司债券，发行人仍应是上市公司。在发行程序方面，扩展为股东会决议和董事会决议两种方式，这也和新修订的《公司法》第五十九条形成呼应，一定程度上便利了可转债发行的内部决策。同时，将"债券存根簿"修改为"债券持有人名册"。

第二百零三条对债券持有人对转换股票或者不转换股票的选择权进行了限制，规定法律、行政法规另有规定的除外，考虑到了金融机构风险处置时进行强制债转股的情况。

【知践行·适用指引】

可转换公司债券，是指公司依法发行、在一定期间内依据约定的条件可以转换为本公司股票的公司债券。可转换公司债券同时具备股权投资和债权投资的双重特性，其作为公司债券，在公司能够如期兑付的前提下，可以保证本金和利息的安全；投资者也可以择机将其转换为标的股票，从而在标的股票价格上涨后获得高于普通债券的收益。

向不特定对象发行的可转换公司债券应当在依法设立的证券交易所上市交易或者在国务院批准的其他全国性证券交易场所交易。发行人向特定对象发行的可转换公司债券不得采用公开的集中交易方式转让。可转换公司债券自发行结束之日起不少于 6 个月后方可转换为上市公司股票。上市公司向特定对象发行的可转换公司债券转化为股票的，所转换股票自可转换公司债券发行结束之日起 18 个月内不得转让。

债券持有人会议与债券受托管理人制度

204-206

【知往事·新旧对照】

2018 年《公司法》 （阴影部分为修改或删除的内容）	2023 年《公司法》 （黑体部分为修改或增加的内容）
	第二百零四条 公开发行公司债券的，应当为同期债券持有人设立债券持有人会议，并在债券募集办法中对债券持有人会议的召集程序、会议规则和其他重要事项作出规定。债券持有人会议可以对与债券持有人有利害关系的事项作出决议。 除公司债券募集办法另有约定外，债券持有人会议决议对同期全体债券持有人发生效力。
	第二百零五条 公开发行公司债券的，发行人应当为债券持有人聘请债券受托管理人，由其为债券持有人办理受领清偿、债权保全、与债券相关的诉讼以及参与债务人破产程序等事项。
	第二百零六条 债券受托管理人应当勤勉尽责，公正履行受托管理职责，不得损害债券持有人利益。 受托管理人与债券持有人存在利益冲突可能损害债券持有人利益的，债券持有人会议可以决议变更债券受托管理人。 债券受托管理人违反法律、行政法规或者债券持有人会议决议，损害债券持有人利益的，应当承担赔偿责任。

【知来者·条文释义】

本次修订的《公司法》第二百零四条至第二百零六条新增债券持有人会议规定、债券受托管理人规定、债券受托管理人的信义义务与法律责任，充实完善了公司债券相关制度机制。

【知践行·适用指引】

债券持有人会议是依据相关规定或债券合同的约定，在满足特定条件时，由债券主承销商或者其他有权利的人予以召集，由债券持有人共同参加的，对权限范围内的重大事项行使表决权的一种法律机制。公司债券持有人会议，是由同类同次的公司债券持有人组成的，就有关公司债券持有人的共同利害关系事项作出决议的临时性合议体组织，存在于公司内部组织机构之外，其决议的效力及于全体同类同次的公司债券持有人会议的成员。债券持有人会议是强化债券持有人权利主体地位、统一债券持有人立场的债券市场基础性制度，也是债券持有人指挥和监督债券受托管理人勤勉履职的专门制度安排。

债券受托管理人是根据公司债券受托管理协议，维护债券持有人利益的机构。发行公司债券的承销机构和其他经中国证券监督管理委员会认可的机构可以担任债券受托管理人。公开发行公司债券的受托管理人应当按规定或约定履行下列职责：持续关注发行人和保证人的资信状况、担保物状况、增信措施及偿债保障措施的实施情况，在出现可能影响债券持有人重大权益的事项时，召集债券持有人会议；在债券存续期内监督发行人募集资金的使用情况；对发行人的偿债能力和增信措施的有效性进行全面调查和持续关注，并至少每年向市场公告一次受托管理事务报告；在债券存续期内持续督导发行人履行信息披露义务；预计发行人不能偿还债务时，要求发行人追加担保，并可以依法向法定机关申请采取财产保全措施；在债券存续期内勤勉处理债券持有人与发行人之间的谈判或者诉讼事务等。非公开发行公司债券的，债券受托管理人应当按照债券受托管理协议的约定履行职责。

《全国法院审理债券纠纷案件座谈会纪要》承认债券受托管理人或者债券持有人会议推选的代表人的法律地位，充分保障受托管理人、诉讼代表人履行统一行使诉权的职能。对于债券违约合同纠纷案件，应当以债券受托管理人或者债券持有人会议推选的代表人集中起诉为原则，以债券持有人个别起诉为补充。债券发行人不能如约偿付债券本息或者出现债券募集文件约定的违约情形时，受托管理人可以根据债券募集文件、债券受托管理协议的约定或者债券持有人会议决议的授权，以自己的名义代表债券持有人提起、参加民事诉讼，或者申请发行人破产重整、破产清算。债券持有人会议以受托管理人怠于行使职责为由作出自行主张权利的有效决议后，债券持有人可以根据决议单独、共同或者代表其他债券持有人向人民法院提起诉讼、申请发行人破产重整或者破产清算。

债券持有人会议根据债券募集文件规定的决议范围、议事方式和表决程序所作出的决议，除非存在法定无效事由，人民法院应当认定为合法有效，除可能减损、让渡债券持有人利益的行为等重大事项及其他法律法规规定的情形外，对全体债券持有人均具有约束力。债券持有人会议授权的受托管理人或者推选的代表人参与破产重整、清算、和解程序的，人民法院在确定债权人委员会的成员时，应当将其作为债权人代表人选。受托管理人所获利益归属于债券持有人。受托管理人提起诉讼或者参与破产程序的，生效裁判文书的既判力及于其所代表的债券持有人。在执行程序、破产程序中所得款项由受托管理人受领后在 10 个工作日内分配给各债券持有人。

受托管理人与债券持有人存在利益冲突可能损害债券持有人利益的，债券持有人会议可以决议变更债券受托管理人。受托管理人未能勤勉尽责、公正履行受托管理职责，损害债券持有人合法利益的，债券持有人有权要求受托管理人承担赔偿责任；这种赔偿责任既是基于受托管理协议的违约责任，也是一种违反法定职责的侵权责任。另外，根据《公司债券发行与交易管理办法》之规定，债券受托管理人等违反该办法规定，损害债券持有人权益的，中国证监会可以对受托管理人及其直接负责的主管人员和其他直接责任人员采取责令改正、监管谈话、出具警示函、责令公开说明、责令定期报告等监管措施；情节严重的，处以警告、罚款。此外，还可能承担口头督导，书面发函，要求自查，要求解释、说明、披露，约见谈话，进行现场、非现场调查，记入诚信信息管理系统等自律责任。

【知前鉴·典型案例】

▶债券持有人会议决议授权公司债券受托管理人起诉的，债券持有人仍享有对债券发行人的诉权。

案号：（2019）沪 74 民终 298 号

案例名：某资产管理公司诉某股份公司公司债券交易纠纷案

案情：2016 年 11 月 1 日，被告某股份公司签署《2016 年公开发行公司债券募集说明书》，并在上海证券交易平台发布，约定"16 中安消"债券的发行首日、起息日、债券付息日、本金兑付日、回售部分债券的兑付日等。某资产管理公司以某股份公司未能按期履行为由诉至法院，要求某股份公司立即支付债券本金、利息。某股份公司辩称应由债券受托管理人统一起诉后，按比例分配实现债权，某资产管理公司原告主体不适格。法院经审理认为，首先，涉案《募集说明书》明确约定在发行人未按时支付债券本息或发生其他违约情形时，债券持有人有权直接依法向发行人进行追索，因此债券持有人具有在发行人违约时进行直接追索的权利；其次，涉案债券的债券持有人会议虽通过了由某证券公司代表债券持有人向法院提起民事诉讼的议案，但该议案并未排除债券持有人单独起诉的权利；最后，虽然《募集说明书》约定"发行人未按时支付本次债券的本金和／或利息，或发生其他违约情况时，债券受托管理人将依据《债券受托管理协议》代表债券持有人向发行人进行追索……如果债券受托管理人未按《债券受托管理协议》履行其职责，债券持有人有权直接依法向发行人进行追索"，但该条款仅系赋予某证券公司作为受托管理人在发行人违约时直接追索的权利，同时明确在受托管理人不履行职责时，债券持有人亦可进行追索。而从该条款并不能反推出在受托管理人履行其职责的同时，债券持有人直接追索的权利即被排除，因此，且不论某证券公司作为受托管理人是否履行了其职责，原告作为债券持有人进行单独起诉的权利始终存在，故对某股份公司该项答辩意见不予认可。

解析：债券持有人与债券发行人之间最基本的关系是债权债务关系，在债权到期（或宣布提前到期）时，发行人未按期足额履行兑付义务（或回购义务），债券持有人享有对发行人的债权请求权。同时，作为一种合同之债，具体的合同是《债券募集说明书》。涉案《募集说明书》明确约定，在发行人（即被告）未按时支付债券本息或发生其他违约情形时，债券持有人（即原告）有权直接依法向发行人进行追索，因此债券持有人具有在发行人违约时进行直接追索的权利。债券违约诉讼中，债券持有人可以选择单独诉讼或代表人诉讼。

第十章 公司财务、会计

207 公司应依法建立财务、会计制度

【知往事·新旧对照】

2018年《公司法》 （阴影部分为修改或删除的内容）	2023年《公司法》 （黑体部分为修改或增加的内容）
第八章 公司财务、会计	第十章 公司财务、会计
第一百六十三条 公司应当依照法律、行政法规和国务院财政部门的规定建立本公司的财务、会计制度。	第二百零七条 公司应当依照法律、行政法规和国务院财政部门的规定建立本公司的财务、会计制度。

【知来者·条文释义】

第二百零七条相较2018年《公司法》无变化，要求公司依法建立本公司的财务、会计制度。

【知践行·适用指引】

财务、会计制度是现代公司治理的重要制度基础。唯有建立健全财务、会计制度，形成真实记录、连续记录的会计账簿和具有合法性、

公允性的财务审计报告，股东财产和公司财产才能清晰界分，有限责任制度的法理基础才能真正确立，股东对职业经理人的评价、债权人对公司的评价才可以有的放矢。会计簿记及财务报表，不仅是对公司财产、经营行为的及时、准确、系统记录，也是规范公司、股东、职业经理人、债权人等各主体之间法律关系的技术基础。为此，《公司法》规定，公司应当依照法律、行政法规和国务院财政部门的规定建立本公司的财务、会计制度。

【知前鉴·典型案例】

▶一人有限公司应进行年度财务会计审计，否则其股东应对公司债务承担连带责任。

案号：（2019）青民初 34 号、（2019）最高法民终 1364 号、（2020）最高法民申 5902 号

案例名：韵某明诉某矿业公司，第三人某煤业公司案外人执行异议之诉案

案情：某矿业公司起诉某煤业公司偿还到期所欠的煤炭货款，并主张股东韵某明存在滥用公司人格、逃避债务、严重损害公司债权人利益的行为，应当对债务承担连带责任。（2016）最高法民终 577 号民事判决认为，某矿业公司未能提交充分证据证明韵某明存在上述情形，对韵某明承担连带债务的主张未予支持。

某煤业公司于 2017 年变更登记为一人有限责任公司，股东由原来的赵某萍和韵某明变更为韵某明。2018 年，在某矿业公司与某煤业公司、韵某明、赵某萍买卖合同纠纷一案执行程序中，申请执行人某矿业公司向一审法院提出执行异议，申请追加韵某明、赵某萍为被执行人。同年 12 月 27 日，一审法院作出（2018）青执异 193 号执行裁定，追加韵某明为被执行人。韵某明不服该裁定，认为已经有生效判决认定自己与某煤业公司并未构成人格混同，自己不应当被追加为被执行人，故诉至法院，要求撤销（2018）青执异 193 号执行裁定，不得追加韵某明为被执

行人。

　　法院经审理认为，韵某明提供的审计报告未见 2017 年的财务账册，其对存在公司经营往来款项通过个人银行卡收款亦未作出合理解释，对个人账户明细中部分大额交易具体事由无法作出解释，故不能认定韵某明个人财产独立于公司财产，故驳回韵某明的诉讼请求。

　　解析： 根据《公司法》的规定，一人有限责任公司应当在每一会计年度终了时编制财务会计报告，并经会计师事务所审计；一人有限责任公司的股东不能证明公司财产独立于股东自己的财产的，应当对公司债务承担连带责任。

　　一人有限责任公司的股东为一个自然人或一个法人，在缺乏股东相互制约的情况下，一人有限责任公司的股东容易利用控制公司的便利，混淆公司财产和股东个人财产，将公司财产充作私用，同时利用公司独立人格和有限责任规避债务，损害债权人利益。在此情况下，为了保护公司债权人利益，降低交易风险，《公司法》通过年度法定审计和公司人格否认举证责任倒置来加重公司和股东的义务，加强对一人有限责任公司的法律规制，以取得保护与规范的平衡。

208 公司编制年度财务会计报告的要求

【知往事·新旧对照】

2018 年《公司法》 （阴影部分为修改或删除的内容）	2023 年《公司法》 （黑体部分为修改或增加的内容）
第一百六十四条 公司应当在每一会计年度终了时编制财务会计报告，并依法经会计师事务所审计。 　　财务会计报告应当依照法律、行政法规和国务院财政部门的规定制作。	**第二百零八条** 公司应当在每一会计年度终了时编制财务会计报告，并依法经会计师事务所审计。 　　财务会计报告应当依照法律、行政法规和国务院财政部门的规定制作。

【知来者·条文释义】

本次修订的《公司法》第二百零八条相较 2018 年《公司法》无变化，第一款要求公司在每一会计年度终了时编制财务会计报告，并要求公司聘请会计师事务所对其编制的财务会计报告进行审计；第二款则对公司制作财务会计报告的规范要求作出了规定。

【知践行·适用指引】

财务会计报告应当符合三个法定要求：第一，时间上应为每一会计年度终了时编制；第二，依法经会计师事务所审计；第三，应当依照法律、行政法规和国务院财政部门的规定制作，主要为《会计法》《公司法》《证券法》《企业财务会计报告条例》。

【知前鉴·典型案例】

▶公司未按照《公司法》规定在每一会计年度终了时编制财务会计报告并交由审计，延期完成的报告不具有同等法律效力。

案号：（2018）京 0108 民初 49497 号、（2021）京 01 民终 2195 号、（2021）京民申 5657 号

案例名：某影视公司诉某项目管理公司、雷某新合同纠纷案

案情：某项目管理公司自 2008 年 1 月至 2018 年 6 月 19 日期间系一人公司，雷某新系公司股东。某影视公司与某项目管理公司合作期间产生纠纷，法院判令某项目管理公司向某影视公司退还投资款，雷某新因并未就公司财产独立于其个人财产进行举证，对某项目管理公司的付款义务承担连带责任。后某项目管理公司、雷某新于 2021 年申请再审，并在再审程序中提交某会计师事务所 2021 年当年出具的某项目管理公司 2013 年度至 2017 年度的 5 份审计报告，拟证明雷某新个人财产与某项目管理公司的财产相互独立，不存在混同。

法院再审认为，该 5 份审计报告形成于 2021 年 9 月 15 日，系由某项目管理公司、雷某新自行委托某会计师事务所出具的，且该 5 份审计报告并非在案件诉争合同签订、履行期间相应的会计年度终了时编制，雷某新未提交在本案诉讼之前对某项目管理公司进行过审计的报告。本案雷某新作为某项目管理公司的唯一股东，其没有按照上述法律规定在每一会计年度终了时编制财务会计报告并交由审计，而是在再审审查期间才完成某项目管理公司的审计报告，该 5 份审计报告系某项目管理公司、雷某新自行委托形成，法院无法确认其真实性、合法性和完整性，不足以证明雷某新与某项目管理公司之间不存在财产混同的情形，故裁定驳回相应再审申请。

解析：根据《公司法》规定，公司应当依照法律、行政法规和国务院财政部门的规定建立本公司的财务、会计制度，并应在每一会计年度终了时编制财务会计报告，且依法经会计师事务所审计。本案中，雷某新作为某项目管理公司的唯一股东，其没有按照上述法律规定在每一

会计年度终了时编制财务会计报告并交由审计，而是在再审审查期间才补制审计报告，不足以证明股东与公司之间不存在财产混同的情形，故此被裁定驳回相应再审申请。

209 公司应依法对股东公开财务会计报告

【知往事·新旧对照】

2018 年《公司法》 （阴影部分为修改或删除的内容）	2023 年《公司法》 （黑体部分为修改或增加的内容）
第一百六十五条 有限责任公司应当依照公司章程规定的期限将财务会计报告送交各股东。 股份有限公司的财务会计报告应当在召开股东大会年会的二十日前置备于本公司，供股东查阅；公开发行股票的股份有限公司必须公告其财务会计报告。	第二百零九条 有限责任公司应当按照公司章程规定的期限将财务会计报告送交各股东。 股份有限公司的财务会计报告应当在召开股东会年会的二十日前置备于本公司，供股东查阅；公开发行股份的股份有限公司应当公告其财务会计报告。

【知来者·条文释义】

本次修订的《公司法》第二百零九条相较 2018 年《公司法》表述略有变化，第一款要求有限公司按照公司章程的规定向各股东送交财务会计报告，第二款对股份公司财务会计报告的置备提出了要求，并对公开发行股票的股份公司的财务会计报告的公告作出了特别规定。

【知践行·适用指引】

查阅财务会计报告是股东了解公司经营情况的最基本方式。对于财务会计报告的查阅，并没有像查阅公司会计账簿、会计凭证一样受到限制，不需考虑目的之正当性，对于股份有限公司股东身份亦无连续 180 日以上单独或者合计持有公司 3% 以上股份的要求。有限责任公司应当按照公司章程规定的期限将财务会计报告送交各股东。股份有限公司应当在召开股东会年会的 20 日前将财务会计报告置备于本公司，供股东查阅；公开发行股票的股份有限公司应当公告其财务会计报告。《证券法》第八十六条进一步规定，依法披露的信息，应当在证券交易场所的网站和符合国务院证券监督管理机构规定条件的媒体发布，同时将其置备于公司住所、证券交易场所，供社会公众查阅。可见，上市公司的财务会计报告不仅要向股东公开，还要向潜在的投资者和社会公众公开。按照交易所规则及实践，上市公司应当在每个会计年度结束之日起 4 个月内披露年度报告，在每个会计年度的上半年结束后 2 个月内披露半年度报告，于每个会计年度前 3 个月、前 9 个月结束后 1 个月内披露季度报告，第一季度报告的披露时间不得早于上一年度的年度报告披露时间。

公司拒绝提供财务会计报告供股东查阅的，股东可以向人民法院提起诉讼。股东还可以要求查阅、复制公司全资子公司的财务会计报告。瑕疵出资股东的知情权，不因其出资瑕疵而被限制、被否定。有初步证据证明转让股权后退出公司的原股东在持股期间合法权益受到损害的，可以请求依法查阅其持股期间的公司文件材料。值得关注的是，对于上市公司财务会计报告披露过程中的违法违规问题，《证券法》第八十五条规定，信息披露义务人未按照规定披露信息，或者公告的证券发行文件、定期报告、临时报告及其他信息披露资料存在虚假记载、误导性陈述或者重大遗漏，致使投资者在证券交易中遭受损失的，信息披露义务人应当承担赔偿责任；发行人的控股股东、实际控制人、董事、监事、高级管理人员和其他直接责任人员以及保荐人、承销的证券公司及其直接责任人员，应当与发行人承担连带赔偿责任，但是能够证明自己没有过错的除外。《证券法》第九十三条规定，发行人因欺诈发行、虚假陈述或者其他重大违法行为给投资者造成损失的，发行人的控股股东、实际控制人、相关的证券公司可以委托投资者保护机构，就赔偿事宜与受到损失的投资者达成协议，予以先行赔付。先行赔付后，可以依法向发行人以及其他连带责任人追偿。

【知前鉴・典型案例】

▶上市公司年报、半年报存在虚假陈述，负有责任的实际控制人、董事、监事、高级管理人员、会计师事务所应当对投资者损失承担赔偿责任。

案号：（2020）粤 01 民初 2171 号

案例名： 顾某骏等诉康某药业公司证券虚假陈述责任纠纷案①

案情： 2017 年 4 月至 2018 年 8 月，上海证券交易所主板上市公司康某药业公司先后披露了三份年度报告，后网络出现文章指出康某药业公司可能存在财务造假等问题。证监会立案调查后，认定康某药业公司在 2016 年至 2018 年的相关年报中存在虚假记载，包括虚增营业收入，多计利息收入，虚增营业利润，虚增货币资金，虚增固定资产、在建工程、投资性房地产等，未按规定披露控股股东及其关联方非经营性占用资金的关联交易情况，公司及董事、监事、高级管理人员违反《证券法》相关规定，并进行后续行政处罚。2020 年 12 月，原告顾某骏等 11 名投资者向法院提起诉讼，请求判令康某药业公司实际控制人马某田、许某瑾赔偿其投资差额损失及相关费用，并请求判令康某药业公司及其他高级管理人员承担连带责任。

2021 年 11 月 12 日，法院作出（2020）粤 01 民初 2171 号判决，认为投资者损失与虚假陈述行为存在因果关系，判决康某药业公司应对 52037 名投资者共计 2458928544 元的损失承担赔偿责任；实际控制人马某田、许某瑾及康某药业公司董事邱某伟、财务负责人庄某清、分管财务工作的高管温某生、财务部总监助理马某洲与康某药业公司承担连带赔偿责任；其余案涉董事、监事、高级管理人员在康某药业公司赔偿责任 5%~20% 范围内承担连带赔偿责任；审计机构某会计所与康某药业公司承担连带赔偿责任；某会计所合伙人杨某蔚在某会计所承担责任范围内承担连带赔偿责任；其余审计人员在本案中不承担民事赔偿责任。

---

① 本案系全国首例证券纠纷特别代表人诉讼案。

　　解析：本案实体问题的争议焦点中除惯常的虚假陈述事实认定、因果关系的判断外，还涉及了独立董事、中介机构相关人员的赔偿责任承担问题。本案中，独立董事未发现财务数据的明显异常，存在严重失职，应承担赔偿责任。关于中介机构相关人员应承担的赔偿责任，法院最终的判决结果区分了合伙人及其他签字注册会计师、审计项目经理，判令某会计所合伙人、签字注册会计师杨某蔚承担赔偿责任，其他涉案审计人员不承担赔偿责任。涉案审计报告签字注册会计师张某璃、审计项目经理苏某升虽然存在过错，但中介机构直接责任人需承担赔偿责任的相关规定已被修正，因此与证监会相关行政处罚决定书中对各被告的签字注册会计师、审计项目经理均作出行政处罚的处理方式有所不同。

210-212　公司税后利润分配、违法分配利润的责任及分配利润的期限

【知往事·新旧对照】

2018 年《公司法》 （阴影部分为修改或删除的内容）	2023 年《公司法》 （黑体部分为修改或增加的内容）
第三十四条　股东按照实缴的出资比例分取红利；公司新增资本时，股东有权优先按照实缴的出资比例认缴出资。但是，全体股东约定不按照出资比例分取红利或者不按照出资比例优先认缴出资的除外。 　　第一百六十六条公司分配当年税后利润时，应当提取利润的百分之十列入公司法定公积金。公司法定公积金累计额为公司注册资本的百分之五十以上的，可以不再提取。 　　公司的法定公积金不足以弥补以前年度亏损的，在依照前款规定提取法定公积金之前，应当先用当年利润弥补亏损。 　　公司从税后利润中提取法定公积金后，经股东会或者股东大会决议，还可以从税后利润中提取任意公积金。 　　公司弥补亏损和提取公积金后所余税后利润，有限责任公司依照本法第三十四条的规定分配；股份有限公司按照股东持有的股份比例分配，但股份有限公司章程规定不按持股比例分配的除外。 　　股东会、股东大会或者董事会违反前款规定，在公司弥补亏损和提取法定公积金之前向股东分配利润的，股东必须将违反规定分配的利润退还公司。 　　公司持有的本公司股份不得分配利润。	**第二百一十条**　公司分配当年税后利润时，应当提取利润的百分之十列入公司法定公积金。公司法定公积金累计额为公司注册资本的百分之五十以上的，可以不再提取。 　　公司的法定公积金不足以弥补以前年度亏损的，在依照前款规定提取法定公积金之前，应当先用当年利润弥补亏损。 　　公司从税后利润中提取法定公积金后，经股东会决议，还可以从税后利润中提取任意公积金。 　　公司弥补亏损和提取公积金后所余税后利润，有限责任公司**按照股东实缴的出资比例**分配利润，全体股东约定不按照出资比例分配利润的除外；股份有限公司按照股东**所**持有的股份比例分配利润，公司章程**另有**规定的除外。 　　公司持有的本公司股份不得分配利润。 　　（本条由旧法第三十四条、第一百六十六条整合而成） 　　**第二百一十一条**　公司违反**本法**规定向股东分配利润的，股东应当将违反规定分配的利润退还公司；**给公司造成损失的，股东及负有责任的董事、监事、高级管理人员应当承担赔偿责任。**

续表

2018 年《公司法》 （阴影部分为修改或删除的内容）	2023 年《公司法》 （黑体部分为修改或增加的内容）
	第二百一十二条　股东会作出分配利润的决议的，董事会应当在股东会决议作出之日起六个月内进行分配。

【知来者·条文释义】

本次修订的《公司法》第二百一十条、第二百一十一条新增规定明确违法分配的股东及负有责任的董事、监事、高级管理人员的赔偿责任。与 2023 年修订前《公司法》相比，新法删除了"在弥补亏损和提取法定公积金之前"的限定，明确任何违反本法规定向股东分配利润的，都应当退回。

第二百一十二条新增利润分配的法定期限。此前《最高人民法院关于适用〈中华人民共和国公司法〉若干问题的规定（五）》第四条规定："分配利润的股东会或者股东大会决议作出后，公司应当在决议载明的时间内完成利润分配。决议没有载明时间的，以公司章程规定的为准。决议、章程中均未规定时间或者时间超过一年的，公司应当自决议作出之日起一年内完成利润分配。"本次修订后，具体分配由董事会执行，分配时间为股东会决议作出之日起 6 个月内。

【知践行·适用指引】

公司股东对公司依法享有资产收益、参与重大决策和选择管理者等权利，利润分配请求权是股权的重要体现。公司弥补亏损和提取公积金后所余税后利润，有限责任公司按照股东实缴的出资比例分配利润，全体股东约定不按照出资比例分配利润的除外；股份有限公司按照股东所持有的股份比例分配利润，公司章程另有规定的除外。同时，制订公司的利润分配方案和弥补亏损方案是董事会职权，审议批准公司的利润分配方案和弥补亏损方案是股东会职权。可见，利润分配既是股东的重要权利，也是公司自治的重要范畴。股东基于股东资格和地位所产生的利润分配期待权，必须在公司有依法可供分配的利润，且股东会依法作出利润分配决议的前提下，才能转化为请求公司分配利润的实在权利。《公司法》明确规定，股东会作出分配利润的决议的，董事会应当在股东会决议作出之日起 6 个月内进行分配。这就可能存在两种情况：一种是公司应当分配利润而不分配利润；另一种是公司不应当分配利润而分配利润。

对于公司应当分配利润而不分配利润的情况，实践中，常见公司大股东、实际控制人利用股利政策损害中小股东的利益，以各种理由不正当地拒绝向股东分配利润的情况。在这种情况下，需要考虑司法救济渠道问题。原则上，有股东会决议的，股东可起诉要求公司分配利润，如果股东未提交载明具体分配方案的股东会决议，人民法院应当驳回其诉讼请求，但违反法律规定滥用股东权利导致公司不分配利润，给其他股东造成损失的除外。对于利润分配方案，原则上应包括待分配利润数额、分配政策、分配范围以及分配时间等具体分配事项内容，足以综合现有信息确定主张分配的权利人根据方案能够得到的具体利润数额。有法院认为，即使没有正式召开股东会对利润分配事项进行表决，但股东对公司利润分配以书面形式达成一致意见，亦可认为存在利润分配的决议，股东可以依据该决议要求公司分配利润。实践中，亦存在违反法律规定滥用股东权利导致公司不分配利润，给其他股东造成损失，无需股东会决议而由法院直接强制分配利润的情况。如公司存在巨额利润，而大股东为了不分配利润隐瞒或者转移公司利润、变相分配利润，给在公司任职的股东或者其指派的人员发放与公司规模、营业业绩、同行业薪酬水平明显不符的过高薪酬，购买与经营不相关的车辆、房产等服务或者财产供个别股东消费或者使用等行为，法院可能会例外地支持不经股东会决议，直接强制分配利润的诉讼请求。此外，股东还可通过要求公司回购股权的方式维护其权利，即在公司连续 5 年不向股东分配利润，而公司该 5 年连续盈利，并且符合《公司法》规定的分配利润条件的情况下，对股东会该项决议投反对票的股东可以向人民法院提起诉讼，请求公司按照合理的价格收购其股权。

对于公司不应当分配利润而分配利润的情况，即《公司法》规定的，公司违反规定向股东分配利润的，股东应当将违反规定分配的利润退还公司；给公司造成损失的，股东及负有责任的董事、监事、高级管理人员应当承担赔偿责任。这里的违反规定分配利润，主要是指违反《公司法》第二百一十条之规定，未弥补亏损、提取公积金，即对利润进行分配。对于违规分配利润的，一方面，应当将利润退还公司；另一方面，负有责任的董事、监事、高级管理人员应当承担赔偿责任。在这种情况下，公司有权提起诉讼，向相应的股东、董事、监事、高级管理人员主张权利，若公司怠于起诉，还可以按照《公司法》第一百八十九条之规定，提起股东代表诉讼。在清算程序中，若清算组、管理人发现公司违反本法规定向股东分配利润的，亦有权要求股东将违反规定分配的利润退还公司。

【知前鉴·典型案例】

▶在公司盈余分配纠纷中，虽请求分配利润的股东未提交载明具体分配方案的股东会决议，但当有证据证明公司有盈余且存在部分股东变相分配利润、隐瞒或转移公司利润等滥用股东权利情形的，诉讼中可强制盈余分配，且不以股权回购、代位诉讼等其他救济措施为前置程序。

案号：（2016）最高法民终 528 号[①]

案例名：某门业公司诉某热力公司、李某军公司盈余分配纠纷案

案情：某热力公司由李某军和张某龙二人于 2006 年设立，公司注册资本 1000 万元，李某军出资占注册资本 65%，系公司执行董事、法定代表人；张某龙占 35%。2007 年 4 月，张某龙与某门业公司签订股权转让协议，将其在某热力公司的 350 万元股权转让给某门业公司。2007

① 参见《最高人民法院公报》2018 年第 8 期（总第 262 期）。

年5月，李某军与某工贸公司、某门业公司签订股权转让协议，将其在某热力公司的股权600万元转让给某工贸公司，50万元转让给某门业公司。同年5月，某热力公司修改公司章程，将公司股东变更为某工贸公司和某门业公司，某工贸公司持股比例60%，某门业公司持股比例40%，并在工商行政管理部门进行变更登记。

2013年，某门业公司诉至法院，主张某热力公司有巨额盈余，但法定代表人恶意不召开股东会、转移公司资产，严重损害某门业公司的股东利益，法院应强制判令进行盈余分配。要求判令某热力公司对盈余的7000余万元现金和盈余的32.7亩土地（从政府受让取得时的地价款为330万元）向某门业公司进行分配，李某军承担连带责任。某热力公司、李某军则称根据法律规定，没有股东会决议就不能进行盈余分配。法院经审理认为，某热力公司有巨额的可分配利润，具备公司进行盈余分配的前提条件；李某军同为某热力公司及其控股股东某工贸公司法定代表人，未经公司另一股东某门业公司同意，没有合理事由将5600万余元公司资产转让款转入案外人的其他公司账户，转移公司利润，给某门业公司造成损失，属于某工贸公司滥用股东权利，应进行强制盈余分配的实质要件；司法解释规定的股东盈余分配的救济权利，并未规定需以采取股权回购、公司解散、代位诉讼等其他救济措施为前置程序，某门业公司对不同的救济路径有自由选择的权利。因此，某热力公司应当进行盈余分配。

解析：第一，在公司盈余分配纠纷中，虽请求分配利润的股东未提交载明具体分配方案的股东会决议，但当有证据证明公司有盈余且存在部分股东变相分配利润、隐瞒或转移公司利润等滥用股东权利情形的，诉讼中可强制盈余分配，且不以股权回购、代位诉讼等其他救济措施为前提；第二，在确定盈余分配数额时，要严格适用公司举证责任以保护弱势小股东的利益，但还要注意优先保护公司外部关系中债权人、债务人等的利益；第三，公司股东会作出盈余分配决议时，在公司与股东之间即形成债权债务关系，若未按照决议及时给付则应计付利息，而司法干预的强制盈余分配则不然，在盈余分配判决未生效之前，公司不负有法定给付义务，故不应计付利息；第四，盈余分配是用公司的利润进行给付，公司本身是给付义务的主体，若公司的应分配资金因被部分股东变相分配利润、隐瞒或转移公司利润而不足以现实支付时，不仅直接损害了公司的利益，也损害了其他股东的利益，利益受损的股东可直接依据《公司法》第二十一条第二款的规定向滥用股东权利的公司股东主张赔偿责任，或依据《公司法》第二十二条的规定向利用其关联关系损害公司利益的控股股东、实际控制人、董事、监事、高级管理人员主张赔偿责任，或依据《公司法》第一百八十八条的规定向违反法律、行政法规或者公司章程的规定，给公司造成损失的董事、监事、高级管理人员主张赔偿责任。

213-214　公司资本公积金的构成及公积金的用途

【知往事·新旧对照】

2018 年《公司法》 （阴影部分为修改或删除的内容）	2023 年《公司法》 （黑体部分为修改或增加的内容）
第一百六十七条　股份有限公司以超过股票票面金额的发行价格发行股份所得的溢价款以及国务院财政部门规定列入资本公积金的其他收入，应当列为公司资本公积金。	**第二百一十三条**　公司以超过股票票面金额的发行价格发行股份所得的溢价款、**发行无面额股所得股款未计入注册资本的金额**以及国务院财政部门规定列入资本公积金的其他**项目**，应当列为公司资本公积金。
第一百六十八条　公司的公积金用于弥补公司的亏损、扩大公司生产经营或者转为增加公司资本。但是，资本公积金不得用于弥补公司的亏损。 　　法定公积金转为资本时，所留存的该项公积金不得少于转增前公司注册资本的百分之二十五。	**第二百一十四条**　公司的公积金用于弥补公司的亏损、扩大公司生产经营或者转为增加公司**注册资本**。 　　**公积金弥补公司亏损，应当先使用任意公积金和法定公积金；仍不能弥补的，可以按照规定使用资本公积金。** 　　法定公积金转为**增加注册**资本时，所留存的该项公积金不得少于转增前公司注册资本的百分之二十五。

【知来者·条文释义】

本次修订的《公司法》第二百一十三条新增发行无面额股所得股款未计入注册资本的全额列入资本公积金的规定。根据本条，资本公积金主要由股票溢价款、发行无面额股所得股款未计入注册资本的金额、国务院财政部门规定的其他项目（如接受赠与、资产增值、通过公司合并接受的资产净额等收入）等构成。

第二百一十四条取消资本公积金不得用于弥补公司亏损的法定限

制，新增公积金弥补亏损的顺序规则，即公积金弥补公司亏损，应当先使用任意公积金和法定公积金；仍不能弥补的，可以按照规定使用资本公积金。

【知践行·适用指引】

公积金是公司依法提炼储备，用于弥补未来公司亏损、扩大生产经营规模和转增资本的财产盈余。这既是对资本维持原则的直接体现，也是对公司财产、股东财产所作的技术性区分，是对股东利润分配权利的限制，也是确保公司偿债能力的制度保障。公积金分为盈余公积金和资本公积金。

关于盈余公积金，一般来说，公司营业收入减去营业支出，即为营业利润。公司营业利润加上营业外收入，减去营业外支出，即为利润总额。公司利润总额扣除企业所得税，即为净利润（税后利润）。值得注意的是，根据《企业所得税法》之规定，企业纳税年度发生的亏损，准予向以后年度结转，用以后年度的所得弥补，但结转年限最长不得超过 5 年，即允许先弥补之前五年内亏损，再缴纳企业所得税。公司利润首先要弥补以前年度的亏损，在弥补亏损之后仍有剩余的，才谈得上利润分配问题。公司分配当年税后利润时，首先应当提取法定公积金，即按照法律规定，提取利润的 10% 列入公司法定公积金。公司法定公积金累计额为公司注册资本的 50% 以上的，可以不再提取。公司从税后利润中提取法定公积金后，经股东会决议，还可以从税后利润中提取任意公积金。对于公司弥补亏损并提取公积金后所余的税后利润，才可以进行分配。

关于资本公积金，是指公司以超过股票票面金额的发行价格发行股份所得的溢价款（资本溢价或者股本溢价）、发行无面额股所得股款未计入注册资本的金额以及国务院财政部门规定列入资本公积金的其他项目（接受捐赠资产、拨款转入、外币资本折算差额等）。从企业会计制度来看，资本公积金是列在公司资产负债表中"所有者权益"项下的一个会计科目，是公司资产的重要组成部分。因此，资本公积金也被视作具有一定灵活性的隐形资本。但实践中，对资本公积金的返还，比如在增资协议被解除、对赌协议中回购条款被触发等情形下，投资者要求返还相应资金，法院多持保守态度。多数法院认为，资本公积金是公司的资本储备，目的在于巩固公司的财产基础，加强公司的资产信用。根据公司资本维持原则，股东已向公司缴纳的出资无论计入注册资本还是资本公积金，均属公司所有，是公司资产的重要组成部分，返还该部分款项必须按照减资程序办理。实际操作中，多将资本公积金转为注册资本，再通过定向减资程序实现返还目的。同时，也有法院在资本公积金未对外公示、不会为债权人所知、不会使第三人产生信赖利益、不会损害第三人合法利益的情况下，例外地允许直接返还。

对于公积金的用途，新修订的《公司法》允许使用资本公积金弥补亏损，改变了2005年以来关于资本公积金不得用于弥补公司亏损的规定。1993年《公司法》规定，公积金可用于弥补亏损、扩大生产经营以及转为增加资本，2005年《公司法》增加但书条款，不允许资本公积金用于弥补亏损，这是因为当时一些上市公司年底借助债务重组扩充资本公积金，再用资本公积金弥补亏损，从而粉饰业绩、扭亏为盈。新修订《公司法》对2005年资本公积金不得弥补亏损的规定进行了调整和改变，究其缘由系因实践中已经出现一些公司通过先将资本公积金转增注册资本，然后通过减资程序弥补亏损的变通手段，事实上规避了关于资本公积金不得弥补亏损的规定；另外，资本公积金来源多样但用途有限，如果不允许弥补亏损，更不能用于分配，只能用于对外投资，容易造成资本僵化，或者造成公司非理性投资，政策效果也不一定好。新修订《公司法》规定公积金弥补公司亏损，应当先使用任意公积金和法定公积金；仍不能弥补的，可以按照规定使用资本公积金，明确了弥补亏损的顺序：首先是任意公积金，其次是法定公积金，最后才是资本公积金，即首先使用公司实际经营获取的利润弥补亏损，最后使用计入资本公积金的资产弥补亏损，体现了一种相对衡平的政策导向。也正因如此，实践中先将资本公积金转增注册资本，然后通过减资程序弥补亏损的操作方式事实上已无必要。

215-217 会计师事务所及会计账簿

【知往事·新旧对照】

2018 年《公司法》 （阴影部分为修改或删除的内容）	2023 年《公司法》 （黑体部分为修改或增加的内容）
第一百六十九条 公司聘用、解聘承办公司审计业务的会计师事务所，依照公司章程的规定，由股东会、股东大会或者董事会决定。 公司股东会、股东大会或者董事会就解聘会计师事务所进行表决时，应当允许会计师事务所陈述意见。	第二百一十五条 公司聘用、解聘承办公司审计业务的会计师事务所，按照公司章程的规定，由股东会、董事会或者监事会决定。 公司股东会、董事会或者监事会就解聘会计师事务所进行表决时，应当允许会计师事务所陈述意见。
第一百七十条 公司应当向聘用的会计师事务所提供真实、完整的会计凭证、会计账簿、财务会计报告及其他会计资料，不得拒绝、隐匿、谎报。	第二百一十六条 公司应当向聘用的会计师事务所提供真实、完整的会计凭证、会计账簿、财务会计报告及其他会计资料，不得拒绝、隐匿、谎报。
第一百七十一条 公司除法定的会计账簿外，不得另立会计账簿。 对公司资产，不得以任何个人名义开立账户存储。	第二百一十七条 公司除法定的会计账簿外，不得另立会计账簿。 对公司资金，不得以任何个人名义开立账户存储。

【知来者·条文释义】

新修订的《公司法》第二百一十五条新增监事会为聘用、解聘承办公司审计业务的会计师事务所的决定主体。

《公司法》第二百一十六条无变化，对公司向聘用的会计师事务所提供的会计资料的范围和要求作出了规定。

《公司法》第二百一十七条第一款对公司在法定会计账簿之外另立会计账簿的行为作出了禁止性规定，第二款则要求不得以个人名义开立账户存储公司资金。

【知践行·适用指引】

会计账簿由总账、明细账、日记账和其他辅助性账簿组成。会计账簿登记，必须以经过审核的会计凭证为依据。根据会计准则，相关契约等有关资料也是编制记账凭证的依据，应当作为原始凭证的附件入账备查。也正是基于这样的原因，新修订《公司法》将会计账簿和会计凭证一并纳入股东查阅范围。公司除法定的会计账簿外，不得另立会计账簿；对公司资金，不得以任何个人名义开立账户存储，这既是财务会计制度上的规范，也是承认公司独立法律人格的制度基础。

财务会计报告由会计报表、会计报表附注和财务情况说明书组成。企业向外提供的会计报表包括：资产负债表，反映公司在某一特定日期的财务状况（静态的财务状况）；利润表（损益表），反映公司一定期间的经营成果及其分配情况（动态的盈亏情况）；现金流量表，利润分配表，资产减值准备明细表，股东权益增减变动表，分部报表等。公司应当在每一会计年度终了时编制财务会计报告，并依法经会计师事务所审计。公司应当向聘用的会计师事务所提供真实、完整的会计凭证、会计账簿、财务会计报告及其他会计资料，不得拒绝、隐匿、谎报。公司聘用、解聘承办公司审计业务的会计师事务所，应按照公司章程的规定，由股东会、董事会或者监事会决定。公司股东会、董事会或者监事会就解聘会计师事务所进行表决时，应当允许会计师事务所陈述意见，这些都是为了保证会计师事务所的独立性和专业性，保证财务会计报告的客观性、真实性、公允性。

需注意的是，当前，对会计师事务所的勤勉尽责要求也日益严格，特别是在证券市场虚假陈述侵权民事赔偿案件等纠纷中，会计师事务所作为信息披露的辅助人，也可能承担巨额连带民事赔偿责任。根据《证券法》的规定，会计师事务所出具审计报告，应当勤勉尽责，对所依据的文件资料内容的真实性、准确性、完整性进行核查和验证。其制作、出具的文件有虚假记载、误导性陈述或者重大遗漏，给他人造成损失的，应当与委托人承担连带赔偿责任，但是能够证明自己没有过错的除外。2022年《最高人民法院关于审理证券市场虚假陈述侵权民事赔偿案件的若干规定》规定，会计师事务所等机构制作、出具的文件存在虚假陈述的，人民法院应当按照法律、行政法规、监管部门制定的规章和规范性文件，参考行业执业规范规定的工作范围和程序要求等内容，结合其核查、验证工作底稿等相关证据，认定其是否存在过错。会计师事务所能够证明下列情形之一的，人民法院应当认定其没有过错：按照执业准则、规则确定的工作程序和核查手段并保持必要的职业谨慎，仍未发现被审计的会计资料存在错误的；审计业务必须依赖的金融机构、发行人的供应商、客户等相关单位提供不实证明文件，会计师事务所保持了必要的职业谨慎仍未发现的；已对发行人的舞弊迹象提出警告并在审计业务报告中发表了审慎审计意见的；能够证明没有过错的其他情形。若不能尽到上述勤勉尽责义务，会计师事务所可能面临较大的法律责任风险。

在公司违反相关财务、会计制度，导致会计账簿、财务报告无法真实反映公司的资产、负债、盈亏情况，不能为公司与股东之间的财务独立性提供客观证据支撑的情况下，最严重的后果之一包括否认公司法人独立地位和股东有限责任，让股东、实际控制人对公司债务承担连带责任。这在一人公司的情况下尤为明显。根据新修订《公司法》第二十三条第三款之规定，只有一个股东的公司，股东不能证明公司财产独立于股东自己的财产的，应当对公司债务承担连带责任。实践中，审计报告、财务会计报表、会计账簿等都是证明公司财产独立于股东的重要证据。特别是如果一人公司未依法进行年度财务会计审计，违反法律规定的强制性义务，则足以令人对股东个人财产是否独立于公司财产形成合理怀疑，则法院很可能判决股东对公司债务承担连带责任。

【知前鉴·典型案例】

▶仅有公司股东代为收取款项的事实不足以认定股东与公司财产混同。

案号：（2020）最高法知民终 1767 号

案例名：某地产顾问公司诉某网络科技公司、罗某峰计算机软件开发合同纠纷案

案情：罗某峰为某网络科技公司的法定代表人。2018 年 9 月 11 日，某地产顾问公司与某网络科技公司签订一份《技术开发合同书》，约定某地产顾问公司委托某网络科技公司开发房产 App 并向某网络科技公司支付报酬。报酬及其支付或结算方式处载明：支付方式普通账号（账户名：罗某峰，账号略，开户行略）和对公账号（账号名称：某网络科技公司，账号略，开户行略）。现某网络科技公司没有按照约定付款，某地产顾问公司认为双方签订协议并将款项转入罗某峰的私人账户，明显存在股东财产与个人财产混同，根据《公司法》（2018 年修正）第一百七十一条的规定，对公司资产不得以任何个人名义开立账户存储。罗某峰作为公司法定代表人及股东，使用私人账户收取公司款项的行为，严重违背公司与股东财产分离原则，使公司的财产丧失独立性，导致股东财产和公司财产混同，应共同支付合同款项。某网络科技公司和罗某峰未到庭答辩。

法院经审理认为，关于罗某峰是否应对某网络科技公司的还款承担连带责任，某地产顾问公司上诉主张技术开发合同书中列明罗某峰的私人账户为合同款项收款账户而某地产顾问公司将涉案款项转入该私人账户，因此某网络科技公司财产与罗某峰的个人财产已形成混同，不符合《公司法》规定，还主张罗某峰的收款行为系滥用公司法人独立地位和股东有限责任而逃避债务。但是，在技术开发合同书中，除罗某峰的普通账号外，还约定有对公账号的支付方式。依据在案证据来看，仅能认定罗某峰依据某网络科技公司对某地产顾问公司的指令付款行为收取了合同款项，并无证据证明公司财产与罗某峰个人财产存在混同的事实，

仅凭前述指令付款的事实不足以认定公司股东存在滥用公司法人独立地位和股东有限责任的行为，某地产顾问公司的主张缺乏法律依据，故驳回某地产顾问公司上诉，维持原判。

解析： 公司股东，特别是担任法定代表人的股东代为收取款项的，可能系职务行为，仅以该事实不足以认定其与公司财产混同，还需结合其他证据认定案件事实。

第十一章　公司合并、分立、增资、减资

公司合并

【知往事·新旧对照】

2018 年《公司法》 （阴影部分为修改或删除的内容）	2023 年《公司法》 （黑体部分为修改或增加的内容）
第九章　公司合并、分立、增资、减资	**第十一章　公司合并、分立、增资、减资**
第一百七十二条　公司合并可以采取吸收合并或者新设合并。 　一个公司吸收其他公司为吸收合并，被吸收的公司解散。两个以上公司合并设立一个新的公司为新设合并，合并各方解散。	第二百一十八条　公司合并可以采取吸收合并或者新设合并。 　一个公司吸收其他公司为吸收合并，被吸收的公司解散。两个以上公司合并设立一个新的公司为新设合并，合并各方解散。

续表

2018 年《公司法》 （阴影部分为修改或删除的内容）	2023 年《公司法》 （黑体部分为修改或增加的内容）
	第二百一十九条　**公司与其持股百分之九十以上的公司合并，被合并的公司不需经股东会决议，但应当通知其他股东，其他股东有权请求公司按照合理的价格收购其股权或者股份。** 　　**公司合并支付的价款不超过本公司净资产百分之十的，可以不经股东会决议；但是，公司章程另有规定的除外。** 　　**公司依照前两款规定合并不经股东会决议的，应当经董事会决议。**
第一百七十三条　公司合并，应当由合并各方签订合并协议，并编制资产负债表及财产清单。公司应当自作出合并决议之日起十日内通知债权人，并于三十日内在报纸上公告。债权人自接到通知书之日起三十日内，未接到通知书的自公告之日起四十五日内，可以要求公司清偿债务或者提供相应的担保。	**第二百二十条**　公司合并，应当由合并各方签订合并协议，并编制资产负债表及财产清单。公司应当自作出合并决议之日起十日内通知债权人，并于三十日内在报纸上**或者国家企业信用信息公示系统**公告。债权人自接到通知之日起三十日内，未接到通知的自公告之日起四十五日内，可以要求公司清偿债务或者提供相应的担保。
第一百七十四条　公司合并时，合并各方的债权、债务，应当由合并后存续的公司或者新设的公司承继。	**第二百二十一条**　公司合并时，合并各方的债权、债务，应当由合并后存续的公司或者新设的公司承继。

【知来者·条文释义】

　　本部分系新修订的《公司法》关于公司合并的相应规定。

　　《公司法》第二百一十八条无变化，第一款规定了公司合并可以采取的形式，第二款则对吸收合并、新设合并进行了界定。

　　《公司法》第二百一十九条为新增条款，新增简易合并制度和小规模合并制度。

　　《公司法》第二百二十条对公司合并的程序和公司债权人在公司合并程序中的权利作出了规定，新增公司合并时通过国家企业信用信息公示系统向债权人公告的方式。

《公司法》第二百二十一条无变化，对公司合并前的债权债务的安排作出了规定，即"由合并后存续的公司或者新设的公司承继"。

【知践行·适用指引】

公司合并（即兼并）是指两个或两个以上的公司依照法律规定结合为一个公司。公司合并是公司资本集中、规模扩张、外部成长的重要方式，也是公司重组的一种重要形式。实践中，可以通过收购目标公司股权或者收购重大资产的方式在保留目标公司法人主体资格的前提下实现公司资源整合、取得目标公司控制权或者核心资源，以目标公司为载体开展商业活动，也可以通过公司合并方式直接以一个公司的形式开展经营活动。

吸收合并是指一个公司吸收其他公司，被吸收的公司解散。转让公司的股东变为接收公司的股东，或者取得接收公司的其他对价，转让公司免经清算程序而解散，权利义务由接收公司承继，接收公司的商誉、品牌等无形资产得以保留。新设合并是指两个以上公司合并设立一个新的公司，合并各方解散。加入公司的股东获得新设公司的股份或者其他对价，各个加入公司免经清算程序而解散，权利义务由新设公司承继，以新的公司形式开展经营活动。

公司合并的程序通常为：（1）董事会制订公司合并方案，提交股东会并经出席会议的股东所持表决权的三分之二以上表决通过；（2）合并各方签订合并协议，对合并基准日、股权收购价款、被吸收公司职工安排、债务承继等问题作出安排，各方还需编制资产负债表及财产清单；（3）公司应当自作出合并决议之日起 10 日内通知债权人，并于 30 日内在报纸上或者国家企业信用信息公示系统公告。债权人自接到通知之日起 30 日内，未接到通知的自公告之日起 45 日内，可以要求公司清偿债务或者提供相应的担保；（4）在确认债权债务，进行资产评估后，各公司配合完成公司合并具体工作，被吸收公司需办理注销登记，合并各方的债权、债务，由合并后存续的公司或者新设的公司承继。

值得注意的是，国有独资公司的合并、分立、解散、申请破产、增加或者减少注册资本，分配利润，应当由履行出资人职责的机构即国有资产监督管理机构决定。企业兼并协议自当事人签字盖章之日起生效。需经政府主管部门批准的，兼并协议自批准之日起生效；未经批准的，企业兼并协议不生效。但当事人在一审法庭辩论终结前补办报批手续的，人民法院应当确认该兼并协议有效。

此外，新修订《公司法》规定了新的公司合并，一是简易合并。简易合并为关联合并，指公司与其持股90%以上的公司合并，被合并的公司不需经股东会决议，但应当通知其他股东，其他股东有权请求公司按照合理的价格收购其股权或者股份。二是小规模合并，即公司合并支付的价款不超过本公司净资产10%的，可以不经股东会决议，但是，公司章程另有规定的除外。

公司合并涉及股东利益保护问题。为保护中小股东权益，《公司法》规定了异议股东回购请求权。对合并决议投反对票的股东，可以按照《公司法》第八十九条之规定，请求公司按照合理的价格收购其股权，自股东会决议作出之日起60日内，股东与公司不能达成股权收购协议的，股东可以自股东会决议作出之日起90日内向人民法院提起诉讼。公司合并也涉及债权人权益保护问题。公司合并程序中特别规定了通知债权人的事项，若公司未按规定通知、公告，或者既不清偿债务，又不提供相应担保，债权人有就相应损失向公司相应责任主体主张侵权责任之余地。

【知前鉴·典型案例】

▶原公司未解散，仅被改变公司实际控制权的，不属于公司的吸收合并。

案号：（2022）新民终117号

案例名：某工程公司诉某火电建设公司、某电建集团建设工程施

工合同纠纷案

案情： 2012年至2013年，某工程公司与某火电建设公司签订施工协议2份，约定某火电建设公司将案涉工程承包给某工程公司施工。2014年9月29日，某工程公司请求某火电建设公司进行结算，因双方对已完工工程量分歧较大未达成一致。某工程公司主张，2015年12月，某火电建设公司注入某电建集团，并在2017年变更为河南第一火电建设有限公司，故应由某电建集团承接原某火电建设公司注入前的债权债务，一同承担责任，故诉至法院要求二公司共同支付工程款。

某火电建设公司成立于1995年。根据中电建〔2016〕81号文件精神，中国电力建设集团有限公司将所持某火电建设公司产权以增资方式注入某电建集团，某火电建设公司成为某电建集团的全资子公司，不再由中国电力建设集团有限公司直接管理。2017年，某火电建设公司变更名称，同年变更投资人为某电建集团（100%股权）。

法院经审理认为，关于某电建集团应否承担责任的问题，中电建〔2016〕81号文件的相关精神是中国电力建设集团有限公司将所持某火电建设公司产权以增资方式注入某电建集团，某火电建设公司成为某电建集团的全资子公司，不再由中国电力建设集团有限公司直接管理。依照《公司法》的规定：公司合并可以采取吸收合并或者新设合并。一个公司吸收其他公司为吸收合并，被吸收的公司解散。两个以上公司合并设立一个新的公司为新设合并，合并各方解散。本案中，某火电建设公司并未解散，不符合公司合并的法律规定，某电建集团并非合同主体，其仅是某火电建设公司持有100%股权的股东，且某电建集团亦提供证据证实其与某火电建设公司财务、资产、经营均各自独立，故不需对相关债务承担责任，故对某工程公司的相应诉请不予支持。

解析： 公司合并可以采取吸收合并或者新设合并。一个公司吸收其他公司为吸收合并，被吸收的公司解散。两个以上公司合并设立一个新的公司为新设合并，合并各方解散。实践中，通过改变公司控制权，在保留目标公司法人主体资格的前提下实现公司资源整合、取得目标公司核心资源，以目标公司为载体开展商业活动的情况十分常见，这一过程并未产生公司解散情形，不应认为发生了公司合并。

▶**在公司合并的法定程序未完成前，不能直接认定已经产生了公司合并的法律后果。**

案号：（2020）云民终 1167 号

案例名：某拳击运动公司诉刘某、某体育传播公司、某体育文化公司损害公司利益责任纠纷案

案情：案外人某文体公司系上诉人某拳击运动公司的全资子公司，刘某系某文体公司总经理。某拳击运动公司主张刘某在任职期间违反忠实勤勉义务，在徐某、裴某君、拜某拉、杨某新、韦某钱等人与某文体公司签订有劳动合同的前提下，组织以上拳手到北京与某体育传播公司、某体育文化公司签约合作，导致某文体公司经营陷入瘫痪，损害了某拳击运动公司的利益，诉请要求各被告赔偿经济损失。

法院经审理认为，公司是企业法人，有独立的法人财产，享有法人财产权。公司以全部财产对公司的债务承担责任。即便原告某拳击运动公司是某文体公司的唯一股东，也不能直接得出某文体公司获得的赔偿款项就是某拳击运动公司所有的结论。某拳击运动公司与某文体公司系不同法律责任主体，某拳击运动公司亦否认存在债权转让，而公司与股东人格及财产均相互独立，为何公司获得的财产可以直接归入股东，该种财产的让渡是否会损害某文体公司债权人的利益，某拳击运动公司均未能举证予以证明，故判决驳回某拳击运动公司的相应诉请。

某拳击运动公司不服提起上诉，在上诉期间，某拳击运动公司与某文体公司合并。某拳击运动公司提交证据显示：某拳击运动公司于2020 年 7 月 10 日召开公司股东会议，形成股东会决议。某文体公司也于同日作出股东会决议。两公司同意：某拳击运动公司于 2020 年 7 月10 日吸收合并某文体公司，经昆明市盘龙区市场监督管理局审核准予办理合并，某文体公司于 2020 年 10 月 9 日注销。某拳击运动公司与某文体公司协议约定，某文体公司的权利义务由某拳击运动公司享有和承继。

二审法院经审理认为，关于某拳击运动公司在上诉过程中与某文体公司合并的问题：因二公司合并，且得到昆明市盘龙区市场监督管理局的批准，某拳击运动公司以此提出某文体公司权利义务由某拳击运动公司享有和承继，因此，其是本案适格主体，有权向三被上诉人主张经济损失。但《公司法》规定，公司合并，应当由合并各方签订合并协议，并编制资产负债表及财产清单。公司应当自作出合并决议之日起 10 日内通知债权人，并于 30 日内在报纸上公告。债权人自接到通知书之日起 30 日内，未接到通知书的自公告之日起 45 日内，可以要求公司清偿债务或者提供相应的担保。某拳击运动公司在二审中未提交合并公司的资产负债表及财产清单，故公司合并未完成法律规定的程序，某拳击运动公司以此认为其有权承继某文体公司权利义务的主张尚不能成立，故驳回上诉，维持一审判决。

解析： 公司合并涉及公司、股东、债权人等相关人员的利益，应严格按照法定程序进行。本案中，某拳击运动公司与某文体公司因一审法院认定二公司应分别享有独立的法人财产权而在案件上诉过程中进行合并，而某拳击运动公司在二审中未能提交合并公司的资产负债表及财产清单，故二审法院认定某拳击运动公司尚不能承继某文体公司的权利义务。

司法实践中，因公司合并后需要变更的事项很多，如果仅仅缺少一两项没有变更，法院亦有可能认定企业合并的事实具有法律效力，如上诉人贵州某酒厂与被上诉人某商品厂合并纠纷一案中，最高人民法院在（2001）民二终字第 171 号民事判决中即确定了两公司之间签订合并协议后已实际履行合并协议，即已有合并事实存在且进行了工商变更登记的，即使变更登记事项存在一定瑕疵，也不影响合并行为效力的裁判要旨。

▶在公司合并过程中违反法定程序侵害债权人利益的，应当承担相应赔偿责任。

案号：（2014）徐商初字第 0261 号、（2016）苏民终 187 号

案例名： 某冶金建设公司诉某科技集团股东损害公司债权人利益

责任纠纷案

案情： 某冶金建设公司对案外人某纸业公司享有债权 14274625.29 元。某纸业公司为某科技集团独资企业。2013 年 7 月 25 日，某科技集团作出决定，将某纸业公司无偿并入新大纸业公司，某纸业公司的债权、债务全部由新大纸业公司承继，某纸业公司、新大纸业公司签订合并协议。2013 年 7 月至 8 月，某纸业公司、新大纸业公司 3 次在《江苏经济报》发布合并公告。2013 年 9 月 16 日，徐州市新沂行政工商管理局受理某纸业公司的注销申请，并准予注销登记，某纸业公司并入新大纸业公司。2013 年 10 月 11 日，新大纸业公司向江苏省新沂市人民法院申请破产，该院于次日裁定受理新大纸业公司的破产申请，于 2014 年 1 月 30 日裁定宣告新大纸业公司破产，审计报告显示新大纸业公司所有者权益总额为 −162939705.18 元。

2014 年 5 月，某冶金建设公司向法院提起诉讼，要求判令某科技集团赔偿某冶金建设公司损失 14274625.29 元。庭审中，某科技集团述称，某纸业公司并入新大纸业公司时未编制资产负债表及财产清单，在公司合并时，某纸业公司实际已没有资产。

法院经审理认为，公司合并应当履行相应的法定程序，确保公司债权人在债务人公司合并前进行权衡、作出判断，以最大限度维护自身利益。某纸业公司并入新大纸业公司时，虽在相关报纸上进行了公告，但并未按照我国《公司法》的规定通知已知债权人某冶金建设公司，导致某冶金建设公司没有及时得知合并情况，某冶金建设公司也无法要求债务人清偿债务或提供相应的担保，因此，某纸业公司与新大纸业公司合并的程序上存在瑕疵，损害了债权人某冶金建设公司的合法利益。公司合并时通知债权人的义务人是公司，但公司合并系公司股东会决议的结果。某纸业公司并入新大纸业公司时系法人独资企业，某科技集团系其唯一股东，某纸业公司的合并及合并程序如何进行完全取决于其股东某科技集团的意志，因此，在某纸业公司与新大纸业公司合并过程中，某科技集团主观上存在过错，损害了某纸业公司债权人某冶金建设公司的合法利益。由于某科技集团过错导致债权人某冶金建设公司未能及时要求债务人清偿债务或提供担保，虽某科技集团主张在某纸业公司与新大纸业公司合并时，某纸业公司已无有效资产，无法清偿公司债务，但在两公司合并时，未按照《公司法》规定编制资产负债表及财产清单，致使现已无法查明两公司合并时某纸业公司的资产状况。载有某纸业公司合并前最近一次审计情况的某纸业公司 2012 年度年检报告显示，某纸业公司 2012 年期末所有者权益合计 93880876.3 元，该数额大于某纸业公司欠付某冶金建设公司的债务 14274625.29 元，且某科技集团未提供证据证明两公司合并时某纸业公司资产状况及是否具备偿债能力，应推定在两公司合并时，某纸业公司尚具有偿还某冶金建设公司债务的能力，故对某冶金建设公司的诉请予以支持。后江苏省高级人民法院维持前述一审判决。

解析：公司合并涉及公司组织结构的变更，影响债权人等相关利害关系人的利益，应当严格遵守《公司法》的规定。合并过程中相关行为构成侵权的，侵权人应当承担相应的赔偿责任。公司合并需依法通知、公告给债权人，亦需按照《公司法》的规定编制资产负债表、财产清单，案涉公司合并过程中未按照规定履行相应环节，构成侵权。此外，除了前述环节，本案的公司合并整体亦构成侵权。某科技集团作为某纸业公司、新大纸业公司的股东，在明确要终止某纸业公司、新大纸业公司的情况下，不按照《公司法》的规定对各公司分别解散、清算或者申请破产，在无证据证明相关公司均符合破产条件且破产清偿率相同的情况下，特意安排先合并，然后直接申请合并后公司破产的终止途径，实质打破了参与合并的公司之间的独立财产界限，构成对某纸业公司债权人某冶金建设公司的侵权，属于《公司法》规制的公司股东滥用公司法人独立地位和股东有限责任，逃避债务，严重损害公司债权人利益的行为，应当对公司债务承担连带责任。

222-223 公司分立

【知往事·新旧对照】

2018 年《公司法》 （阴影部分为修改或删除的内容）	2023 年《公司法》 （黑体部分为修改或增加的内容）
第一百七十五条　公司分立，其财产作相应的分割。 公司分立，应当编制资产负债表及财产清单。公司应当自作出分立决议之日起十日内通知债权人，并于三十日内在报纸上公告。	第二百二十二条　公司分立，其财产作相应的分割。 公司分立，应当编制资产负债表及财产清单。公司应当自作出分立决议之日起十日内通知债权人，并于三十日内在报纸上**或者国家企业信用信息公示系统**公告。
第一百七十六条　公司分立前的债务由分立后的公司承担连带责任。但是，公司在分立前与债权人就债务清偿达成的书面协议另有约定的除外。	第二百二十三条　公司分立前的债务由分立后的公司承担连带责任。但是，公司在分立前与债权人就债务清偿达成的书面协议另有约定的除外。

【知来者·条文释义】

本部分系新修订的《公司法》关于公司分立的相应规定。

《公司法》第二百二十二条共两款，第一款要求公司分立时对其财产进行分割,第二款要求公司分立时应当编制资产负债表和财产清单，通知债权人并进行公告，新增了在国家企业信用信息公示系统进行公告的通知方式。

《公司法》第二百二十三条无变化，对公司分立的债务承担作出了规定。公司分立一般会影响全体债权人的利益，因为公司分立会导致公司资产减少，且债务承担人身份改变，为了更好地保护债权人利益，除另有约定外，公司分立前的债务由分立后的公司承担连带责任。

【知践行·适用指引】

公司分立，是一个公司按照法律规定，将其营业分成两个或两个以上的公司，是公司实现专业化经营的重要方式，其实施常是基于风险隔离、资质隔离、税收优惠、分拆上市、分业经营管理等考虑。实践中，公司可以通过对外投资方式控制新的经营主体，也可以通过分立方式设立新的经营主体。

与明文规定公司合并的形式不同，《公司法》本身没有规定公司分立的形式，不过，《国家工商行政管理总局关于做好公司合并分立登记支持企业兼并重组的意见》规定，公司分立可以采取两种形式：一是存续分立（又称派生分立），二是解散分立（又称新设分立）。存续分立/派生分立即原公司继续存在，仅就分立出的业务成立新公司；解散分立/新设分立即原公司不经清算程序而解散，分立为多个新公司。需注意的是，公司分立的财产分割是指公司与公司之间财产的分割，而非股东对公司财产的分割。

公司分立的程序为：（1）董事会制订公司分立方案，提交股东会并经出席会议的股东所持表决权的三分之二以上表决通过。（2）存续公司、新设公司以及新设公司的股东签署分立协议；编制资产负债表与财产清单。（3）自作出分立决议之日起10日内通知债权人，并于30日内在报纸上或者国家企业信用信息公示系统公告。（4）在确认债权债务，进行资产评估后，完成公司分立具体工作，申请变更、注销或者开业登记。公司分立前的债务由分立后的公司承担连带责任。但是，公司在分立前与债权人就债务清偿达成的书面协议另有约定的除外。

此外，公司分立与合并遵循一些共通的规则，比如，国有独资公司的分立应当由履行出资人职责的机构，即国有资产监督管理机构决定。对于公司的分立决议投反对票的股东，可以按照《公司法》第八十九条之规定，行使异议股东回购请求权。用人单位发生合并或者分立等情况的，原劳动合同继续有效，劳动合同由承继其权利和义务的用人单位继续履行。用人单位发生分立或合并后，分立或合并后的用人单位可依据实际情况与原用人单位的劳动者遵循平等自愿、协商一致的原则变更劳动合同。

【知前鉴·典型案例】

▶公司分立进行的财产分割，系在公司之间进行分割，而不是在股东之间进行分割。

案号：（2016）黔民终74号

案例名：某贸易公司与某投资公司、姚某金、姚某宜股权转让纠纷案

案情：2010年12月，原告某贸易公司增资扩股，被告姚某宜、姚某金投资入股成为股东，双方对姚某宜、姚某金股东权益进行了约定和限制，即仅享有公司部分财产的资产权益和经营收益。2013年4月，某贸易公司与其他公司签署增资协议，约定某贸易公司需在协议签署后立即进行公司分立改制，故某贸易公司与姚某宜、姚某金签订分立协议，约定某贸易公司存续，姚某宜、姚某金原有的部分权益转至佳源公司名下，姚某宜、姚某金将所持某贸易公司股份以零价格转让给某贸易公司指定人员后，姚某宜、姚某金退出某贸易公司，另行成立某投资公司。某贸易公司主张姚某宜、姚某金拒不履行合同义务，故诉至法院，要求判令各被告依约履行签署某贸易公司分立的股东会决议、某贸易公司章程修正案决议等文件，办理股权转让转移等相关手续并支付违约金。法院一审判决姚某宜、姚某金需履行相应义务，二人不服提起上诉，并在上诉中提出某贸易公司应履行财产分割义务，返还姚某宜、姚某金在某贸易公司的投资款843.32万元。

二审法院认为，《公司法》在公司分立部分规定的财产分割，是指公司分立成不同的公司后，就公司的财产在不同的公司之间进行分割，而不是指股东对公司的财产进行分割。股东要对公司的财产进行分割，只能在对公司进行清算后进行。本案中，上诉人姚某宜、姚某金提出某贸易公司要履行财产分割义务，返还上诉人对被上诉人某贸易公司的投

资款843.32万元，是要求作为股东的上诉人与作为公司的被上诉人之间的，对公司财产进行的分割，这一理由不符合《公司法》关于财产分割的规定，故对其本部分上诉主张不予支持。

解析：公司是企业法人，有独立的法人财产，享有法人财产权。《公司法》规定：公司财产在分别支付清算费用、职工的工资、社会保险费用和法定补偿金，缴纳所欠税款，清偿公司债务后的剩余财产，有限责任公司按照股东的出资比例分配，股份有限公司按照股东持有的股份比例分配……公司财产在未依照前款规定清偿前，不得分配给股东。公司成立后，公司对股东投入的资产或公司购入的资产享有所有权，股东对投入的资产享有股权，股东要收回投入的资产，可以转让股权，或通过解散公司对公司资产进行清算后，按照自己的出资额或股权比例分配公司的剩余财产来实现。《公司法》在公司分立部分规定的财产分割是指公司分立成不同的公司后，就公司的财产在不同的公司之间进行分割，而不是指股东对公司的财产进行分割。

▶当事人主张公司由另一公司分立而来的，应当提供证据证明该公司的财产全部或部分来源于另一公司。

案号：（2018）苏执复166号、（2020）最高法执监65号

案例名：季某与桑某珠、某锻造公司，第三人某新能源公司申请执行复议案

案情：季某申请执行桑某珠、某锻造公司一案中，主张某新能源公司是某锻造公司为逃废债务而新设的一家有限责任公司，设立该公司的行为构成了事实上或者实质上的公司分立（存续分立），某新能源公司的核心资产源于某锻造公司，某锻造公司与某新能源公司存在规避执行、妨碍执行之行为，二公司共同使用同一经营场所、经营范围与商业模式等高度重合，某新能源公司应对某锻造公司的债务承担连带责任，故申请追加某新能源公司为被执行人。

法院经审查认为，公司分立，其财产作相应的分割，故判断某新能源公司是否由某锻造公司分立而来，应当证明某新能源公司的财产全部或部分来源于某锻造公司。但本案中，首先从外观判断分析，某

新能源公司的工商登记及企业成立公示中均未表明其由某锻造公司分立而来。其次，从某新能源公司成立的事实情况上分析：（1）某新能源公司成立于2016年3月18日，此时某锻造公司的全部固定资产及银行账号已被多家法院查封，在此情况之下，某新能源公司根本无法未经法院允许从某锻造公司处获得固定资产及资金。事实上，某新能源公司亦自认其租赁某锻造公司的厂房及机器设备用于生产。即便需要执行，也应执行某锻造公司应当获得的租金收入。（2）从股东结构上来看，某新能源公司的股东结构与某锻造公司之间并无关联性。不能证明某新能源公司的注册资金来自某锻造公司。（3）季某主张某新能源公司生产技术资质均来自某锻造公司，但没有证明某锻造公司对某新能源公司完成技术转让并办理了法定手续。即使某新能源公司承继了某锻造公司的技术并用于生产，也只是某锻造公司许可某新能源公司使用，并没有形成知识产权的财产权利的转移。即便有证据证实某新能源公司无偿使用了某锻造公司的知识产权或无形资产，也属于另外的法律关系。（4）关于员工转移的问题。某新能源公司亦自认，为了解决员工就业问题，在政府指导下成立了该公司。员工系人力资源，并非公司资产，不能将员工由某锻造公司转入某新能源公司，认定为企业财产的转移。故季某关于某新能源公司是某锻造公司为了逃废债务而新设的公司、该公司的设立构成了事实上或者实质上的公司分立的主张，没有事实与法律依据，对其追加申请不予准许。后最高人民法院维持了前述裁定。

解析： 当事人主张一公司系由另一公司分立而来，应当提供证据证明该公司的财产全部或部分来源于另一公司。本案中，在执行程序中审查作为被执行人的法人或其他组织是否构成分立，应当审查分立是否符合法定条件。根据《公司法》的规定，公司分立，其财产作相应的分割。本案中，某新能源公司的股东结构、工商登记等信息并未显示某新能源公司系由某锻造公司分立而来，申诉人关于某锻造公司与某新能源公司存在财产相同、人员相同、经营业务范围相同等情形，某新能源公司应对某锻造公司的债务承担连带责任的主张，因涉及当事人之间的实体争议，为充分保障当事人的程序权利，应当通过诉讼途径解决。

224-226 ► 公司减资

【知往事·新旧对照】

2018 年《公司法》 （阴影部分为修改或删除的内容）	2023 年《公司法》 （黑体部分为修改或增加的内容）
第一百七十七条 公司需要减少注册资本时，必须编制资产负债表及财产清单。 公司应当自作出减少注册资本决议之日起十日内通知债权人，并于三十日内在报纸上公告。债权人自接到通知书之日起三十日内，未接到通知书的自公告之日起四十五日内，有权要求公司清偿债务或者提供相应的担保。	第二百二十四条 公司减少注册资本，应当编制资产负债表及财产清单。 公司应当自股东会作出减少注册资本决议之日起十日内通知债权人，并于三十日内在报纸上或者国家企业信用信息公示系统公告。债权人自接到通知之日起三十日内，未接到通知的自公告之日起四十五日内，有权要求公司清偿债务或者提供相应的担保。 公司减少注册资本，应当按照股东出资或者持有股份的比例相应减少出资额或者股份，法律另有规定、有限责任公司全体股东另有约定或者股份有限公司章程另有规定的除外。
	第二百二十五条 公司依照本法第二百一十四条第二款的规定弥补亏损后，仍有亏损的，可以减少注册资本弥补亏损。减少注册资本弥补亏损的，公司不得向股东分配，也不得免除股东缴纳出资或者股款的义务。 依照前款规定减少注册资本的，不适用前条第二款的规定，但应当自股东会作出减少注册资本决议之日起三十日内在报纸上或者国家企业信用信息公示系统公告。 公司依照前两款的规定减少注册资本后，在法定公积金和任意公积金累计额达到公司注册资本百分之五十前，不得分配利润。

续表

2018 年《公司法》 （阴影部分为修改或删除的内容）	2023 年《公司法》 （黑体部分为修改或增加的内容）
	第二百二十六条　违反本法规定减少注册资本的，股东应当退还其收到的资金，减免股东出资的应当恢复原状；给公司造成损失的，股东及负有责任的董事、监事、高级管理人员应当承担赔偿责任。

【知来者·条文释义】

本部分系关于公司减资的相应规定。

新修订的《公司法》第二百二十四条要求公司减少注册资本时必须编制资产负债表及财产清单，对公司的债权人在公司减少注册资本的过程中所享有的权利作出了规定。本条在原有条文上新增公司减资在国家企业信用信息公示系统公告的通知方式，新增同比例减资的原则性规定及其例外规则。

新修订的《公司法》第二百二十五条、第二百二十六条均为新增条款，分别新增简易减资（形式减资）制度和关于违法减资法律后果的相应规定。为了提高减资效率、降低公司减资成本，新修订《公司法》新增简易减资程序。

【知践行·适用指引】

实践中，公司生产经营出现困难，遇到严重亏损，或者出现资本过剩、闲置和浪费，以及认缴资本过多、股东无法全额履行的，则应当缩减资本规模，减少注册资本。减资程序是对资本不变、资本维持原则的有条件突破，是通过向债权人公告减资事项、保证债权实现、维护信赖利益的一系列严格程序，而例外地让股东获得合法取回投入的公司资产，至少是不再维持原有注册资本规模的权利。

减资程序一般包括：（1）董事会制订公司减资方案，包括减资金额、减资对象、减资方式、时间安排等，提交股东会并经出席会议的股东所持表决权的三分之二以上表决通过。（2）编制资产负债表与财产清单。定向减资的，往往需要签订减资协议。（3）自股东会作出减少注册资本决议之日起 10 日内通知债权人，并于 30 日内在报纸上或者国家企业信用信息公示系统公告。债权人自接到通知之日起 30 日内，未接到通知的自公告之日起 45 日内，有权要求公司清偿债务或者提供相应的担保。弥补亏损的减资，仅需自股东会作出减少注册资本决议之日起 30 日内在报纸上或者国家企业信用信息公示系统公告。（4）修改公司章程，办理工商登记。

根据公司是否向减资股东支付财产，减资可以分为实质减资（公司向股东支付财产，也称"支付型减资"）、形式减资（为弥补亏损减少注册资本）和免除股东出资义务的减资。后两种减资行为因公司不向减资股东实际支付财产，也被称为"非支付型减资"[①]。实质减资与形式减资的目的不同。实质减资一般是为避免资本闲置、减少资产规模，或者基于增资协议被解除、对赌协议中回购条款被触发等原因，由股东实际取回投入公司的资产，或者减少认缴制下的未来出资义务。这将导致公司净资产减少和偿债能力降低。在这种情况下，债权人自接到通知之日起 30 日内，未接到通知的自公告之日起 45 日内，有权要求公司清偿债务或者提供相应的担保。若减资程序违法，则构成股东"抽逃出资"，股东应当退还其收到的资金，减免股东出资的应当恢复原状；公司债权人有权请求抽逃出资的股东在抽逃出资本息范围内对公司债务不能清偿的部分承担补充赔偿责任，有权要求协助抽逃出资的其他股东、董事、监事、高级管理人员或者实际控制人对此承担连带责任。形式减资即弥补亏损的减资，公司减资并不导致公司净资产减少和实际偿债能力降低。最高人民法院第二巡回法庭在 2019 年第 27 次法官会议纪要中曾明确，形式减资未导致公司责任财产减少，未损害债权人利益的，不能认定为

---

① 王军：《公司资本制度》，北京大学出版社 2022 年版，第 446 页。

抽逃出资。新修订的《公司法》赋予了公司为弥补亏损进行形式减资的合法性，仅要求作出减少注册资本决议之日起 30 日内在报纸上或者国家企业信用信息公示系统公告，不要求通知债权人和提前偿债或者提供担保。上述对于形式减资程序的规定有效降低了公司的减资成本，保障了公司作为市场主体的生存权和发展权，但这种形式减资必须按照规定，先使用任意公积金和法定公积金弥补亏损；仍不能弥补的，使用资本公积金弥补；仍有亏损的，进行减资。减少注册资本弥补亏损的，公司不得向股东分配利润，也不得免除股东缴纳出资或者股款的义务。减少注册资本后，在法定公积金和任意公积金累计额达到公司注册资本 50%前，不得分配利润。违反规定分配利润的，应承担相应法律责任。

从减资的方式上看，减资又可以分为同比减资和定向减资（不同比例减资）。新修订的《公司法》对同比例减资明确规定，亦为定向减资预留了空间。同比例减资的，按照股东出资或者持有股份的比例相应减少出资额或者股份，全体股东按照相同标准取回投资款或者免除出资义务；这种情况下一般不需要签订减资协议。定向减资的，一般需按照全体股东约定，或者按照公司章程规定的特别授权，允许部分股东减少出资额或者股份，取回投资款或者免除出资义务；这在增资协议被解除、对赌协议中回购条款被触发的情况下较为常见。因定向减资时，减资后股东的持股比例会发生变动，此时中小股东的利益极易受到损害，故新修订的《公司法》对不同比例减资作出明确规定，公司原则上应进行同比减资，不同比例减资应当有法律规定、有限责任公司全体股东一致同意或者股份有限公司章程的规定。此次修订充分考虑到小股东的利益保护，有利于调和大小股东间的利益冲突，同时充分尊重公司的自治权，为实践中投资方依据对赌协议退出目标公司保留了操作路径。

新修订《公司法》第二百二十六条规定，违法减资股东应当退还其收到的资金，减免股东出资的应当恢复原状。从法理上来看，该条对违法减资行为的定性应属于侵权行为，违法减资股东应承担向公司退还资金或恢复原状的侵权责任。

【知前鉴·典型案例】

▶减资程序违法时，减资股东需参照抽逃出资规则在违法减资范围内承担相应责任。

案号：（2017）京03民终13422号、（2021）京民再102号

案例名：曹某涛诉何某智、石某、某文化公司与公司有关的纠纷案

案情：2012年3月，石某、何某智等5人发起成立了某文化公司，注册资本1000万元，各股东分别认缴出资额200万元，分别实缴出资额40万元，后期出资160万元拟分别于2014年3月5日之前出资到位。某文化公司成立后，倡议成立百人股东会，同步成立投资有限公司，并增资及至转化为投资股份有限公司，为此召集投资股东每人出资100万元作为股权投资款。原告曹某涛于2012年8月缴付某文化公司投资款100万元。后某文化公司百人股东会、投资公司及投资股份公司一直未成立，亦未增资。2014年4月8日，某文化公司将注册资本由1000万元减资为200万元。原告曹某涛认为，某文化公司以倡议成立百人股东会、公司增资名义收取曹某涛投资款100万元，但此后百人股东会及相应公司并未成立，公司反而减资，曹某涛未享有任何投资权益及收益。原发起股东石某、何某智因公司减资分别不再缴付后期160万元出资，该次减资以及公司名称变更、数次经营范围变更，某文化公司从未告知曹某涛。石某、何某智未缴付全部出资，应当在未缴付出资即减资范围内对某文化公司返还投资款及利息承担补充赔偿责任，故曹某涛诉至法院，要求某文化公司返还曹某涛投资款100万元并给付利息，某文化公司股东石某、何某智分别在减少出资的160万元范围内对某文化公司返还投资款及给付利息承担补充赔偿责任。

法院经审理认为，关于石某、何某智应否承担责任以及承担何种责任的问题，根据《公司法》规定，公司需要减少注册资本时，必须编制资产负债表及财产清单。公司应当自作出减少注册资本决议之日起10日内通知债权人，并于30日内在报纸上公告。债权人自接到通知书之日起30日内，未接到通知书的自公告之日起45日内，有权要求公司

清偿债务或者提供相应的担保。本案中，某文化公司于2014年2月21日作出减少注册资本至200万元的股东会决议，并称同日在报纸上刊登减资公告，但其并未提供证据证明其就减资事宜通知了曹某涛。根据上述规定，"通知债权人"与"在报纸上公告"属于并列适用之义务，减资主体应同时履行。本案中，某文化公司作为曹某涛的债务人，在公司减资决议作出当天即登报公告，却未履行通知债权人曹某涛的义务，其上述行为违反《公司法》关于减少注册资本应通知债权人之法定程序，亦使曹某涛丧失了在某文化公司减资前要求其清偿债务或提供担保的权利。《最高人民法院关于适用〈中华人民共和国公司法〉若干问题的规定（三）》第十三条第二款规定："公司债权人请求未履行或者未全面履行出资义务的股东在未出资本息范围内对公司债务不能清偿的部分承担补充赔偿责任的，人民法院应予支持；未履行或者未全面履行出资义务的股东已经承担上述责任，其他债权人提出相同请求的，人民法院不予支持。"本案中，石某、何某智均为某文化公司设立时的股东。某文化公司2012年3月8日设立时注册资本为1000万元，石某、何某智各认缴200万元，设立时石某、何某智各实缴40万元，各自剩余160万元的出资时间均为2014年3月5日。而某文化公司进行减资的工商登记变更时间为2014年4月，该时间晚于石某、何某智应实缴注册资本的时间，石某、何某智之行为构成未全面履行出资义务的行为。同时如上所述，某文化公司的减资行为违反法定程序，故某文化公司虽进行了减资的工商变更登记，但该行为亦无法排除石某、何某智所应承担的未全面履行出资义务之责任。石某、何某智未全面履行出资义务的金额各为160万元，故曹某涛有权请求其二人分别在160万元范围内对某文化公司涉案债务不能清偿的部分承担补充赔偿责任，故判令某文化公司返还曹某涛投资款100万元并给付利息，石某、何某智分别在减少出资的160万元范围内对某文化公司返还投资款及给付利息承担补充赔偿责任。再审法院维持前述判决。

解析： 公司减资本质上属于公司内部行为，理应由公司股东根据公司的经营状况通过内部决议自主决定，以促进资本的有效利用，但应根据《公司法》的相应规定通知债权人，以避免因公司减资产生损及债权人债权的结果。股东负有按照公司章程切实履行全面出资的义务，同时负有维持公司注册资本充实的责任。尽管《公司法》规定公司减资时的通知义务人是公司，但公司是否减资系股东会决议的结果，是否减资以及如何进行减资完全取决于股东的意志，股东对公司减资的法定程序及后果亦属明知，同时，公司办理减资手续需股东配合，对于公司通知义务的履行，股东亦应当尽到合理注意义务。

实质减资程序违法时，法院一般均会参照抽逃出资规则，认定减资股东在减资范围内对公司债务承担补充赔偿责任。本案中，石某、何某智未在公司章程规定的时间内完成认缴出资，其行为已构成未全面履行出资义务，且某文化公司的减资行为违反了公司减少注册资本的法定程序，该行为亦无法排除石某、何某智所应承担的责任，故法院判令石某、何某智在减少出资160万元的范围内对判决确定的债务中某文化公司不能清偿的部分承担补充赔偿责任。

类似案例还有刊载于《最高人民法院公报》2017年第11期的上海市第二中级人民法院就上海某集团有限公司与江苏某高科有限公司等买卖合同纠纷上诉案作出的（2016）沪02民终10330号民事判决，最高人民法院就某国际控股集团有限公司与山西某运销集团物流有限公司公司减资纠纷案作出的（2017）最高法民终422号民事判决，上海市第一中级人民法院就某物资供销总公司等与上海某进出口有限公司等公司减资纠纷案作出的（2013）沪一中民四（商）终字第1817号民事判决，北京市第二中级人民法院就北京某股份有限公司与河北某广告有限公司等承揽合同纠纷案作出的（2016）京02民终9424号民事判决等，笔者不再一一列举。

▶认缴出资期限届满前，对未实际出资部分进行减资的，仍应履行通知债权人义务。

案号：（2014）镇商初字第49号、（2015）苏商终字第00140号

案例名：某光伏公司诉某投资公司、丁某焜等分期付款买卖合同纠纷案

案情： 2010 年 2 月 1 日，某光伏公司与某投资公司签订销售合同，后某光伏公司依约履行供货义务，某投资公司未支付全部货款，双方就货款达成还款方案。后某投资公司未能依约还款，某光伏公司诉至法院，要求某投资公司支付货款及利息，并主张丁某焜、丁某作为抽减出资的某投资公司股东，对债务承担担保责任，故要求三被告共同支付货款及利息。

二审法院认为，在某投资公司与某光伏公司发生买卖关系时，某投资公司的注册资本为 2500 万元，后某投资公司注册资本减资为 500 万元，减少的 2000 万元是丁某焜、丁某认缴的出资额，如果某投资公司在减资时依法通知其债权人某光伏公司，则某光伏公司依法有权要求某投资公司清偿债务或提供相应的担保，某光伏公司作为债权人的上述权利并不因某投资公司前期出资已缴付到位、实际系针对出资期限未届期的出资额进行减资而受到限制。但某投资公司、丁某焜、丁某在明知某投资公司对某光伏公司负有债务的情形下，在减资时既未依法通知某光伏公司，亦未向某光伏公司清偿债务，不仅违反了减资的法定程序，亦违反了"有限责任公司的股东以其认缴的出资额为限对公司承担责任"的规定，损害了某光伏公司的合法权利，故维持一审判决，判令某投资公司支付货款及利息，丁某焜、丁某对某投资公司上述款项不能给付的部分在其减资范围内承担补充赔偿责任。

解析： 我国《公司法》在明确公司股东的有限责任制的同时，也明确应依法保护公司债权人的合法权益，公司注册资本既是公司股东承担有限责任的基础，也是公司的交易相对方判断公司的财产责任能力的重要依据，公司股东负有诚信出资以保障公司债权人交易安全的基本法律责任，公司减资时对其债权人负有根据债权人的要求进行清偿或提供担保的义务。类似案例还有最高人民法院就武汉某燃油有限公司、岳阳市某实业有限公司民间借贷纠纷案作出的（2019）最高法民申 5203 号民事裁定等。

▶公司减资属于公司内部自治事项且涉及债权人利益，司法不宜强制公司减资。

案号：（2020）最高法民终 223 号

案例名：某橡胶集团诉某投资公司、致远公司、华橡公司新增资本认购纠纷案

案情：2017 年 12 月 21 日，某橡胶公司与合同相对方签订《增资扩股协议》，约定向华橡公司注资。2018 年，某橡胶公司主张合同相对方根本违约导致其合同目的不能实现，以股东出资纠纷为由（后案由被法院依职权变更）向法院提起诉讼，要求判令某投资公司、致远公司、华橡公司返还某橡胶公司因增资扩股协议而注入华橡公司的资产（即 A 公司、B 公司、C 公司、D 公司四家公司 100% 股权），并要求判令华橡公司办理因返还某橡胶公司注入资产（即 A 公司、B 公司、C 公司、D 公司四家公司 100% 股权）相应的减资手续。

法院经审理认为，关于某橡胶公司请求华橡公司办理减资手续是否应支持的问题，公司减资属于公司内部自治事项，《公司法》规定了经股东会决议后公司减资应履行的程序，但是目前尚无法律规定人民法院可以强制公司减资。事实上，强制公司减资也违背《公司法》关于公司自治的立法精神，在无法律规定的情况下司法不宜直接干预此问题，某橡胶公司诉请华橡公司办理减资手续于法无据。

解析：虽然投资实践中，在投资目的无法实现的情况下，投资人请求解除投资协议、收回已注入公司的投资款并诉请公司减资似乎是合乎情理的选择，但公司减资涉及公司债权人的利益，即使投资人与公司及其股东就减资事项达成一致，法院直接作出强制公司减资的判决也有可能会损害公司债权人的合法权益。此外，公司自治的立法精神也决定了司法不宜直接干预公司减资问题，故直接诉请公司办理减资手续无法得到法院支持。

227-228 公司增资

【知往事·新旧对照】

2018 年《公司法》 （阴影部分为修改或删除的内容）	2023 年《公司法》 （黑体部分为修改或增加的内容）
第三十四条 股东按照实缴的出资比例分取红利；公司新增资本时，股东有权优先按照实缴的出资比例认缴出资。但是，全体股东约定不按照出资比例分取红利或者不按出资比例优先认缴出资的除外。	第二百二十七条 有限责任公司增加注册资本时，股东在同等条件下有权优先按照实缴的出资比例认缴出资。但是，全体股东约定不按照出资比例优先认缴出资的除外。 股份有限公司为增加注册资本发行新股时，股东不享有优先认购权，公司章程另有规定或者股东会决议决定股东享有优先认购权的除外。
第一百七十八条 有限责任公司增加注册资本时，股东认缴新增资本的出资，依照本法设立有限责任公司缴纳出资的有关规定执行。 股份有限公司为增加注册资本发行新股时，股东认购新股，依照本法设立股份有限公司缴纳股款的有关规定执行。	第二百二十八条 有限责任公司增加注册资本时，股东认缴新增资本的出资，依照本法设立有限责任公司缴纳出资的有关规定执行。 股份有限公司为增加注册资本发行新股时，股东认购新股，依照本法设立股份有限公司缴纳股款的有关规定执行。
第一百七十九条 公司合并或者分立，登记事项发生变更的，应当依法向公司登记机关办理变更登记；公司解散的，应当依法办理公司注销登记；设立新公司的，应当依法办理公司设立登记。 公司增加或者减少注册资本，应当依法向公司登记机关办理变更登记。	

【知来者·条文释义】

本部分系新修订的《公司法》关于公司增资的相应规定。

《公司法》第二百二十七条明确规定了新股优先认购权：有限责任公司股东在同等条件下享有新股优先认购权，按照实缴的出资比例认缴，但是全体股东约定不按照出资比例优先认缴出资的除外；股份有限公司股东不享有新股优先认购权，但是公司章程另有规定或股东会决议决定的除外，两款均充分体现了公司自治的立法精神。

《公司法》第二百二十八条无变化，第一款规定了有限责任公司股东认缴公司新增注册资本时的出资要求，第二款则规定了股份有限公司股东认购公司发行的新股时的出资要求。

【知践行·适用指引】

公司筹措发展资金、扩大经营规模、拓展商业路径、留存经营利润、调整股权结构、提升实力信用，往往需要增加注册资本。增资扩股，是成本相对较低的融资方式，也是调整公司治理结构的重要契机。实践中，公司增资一般有三种情况：一是分配性增资或者转化性增资，比如，未分配利润或者公积金转化为注册资本，上市公司送红股，可转换公司债券转换为股权，债权人按照《市场主体登记管理条例实施细则》将对债务人公司持有的债权转化为股权等。二是原有股东追加投资，开展内部融资，进行同比例增资或者不同比例增资。三是吸收外来新资本，引入新股东。新股东投资入股的对价，计入新增注册资本或者作为溢价计入资本公积金。

增资程序一般包括：（1）董事会制订公司增资方案，包括目的、方式、增资数额等，提交股东会并经出席会议的股东所持表决权的三分之二以上表决通过。（2）签订增资扩股协议。（3）投资人缴纳出资，并经依法设立的验资机构验资并出具证明。（4）修改公司章程，改选董事、监事，办理工商登记。

关于增加注册资本的优先认缴权的问题，主要存在于人合性相对较强的有限责任公司，对于突出资合性的股份有限公司，法律无此规定之必要。即有限责任公司增加注册资本时，股东在同等条件下有权优先按照实缴的出资比例认缴出资，但是全体股东约定不按照出资比例优先认缴出资的除外。股份有限公司为增加注册资本发行新股时，股东不享有优先认购权，公司章程另有规定或者股东会决议决定股东享有优先认购权的除外。值得注意的是，司法实践中，侵害股东优先认缴权的增资决议，涉及侵权部分无效；股东不能对其他股东放弃的增资份额享有优先认缴权。

关于对赌协议，即估值调整协议，是公司吸收外来新投资、签订增资协议时作出的常见约定，目的是解决交易方对未来发展的不确定性、信息不对称以及代理成本而设计的包含了股权回购、金钱补偿等对未来公司估值进行调整的协议。根据 2019 年《全国法院民商事审判工作会议纪要》之规定，投资方与公司订立的"对赌协议"在不存在法定无效事由的情况下，当事人仅以存在股权回购或者金钱补偿约定为由，主张"对赌协议"无效的，人民法院不予支持，但投资方主张实际履行的，人民法院应当审查是否符合《公司法》关于"股东不得抽逃出资"及股份回购的强制性规定，判决是否支持其诉讼请求。投资方请求公司回购股权的，人民法院应当依据《公司法》关于"股东不得抽逃出资"或者关于股份回购的强制性规定进行审查。经审查，公司未完成减资程序的，人民法院应当驳回其诉讼请求。投资方请求公司承担金钱补偿义务的，人民法院应当依据《公司法》关于"股东不得抽逃出资"和关于利润分配的强制性规定进行审查。经审查，公司没有利润或者虽有利润但不足以补偿投资方的，人民法院应当驳回或者部分支持其诉讼请求，以后公司有利润时，投资方还可以依据该事实另行提起诉讼。

【知前鉴·典型案例】

▶侵犯股东优先认缴权进行增资的决议部分无效。股东优先认缴权应在合理期限内行使。

案号：（2010）民提字第 48 号 [1]

案例名： 某实业公司、蒋某诉某科创公司股东会决议效力及公司增资纠纷案

案情： 某实业公司、蒋某系某科创公司股东，蒋某同时系某科创公司第一任董事长，后历任董事、监事。2003 年 12 月 16 日，某科创公司召开股东代表大会，讨论议题之一为关于通过增资扩股方式吸纳陈某高为新股东的问题，某实业公司、蒋某均投反对票，后该次会议以多数决形式通过了同意通过以增资扩股方式吸纳陈某高为新股东等决议。12 月 18 日，某科创公司与陈某高签订了《入股协议书》。12 月 22 日，某实业公司向某科创公司递交了《关于要求作为某科创公司增资扩股增资认缴人的报告》，主张蒋某和某实业公司享有优先认缴出资的权利，愿意在增资扩股方案的同等条件下，由某实业公司与蒋某共同或由其中一家向某科创公司认缴新增资本 800 万元人民币的出资。2005 年 12 月 12 日，蒋某和某实业公司向法院提起诉讼，请求确认股东会决议无效，确认其对 800 万元新增资本优先认购、某科创公司承担其相应损失等。

法院经审理认为：（1）2003 年 12 月 16 日某科创公司作出的股东会决议，在其股东某实业公司、蒋某明确表示反对的情况下，未给予某实业公司和蒋某优先认缴出资的选择权，径行以股权多数决的方式通过了由股东以外的第三人陈某高出资 800 万元认购某科创公司全部新增股份 615.38 万股的决议内容，侵犯了某实业公司和蒋某按照各自的出资比例优先认缴新增资本的权利，违反了《公司法》规定，该部分相关决议内容无效；（2）虽然某科创公司 2003 年 12 月 16 日股东会决议因侵犯了某实业公司和蒋某按照各自的出资比例优先认缴新增资本的权利而

---

[1] 参见《最高人民法院公报》2011 年第 3 期（总第 173 期）。

部分无效，但某实业公司和蒋某是否能够行使上述新增资本的优先认缴权还需要考虑其是否恰当地主张了权利。本案某实业公司和蒋某在某科创公司 2003 年 12 月 16 日召开股东会时已经知道其优先认缴权受到了侵害，且作出了要求行使优先认缴权的意思表示，但并未及时采取诉讼等方式积极主张权利。在此后某科创公司召开股东会、决议通过陈某高将部分股权赠与其他公司的提案时，某实业公司和蒋某参加了会议，且未表示反对。某实业公司和蒋某在股权变动近两年后又提起诉讼，争议的股权价值已经发生了较大变化，此时允许其行使优先认缴出资的权利将导致已趋稳定的法律关系遭到破坏，并极易产生显失公平的后果，故对某实业公司和蒋某行使对某科创公司新增资本优先认缴权的请求不予支持。

解析： 本案可谓一波三折：一审法院判决驳回某实业公司和蒋某的诉讼请求；二审法院撤销一审判决，判决股东会决议中关于吸收陈某高为股东的内容无效，某科创公司和陈某高 2003 年 12 月 18 日签订的《入股协议书》无效，确认蒋某和某实业公司对 800 万元新增资本有优先认缴权；再审法院提审后撤销一审、二审判决，判决 2003 年 12 月 16 日股东会决议中，涉及新增股份 20.03% 的部分无效，涉及新增股份 79.97% 的部分及决议的其他内容有效，但行使股东优先认缴权已经超过合理期限，故驳回蒋某和某实业公司其他诉讼请求。

《公司法》第二十五条（2018 年《公司法》第二十二条）规定，公司股东会、董事会的决议内容违反法律、行政法规的无效。有限责任公司增加注册资本时，股东在同等条件下有权优先按照实缴的出资比例认缴出资，案涉股东会决议因违反了前述法律规定、剥夺了股东优先认缴公司新增资本的权利，故被确认无效。同时，要特别注意的是，股东优先认缴公司新增资本的权利属形成权，虽然现行法律没有明确规定该项权利的行使期限，但为维护交易安全和稳定经济秩序，该权利应当在一定的合理期间内行使，并且由于这一权利的行使属于典型的商事行为，对于合理期间的认定应当比通常的民事行为更加严格。

▶在无公司章程或无股东会决议特别约定的情况下，股东对其他股东放弃的增资份额不享有优先认缴权。

案号：（2009）民二终字第 3 号

案例名：某投资公司诉某生物制品公司、某生物技术公司、某制药公司、某科技公司股东出资纠纷案

案情：某投资公司系某生物制品公司股东，持股比例为 9%。2007 年，某生物制品公司先后召开股东会及临时股东会，就某生物制品公司增资扩股、改制上市等相关事宜进行了磋商，通过了部分股东按比例减持股权、公司引入战略投资者、私募增资扩股的方案，某投资公司股东代表在决议上签字时特别注明："同意增资扩股，但不同意引入战略投资者"。同日，某投资公司向某生物制品公司提交了《关于我公司在近期三次股东会议上的意见备忘录》，表明其除应按出资比例优先认缴出资外，还要求对其他股东放弃的认缴份额行使优先认购权。后未果，故诉至法院。

法院经审理认为，某投资公司对其他股东承诺放弃的认缴新增出资份额没有优先认购权。优先权对其相对人的权利影响甚巨，必须基于法律明确规定才能享有，《公司法》规定有限责任公司新增资本时，股东有权优先按照其实缴的出资比例认缴出资，但是，当部分股东欲将其认缴出资份额让与外来投资者时，其他股东是否享有同等条件下的优先认购权的问题，《公司法》未作规定；其次，公司股权转让与增资扩股不同，不能援引《公司法》中关于股权转让股东优先认购权的精神对公司增资进行认定；最后，某生物制品公司股东会在决议增资扩股时，已经按照出资比例认股出资，某投资公司依法应享有的优先认购权已经得到保障，故判决驳回某投资公司的诉讼请求。

最高人民法院二审认为，对某投资公司诉求应否予以支持涉及对增资扩股情况下引进外来投资者与股份对外转让的区别如何理解问题。我国《公司法》规定，公司新增资本时，股东有权优先按照其实缴的出资比例认缴出资，即直接规定股东认缴权范围和方式，并没有直接规定股东对其他股东放弃的认缴出资比例增资份额有无优先认购权。对此，有限责任公司的股东会完全可以有权决定将包括股东对其他股东放弃的

认缴出资有无优先认购权此类问题及可能引起争议的决断方式交由公司章程规定，从而依据公司章程规定方式作出决议，如决议不存在违反法律强制性规范问题，则就是有效力的，股东必须遵循。只有股东会对此问题没有形成决议或者有歧义理解时，才有依据公司法规范适用的问题。即使在此情况下，由于公司增资扩股行为与股东对外转让股份的行为确属不同性质的行为，意志决定主体不同，因此二者对有限责任公司人合性的要求不同。在已经充分保护股东认缴权的基础上，某投资公司在某生物制品公司此次增资中利益并没有受到损害。当股东个体更大利益或者有限责任公司人合性与公司发展相冲突时，应当由全体股东按照公司章程规定的方式进行决议，从而得出最终结论以便各股东遵循。至于某生物制品公司准备引进战略投资者的具体细节是否已经真实披露于某投资公司，并不能改变事物的性质和处理争议的方法，故判决驳回某投资公司上诉，维持原判。后某投资公司申请再审，亦被最高人民法院驳回相应再审申请。

　　解析：作为股权取得的两种方式，股权转让与增资入股具有根本性的差异。股权转让属于股权的继受取得；增资入股则是通过向公司出资，认购公司增加的注册资本而成为股东，属于股权的原始取得。股权转让往往是被动的股东更替，与公司的战略发展无实质联系，故要更加突出保护有限责任公司的人合性；而增资扩股，引入新的投资者，往往是为了公司的发展，当公司发展与公司人合性发生冲突时，则应当突出保护公司的发展机会，此时若基于保护公司的人合性而赋予某一股东优先认购权，该优先权行使的结果可能会削弱其他股东特别是控股股东对公司的控制力，导致其他股东因担心控制力减弱而不再谋求增资扩股，从而阻碍公司的发展壮大。

第十二章　公司解散和清算

229-231 ▶ **公司解散**

【知往事·新旧对照】

2018 年《公司法》 （阴影部分为修改或删除的内容）	2023 年《公司法》 （黑体部分为修改或增加的内容）
第十章　公司解散和清算	**第十二章　公司解散和清算**
第一百八十条　公司因下列原因解散： 　　（一）公司章程规定的营业期限届满或者公司章程规定的其他解散事由出现； 　　（二）股东会或者股东大会决议解散； 　　（三）因公司合并或者分立需要解散； 　　（四）依法被吊销营业执照、责令关闭或者被撤销； 　　（五）人民法院依照本法第一百八十二条的规定予以解散。	**第二百二十九条**　公司因下列原因解散： 　　（一）公司章程规定的营业期限届满或者公司章程规定的其他解散事由出现； 　　（二）股东会决议解散； 　　（三）因公司合并或者分立需要解散； 　　（四）依法被吊销营业执照、责令关闭或者被撤销； 　　（五）人民法院依照本法第二百三十一条的规定予以解散。 　　**公司出现前款规定的解散事由，应当在十日内将解散事由通过国家企业信用信息公示系统予以公示。**

续表

2018 年《公司法》 （阴影部分为修改或删除的内容）	2023 年《公司法》 （黑体部分为修改或增加的内容）
第一百八十一条 公司有本法第一百八十条第（一）项情形的，可以通过修改公司章程而存续。 依照前款规定修改公司章程，有限责任公司须经持有三分之二以上表决权的股东通过，股份有限公司须经出席股东大会会议的股东所持表决权的三分之二以上通过。	第二百三十条 公司有前条第一款第一项、第二项情形，**且尚未向股东分配财产的**，可以通过修改公司章程**或者经股东会决议**而存续。 依照前款规定修改公司章程**或者经股东会决议**，有限责任公司须经持有三分之二以上表决权的股东通过，股份有限公司须经出席股东会会议的股东所持表决权的三分之二以上通过。
第一百八十二条 公司经营管理发生严重困难，继续存续会使股东利益受到重大损失，通过其他途径不能解决的，持有公司全部股东表决权百分之十以上的股东，可以请求人民法院解散公司。	第二百三十一条 公司经营管理发生严重困难，继续存续会使股东利益受到重大损失，通过其他途径不能解决的，持有公司百分之十以上表决权的股东，可以请求人民法院解散公司。

【知来者·条文释义】

本部分系新修订的《公司法》关于公司解散的相应规定。

《公司法》第二百二十九条对公司解散事由作出了规定，在原有条文上新增了在国家企业信用信息公示系统公示解散事由的规定。

《公司法》第二百三十条对于修改公司章程而存续的情形增加了股东会决议解散一项，同时增加了"尚未向股东分配财产"的限制。

《公司法》第二百三十一条对通过诉讼解散公司作出了规定，仅作文字改动。

【知践行·适用指引】

一、公司解散、清算、注销的关系

公司是法律拟制的人格，没有生物意义上的生老病死，却有作为组织体的聚散离合。作为一种社团法人，公司的终止始于解散的决议或者破产的宣告。公司拟制人格的最终消灭以注销登记为标志，正如其诞生以设立登记为标志。作为诸多法律关系和利益的集合体，公司法人人格的消灭必须遵循法定程序，对财产进行清点、对债权进行清理、对债务进行清偿、对可分配财产进行分配，这就是公司解散、破产的必然后果、公司注销的前置程序——公司清算。从现行法律看，公司清算、注销的原因主要分为两种：一种是解散，另一种是破产。资可抵债，解散事由出现，即应开展清算，如果不自行清算，即应强制清算，清算完毕即可注销登记。资不抵债，破产事由出现，若重整计划不能通过批准，且不能与债务人和解，则应宣告破产，开展破产清算，清算完毕即可注销登记。

二、公司解散的事由

从公司解散的事由看，分为自愿解散和强制解散。

自愿解散，指基于公司股东会或者股东大会的意愿进行解散。具体情形包括：公司章程规定的营业期限届满或者公司章程规定的其他解散事由出现；股东会决议解散；因公司合并或者分立需要解散等。

对于公司章程规定的营业期限届满或者规定的其他解散事由出现，由于《市场主体登记管理条例》要求公司在申请设立登记时就经营期限等事项办理备案，公司发起人可以自行设定经营期限，如果设定的经营期限为永久或长期，则不会产生经营期限届满的情况；即使设定的经营期限届满或者规定的其他解散事由出现，尚未向股东分配财产的公司也可以通过修改公司章程的方式存续，有限责任公司须经持有三分之二以上表决权的股东通过，股份有限公司须经出席股东会会议的股东所持表决权的三分之二以上通过。

对于股东会决议解散，除非全体股东一致同意，并在决定文件上签名、盖章，否则应召开会议投票表决，有限责任公司须经持有三分之二以上表决权的股东通过，股份有限公司须经出席股东会会议的股东所持表决权的三分之二以上通过。这种情况，尚未向股东分配财产的公司也可以通过股东会决议方式存续。注意，国有独资公司的解散应当由履行出资人职责的机构，即国有资产监督管理机构决定。

对于因公司合并或者分立需要解散，《公司法》已经规定了对债权人的保护程序，并对权利义务的承继作出安排，故无需进行清算程序，可直接按照《市场主体登记管理条例》之规定，直接向登记机关申请注销登记。

强制解散，通常分为行政决定解散与人民法院判决解散。行政决定解散，也就是行政解散，包括依法被吊销营业执照、责令关闭或者被撤销；人民法院判决解散，也就是司法解散，即因公司经营管理发生严重困难，继续存续会使股东利益受到重大损失，通过其他途径不能解决的，持有公司 10% 以上表决权的股东，请求人民法院解散公司的情形。

对于行政解散，出现依法被吊销营业执照、责令关闭或者被撤销的情况，公司已无继续经营之可能，应当解散。营业执照是公司从事生产经营活动的基本入场券，吊销营业执照系一种严重的行政处罚。吊销营业执照的情况包括：《公司法》规定的虚报注册资本、提交虚假材料或者采取其他欺诈手段隐瞒重要事实取得公司登记，情节严重的，吊销营业执照；公司成立后无正当理由超过 6 个月未开业的，或者开业后自行停业连续 6 个月以上的，公司登记机关可以吊销营业执照；利用公司名义从事危害国家安全、社会公共利益的严重违法行为的，吊销营业执照；《市场主体登记管理条例》规定的实行注册资本实缴登记制的公司虚报注册资本取得市场主体登记，情节严重的，吊销营业执照；未依照前述条例办理变更登记，情节严重的，吊销营业执照；伪造、涂改、出租、出借、转让营业执照，情节严重的，吊销营业执照；等等。责令关闭也是一种严重的行政处罚，主要适用于未经设立登记从事经营活动的，拒不改正且情节严重的情形，多见于环境保护领域。公司的撤销，系认为公司登记设立为行政许可，这里是撤销被许可人以欺骗等不正当手段取得的行政许可。

对于司法解散，即公司经营管理发生严重困难，继续存续会使股东利益受到重大损失，通过其他途径不能解决的，持有公司 10% 以上表决权的股东，可以请求人民法院解散公司。实践中，判断股东是否有资格提起公司解散诉讼时，以工商登记和公司章程记载信息为准，股东出资瑕疵不影响提起诉讼，但隐名股东一般被认为无权提起诉讼。通常认为，司法解散是对公司僵局的破解。实践中常见的公司僵局，往往系因股东、董事之间的利益冲突和矛盾，使得决策管理机制陷入瘫痪，股东会、董事会因一方拒绝参加而无法召集，或者即使能够举行会议，也无法通过任何决议。根据相关司法解释，具体情形包括：公司持续两年以上无法召开股东会或者股东大会，公司经营管理发生严重困难；股东表决时无法达到法定或者公司章程规定的比例，持续两年以上不能作出有效的股东会或者股东大会决议，公司经营管理发生严重困难；公司董事长期冲突，且无法通过股东会或者股东大会解决，公司经营管理发生严重困难；经营管理发生其他严重困难，公司继续存续会使股东利益受到重大损失的情形。股东提起解散公司诉讼，同时又申请人民法院对公司进行清算的，人民法院对其提出的清算申请不予受理。人民法院可以告知原告，在人民法院判决解散公司后，自行组织清算或者另行申请人民法院对公司进行清算。

司法解散公司，根据《民事案件案由规定》之规定，案由为公司解散纠纷。股东提起公司解散纠纷以解散公司，诉讼中应当以公司为被告，其他股东为第三人。原告以其他股东为被告一并提起诉讼的，人民法院应当告知原告将其他股东变更为第三人；原告坚持不予变更的，人民法院应当驳回原告对其他股东的起诉。原告提起解散公司诉讼应当告知其他股东，或者由人民法院通知其他股东参加诉讼。其他股东或者有关利害关系人申请以共同原告或者第三人身份参加诉讼的，人民法院应予准许。

公司解散纠纷需注重调解。公司解散属于公司的生死存亡问题，关涉公司股东、债权人及员工等多方利益主体，关涉市场经济秩序的稳定和安宁。因此，法院对公司解散一般均会慎重处理，会综合考虑公司的设立目的能否实现、公司运行障碍能否消除等因素，只有具备三个条件——公司经营管理发生严重困难、继续存续会使股东利益受到重大损失、通过其他途径不能解决的，才会判决解散公司。解散公司是最具破坏性的方式，如果可以通过股权内部转让、对外转让股权、减资程序撤销股东身份等方式解决纠纷，不宜直接强制解散。《最高人民法院关于适用〈中华人民共和国公司法〉若干问题的规定（二）》[以下简称《公司法解释（二）》] 第五条第一款规定："人民法院审理解散公司诉讼案件，应当注重调解。当事人协商同意由公司或者股东收购股份，或者以减资等方式使公司存续，且不违反法律、行政法规强制性规定的，人民法院应予支持。当事人不能协商一致使公司存续的，人民法院应当及时判决。"人民法院关于解散公司诉讼作出的判决，对公司全体股东具有法律约束力。

最后，值得一提的是，解散公司诉讼系非财产案件，不按照财产标的额计收案件受理费，具体见 2023 年 9 月 22 日公布的《最高人民法院关于公司解散纠纷案件受理费收费标准的批复》。

【知前鉴·典型案例】

▶公司强制解散不具备可仲裁性。法院根据公司的登记机关而非公司规模确定解散公司诉讼案件的级别管辖问题。

案号：（2016）最高法民再 202 号

案例名：某石油公司诉某煤矿公司，第三人某热电公司公司解散纠纷管辖权异议案

案情：原告某石油公司与第三人某热电公司均系被告某煤矿公司股东，某石油公司以现某煤矿公司长期不能召开董事会和股东会、公司决策完全失灵、经营管理发生严重困难且通过其他途径不能解决为由，向法院提起诉讼，请求解散某煤矿公司。某煤矿公司、某热电公司提出管辖权异议称：首先，某煤矿公司章程中明确约定，本章程各方发生的与本章程有关的任何争议，均应提交中国国际经济贸易仲裁委员会仲裁解决。其章程第九十五条规定了公司解散的情形。其次，某煤矿公司所有财产数额巨大，财产评估数额达 17.06 亿元。按照级别管辖，应当由

山西省高级人民法院审理。请求将本案移送中国国际经济贸易仲裁委员会或山西省高级人民法院审理。

最高人民法院提审认为，根据《公司法》关于公司解散的相应规定，在公司陷入僵局、公司自治已无法实现的情况下，符合条件的股东可以请求人民法院解散公司。现行法律并未赋予仲裁机构解散公司的裁决权。因仲裁机构裁决解散公司没有法律依据，即便某煤矿公司的公司章程规定了公司解散事宜，且约定因执行公司解散有关的任何争议均可提请中国国际经济贸易仲裁委员会进行仲裁，其有关公司解散的仲裁协议亦不能发生相应的法律效力。某煤矿公司的住所地为山西省河曲县某乡某村，核准登记的公司登记机关为山西省工商行政管理局，故本案应由山西省忻州市中级人民法院管辖，故裁定驳回某煤矿公司、某热电公司提出的管辖权异议。

解析：仲裁机构无权对公司解散纠纷进行裁决。《最高人民法院关于撤销中国国际经济贸易仲裁委员会（2009）CIETACBJ裁决（0355）号裁决案的请示的复函》中曾明确：根据《公司法》（2005年修订）第一百八十一条（现为第二百二十九条）的规定，仲裁机构裁决解散公司没有法律依据，属于无权仲裁的情形。

此外，根据《民事诉讼法》第二十七条"因公司设立、确认股东资格、分配利润、解散等纠纷提起的诉讼，由公司住所地人民法院管辖"的规定，以及《公司法解释（二）》第二十四条"解散公司诉讼案件和公司清算案件由公司住所地人民法院管辖。公司住所地是指公司主要办事机构所在地。公司办事机构所在地不明确的，由其注册地人民法院管辖。基层人民法院管辖县、县级市或者区的公司登记机关核准登记公司的解散诉讼案件和公司清算案件；中级人民法院管辖地区、地级市以上的公司登记机关核准登记公司的解散诉讼案件和公司清算案件"之一规定，法院根据公司的登记机关而非公司规模确定解散公司诉讼案件的级别管辖问题。

►对公司僵局的产生存在过错的股东亦有权提起公司解散之诉。

案号：（2011）民四终字第 29 号[①]

案例名：某科技公司诉某复合材料公司、第三人某集团公司解散纠纷案

案情：某集团与某科技公司均系某复合材料公司股东。某科技公司以某复合材料公司运行陷入僵局，经营管理发生严重困难，导致某复合材料公司及大股东合法利益受到严重侵害为由诉至法院，请求判令解散某复合材料公司。某复合材料公司、某集团称：不能召开董事会以及股东之间矛盾系由某科技公司引起：某集团与某科技公司合作成立某复合材料公司后，实际上运作均由某科技公司委派的董事张某钦进行，2005 年 4 月 7 日，张某钦擅离职守，黄某胜才接手经营管理到现在。黄某胜一直要求某科技公司委派董事张某钦回来履职，召开董事会，但其从来没有回某复合材料公司履行义务，故不能召开董事会，以及股东之间的矛盾是由某科技公司引起的。其不同意解散公司。一审法院经审理认为，公司是否能够解散取决于公司是否陷入僵局，而不取决于僵局产生的原因和责任。张某钦作为某复合材料公司高管人员是否应当承担损害公司权益的责任，应当在某复合材料公司诉张某钦等损害公司利益赔偿纠纷案中处理，即使本案依法判决某复合材料公司解散，也不影响其在该案中的诉讼主体资格。现某复合材料公司经营管理发生严重困难，继续存续会使股东利益受到重大损失，且通过其他途径也无法解决，故对持有公司全部股东表决权 60% 的某科技公司提出的解散某复合材料公司的请求，依法予以准许，判令解散某复合材料公司。最高人民法院二审维持前述判决。

解析：有限责任公司除具有资合性特征之外还具有较强的人合性，股东通常既是公司的投资者又是公司的经营管理者，股东之间的信任与合作是公司正常经营的重要基础。从有限责任制度产生以来，为确保公司稳健经营，公司运行始终体现资本民主的"股份多数决"原则。当股

---

① 参见《最高人民法院公报》2014 年第 2 期（总第 208 期）。

东之间丧失了彼此间的信任发生公司僵局时，一方股东控制着公司的经营权和财产权，对其他股东存在事实上的强制和严重的不公平，实际上剥夺了其他股东基于投资股份所享有的合法经营管理权利，公司继续存续会使股东利益受到重大损失。

公司解散是否应当考虑公司僵局产生的原因以及过错？答案是否定的。公司能否解散取决于公司是否存在僵局以及是否符合《公司法》第二百三十一条规定的实质条件，而不取决于公司僵局产生的原因和责任。《公司法》没有限制过错方股东解散公司，因此即使一方股东对公司僵局的产生具有过错甚至人为制造了公司僵局，其仍然有权依据该条规定请求解散公司。但是在此过程中，针对一方股东或其他相关人员存在的过错行为，利益受损一方可通过提起损害公司利益责任纠纷等诉讼的方式来维护自己的权益。

▶**股东将其全部股权对内转让之后，丧失公司股东身份，不具备提起解散公司诉讼的主体资格。**

案号：（2020）最高法民申 2748 号

案例名：步某康与某科技公司公司解散纠纷再审案

案情：2019 年，步某康作为某科技公司持股 35% 的股东诉至法院，请求法院判令解散某科技公司。在案件审理过程中，河北省高级人民法院就另案出具了（2018）冀民终 628 号民事调解书，调解方案为步某康将其现持有的某科技公司 35% 的股权转让归他人所有，该民事调解书已生效。故就本案，法院认为步某康将其全部股权转让给他人之后，已不具备某科技公司股东身份，不具备作为原告要求解散某科技公司的诉讼主体资格，故裁定驳回步某康的起诉。

解析：持有公司 10% 以上表决权的股东系法定提起公司解散纠纷诉讼的身份要件，股东丧失该身份要件后，不再符合公司解散纠纷诉讼原告的要求，相应地丧失了股东代表诉讼的诉讼主体资格。类似的规定如《山东省高级人民法院关于审理公司纠纷案件若干问题的意见（试行）》第八十九条规定："代表公司百分之十以上表决权的股东，可以请求人民法院解散公司。股东的该项诉权不受出资瑕疵的影响。诉讼中，原告丧失股东资格或实际享有的表决权达不到百分之十的，人民法院应裁定驳回起诉。"

232　公司解散时的清算

【知往事·新旧对照】

2018 年《公司法》 （阴影部分为修改或删除的内容）	2023 年《公司法》 （黑体部分为修改或增加的内容）
第一百八十三条　公司因本法第一百八十条第（一）项、第（二）项、第（四）项、第（五）项规定而解散的，应当在解散事由出现之日起十五日内成立清算组，开始清算。有限责任公司的清算组由股东组成，股份有限公司的清算组由董事或者股东大会确定的人员组成。逾期不成立清算组进行清算的，债权人可以申请人民法院指定有关人员组成清算组进行清算。人民法院应当受理该申请，并及时组织清算组进行清算。	第二百三十二条　公司因本法第二百二十九条第一款第一项、第二项、第四项、第五项规定而解散的，**应当清算。董事为公司清算义务人**，应当在解散事由出现之日起十五日内**组成清算组进行清算。** 　　清算组由董事组成，**但是公司章程另有规定或者股东会决议另选他人的除外。** 　　**清算义务人未及时履行清算义务，给公司或者债权人造成损失的，应当承担赔偿责任。**

【知来者·条文释义】

新修订的《公司法》第二百三十二条明确董事为清算义务人，清算组由董事组成及其例外规定，新增第三款清算义务人未履行清算义务的赔偿责任。

【知践行·适用指引】

依法开展清算是公司注销前的法定义务。除合并、分立情形外，清算义务人应当及时组成清算组进行清算，清理各类资产，清结各项债权债务，以保护债权人的利益、投资人的利益、公司的利益、职工的利益以及社会公共利益。除了普通注销，新修订的《公司法》明确了简易注销和强制注销的方式，这些情况不应理解为免除清算义务，而应理解为在保证权利、义务、责任关系实质不变的前提下，基于现实考量，对关于清算的形式程序和材料要求予以简化或者变通。

清算义务人即在解散事由出现后，应当启动清算程序的主体。董事为公司清算义务人，应当在解散事由出现之日起 15 日内组成清算组进行清算。如果清算义务人未及时履行清算义务，给公司或者债权人造成损失的，应当承担赔偿责任。具体而言，新修订的《公司法》将清算义务人明确为董事，其未在法定期限内成立清算组开始清算，导致公司财产贬值、流失、毁损或者灭失，债权人主张其在造成损失范围内对公司债务承担赔偿责任的，人民法院应依法予以支持。清算义务人因怠于履行义务，导致公司主要财产、账册、重要文件等灭失，无法进行清算，债权人主张其对公司债务承担连带清偿责任的，人民法院应依法予以支持。在公司解散后，恶意处置公司财产给债权人造成损失，或者未经依法清算，以虚假的清算报告骗取公司登记机关办理法人注销登记的，债权人主张责任人对公司债务承担相应赔偿责任的，人民法院亦应依法予以支持。上述责任应考虑过错程度，结合侵权责任法之理论，具体厘定各主体应当承担的责任。

公司经简易程序注销的，由于全体投资人要作出承诺，如果存在未结清债务等不应简易注销的情形，违法失信，则由全体投资人承担相应的法律后果和责任，故对于承诺不实的情况，作出承诺的全体股东应当对注销登记前的债务承担连带责任。需要注意的是，该种责任承担，并不当然免除清算义务人应当清算而不清算的法律责任。

【知前鉴·典型案例】

▶公司未依法清算即被注销的，应以其股东、发起人或者出资人为当事人继续审理。

案号：（2020）最高法知民终 232 号

案例名：某科技公司诉某投资公司等侵害计算机软件著作权纠纷案

案情：某科技公司以某投资公司侵害其著作权为由诉至法院，要求某投资公司停止侵权、赔偿损失，诉讼过程中，某投资公司注销。一审法院裁定驳回某科技公司的起诉，某科技公司不服提起上诉。最高人民法院二审认为，关于某投资公司在诉讼过程中注销是否影响本案的继续审理的问题，某投资公司虽然已经在诉讼过程中注销，但原审法院应当变更某投资公司的股东、发起人或者出资人等为本案当事人继续审理本案。故裁定撤销一审裁定、指令审理案件。

解析：《最高人民法院关于适用〈中华人民共和国民事诉讼法〉的解释》第六十四条规定：企业法人解散的，依法清算并注销前，以该企业法人为当事人；未依法清算即被注销的，以该企业法人的股东、发起人或者出资人为当事人。根据上述规定，公司未依法清算即被注销的，应以其股东、发起人或者出资人为当事人继续审理。

▶清算责任纠纷的诉讼时效应当从债权人知道或者应当知道公司无法清算之日起计算。

案号：（2019）最高法民申 3686 号

案例名：某光伏公司诉某投资公司、丁某焜等分期付款买卖合同纠纷案

案情：原告某银行甘肃分行承继某银行广武支行对金樱公司、融发公司的债权。张某康、中昊公司为金樱公司的股东，某银行甘肃分行认为张某康、中昊公司作为公司的清算义务主体怠于履行清算义务，故于 2018 年诉至法院，要求被告连带偿付原告债权并赔偿损失。被告以金樱公司早已于 2002 年 12 月被吊销营业执照，且 2006 年 8 月兰州市城关区人民法院中止执行的裁定早已告知原告金樱公司无可执行财产、

人员下落不明但未清算注销的状况为由提出诉讼时效抗辩。

二审法院认为，赔偿请求权的诉讼时效应从债权人知道或应当知道权利受到损害以及义务人之日起计算。债权人依据《最高人民法院关于适用〈中华人民共和国公司法〉若干问题的规定（二）》[以下简称《公司法司法解释（二）》]第十八条第二款向清算义务人主张连带清偿责任的必备要件是公司出现无法清算的结果，且该结果与清算义务人的怠于履行行为存在因果关系，而公司被吊销营业执照、无财产可供执行均不同于公司无法进行清算，亦不等同于债权人对无法清算的事实及原因知晓。通常只有经过清算程序，才能认定公司是否无法清算、清算义务人是否存在过错、清算义务人的不作为与债权人的损失是否存在因果关系，债权人才能够向清算义务人主张权利。本案中，某银行甘肃分行向一审法院申请对金樱公司进行强制清算，一审法院作出（2016）甘01民算1号、（2016）甘01民算2号民事裁定，终结对金樱公司的强制清算程序，并告知某银行甘肃分行营业部可请求金樱公司的股东、董事、实际控制人等清算义务主体对债务承担偿还责任，在某银行甘肃分行收到该裁定时，才知道因清算义务人怠于履行清算义务导致无法清算的事实，其请求清算义务人承担清算赔偿责任的诉讼时效应自此起算，故对被告的诉讼时效抗辩不予认可。后最高人民法院维持前述裁判。

解析： 在请求股东等清算义务人因怠于履行清算义务导致公司无法清算对公司债务承担连带清偿责任的案件中，如何认定诉讼时效期间存有争议，故为了统一裁判尺度，《全国法院民商事审判工作会议纪要》（以下简称《纪要》）第十六条专门对此进行了规定，即公司债权人请求股东对公司债务承担连带清偿责任，股东以公司债权人对公司的债权已经超过诉讼时效期间为由抗辩，经查证属实的，人民法院依法予以支持。公司债权人以《公司法司法解释（二）》第十八条第二款为依据，请求有限责任公司的股东对公司债务承担连带清偿责任的，诉讼时效期间自公司债权人知道或者应当知道公司无法进行清算之日起计算。

在《纪要》发布之前，最高人民法院曾在（2016）最高法民申3665号广西某置业有限公司、涟钢某企业公司金融不良债权追偿纠纷再审审查与审判监督一案中明确诉讼时效期间从债权人知道债务人公司被吊销营业执照之日起计算，曾在（2017）最高法民申 4782 号石家庄甲房地产开发有限公司、石家庄乙房地产开发有限公司股东损害公司债权人利益责任纠纷再审审查与审判监督一案中明确诉讼时效期间从债权人知道或者应当知道终结强制清算裁定书生效之日起计算，亦曾在（2018）最高法民申 5325 号鹰潭某投资管理有限公司、某集团有限公司股东损害公司债权人利益责任纠纷再审审查与审判监督一案中明确若债权受让人为专业机构，其自受让债权时即理应明知债务人公司无法清算的事实。但是在《纪要》发布后，尽管司法实践中，对债权人请求清算义务人承担清算赔偿责任的诉讼时效期间的起算仍然存有争议，但绝大多数法院的裁判尺度均秉持《纪要》第十六条确立的认定标准，即从债权人知道或者应当知道公司无法清算之日起计算。

▶清算责任纠纷中，公司小股东举证证明其既不是公司董事会或者监事会成员，也没有选派人员担任该机关成员，且从未参与公司经营管理，以不构成"怠于履行义务"为由，主张其不应当对公司债务承担连带清偿责任的，人民法院依法予以支持。

案号：（2020）最高法民申 5659 号

案例名：凯奇公司诉科技园公司清算责任纠纷案

案情：凯奇公司持有对电力电子公司经法院生效判决确认的合法债权。2006 年 10 月 30 日，电力电子公司被吊销营业执照，之后未进行清算。2010 年 11 月 11 日，北京市第二中级人民法院受理凯奇公司对其进行强制清算申请。法院审理后确认：电力电子公司及其三股东天华公司、欧美公司、碧派克斯中心共四被告按登记地址无法通知到，且没有公司的任何财产、账册及重要文件，无法进行清算，故裁定终结对电力电子公司的清算程序。2011 年 6 月，凯奇公司以本案科技园公司及其他三股东（天华公司、欧美公司、碧派克斯中心）为被告向北京市海淀区人民法院提起诉讼，要求四被告作为股东连带承担电力电子公司对凯奇公司所负债务及利息。诉讼期间，科技园公司向北京市丰台区人民法院提起股东资格确认纠纷诉讼，要求法院确认其不是电力电子公司股东。因科技园公司是否为电力电子公司股东存有争议，故凯奇公司撤回对科技园公司的起诉，法院针对其他被告的清算责任纠纷继续审理。后科技园公司要求确认其不是电力电子公司股东的诉讼请求被法院判决驳回，其上诉亦被（2017）京 02 民终 7579 号判决驳回，判决已发生法律效力。法院确认天华公司、欧美公司、碧派克斯中心作为股东连带承担电力电子公司对凯奇公司所负债务及利息的（2013）海民初字第 26582 号判决生效后，经法院强制执行碧派克斯中心财产，偿还债务 13643860 元，仍欠本金 5546731 元及逾期付款利息、迟延履行利息未偿还。凯奇公司认为，科技园公司作为债务人电力电子公司的股东，在债务人被吊销营业执照后应在法定期限内进行清算，其拒不履行清算义务的行为违反法律规定且侵害了凯奇公司的权利，依照相关司法解释的规定应对债务人的债务承担连带偿还责任，故诉至法院。

法院经审理认为，《公司法司法解释（二）》第十八条第二款规定："有限责任公司的股东、股份有限公司的董事和控股股东因怠于履行义务，导致公司主要财产、账册、重要文件等灭失，无法进行清算，债权人主张其对公司债务承担连带清偿责任的，人民法院应依法予以支持。"根据该条规定，有限责任公司股东因公司无法清算对公司债务承担连带清偿责任需具备两个要件：其一是股东怠于履行清算义务，即有限责任公司股东在法定清算事由出现后，在能够履行清算义务的情况下，故意拖延、拒绝履行清算义务，或者因过失导致无法进行清算；其二是股东怠于履行清算义务这一消极不作为与公司主要财产、账册、重要文件灭失进而无法进行清算这一结果之间具有因果关系。本案中，科技园公司作为电力电子公司持股 5% 的股东，没有证据显示其选派人员担任电力电子公司董事会或监事会成员，亦没有证据显示其参与该公司经营管理，科技园公司不具有能够履行清算义务而拒绝或拖延清算从而导致电力电子公司的主要财产、账册、重要文件灭失的过错行为，故驳回了凯奇公司要求科技园公司对电力电子公司债务承担连带清偿责任的请求。

解析：在《纪要》出台前，实践中曾出现一些职业债权人，从其他债权人处大批量超低价收购"僵尸企业"的陈年旧账后，对"僵尸企业"提起强制清算申请，并在获得人民法院"无法进行清算"的认定后，根据《公司法司法解释（二）》第十八条第二款的规定请求公司股东连带清偿公司债务。因此，为避免不适当地扩大股东的清算责任，最高人民法院决定通过《纪要》对司法裁判进行指导。

《纪要》第十四条规定了怠于履行清算义务的认定：《公司法司法解释（二）》第十八条第二款规定的"怠于履行义务"，是指有限责任公司的股东在法定清算事由出现后，在能够履行清算义务的情况下，故意拖延、拒绝履行清算义务，或者因过失导致无法进行清算的消极行为。股东举证证明其已经为履行清算义务采取了积极措施，或者小股东举证证明其既不是公司董事会或者监事会成员，也没有选派人员担任该机关成员，且从未参与公司经营管理，以不构成"怠于履行义务"为由，主张其不应当对公司债务承担连带清偿责任的，人民法院依法予以支持。在不改变"全体股东"均为清算义务人规则的情况下，在认定"怠于履行义务"的过程中，引入了对小股东地位进行实质认定与评价的规则。

《纪要》第十五条规定了因果关系抗辩：有限责任公司的股东举证证明其"怠于履行义务"的消极不作为与"公司主要财产、账册、重要文件等灭失，无法进行清算"的结果之间没有因果关系，主张其不应对公司债务承担连带清偿责任的，人民法院依法予以支持。

因此，结合《公司法司法解释（二）》第十八条第二款"因怠于履行义务，导致公司主要财产、账册、重要文件等灭失，无法进行清算"的表述来看，清算义务人对公司债务承担连带清偿责任的构成要件，至少应当包括以下两个方面：第一，清算义务人怠于履行义务；第二，因为清算义务人怠于履行义务，导致公司主要财产、账册、重要文件等灭失，无法进行清算的结果。

当然，如果小股东没有按照《纪要》第十四条的规定举证证明其不存在"怠于履行清算义务"的情形，可能仍然面临承担赔偿责任的风险。如前文引用的（2019）最高法民申3686号案件中，法院经审理查明，法院未在法定期限内收到涉案公司用于清算的财产状况说明、债务清册、债权清册、有关财务会计报表以及支付职工工资和缴纳社会保险费用等相关资料，是涉案公司无法清算并终结清算程序的主要原因，小股东、控股股东虽然称其资料保存完好，但并未在强制清算程序期间内提交，导致涉案公司无法进行清算，故法院认定小股东、控股股东存在怠于履行清算义务的行为，需要按照法律规定承担相应责任。

值得注意的是，新修订《公司法》已将清算义务人进一步明确为董事，对清算责任的认定将产生重大影响。

233 逾期不清算及强制解散情形下的清算

【知往事·新旧对照】

2018 年《公司法》 （阴影部分为修改或删除的内容）	2023 年《公司法》 （黑体部分为修改或增加的内容）
第一百八十三条　公司因本法第一百八十条第（一）项、第（二）项、第（四）项、第（五）项规定而解散的，应当在解散事由出现之日起十五日内成立清算组，开始清算。有限责任公司的清算组由股东组成，股份有限公司的清算组由董事或者股东大会确定的人员组成。逾期不成立清算组进行清算的，债权人可以申请人民法院指定有关人员组成清算组进行清算。人民法院应当受理该申请，并及时组织清算组进行清算。	第二百三十三条　公司依照前条第一款的规定应当清算，逾期不成立清算组进行清算或者成立清算组后不清算的，利害关系人可以申请人民法院指定有关人员组成清算组进行清算。人民法院应当受理该申请，并及时组织清算组进行清算。 　　公司因本法第二百二十九条第一款第四项的规定而解散的，作出吊销营业执照、责令关闭或者撤销决定的部门或者公司登记机关，可以申请人民法院指定有关人员组成清算组进行清算。 　　（本条与第二百三十二条系在旧法第一百八十三条基础上予以完善）

【知来者·条文释义】

本条具体扩展规定了请求法院指定清算的制度安排，将强制清算申请人范围由债权人扩大至利害关系人，新增了作出吊销营业执照、责令关闭或者撤销决定的部门或者公司登记机关，可以申请人民法院指定有关人员组成清算组进行清算的规则。

【知践行·适用指引】

公司清算分为解散清算和破产清算。如果公司财产足以清偿全部债务，公司应当通过解散清算的方式清理所有债权债务关系，在全额清偿所有债务并且分配完毕剩余财产后，通过注销登记消灭法人人格。如果公司不能清偿到期债务并且财产不足以清偿全部债务，或者明显缺乏清偿能力，且重整计划不能通过批准，亦不能与债务人和解，应当通过破产清算程序清理债权债务关系，在公平清偿债务后，通过注销登记消灭法人人格。在解散清算过程中，发现公司财产不足以清偿全部债务的，应当依法向人民法院申请破产清算。

公司的解散清算，又分为自行清算和强制清算。自行清算是充分尊重公司的意思自治，由公司内部自行组织清算组进行清算。在公司出现解散事由时，无论是公司章程规定的营业期限届满或者公司章程规定的其他解散事由出现、股东会决议解散等自愿解散事由，还是行政解散、司法解散等强制解散事由，均应当进行清算。董事为公司清算义务人，应当在解散事由出现之日起 15 日内组成清算组进行清算。强制清算是在公司应当清算，但逾期不成立清算组进行清算或者成立清算组后不清算、违法清算可能严重损害债权人或者股东利益时，债权人、公司股东、董事或者其他利害关系人，以及作出吊销营业执照、责令关闭或者撤销决定的部门或者公司登记机关，申请人民法院指定有关人员组成清算组进行清算。

对于强制清算案件，根据《最高人民法院关于审理公司强制清算案件工作座谈会纪要》第九条的规定，公司债权人或者股东向人民法院申请强制清算应当提交清算申请书。申请书应当载明申请人、被申请人的基本情况和申请的事实和理由。同时，申请人应当向人民法院提交被申请人已经发生解散事由以及申请人对被申请人享有债权或者股权的有关证据。公司解散后已经自行成立清算组进行清算，但债权人或者股东以其故意拖延清算，或者存在其他违法清算行为可能严重损害债权人或者股东利益为由，申请人民法院强制清算的，申请人还应当向人民法院提交公司故意拖延清算，或者存在其他违法清算行为可能严重损害其利益的相应证据材料。

【知前鉴·典型案例】

▶**法院受理强制清算案件的前提是公司已经解散并怠于清算。**

案号：（2020）最高法民申 5903 号

案例名：某投资公司诉某工贸公司申请公司清算再审案

案情：某投资公司向法院申请强制清算某工贸公司。就某投资公司的清算申请是否应当受理，法院经审查认为，被申请人某工贸公司营业期限至 2019 年 8 月 15 日届满，此后，该公司内部对公司是否解散并未形成决议，而法院受理公司清算案件的前提是公司已经解散并怠于清算，因没有公司解散的法律事实，原审法院不予受理某投资公司的清算申请并无不当，故裁定驳回某投资公司的再审申请。

解析：法院受理公司清算案件的前提是公司已经解散并怠于清算。股东以其他理由，如公司经营期限已经届满等申请强制清算，法院将不予受理。另外需要注意的是，申请公司强制清算属于非诉程序的案件，亦有最高人民法院生效裁判[①]认为，根据《最高人民法院关于适用〈中华人民共和国民事诉讼法〉的解释》第三百七十八条关于"适用特别程序、督促程序、公示催告程序、破产程序等非讼程序审理的案件，当事人不得申请再审"的规定，申请公司强制清算属于非诉程序的案件，不能申请再审。

---

① 参见（2018）最高法民申 898 号广东某开发有限公司、海南某公司申请公司清算再审案民事裁定书。

234-236 清算组的职权、通知义务、制定清算方案及处分公司财产

【知往事·新旧对照】

2018 年《公司法》 （阴影部分为修改或删除的内容）	2023 年《公司法》 （黑体部分为修改或增加的内容）
第一百八十四条　清算组在清算期间行使下列职权： 　　（一）清理公司财产，分别编制资产负债表和财产清单； 　　（二）通知、公告债权人； 　　（三）处理与清算有关的公司未了结的业务； 　　（四）清缴所欠税款以及清算过程中产生的税款； 　　（五）清理债权、债务； 　　（六）处理公司清偿债务后的剩余财产； 　　（七）代表公司参与民事诉讼活动。	**第二百三十四条**　清算组在清算期间行使下列职权： 　　（一）清理公司财产，分别编制资产负债表和财产清单； 　　（二）通知、公告债权人； 　　（三）处理与清算有关的公司未了结的业务； 　　（四）清缴所欠税款以及清算过程中产生的税款； 　　（五）清理债权、债务； 　　（六）**分配**公司清偿债务后的剩余财产； 　　（七）代表公司参与民事诉讼活动。
第一百八十五条　清算组应当自成立之日起十日内通知债权人，并于六十日内在报纸上公告。债权人应当自接到通知书之日起三十日内，未接到通知书的自公告之日起四十五日内，向清算组申报其债权。 　　债权人申报债权，应当说明债权的有关事项，并提供证明材料。清算组应当对债权进行登记。 　　在申报债权期间，清算组不得对债权人进行清偿。	**第二百三十五条**　清算组应当自成立之日起十日内通知债权人，并于六十日内在报纸上**或者国家企业信用信息公示系统**公告。债权人应当自接到通知之日起三十日内，未接到通知的自公告之日起四十五日内，向清算组申报其债权。 　　债权人申报债权，应当说明债权的有关事项，并提供证明材料。清算组应当对债权进行登记。 　　在申报债权期间，清算组不得对债权人进行清偿。

续表

2018 年《公司法》 （阴影部分为修改或删除的内容）	2023 年《公司法》 （黑体部分为修改或增加的内容）
第一百八十六条　清算组在清理公司财产、编制资产负债表和财产清单后，应当制定清算方案，并报股东会、股东大会或者人民法院确认。 　　公司财产在分别支付清算费用、职工的工资、社会保险费用和法定补偿金，缴纳所欠税款，清偿公司债务后的剩余财产，有限责任公司按照股东的出资比例分配，股份有限公司按照股东持有的股份比例分配。 　　清算期间，公司存续，但不得开展与清算无关的经营活动。公司财产在未依照前款规定清偿前，不得分配给股东。	第二百三十六条　清算组在清理公司财产、编制资产负债表和财产清单后，应当制订清算方案，并报股东会或者人民法院确认。 　　公司财产在分别支付清算费用、职工的工资、社会保险费用和法定补偿金，缴纳所欠税款，清偿公司债务后的剩余财产，有限责任公司按照股东的出资比例分配，股份有限公司按照股东持有的股份比例分配。 　　清算期间，公司存续，但不得开展与清算无关的经营活动。公司财产在未依照前款规定清偿前，不得分配给股东。

【知来者·条文释义】

　　新修订的《公司法》第二百三十四条仅作表述调整，明确规定了公司清算组在清算期间享有的七项职权。

　　新修订的《公司法》第二百三十五条规定了清算组对公司债权人的通知、公告义务以及债权的申报期限，对债权申报和登记作出了规定，并要求清算组在债权申报期间不得对债权人进行清偿，其中第一款新增了清算时在国家企业信用信息公示系统进行公告的通知方式。

　　新修订的《公司法》第二百三十六条规定了清算方案的制订与确认要求、公司清算财产的分配办法，明确了公司在清算期间的主体资格，并对公司清算财产的分配作出了限制性规定，与此前规定基本一致。

【知践行·适用指引】

　　公司清算的流程（对应公司的普通注销要求。简易注销事实上免除了清算程序的备案、债权人的通知及公告等形式要求，以全体投资人承诺和简易注销公告的方式替代。强制注销则事实上无清算程序，但原公司股东、清算义务人的责任不受影响）分为以下步骤：

一是成立清算组。自行清算的清算组由董事组成，但是公司章程另有规定或者股东会决议另选他人的除外。强制清算的清算组成员包括公司股东、董事、监事、高级管理人员；依法设立的律师事务所、会计师事务所、破产清算事务所等社会中介机构；依法设立的律师事务所、会计师事务所、破产清算事务所等社会中介机构中具备相关专业知识并取得执业资格的人员。

清算组在清算期间行使的职权包括：清理公司财产，分别编制资产负债表和财产清单；通知、公告债权人；处理与清算有关的公司未了结的业务；清缴所欠税款以及清算过程中产生的税款；清理债权、债务；分配公司清偿债务后的剩余财产；代表公司参与民事诉讼活动。注意，公司依法清算结束并办理注销登记前，有关公司的民事诉讼，应当以公司的名义进行。公司成立清算组的，由清算组负责人代表公司参加诉讼；尚未成立清算组的，则由原法定代表人代表公司参加诉讼。清算组所能执行的公司事务是以清算为目的的事务，而非所有事务。由于清算中的公司仍具有主体资格，清算组不能取代股东会、监事会的职权，股东会仍然是公司的权力机构，清算组应及时向股东会报告清算进展情况，对清算组的选解任、清算方案的确认、清算报告的确认等公司的重大事项仍由股东会决定。清算组的清算工作仍然受公司监督机构监事会的监督，监事会及时提醒和纠正清算组的不当和违规行为。对于人民法院组织清算的，清算组受人民法院监督，清算组成员未依法履行职责的，人民法院应当依据利害关系人的申请，或者依职权及时予以更换。

二是发布清算组信息和债权人公告。按照国家市场监督管理总局、海关总署、税务总局等部门发布的《企业注销指引》，清算组自成立之日起10日内，应通过国家企业信用信息公示系统公告清算组信息。同时，清算组应及时通知债权人，并于60日内通过国家企业信用信息公示系统免费向社会发布债权人公告，也可依法通过报纸发布。债权人公告的信息主要包括：名称、统一社会信用代码/注册号、登记机关、公告期自、公告期至、公告内容、债权申报联系人、债权申报联系电话、债权申报地址。债权人应当自接到通知之日起30日内，未接到通知的自公告之日起45日内，向清算组申报其债权。债权人申报债权，应当说明债权的有关事项，并提供证明材料。清算组应当对债权进行登记。注意，在申报债权期间，清算组不得对债权人进行清偿。

三是开展清算活动。清算组负责清理公司财产，分别编制资产负债表和财产清单；处理与清算有关的未了结的业务；结清职工工资；缴纳行政机关、司法机关的罚款和罚金；向海关和税务机关清缴所欠税款以及清算过程中产生的税款并办理相关手续，包括滞纳金、罚款、缴纳减免税货物提前解除海关监管需补缴税款以及提交相关需补办的许可证件，办理企业所得税清算、办理土地增值税清算、结清出口退（免）税款、缴销发票和税控设备等；存在涉税违法行为的纳税人应当接受处罚，缴纳罚款；结清欠缴的社会保险费、滞纳金、罚款；清理债权、债务；处理公司清偿债务后的剩余财产；代表公司参加民事诉讼活动；办理分支机构注销登记；处理对外投资、股权出质等。注意，公司进入清算程序后，无论股东的实缴出资期限是否届满，股东均需对尚未出资的部分完成实缴，清算组应将此作为清算财产进行追缴。清算组有权根据有利于保护公司和债权人合法权益的原则，决定公司尚未履行完毕的合同是继续履行或是终止履行。如果清算组决定终止履行，合同相对方可以向清算组申报债权，包括相应的违约损害赔偿债权。债权人对清算组核定的债权有异议的，可以要求清算组重新核定。清算组不予重新核定，或者债权人对重新核定的债权仍有异议，债权人以公司为被告向人民法院提起诉讼请求确认的，人民法院应予受理。对于人民法院受理的强制清算申请，就强制清算公司的权利义务产生争议的，应当向受理强制清算申请的人民法院提起诉讼，并由清算组负责人代表清算中公司参加诉讼活动。

四是分配剩余财产。清算组在清理公司财产、编制资产负债表和财产清单后，应当制订清算方案，并报股东会或者人民法院确认。公司财产在分别支付清算费用、职工的工资、社会保险费用和法定补偿金，缴纳所欠税款，清偿公司债务后的剩余财产由有限责任公司按照股东的出资比例分配，股份有限公司按照股东持有的股份比例分配。清算期间，公司存续，但不得开展与清算无关的经营活动。公司财产在未依照前款规定清偿前，不得分配给股东。注意，债权人在规定的期限内未申报债权，在公司清算程序终结前补充申报的，清算组应予登记。债权人补充申报的债权，可以在公司尚未分配财产中依法清偿。公司尚未分配财产不能全额清偿，债权人主张股东以其在剩余财产分配中已经取得的财产予以清偿的，人民法院应予支持；但债权人因重大过错未在规定期限内申报债权的除外。债权人或者清算组，以公司尚未分配财产和股东在剩余财产分配中已经取得的财产，不能全额清偿补充申报的债权为由，向人民法院提出破产清算申请的，人民法院不予受理。

五是制作清算报告。公司清算组在清算结束后，应当制作清算报告，报股东会确认。其中，有限责任公司股东会对清算报告的确认，必须经代表三分之二以上表决权的股东签署确认；股份有限公司股东大会对清算报告的确认，须由股东大会会议主持人及出席会议的董事签字确认。国有独资公司由国务院、地方人民政府或者其授权的本级人民政府国有资产监督管理机构签署确认。对于人民法院组织清算的，清算报告需由人民法院确认。人民法院组织清算的，清算组应当自成立之日起6个月内清算完毕。因特殊情况无法在6个月内完成清算的，清算组应当向人民法院申请延长。

另外，关于公司在清算完成并办理注销登记后，股东发现公司在清算中遗漏债权或者其他财产权益的处理问题。由于经合法清算后的公司剩余财产，由股东依法进行分配后归股东所有，因此，股东在公司注销后，发现公司对外尚有债权或其他财产权益的，可以自己的名义依法提起诉讼，主张权利。

【知前鉴·典型案例】

▶股东等清算义务人仅以公告方式通知债权人，不构成对已知债权人的有效通知的，应当对债权人的损失承担赔偿责任。

案号： （2020）最高法民申 5085 号

案例名： 王某森与昆源公司清算责任纠纷再审案

案情： 昆源公司向森和公司出售煤炭，森和公司欠付货款。2018 年 3 月 26 日，双方签订《债务确认书及还款计划》，约定森和公司自 2018 年 4 月 1 日起以分期付款的方式每月归还昆源公司 500 万元，在 2018 年 10 月 1 日前全额付清，后森和公司并未按《债务确认书及还款计划》的约定履行付款义务。2018 年 8 月 1 日，森和公司经西宁市市场监督管理局核准注销。森和公司系一人有限公司，王某森为该公司唯一股东。昆源公司认为，王某森明知公司债务未清理完毕，仍然向工商行政管理部门申请注销登记并承诺债权债务已清理完毕，且在清算期间没有向作为债权人的昆源公司依法履行通知义务，其行为损害了昆源公司的合法权益，故向法院提起诉讼，要求王某森赔偿货款及逾期付款利息。

最高人民法院再审认为，王某森申请再审称其已向当地报纸刊登森和公司解散清算公告，履行了通知义务。《最高人民法院关于适用〈中华人民共和国公司法〉若干问题的规定（二）》［以下简称《公司法司法解释（二）》］第十一条规定："公司清算时，清算组应当按照公司法第一百八十五条①的规定，将公司解散清算事宜书面通知全体已知债权人，并根据公司规模和营业地域范围在全国或者公司注册登记地省级有影响的报纸上进行公告。"据此，公司在解散清算时，清算组除需在报纸上刊登公告外，还应书面通知全体已知债权人，王某森自认清算组未向昆源公司书面告知森和公司的解散清算事宜，原审法院认定其未履行通知义务并无不当，王某森该项主张不能成立，故裁定驳回王某森的

---

① 现为 2023 年修订的《公司法》第二百三十五条。下同。

再审申请。

　　解析：《公司法司法解释（二）》第十一条规定："公司清算时，清算组应当按照公司法第一百八十五条的规定，将公司解散清算事宜书面通知全体已知债权人，并根据公司规模和营业地域范围在全国或者公司注册登记地省级有影响的报纸上进行公告。清算组未按照前款规定履行通知和公告义务，导致债权人未及时申报债权而未获清偿，债权人主张清算组成员对因此造成的损失承担赔偿责任的，人民法院应依法予以支持。"故股东等清算义务人在公司清算时需按照前述规定履行"点对点"的书面通知义务，仅发布公告无法视为完全履行了法定通知义务。

237 公司解散清算转化为破产清算

【知往事·新旧对照】

2018 年《公司法》 （阴影部分为修改或删除的内容）	2023 年《公司法》 （黑体部分为修改或增加的内容）
第一百八十七条　清算组在清理公司财产、编制资产负债表和财产清单后，发现公司财产不足清偿债务的，应当依法向人民法院申请宣告破产。 公司经人民法院裁定宣告破产后，清算组应当将清算事务移交给人民法院。	第二百三十七条　清算组在清理公司财产、编制资产负债表和财产清单后，发现公司财产不足清偿债务的，应当依法向人民法院申请破产清算。 人民法院受理破产申请后，清算组应当将清算事务移交给人民法院指定的破产管理人。

【知来者·条文释义】

新修订的《公司法》第二百三十七条规定了清算组在清算过程中发现公司财产不足清偿债务时应依法向人民法院申请破产清算的义务，第二款将此前要求清算组在公司被裁定宣告破产后将清算事务移交给人民法院的规定改为要求清算组在法院受理公司破产申请后将清算事务移交给人民法院指定的破产管理人。

【知践行·适用指引】

强制清算程序与破产清算程序适用的最大区别就在于，公司是否存在资不抵债情形。清算组在清理公司财产、编制资产负债表和财产清单后，发现公司财产不足清偿债务的，应当依法向人民法院申请破产清算。实践中，人民法院指定的清算组发现公司财产不足清偿债务的，可以与债权人协商制作有关债务清偿方案。债务清偿方案经全体债权人确认且不损害其他利害关系人利益的，人民法院可依清算组的申请裁定予以认可。清算组依据该清偿方案清偿债务后，应当向人民法院申请裁定终结清算程序。债权人对债务清偿方案不予确认或者人民法院不予认可的，清算组应当依法向人民法院申请宣告破产。

人民法院受理破产申请，公司强制清算转入破产清算后，原强制清算中的清算组由人民法院破产管理人名册中的中介机构或者个人组成或者参加的，除该中介机构或者个人存在与本案有利害关系等不宜担任管理人或者管理人成员的情形外，人民法院可指定该中介机构或者个人作为破产案件的管理人，或者吸收该中介机构作为新成立的清算组管理人的成员。上述中介机构或者个人在公司强制清算和破产清算中取得的报酬总额，不应超过按照破产计付的管理人或者管理人成员的报酬。上述中介机构或者个人不宜担任破产清算中的管理人或者管理人的成员的，人民法院应当及时指定管理人。原强制清算中的清算组应当及时将清算事务及有关材料等移交给管理人。公司强制清算中已经完成的清算事项，如无违反《企业破产法》相关规定的情形的，在破产清算程序中应承认其效力。

238 清算组在清算中的义务和责任

【知往事·新旧对照】

2018 年《公司法》 （阴影部分为修改或删除的内容）	2023 年《公司法》 （黑体部分为修改或增加的内容）
第一百八十九条 清算组成员应当忠于职守，依法履行清算义务。 清算组成员不得利用职权收受贿赂或者其他非法收入，不得侵占公司财产。 清算组成员因故意或者重大过失给公司或者债权人造成损失的，应当承担赔偿责任。	第二百三十八条 清算组成员履行清算职责，负有忠实义务和勤勉义务。 清算组成员怠于履行清算职责，给公司造成损失的，应当承担赔偿责任；因故意或者重大过失给债权人造成损失的，应当承担赔偿责任。

【知来者·条文释义】

新修订的《公司法》第二百三十八条明确了清算组在清算中的义务和责任，将清算组成员"应当忠于职守，依法履行清算义务"明确为清算组成员履行清算职责"负有忠实义务和勤勉义务"。同时，需注意本条与第二百三十二条的区别，第二百三十二条规定系指清算义务人即公司董事未依法启动清算程序给公司或者债权人造成损失的情况，而本条系指公司进入清算程序后，清算组成员履职过失给公司或者债权人造成损失的情况。

【知践行·适用指引】

已经成立清算组的情况下，清算组成员履行清算职责，负有忠实义务和勤勉义务。清算组成员怠于履行清算职责，给公司造成损失的，应当承担赔偿责任；因故意或者重大过失给债权人造成损失的，应当承担赔偿责任。具体而言，清算组成员从事清算事务时，违反法律、行政法规或者公司章程给公司或者债权人造成损失，公司或者债权人主张其承担赔偿责任的，人民法院应依法予以支持。有限责任公司的股东、股份有限公司连续 180 日以上单独或者合计持有公司 1% 以上股份的股东，依据《公司法》第一百八十九条规定，以清算组成员有前款所述行为为由向人民法院提起诉讼的，人民法院应予受理，此即公司清算期间的股东代表诉讼。公司已经清算完毕注销，上述股东参照《公司法》第一百八十九条的规定，直接以清算组成员为被告、其他股东为第三人向人民法院提起诉讼的，人民法院应予受理，此即公司注销后的股东代表诉讼。清算组未按照《公司法》规定履行对债权人的通知和公告义务，导致债权人未及时申报债权而未获清偿，债权人主张清算组成员对因此造成的损失承担赔偿责任的，人民法院应依法予以支持。清算组执行未经股东会、人民法院确认的清算方案给公司或者债权人造成损失，公司、股东、董事、公司其他利害关系人或者债权人主张清算组成员承担赔偿责任的，人民法院应依法予以支持。上述责任应根据侵权责任法之理论，结合证成或者否定清算组成员过错的证据情况，综合考虑过错程度，厘定各主体应当承担的责任。

【知前鉴·典型案例】

▶清算组成员举证证明自己对于清算组未履行清算职责的行为不存在故意或重大过失的，应免于承担对债权人的侵权赔偿责任。

案号：（2022）沪 0117 民初 7476 号

案例名：某设计公司诉李某周、刘某顺清算责任纠纷案

案情：某设计公司以合同纠纷为由，于 2021 年 7 月 1 日向上海市静安区人民法院提起诉讼，要求某咨询公司退还预付款。在案件审理过程中，李某周作为某咨询公司的唯一股东，在 2021 年 9 月 7 日作出股东会决议，决定解散公司，由李某周和刘某顺组成清算组进行清算并最

终于 2021 年 11 月 2 日完成注销程序，该案以某设计公司撤诉结案。后某设计公司以清算责任纠纷起诉，主张李某周、刘某顺作为某咨询公司清算组成员，在明知公司涉讼的情况下未按照法律规定将公司解散清算事宜书面通知全体已知债权人，导致作为债权人的原告未及时申报债权而未获清偿，清算组成员应当承担赔偿责任，诉请要求李某周、刘某顺赔偿损失。法院经审理认为，某咨询公司的清算组由股东李某周决议成立，刘某顺是李某周的指定人员。在清算组成立之后未能实质开展清算，对于被告刘某顺而言，其既非某咨询公司的股东、董事或监事，又未曾参与公司管理，也非从事公司清算义务相关的专业人员，其被指定为清算组成员是出于符合法人注销登记机关对于清算组成员人数要求。在被告李某周控制主导清算，但又消极不进行清算甚至虚假清算的情形下，被告刘某顺不具备独立履行清算职责的权利和能力，客观上无法履行清算职责，且没有证据证明其存在能够履行职责而拒绝履行的行为，据此难以认定被告刘某顺对于清算组未通知债权人，导致债权人未及时申报债权而未获清偿的行为具有故意或重大过失，故仅判令李某周承担赔偿责任。

解析： 在清算组未履行清算职责而被认为具有共同过错的情况下，清算组成员若能举证证明自己对于清算组未履行清算职责的行为不存在故意或重大过失，则应免于承担该侵权赔偿责任。

239-242 公司注销

【知往事·新旧对照】

2018年《公司法》 （阴影部分为修改或删除的内容）	2023年《公司法》 （黑体部分为修改或增加的内容）
第一百八十八条 公司清算结束后，清算组应当制作清算报告，报股东会、股东大会或者人民法院确认，并报送公司登记机关，申请注销公司登记，公告公司终止。	第二百三十九条 公司清算结束后，清算组应当制作清算报告，报股东会或者人民法院确认，并报送公司登记机关，申请注销公司登记。
	第二百四十条 公司在存续期间未产生债务，或者已清偿全部债务的，经全体股东承诺，可以按照规定通过简易程序注销公司登记。 通过简易程序注销公司登记，应当通过国家企业信用信息公示系统予以公告，公告期限不少于二十日。公告期限届满后，未有异议的，公司可以在二十日内向公司登记机关申请注销公司登记。 公司通过简易程序注销公司登记，股东对本条第一款规定的内容承诺不实的，应当对注销登记前的债务承担连带责任。
	第二百四十一条 公司被吊销营业执照、责令关闭或者被撤销，满三年未向公司登记机关申请注销公司登记的，公司登记机关可以通过国家企业信用信息公示系统予以公告，公告期限不少于六十日。公告期限届满后，未有异议的，公司登记机关可以注销公司登记。 依照前款规定注销公司登记的，原公司股东、清算义务人的责任不受影响。

续表

2018 年《公司法》 （阴影部分为修改或删除的内容）	2023 年《公司法》 （黑体部分为修改或增加的内容）
第一百九十条　公司被依法宣告破产的，依照有关企业破产的法律实施破产清算。	第二百四十二条　公司被依法宣告破产的，依照有关企业破产的法律实施破产清算。

【知来者·条文释义】

本部分系关于公司注销的相应规定。

新修订的《公司法》第二百三十九条删除了旧法"公告公司终止"的规定。第二百四十条新增简易注销制度，第二百四十一条新增针对"僵尸企业"的强制注销制度，第二百四十二条相较 2018 年《公司法》第一百九十条未作变动。

【知践行·适用指引】

公司清算结束后，清算组应当制作清算报告，报股东会或者人民法院确认，并报送公司登记机关，申请注销公司登记。公司注销是公司法人人格消灭的最后一步，因涉及众多法律关系和复杂的多方利益，相较公司设立要复杂得多。根据修订后的《公司法》，公司注销有三种方式：一是普通注销，二是简易注销，三是强制注销。

普通注销，即公司注销的一般流程。清算组需向登记机关提交注销登记申请书、注销决议或者决定、经确认的清算报告和清税证明、清算组备案证明、债权人通知与公告文件等相关材料申请注销登记。国有独资公司申请注销登记，还应当提交国有资产监督管理机构的决定，其中，国务院确定的重要的国有独资公司，还应当提交本级人民政府的批准文件复印件。公司申请注销登记前，应当依法办理分支机构注销登记，并处理对外投资的企业转让或注销事宜；一般应先办理清税，注销税务登记，涉及海关报关等相关业务的公司，还需要办理海关报关单位备案注销。办理企业注销登记之日起 30 日内，应注销社会保险登记。

简易注销，即公司在存续期间未产生债务，或者已清偿全部债务的，经全体股东承诺，可以按照规定通过简易程序注销公司登记。

我国简易注销制度始于 2014 年，当时主要适用于个体工商户、未开业企业和无债权债务企业。自 2015 年起，全国范围内开展简易注销试点工作，适用简易注销的市场主体类型不断扩大。2022 年 3 月，《市场主体登记管理条例》及其实施细则对市场主体简易注销制度进行了统一规定。新《公司法》增加的第二百四十条关于简易注销制度的规定，为《市场主体登记管理条例》及其实施细则提供了充分的上位法依据。

实践中，企业在申请简易注销登记时，不应存在未结清清偿费用、职工工资、社会保险费用、法定补偿金、应缴纳税款（滞纳金、罚款）等债权债务。下列情形均不适用简易注销程序，至少需待异常状态消失后方可进行：法律、行政法规或者国务院决定规定在注销登记前须经批准的；被吊销营业执照、责令关闭、撤销的，在经营异常名录或者市场监督管理严重违法失信名单中的；存在股权（财产份额）被冻结、出质或者动产抵押，或者对其他企业存在投资的；尚持有股权、股票等权益性投资、债权性投资或土地使用权、房产等资产的；未依法办理所得税清算申报或有清算所得未缴纳所得税的；正在被立案调查或者被采取行政强制，正在诉讼或仲裁程序中的；受到罚款等行政处罚尚未执行完毕的。

简易注销制度秉持"诚信推定、背信严惩"的基本理念，公司只需提交注销登记申请书和全体投资人承诺书便可申请注销登记，无需像通过普通程序注销一样提交清算报告等一系列复杂的文件，简易注销制度所追求的效率目标由此得以实现。简易注销制度固然给公司带来了便利，但在公司为享受简易注销的制度便利作出虚假承诺的情况下，公司股东、债权人等利益相关者的权益也会因此陷入难以实现的风险之中。为防止滥用简易注销制度，在公司提交简易注销申请时，全体投资人要作出承诺，如果存在未结清债务等不应简易注销的情形，违法失信，则由全体投资人承担相应的法律后果和责任，并自愿接受相关行政执法部门的约束和惩戒。应认为，这种承诺系承担清算义务和清算责任的意思表示，系全体投资人以自身信用为债权人维护权益提供了实质保障。此外，通过简易程序注销公司登记，应当通过国家企业信用信息公示系统予以公告，公告期限不少于 20 日。公告期限届满后，未有异议的，公司可以在 20 日内向公司登记机关申请注销公司登记。公司通过简易程序注销公司登记，股东存在承诺不实的，应当对注销登记前的债务承担连带责任。《最高人民法院关于适用〈中华人民共和国公司法〉若干问题的规定（二）》《市场主体登记管理条例》等规定了通过虚假承诺骗取简易注销的行政责任和民事责任，构成犯罪的还应承担刑事责任。

强制注销适用于行政解散的情形，即公司被吊销营业执照、责令关闭或者被撤销，满三年未向公司登记机关申请注销公司登记的，公司登记机关可以通过国家企业信用信息公示系统予以公告，公告期限不少于 60 日。公告期限届满后，未有异议的，公司登记机关可以注销公司登记。强制注销登记的，原公司股东、清算义务人的责任不受影响。

【知前鉴·典型案例】

▶公司被吊销营业执照后、完成注销登记之前，仍然具备诉讼主体资格。

案号：（2020）甘民终 419 号、（2021）最高法民申 2470 号

案例名：某房地产开发公司、某材料公司与中汽公司申请执行人执行异议之诉再审案

案情：中汽公司诉请要求执行被告名下财产，各被告在二审程序和再审程序中提出：2007 年 6 月，中汽公司营业执照被吊销，中汽财务公司负责清理中汽公司全部债权债务，本案诉讼应当由中汽财务公司授权并决定，而不是由已退休的原法定代表人擅自决定、擅自委托诉讼代理人，更不是由已被吊销营业执照、有指定管理人的中汽公司自行决定，中汽公司的档案、印章等均依法交由中汽财务公司掌控，中汽公司无权诉讼。

关于中汽公司在一、二审程序中诉讼主体资格及对委托诉讼代理人的授权是否合法的问题，最高人民法院认为，虽然2007年6月2日中汽公司被吊销营业执照，但是企业法人被吊销营业执照后至被注销登记前，该企业法人仍应视为存续，可以自己的名义进行诉讼活动，中汽公司具备诉讼主体资格。本案一、二审期间，中汽公司向法院出具了加盖有中汽公司公章的身份证明及授权委托材料，又佐以其法定代表人的授权说明，因此，中汽公司委托诉讼代理人的行为合法有效，故裁定驳回再审申请。

解析： 吊销企业法人营业执照是工商行政管理机关依据国家工商行政法规对违法的企业法人作出的一种行政处罚。企业法人被吊销营业执照后，应当依法进行清算，清算程序结束并办理工商注销登记后，该企业法人才归于消灭。

第十三章　外国公司的分支机构

243-249 ▶ 外国公司的分支机构

【知往事·新旧对照】

2018 年《公司法》 （阴影部分为修改或删除的内容）	2023 年《公司法》 （黑体部分为修改或增加的内容）
第十一章　外国公司的分支机构	**第十三章　外国公司的分支机构**
第一百九十一条　本法所称外国公司是指依照外国法律在中国境外设立的公司。	**第二百四十三条**　本法所称外国公司，是指依照外国法律在**中华人民共和国**境外设立的公司。
第一百九十二条　外国公司在中国境内设立分支机构，必须向中国主管机关提出申请，并提交其公司章程、所属国的公司登记证书等有关文件，经批准后，向公司登记机关依法办理登记，领取营业执照。 　　外国公司分支机构的审批办法由国务院另行规定。	**第二百四十四条**　外国公司在**中华人民共和**国境内设立分支机构，**应当**向中国主管机关提出申请，并提交其公司章程、所属国的公司登记证书等有关文件，经批准后，向公司登记机关依法办理登记，领取营业执照。 　　外国公司分支机构的审批办法由国务院另行规定。

续表

2018年《公司法》 （阴影部分为修改或删除的内容）	2023年《公司法》 （黑体部分为修改或增加的内容）
第一百九十三条　外国公司在中国境内设立分支机构，必须在中国境内指定负责该分支机构的代表人或者代理人，并向该分支机构拨付与其所从事的经营活动相适应的资金。 　　对外国公司分支机构的经营资金需要规定最低限额的，由国务院另行规定。	第二百四十五条　外国公司在中华人民共和国境内设立分支机构，应当在中华人民共和国境内指定负责该分支机构的代表人或者代理人，并向该分支机构拨付与其所从事的经营活动相适应的资金。 　　对外国公司分支机构的经营资金需要规定最低限额的，由国务院另行规定。
第一百九十四条　外国公司的分支机构应当在其名称中标明该外国公司的国籍及责任形式。 　　外国公司的分支机构应当在本机构中置备该外国公司章程。	第二百四十六条　外国公司的分支机构应当在其名称中标明该外国公司的国籍及责任形式。 　　外国公司的分支机构应当在本机构中置备该外国公司章程。
第一百九十五条　外国公司在中国境内设立的分支机构不具有中国法人资格。 　　外国公司对其分支机构在中国境内进行经营活动承担民事责任。	第二百四十七条　外国公司在中华人民共和国境内设立的分支机构不具有中国法人资格。 　　外国公司对其分支机构在中华人民共和国境内进行经营活动承担民事责任。
第一百九十六条　经批准设立的外国公司分支机构，在中国境内从事业务活动，必须遵守中国的法律，不得损害中国的社会公共利益，其合法权益受中国法律保护。	第二百四十八条　经批准设立的外国公司分支机构，在中华人民共和国境内从事业务活动，应当遵守中国的法律，不得损害中国的社会公共利益，其合法权益受中国法律保护。
第一百九十七条　外国公司撤销其在中国境内的分支机构时，必须依法清偿债务，依照本法有关公司清算程序的规定进行清算。未清偿债务之前，不得将其分支机构的财产移至中国境外。	第二百四十九条　外国公司撤销其在中华人民共和国境内的分支机构时，应当依法清偿债务，依照本法有关公司清算程序的规定进行清算。未清偿债务之前，不得将其分支机构的财产转移至中华人民共和国境外。

【知来者·条文释义】

本部分系关于外国公司的分支机构的相应规定。本次修订仅作文字表述的调整，未发生实质变动。

新修订的《公司法》第二百四十三条对外国公司进行了界定，第二百四十四条对外国公司在中国境内设立分支机构的审批和登记进行了相应规定，第二百四十五条规定了外国公司分支机构的代表人或代理人与经营资金，第二百四十六条对外国公司分支机构的名称管理和外国公司章程的置备进行了要求，第二百四十七条规定外国公司分支机构的法律地位及其责任承担，第二百四十八条规定外国公司分支机构遵守中国法律的义务与合法权益受中国法律保护的权利，第二百四十九条规定了外国公司撤销分支机构时的债务清偿和清算程序。

【知践行·适用指引】

要正确认识外国公司和外资公司的区别。外国公司是依照外国法律在中华人民共和国境外设立的公司，属于外国法人。外资公司，即外商投资公司，是全部或者部分由外国投资者（自然人、法人或者其他组织）出资，在我国国内依法注册设立的公司，属于中国法人。

外资公司属于中国法人。2020年1月1日，《外商投资法》施行后，对外商投资企业不再按照"中外合资经营企业""中外合作经营企业""外资企业（外商独资企业）"进行分类，其组织机构、组织形式统一适用《公司法》《合伙企业法》等法律规定。尽管是中国法人，但外商投资公司要受到《外商投资法》的特别规制。《外商投资法》规定了准入前国民待遇，即投资准入阶段给予外国投资者及其投资不低于本国投资者及其投资的待遇。该法还规定了负面清单制度，即由国务院发布或者经国务院批准发布，在特定领域对外商投资的准入实施特别管理措施；对于负面清单之外的外商投资给予国民待遇，等等。

外国公司属于外国法人，其设立、运行均适用外国法。根据《涉外民事关系法律适用法》第十四条之规定，法人及其分支机构的民事权利能力、民事行为能力、组织机构、股东权利义务等事项，适用登记地法律。即使投资主体是中国国籍的自然人或者中国企业，只要依照外国法律在中华人民共和国境外设立公司，该公司即为外国公司。

外国公司的内部管理适用登记地法律，但其对外经营则要受到营业地法律的规制。国家市场监督管理总局公布的《外国（地区）企业在中国境内从事生产经营活动登记管理办法》第二条明确规定，根据国家有关法律、法规的规定，经国务院及国务院授权的主管机关批准，在中国境内从事生产经营活动的外国企业，应向省级市场监督管理部门申请登记注册。外国企业经登记主管机关核准登记注册，领取营业执照后，方可开展生产经营活动。未经审批机关批准和登记主管机关核准登记注册，外国企业不得在中国境内从事生产经营活动。实践中，外国公司在中国境内合法经营，往往采取成立办事处（代表处）、成立合资或者独资公司、成立分公司等方式开展。

外国公司在国内注册成立办事处（代表处），可设首席代表，并根据业务需要任命代表。办事处（代表处）一般只能开展业务联络和接洽工作，包括代表公司进行合同签订、验收货物、业务拓展、技术指导、市场调查、产品展示等活动，未经国际条约允许且特别审批，不能从事生产、经营活动。

外国公司在国内设立合资或者独资公司，即设立外资公司，作为受《外商投资法》规制的中国法人开展生产、经营活动。不管是合资公司，还是独资公司，均是依照中国法律设立、运行的中国公司。可见，外国公司全资子公司，其本质还是中国公司，应适用《公司法》的相关规定。

外国公司在国内设立分公司，即《公司法》第二百四十四条至第二百四十八条规定的外国公司分支机构。按照各国通行之法理，分支机构以自己的名义从事民事活动，产生的民事责任由法人承担。外国公司分支机构实质上系外国公司之内部机构，属于外国公司之手足，故不具有中国法人资格，由外国公司对其分支机构在中华人民共和国境内进行的经营活动承担民事责任。在涉外民商事案件中，人民法院向外国公司送达司法文书，可以送达给其在中华人民共和国领域内设立的代表机构，也可以经该受送达人授权，向其分支机构或者业务代办人送达。因外国公司分支机构需在中国境内从事经营活动，故其必须遵守中国的法律，不得损害中国的社会公共利益，其合法权益受中国法律保护，同时必须向中国主管机关提出申请，经批准后，向公司登记机关依法办理登记，领取营业执照。

关于外国公司分支机构的纳税问题，根据《企业所得税法》第三条之规定，非居民企业在中国境内设立机构、场所的，应当就其所设机构、场所取得的来源于中国境内的所得，以及发生在中国境外但与其所设机构、场所有实际联系的所得，缴纳企业所得税。该条所称"所得"，包括销售货物所得、提供劳务所得、转让财产所得、股息红利等权益性投资所得、利息所得、租金所得、特许权使用费所得、接受捐赠所得和其他所得。

关于外国公司分支机构的撤销问题，既然其设立需经批准登记，其撤销也必须按照中国法律，首先依法进行清算，包括成立清算组，通知债权人，制订清算方案，进行财产处理等。未清偿债务之前，外国公司不得将其分支机构的财产移至中国境外。

第十四章　法律责任

250 违反公司登记规定的处罚

【知往事·新旧对照】

2018 年《公司法》 （阴影部分为修改或删除的内容）	2023 年《公司法》 （黑体部分为修改或增加的内容）
第十二章　法律责任	**第十四章　法律责任**
第一百九十八条　违反本法规定，虚报注册资本、提交虚假材料或者采取其他欺诈手段隐瞒重要事实取得公司登记的，由公司登记机关责令改正，对虚报注册资本的公司，处以虚报注册资本金额百分之五以上百分之十五以下的罚款；对提交虚假材料或者采取其他欺诈手段隐瞒重要事实的公司，处以五万元以上五十万元以下的罚款；情节严重的，撤销公司登记或者吊销营业执照。	**第二百五十条**　违反本法规定，虚报注册资本、提交虚假材料或者采取其他欺诈手段隐瞒重要事实取得公司登记的，由公司登记机关责令改正，对虚报注册资本的公司，处以虚报注册资本金额百分之五以上百分之十五以下的罚款；对提交虚假材料或者采取其他欺诈手段隐瞒重要事实的公司，处以五万元以上**二百万元以下的罚款**；情节严重的，吊销营业执照；**对直接负责的主管人员和其他直接责任人员处以三万元以上三十万元以下的罚款。**

【知来者·条文释义】

新修订的《公司法》第二百五十条将虚假登记的罚款上限从 50 万元调整为 200 万元,删除情节严重时撤销公司登记的后果,改为处以罚款并吊销营业执照。同时,新增对虚假登记直接责任人员处以 3 万元以上 30 万元以下罚款的规定,在全面推行形式审查标准的背景下,有利于打击冒用他人身份信息等虚假登记行为。

【知践行·适用指引】

本条所述的虚报注册资本、提交虚假材料或者采取其他欺诈手段隐瞒重要事实取得公司登记,本质上都是在公司注册时的虚假登记行为。其中,虚报注册资本是虚假登记行为中最严重的情况,不仅要承担民事、行政责任,也可能构成刑事责任。《市场主体登记管理条例》第四十五条规定,实行注册资本实缴登记制的市场主体虚报注册资本取得市场主体登记的,由登记机关责令改正,处虚报注册资本金额 5% 以上 15% 以下的罚款;情节严重的,吊销营业执照。《刑法》第一百五十八条规定了"虚报注册资本罪",即申请公司登记使用虚假证明文件或者采取其他欺诈手段虚报注册资本,欺骗公司登记主管部门,取得公司登记,虚报注册资本数额巨大、后果严重或者有其他严重情节的,处三年以下有期徒刑或者拘役,并处或者单处虚报注册资本金额 1% 以上 5% 以下罚金。单位犯前款罪的,对单位判处罚金,并对其直接负责的主管人员和其他直接责任人员,处三年以下有期徒刑或者拘役。犯罪主体是申请公司登记的个人或单位,通常手段是在申请公司登记期间使用虚假的验资证明、验资报告、资产评估报告或者批文等,将无或少的注册资本申报为有或多的注册资本。根据《最高人民检察院、公安部关于公安机关管辖的刑事案件立案追诉标准的规定(二)》,涉嫌下列情形之一的,应予立案追诉:法定注册资本最低限额在 600 万元以下,虚报数额占其应缴出资数额 60% 以上的;法定注册资本最低限额超过 600 万元,虚报数额占其应缴出资数额 30% 以上的；造成投资者或者其他债权人直接经济损失累计数额在 50 万元以上的；虽未达到上述数额标准，但两年内因虚报注册资本受过二次以上行政处罚，又虚报注册资本，或者向公司登记主管人员行贿，或者为进行违法活动而注册的；以及其他后果严重或者有其他严重情节的情形。根据《全国人民代表大会常务委员会关于〈中华人民共和国刑法〉第一百五十八条、第一百五十九条的解释》的规定，该罪名只适用于依法实行注册资本实缴登记制的公司。因此，只有在申请金融机构等法律、行政法规、国务院另有规定的公司登记时，行为人未遵守实缴登记制关于注册资本最低限额以及缴足出资额的期限等规定时，才可能构成本罪。

对于其他虚假登记行为，实践中较为多见的是身份信息虚假，即通过非法获取身份信息和窃取人脸识别信息，进行虚假注册登记；以及经营场所虚假，即申请人通过伪造房产证明、虚构房屋买卖或者租赁合同、篡改房屋使用性质、提供虚假产权人签名等骗取住所登记。近年来，假冒国企央企、知名民企和外商投资企业的违法行为高发。2024 年 1 月，国家市场监督管理总局发布《防范和查处假冒企业登记违法行为规定》，对假冒企业登记违法行为，即提交虚假材料或者采取其他欺诈手段隐瞒重要事实，冒用其他企业名义，将其登记为有限责任公司股东、股份有限公司发起人、非公司企业法人出资人、合伙企业合伙人等违法行为进行防范和查处。其中，列举的具体情形包括：伪造、变造其他企业的印章、营业执照、批准文件、授权文书等；伪造身份验证信息；提交虚假承诺；其他隐瞒重要事实的情形。《市场主体登记管理条例》第四十四条规定，提交虚假材料或者采取其他欺诈手段隐瞒重要事实取得市场主体登记的，由登记机关责令改正，没收违法所得，并处 5 万元以上 20 万元以下的罚款；情节严重的，处 20 万元以上 100 万元以下的罚款，吊销营业执照。《市场主体登记管理条例实施细则》第七十一条进一步明确，明知或者应当知道申请人提交虚假材料或者采取其他欺诈手段隐瞒重要事实进行市场主体登记，仍接受委托代为办理，或者协助其进行虚假登记的，由登记机关没收违法所得，处 10 万元以下的罚款。虚假市场主体登记的直接责任人自市场主体登记被撤销之日起 3 年内不得再次申请市场主体登记。登记机关应当通过国家企业信用信息公示系统予以公示。

【知前鉴·典型案例】

▶委托他人代为垫资骗取公司登记的行为构成虚报注册资本罪。

案号：（2011）锡刑二终字第 20 号

案例名：卜某冰虚报注册资本案[①]

案情：2009 年 3 月，被告人卜某冰为设立晋兆燃公司，通过白某芳委托朗易公司的沈某明垫付注册资本并办理公司设立登记事宜。同年 4 月 28 日，沈某明垫资 500 万元作为晋兆燃公司股东的出资，并在卜某冰骗取验资报告后抽回资金。后卜某冰欺骗公司登记主管部门，取得公司登记。法院经审理认为，卜某冰申请公司登记时，伙同他人采用代垫资的欺诈手段虚报注册资本，欺骗公司登记主管部门，取得公司登记，且虚报注册资本数额巨大，其行为构成虚报注册资本罪。

解析：在公司设立登记的过程中，未交付货币，采用他人垫资的欺诈方式骗取验资证明，进而取得公司登记的行为，构成虚报注册资本罪。本案不存在损害其他股东利益的情形，欺骗对象系公司登记机关，而非公司其他发起人、股东，故不构成虚假出资罪。本案中，被告人在取得验资报告后、完成公司设立登记前即抽回资金，抽回资金的行为发生在公司完成登记设立、相关款项真正转化为公司注册资本之前，故不构成抽逃出资罪。

[①] 《刑事审判参考》案例第 774 号，载中华人民共和国最高人民法院刑事审判第一、二、三、四、五庭主办：《刑事审判参考》总第 86 集，法律出版社 2013 年版，第 11~18 页。

251 公司违法违规公示信息的法律责任

【知往事·新旧对照】

2018 年《公司法》 （阴影部分为修改或删除的内容）	2023 年《公司法》 （黑体部分为修改或增加的内容）
	第二百五十一条 公司未依照本法第四十条规定公示有关信息或者不如实公示有关信息的，由公司登记机关责令改正，可以处以一万元以上五万元以下的罚款。情节严重的，处以五万元以上二十万元以下的罚款；对直接负责的主管人员和其他直接责任人员处以一万元以上十万元以下的罚款。

【知来者·条文释义】

本条为新增条文，系对公司未依照《公司法》规定公示有关信息或者不如实公示有关信息的行政处罚。处罚情形包括一般情节和严重情节。处罚对象包括公司及直接负责的主管人员和其他直接责任人员。处罚主体为公司登记机关。

【知践行·适用指引】

公司信用信息公示制度是构建良好市场秩序、强化国家信用监管的基础性制度。国务院于 2014 年出台《企业信息公示暂行条例》，首次以行政法规的形式规范企业信息公示制度，通过强化企业信用约束手段，提高信用监管效能。实践中，仍然存在不少公司在国家企业信用信息公示系统不公示或者公示虚假信息的情况，使之不能正常发挥展示企业基本信息、保护交易安全、降低信用风险的作用。新修订《公司法》第四十条①对此作出规定。值得注意的是，新修订《公司法》中，应当通过国家企业信用信息公示系统向社会公示的信息除了第四十条列举的内容，还可能涉及第三十二条（公司登记事项）、第二百二十条（公司合并）、第二百二十二条（公司分立）、第二百二十四条（普通减资）、第二百二十五条（简易减资）、第二百二十九条（公司解散）、第二百三十五条（公司清算）、第二百四十条（简易注销）、第二百四十一条（强制注销）。当然，其中关于公司在合并、分立、减少注册资本或者进行清算时，不依照《公司法》规定通知或者公告债权人的情形，应适用《公司法》第二百五十五条之规定。此外，关于信息公示义务，也涉及《市场主体登记管理条例》及《市场主体登记管理条例实施细则》的相应规定。②

此外，《证券法》对上市公司的信息披露作了更高要求，涉及年度报告、中期报告、实务中的季度报告，以及对上市公司证券交易价格可能产生较大影响的诸多事件和事项，对于这些违反《证券法》上信息披露义务，而未违反《公司法》规定的情况，应当按照《证券法》第一百九十七条之规定以及其他证券相关规范进行处理。另外，《刑法》

① 《公司法》第四十条规定："公司应当按照规定通过国家企业信用信息公示系统公示下列事项：（一）有限责任公司股东认缴和实缴的出资额、出资方式和出资日期，股份有限公司发起人认购的股份数；（二）有限责任公司股东、股份有限公司发起人的股权、股份变更信息；（三）行政许可取得、变更、注销等信息；（四）法律、行政法规规定的其他信息。公司应当确保前款公示信息真实、准确、完整。"

② 《市场主体登记管理条例》第三十五条规定："市场主体应当按照国家有关规定公示年度报告和登记相关信息。"《中华人民共和国市场主体登记管理条例实施细则》第四十二条第一款规定："市场主体办理歇业备案后，自主决定开展或者已实际开展经营活动的，应当于 30 日内在国家企业信用信息公示系统上公示终止歇业。"第七十条规定："市场主体未按照法律、行政法规规定的期限公示或者报送年度报告的，由登记机关列入经营异常名录，可以处 1 万元以下的罚款。"第七十四条规定："市场主体未按照本实施细则第四十二条规定公示终止歇业的，由登记机关责令改正；拒不改正的，处 3 万元以下的罚款。"

第一百六十一条规定了违规披露、不披露重要信息罪，①《最高人民检察院、公安部关于公安机关管辖的刑事案件立案追诉标准的规定（二）》中亦有相应规定。②

同时，需要注意的是，商事司法实践中，对债权人基于公司公示信息形成的合理信赖依法予以保护，即基于商事外观主义，公司对外披露的信息对于债权人具有可期待性、可信赖性，如果债权人依据公司披露的信息开展商业活动，即便登记公示的信息与实际情况不一致，债权人亦得基于对公司登记公示行为的信赖，主张法院优先保护据此形成的法律关系。

---

① 《刑法》第一百六十一条规定："依法负有信息披露义务的公司、企业向股东和社会公众提供虚假的或者隐瞒重要事实的财务会计报告，或者对依法应当披露的其他重要信息不按照规定披露，严重损害股东或者其他人利益，或者有其他严重情节的，对其直接负责的主管人员和其他直接责任人员，处五年以下有期徒刑或者拘役，并处或者单处罚金；情节特别严重的，处五年以上十年以下有期徒刑，并处罚金。前款规定的公司、企业的控股股东、实际控制人实施或者组织、指使实施前款行为的，或者隐瞒相关事项导致前款规定的情形发生的，依照前款的规定处罚。犯前款罪的控股股东、实际控制人是单位的，对单位判处罚金，并对其直接负责的主管人员和其他直接责任人员，依照第一款的规定处罚。"

② 《最高人民检察院、公安部关于公安机关管辖的刑事案件立案追诉标准的规定（二）》第六条规定："依法负有信息披露义务的公司、企业向股东和社会公众提供虚假的或者隐瞒重要事实的财务会计报告，或者对依法应当披露的其他重要信息不按照规定披露，涉嫌下列情形之一的，应予立案追诉：（一）造成股东、债权人或者其他人直接经济损失数额累计在一百万元以上的；（二）虚增或者虚减资产达到当期披露的资产总额百分之三十以上的；（三）虚增或者虚减营业收入达到当期披露的营业收入总额百分之三十以上的；（四）虚增或者虚减利润达到当期披露的利润总额百分之三十以上的；（五）未按照规定披露的重大诉讼、仲裁、担保、关联交易或者其他重大事项所涉的数额或者连续十二个月的累计数额达到最近一期披露的净资产百分之五十以上的；（六）致使不符合发行条件的公司、企业骗取发行核准或者注册并且上市交易的；（七）致使公司、企业发行的股票或者公司、企业债券、存托凭证或者国务院依法认定的其他证券被终止上市交易的；（八）在公司财务会计报告中将亏损披露为盈利，或者将盈利披露为亏损的；（九）多次提供虚假的或者隐瞒重要事实的财务会计报告，或者多次对依法应当披露的其他重要信息不按照规定披露的；（十）其他严重损害股东、债权人或者其他人利益，或者有其他严重情节的情形。"

【知前鉴·典型案例】

▶股东认缴出资未届期，却允许公司公示其已经实缴出资，则应以公示的出资日作为判断股东对债权人承担赔偿责任的应缴出资日进行计息。

来源：最高人民法院民事审判第二庭于 2023 年 1 月 19 日发布的 2022 年度全国法院十大商事案件之五

案例名：兴艺公司诉张某标等股东瑕疵出资纠纷案

案情：八源公司是于 2014 年 9 月 26 日登记成立的有限责任公司，其原公司章程规定，公司注册资本 50 万元，股东张某标、颜某纬、黄某林，分别认缴出资额 31 万元、10 万元、9 万元，均应于 2014 年 9 月 22 日前缴足。八源公司在国家企业信用信息公示系统公示的八源公司 2014 年度及 2015 年度报告均记载，公司注册资本 50 万元，各股东认缴的出资均已于 2014 年 9 月 22 日全部实缴。但八源公司银行账户流水显示：该公司基本账户于 1994 年 10 月收到 50 万元后，短短几日内就几乎被现金支取完毕，八源公司及各股东均未能解释现金支取原因及用途。2015 年 9 月 15 日，八源公司制定新章程规定，公司注册资本变更为 100 万元，张某标、颜某纬、黄某林分别认缴 62 万元、20 万元、18 万元，出资期限均至 2025 年 12 月 31 日届满。八源公司在国家企业信用信息公示系统公示的八源公司 2016 年度报告记载，张某标、颜某纬、黄某林分别认缴的上述出资，均已于 2015 年 5 月 18 日实缴。

2017 年 12 月 20 日，张某标将其股权分别转让与颜某纬、黄某林、任某强，同日，办理股权变更登记，四人在向工商行政管理机关填报的《自然人股东股权变更信息记录表》（非公示信息）中均确认，八源公司实收资本 0 元。

自 2018 年 1 月以来，以八源公司为被执行人的终结本次执行案件有多件。其于 2020 年 6 月 24 日被吊销营业执照。

八源公司欠付兴艺公司货款未偿还，兴艺公司起诉，请求判决八源公司偿还欠款及逾期利息；八源公司股东张某标、颜某纬、黄某林在未出资本息范围内承担补充赔偿责任，颜某纬、黄某林、任某强对张某标的责任承担连带清偿责任等。

二审法院判令八源公司向兴艺公司偿还欠款及利息，但驳回了兴艺公司的其他诉讼请求。再审法院审理认为公示年报信息是企业的法定义务，各股东对于八源公司在国家企业信用信息公示系统对外公示的实缴出资信息应当知晓而未依法提出异议，应当认定为其明知且认可年报信息。债权人对于公示信息形成的合理信赖依法应当予以保护，虽然八源公司新章程中约定的出资期限未届满，但兴艺公司主张应按八源公司在国家企业信用信息公示系统公示的实缴出资时间作为出资期限，依据充分。因此，张某标、颜某纬、黄某林各自应在未出资本息范围内对八源公司欠兴艺公司的债务承担补充赔偿责任，各股东未缴出资的利息起算点，应按八源公司对外公示的股东实缴出资时间确定。颜某纬、黄某林、任某强明知张某标未出资而受让其债权，应在各自受让股权占张某标出让股权的比例范围内对张某标的补充赔偿责任承担连带责任。再审判决遂对股东的责任方面进行了改判：对八源公司债务，判令张某标、黄某林、颜某纬分别在未出资本息范围内向兴艺公司承担补充赔偿责任，其中50%的利息自2014年9月22日起算，另外50%利息自2015年5月18日起算。对于张某标的补充赔偿责任，任某强、颜某纬、黄某林分别在对应份额内承担连带责任。如张某标、黄某林、颜某纬、任某强已因未履行出资义务而对八源公司的其他债务承担了补充赔偿责任的，应当予以扣减。

解析：本案中，股东未届出资期限、未实缴出资，却放纵公司在企业信用信息公示系统公示其已实缴出资，判决股东以其同意公示的实缴出资日期作为其应缴出资日期，在未出资本息范围内对公司不能清偿的债务承担补充赔偿责任，利息自公示的实缴出资日期起算，以此平衡交易相对人的信赖利益，强化企业信用约束，维护企业信用信息公示制度的公信力，保护并促进交易。本案判决的重大意义有两个方面：一是明确应以公示的出资日作为判断股东对债权人承担赔偿责任的应缴出资日，二是彰显了公司登记的重大意义。就股东出资义务而言，众所周知，是以股东设立公司或者加盟公司时的承诺为准，即认缴的出资额或者认购的股份。但是，本案中股东们通过工商登记系统将认缴的出资登记为已缴，即登记为出资已实缴，并通过公示系统对外彰显，产生了公示效力，与公司进行交易的第三方对该公示产生了合理信赖，应当予以保护。股东对公司债权人的责任应按公示的时间认定。本案法院的裁判准确地体现了这一点，特别值得赞赏。就公司登记而言，新修订《公司法》将公司登记专列一章，体现了对这一问题的高度重视。企业信用信息公示制度，是构建新型市场监管体制，强化信用监管，推动商事制度改革的基础性制度，其意义深远，也备受关注。本案中，股东未届出资期限、未实缴出资，却放纵公司在企业信用信息公示系统公示已经实缴出资，误导社会公众及交易相对方，因公司不能清偿到期债务，债权人请求股东在未出资本息范围内承担补充赔偿责任，法院判决股东以公示的实缴出资日期作为其应缴出资日期，在未出资本息范围内对公司不能清偿的债务承担补充赔偿责任。本案的法院裁判具有一定的开创性和规则意义，有利于司法审判与行政监管、社会监督形成合力，强化企业信用约束，营造公平、合理、可预期的营商环境，也将节省社会资源，极大提升社会管理效能。①

---

① 参见清华大学法学院教授、博士生导师朱慈蕴对本案的专家点评意见。

<table>
<tr><td colspan="2">**252-253** 公司发起人、股东虚假出资、抽逃出资的法律责任</td></tr>
</table>

【知往事·新旧对照】

2018 年《公司法》 （阴影部分为修改或删除的内容）	2023 年《公司法》 （黑体部分为修改或增加的内容）
第一百九十九条 公司的发起人、股东虚假出资，未交付或者未按期交付作为出资的货币或者非货币财产的，由公司登记机关责令改正，处以虚假出资金额百分之五以上百分之十五以下的罚款。	第二百五十二条 公司的发起人、股东虚假出资，未交付或者未按期交付作为出资的货币或者非货币财产的，由公司登记机关责令改正，**可以处以五万元以上二十万元以下的罚款；情节严重的，**处以虚假出资**或者未出资**金额百分之五以上百分之十五以下的罚款；**对直接负责的主管人员和其他直接责任人员处以一万元以上十万元以下的罚款。**
第二百条 公司的发起人、股东在公司成立后，抽逃其出资的，由公司登记机关责令改正，处以所抽逃出资金额百分之五以上百分之十五以下的罚款。	第二百五十三条 公司的发起人、股东在公司成立后，抽逃其出资的，由公司登记机关责令改正，处以所抽逃出资金额百分之五以上百分之十五以下的罚款；**对直接负责的主管人员和其他直接责任人员处以三万元以上三十万元以下的罚款。**

【知来者·条文释义】

新修订的《公司法》第二百五十二条调整了公司发起人、股东虚假出资、瑕疵出资的行政责任，新增直接负责的主管人员和其他直接责任人员的行政责任。此前《公司法》对于虚假出资的罚款数额统一以虚假出资金额比例确定，即处以虚假出资金额 5% 以上 15% 以下的罚款。新修订的《公司法》对虚假出资的法律责任进行了梯度设计，加入了对虚假出资情节的考量，由此进一步实现过罚相当的责任配置原则。

《公司法》第二百五十三条新增公司发起人、股东抽逃出资时直接负责的主管人员和其他直接责任人员的行政责任。抽逃出资是指在公司成立或验资后，股东将其已经转移到公司名下的出资财产暗中抽回，且仍保留股东身份和原有出资数额的欺诈行为，这一过程通常会出现其他股东、董事、高级管理人员或者实际控制人协助股东抽逃出资的情况。《最高人民法院关于适用〈中华人民共和国公司法〉若干问题的规定（三）》[以下简称《公司法解释（三）》]明确规定了协助抽逃出资的其他股东、董事、高级管理人员或者实际控制人的连带责任，[①]旨在提升抽逃出资行为的违法成本。新修订的《公司法》第二百五十三条则进一步明确直接负责的主管人员和其他直接责任人员的法律责任，完善抽逃出资法律责任体系。

【知践行·适用指引】

资本是公司成立的基本条件，是公司进行经营活动的基本物质条件，是奠定公司基本偿债能力、保障债权人利益和交易安全的重要保障。公司的发起人、股东无论是虚假出资，未交付或者未按期交付作为出资的货币或者非货币财产，还是在公司成立后抽逃其出资，都是违反公司资本确定、资本维持、资本不变原则，严重损害其他股东、公司债权人、交易对手利益的行为。实践中，虚假出资是公司发起人、股东并未交付货币、实物或者未转移财产所有权，而与代收股款的银行串通，由银行出具虚假收款证明，或者与资产评估机构、验资机构串通，出具虚假的

---

① 《公司法解释（三）》第十四条规定："股东抽逃出资，公司或者其他股东请求其向公司返还出资本息、协助抽逃出资的其他股东、董事、高级管理人员或者实际控制人对此承担连带责任的，人民法院应予支持。公司债权人请求抽逃出资的股东在抽逃出资本息范围内对公司债务不能清偿的部分承担补充赔偿责任、协助抽逃出资的其他股东、董事、高级管理人员或者实际控制人对此承担连带责任的，人民法院应予支持；抽逃出资的股东已经承担上述责任，其他债权人提出相同请求的，人民法院不予支持。"

财产所有权转移证明、出资证明，骗取公司登记的行为；抽逃出资是指在公司验资注册后，股东将所缴出资暗中撤回，却仍保留股东身份和原有出资数额的一种欺诈行为。根据《公司法解释（三）》第十二条之规定，抽逃出资包括公司成立后，相关股东制作虚假财务会计报表虚增利润进行分配、通过虚构债权债务关系将其出资转出、利用关联交易将出资转出以及其他未经法定程序将出资抽回，损害公司权益的行为。二者的区别在于虚假出资可能发生在公司成立之前，也可能发生在公司成立之后（增资扩股情况），而抽逃出资只可能发生在公司成立之后。两种行为的危害性相似，都可能构成犯罪，无论是在《刑法》上，还是在《市场主体登记管理条例》中，都是在同一条款中进行规定。①

如果说，出资不实上升到虚假出资，必须考虑主观故意，那么，判断虚假出资究竟是行政违法，还是构成刑事犯罪，则要考虑严重程度

---

① 《刑法》第一百五十九条规定了虚假出资、抽逃出资罪："公司发起人、股东违反公司法的规定未交付货币、实物或者未转移财产权，虚假出资，或者在公司成立后又抽逃其出资，数额巨大、后果严重或者有其他严重情节的，处五年以下有期徒刑或者拘役，并处或者单处虚假出资金额或者抽逃出资金额百分之二以上百分之十以下罚金。单位犯前款罪的，对单位判处罚金，并对其直接负责的主管人员和其他直接责任人员，处五年以下有期徒刑或者拘役。"《市场主体登记管理条例》第四十五条规定："实行注册资本实缴登记制的市场主体虚报注册资本取得市场主体登记的，由登记机关责令改正，处虚报注册资本金额 5% 以上 15% 以下的罚款；情节严重的，吊销营业执照。实行注册资本实缴登记制的市场主体的发起人、股东虚假出资，未交付或者未按期交付作为出资的货币或者非货币财产的，或者在市场主体成立后抽逃出资的，由登记机关责令改正，处虚假出资金额 5% 以上 15% 以下的罚款。"

问题。①

值得注意的是，《公司法》第二百五十条虚报注册资本与本条虚假出资，以及《刑法》第一百五十八条虚报注册资本罪与第一百五十九条虚假出资罪的区别。一般认为，虚报注册资本和虚假出资同属于妨害公司管理秩序的行为，二者均违反资本充实原则。不同之处在于，虚报注册资本侵犯工商行政管理登记制度，是公司整体行为，具有对外欺骗性，欺骗对象指向公司之外的登记管理部门，使潜在债权人的利益受到威胁。虚假出资侵犯公司出资制度，是公司发起人、股东的个人行为，具有对内欺骗性，即必须是部分发起人、股东对公司其他发起人、股东的欺骗，不仅将潜在债权人的利益置于危险之中，同时还侵犯了公司其他股东的实际利益。

此外，虚假出资和抽逃出资的行为，当然应当承担相应民事责任，比如新修订《公司法》第五十条至第五十三条的相应规定。

【知前鉴·典型案例】

▶抽逃出资后转让股权的，应追加为被执行人。

案号：（2023）最高法民申 383 号

案例名：王某钊、王某保与某建筑公司、张某军、某置业公司追加、

---

① 《最高人民检察院、公安部关于公安机关管辖的刑事案件立案追诉标准的规定（二）》第四条规定："公司发起人、股东违反公司法的规定未交付货币、实物或者未转移财产权，虚假出资，或者在公司成立后又抽逃其出资，涉嫌下列情形之一的，应予立案追诉：（一）法定注册资本最低限额在六百万元以下，虚假出资、抽逃出资数额占其应缴出资数额百分之六十以上的；（二）法定注册资本最低限额超过六百万元，虚假出资、抽逃出资数额占其应缴出资数额百分之三十以上的；（三）造成公司、股东、债权人的直接经济损失累计数额在五十万元以上的；（四）虽未达到上述数额标准，但具有下列情形之一的：1. 致使公司资不抵债或者无法正常经营的；2. 公司发起人、股东合谋虚假出资、抽逃出资的；3. 二年内因虚假出资、抽逃出资受过二次以上行政处罚，又虚假出资、抽逃出资的；4. 利用虚假出资、抽逃出资所得资金进行违法活动的。（五）其他后果严重或者有其他严重情节的情形。本条只适用于依法实行注册资本实缴登记制的公司。"

变更被执行人异议之诉再审案

案情： 王某钊、王某保以其二人在 2006 年转让某置业公司股权时已经不是股东，至 2019 年某置业公司才成为被执行人为由，对追加其二人为被执行人的判决申请再审。最高人民法院经审查认为，根据《公司法解释（三）》第十四条、第十八条等规定精神，股东转让股权后，仍应承担未履行或者未全面履行出资义务的责任，王某钊、王某保并未提交证据证明其在转让股权前已经返还了抽逃的出资，对其有关注册资本已由受让人补足的主张亦未提供相应证据证明，王某钊、王某保仍应对其未依法履行出资义务的行为承担责任。王某钊、王某保作为公司股东，抽逃出资后转让股权，符合《最高人民法院关于民事执行中变更、追加当事人若干问题的规定》第十八条、第十九条规定的应追加为被执行人的情形，裁定驳回二人的再审申请。

解析： 股东的出资构成有限责任公司成立时的全部法人财产，也是公司对外承担债务清偿责任的保证。股东抽逃出资实际上是股东转移公司资产却未支付公平、合理对价的行为，必然对公司偿债能力造成损害。股东转让股权后，仍应承担未履行或者未全面履行出资义务的责任。

254　另立会计账簿及提供虚假财会报告的法律责任

【知往事·新旧对照】

2018 年《公司法》 （阴影部分为修改或删除的内容）	2023 年《公司法》 （黑体部分为修改或增加的内容）
第二百零一条　公司违反本法规定，在法定的会计账簿以外另立会计账簿的，由县级以上人民政府财政部门责令改正，处以五万元以上五十万元以下的罚款。 　　**第二百零二条**　公司在依法向有关主管部门提供的财务会计报告等材料上作虚假记载或者隐瞒重要事实的，由有关主管部门对直接负责的主管人员和其他直接责任人员处以三万元以上三十万元以下的罚款。 　　**第二百零三条**　公司不依照本法规定提取法定公积金的，由县级以上人民政府财政部门责令如数补足应当提取的金额，可以对公司处以二十万元以下的罚款。	**第二百五十四条**　有下列行为之一的，由县级以上人民政府财政部门**依照《中华人民共和国会计法》等法律、行政法规的规定处罚**： 　　（一）在法定的会计账簿以外另立会计账簿； 　　（二）提供**存在**虚假记载或者隐瞒重要事实的财务会计报告。

【知来者·条文释义】

　　新修订的《公司法》第二百五十四条整合了原《公司法》第二百零一条和第二百零二条两条规定，同时将处罚权交由县级以上人民政府财政部门，并允许其依照《会计法》等法律、行政法规的规定处罚，不再由《公司法》进行具体的责任设定，同时删除未依法提取法定公积金的行政责任。

【知践行·适用指引】

公司法中的财务会计制度是现代公司治理的核心，真实有效的会计账簿、财务会计报告是清晰界分股东财产和公司财产、奠定有限责任制度法理依据的重要基础。《公司法》对在法定的会计账簿以外另立会计账簿、提供存在虚假记载或者隐瞒重要事实的财务会计报告的行为进行规制，规定按照《会计法》等法律、行政法规的规定进行处罚。[①]此外，对于上市公司而言，还可能涉及《证券法》第一百九十七条之规定。同时，另立会计账簿、提供存在虚假记载或者隐瞒重要事实的财务会计报告的行为，还可能构成刑事责任，触犯《刑法》第一百六十一条规定的违规披露、不披露重要信息罪[②]及第一百六十二条之一隐匿、故意销毁会计凭证、会计账簿、财务会计报告罪。[③]

实践中，财务造假常常涉嫌偷逃税款。《税收征收管理法》第六十条、第六十三条、第六十四条对此进行规定。涉嫌犯罪的，还可能涉及《刑法》第二百零一条逃税罪。[④]

---

① 参见《会计法》第四十二条、第四十三条、第四十四条、第四十五条规定。

② 参见《刑法》第一百六十一条及《最高人民检察院、公安部关于公安机关管辖的刑事案件立案追诉标准的规定（二）》第六条。

③ 参见《刑法》第一百六十二条之一及《最高人民检察院、公安部关于公安机关管辖的刑事案件立案追诉标准的规定（二）》第八条。

④ 参见《刑法》第二百零一条及《最高人民检察院、公安部关于公安机关管辖的刑事案件立案追诉标准的规定（二）》第五十二条。

255-256 ► 公司合并、分立、减资或清算时不通知或者公告债权人及妨碍清算的法律责任

【知往事·新旧对照】

2018 年《公司法》 （阴影部分为修改或删除的内容）	2023 年《公司法》 （黑体部分为修改或增加的内容）
第二百零四条第一款 公司在合并、分立、减少注册资本或者进行清算时，不依照本法规定通知或者公告债权人的，由公司登记机关责令改正，对公司处以一万元以上十万元以下的罚款。	**第二百五十五条** 公司在合并、分立、减少注册资本或者进行清算时，不依照本法规定通知或者公告债权人的，由公司登记机关责令改正，对公司处以一万元以上十万元以下的罚款。
第二百零四条第二款 公司在进行清算时，隐匿财产，对资产负债表或者财产清单作虚假记载或者在未清偿债务前分配公司财产的，由公司登记机关责令改正，对公司处以隐匿财产或者未清偿债务前分配公司财产金额百分之五以上百分之十以下的罚款；对直接负责的主管人员和其他直接责任人员处以一万元以上十万元以下的罚款。	**第二百五十六条** 公司在进行清算时，隐匿财产，对资产负债表或者财产清单作虚假记载，或者在未清偿债务前分配公司财产的，由公司登记机关责令改正，对公司处以隐匿财产或者未清偿债务前分配公司财产金额百分之五以上百分之十以下的罚款；对直接负责的主管人员和其他直接责任人员处以一万元以上十万元以下的罚款。
第二百零五条 公司在清算期间开展与清算无关的经营活动的，由公司登记机关予以警告，没收违法所得。 **第二百零六条** 清算组不依照本法规定向公司登记机关报送清算报告，或者报送清算报告隐瞒重要事实或者有重大遗漏的，由公司登记机关责令改正。 清算组成员利用职权徇私舞弊、谋取非法收入或者侵占公司财产的，由公司登记机关责令退还公司财产，没收违法所得，并可以处以违法所得一倍以上五倍以下的罚款。	

【知来者·条文释义】

新修订的《公司法》第二百五十五条、第二百五十六条由 2018 年《公司法》第二百零四条两款拆分，系关于公司在合并、分立、减少注册资本或者进行清算时的违规行为及相应处罚的规定，立法目的在于规范公司的合并、分立、减少注册资本或者清算行为，保护债权人的合法权益，维护市场秩序和公平竞争。此外，删除公司在清算期间开展与清算无关的经营活动，清算组违反报告义务以及清算组成员违反忠实义务的行政责任。

【知践行·适用指引】

公司在合并、分立、减资、清算时，不依法通知或者公告债权人，或者在进行清算时，隐匿财产，对资产负债表或者财产清单作虚假记载，或者在未清偿债务前分配公司财产的，都是损害债权人利益、破坏市场秩序的行为。

《公司法》对合并、分立、减资、清算时依法通知或者公告债权人均进行了明确规定。[①] 同时，从民事责任的角度看，若公司未按规定通知、公告，或者既不清偿债务，又不提供相应担保，或者在清算程序中不进行债权登记，债权人有权要求权利义务承继主体承担相应责任，在减资的情况下，亦认为减资对未被通知的特定债权人不生效，债权人仍可按照减资前的注册资本向公司或股东依法主张权利。债权人也可以就相应损失向公司相关责任主体，比如股东、实际控制人、董事、监事、高级管理人员、清算组成员等，追究侵权责任。公司进行清算时，隐匿财产，对资产负债表或者财产清单作虚假记载，或者在未清偿债务前分配公司财产的，需按照本条承担相应责任，这种情况下，债权人还

---

① 参见《公司法》第二百二十条、第二百二十二条、第二百二十四条、第二百三十五条、第二百五十五条之规定。

可以要求清算义务人和清算组成员承担侵权责任。同时，这种情况也极有可能构成刑事犯罪，[①]《刑法》第一百六十二条规定了妨害清算罪。实践中，公司清算过程还可能涉及《刑法》第一百六十二条之一规定的隐匿、故意销毁会计凭证、会计账簿、财务会计报告罪[②]及《刑法》第一百六十二条之二规定的虚假破产罪。[③]

---

① 参见《刑法》第一百六十二条及《最高人民检察院、公安部关于公安机关管辖的刑事案件立案追诉标准的规定（二）》第七条。

② 参见《刑法》第一百六十二条之一及《最高人民检察院、公安部关于公安机关管辖的刑事案件立案追诉标准的规定（二）》第八条。

③ 参见《刑法》第一百六十二条之二及《最高人民检察院、公安部关于公安机关管辖的刑事案件立案追诉标准的规定（二）》第九条。

257 资产评估、验资或者验证机构的法律责任

【知往事·新旧对照】

2018 年《公司法》 （阴影部分为修改或删除的内容）	2023 年《公司法》 （黑体部分为修改或增加的内容）
第二百零七条　承担资产评估、验资或者验证的机构提供虚假材料的，由公司登记机关没收违法所得，处以违法所得一倍以上五倍以下的罚款，并可以由有关主管部门依法责令该机构停业、吊销直接责任人员的资格证书，吊销营业执照。 承担资产评估、验资或者验证的机构因过失提供有重大遗漏的报告的，由公司登记机关责令改正，情节较重的，处以所得收入一倍以上五倍以下的罚款，并可以由有关主管部门依法责令该机构停业、吊销直接责任人员的资格证书，吊销营业执照。 承担资产评估、验资或者验证的机构因其出具的评估结果、验资或者验证证明不实，给公司债权人造成损失的，除能够证明自己没有过错的外，在其评估或者证明不实的金额范围内承担赔偿责任。	第二百五十七条　承担资产评估、验资或者验证的机构提供虚假材料**或者提供有重大遗漏的报告的，由有关部门依照《中华人民共和国资产评估法》、《中华人民共和国注册会计师法》等法律、行政法规的规定处罚。** 承担资产评估、验资或者验证的机构因其出具的评估结果、验资或者验证证明不实，给公司债权人造成损失的，除能够证明自己没有过错的外，在其评估或者证明不实的金额范围内承担赔偿责任。

【知来者·条文释义】

新修订的《公司法》第二百五十七条第一款关于承担资产评估、验资或者验证的机构提供虚假材料或者有重大遗漏报告的法律责任规定

系对 2018 年《公司法》第二百零七条第一款和第二款进行整合，不再具体规定资产评估、验资或者验证的机构提供虚假材料或者提供有重大遗漏报告的法律责任，而是交由有关部门依照《资产评估法》《注册会计师法》等法律、行政法规的规定处罚。

【知践行·适用指引】

实践中，承担资产评估、验资或者验证的机构，主要是指依法接受委托，对被审验单位注册资本的实收情况或注册资本及实收资本的变更情况进行审验并出具验资报告的会计师事务所，以及根据委托对不动产、动产、无形资产、企业价值、资产损失或者其他经济权益进行评定、估算，并出具评估报告的资产评估机构。根据《中国注册会计师审计准则第 1602 号——验资》第三条之规定，验资分为设立验资和变更验资。设立验资是对公司申请设立登记时的注册资本实收情况进行的审验；变更验资是对公司申请变更登记时的注册资本及实收资本的变更情况进行的审验。实践中，公司设立、合并、分立、增资、减资等情况，涉及实缴注册资本的，都可能需要验资。设立验资的审验范围一般限于与公司注册资本实收情况有关的事项，包括出资者、出资币种、出资金额、出资时间、出资方式和出资比例等。增加注册资本及实收资本时，审验范围包括与增资相关的出资者、出资币种、出资金额、出资时间、出资方式、出资比例和相关会计处理，以及增资后的出资者、出资金额和出资比例等。减少注册资本及实收资本时，审验范围包括与减资相关的减资者、减资币种、减资金额、减资时间、减资方式、债务清偿或债务担保情况、相关会计处理，以及减资后的出资者、出资金额和出资比例等。

对作为出资的非货币财产应当评估作价，核实财产，不得高估或者低估作价，即需要进行资产评估。实践中，对于认缴出资的非货币财产，作价评估的时间点既不是公司设立时，也不是出资期限届至时，而应当在非货币财产出资实际缴纳时进行评估，评估结果即为非货币财产出资价额。此外，根据《国有资产评估管理办法》第三条，国有资产占有单位有下列情形之一的，应当进行资产评估：资产拍卖、转让；企业兼并、出售、联营、股份经营；与外国公司、企业和其他经济组织或者个人开办外商投资企业；企业清算；依照国家有关规定需要进行资产评估的其他情形。资产评估应当根据评估目的、评估对象、价值类型、资料收集等情况，分析市场法、收益法和成本法三种资产评估基本方法的适用性，选择评估方法。

对于资产评估机构、会计师事务所提供虚假材料或者提供有重大遗漏的报告的，新修订的《公司法》规定由有关机关按照《资产评估法》《注册会计师法》等法律、行政法规的规定处罚。①

从刑事责任的角度看，《刑法》第二百二十九条规定了提供虚假证明文件罪。②

《公司法》第二百五十七条对于民事责任也作了明确规定，即承担资产评估、验资或者验证的机构因其出具的评估结果、验资或者验证证明不实，给公司债权人造成损失的，除能够证明自己没有过错的外，在其评估或者证明不实的金额范围内承担赔偿责任。这既明确了承担责任的过错责任标准，也为赔偿责任的范围提供了相对明确的标准。对于过错的厘定，可以参考《最高人民法院关于审理涉及会计师事务所在审计业务活动中民事侵权赔偿案件的若干规定》中的相关规定，比如，第七条规定，会计师事务所能够证明存在以下情形之一的，不承担民事赔偿责任：已经遵守执业准则、规则确定的工作程序并保持必要的职业谨慎，但仍未能发现被审计的会计资料错误；审计业务所必须依赖的金融机构等单位提供虚假或者不实的证明文件，会计师事务所在保持必要的职业谨慎下仍未能发现其虚假或者不实；已对被审计单位的舞弊迹象提

---

① 参见《资产评估法》第四十五条、第四十七条、第四十八条、第四十九条、第五十条，《国有资产评估管理办法》第三十二条之规定及《注册会计师法》第二十条、第二十一条、第三十九条之规定。

② 参见《刑法》第二百二十九条第一款（提供虚假证明文件罪）、第二款（出具证明文件重大失实罪）及《最高人民检察院、公安部关于公安机关管辖的刑事案件立案追诉标准的规定（二）》第七十三条。

出警告并在审计业务报告中予以指明；已经遵照验资程序进行审核并出具报告，但被验资单位在注册登记后抽逃资金；为登记时未出资或者未足额出资的出资人出具不实报告，但出资人在登记后已补足出资。

258 公司登记机关违法登记的法律责任

【知往事·新旧对照】

2018 年《公司法》 （阴影部分为修改或删除的内容）	2023 年《公司法》 （黑体部分为修改或增加的内容）
第二百零八条　公司登记机关对不符合本法规定条件的登记申请予以登记，或者对符合本法规定条件的登记申请不予登记的，对直接负责的主管人员和其他直接责任人员，依法给予行政处分。 第二百零九条　公司登记机关的上级部门强令公司登记机关对不符合本法规定条件的登记申请予以登记，或者对符合本法规定条件的登记申请不予登记的，或者对违法登记进行包庇的，对直接负责的主管人员和其他直接责任人员依法给予行政处分。	第二百五十八条　公司登记机关违反法律、行政法规规定未履行职责或者履行职责不当的，对负有责任的领导人员和直接责任人员依法给予政务处分。

【知来者·条文释义】

新修订的《公司法》第二百五十八条规定公司登记机关违法登记行为的法律责任，将 2018 年《公司法》的违法登记行为改为"违反法律、行政法规规定未履行职责或者履行职责不当的"，概括式地规定了公司登记机关大部分的违法行为方式，并作了个别文字表述的调整。《公司法》第四十一条要求公司登记机关优化登记流程，提高登记效率和便利化水平，本条正是对于第四十一条落实的重要保障。

【知践行·适用指引】

公司登记机关违反法律、行政法规规定未履行职责或者履行职责不当，包括但不限于：公司登记机关对不符合《公司法》规定条件的登记申请予以登记，对符合《公司法》规定条件的登记申请不予登记，公司登记机关的上级部门强令公司登记机关对不符合《公司法》规定条件的登记申请予以登记，对符合《公司法》规定条件的登记申请不予登记，对违法登记进行包庇的行为等。

根据《市场主体登记管理条例》规定，国务院市场监督管理部门主管全国公司登记管理工作。县级以上地方人民政府市场监督管理部门主管本辖区公司登记管理工作，加强统筹指导和监督管理。登记机关及其工作人员违反该条例规定未履行职责或者履行职责不当的，对直接负责的主管人员和其他直接责任人员依法给予处分。违反该条例规定，构成犯罪的，依法追究刑事责任。根据《市场主体登记管理条例实施细则》第四条之规定，省级以上人民政府或者其授权的国有资产监督管理机构履行出资人职责的公司，以及该公司投资设立并持有 50% 以上股权或者股份的公司的登记管理由省级登记机关负责；股份有限公司的登记管理由地市级以上地方登记机关负责。外商投资企业的登记管理由国家市场监督管理总局或者其授权的地方市场监督管理部门负责。申请材料齐全、符合法定形式的，登记机关予以确认，并当场登记，出具登记通知书，及时制发营业执照。不予当场登记的，登记机关应当向申请人出具接收申请材料凭证，并在 3 个工作日内对申请材料进行审查；情形复杂的，经登记机关负责人批准，可以延长 3 个工作日，并书面告知申请人。公司登记申请不符合法律、行政法规或者国务院决定的规定，或者可能危害国家安全、社会公共利益的，登记机关不予登记，并出具不予登记通知书。

公司登记机关违反法律、行政法规规定未履行职责或者履行职责不当，对负有责任的领导人员和直接责任人员依法给予政务处分。

负有责任的领导人员和直接责任人员还可能因渎职触犯《刑法》第四百零三条滥用管理公司职权罪。[①] 足见公司登记绝非小事，权力行使应当谨守法律红线、法治底线。

---

① 参见《刑法》第四百零三条及《最高人民检察院关于渎职侵权犯罪案件立案标准的规定》相应规定。

259 ▶ 冒用公司名义的法律责任

【知往事·新旧对照】

2018 年《公司法》 （阴影部分为修改或删除的内容）	2023 年《公司法》 （黑体部分为修改或增加的内容）
第二百一十条　未依法登记为有限责任公司或者股份有限公司，而冒用有限责任公司或者股份有限公司名义的，或者未依法登记为有限责任公司或者股份有限公司的分公司，而冒用有限责任公司或者股份有限公司的分公司名义的，由公司登记机关责令改正或者予以取缔，可以并处十万元以下的罚款。	第二百五十九条　未依法登记为有限责任公司或者股份有限公司，而冒用有限责任公司或者股份有限公司名义的，或者未依法登记为有限责任公司或者股份有限公司的分公司，而冒用有限责任公司或者股份有限公司的分公司名义的，由公司登记机关责令改正或者予以取缔，可以并处十万元以下的罚款。

【知来者·条文释义】

新修订的《公司法》第二百五十九条未作修改，系冒用有限责任公司或股份有限公司及其分公司名义的法律责任，旨在保护公众和投资者的利益，规范市场主体行为，维护市场秩序和公平竞争并有效打击违法行为。

【知践行·适用指引】

有限责任公司和股份有限公司是经市场监督管理部门登记设立，在法律上具有独立人格和独立财产，对其债务承担独立责任，在登记的经营范围内从事商业活动的主体。冒用有限责任公司和股份有限公司及其分公司名义对外从事商事活动，是对交易相对方的欺骗，也是对市场监督管理秩序的破坏，《市场主体登记管理条例》及实施细则均对公司登记进行了规定。① 对于冒用公司名义的行为，新修订的《公司法》明确由公司登记机关责令改正或者予以取缔，同时可以并处 10 万元以下的罚款。需注意，在这种情况下，双方从事的民事法律行为并不必然无效，一般认为，法律义务由行为人承担，相对方可以欺诈为由主张撤销合同。

值得注意的是，本条规定的情形，应当理解为主要是自然人捏造公司或者分公司名义进行交易活动。如果系自然人冒用他人已登记注册的公司名义从事交易活动，从民事上看，可能还侵害了其他法人的名称权，应当承担侵权责任；可能违反《反不正当竞争法》第六条第二项关于经营者不得擅自使用他人有一定影响的企业名称之规定，并应按照该

---

① 《市场主体登记管理条例》第三条规定："市场主体应当依照本条例办理登记。未经登记，不得以市场主体名义从事经营活动。法律、行政法规规定无需办理登记的除外。市场主体登记包括设立登记、变更登记和注销登记。"第四十三条规定："未经设立登记从事经营活动的，由登记机关责令改正，没收违法所得；拒不改正的，处 1 万元以上 10 万元以下的罚款；情节严重的，依法责令关闭停业，并处 10 万元以上 50 万元以下的罚款。"《市场主体登记管理条例实施细则》第六十八条规定："未经设立登记从事一般经营活动的，由登记机关责令改正，没收违法所得；拒不改正的，处 1 万元以上 10 万元以下的罚款；情节严重的，依法责令关闭停业，并处 10 万元以上 50 万元以下的罚款。"第六十九条规定："未经设立登记从事许可经营活动或者未依法取得许可从事经营活动的，由法律、法规或者国务院决定规定的部门予以查处；法律、法规或者国务院决定没有规定或者规定不明确的，由省、自治区、直辖市人民政府确定的部门予以查处。"

法第十七条、第十八条承担相应责任。①这种情况下，若以非法占有为目的，骗取他人财物，数额较大的，还可能构成诈骗罪或者合同诈骗罪。

---

① 《反不正当竞争法》第六条规定："经营者不得实施下列混淆行为，引人误认为是他人商品或者与他人存在特定联系：（一）擅自使用与他人有一定影响的商品名称、包装、装潢等相同或者近似的标识；（二）擅自使用他人有一定影响的企业名称（包括简称、字号等）、社会组织名称（包括简称等）、姓名（包括笔名、艺名、译名等）；（三）擅自使用他人有一定影响的域名主体部分、网站名称、网页等；（四）其他足以引人误认为是他人商品或者与他人存在特定联系的混淆行为。"第十七条规定："经营者违反本法规定，给他人造成损害的，应当依法承担民事责任。经营者的合法权益受到不正当竞争行为损害的，可以向人民法院提起诉讼。因不正当竞争行为受到损害的经营者的赔偿数额，按照其因被侵权所受到的实际损失确定；实际损失难以计算的，按照侵权人因侵权所获得的利益确定。经营者恶意实施侵犯商业秘密行为，情节严重的，可以在按照上述方法确定数额的一倍以上五倍以下确定赔偿数额。赔偿数额还应当包括经营者为制止侵权行为所支付的合理开支。经营者违反本法第六条、第九条规定，权利人因被侵权所受到的实际损失、侵权人因侵权所获得的利益难以确定的，由人民法院根据侵权行为的情节判决给予权利人五百万元以下的赔偿。"第十八条规定："经营者违反本法第六条规定实施混淆行为的，由监督检查部门责令停止违法行为，没收违法商品。违法经营额五万元以上的，可以并处违法经营额五倍以下的罚款；没有违法经营额或者违法经营额不足五万元的，可以并处二十五万元以下的罚款。情节严重的，吊销营业执照。经营者登记的企业名称违反本法第六条规定的，应当及时办理名称变更登记；名称变更前，由原企业登记机关以统一社会信用代码代替其名称。"

260 公司逾期未开业、停业连续六个月以上或者不依法办理变更登记的法律责任

【知往事·新旧对照】

2018 年《公司法》 （阴影部分为修改或删除的内容）	2023 年《公司法》 （黑体部分为修改或增加的内容）
第二百一十一条　公司成立后无正当理由超过六个月未开业的，或者开业后自行停业连续六个月以上的，可以由公司登记机关吊销营业执照。 公司登记事项发生变更时，未依照本法规定办理有关变更登记的，由公司登记机关责令限期登记；逾期不登记的，处以一万元以上十万元以下的罚款。	第二百六十条　公司成立后无正当理由超过六个月未开业的，或者开业后自行停业连续六个月以上的，公司登记机关可以吊销营业执照，**但公司依法办理歇业的除外**。 公司登记事项发生变更时，未依照本法规定办理有关变更登记的，由公司登记机关责令限期登记；逾期不登记的，处以一万元以上十万元以下的罚款。

【知来者·条文释义】

新修订的《公司法》第二百六十条新增依法办理歇业为逾期开业、停业行政责任的例外。

【知践行·适用指引】

本条分两款，第一款对公司成立后无正当理由超过 6 个月未开业的，或者开业后自行停业连续 6 个月以上的情况进行规制，第二款对公司登记事项发生变更时，未依照《公司法》规定办理有关变更登记的情况进行规制。

对于公司成立后无正当理由超过 6 个月未开业的，或者开业后自

行停业连续 6 个月以上的情况，实践中认为系"僵尸企业"。这些"僵尸企业"的存在挤占了社会资源，增加了行政成本，导致经济数据失真，给政府科学决策造成了困难，为此，新修订的《公司法》第二百六十条、第二百四十一条对吊销营业执照进行了专门规定。需要注意的是，如何认定公司未开业以及长期停业。实践中可参考 2016 年《工商总局、税务总局关于清理长期停业未经营企业工作有关问题的通知》之规定进行认定，即公司连续两年未报送年度报告；公司登记机关在其登记的住所或经营场所无法与其取得联系；连续两年未报税、未按规定缴纳社会保险、银行基本账户半年内未有资金流动记录等。另外，新修订的《公司法》引入歇业制度作为排除本条行政处罚的例外条件。《市场主体登记管理条例》第三十条规定了歇业制度，①《市场主体登记管理条例实施细则》进一步作了细化规定。②

对公司登记事项发生变更时，未依照《公司法》规定办理有关变更登记、扰乱公司登记管理和市场监督管理秩序的情况，《市场主体登记管理条例》也进行了具体规定。③对于公司备案事项，即根据《市场主体登记管理条例》第二十九条之规定进行处理。

---

① 《市场主体登记管理条例》第三十条规定："因自然灾害、事故灾难、公共卫生事件、社会安全事件等原因造成经营困难的，市场主体可以自主决定在一定时期内歇业。法律、行政法规另有规定的除外。市场主体应当在歇业前与职工依法协商劳动关系处理等有关事项。市场主体应当在歇业前向登记机关办理备案。登记机关通过国家企业信用信息公示系统向社会公示歇业期限、法律文书送达地址等信息。市场主体歇业的期限最长不得超过 3 年。市场主体在歇业期间开展经营活动的，视为恢复营业，市场主体应当通过国家企业信用信息公示系统向社会公示。市场主体歇业期间，可以以法律文书送达地址代替住所或者主要经营场所。"
② 参见《市场主体登记管理条例实施细则》第六章歇业部分。
③ 参见《市场主体登记管理条例》第二十四条、第二十五条、第二十六条、第二十七条、第四十六条。

261 外国公司擅自在中国境内设立分支机构的法律责任

【知往事·新旧对照】

2018 年《公司法》 （阴影部分为修改或删除的内容）	2023 年《公司法》 （黑体部分为修改或增加的内容）
第二百一十二条　外国公司违反本法规定，擅自在中国境内设立分支机构的，由公司登记机关责令改正或者关闭，可以并处五万元以上二十万元以下的罚款。	第二百六十一条　外国公司违反本法规定，擅自在**中华人民共和国**境内设立分支机构的，由公司登记机关责令改正或者关闭，可以并处五万元以上二十万元以下的罚款。

【知来者·条文释义】

新修订的《公司法》第二百六十一条仅作了个别文字表述的调整，未发生实质变动，该条规定了外国公司擅自在中国境内设立分支机构的法律责任。

【知践行·适用指引】

《公司法》第二百四十四条规定，外国公司在中华人民共和国境内设立分支机构，应当向中国主管机关提出申请，并提交其公司章程、所属国的公司登记证书等有关文件，经批准后，向公司登记机关依法办理登记，领取营业执照。《市场主体登记管理条例》第二条亦规定，外国公司分支机构属于在中华人民共和国境内以营利为目的从事经营活动的市场主体。第三条规定，市场主体应当依照本条例办理登记。未经登记，不得以市场主体名义从事经营活动。故《公司法》第二百六十一条对外国公司违反《公司法》规定擅自在中华人民共和国境内设立分支机构的情形作出规定。需注意，《市场主体登记管理条例》第四十三条规定，未经设立登记从事经营活动的，由登记机关责令改正，没收违法所得；拒不改正的，处 1 万元以上 10 万元以下的罚款；情节严重的，依法责令关闭停业，并处 10 万元以上 50 万元以下的罚款。该条规定系市场主体未经设立登记从事经营活动的一般规定。相比之下，《公司法》第二百四十四条之规定既是上位法，也是特殊规定，应当优先予以适用。另外，外国公司分支机构实质上系外国公司之内部机构，相应的行政责任应由其所属的外国公司承担。

262 利用公司名义从事严重违法行为的法律责任

【知往事·新旧对照】

2018 年《公司法》 （阴影部分为修改或删除的内容）	2023 年《公司法》 （黑体部分为修改或增加的内容）
第二百一十三条 利用公司名义从事危害国家安全、社会公共利益的严重违法行为的，吊销营业执照。	第二百六十二条 利用公司名义从事危害国家安全、社会公共利益的严重违法行为的，吊销营业执照。

【知来者·条文释义】

新修订的《公司法》第二百六十二条条文内容无变化，规定了利用公司名义从事危害国家安全、社会公共利益的严重违法行为的法律责任。

【知践行·适用指引】

国家安全和社会公共利益，是最基本的法律价值，任何民事主体均不得实施危害国家安全和社会公共利益的行为。[1] 如果利用公司名义从事危害国家安全、社会公共利益的严重违法行为，该行为若为法律行为，本身即为无效。而对于从事这一行为的公司，《公司法》第二百六十二条规定应吊销营业执照。

---

① 参见《民法典》第一百三十二条、第一百五十三条，《最高人民法院关于适用〈中华人民共和国民法典〉合同编通则若干问题的解释》第十七条等。

　　《市场主体登记管理条例》及实施细则在公司设立登记阶段即对国家安全、社会公共利益进行审查保护。[①] 通常认为，《公司法》第二百六十二条的规定也是针对不法分子利用公司的掩护作用、从事非法活动的现象而作出的规定。这些不法分子成立公司并非为了从事正常市场经济活动，而是想利用公司外壳进行危害国家安全、社会公共利益的活动，逃避有关部门的监管和法律的制裁，例如黑社会组织成立公司洗钱等。对待这样的公司应当吊销其营业执照，对从事犯罪活动的，应依法追究刑事责任。实践中，利用公司名义从事危害国家安全、社会公共利益的违法犯罪行为可能有两种情况。一种认定为单位犯罪，另一种则认定为系个人为进行违法犯罪活动而设立公司，不以单位犯罪论处，直接以自然人犯罪追究责任。[②]

---

　　① 《市场主体登记管理条例》第二十条规定："登记申请不符合法律、行政法规规定，或者可能危害国家安全、社会公共利益的，登记机关不予登记并说明理由。"《市场主体登记管理条例实施细则》第七十六条规定："利用市场主体登记，牟取非法利益，扰乱市场秩序，危害国家安全、社会公共利益的，法律、行政法规有规定的，依照其规定；法律、行政法规没有规定的，由登记机关处 10 万元以下的罚款。"

　　② 比如，最高人民法院、最高人民检察院、公安部于 2019 年联合印发的《关于办理非法集资刑事案件若干问题的意见》中规定："二、关于单位犯罪的认定问题：单位实施非法集资犯罪活动，全部或者大部分违法所得归单位所有的，应当认定为单位犯罪。个人为进行非法集资犯罪活动而设立的单位实施犯罪的，或者单位设立后，以实施非法集资犯罪活动为主要活动的，不以单位犯罪论处，对单位中组织、策划、实施非法集资犯罪活动的人员应当以自然人犯罪依法追究刑事责任。判断单位是否以实施非法集资犯罪活动为主要活动，应当根据单位实施非法集资的次数、频度、持续时间、资金规模、资金流向、投入人力物力情况、单位进行正当经营的状况以及犯罪活动的影响、后果等因素综合考虑认定。"

263 ▶ 民事赔偿优先原则

【知往事·新旧对照】

2018 年《公司法》 （阴影部分为修改或删除的内容）	2023 年《公司法》 （黑体部分为修改或增加的内容）
第二百一十四条　公司违反本法规定，应当承担民事赔偿责任和缴纳罚款、罚金的，其财产不足以支付时，先承担民事赔偿责任。	第二百六十三条　公司违反本法规定，应当承担民事赔偿责任和缴纳罚款、罚金的，其财产不足以支付时，先承担民事赔偿责任。

【知来者·条文释义】

新修订的《公司法》第二百六十三条规定了民事赔偿优先原则，条文内容无变化。

【知践行·适用指引】

同时需要承担民事赔偿责任和缴纳罚款、罚金的，其财产不足以支付时，先承担民事赔偿责任，这体现了公司法上的"民事赔偿责任优先"原则。该原则也体现在《刑法》第三十六条之规定上，即由于犯罪行为而使被害人遭受经济损失的，对犯罪分子除依法给予刑事处罚外，并应根据情况判处其赔偿经济损失。承担民事赔偿责任的犯罪分子，同时被判处罚金，其财产不足以全部支付的，或者被判处没收财产的，应当先承担对被害人的民事赔偿责任。《民法典》第一百八十七条亦规定，民事主体因同一行为应当承担民事责任、行政责任和刑事责任的，承担行政责任或者刑事责任不影响承担民事责任；民事主体的财产不足以支付的，优先用于承担民事责任。

实践中，民事责任的承担方式主要包括停止侵害；排除妨碍；消除危险；返还财产；恢复原状；修理、重作、更换；赔偿损失；支付违约金；消除影响，恢复名誉；赔礼道歉。行政责任的承担方式主要是行政处罚，包括：警告、通报批评；罚款、没收违法所得、没收非法财物；暂扣许可证件、降低资质等级、吊销许可证件；限制开展生产经营活动、责令停产停业、责令关闭、限制从业；行政拘留等。刑事责任的承担方式主要是刑罚，包括主刑和附加刑两种，主刑包括管制、拘役、有期徒刑、无期徒刑、死刑；附加刑包括罚金、剥夺政治权利和没收财产。民事责任主要以填补损失为目的，着眼于救济受损私权；刑事责任和行政责任主要以惩戒不法为目的，着眼于吓阻违法犯罪。因此，在责任主体财产不足以支付的情况下，由其优先承担民事责任，体现了对亟待救济的个人权利的尊重和保护，具有合理性。而关于行政责任和刑事责任的衔接问题，考虑到二者相同的惩戒不法行为功能，《行政处罚法》第三十五条规定了折抵原则，即违法行为构成犯罪，人民法院判处拘役或者有期徒刑时，行政机关已经给予当事人行政拘留的，应当依法折抵相应刑期。违法行为构成犯罪，人民法院判处罚金时，行政机关已经给予当事人罚款的，应当折抵相应罚金；行政机关尚未给予当事人罚款的，不再给予罚款。

实践操作层面，关于不同责任的承担，比较突出的还有两个问题：一是"先刑后民"或者"民刑并行"规则的适用问题；二是刑事退赔与民事债权的执行顺位问题。关于刑民交叉问题，根据《最高人民法院关于在审理经济纠纷案件中涉及经济犯罪嫌疑若干问题的规定》第一条，同一自然人、法人或非法人组织因不同的法律事实，分别涉及经济纠纷和经济犯罪嫌疑的，经济纠纷案件和经济犯罪嫌疑案件应当分开审理。人民法院在审理经济纠纷案件中，发现与本案有牵连，但与本案不是同一法律关系的经济犯罪嫌疑线索、材料的，应将犯罪嫌疑线索、材料移送有关公安机关或检察机关查处，经济纠纷案件继续审理。人民法院作为经济纠纷受理的案件，经审理认为不属经济纠纷案件而有经济犯罪嫌疑的，应当裁定驳回起诉，将有关材料移送公安机关或检察机关。另外，根据 2019 年《全国法院民商事审判工作会议纪要》，同一当事人因不同事实分别发生民商事纠纷和涉嫌刑事犯罪，民商事案件与刑事案件应当分别审理，比如：行为人以法人、非法人组织或者他人名义订立合同的行为涉嫌刑事犯罪或者刑事裁判认定其构成犯罪，合同相对人请求该法人、非法人组织或者他人承担民事责任的；法人或者非法人组织的法定代表人、负责人或者其他工作人员的职务行为涉嫌刑事犯罪或者刑事裁判认定其构成犯罪，受害人请求该法人或者非法人组织承担民事责任的；受害人请求涉嫌刑事犯罪的行为人之外的其他主体承担民事责任的等。涉嫌集资诈骗、非法吸收公众存款等涉众型经济犯罪，所涉人数众多、当事人分布地域广、标的额特别巨大、影响范围广，严重影响社会稳定，对于受害人就同一事实提起的以犯罪嫌疑人或者刑事被告人为被告的民事诉讼，人民法院应当裁定不予受理，并将有关材料移送侦查机关、检察机关或者正在审理该刑事案件的人民法院。受害人的民事权利保护应当通过刑事追赃、退赔的方式解决。正在审理民商事案件的人民法院发现有上述涉众型经济犯罪线索的，应当及时将犯罪线索和有关材料移送侦查机关。侦查机关作出立案决定前，人民法院应当中止审理；作出立案决定后，应当裁定驳回起诉；侦查机关未及时立案的，人民法院必要时可以将案件报请党委政法委协调处理。除上述情形人民法院不予受理外，要防止通过刑事手段干预民商事审判，搞地方保护，影响营商环境。人民法院在审理民商事案件时，如果民商事案件必须以相关刑事案件的审理结果为依据，而刑事案件尚未审结的，应当根据《民事诉讼法》第一百五十三条第五项的规定裁定中止诉讼。待刑事案件审结后，再恢复民商事案件的审理。如果民商事案件不是必须以相关的刑事案件的审理结果为依据，则民商事案件应当继续审理。

关于刑事退赔与民事债权的执行顺位问题，根据《最高人民法院关于刑事裁判涉财产部分执行的若干规定》第十三条之规定，对于被害人的损失，应当按照刑事裁判认定的实际损失予以发还或者赔偿。被执行人在执行中同时承担刑事责任、民事责任，其财产不足以支付的，按照下列顺序执行：（1）人身损害赔偿中的医疗费用；（2）退赔被害人的损失；（3）其他民事债务；（4）罚金；（5）没收财产。债权人对执行标的依法享有优先受偿权，其主张优先受偿的，人民法院应当在前款第一项规定的医疗费用受偿后，予以支持。从文义上看，刑事退赔应优先于普通债权。根据《最高人民法院、最高人民检察院、公安部关于办理非法集资刑事案件适用法律若干问题的意见》第五条之规定，向社会公众非法吸收的资金属于违法所得。以吸收的资金向集资参与人支付的利息、分红等回报，以及向帮助吸收资金人员支付的代理费、好处费、返点费、佣金、提成等费用，应当依法追缴。集资参与人本金尚未归还的，所支付的回报可予折抵本金。查封、扣押、冻结的易贬值及保管、养护成本较高的涉案财物，可以在诉讼终结前依照有关规定变卖、拍卖。所得价款由查封、扣押、冻结机关予以保管，待诉讼终结后一并处置。查封、扣押、冻结的涉案财物，一般应在诉讼终结后返还集资参与人。涉案财物不足全部返还的，按照集资参与人的集资额比例返还。有观点认为，该规定体现了对于集资参与人债权平等保护的原则。司法实践中有观点进一步认为，退赔主要是将违法所得的财物退还或赔偿原主，若退赔的财产属于违法犯罪所得，应视为被害人的财产，被害人要求退赔的权利属于物权请求权或者类似物权请求权，应优先于普通民事债务受偿。但对于被害人不能通过处分犯罪人违法所得财物进行退赔而未获退赔的损失，实际为被害人对犯罪人享有的债权，该退赔的损失应与其他普通民事债务处于同一顺位受偿。

【知前鉴·典型案例】

▶被执行人财产不足以清偿债务时，司法罚款不宜优先于民事债权执行。

案号：（2019）赣 07 执复 31 号

案例名：某产业担保公司与申请执行人钟某，被执行人谢某尧、林某兰、庚艺公司执行复议案

案情： 某法院在执行钟某与谢某尧等人的民间借贷纠纷中，某产业担保公司要求在拍卖款中分配 1025110 元，某法院则认为对谢某尧、林某兰未按公告时间腾出案涉房屋妨碍执行的行为各给予的 10 万元罚款应优先于民事债权，驳回了某产业担保公司的异议请求。某产业担保公司不服执行裁定申请复议，认为其享有优先受偿权。经复议法院综合认定，某产业担保公司的部分复议理由成立，裁判撤销原执行裁定，并撤销某法院在被执行人谢某尧房产拍卖款中先行扣除谢某尧、林某兰各 10 万元罚款的执行行为。

解析： 本案焦点在于被执行人财产不足以清偿债务时，司法罚款能否优先于民事债权执行。本案中，谢某尧对某产业担保公司的债权承担民事责任，是由其对该债权提供抵押担保的民事行为所致，而承担缴纳罚款责任是其妨碍执行的违法行为所致，谢某尧应承担的民事责任（债务清偿责任）和行政责任（罚款交缴责任）并不是因同一行为所致。然而，在民事执行中，因民事主体不同的行为导致其需承担民事责任、行政责任，当其财产不能满足执行时，民事责任的承担是否优先的问题，现行法律、司法解释并未作出明确规定。但纵观我国现行法律中的有关规定，整体上均体现了"民事责任优先"原则。如《公司法》相关条文，体现了民商事立法中民事赔偿责任优先原则。参照上述立法精神，本案罚款不宜在该拍卖款中扣除。

▶**未退赔的损失应与其他普通民事债务处于同一顺位受偿。**

案号：（2019）京 03 民终 14189 号

案例名： 董某元诉李某林等执行分配方案异议之诉案

案情： 董某元系刑事案件被害人，生效刑事判决判令被告人李某林退赔其经济损失 110 万元。各被告除李某林本人外，均系李某林债权人（部分债权已设立抵押权）。法院拍卖李某林房产后作出分配方案，将董某元债权性质确定为普通债权，董某元递交异议书，要求优先退赔其 110 万元经济损失，其他债权人均表示反对董某元提出的异议及请求。法院将其他债权人的意见通知董某元后，董某元提起本案诉讼。法院经审理认为，退赔主要是将违法所得的财物退还或赔偿原主，退赔的财产属于犯罪违法所得，应视为被害人的财产，被害人要求退赔的权利属于物权请求权或者类似物权请求权，应优先于普通民事债务受偿。被害人不能通过处分犯罪人违法所得财物进行退赔的，对被害人未获退赔的损失，实际为被害人对犯罪人享有的债权。李某林债权人众多，如田某于2015年即依据民事判决申请执行，董某元依据此后的刑事判决书申请参与该案执行分配。本次执行的财产系李某林的合法财产，董某元未退赔的损失应与其他普通民事债务处于同一顺位受偿。董某元以其作为合同诈骗罪受害人为由请求对本案执行财产优先受偿，依据不足。

解析：退赔主要是将违法所得的财物退还或赔偿原主，被告人的合法财产不属于退赔被害人的范围，被害人未退赔的损失可作为普通债务进行清偿。

264 依法追究刑事责任的规定

【知往事·新旧对照】

2018 年《公司法》 （阴影部分为修改或删除的内容）	2023 年《公司法》 （黑体部分为修改或增加的内容）
第二百一十五条　违反本法规定，构成犯罪的，依法追究刑事责任。	第二百六十四条　违反本法规定，构成犯罪的，依法追究刑事责任。

【知来者·条文释义】

新修订的《公司法》本条相较于 2018 年《公司法》第二百一十五条未作变动。

【知践行·适用指引】

违反《公司法》规定构成的犯罪，主要体现在《刑法》第三章"破坏社会主义市场经济秩序罪"、第三节"妨害对公司、企业的管理秩序罪"的相关条文中，具体包括：（1）《刑法》第一百五十八条规定的虚报注册资本罪；（2）《刑法》第一百五十九条规定的虚假出资、抽逃出资罪；（3）《刑法》第一百六十条规定的欺诈发行证券罪；（4）《刑法》第一百六十一条规定的违规披露、不披露重要信息罪；（5）《刑法》第一百六十二条规定的妨害清算罪；（6）《刑法》第一百六十二条之一规定的隐匿、故意销毁会计凭证、会计账簿、财务会计报告罪；（7）《刑法》第一百六十二条之二规定的虚假破产罪；（8）《刑法》第一百六十三条规定的非国家工作人员受贿罪；（9）《刑法》第一百六十四条第一款规定的对非国家工作人员行贿罪；（10）《刑法》第一百六十五条规定的非法经营同类营业罪；（11）《刑法》第一百六十六条规定的为亲友非法牟利罪；（12）《刑法》第一百六十七条规定的签订、履行合同失职被骗罪；（13）《刑法》第一百六十八条规定的国有公司、企业、事业单位人员失职罪；（14）《刑法》第一百六十九条规定的徇私舞弊低价折股、出售公司、企业资产罪；（15）《刑法》第一百六十九条之一规定的背信损害上市公司利益罪。

第十五章 附 则

265 专业用语的定义

【知往事·新旧对照】

2018 年《公司法》 （阴影部分为修改或删除的内容）	2023 年《公司法》 （黑体部分为修改或增加的内容）
第十三章 附则	**第十五章 附则**
第二百一十六条 本法下列用语的含义：	**第二百六十五条** 本法下列用语的含义：
（一）高级管理人员，是指公司的经理、副经理、财务负责人，上市公司董事会秘书和公司章程规定的其他人员。	（一）高级管理人员，是指公司的经理、副经理、财务负责人，上市公司董事会秘书和公司章程规定的其他人员。
（二）控股股东，是指其出资额占有限责任公司资本总额百分之五十以上或者其持有的股份占股份有限公司股本总额百分之五十以上的股东；出资额或者持有股份的比例虽然不足百分之五十，但依其出资额或者持有的股份所享有的表决权已足以对股东会、股东大会的决议产生重大影响的股东。	（二）控股股东，是指其出资额占有限责任公司资本总额**超过**百分之五十或者其持有的股份占股份有限公司股本总额**超过**百分之五十的股东；出资额或者持有股份的比例虽然**低于**百分之五十，但依其出资额或者持有的股份所享有的表决权已足以对股东会的决议产生重大影响的股东。

续表

2018 年《公司法》 （阴影部分为修改或删除的内容）	2023 年《公司法》 （黑体部分为修改或增加的内容）
（三）实际控制人，是指虽不是公司的股东，但通过投资关系、协议或者其他安排，能够实际支配公司行为的人。 （四）关联关系，是指公司控股股东、实际控制人、董事、监事、高级管理人员与其直接或者间接控制的企业之间的关系，以及可能导致公司利益转移的其他关系。但是，国家控股的企业之间不仅因为同受国家控股而具有关联关系。	（三）实际控制人，是指通过投资关系、协议或者其他安排，能够实际支配公司行为的人。 （四）关联关系，是指公司控股股东、实际控制人、董事、监事、高级管理人员与其直接或者间接控制的企业之间的关系，以及可能导致公司利益转移的其他关系。但是，国家控股的企业之间不仅因为同受国家控股而具有关联关系。
第二百一十七条　外商投资的有限责任公司和股份有限公司适用本法；有关外商投资的法律另有规定的，适用其规定。	

【知来者·条文释义】

新修订的《公司法》本条相较于2018年《公司法》调整了部分措辞，删除实际控制人"虽不是公司股东"的限定。

【知践行·适用指引】

一、高级管理人员

高级管理人员，是指在公司中担任重要管理职务的人员，包括由董事会聘任、向董事会负责、主持生产经营管理工作的经理，由董事会根据经理提名聘任、分别协助经理管理生产经营和财务工作的副经理和财务负责人，对内负责董事会和股东会筹备、对外负责信息披露的上市公司董事会秘书，以及公司章程规定的其他人员，包括实践中常见的总裁、副总裁、CEO（首席执行官）、CFO（首席财务官）、COO（首席运营官)、CTO(首席技术官)等。需要注意的是,不管是《公司法》中的经理、副经理,还是前述自设岗位,均需结合具体的公司章程和实质职能作用进行判断。这些人员是公司运营的关键人物,他们的行为对公司的决策和方向有着重要影响。因此,虽然身为雇员,《公司法》仍将高级管理人员作为负有忠实勤勉义务的特殊主体。董事可以兼任高级管理人员,高级管理人员不得兼任监事。

实践中,通常认为公司高级管理人员的职权范围直接与公司整体利益相关联,对其任命人选、薪资报酬等事项均需经特定程序进行。相应地,对于公司高级管理人员的主体认定,应当按照《公司法》规定,将公司章程及其他具有效力性、决策性的公司文件作为重要依据,同时更加注重实质审查,通过审查其对公司经营或者重大事项的执行决定权、对公司重大人事和财务事项的审批权、岗位职责的履行情况对公司主营业务状况的影响程度、选聘程序和薪酬待遇的特殊性、掌握公司内部管理或外部业务核心信息的情况等,进行综合判断。此外,高级管理人员一般由董事会聘任,具有管理者与劳动者的双重身份属性。一般认为,董事会决议解除高级管理人员的职务,应视为对其岗位的变更,并不必然导致劳动关系的解除。

二、控股股东

控股股东,是指其出资额占有限责任公司资本总额超过50%或者其持有的股份占股份有限公司股本总额超过50%的股东;出资额或者持有股份的比例虽然低于50%,但依其出资额或者持有的股份所享有的表决权已足以对股东会的决议产生重大影响的股东。判断控股股东,最重要的因素是其表决权已足以对股东会的决议产生重大影响。一般认为,对股东会决议产生重大影响的人,即"事实董事""影子董事",包括控股股东与实际控制人,其根本区别在于是否直接持有公司股份;控股股东直接持有公司股份,而实际控制人不直接持有公司股份。

实践中,第一大股东往往为控股股东,特别是出资额或者持有的股份比例超过50%的股东为控股股东;股权较为分散但存在单一股东控制比例达到 30% 的情形的，若无相反的证据，原则上也将该股东认定为控股股东。多名股东签订一致行动人协议的，可以成为共同控股股东。股权分散，单一股东控制比例均不及 30%，且无一致行动关系的，一般认为无控股股东。在资本多数决的公司制度下，控股股东相较中小股东具有地位优势，对公司决策管理具有绝对影响力。故法律规定其不得滥用股东权利，损害中小股东和债权人利益，要求其承担忠实和勤勉义务，并对损害公司利益、股东利益、债权人利益的行为承担侵权责任。

三、实际控制人

实际控制人，是指通过投资关系、协议或者其他安排，能够实际支配公司行为的人。实际控制人不直接拥有公司股权，但可以通过股权投资关系、家族亲缘关系、特定身份、特定职务、特定协议等对公司的决策和运营实施控制。判断实际控制人的前提是识别控制权，即支配公司行为的权力。根据中国证监会《上市公司收购管理办法》，有下列情形之一的，为拥有上市公司控制权：投资者为上市公司持股 50% 以上的控股股东；投资者可以实际支配上市公司股份表决权超过 30%；投资者通过实际支配上市公司股份表决权能够决定公司董事会半数以上成员选任；投资者依其可实际支配的上市公司股份表决权足以对公司股东大会的决议产生重大影响。可见，认定公司控制权的归属，既需要审查相应的股权投资关系，实务中对于间接持股的，多采用各个控制链条上控股比例乘积之和，计算实际控股比例；也需要根据个案的实际情况，综合对股东会、董事会决议的实质影响，对董事和高级管理人员的提名及任免所起的作用等因素，以及对公司公章、营业执照、印鉴账册、账户资金的支配使用情况等，进行全面分析判断。实际控制人可能是单一主体，比如通过间接持股对公司决策产生重要影响；也可能是多个主体，即存在共同实际控制人，基于夫妻关系、父母子女关系、关系密切的亲属身份关系等，或者基于股权控制关系、一致行动协议等，形成共同控制；还可能在股权结构较为分散的情况下，出现无实际控制人的情况。

为避免实际控制人不当行为损害公司和债权人利益，破坏证券市场交易秩序，《公司法》规定，上市公司应当依法披露股东、实际控制人的信息，相关信息应当真实、准确、完整。此外，在执行程序中，为查明被执行人的财产情况和履行义务的能力，可以传唤被执行人的实际控制人到人民法院接受调查询问，对必须接受调查询问的被执行人的实际控制人经依法传唤无正当理由拒不到场的，法院可以拘传其到场。对被列入失信联合惩戒对象名单的市场主体，依法依规对其实际控制人进行失信惩戒，并将相关失信行为记入其个人信用记录。

四、关联关系

关联关系的认定取决于法律规制的目的。在公司治理、会计准则、税法准则、海关规则、上市（挂牌）规则、反垄断和反不正当竞争规则等不同规范体系下，必然有不同的审查视角和内涵外延。《公司法》第二百六十五条的关联关系是指公司控股股东、实际控制人、董事、监事、高级管理人员与其直接或者间接控制的企业之间的关系，以及可能导致公司利益转移的其他关系；但是，国家控股的企业之间不因为同受国家控股而具有关联关系。这主要是从公司控股股东、实际控制人、董事、监事、高级管理人员对公司的忠实义务角度出发，对可能存在利益冲突的交易进行特殊规制（报告义务、严格审议、回避表决、事后追责等），以防止不公平关联交易引起的利益输送，损害公司以及非关联方股东的利益。对于利用这样的关联交易损害公司利益的行为，《公司法》规定了归入权和损害赔偿请求权的救济方式。

除了从《公司法》第二百六十五条的视角，还应从会计准则、税法准则、海关规则、上市（挂牌）规则、反垄断和反不正当竞争规则等不同规范体系等更广阔的视角认识关联关系。比如：《企业会计准则第36号——关联方披露》第三条规定，一方控制、共同控制另一方或对另一方施加重大影响，以及两方或两方以上同受一方控制、共同控制或重大影响的，构成关联方。具体包括该企业的母公司，该企业的子公司，与该企业受同一母公司控制的其他企业，对该企业实施共同控制的投资方，对该企业施加重大影响的投资方，该企业的合营企业，该企业的联营企业，该企业的主要投资者个人及与其关系密切的家庭成员，该企业或其母公司的关键管理人员及与其关系密切的家庭成员，该企业主要投资者个人、关键管理人员或与其关系密切的家庭成员控制、共同控制或施加重大影响的其他企业。可以看出，这里的关联关系，更加强调两个以上公司主体打破了法人人格独立的界限，在事实上形成了控制与被控制或者是组织与协调关系。关联公司之间的经济交往即为关联交易。应当认识到，建立关联公司，进行关联交易，有利于减少交易成本，稳定交易关系，分散投资风险，拓展公司业务，但这样的关联关系即使不损害公司和非关联股东的利益，其中潜藏的资产或者利润转移风险，也可能成为逃避债务、规避税收、破坏市场秩序、形成行业垄断的重大隐患。因此，对于关联关系和关联交易，还需考虑债权人、外部投资者、国家、社会公众之利益，严格按照相关法律的要求，编制财务报告、履行纳税义务、进行信息披露、提请审议批准、执行相关禁令等。

266 本法施行时间

【知往事·新旧对照】

2018 年《公司法》 （阴影部分为修改或删除的内容）	2023 年《公司法》 （黑体部分为修改或增加的内容）
第二百一十八条　本法自 2006 年 1 月 1 日起施行。	第二百六十六条　本法自 2024 年 7 月 1 日起施行。 　　**本法施行前已登记设立的公司，出资期限超过本法规定的期限的，除法律、行政法规或者国务院另有规定外，应当逐步调整至本法规定的期限以内；对于出资期限、出资额明显异常的，公司登记机关可以依法要求其及时调整。具体实施办法由国务院规定。**

【知来者·条文释义】

本条是 2023 年修订《公司法》施行时间的规定，修改了条文中的日期表述，新增新法实施前认缴期超过法定期限的公司的过渡安排，新增出资期限、出资额明显异常的行政处理方式。

【知践行·适用指引】

2013 年《公司法》修改之际，我国全面实施注册资本认缴登记制，有效解决了实缴登记制下市场准入资金门槛过高制约创业创新、注册资金闲置、虚假出资验资等突出问题，但与此同时，也产生了盲目认缴、天价认缴、期限过长等突出问题，虚增了市场信用，催生了道德风险，损害了公司内外部相关者利益。在这样的背景下，2023 年《公司法》对认缴制度进行了完善，附加了 5 年实缴到位的期限限制。对于 2013 年以来这 10 年之间设立的存量公司，2023 年《公司法》要求根据具体情况逐步调整至新法规定的 5 年出资期限，这就包括两种情况：一是部分企业会逐步完成实缴，二是部分企业可能会有减资需求。对有减资需求的企业，需要有关部门在配套规则中探索简化公司减资程序，减少适用一般减资程序带来的困扰，并在日常执法中向投资者提示风险，从而真正提高保护投资者的水平。

从操作层面上看，对于股东有实缴能力的存量公司，可以修改公司章程，将股东出资期限调整为公司成立之日起 5 年，若后续国务院实施办法另有规定，可以调整至 5 年届满之后的更长期限内，同时，在新的公司章程规定期限内完成实缴出资，并通过国家企业信用信息公示系统公示股东实缴信息。对于股东缺少实缴能力的存量公司，一般通过减资程序减少注册资本，具体参见《公司法》关于减资部分的规定。除了减资，也可以进行股权转让，但需注意的是，股东转让已认缴出资但未届出资期限的股权的，由受让人承担缴纳该出资的义务，受让人未按期足额缴纳出资的，转让人仍需对受让人未按期缴纳的出资承担补充责任；同时，股权转让也需考虑相应税务问题。此外，实践中亦有注销公司的情况出现。